U0154019

曹雪芹的家族印記

The Historical Footprints of Cao Xueqin's Family

黃一農 著

國立清華大學出版社

謹以此書獻給
家父母和岳父母

感謝他們
讓我與內人分享了後大半個共同的人生

（書名是百歲家父親題）

並以之紀念胡適先生
揭舉「新紅學」的百週年 (1921-2021)

曹雪芹的家族印記

附錄目次：

圖表目次：

凡 例

1. 本文所引之《紅樓夢》（或《石頭記》），如未特別標明，即以庚辰本為主，其文若出現俗體或簡體亦儘量照樣引用，後四十回則用程乙本。
2. 正文中共有 32 個置於方框內的附錄，旨在理出相關歷史背景或研究細節，以提供想深入探究的讀者參考，同時也為避免影響行文流暢。
3. 為能與讀者有最大互動，本書精心製作了 198 張圖表，其中關鍵的書畫題跋、碑文、抄件或寫刻本等資料，均儘可能加以辨識（用楷體字表之）並標點，以方便讀者對照判讀。而為節省空間並較清楚呈現文字，部分文獻的版式有時亦會在不改變內容的情形下略加剪輯壓縮。又，製圖時為配合古書的表述習慣，圖中鍵入之漢字均儘量從右至左排列。
4. 文中對當代之人大多逕呼其名，而未加稱謂或頭銜，敬請擔待。
5. 書法、拓片、硃卷履歷或繪畫作品均使用書名號《》。
6. 在引文中不用「自註」「原註」等字樣，而以（ ）表示原註，以〔 〕表筆者的加註說明，以【 】呈現勘誤。
7. 中曆之年月日用中文字，西曆之年月日則用阿拉伯數字。
8. 本書中之年齡乃用中國傳統算法，出生即算一歲；在將中曆轉成西曆時，中曆之十一或十二月有可能跨到西曆下一年的年初。
9. 有關滿文之轉寫，均參照穆麟德 (Paul Georg von Möllendorff) 音譯法，並用斜體字表示，以與漢語拼音區隔。
10. 各章中的註釋採用簡式，詳細之參考文獻則整理在書末。惟網絡上各貼文之網址，如無特別必要，就不再臚列書末。又由於各研究型圖書館的書目檢索系統現多已詳細上網，故許多收入大型叢書的重印文獻，其所在冊數或出版年份就不贅記。
11. 為便於讀者查對，文中之古文獻除特別重要的版本外，均儘量引用常見於各研究型圖書館的大型叢書（如四庫系列等），頁碼亦多記原刊本之卷頁，以便回查。
12. 因受篇幅限制，書末未能附上索引。但為發揮 e 時代的特色，筆者特商請出版社設計了一套系統 (http://thup.site.nthu.edu.tw)，讓讀者可在網上對全書內容進行任意字句之檢索，相信應可在研究時提供更大助益。

自 序

傳統與數位的會通，
將是文史學界在e時代無法逃避的挑戰。

胡適揭舉「新紅學」的重要目標，原本是發掘出作者曹雪芹所親歷或聞知的史事，以深刻體會他在何種環境或背景下創作《紅樓夢》。然因紅圈常年未斷的紛擾糾葛，加上研究規範一直無法建立，令主流學術圈中無論是文學界，遑論史學界，都較少有學者願意戮力投身此領域，以致許多重要議題往往無法獲得共識，這種狀態幾已成為該圈的宿命，甚至連曹雪芹的著作權都屢遭無根的質疑！

曹氏家族作為遼人（此一名詞專指定居關外的漢人）的一份子，在降順金國後，很快學習並掌握了滿漢兩種語言與文化。隨著清朝入主中原，遼人開始充斥於省級以下的政治舞台，並協助奠立新帝國的統治基石。先前因文獻不足，有關遼人的具體研究較少。但很幸運的，由於一個世紀以來大家對曹雪芹所寫小說《紅樓夢》的濃烈興趣，許多與曹家相關的史料被陸續發掘出來，這讓我們現已擁有一些基本條件，可用曹家作為一典範式個案，對遼人在大清肇建過程中所扮演的角色，進行較扎實的探討，以深化對清史的認識。[1] 亦即，有關曹雪芹家族史的研究不僅具有文學史的意義，更有機會成為歷史學的重要課題。

因此，筆者的目標是在先前近百年紅學界所積累的基礎之上，[2] 輔以逾百億字的大數據新研究環境，重新疏理並深掘各個重要議題的論據與材

1 黃一農，〈e-考據時代的新曹學研究：以曹振彥生平為例〉。

2 此亦包含拙著《二重奏：紅學與清史的對話》(2014)，該書為筆者改行進入紅學範疇的第一本書，雖訂補了許多前人的認知，然因初入此領域，故仍有不少有欠周全或深入之處。

料，希望能完成一本學術謹嚴的《曹雪芹大傳》。由於期盼做到「載述有據，論理精詳」，為所有認真的紅迷提供較正確的史實，故在內容上有時就無法太兼顧可讀性，但此書應至少可大幅拉高未來以一般讀者為對象之普及性曹雪芹傳記的基準。倒是撰寫過程中才發現所展開的篇幅遠超乎預期，只好決定將其分割為前傳《曹雪芹的家族印記》與後傳《曹雪芹的生命足跡》二書，以雍正六年其家遭抄沒而歸旗北京一事作為兩者的分際。

《曹雪芹的家族印記》首章先耙梳曹氏的遷徙足跡，並釐整爭論多年的曹雪芹祖籍問題。次章則聚焦肇興百年家史的曹振彥（雪芹高祖），探索他如何拔出奴籍變成屬於正身旗人的包衣，又因其管主阿濟格在權力鬥爭中遭削爵、籍沒，而於順治八年改隸為皇屬的內務府正白旗，十二年更攜家從山西進入江南為官。

第三章研究開啟半世紀「秦淮風月」的曹璽，他應是在旗人養成教育下栽培出來的第一代漢姓包衣。作為首位內務府外放之「專差久任」的江寧織造，他先透過曾為「聖祖保母」的繼妻孫氏，讓曹家與內廷之間維繫良好的公私互動，接著與八旗勢族鐵嶺李氏以及江南名士顧景星的族妹結為姻婭，更與江南各織造的主要家族建立起「連絡有親，一損皆損，一榮皆榮」的關係。其後輩也因身處江南而深化了漢文化的涵養，從而積澱出跨越滿漢兩大族群的多元文化底蘊。

第四、五章以全書最多的篇幅討論康熙皇帝的多年寵臣曹寅，看他如何透過奉敕主持《御定全唐詩》《御定佩文韻府》纂修刊刻等文化活動，擴大其在漢人士紳間的關係網絡，且借重「官場聯宗」的關係，在新朝中與不少同姓之人認宗敘譜，以求相互攀緣發展。他在長達約二十年的江寧織造任內，由於深受層峰信賴，先後承接內務府的買銅、賣鹽、售參以及修造工程等肥差，令其家族發展出「呼吸會能通帝座」以及「烈火烹油、鮮花着錦」之盛。康熙帝更先後將曹寅的兩女指婚給平郡王納爾蘇與青海親王之獨子羅卜藏丹津（後襲爵），此等榮寵在漢姓包衣甚至八旗望族中皆屬罕見。曹寅外孫福秀娶納蘭永壽（其祖為明珠）的長女一事，更讓曹家從所謂的「包衣下賤」，變得能與原主子阿濟格（雖遭抄沒，但其第五女嫁明珠）的後代略可平起平坐，這些姻婭關係且令曹家得以躋身上層社會。

在撰寫這部分內容時，最意外的收穫就是揭開曹寅「二女皆為王妃」的世紀之謎。筆者透過「e 考據」之法，[3] 以趨近竭澤而漁的態度披沙揀金，自一百多位曾封王的宗室與外藩中，成功篩出羅卜藏丹津就是曹寅次婿的最佳候選人。此結果絕非「先射箭再畫靶」，又因羅卜藏丹津是國際關係史領域常會觸及的重要人物，筆者遂仔細疏理此一雜揉大歷史、家史與小說，且從大觀園跨越到蒙古大草原的精采故事，發現曹家及其親友們，竟曾深深地介入中國西疆奠定以及康熙諸子奪嫡的歷史舞台！

第六章聚焦在曹璽之妾生長子曹寅和嫡出次子曹荃兩房間的互動。曹寅因獲康熙帝器重而成為一家之長，並被栽培承當江寧織造要職。惟其向來艱於子嗣，故曾先後自二房入繼順、顒、頫、頎四姪，其中後三人皆在曹荃卒後始依家族或皇帝的決定出繼長房。亦即，無論曹雪芹的生父是紅圈中長期爭辯的曹顒或曹頫，我們皆應可確定曹荃為其本生祖。此章即努力耙梳曹寅和曹荃間的兄弟之情，並從家族史的角度詳加疏理兩支之間過繼、兼祧與歸宗的複雜關係，而曹家此類生命經驗，亦曾反映在《紅樓夢》的故事情節中。

---

3 此研究方法需先有清晰的問題意識，並構思可行性較高之解決問題的邏輯論辯過程，也就是提出一可操作的經營模式 (Business Model)，接著才透過自己的知識地圖（包含對各種數位資料之結構與特質的掌握），會通傳統方式與數位工具，嘗試從海量的資料中耙梳可用以進行論證的材料。類似研究如見黃一農，〈從 e 考據看避諱學的新機遇：以己卯本石頭記為例〉；黃一農，〈「e 考據」卮言：從曹雪芹叔祖曹荃的生辰談起〉；Huang, Yi-Long（黃一農）& Zheng, Bingyu（鄭冰瑜）, “New Frontiers of Electronic Textual Research in the Humanities”。

第七章論及曹家最後兩任江寧織造曹顒和曹頫的事跡。曹顒於康熙四十七年自二房出繼長房成為承繼子，因曹璽孫輩在二十五至二十八年之間每年恰新添一人，分別是頔（荃生）、頎（荃生）、顏（寅生）以及顒（荃生），故他原用「連生」之名，迄五十二年襲職時始奉旨改用學名「曹顒」。康熙帝對他的評價甚佳，稱「朕所使用之包衣子嗣中，尚無一人如他者，看起來生長的也魁梧，拿起筆來也能寫作，是個文武全才之人」，惜於五十四年正月得病暴卒於京。緊接著奉旨自二房出繼的曹頫，則不幸隨著康熙帝的崩逝，在遭逢政治（曹家及其親友在康熙末年的奪嫡之爭中多選錯邊）與經濟（被控騷擾驛站、轉移家財、虧空帑項等罪名）的雙重打擊下，將曹家帶至「箕裘頹墮」「家事消亡」的抄沒命運。此章有關曹家最大仇讎塞楞額（曹頫被其控告以致遭革職抄家）其人其事的新研究，應屬紅學的重要發現。

第八章討論曹家於雍正六年歸旗回京（五年底遭革職）後的落腳處：崇文門外蒜市口地方十七間半房的宅院。除疏理清代如何以「間」或「半間」作為建築的記量單位，筆者並參考乾隆十五年繪製的《清內務府京城全圖》、北京市檔案館所藏民初編整街道的檔案以及 1928 年京師警察廳製作的《京師內外城詳細地圖》，嘗試從街道區劃的角度追索「蒜市口地方」的合理範圍，進而對曹家舊居的位址提出一些新看法。但令人慨嘆的是，不論我們如何努力去耙梳史料並進行論證，原蒜市口一帶的老房子近年已在城市建設的大旗下全被拆除，蹤跡杳然。

鑒於近年來網絡或媒體屢屢出現「《紅樓夢》的真正作者為○○○」之類的無根妄說，筆者在最末章將做點不一樣的努力。先積極找出小說中某些較獨出的情節，再論述它與發生在曹家或其親友身上的史事有著密切對應，希望能以這些由創作者所置入，且帶有特殊生命經驗之 DNA 的浮水印，來維護曹雪芹對《紅樓夢》的著作權。

此類印記如見第十六回趙嬤嬤所稱江南甄家「獨他家接駕四次」（該史

事在清代前半葉僅發生於曹寅和李煦身上）；第十七、十八回中的元妃省親（此應即發生在順懿密太妃身上的故事，其長孫弘慶為雪芹二表哥福秀之連襟）；第六十三回眾人取笑在夜宴中掣得杏花花籤的探春：「我们家已有了个王妃，难道你也是王妃不成。」（此與《永憲錄》所稱曹寅「二女皆為王妃」的記載相呼應）；第三十七回至第四十二回在描寫起詩社等事件時，蓄意將歡樂至極的賞菊、煮蟹詩會隱諱地定於雍正帝忌日的隔天；第六十三回以在老太妃國喪期間薙頭之芳官和服丹藥暴卒之賈敬，譏刺曹家最大的仇讎塞楞額和胤禛。前述這些「浮水印」的明確交集正就是曹雪芹家族，該努力應可令筆者正在撰寫中的《曹雪芹的生命足跡》一書，具備更厚實的學術意義。

值此又將「災及棗梨」之際，雖然拙著很可能仍僅聊供覆瓿，但衷心感謝杭州浙江大學的薛龍春教授、北京中國人民大學的張瑞龍老師、臺北故宮博物院的林天人教授、北京社科院的鄧亦兵老師、新竹清華大學的吳國聖老師、北京中國社科院的張建博士、新竹陽明交通大學的盧正恒老師，以及紅友高樹偉、任曉輝、詹健、蘭良永諸先生在成書過程中所提供的熱情協助。尤其，北京中國藝術研究院的劉夢溪先生，以忘年之交對我多方鼓勵，更是銘感至深。此外，孫韻潔女史在文字編輯方面、高淑悅女史在修圖排版方面，均花費了大量心力，成書過程且受新竹清華大學「人文社會研究中心」及「科技考古與文物鑑定研究中心」鼎力支持，特此一併誌謝。又，本書乃科技部人文行遠專書寫作計畫「曹雪芹的歷史世界 (NSC 106-2420-H-007-018-MY4)」的成果之一。

拙著在接近完稿時，突聞余英時先生於 8 月 1 日離世的消息，原本正要將才剛設計完書封的稿本寄去美國央請先生寫序，且興奮地想要告訴他，我可能破解了曹寅「二女皆為王妃」的懸案，不料，現卻僅能在此緬懷余先生：一位不願介入紅圈筆墨官司，只想做個紅學忠實讀者的史學巨擘。

2021 年 8 月撰於苗栗二寄軒

苗栗南庄二寄軒

2021 年 5 月底臺灣的新冠疫情正熾烈，我與內人文仙避居南庄山上。午後在改寫完第五章的書稿後，因竟然解開曹寅次婿即青海親王羅卜藏丹津的世紀大謎，心情暢快之至。走出書房後，遂決定在猴群還沒來得及代我採收院子裡的紅肉李前，先下手為強（前兩週獼猴已來肆虐，還弄倒我們種的幾棵芭蕉和木瓜）。該李樹是四年前才栽植的，如今首度結實，雖形貌不算突出，但甜酸之間喚醒不少埋藏在心口與味蕾深處的少時回憶。圖左上書房一角的昭君出塞木雕、老棗木墩子以及滿釀梅酒的陶甕，分別是鄰居友人慨贈，恰皆可與自序中的一些文字相呼應。

第一章　曹雪芹先祖的遷徙足跡*

曹雪芹的高高祖曹世選早在萬曆朝官居瀋陽之前已著籍遼陽，其家自認是漢曹參、魏曹操、唐曹霸、北宋曹彬和曹瑋、南宋曹孝慶等名人之後，並透過「聯宗」交結了不少同姓之人。本章藉由對大量相關史料以及古代社會運作方式的深入掌握，嘗試釐清曹雪芹家族的祖籍（其家著籍遼陽，至曹世選始官居瀋陽，但仍以遼陽為故里），希望能因此更豐富對其先祖們生命足跡的認識。

曹雪芹（約 1716-1763）及其同時代的人，[1] 可能均想像不到這位在世時籍籍無名的落魄八旗文士，會在後世以一部《紅樓夢》就進入中國文學史的最高殿堂。[2] 然而，我們對這位年少時過著「烈火烹油、鮮花着錦」般生活（小說第十三回對賈家的描述），稍後陡然遭抄家籍沒，終致潦倒一生的作家，卻長期因文獻不足而欠缺較清晰的認識。

自胡適的〈紅樓夢考證〉一文於民國十年問世後，其所揭舉的新紅學形成一新典範 (paradigm)，不少當代學者相信《紅樓夢》就是曹雪芹的自敘體，故致力於考證曹雪芹的家世與生平，認為「《紅樓夢》是以曹家史實及雪芹個人經驗為骨幹和藍本，然後加以穿插、拆合」，期盼能因此理解《紅樓夢》的要旨與情節。[3] 此趨勢令原本屬文學領域的「紅學」延伸

---

* 本章部分內容曾發表於拙著〈曹孝慶家族在江西遷徙過程新考〉(2011)、〈重探曹學視野中的豐潤曹氏〉(2011)、〈傳曹雪芹家族現存六軸誥命辨偽〉(2015)、〈曹雪芹祖籍新探：生命足跡與自我認同〉(2016)。

1 曹雪芹的生卒年請參見黃一農，《紅樓夢外：曹雪芹《畫冊》與《廢藝齋集稿》新證》，頁 18-23；黃一農，〈曹雪芹卒於「壬午除夕」新考〉。

2 曹雪芹雖還有《廢藝齋集稿》及《種芹人曹霑畫冊》等作品，但迄今仍少受人關注。參見黃一農，《紅樓夢外：曹雪芹《畫冊》與《廢藝齋集稿》新證》。

3 余英時，《紅樓夢的兩個世界》，頁 1-8、41-42、77。

進史學範疇的「曹學」研究，[4] 但隨著我們對曹家史事的掌握愈多，就愈發現這部小說遠非只是單純的雪芹自敘。

拜一個世紀以來紅友們鋪天蓋地搜尋相關資料之賜，加上大數據時代資料豐富的研究環境，我們現在或已耙梳出存世文獻中直接關涉曹雪芹的多數記載，但這些顯然僅能呈現其生命歷程裡的零星足跡，本書因此將透過歷史研究中對清代社會運作方式的掌握，嘗試經由合乎情理的推論，把原本間接或點狀的材料連成線段。此外，本書亦將「詳人所略、略人所詳」，[5] 努力帶入最嚴謹的學術要求，以重新還原曹家最接近真實的歷史。從胡適揭舉新紅學以迄新冠疫情肆虐的今年，剛好時逢百週年 (1921-2021)，筆者謹以此書表達個人對上一輩學者的誠摯敬意，即使他們的部分學術觀點已稍嫌過時，但始終激發著後世研究者的熱情與思考。

本章即站在一整代紅學前輩的肩膀上，從筆者已出版之《二重奏：紅學與清史的對話》再出發，嘗試有系統地疏理曹雪芹的祖籍問題以及相關文獻，希望可導正部分人云亦云的錯誤，進而對曹氏先輩的生命故事有一較深刻且正確的了解。

---

4 「曹學」一詞首出顧獻樑(1914-1979)師，他於臺灣新竹清華大學開設「藝術欣賞」通識課程時，筆者甫考入物理系，一心肖想在愛因斯坦(Albert Einstein, 1879-1955)極感興趣卻又無法突破的「統一場論(Unified Field Theory)」上有所發揮，不僅修課期間從不知顧師的紅學研究，當時且尚不曾完讀過《紅樓夢》，因而失去向先生親炙並一窺堂奧的機會！參見顧獻樑，〈「曹學」創建初議：研究曹霑和石頭記的學問〉。

5 先前之研究如見李廣柏，《曹雪芹評傳》(1998)；劉上生，《曹寅與曹雪芹》(2001)；周汝昌，《曹雪芹新傳》(2007)；周汝昌，《紅樓夢新證》(2016)；馮其庸，《曹雪芹家世新考》(2014)；張書才，《曹雪芹家世生平探源》(2009)；吳新雷、黃進德，《曹雪芹江南家世叢考》(2009)；樊志斌，《曹雪芹傳》(2021)。

一、曹雪芹祖籍問題的釐整

曹璽（雪芹曾祖）於康熙元年被工部織染局派駐江寧擔任「公織造」官員，三年因該局歸併內務府而成為首位「專差久任」的江寧織造。[6] 除他在康熙二十三年過世後的八年期間，曹家的璽、寅、顒、頫等三代四人共先後擔任該織造近一甲子，直至曹頫一家於雍正六年因抄沒而被迫歸旗北京（圖表 1.1）。其時十三歲左右的曹雪芹，自此在京度過三十多年的歲月。

曹家作為八旗的一份子，理應只問旗屬不問籍貫，然因曹氏流著漢人血液，且於曹振彥（璽父）舉家從龍入關後相繼出仕，因與被統治的漢人互動日增而深受漢文化的薰陶，此在工詩詞、戲曲的曹寅（璽子）身上表現尤其明顯。先祖的認同與譜系的溯源，或因此成為曹家在鋪陳家族底蘊時必須補上的功課，也成為今人研究曹雪芹生平時不能跳過的一環。

家族籍貫往往是時間長軸上一連串動態遷徙過程所留下的生命足跡，曹雪芹雖生長在江南並老死於北京，然其家在關外以及此前其它長期居停過的地點，就成為許多地方文史工作者卯足全力希冀能證真的目標。先前紅學界對明清以來曹雪芹祖籍的認知，主要分成「豐潤說」（以周汝昌為代表）、「遼陽說」（以馮其庸為代表）、「瀋陽說」與「鐵嶺說」，但大家對曹家何支、何代，於何時遷至遼東，又落腳何地，中間有無定居過河北豐潤，再往前可否追溯至江西南昌等問題，雖已有十幾本專書論此，卻始終各說各話，眾說紛紜。[7]

---

6 先前多誤以其於康熙二年任江寧織造，此據胡鐵岩，〈曹璽首次赴江寧與任職江寧織造時間及旗籍考辨〉。惟胡文有關旗籍的討論頗待商榷。

7 如見周汝昌，《紅樓夢新證》(2016)；馮其庸，《曹雪芹家世新考》(2014)；劉繼堂、王長勝主編，《曹雪芹祖籍在豐潤》(1994)；王暢，《曹雪芹祖籍考論》(1996)；馮其庸、楊立憲主編，《曹雪芹祖籍在遼陽》(1997)；李奉佐，《曹雪芹祖籍鐵嶺考》(1997)；劉世德，《曹雪芹祖籍辨證》(1998)；辰戈，〈曹雪芹祖籍問題論爭概觀〉；張慶善，〈曹雪芹祖籍論爭述評〉。

圖表 1.1：曹雪芹家族世系圖。訂正自拙著《二重奏：紅學與清史的對話》。

曹參 →？→ 曹操 →？→ 曹霸 →？→ 曹彬 → 曹瑋 →？→ 曹孝慶 →？→ 曹世選

曹世選　又名寶，亦作錫遠，遼陽人。明末曾官瀋陽中衛，天啟元年城陷時或降金國，順治中後期卒，康熙十四年以孫璽貴贈光祿大夫。妻張氏，康熙六年以孫璽貴贈夫人，康熙十四年以孫璽貴贈一品夫人。因曹寅有子章與松齋（為字號）兩從兄，疑世選或不只振彥一子，振彥或不只二子，爾正或不只一子（此因《八旗滿洲氏族通譜》僅臚列有官銜或科名者）

振彥　天聰八年（1634）因功以多爾袞屬下旗鼓牛彔章京身分加半個前程，後或緣事革退。順治七年以八旗貢士獲授山西吉州知州；八年二月因多爾袞被追論削爵而改隸正白旗；九年陞陽和府知府；十二年陞兩浙都轉運鹽使司運使；十四年六月之前去職（不知是否卒於任）。康熙十四年以子璽貴贈光祿大夫。嫡妻歐陽氏，康熙十四年以子璽貴贈一品太夫人。繼妻袁氏，順治八年以夫貴封宜人；康熙十四年以子璽貴贈一品夫人

- **璽**　?-1684。其生年的上下限乃介於萬曆三十八至四十六年間（1610-1618）。原或名爾玉，字完璧。卅歲左右補侍衛，順治五或六年隨大軍征山西建功，拔為二等侍衛管鑾儀事，再陞內工部。康熙三年以內工部郎中衛擔任江寧織造，卒贈工部尚書。生母歐陽氏，由繼母袁氏撫養長大。正妻不詳。繼妻孫氏（1633-1706）為康熙帝保母，四十五年三月左右卒。妾顧氏，康熙十八年之前卒
  - **寅**　1658-1712。字子清，號楝亭、荔軒、柳山居士，歷官正白旗第五參領第三旗鼓佐領、江寧織造、通政使兼巡視兩淮鹽課監察御史，康熙五十一年七月廿三日卒。顧氏生。嫡妻李氏（因五十四年時「近六旬」，知生年與曹寅頫近）卒於雍、乾之際。康熙十九年有妾過世
    - **順**　1678-1711。荃子，滿名赫達色，小名珍兒。至遲康熙廿五年入嗣為寅子，兼祧兩房。廿九年捐納監生。四十至四十八年間曾助曹寅及曹荃承辦龍江等五關銅觔。四十七年或與寅妻不合而歸宗
    - **頎**　1687-1733。荃子，滿名桑額。康熙五十四、五年間入嗣長房，康、雍之際歸宗
    - **顏**　1688-?。康熙二十九年捐納監生，約卒於四十三、四年間
    - **顒**　1689-1715。荃子，又名連生，字孚若，以內務府郎中管江寧織造。妻馬氏。康熙四十七年入嗣長房，五十四年正月初八日卒。五十年所生子早夭
    - **頫**　1696-?。字昂友。荃子，康熙五十四年正月入嗣長房，並管理江寧織造。雍正五年因罪免職，旋抄家。疑頫即曹雪芹生父
    - **曹氏女**　長女，康熙四十五年十一月二十六日嫁平郡王納爾蘇（1690-1740）為嫡福晉，生福彭、福秀、福靖、福端，乾隆十四年仍在世
    - **曹氏女**　次女，康熙四十八、九年之交嫁某侍衛（或即襲青海親王的羅卜藏丹津），後封為王妃
  - **曹氏女**　寅妹，康熙十八年前卒
  - **荃**　1662-1708。本名宣，字子猷，號筠石、芷園，歷官侍衛、南巡圖監畫、內務府司庫。孫氏生
    - **順**　1678-1711。滿名赫達色，小名珍兒，至遲康熙廿五年出繼曹寅，四十七年歸宗，五十年春卒
    - **曹氏女**　曹寅於康熙廿五年所賦「笑看兒女競新妝」詩句中的女兒即為此女，她應生於此前
    - **頔**　1686-?。小名驥兒，康熙二十九年捐納監生，卒於四十五年春至五十年三月間
    - **頎**　1687-1733。五十年授茶上人，五十五年陞茶房總領，五十八年降為茶上人，雍正三年五月前復授為茶房總領兼二等侍衛銜，歷官鑲黃旗第四參領第二旗鼓佐領，五年仍在任。康熙五十四、五年間出繼長房，康、雍之際因與曹頫有矛盾而歸宗
    - **顒**　1689-1715。康熙廿九年捐納為監生，後出繼曹寅
    - **頫**　1696-?。康熙五十四年正月奉旨出繼長房
  - ？**曹氏女**　寅姊，嫁李顯祖（1633-1675，滿名塞白理，歷官至浙江提督）為繼室，順治八年之前卒
  - **曹氏女**　寅妹，嫁傅鼐（1677-1738）
- **爾正**　又名鼎，正白旗第五參領第三旗鼓佐領，康熙三十六年之前應已去職
  - **宜**　約生於康熙十九年後不久。雍正七年任護軍校，十三年任正白旗第四參領第二旗鼓佐領兼護軍參領，至乾隆朝仍在世
    - ？**天祐**　乾隆九年前不久仍任州同。因《詩經》有「宜民宜人，受祿於天。保右命之」句，而根據曹家取名字常與經典關合之傳統，疑天祐為宜子

此事無法獲得共識的主因，在於先前研究者往往只選擇對己說有利的材料，並加以發揮，而未能探究各個材料的本質及其表述的視角，以致將曹家的遠祖（多屬無實證的主觀攀附）、入遼後的足跡（根據其他遼東曹氏的朦朧說法）、入關後與其他曹氏的族屬稱謂（多因聯宗所產生的親誼），均從實看待，無法析辨其為客觀事實抑或主觀認定，遂始終未能提出一可全面理解各文本記述的統合看法。

譜牒類文獻雖然通常會追溯先祖及其遷徙過程，但在無法獲得血緣證據且各譜又往往不完全一致的情形下，我們或許該先嘗試析探其可信度。此外，在討論籍貫時，我們對內容出自曹雪芹家族中人或其親友的文本，應給予較大權重。只有掌握了這些自我形塑或認同的內容，才較可能具體理解紅學研究中某些透過「官場聯宗」或「攀親結姻」所形成的人際網絡。

翻查曹雪芹祖父曹寅的著述《楝亭詩鈔》《楝亭詩別集》《楝亭詞鈔》《楝亭詞鈔別集》《楝亭文鈔》等，共有十五處自署「千山曹寅子清」，曹寅《楝亭書目》也有「千山曹氏家藏」字樣。此外，《國朝詩的》亦稱曹寅是「千山」或「遼左」人（圖表 1.2）。[8] 千山應指遼陽城南的千頂山，乾隆四十二年遼陽王爾烈的〈詠千山詩〉即有「千華千頂孰雕鎪」句（圖表 1.3），註稱「千華山、千頂山皆見，香巖寺明代碑記曰“千山”者，蓋俗簡其字」，又謂「按張玉書〈遊千山記〉：“遼陽城南五十里為千頂山……山多奇峰，巑岏稠疊，不可指屈，故名千頂。”」[9] 知千山乃千頂山（又名千華山）的簡稱。王氏並稱「千山發脈於長白」「吾地有千山之盛」，且引

[8] 陶煊選，張璨輯，《國朝詩的》，書首、卷 2，頁 6。

[9] 此為其撰於康熙二十一年的〈遊遼東千頂山記〉。參見張玉書，《張文貞公集》，卷 6，頁 29。

康熙帝〈望千山詩〉「華嶽泰岱應齊峻」句，稱許遼陽千山的秀拔可與華山、泰山擅勝生輝。[10]

再者，臺北故宮博物院所藏《宋趙伯駒漢宮圖》上鈐有「千山耿信公書畫之章」，耿昭忠，字信公，平南王耿仲明之孫。由於仲明墓位於遼陽東南梅家花園村南，耿家的宗祠懷王寺亦在城內，[11] 知千山（今歸鞍山市）因是地理名勝，時人（包含曹寅）確有以之代指遼陽的情形。

此外，康熙朝之《江寧府志》與《上元縣志》皆可見雪芹曾祖曹璽的小傳，分別記稱「曹璽，字完璧，宋樞密武惠王裔也。及王父寶宦瀋陽，遂家焉」「曹璽，字完壁【璧】，其先出自宋樞密武惠王彬，後著籍襄平。大父世選令瀋陽有聲」（圖表 1.4 及 1.5）。[12] 襄平乃古代遼陽的別名，[13] 遼陽知州何夢瑤於雍正十年登城西南的首山（係千山之首），並賦有〈襄平雜詠〉組詩；[14] 王爾烈亦於乾隆五十八年為去職的奉天府遼陽州學正元振采撰《元大司鐸去思碑》，文末稱「偕遼陽州紳士公立」，並謂「幸襄平有賢師矣」；遼陽白塔頂上所發現的隆慶五年《重修遼陽城西廣祐寺寶塔記》銅碑，亦謂「吾襄平為全遼都會」；現藏遼陽民俗博物館的天聰四年《重建玉皇廟碑記》也稱：「昔襄平西關西門外不越數趾，有玉皇廟焉……」；這些均坐實清人常以襄平為遼陽的代稱。

---

10 周汝昌誤認遼陽城南有千頂山一事「與曹寅署千山的真意義無關」。參見王爾烈，《瑤峰集》，卷上，頁 1-2；周汝昌，《紅樓夢新證》(2016)，頁 83。

11 張成良主編，《遼陽鄉土文化論集》，頁 71。

12 于成龍纂修，《江寧府志》，卷 17，頁 27；唐開陶纂修，《上元縣志》，卷 16，頁 9-10；武念祖修，陳栻纂，《上元縣志》，卷 6，頁 12-13。

13 邱華東，〈再論遼陽即古襄平："曹雪芹祖籍鐵嶺說"商榷〉。

14 翟文選等修，王樹枏等纂，《奉天通志》，卷 251，頁 16-17。

圖表 1.2：　記載曹雪芹家族籍貫的文獻。

❖雍正《揚州府志》，卷18頁23
曹　寅滿洲人四十三年任四十五年四十七年四十九年再任

❖乾隆《江南通志》，卷105頁13
曹　璽滿洲人康熙二年任　曹　顒滿洲人康熙五十二年任
曹　寅滿洲人康熙三十一年任　曹　頫滿洲人康熙五十四年任

❖乾隆《江都縣志》，卷14頁14
曹寅字楝亭滿洲人

❖乾隆《篋衍集》，卷2頁25
曹　寅子清滿洲人官工部著荔軒集

❖光緒《重修安徽通志》，卷125頁2
曹寅滿洲人巡視兩淮鹽課監察御史

❖民國《吳縣志》，卷6頁18
曹寅滿洲人二十九年任

❖康熙《平陽府志》，卷19頁112
曹振彥奉天人貢七年任

❖雍正《清詩大雅》二集
鐵嶺曹　寅楝亭著

❖乾隆《國朝詩別裁集》，卷20頁12
曹　寅字子清奉天人官江寧織造著有楝亭詩稿

❖光緒《吉州全志》，卷3頁4
曹振彥奉天遼東人

❖康熙《國朝詩的》，較閱姓氏、卷2頁6
曹　寅子清遼左　曹　寅子清千山人

❖民國《奉天通志》
曹振彥遼陽人　卷101頁8
曹璽漢軍世居瀋陽　卷101頁8
曹寅　世居瀋陽　卷211頁17
清詩的曹寅字子清千山人　卷225頁1
清詩別裁集十二曹寅奉天人
曹　璽遼東漢軍人任江南江寧織造　卷196頁14

❖康熙《名家詩選》，卷1頁19
曹　寅子清雪樵奉天遼陽人野鶴堂草

❖雍正《四言史徵》，各卷卷首
長白曹　荃芷園甫註釋

❖康熙《名家詞鈔》，總目
荔軒詞　長白曹　寅子清

❖康熙《施愚山先生學餘文集》，校閱姓氏
長白曹　寅子清

❖康熙《皇清詩選》
曹　寅雪樵荔軒長白野鶴堂草　卷首頁4
曹　寅子清奉天遼陽人　卷5頁20

❖康熙《瑤華集》，書首
曹　寅子清荔軒長白

❖康熙《有懷堂文稿》，卷6頁8
三韓曹使君子清

❖康熙《林蕙堂全集》，參訂姓氏
三韓曹　寅子青

❖乾隆《大同府志》，卷11頁17
曹振彥遼東人貢士順治九年任

❖康熙《楝亭詩鈔・別集・詞鈔・別集・文鈔》，卷首
千山曹寅子清譔

❖康熙《詩乘初集》，卷12頁10
曹　寅字子清號楝亭奉天寧遠人

❖康熙《昭代詩存》，卷7頁98
曹　寅字子清遼東遼陽人

❖順治《雲中郡誌》，卷5頁15
曹振彥遼東人由貢士從吉州知州陞順治九年任

❖康熙《詩觀》二集，卷13頁30
曹　寅子清雪樵奉天遼陽人野鶴堂草

❖乾隆《國朝詩選》，卷5頁42
曹　寅荔軒奉天鐵嶺人

❖雍正《國朝詩品》，卷10頁3
曹　寅字子清號雪樵奉天遼陽人野鶴堂草行世

❖雍正《浙江通志》，卷122頁1
曹振彥奉天遼陽人順治十二年任

❖康熙《杭州府志》，卷19頁55
曹振彥遼陽人三年任

❖康熙《上元縣志》，卷16頁9
曹璽字完璧　著籍襄平

圖表 1.3：　遼陽王爾烈寫於乾隆朝的〈同遊千山詩錄〉。

瑤峰集卷上

遼陽王爾烈瑤峰撰　邑後學金毓黻輯錄

同遊千山詩錄

遊山約

文章跌宕昔人採五嶽之奇秀色峻嶒吾地有千山之勝春深遊展與花鳥而偕來暇日詩情爲林泉以勾引爰謀夙好共協衷懷幸藉名區一新耳目敬啓諸公約於孟夏之初乘此清和之候同循緗陌先覓龍泉舊日所會遊當更識匡廬眞面良辰不可負何獨讓靈運幽襟行樂貴於及時遊山亦且有道是行也擇老成爲領袖（王君潤溥主持遊事）以免紛歧依眞率爲規條不分賓主盤餐惟資果腹何事珍羞壺觴尤可暢懷寧拘斗石屏管絃之嘈雜靜聽禽韻泉聲息杖履於朝昏不廢詩牌碁局次第而歷諸寺樂則不疲從容以盡所長奇則不厭期自甲而至癸觀亦可以止矣人由少以及多樂不若與衆焉若僕者久居皐座亦思石上談經暫別鴛聯且免松間喝道詎無心以出岫竊有意於學山九百九十九峯本不滿千峯之數（黃雲覆馮律天千山遊記書後千山者奇峰插天青嶂壁立共九百九十九峰以其近千故名千山云）三百六旬六日何妨偷旬日之閑下箸常惜萬錢且作買山之費（每人遊資十千文）採懷猶有尺錦足爲攬勝之資願附驥尾以相從聊假霜毫以共白丁酉三月瑤峰爾烈啓

瑤峰集　卷上　一　遼海叢書

同遊詩小序

四月四日蓬萊王君潤溥遷安徐君淳叟濟南李君龍文同郡楊君君實趙君文源石君瑞昌金君燦章暨吾家杏邨叔穆齋兄皆如約而集惟敬哉劉君已有成約既而以家事不果來戴君鼇東以有職守亦未預余乃偕諸君及翰蓬二子少長共十二人出城南車騎迤邐由隆皐嶺至七嶺午餐於旅舍日夕至龍泉寺擇西閣爲棲止之所自龍泉次及祖越寺普安觀南泉庵凡遊四日初九日由西嶺策杖徒步過石橋至香巖寺車從皆轉自七嶺道雙峰亦至焉留三日將遂至大安不果十二日由雙峰以歸凡得詩若干首同遊者亦各有作並錄之以志一時之興將歸時龍泉僧以紙索書衆以爲施門聯以紀遊乃擬聯句並牓字附記於後

詠千山詩

千山發脈於長白長白高遠可望而不可即然觀千山之盤結峯巒備極化工之巧而長白可知矣恭讀聖祖仁皇帝御製入千山詩三章睿賞切至皇上御製望千山詩一章有華嶽泰岱應齊峻之句千山得此自足擅勝千古惟聖祖東巡時前此荒廢未甚開薙蓋生衆甫殿聖心深爲軫念恐有勞費也迨皇上六龍遙駐仰體至意亦未幸臨而其地處偏僻日久益以頹敝故往往使星東下便道來遊未嘗不驚其峰巒之秀拔而惜其補綴之失宜亦未遑奏請兩朝聖製建勒穹碑爲山林增色固以寺中庫狹不敢褻也然名山待至人而顯又幸地託豐鎬山靈應不無厚望焉恭賦二詩以明其意爰錄之以爲諸篇之冠爾烈謹記

瑤峰集　卷上　二　遼海叢書

高山天作帝王州長白尊居望莫由一石一泉皆化育千華千頂就曜鏤（千華山千頂山皆見香巖寺明代碑記曰千山者以其容濬其字）水無四瀆原依海（松鶴老人遊千山記有以江湖匡廬嵩岱不能過之語故云）山不三公豈屑侯擅勝生輝應有日兩岐翹首翠華遊

玉勒朱旗清晏時茅堂石徑一委蛇（樹杪朱旗出藤陰玉勒過茅堂小橋危石徑穿皆邇迴入）孝思自邇豐岐業睿賞長留典誥詞（千山御製詩句）華岱仰聞稱偉俊滄溟應待眺瑰奇（御製望千山詩華嶽泰岱句尸見序文又句云何時長嘯滄海注據盛京通志香巖寺有仙人臺箭可眺滄海）松聲泉韻如相語寶字天文乞勒碑（如布几席）

按張玉書遊千山記遼陽城南五十里爲千頂山山多奇峰巑岏稠疊不可指屈故名千頂

圖表 1.4：　《江寧府志》與《上元縣志》中的〈曹璽傳〉。

❖于成龍纂修，《江寧府志》（約康熙二十四年成書）

曹璽字完璧宋樞密武惠王裔也及王父寶宦瀋陽
遂家焉父振彥從入關仕至浙江鹽法道著惠
政公承其家學讀書洞徹古今負經濟才兼藝能射
必貫札補侍衛之秩隨王師征山右建績
世祖章皇帝拔入 內廷二等侍衛管鑾儀事陞內工部
康熙二年 特簡督理江寧織造江寧局務重大黼
黻朝祭之章出焉視蘇杭特爲繁劇往例收絲則憑
行儈顏料則取鋪戶至工匠缺則僉送在城機戶有
幇貼之累衆奸叢巧莫可端倪公大爲釐剔買絲必
于所出地平價以市應用物料官自和買市無追胥
列肆案者刱立儲養幼匠法訓練程作遇缺即遴以
補不僉民戶而又朝夕循拊稍食上下有經賞賚以
江寧府志　卷之十七　宦蹟
時故工樂且奮天府之供不戒而辦歲比祲公捐俸
以賑倡導協濟全活無算郡人立生祠碑頌焉丁巳
戊午兩督運 陛見
天子面訪江南吏治樂其詳剴
賜御宴蟒服加正一品更
賜御書匾額手卷甲子六月又督運瀕行以積勞感疾
卒于署寢遺誡惟訓諸子圖報 國恩毫不及私江
寧人士思公不忘公請各臺崇祀名宦是年冬
天子東巡抵江寧特遣致祭又奉
旨以長子寅仍協理江寧織造事務以纘公緒寅敦敏
淵博工詩古文詞仲子宣官廕生殖學具異才人謂
盛德昌後自公益驗云

❖藍應襲修，《上元縣志》（乾隆十六年刊本）

曹璽字完璧其先出自宋樞密武惠王彬後著籍襄
平大父世選令瀋陽有聲世選生振彥初扈從入
關累遷浙江鹽法參議使遂生璽璽少好學沉深
有大志及壯補侍衛隨
王師征山右有功康熙二年

卷十五頁十五

❖唐開陶纂修，《上元縣志》（康熙六十年刊本）

曹璽字完璧其先出自宋樞密武惠王彬後著籍襄平
大父世選令瀋陽有聲世選生振彥初扈從入關累
遷浙江鹽法參議使遂生璽璽少好學沉深有大志
及壯補侍衛隨
王師征山右有功康熙二年
特簡督理江寧織造織局繁劇璽至積弊一清幹畧爲
上所重丁巳戊午兩年
陛見陳江南吏治備極詳剴
賜蟒服加正一品
御書敬慎匾額甲子卒於署祀名宦子寅字子清號荔
軒七歲能辨四聲長偕弟子猷講性命之學尤工於
詩伯仲相濟美璽在殯
上元縣志　卷十六
詔晉內少司寇仍督織江寧
特敕加通政使持節兼巡視兩淮鹽政期年疏貸內府
金百萬有不能償者請豁免商立祠以祀奉
命纂輯全唐詩佩文韻府著練亭詩文集行世孫顒字
孚若嗣任五載因赴都染疾
上日遣太醫調治尋卒
上嘆惜不置因命仲孫頫復繼織造使頫字昂友好古
嗜學紹聞衣德識者以爲曹氏世有其人云

卷十六頁九至十

❖武念祖等修，《上元縣志》（道光四年刊本）

詩伯仲相濟美璽在殯
詔晉寅少司寇仍督織江寧
命纂輯全唐詩佩文韻府著楝亭詩文集行世孫禹字

卷六頁十二至十三

圖表 1.5： 曹錕於 1932 年壬申歲所題之武惠王曹彬遺像。[15] 曾貴為民國總統的曹錕亦與曹雪芹家同以曹彬為顯祖。

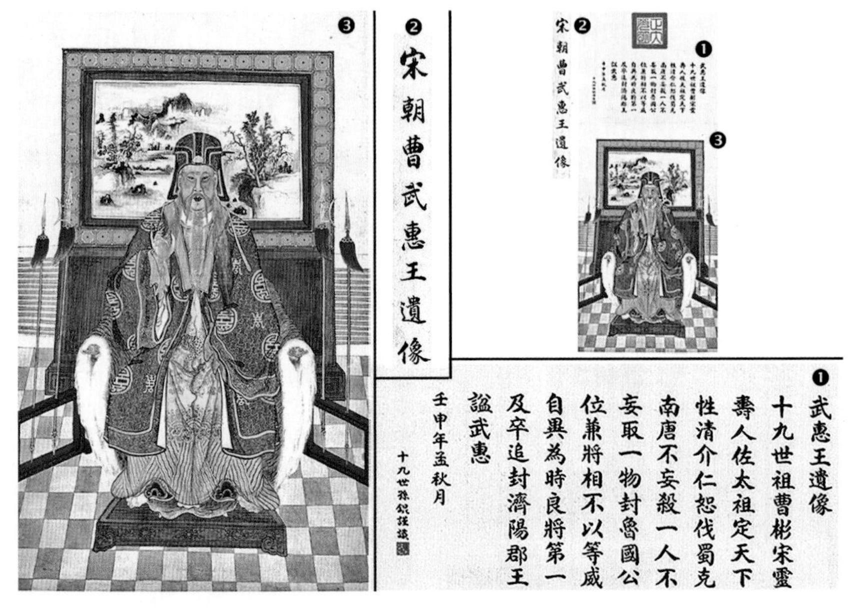

由於上元縣與江寧縣乃同城而治，均屬江寧府，而曹家的璽、寅、顒和頫三代四人在次第擔任江寧織造期間，又恰與修志過程相重疊，知半個世紀以來作為宦居當地最顯赫的八旗望族，前述曹璽小傳之內容不應與曹家的自我認知有差，且情理上亦應曾諮詢過曹家。亦即，如考慮出版時間的先後，《上元縣志》所敘述的「後著籍襄平。大父世選令瀋陽有聲」，應是對較早成書之《江寧府志》「及王父寶宦瀋陽，遂家焉」的具體補充，強調其家原本「著籍襄平」。再者，曾於《楝亭圖》上為曹寅、曹荃兩兄弟跋詩的鄧漢儀，[16] 在其康熙十七年成書之《詩觀》二集中，收錄三首曹

15 中國嘉德 2018 春季拍賣會《筆墨文章：信札寫本專場》第 2008 號。

16 落款為「荔軒、筠石兩年先生題畫正，舊山鄧漢儀拜書」。參見高樹偉，〈中國國家圖書館藏四卷《楝亭圖》初探〉。

寅的詩，並記其簡歷曰：「子清，雪樵，奉天遼陽人，《野雀堂草》。」而此詩集的編選體例是根據作家自行提供的內容，知該三詩應摘自曹寅的《野雀堂草》（今佚），且曹寅著籍遼陽的敘述也很可能直接出自作者。[17]

至於曹寅在其助印且校閱的施閏章《學餘全集》中署名「長白曹寅子清」，友人韓菼（音「毯」）於〈織造曹使君壽序〉中稱他為「三韓曹使君子清」，吳綺文集的參訂姓氏中亦記「三韓曹寅子青」，[18] 寅弟荃在序《四言史徵》時自署「長白曹荃」（圖表 1.2），應均是用「三韓」與「長白」來泛指遼東（指遼河以東的地區），此為明清文士圈常見不直用地名的儒雅做法，類似情形亦可見於三湘、嶺南和八閩等例。

「三韓」原指朝鮮半島南部的馬韓、辰韓和弁韓三個小國，由於遼聖宗開泰五年 (1016) 耶律世良大破高麗軍時，除斬首數萬級，還將大量來自三韓的俘虜遷置遼東，故當瀋陽、遼陽等地在明末被金國攻陷後，遼人遂將遭遇相近的遼東以「三韓」稱之（「長白」的用法亦然）。[19] 康熙《遼陽州志》的跋文即明指「遼陽昔為三韓總會之區」，康熙《寧遠州志》亦因

---

17 黃一農，〈重探曹學視野中的豐潤曹氏〉。

18 「子青」因與「子清」同音，故亦被曹寅用為別字（古人不乏此例），如錢澄之即撰有〈與曹子青〉，張雲章也曾賦〈贈曹鹺使子青〉。參見韓菼，《有懷堂文稿》，卷 6，頁 8、卷 8，頁 8；吳綺，《林蕙堂全集》，卷首；錢澄之，《田間尺牘》，卷 3，頁 5；張雲章，《樸村詩集》，卷 8，頁 7。

19 清初劉廷璣批評時人不該用「三韓」稱遼東；顧炎武嘗曰：「開泰中，聖宗伐高麗，俘三國之遺人置縣。據此，乃俘三國之人置縣於內地，而取三韓之名爾……今人乃謂遼東為三韓……原其故，本於天啟初失遼陽以後，章奏之文遂有謂遼人為三韓者……今遼人乃以之自稱。」王棠亦稱「今人乃謂遼東為三韓」；《重修大同鎮城碑記》（圖表 2.13）可見「三韓馬公諱之先」和「三韓彭公諱有德」，耙梳資料庫知「初籍金州衛」的馬之先嘗被稱作奉天或遼東人，「金州衛生員」彭有德為奉天或遼東人。亦即，奉天、遼東或三韓均可用來指代較廣的地理範疇。參見顧炎武，《日知錄》，卷 29，頁 846-847；劉廷璣，《在園雜志》，卷 1，頁 48-49；王棠，《燕在閣知新錄》，卷 30，頁 15。

此稱寧遠是「關東一要會也……雄麗甲三韓，為遼、瀋門户」。[20]

更有甚者，大量與曹家人歷宦過程相涉的清代方志類官書中，有謂振彥是「遼陽人」「奉天人」「遼東人」「奉天遼東人」「奉天遼陽人」或「遼東遼陽人」，曹璽是「遼東漢軍人」「漢軍，世居瀋陽」，或指曹寅是「奉天人」「千山人」「世居瀋陽」「世居瀋陽地方」（圖表 1.2）。由於順治十四年始在盛京瀋陽城內置奉天府，下轄遼陽、撫順、鐵嶺、開原等地，並一直沿用至民國北洋政府時期，知這些記載多與前述之遼陽說若合符契，[21] 前人往往糾結於遼東、奉天、三韓、長白、千山、襄平、遼陽等地名的不同，而不知它們彼此間並無矛盾，只是涵蓋範圍有別，[22] 至於瀋陽與遼陽兩地名則是宦居與祖籍間的差異！

綜前所論，曹雪芹的先輩一直「著籍遼陽」（此說與目前包含方志在內的幾乎所有一手文獻的敘述皆若合符契），直至其高高祖世選因在瀋陽中衛任官始遷住瀋陽。[23] 天啟元年三月瀋陽城陷時（八日後遼陽亦陷），世選舉家被俘或降，《八旗滿洲氏族通譜》（略稱《通譜》）因此稱曹世選「世居瀋陽地方」（圖表 1.6），但曹家仍以遼陽為祖籍。[24] 在馮其庸原藏的同治《曹氏譜系全圖》（與《五慶堂重脩曹氏宗譜》最後增補材料的時間大致相同，然此

20 楊鑣纂修，《遼陽州志》，末跋；馮昌奕等修，《寧遠州志》，卷 8，頁 5。

21 在圖表 1.2 所整理出的約四十個記事當中，與此說不合者僅見劉然輯《詩乘初集》（約收 200 人）、彭廷梅輯《國朝詩選》（約收 1550 人）、汪觀輯《清詩大雅》（凡 117 卷），稱曹寅為「奉天寧遠人」或「奉天鐵嶺人」，由於三書的編者均未出現在曹寅現存的詩文集中，疑其與曹寅並無私交，或是編者在收錄大量詩作時未能一一核實作者資料所致。

22 王洪勝，〈曹雪芹家世祖籍研究的重大發現〉。

23 先前學界多理解成曹世選於歸金後因任官而移住瀋陽，但《通譜》中清楚記載作為第一代包衣的世選並未出仕。

24 從《八旗滿洲氏族通譜》另見 94 個尼堪家族「世居遼陽地方」一事，判斷曹家雖著籍遼陽，但當時已長住在政經中心的瀋陽，故被稱作「世居瀋陽地方」。

圖似已佚）上，[25] 於四房的振彥、寅、璽、鼎名下，有「向聞分住遼陽，譜失莫記」等字（此句應描述的是振彥及其祖籍；圖表 1.7）！[26]

另，曹寅亦透過別號「柳山」顯露他對遠祖的認同。曹寅幕友張雲章嘗稱其「柳山先生」，並註稱「公以柳山自號」。[27] 查士標《梅花冊》上有六幅畫的題詩署名「柳山」，且鈐用「曹寅之印」「荔軒」「楝亭」「楝下客」。[28] 博爾都（字問亭）命曹寅在石濤所繪《臨眾爵齊鳴圖》寫賦時，寅自署「柳山弟」，圖上曹寅手書的「雲漢高尋」引首，亦署「柳山寅題」，並鈐「楝亭」等印。[29] 石濤為博爾都臨摹的《蓬萊僊境長卷》上，也有「柳山寅題并識」之跋。[30] 此外，曹寅自序《太平樂事》雜劇時，末署「柳山居士」；[31] 在題明‧馬守真（號湘蘭）所畫之《蘭竹》時，署名「柳山聱〔音"敖"〕叟」（因其曾患「耳閉」之疾）；且於《北紅拂記》末題「柳山自識」，程麟德跋此書時亦盛讚「柳山先生材大如天」（此段參見圖表 1.8）。[32]

---

25 此圖之上應以十七世惠慶的事跡最晚，其傳記稱：「湖南岳州府通判，歷署巴陵縣知縣，平江縣知縣，賞加同知銜，以直隸州知州盡先補用。題陞武岡州知州，遵旨奏調山東幫辦營務，以歷次克復城寨打仗，奉旨免補直隸州，以知府留東補用，賞戴花翎。」查惠慶在同治元年至二年出任平江縣知縣後，雖題陞武岡州知州，但遵旨襄贊山東營務，遂以軍功候補知府。同治七年九月他獲丁寶楨保奏並送部引見，十年十二月惠慶卒於山東曹州府知府任內。參見馮其庸，《曹雪芹家世新考》，頁 27；張培仁修，李元度纂，《平江縣志》，卷 34，頁 8；《清穆宗實錄》，卷 242，頁 355、卷 326，頁 307。

26 馮其庸，《曹雪芹家世新考》，頁 15-33。

27 有以張雲章〈奉陪曹公月夜坐柳下賦呈〉詩中有「柳山先生性愛柳，山坳一樹百年久」句，故認為此即曹寅以柳山為別號之故，然此號應還有另一層更深的意涵。參見周汝昌，《紅樓夢新證》(2016)，頁 137。

28 顧斌，《曹學文獻探考》，頁 371-381。

29 黃斌，《清宗室博爾都《問亭詩集》校注與研究》，頁 367-368。

30 陳國平，《石濤》，冊上，頁 512-513。但書中誤將「柳山寅」繫為康熙十二年進士曾寅（江西清江人），並在無論證的情形下，逕指曾寅號柳山。

31 顧平旦，〈曹寅《太平樂事》雜劇初探〉。

32 上海圖書館藏《北紅拂記》的尤侗序出現三處「柳山」，但該文在收入《艮齋倦稿》後則都改成「荔軒」。參見周興陸，〈試論曹寅的《北紅拂記》〉。

圖表 1.6：《八旗滿洲氏族通譜》中曹錫遠家族的滿漢名。

❖《八旗滿洲氏族通譜》漢文本（臺北故宮博物院藏）

曹錫遠❶

正白旗包衣人世居瀋陽地方來歸年分無考其子曹振彥❷原任浙江鹽法道孫曹璽❸原任工部尚書曹爾正❹原任佐領曾孫曹寅❺原任通政使司通政使曹宜❻原任護軍參領兼佐領曹荃❼原任司庫元孫曹顒❽原任郎中曹頫❾原任員外郎曹頎❿原任二等侍衛兼佐領曹天祐⓫現任州同

❖《八旗滿洲氏族通譜》滿文本（臺北故宮博物院藏）

❶	❷	❸	❹	❺	❻	❼	❽	❾	❿	⓫
si yuwan	jeng yan	hi	el jeng	yen	i	ciowan	žung	fu	ki	tiyan io
錫遠	振彥	璽	爾正	寅	宜	荃	顒	頫	頎	天祐

圖表 1.7：《五慶堂重脩曹氏宗譜》與《曹氏譜系全圖》的書影。

❖同治《曹氏譜系全圖》

智

智

振彥 仕浙江鹽法道

振彥 仕浙江鹽法道

寅 通政使司□□□□鹽政著

璽 仕江南織造工部

鼎

向聞分住遼陽，譜失莫記

寅 通政使銜，巡視兩淮鹽政，著有《楝亭詩鈔．詞鈔》、《飲饌錄》

璽 仕江南織造、工部

鼎

向聞分住遼陽，譜失莫記

❶ 顒（缺筆以避諱）

❷ 顒（缺筆以避諱）

❸ 顒（未避諱）

（為儘量能容納相關材料，且使文字仍易於辨讀，各人小傳的行距已略縮減）

❖《五慶堂重脩曹氏宗譜》

錫遠　九世

從　龍入關歸內務府正白旗子貴　誥封中憲大夫孫貴　晉贈光祿大夫生子振彥

振彥　十世

錫遠子浙江鹽法道　誥授中議大夫子貴　晉贈光祿大夫生二子長璽次爾正一譜作鼎

璽　十一世

振彥長子康熙二年任江南織造　晉工部尚書　誥授光祿大夫　崇祀江南名宦祠生二子長寅次荃

爾正 另譜名鼎

振彥二子原任佐領　誥授武義都尉生子宜

寅　十二世

璽長子字子清一字楝亭康熙三十一年督理江寧織造四十三年巡視兩淮鹽政累官通政使司通政使　誥授通奉大夫著有楝亭藏書十二種計法書考八卷琴史六卷釣磯立談一卷梅苑十卷禁扁五卷硯箋四卷墨經一卷聲畫集八卷錄鬼簿二卷糖霜譜一卷都城紀勝一卷後村千家詩廿二卷詩鈔文鈔詞鈔居常飲饌錄詩鈔五卷詞鈔一卷入　欽定皇朝文獻通考經籍考　皇朝通志藝文畧　欽定熙朝雅頌集亦有詩計五十五首附錄譜後　崇祀江南名宦祠生二子長❶顒次頫

荃

璽次子原任內務府司庫　誥授奉直大夫

宜

爾正子原任護軍參領兼佐領　誥授武功將軍生子頎

顒❷　十三世

寅長子內務府郎中督理江南織造　誥授中憲大夫生子天佑

頫

寅次子內務府員外郎督理江南織造　誥授朝議大夫

頎

宜子原任二等侍衛兼佐領　誥授武義都尉

天佑　十四世

❸顒子官州同

圖表 1.8： 記載曹寅以「柳山」為自號的文獻。

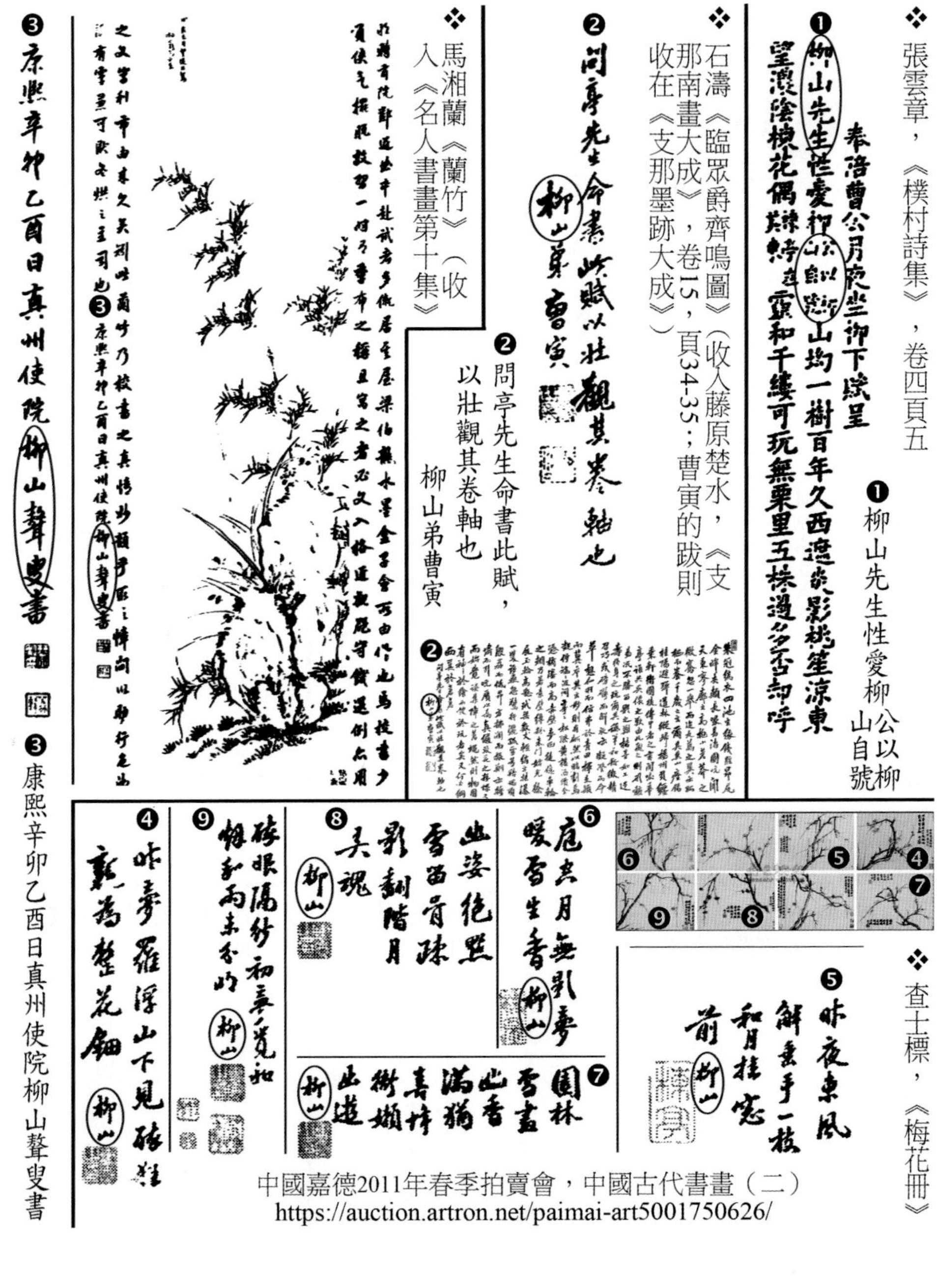

❖ 張雲章，《樸村詩集》，卷四頁五

❶ 奉陪曹公月夜坐前下賦呈柳山先生性愛柳公以柳山自號 望濃陰槐花偶然

❶ 柳山先生性愛柳公以柳山自號

❖ 石濤《臨眾爵齊鳴圖》（收入藤原楚水，《支那南畫大成》，卷15，頁34-35；曹寅的跋則收在《支那墨跡大成》）

❷ 問亭先生命書此賦以壯觀其卷軸也 柳山弟曹寅

❷ 問亭先生命書此賦，以壯觀其卷軸也 柳山弟曹寅

❖ 馬湘蘭《蘭竹》（收入《名人書畫第十集》）

❸ 康熙辛卯乙酉日真州使院柳山聱叟書

❸ 康熙辛卯乙酉日真州使院柳山聱叟書

❖ 查士標，《梅花冊》

❹ 昨夢羅浮山下見 柳山

❺ 昨夜東風 柳山

❻ 庭光月無影 暖香生香 柳山

❼ 園林雪盡 柳山

❽ 幽姿絕豔 雪留骨疏 影翻階月 柳山

❾ 柳山

中國嘉德2011年春季拍賣會，中國古代書畫（二）
https://auction.artron.net/paimai-art5001750626/

柳山亦為名岳，[33] 在江西隆興府（明清改稱南昌府）武寧縣西南三十里，山名乃從曾隱居此地的唐・柳渾之姓。[34] 由於不少曹譜以南宋曾知隆興府的曹孝慶為南昌始遷祖，並稱該支後有遷豐潤者，故曹寅之所以別號「柳山」，不僅因其「性愛柳」，應也是藉以表明自己為曹孝慶後人。[35]

曹寅詩文中另可見不少與其遠祖相關的敘述：如他在賦贈曹鈖時有「吾宗自古占騷壇」「吾宗詩淵源，大率歸清腴」句，就以曹操父子（「三曹」以詩歌名世）為遠宗；袁瑝題《楝亭圖》時，亦謂「惠、穆流徽，朝野重，芳名循譽」，譽他上承曹彬（諡號「武惠」；圖表 1.5）與曹瑋（諡號「武穆」）父子的家聲；曹寅和李煦的幕友張雲章也透過「俶（音 "觸"）裝繼相蕭為侶，取印提戈彬作倫」「俶裝終擬繼蕭何」句（圖表 1.9），盛贊曹寅功業堪與漢初繼蕭何為相的曹參比擬，並期許其新得的孫兒可以允文允武的曹彬做榜樣（附錄 7.1）；納蘭成德則用「籍甚平陽，羨奕葉，流傳芳譽」句，揄揚知交曹寅出身累世（即所謂的「奕葉」）流芳的平陽侯曹參世家；杜岕（音 "介"）寄詩甫任蘇州織造的曹寅時，其「倘遇蓋公輩，蒼生可以安」句，亦用曹參以蓋公之言治齊因而大治的故事相勉。[36] 此外，敦誠作詩寄懷摯友雪芹時，亦有「少陵昔贈曹將軍，曾曰魏武之子孫。君又無乃將軍後，於今環堵蓬蒿屯」句，[37] 指其為魏武帝曹操以及唐代將軍曹霸的裔孫。

---

33 柳山乃以南宋・白玉蟾的〈湧翠亭記〉聞世，亭在山麓，白玉蟾本姓葛，名長庚，後出繼白氏，為道流名人，如《文淵閣四庫全書》中即有 120 部書提及其人其事，《御定佩文韻府》也出現「白玉蟾」38 次、「葛長庚」186 次。

34 許應鑅等修，曾作舟等纂，《南昌府志》，卷 2，頁 22。

35 曹文安等，《南昌武陽曹氏宗譜》；李雪菲，〈曹雪芹祖籍問題新說〉。

36 劉上生，《曹寅與曹雪芹》，頁 150-151。

37 此用少陵野老杜甫〈丹青引，贈曹將軍霸〉之典，唐・曹霸以善畫馬聞名，官至右武衛將軍，傳為魏少帝曹髦（操之曾孫）後裔。因杜甫詩中稱其「將軍魏武之子孫，於今為庶為清門。英雄割據雖已矣，文采風流今尚存」，敦誠以雪芹是曹霸之後（「君又無乃將軍後」句亦有作「嗟君或亦將軍後」），遂在詩中稱其與「為庶為清門」的先祖境遇相似，過著「環堵蓬蒿屯」的生活。

圖表 1.9： 張雲章涉及曹寅和李煦的詩文。

❖ 張雲章，《樸村文集》

上大理李公 卷四頁九至十一

御書修竹清風圖記 卷十一頁十一至十三

祭曹荔軒通政文 卷十八頁九至十

❖ 張雲章，《樸村詩集》

題大理李公出獵圖 卷三頁三

桃花泉次和曹鹺使韻 卷三頁六

又一首呈李公 卷三頁六

舞劍圖歌 并引 卷三頁七

大理李公命吳郡吳生繪圖一美人拔劍舞於庭二美人舞罷插劍侍左右公坐觀之戲語余爲言以弁其首余援筆歌曰

曹銀臺西堂張畫竹三幅余爲作歌 卷四頁五

奉陪曹公月夜坐柳下賦呈 卷四頁五

柳山先生性愛柳（公以柳山自號）山坳一樹百年久西遮炎影桃笙涼東望濃陰楝花偶（楝亭在其東）靄和千縷可玩無栗里五株過多古却呼

贈曹鹺使子青 卷八頁七

帝重東南簡使臣碧幢紅旆轉江津（公以江寧織造兼此職）裁成雲霧天章煥控制河淮國賦均風月楝亭無俗客（公江寧署有楝亭諸名人皆爲賦詩）繁華玉蕊領芳春即今天下才多少詩思幾看子建親清淨曾傳畫一歌俶裝終擬繼蕭何均輸漢代需材久管榷裴弘孰爾過試叩書倉還積石可容賦海續敖波公餘多暇延賓從江岫淮岑共一哦

贈織造李公二首 卷八頁八

中天列宿正森芒茂苑羣瞻棨戟光五彩彰時龍作會七襄報處錦爲棠助成恭已垂衣象剩讀蒸民補袞章指日乘驄淮甸肅法星晉秩更煌煌（時公兼巡鹽御史將按江北而皇上南幸晉階大理卿）

從知仙李盤根大却望 行宮瑞靄屯一擁旌麾留使節三開閶闔作天門（公自居職三遇南巡駐蹕織造府） 皇上寵逾香案神仙吏身捧紅雲玉座尊五柞長楊爭獻賦獨甘漁釣老無聞

題竹村圖 卷八頁八至九

題儀真察院樓呈鹺使曹李二公 卷九頁一

萬家煙井氣絪縕旌旆交移兩鹿轓（朝命以曹李二公代換各晉秩爲卿）山海官（中略）仍餘國息榷酤利不竭財源可知法自曹參守益信 朝由李勉尊呼吸會能通 帝座豈惟御月照層軒（下略）

送劉君入都（劉山東人與大理李公爲表兄弟時在鹺使署中） 卷九頁四

爲大理李公題碧梧翠竹圖 卷十頁八

題曹銀臺荔軒集後 卷十頁八

上下堂鈞笙磬音朱弦玉指發瑤琴宮中重振雲門奏定向西軒獲賞心（公以西軒名集）

聞曹荔軒銀臺得孫却寄兼送入都 卷十頁九

天上驚傳降石麟（時令子在京師[illegible]先聞信至）先生謁 帝戒茲辰俶裝繼相藹爲侶取印提戈彬作倫書帶小同開葉細鳳毛靈運出池新歸時湯餅應招我祖硯傳看入座賓

周確齋屬題畫扇次曹銀臺韻（畫爲士子合作宋堅齋王石谷楊芝𪾔吳定生徐枼若顧若周王仙棠） 卷十頁十一

大理李公六十初度祝詞 卷十一頁九

十載勤勞報 主身（公兼理鹺政十年矣）秋霜未上鬢毛新卷阿何事歌純嘏一德君臣歷萬春

可知曹雪芹家族應自認是漢曹參、魏曹操、唐曹霸、北宋曹彬和曹瑋、南宋曹孝慶諸名人之後，故其親友才有前述贊詞。無怪乎，曹寅或因此在他創作的傳奇《續琵琶》（《紅樓夢》第五十四回賈母曾提及此作品；附錄 4.3）中，替其遠祖曹操「故為遮飾」，以重塑一較正面的形象。[38] 當然，這些曹氏名人間的世系連結，在欠缺史料的情形下，多已無法從血緣上具體印證，而較可能屬於自高世系的追攀行為。下節即藉由現存的族譜材料，探索可否將曹雪芹家族的先祖回溯至遼東以前。[39]

二、難以溯源的武陽曹與豐潤曹

因曹寅家自認是曹參、操、霸、彬、瑋、孝慶諸名人的裔孫，故年代最近的曹孝慶就成為大家關心的焦點。孝慶登南宋淳祐元年 (1241) 進士，咸淳元年 (1265) 知江西隆興府，歷官至權禮部尚書、端明殿學士。浙江圖書館藏康熙《南昌武陽曹氏宗譜》鈔本，稱孝慶長子善翁（名浩）因卜居隆興府城南四十里的武陽渡（在府治南昌縣的長定鄉），遂稱作武陽曹氏，並以孝慶為始祖（圖表 1.10）。

而據康熙《南昌武陽曹氏宗譜》及光緒《浭陽曹氏族譜》（現藏唐山市豐潤區文物管理所，豐潤古名浭陽），豐潤始遷祖曹端明（字伯亮）乃於明永樂年間「由南昌武陽遷豐潤」，其弟端廣則「由武陽遷居遼左之鐵嶺衛」「卜居遼東」「占籍遼東，後人失載」「遷遼左」。[40] 該自武陽→豐潤→鐵嶺的遷徙說法，就成為紅圈追索曹家先祖移居遼東之前籍貫的關注焦點。

38 樊志斌，《曹雪芹家世文化研究》，頁 87-100。

39 均請參見黃一農，〈曹孝慶家族在江西遷徙過程新考〉。

40 趙東海，〈曹端廣：一個任人打扮的小姑娘——鐵嶺說駁難〉。

圖表 1.10：康熙《南昌武陽曹氏宗譜》中的始祖曹孝慶。[41]

武陽曹氏源流宗譜序

九世孫觀源譔

曹氏之先世居真定宋乾德初諱彬者仕神武將軍蕙擢密承
旨二年冬伐蜀為都監開寶六年進檢校太傅七年將兵伐江
南仁恕清慎備載史冊真宗朝贈中書令封濟陽王謚武惠子
璨珝瑋玹玘珣琮璨授河南節度使同平章事贈中書令謚武
懿璨子儀官至耀州觀察使珝尚秦王女興平郡主瑋累官安
撫觀察使改彰武節度使贈侍中謚武穆玹左藏庫副使玘尚
書虞部員外郎珣東上閤門使琮西閤門使累官安撫都指揮
使琮子佺皇城使嘉州防禦使佺子詩尚魯國大長公主玘之
女即慈聖光皇后也彬之父芸累贈魏王彬韓王玘吳王子
孫累代光顯享壽祿於無窮垂名於不朽武陽曹氏
始祖孝慶公者蓋彰武節度使武穆公之五世孫也官朝散大
夫知隆興府因家省城之南子善翁卜居城南之四十里地為
武陽至今人稱為武陽曹氏云圖書世澤紹述綿延視靈壽之

（下略）

曹氏南北合譜世系總圖

一世　二世　三世　四世　五世

孝慶
善翁　美翁
子義　子華
端可　端明　端廣　端奇
孔直　孔方　英　孔德

曹氏重修南北合譜序

十三世孫禹望譔

（中略）

系蓋自明永樂年間始祖
伯亮公從豫章武陽渡協弟　遡江而北一卜居於豐潤之咸
寧里一卜居於遼東之鐵嶺衛則武陽者洵吾始祖所發祥之

（中略）

固著書遙稱系出楚尹文勝則史賢者不免若余之以武陽為
族以明實也以明親也所以崇本反始也夫豈與重黎楚尹同
類而觀也哉至遼陽一籍闕焉未修尚屬憾事從而考訂淵源
使前此數百年之祖禰歡若同堂後此數千里之宗裔敬乎一
本是余之責也夫是余之責也夫

第一世

孝慶 字　號　生宋淳祐辛丑五月初一巳仕隆興府守
夫人趙氏生歿失載
子善翁 美

第二世

善翁 字元長一名浩號天其生宋景定甲子二月廿八巳登景炎進士
乞歸養母後元主中國累聘不仕歿至元戊寅七月初八寅葬辟邪
曹家山　向行詳忠孝逸民三傳
孺人趙氏生乙丑三月十四未歿至正甲申四月初九未葬合夫
父孝慶　子子義 華

美翁
父孝慶　子

41 此譜雖稱曹端廣卜居遼東鐵嶺衛，然目前並無任何證據指出端廣支與「著籍襄平」的曹世選支有直接關係。

筆者自 2010 年春起曾多次赴進賢、南昌、湖口、都昌、上海、南京、北京、豐潤等地，儘可能綜覽相關的譜牒和碑刻。然因各譜中的世系常記載不一，故我們應有必要將宗族歷史的文本放到大歷史的脈絡中加以對照，以辨定各譜涉及遠祖之記述是否可信。[42] 在《中國家譜總目》著錄的曹氏譜牒凡 275 部，[43] 學界有從其中的幾部判定孝慶是宋靈壽（今河北石家莊市靈壽縣）曹彬 (931-999) 玄孫曹實（原名「晟」，靖康元年遭金人北擄，因避金太宗完顏晟而改名「寔」，通「實」或「是」）之子，亦有指其是唐豫章（今南昌市進賢縣）曹端禮十三世孫應龍之姪孫，惟此兩支曹氏似無直接關係。

考量曹彬、曹實、曹應龍與曹孝慶均為史書中可考之人物，筆者遂透過幾個大型的文史資料庫，嘗試疏理其生平事跡，並在 2011 年新竹清華大學圖書館裝置《中國方志庫》的測試中，第一次檢索就成功於乾隆《湖口縣志》的進士名錄發現曹孝慶，令學界首度得知孝慶為江西湖口人。接著，筆者又耙梳了約二十種曹譜以及大量志書和宋元著作，且赴當地覓得孝慶葬於湖口文橋走馬嶺的「西真寺祖墓」（圖表 1.11），更縷析出曹孝慶家族於唐宋時期的移居路徑：從安徽宣州南陵縣→江西江州彭澤縣→饒州都昌縣龜山→江州湖口縣，知其入贛後大致不出鄱陽湖周遭地區。無怪乎，《南宋館閣續錄》中曾以孝慶「貫南康」，此或因都昌縣在當時乃隸南康軍。[44] 此外，筆者還自南宋紹興四年 (1134) 成書的《古今姓氏書辯證》中，發掘出靈壽曹氏自彬以下五代百餘人的世系，以及曹實（譜牒中有稱其是孝慶之父）、曹浩（又名善翁，有稱是孝慶之子）的事跡。[45]

---

42 下文中的相關討論均請參見黃一農，〈曹孝慶家族在江西遷徙過程新考〉。

43 其中始祖為曹彬者約 23 部、曹參 8 部、曹良臣 2 部。參見王鶴鳴主編，《中國家譜總目》，冊 5，頁 2808-2835。

44 陳騤，《南宋館閣續錄》，卷 8，頁 18。

45 鄧名世，《古今姓氏書辯證》，卷 11，頁 10-13。

圖表 1.11：曹孝慶祖墓所在的湖口縣走馬嶺西真寺。[46] 遺址在今文橋鎮的曹寺新村，尚存康熙二十二年重建之功德碑。[47]

46 西真寺現僅存遺址，該寺原本應為曹家的功德寺，招僧人以守護其旁的祖先墳塋，此故，寺旁之村原名「曹寺灣」。查宋代類似曹孝慶位階之大臣，常在遷居地區指占或新建寺院作為其家族的功德寺，至於獲朝廷賜額者，更可享有寺產免除科敷的優待，知孝慶家族至少到他這一代應已落籍湖口。參見魏峰，《宋代遷徙官僚家族研究》，頁 118-125。

47 筆者於 2010 年田調時，在村外一處廢棄農舍發現此碑，並花費幾小時逐頁拍攝村中老人自閣樓拿出的一套以錦袱包裹的線裝曹譜，離開時因天色已晚，屋外無路燈，乍然見到曾經很熟悉且伴我年輕時逐夢的滿天星斗，不禁想起多年前當職業天文學家時，在美國麻州的 Quabbin 水源保護區，獨自一人操作直徑 14 米之 FCRAO 射電天文望遠鏡（2011 年拆除）探索銀河系奧秘時的過往……。

由於《中國家譜總目》所收錄的兩百多部曹譜，僅《南昌武陽曹氏宗譜》以孝慶為南昌的始祖，尤有甚者，曹孝慶的進士科名並未見於湖口縣以外它地志書的選舉志，且他在出任隆興知府之翌年即轉知浙江婺州軍事，疑曹孝慶本人並不曾遷籍隆興。又，經考慮年齡的差距以及取名的規矩（曹彬後代依序以帶玉、人、言、日、水字根的字表示行輩字派），我們也可推斷孝慶絕不可能是相差一百多歲的駙馬都尉曹實之子，且亦非應龍姪孫（因孝慶較應龍早三年中進士），而曹浩也不會是孝慶之子（有譜稱浩於咸淳八年除大理寺卿，然與孝慶同榜的黃應龍在五年前才授此職）。疑修譜者為攀援名人，遂硬將孝慶插入曹彬後裔曹實與曹浩兩父子當中。

綜前所論，南宋末年知隆興府的湖口曹孝慶為曹彬或曹端禮裔孫的說法，應均屬附會，且曹孝慶似亦非像康熙《南昌武陽曹氏宗譜》所稱是南昌的始祖。在江西地區的一些曹譜中，有關孝慶父子三代的記述或因此常出現全不搭嘎的情形：如進賢曹氏所編的《贛鄂湘合修曹氏宗譜》(2009)，稱恒省生一子孝慶，孝慶娶萬氏，有一子浩；而在龜山曹氏所編的《曹氏大成宗譜》(1988)，則記忠甫生子三，長名孝慶，娶柳、帥、王、夏氏，有思、愚、應三子！

經詳加比對史實之後，我們可發現武陽、進賢或豐潤曹譜所記孝慶以下四代裔孫的仕宦經歷多屬虛構，而豐潤曹氏較可靠的記載應起自端明。至於豐潤曹再遷遼東的歷程，亦同樣無從核實。在武陽曹的主導以及豐潤曹鼎望與曹首望的監修之下，康熙三十二年重修的《南昌武陽曹氏宗譜》應為已知存世最早的南北曹合譜。該譜指稱孝慶之曾孫端明於明成祖永樂年間攜弟端廣從江西往北發展，結果端明占籍直隸豐潤，端廣則出關並卜居遼東鐵嶺衛。然目前並無任何文獻證據指出曹端廣支與「著籍襄平」的曹世選支有直接關係，而鐵嶺與遼陽分別在瀋陽的東北與西南方各約六十公里處。亦即，我們欠缺堅實的歷史材料，可將曹雪芹先輩們的遷徙途徑回溯至河北豐潤和江西武陽，此故，續編自順治《遼東曹氏宗譜》的同治《五慶堂重脩曹氏宗譜》（下文簡稱《五慶堂曹譜》）中，就從未言及武陽曹或豐潤曹，而是將遼東五慶堂諸曹（包含雪芹祖先在內）之鼻祖，附會成元末安徽壽州安豐人的曹良臣（詳見後）。

曹鼎望在其監修的康熙《南昌武陽曹氏宗譜》中，不僅將武陽曹與豐潤曹合譜，並期望未來能考訂淵源，補足「遼陽一籍，闕焉未修」的情形（圖表 1.10）。曹寅亦認同武陽曹（標舉曹孝慶為其始祖），並以豐潤曹與遼東曹乃同支，遂與鼎望三子釗、鈖、鋡骨肉相稱，且用位於隆興府的柳山為號（間接指稱其家源出曾知隆興府的曹孝慶）。事實上，學界對曹雪芹家族在宋元之前和遼東之外先祖（曹參、曹操、曹霸、曹彬、曹瑋或曹孝慶等）所進行的追索，恐已很難得到合乎史實或基於血緣的客觀關係。然曹家對顯祖的自我定位，不僅重塑了家族的歷史感與文化層次，更透過聯宗通譜成功開展了一連串的社會網絡。

三、《五慶堂重脩曹氏宗譜》中的曹家

疏理曹雪芹家的祖籍問題時，肯定不能避開同治朝編輯的《五慶堂重脩曹氏宗譜》（遞編自清初所編但目前已佚的《遼東曹氏宗譜》），因其是目前所見唯一收錄有雪芹祖先（但無雪芹及其後輩；圖表 1.7）的清代譜牒。[48] 此書乃 1962 年北京市文化局在調查雪芹家世時發現，翌年首度公開。茲嘗試析探此譜內容的可信度，及其與曹家祖籍遼陽說可否呼應。

據曹士琦撰於順治十八年的〈《遼東曹氏宗譜》敘言〉，此譜乃其季弟士璘遵父致中之志初編，序中自認其家之鼻祖乃元末的曹良臣 (?-1372)，

---

[48] 馬希桂，〈記《遼東曹氏宗譜》和《浭陽曹氏族譜》的發現〉；王暢，《曹雪芹祖籍考論》，頁 269-415。

並稱良臣籍隸揚州儀真，因追隨明太祖立功而封安國公，諡忠壯，其長子曹泰襲宣寧侯；次子曹義 (1390-1460) 封豐潤伯；三子曹俊襲指揮使，後調瀋陽中衛，[49] 遂定居該處。該序並稱：

> 歷代承襲以邊功進爵為職者又三、四人，子孫蕃盛，在瀋陽者千有餘人，號為巨族，而金州、海州、蓋州、遼陽、廣寧、寧遠俱有分住者……後因遼、瀋失陷，闔族播遷，家譜因而失遺兵火中，從前世系、宗支茫然莫記。

知曹士琦以明初的曹俊為入遼始祖，譜中並依俊所生的昇、仁、禮、智、信析分成五房。明末時其族人已散處遼東，居瀋陽者達千餘人，[50] 乃當地大姓，且有三、四位世襲衛所武職，惟其家譜於金國攻陷瀋、遼時亡佚。

此譜共收錄三百多人的資料，詳略各異，以三房第十五世之清保最晚，清保所生惠慶、溥慶、榮慶、積慶、裕慶（五兄弟均不用漢姓曹[51]）就是「五慶堂」的命名由來，今所見鈔本出自溥慶之三傳孫曹儀簡家，內容應是從順治年間至同治八年不斷遞編而成。[52] 其體例迥異於平常以世系為析分準則的表格形式，或因材料受戰亂亡佚，故收錄的小傳較詳於編纂者所屬的三房以及明末以後的部分長房，其它內容則多為揣度或轉錄自相關文獻，以致小傳中不僅常無生卒時間，甚至屢屢可見「前/後失考」的敘述。

---

49 瀋陽中衛建於洪武二十年(1387)，領所五，設指揮使三十二員。嘉靖《全遼志》記該衛約有戶一千八百、口五千人，馬、步軍六千二百人。隨著人口日增，萬曆《四鎮三關志》記該衛已「領所七」。參見楊賓，《柳邊紀略》，卷 2，頁 3；李輔等修，《全遼志》，卷 2，頁 4-5、11、59 及卷 3，頁 31；劉效祖，《四鎮三關誌》，卷 8，頁 145-146。

50 張書才，〈明代遼東寧遠衛曹氏的關內原籍〉。

51 如《清實錄》中嘗稱「山東候補知府惠慶」及「署曹州府知府積慶」。參見《清穆宗實錄》，卷 242，頁 355；《清德宗實錄》，卷 58，頁 805。

52 馮其庸，《曹雪芹家世新考》，頁 5。

五慶堂譜中所記的四房第九至十四世，僅列曹錫遠(世選)支共十一人，其內容或主要抄自《八旗滿洲氏族通譜》（圖表 1.6 及 1.7），甚至還把《熙朝雅頌集》卷九的曹寅小傳及其 55 首詩全都照錄於譜末。因《通譜》僅臚列有官銜或科名者，曹譜編者遂在未能增補的情形下，闕載白身的曹順、曹頔、曹顏，並將曹頎錯歸於曹宜（形近「宣」字）名下，且把《通譜》中所記與曹顒、曹頫同輩的曹天祐，誤為曹顒子（附錄 1.1）。

附錄 1.1

曹天祐最可能是曹宜之子

乾隆九年完成的《八旗滿洲氏族通譜》，乃清代涉及八旗歷史的重要官書，始修於雍正十三年，資料隨時訂補，如書中正文即有二十一條出現乾隆繫年之事，最晚者記正黃旗常明於乾隆七年七月初五日病卒。[53] 查《通譜》在編纂時，奉旨監理的弘晝以及擔任總裁的鄂爾泰，亦同時負責編修《八旗通志初集》，這兩部官書不僅勾勒出清朝崛起的大歷史，更記載眾多八旗家族的發跡過程或襲職資料，因關涉這些人物的歷史定位以及權益，故其內容通常相當嚴謹。

《通譜》嘗記曹錫遠（即曹世選）以下有職銜的共三代裔孫曰：

> 其子：曹振彥原任浙江鹽法道。孫：曹璽原任工部尚書，曹爾正原任佐領。曾孫：曹寅原任通政使司通政使，曹宜原任護軍參領兼佐領，曹荃原任司庫。元〔「玄」字之諱改〕孫：曹顒原任郎中，曹頫原任員外郎，曹頎原任二等侍衛兼佐領，曹天祐現任州同。[54]

根據此書體例，乃將「凡初來歸依、有名位可考」者，依其輩分高低臚

[53] 弘晝等，《八旗滿洲氏族通譜》，卷 72，頁 1-2。
[54] 弘晝等，《八旗滿洲氏族通譜》，卷 74，頁 10-11。

列，故常未能表示父子關係。「現任州同」的曹天祐（有版本作「佑」「祜」，滿文音為 “*io*”）顯然與曹顒、曹頫、曹頎同輩。[55]

耙梳《通譜》只有另一位「現任州同」者：鑲白旗包衣管領下人趙世綸。我們從「中國方志庫（二集）」可查出他在雍正十二、三年前後曾擔任昆陽州之州同。[56] 鑒於《通譜》中另有一名「現係候補州同」、三名「現係候選州同」、三名「原任州同」、四名「原係候補州同」，「候選」指具有做官資格但還未授官，「候補」則謂未能補授實缺但已分發到某處聽候委用，用詞相當謹嚴，知曹天祐當時應實授州同。

惟因現存方志數位化的情形尚不完善，故曹天祐究竟在何時何地擔任州同，仍有待進一步查找。尤有甚者，曹天祐之漢名亦可能改用滿名之音譯，或略去原漢姓，如《養吉齋叢錄》記八旗姓氏曰：

> 凡公私文牘稱名不舉姓，人則以其名之第一字稱之，若姓然。其命名或用滿語或用漢文，用漢文准用二字，不准用三字，以其與滿語混也（嘉慶間有旨禁止，如諭改和申保為和保，清永泰為永泰之類）。漢軍或繫姓或不繫姓，祖孫父子無一定。[57]

此一情形將令州同曹天祐的生平資料更難掌握。

鑒於在《通譜》成書之乾隆初年，曹璽孫頂多只剩已革職的曹頫，故天祐頗有可能是曹宜之子，當然我們也不排除他是曹宜兄弟所生，或源出振彥之兄弟支，或出自璽和爾正的其他兄弟（圖表 1.1）。[58] 又，

---

55 有學者不顧官方文獻的記載，將實任州同的曹天祐硬說成是晚一輩的曹雪芹，若然，雪芹就不應在《紅樓夢》中把鼓吹仕途經濟的人罵為「國賊祿蠹」，並稱自己「一事無成，半生潦倒」。參見歐陽健，《紅樓詮辨》，頁 10。

56 現有之資料庫頗不完備，如「中國方志庫」預計分五集輸入約萬種方志，惟迄今僅完成三集，「初集」即因此未能查得趙世綸的任官材料。參見鄂爾泰等監修，靖道謨等編纂，《雲南通志》，卷 7，頁 45。

57 吳振棫，《養吉齋叢錄》，卷 1，頁 3。

58 曹寅有〈與從兄子章飲燕市中〉及〈虎丘雪霽追和芷園看菊韻，寄松齋大兄、

屈復於乾隆八年作詩緬懷曹寅時，曾慨歎其家「何處飄零有子孫」，[59] 亦印證當時尚出任州同的曹天祐應非曹寅已四處流離的直系後代。

先前有學者因《易經》可見「自天佑之，吉無不利」句，且孔子釋稱「佑者助也。天之所助者，順也；人之所助者，信也」，而主張曹順（滿名赫達色）可能又名曹天祐，然因內務府在康熙二十九、四十及四十八年的滿文文件中，分別稱其為曹順、赫達色及曹順（圖表 6.6），故他在三十多歲後又改名曹天祐的機會應不大。[60] 倒是筆者新發現《詩經‧大雅‧生民之什》有「假樂君子、顯顯令德。宜民宜人，受祿於天。保右命之，自天申之」句，其中「右」通「祐」字（《禮記‧中庸》引《詩經》此句則作「佑」），而根據曹家取名字常與經典關合之傳統（圖表 1.12），天祐有可能就是曹宜之子。若曹天祐亦有以「頁」字為偏旁之單名，則或名「曹顯」，當然，此仍屬臆測。

此外，由於文獻中記載曹璽孫輩明確漢名的，僅有順、頎、顒、頫，皆同為以「頁」字為偏旁之單名，疑《通譜》中複名的曹天祐應非曹璽孫，[61] 或屬曹爾正支。更因爾正子曹宜小曹寅二十幾歲，[62] 故曹宜子確較有可能在《通譜》編成時「現任州同」。曹宜於雍正十三年仍在正白旗包衣第四參領第二旗鼓佐領兼護軍參領（從三品）任上，並負責「巡察圈禁允禵地方」等事，知其頗受雍正帝信任，乾隆初應仍在世，是曹世選家族在雍、乾之際官階最高者（圖表 7.25）。

筠石二弟〉二詩，由於曹爾正較兄曹璽年輕許多，故年紀較長的子章應與曹寅同曾祖。亦即，曹世選可能不只曹振彥一子，但他子因不曾出仕，故未列名《通譜》。至於「松齋大兄」，也可能是聯宗的關係。參見曹寅著，胡紹棠箋註，《楝亭集箋注》，頁 72、409-410。

59 屈復，《弱水集》，卷 14，頁 42。

60 《關於江寧織造曹家檔案史料》，頁 125；崔川榮，〈曹雪芹名和字異說〉。

61 吳世昌著，吳令華編，《吳世昌全集》，冊 7，頁 135。

62 曹宜年紀較寅或荃均要小一截，約生在康熙十九年之後不久，此因其於雍正七年已當差三十三年，通常旗員子弟至十八歲就應當差。參見允祹等，《欽定大清會典則例》，卷 32，頁 8-9；《關於江寧織造曹家檔案史料》，頁 190。

圖表 1.12： 曹雪芹家族取名字時所可能借用經典上之關合。

名或字號	經典上之關合
世選（原名寶，又名錫遠）	《尚書・盤庚》有「世選爾勞」「無總于貨寶」句，疑寶和世選是名與字的關係，後並以字行
爾玉（後名璽）	「世選爾勞，予不掩爾善」顯示世選與「爾」字輩關係
爾正（又名鼎）	同上
寅（字子清，號荔軒、楝亭）	《尚書・虞書》有「夙夜惟寅，直哉惟清」句。「寅清」原為官吏箴戒之辭，謂言行敬謹，持心清正
宣（後改名「荃」，字子猷，號芷園）	「芷園」或取自《楚辭・離騷》：「蘭芷變而不芳兮，荃蕙化而為茅。」又，《詩經・大雅》有「秉心宣猶〔通“猷”〕，考慎其相……維此聖人，瞻言百里」，《宋史・樂志》有「亞聖宣猷」句，「宣猷」本謂施展謀劃，康熙四十五年冬趙執信曾題贈「聖宣曹二兄」，或指曹宣
宜	《詩經・周南》有「宜爾子孫」句。此與乃父之行字「爾」有所關合，指「曹宜乃爾正之子孫」
順（小名珍兒）	《詩經・大雅》有「既庶既繁，既順乃宣，而無永歎」句，與其父曹宣之名相連，並冀望能子孫繁盛，而「既庶既繁」之「庶」字不知是否點出順乃庶出？
頔（小名驥兒）	宋・胡瑗《周易口義・復卦》有「希驥之馬亦驥之乘，希顏之人亦顏之徒」句。驥乃良馬，顏即顏回，此謂見賢思齊亦可若是。南朝梁・顧野王《玉篇》以及宋・陳彭年《廣韻》均釋「頔」為「好」，此與「驥兒」之取名有所關合。再者，顏較頔晚生兩年，亦暗合先驥後顏之排序
頎（滿名桑額）	《詩經・國風》有「碩人其〔或作“頎”〕頎，衣錦褧衣」「猗嗟昌兮！頎而長兮」句
顏	《詩經・睟風》有「子之清揚，揚且之顏也」句。顯示寅（字子清）生顏，冀其能揚清抑濁，為長房增光
顒（字孚若，原名「連生」）	《易經・觀卦》有「大觀在上，順而巽……有孚顒若，下觀而化也」句，隱指顒在順後
頫（字昂友）	《詩經・大雅》有「顒顒卬卬，如圭如璋」句。「卬」（通「仰」）與「頫」（通「俯」）對應，隱指顒、頫為親兄弟，頫取字「昂友」或期許能與兄顒相友愛
天祐	《詩經・大雅》有「顯顯令德。宜民宜人，受祿於天。保右命之」句。「右」通「祐」，疑天祐為宜子
霑（字雪芹、閏周）	《詩經・小雅》有「雨雪雰雰……既霑既足」句。《疏》言「霑潤」，而「閏」通「潤」字

《五慶堂曹譜》在遼東四房第十二世記「寅……生二子，長顒，次頫」，第十三世記「顒……生子天佑」，其中兩見的「顒」字，皆避嘉慶帝顒琰之名諱而缺末二筆（圖表 1.7）。[63] 此房最末有「十四世：天佑，顒子，官州同」句，但其筆跡明顯與其它各世不同，且「顒」字未避諱。知此一主要內容為同治朝遞編完成的曹譜，乃依清代規定避嘉慶帝諱，而譜中曹顒小傳以天祐為其子之說，或誤解了《通譜》（《五慶堂曹譜》三房十世的純中小傳就曾提及此書）上的記事，將曹錫遠條在最末所記玄孫顒、頫、頎、天祐四個名字當中未使用相同部首的天祐，誤作顒子（否則，依《通譜》體例應會在天祐之前標明為「四世孫」，該書乃以此用語指稱玄孫之下一輩），先前部分紅圈中人亦有此錯誤認知。至於很可能在民國以後才補上的十四世（未避清諱），同樣因襲前誤，只是從《通譜》中增錄了天祐的官銜。亦即，天祐為顒子之說並不可信，應誤推自《通譜》。

《五慶堂重脩曹氏宗譜》在記曹家的誥贈封號（未見於《通譜》）時，亦因自行揣摩而有多處失實。如譜中以曹振彥誥授中議大夫，然此封號應是乾隆三十六年之後始自「中大夫」改名（附錄 1.2）。編者且因不知八旗武職的品官封號初用文銜，[64] 逕自依乾隆五十一年的新規定，畫蛇添足地將曹爾正、曹宜、曹頎分別繫以武義都尉、武功將軍、武義都尉等武銜封號。[65] 下文即從制度變遷與具體實例兩角度切入，嘗試掌握前述論證所必需的歷史事實，而這些多是先前學界較陌生的知識。

---

63 耙梳「中國方志庫」內嘉慶以後的清代刊本，缺末二筆的情形似乎較缺末一筆者還常見，此或因前者在雕版刻字時較順手所致。

64 允祹等，《欽定大清會典則例》，卷 110，頁 1-4。

65 北京大學現藏一軸雍正十三年曹宜祖父母（曹振彥夫婦）之誥命，另，吳恩裕原藏一軸雍正十三年曹宜父母（曹爾正夫婦）之誥命，兩者因用字屢見舛誤且與體例不合，故均已被論證為假文物。參見黃一農，《二重奏：紅學與清史的對話》，頁 173-178。

附錄 1.2

封號「中大夫」改名「中議大夫」時間小考

清初規定「官員遇有覃恩及三年考滿，例給封贈：一品至五品，皆授以誥命；六品至九品，皆授以敕命」，順治五年且定封贈職級：一品封贈三代，二、三品封贈二代，四至七品封贈一代，其曾祖父、祖父、父俱如子、孫官，八、九品封本身而止。正六品以下的封階均稱「郎」，而在從五品至正一品的封號當中，除從三品官員為三個字的「中大夫」（此在宋代為從四品散階，明代則為從三品），餘皆為四個字的「〇〇大夫」。[66]「中大夫」之名一直行用至乾隆初期，如儲麟趾之父即於乾隆十六年誥贈中大夫。[67] 惟在乾隆五十二年成書的《皇朝文獻通考》，此階已被改作「中議大夫」，[68] 然史籍或二手研究中迄未見其改名的具體時間。[69] 下文即透過大數據耙梳相關記載與案例以深入析探。

首先我們得掌握乾隆朝曾給與封典之各次恩詔的時間，經以「封贈」二字耙梳《清高宗實錄》後，可發現有十次：雍正十三年九月初三日即皇帝位、雍正十三年十二月十三日上崇慶皇太后尊號、乾隆二年十二月初四日冊立皇后、十六年十一月二十日上崇慶皇太后徽號、二十六年十一月二十日上崇慶皇太后徽號、三十六年十一月二十日上崇

66 惟八旗貢士胡文燁在順治九年四月序《雲中郡誌》時，自署「中議大夫知陽和府事今陞分巡河東兼管鹽法水利兵備副使」，他是順治三年八月（或其後不久）自高登庸手中接任昌平知州，七年知陽和府，由於順治五年（月日不詳，疑為年底）才定從三品的封號為「中大夫」，故疑清朝此前的誥敕乃採用明制的「中議大夫」之階。胡氏應是順治五年十一月十一日頒追尊列祖恩詔時，以加級封中議大夫。參見吳輔宏修，王飛藻纂，《大同府志》，卷 11，頁 17、卷 18，頁 27；吳都梁修，潘問奇纂，《昌平州志》，卷 9，頁 16；伊桑阿等，《大清會典》，卷 13，頁 8-9；《清世祖實錄》，卷 27，頁 233。

67 儲壽平等，《豐義儲氏分支譜》，卷 7 之 2，頁 6-7。

68 張廷玉等，《皇朝文獻通考》，卷 90，頁 1。

69 馬鏞，〈清代封贈制度探析〉。

慶皇太后徽號、四十二年三月十六日上孝聖憲皇后尊謚、四十五年元旦七旬聖壽、五十年元旦五十周年國慶、五十五年元旦八旬萬壽。

查乾隆《諸城縣志》在〈誥勅表〉中記稱王縈「乾隆二十六年任廣東鹽運使，授中大夫」，因他於二十五年始獲授鹽運使，[70] 知此應是以二十六年十一月二十日的覃恩而誥授中大夫。又，陶洽在序《恩平縣志》時自署「乾隆三十一年丙戌歲初秋，誥授中大夫、廣東分巡肇羅道兼管水利、督理太平關稅務，加二級又隨帶加一級」，[71] 而之前最近一次涉及封典的覃恩亦在二十六年十一月二十日。此外，卒於乾隆三十八年之達明（三十六年九月已為福建鹽法道）的墓誌銘，記其官銜為「皇清誥授中議大夫、福建鹽法道、前福建糧驛道分巡福州福寧等處……」，[72] 該「中議大夫」應是依上一次覃恩（三十六年十一月二十日）所誥授。又，朱筠於乾隆二十六年敕授「承德郎、翰林院編修〔正七品〕加二級」，三十六年十一月遇覃恩時則誥授「中議大夫、提督安徽學政、日講起居注官、翰林院侍讀學士〔從四品〕加二級」。[73]

依據前述幾個實例，我們或可判斷在誥敕上改中大夫為中議大夫的時間，應始於乾隆三十六年十一月二十日所頒的上崇慶皇太后徽號恩詔。此故，北京清華大學所藏寶名堂《乾隆三十年春大清搢紳全書》及榮錦堂《乾隆三十年冬爵秩新本》書前的〈官階品級〉，皆稱從三品

70 李文藻等纂，宮懋讓修，《諸城縣志》，卷 24，頁 30；阮元修，陳昌齊等纂，《廣東通志》，卷 44，頁 5。

71 曾萼纂修，《恩平縣志》，前序。

72 張琴編修，《莆田縣志》，卷 15，頁 32；盛昱，《雪屐尋碑錄》，卷 14，頁 15-16。

73 清初允許官員依加級（每品分正、從，每兩級可陞至上一品）後的官品授與誥命，至康熙四十九年正月始嚴定官員加級的上限，規定：「內外文武七品、八品、九品官員加級者，俱不准過五品；五品、六品官員加級者，不准過四品；三品、四品官員加級者，不准過二品；二品官員加級者，不准過一品。」參見姚名達，《朱筠年譜》，頁 27；張金杰，〈朱筠傳狀的史源學梳證〉；《清聖祖實錄》，卷 241，頁 397-398。

誥授中大夫，而該校收藏的世錦堂《乾隆四十二年秋大清搢紳全書》則記從三品誥授中議大夫。[74]

清初遇覃恩或考滿時常給官員誥敕，覃恩乃謂皇帝在重要典禮時賜予官民的恩宥（但不一定涉及封贈），如在順、康、雍三帝的 92 年間，只有 20 次恩詔曾頒封典（圖表 1.13）；[75] 考滿則指官員任職一定時間後考核其政績，通常「內四品、外布政使以下各官，俸滿三年才能考滿」，順治十一年始頒給考滿（自八年正月十二日親政起計俸）者誥敕，康熙二年罷此途。[76]

順治初年恭遇恩詔時，定八旗武職的二品官封資政大夫，三品官封通議大夫，但綠營武職的從二品官則封驍騎將軍，正三品官封昭勇將軍。康熙三年題准「八旗武職封典，舊隸吏部，今改歸兵部職掌，其品官封號仍用文銜」。乾隆二十年重定武職封階，令八旗與綠營制度畫一，稱：

> 今一品武臣既封大夫，其二品至四品宜亦改稱大夫，五品以下則皆改稱為郎，但各冠以「武」字可耳。令軍機大臣等擬定字樣，候朕酌奪載入《會典》，以昭典制，其從前已領誥勅，亦不必追改。

將從二品綠旗官員原封的「驍騎將軍」改成「武功大夫」，正三品原封的「昭勇將軍」改成「武義大夫」。乾隆五十一年又規定：

---

74 然在一些刊刻於乾隆三十六年之前的清代縉紳錄中，往往依循明代的封號（從三品初授亞中大夫，陞授中大夫，加授太中大夫；正四品初授中順大夫，陞授中憲大夫，加授中議大夫）誤稱從三品是誥授中議大夫。

75 順、康的恩詔條文均見《大清詔令》，至於康、雍的《實錄》中，僅書「詔內恩款凡〇條」，無具體內容。另，《雪屐尋碑錄》等文獻散見許多誥命內文。

76 此段參見黃一農，《二重奏：紅學與清史的對話》，頁 157-161；薛剛，〈清初文官考滿制度論析〉。

> 武職正一品至從二品俱應封為將軍，正三品至從九品應分別酌與都尉、騎尉、校尉等字樣，遞為差等，以示區別。

從二品原封的「武功大夫」因此改稱「武功將軍」，正三品的「武義大夫」則作「武義都尉」。[77] 知分別生活在康熙至乾隆初年的曹爾正、曹宜、曹頎，不可能有《五慶堂重脩曹氏宗譜》上的封號！

雖在《五慶堂重脩曹氏宗譜》中，曹家人以武職所獲封階之名多出現問題，但因其家歷來所獲之誥命，迄近世仍尚存四軸（順治八年曹振彥夫婦、康熙六年曹璽祖父母、康熙十四年曹璽祖父母及其父母；圖表 1.14 及 1.15），故我們應可合理懷疑在編纂四房有關曹世選支的內容時，部分相關材料或文物或仍有人過眼。茲先假定《五慶堂重脩曹氏宗譜》中涉及曹世選（即錫遠）等文官的封階有所據，再依誥敕頒賜的規定，析探其中有無不合情理之處。

曹振彥因順治八年八月二十一日的皇帝大婚恩詔，以從五品吉州知州授階奉直大夫（圖表 1.14）。他且因十四年三月初十日的太祖太宗配祀上帝恩詔，以從三品鹽法道授中大夫（乾隆中改稱「中議大夫」）。康熙十四年十二月十四日再因冊立皇太子恩詔，以擔任江寧織造、三品郎中加四級之子曹璽貴，[78] 晉贈光祿大夫（圖表 1.15），[79] 《五慶堂重脩曹氏宗譜》因此記曹振彥「浙江鹽法道，誥授中議大夫；子貴，晉贈光祿大夫」。其中「誥授」乃針對當事的官員；封贈官員的尊長或配偶時，「封」指生前，「贈」為死後。

---

[77] 此段參見托津等，《欽定大清會典事例》，卷 462，頁 1-14。

[78] 順治初以郎中為三品，十五年改正五品，十六年陞正四品；康熙六年仍改三品，九年定正五品，遂成定制。參見《清世祖實錄》，卷 119，頁 924、卷 125，頁 964；《清聖祖實錄》，卷 21，頁 294-295；趙爾巽等，《清史稿》，卷 114，頁 3272。

[79] 清初允許官員依加級（每品分正、從，每兩級可陞至上一品）後的官品授階，至康熙四十九年始規定「五品、六品官員加級者，不准過四品；三品、四品官員加級者，不准過二品」。參見《清聖祖實錄》，卷 241，頁 397-398。

圖表 1.13：清前期部分恩詔中涉及頒賜誥命的封典條文。

❖《大清詔令》的封典（此書僅記順、康兩朝）

順治元年十月初十日，定鼎建號詔

一在京文官一品至九品、在外方面各官、及知府府佐州縣正官、俱給與應得誥勅、凡京官署職試職、俱准實授、仍給與應得勅命、文官三品以上、廕一子入監讀書、京官八品以下、准給本身勅命、願移封移贈者聽　頁447

順治五年十一月十一日，太祖配祀南郊追尊列祖詔

一內外滿漢官員一品封贈三代、二品三品封贈二代、七品以上封贈一代、八九品止封本身、已載前詔、後陞補官員、遇此詔者、照現任官品亦如前詔封贈、該部作速舉行、　頁468

順治八年八月二十一日，大婚加上皇太后尊號詔

一內外滿漢官員、一品至九品、已奉恩詔、議給誥勅外、其未逢恩詔各官、一體遵行、俱依見授職銜、照例給與應得誥命、京官三品以上、仍各廕一子入監讀書、　頁477

順治十八年正月初九日，康熙帝即位恩詔

一內外滿漢官員、一品封贈三代、二品以下封贈二代、七品以上封贈一代、八九品止封本身、　頁503

康熙六年七月初七日，親政詔

一內外大小各官除各以現在品級已得封贈外、自順治十八年恩詔後授職及陞級改任者、著照順治十八年恩詔封贈　頁513

❖《清實錄》的封典（康、雍朝無恩款之細目）

順治元年十月初十日，定鼎建號詔

止樵牧。一、在京文官一品至九品。在外方面各官及知府府佐州縣正官俱給與應得誥敕。凡京官署職試職俱准實授。仍給與應得敕命。文官三品以上。廕一子入監讀書。京官八品以下。准給本身敕命。願移封移贈者聽。

康熙六年七月初七日，親政詔

祖宗愛育之心。布告天下。咸使聞知 ○ 詔內恩赦凡一十七條 ○ 分遣內秘書院學士劉芳

雍正元年二月十九日，上康熙皇帝尊謚

天人之願。布告天下。咸使聞知 ○ 詔內恩款凡十一條 ○ 庚午。諭理藩院。據察哈爾總管

乾隆二十六年十一月二十日，上崇慶皇太后徽號

下。公妻以上。俱加恩賜。一、在京滿漢文武各官。俱加一級。一、內外大小各官。除各以現在品級。已得封贈外。凡陞級及改任者。著照新銜封贈。一、在籍休致告假官員。來京慶祝

乾隆三十六年十一月廿日，上崇慶皇太后徽號

在京滿漢文武各官俱加一級。一、內外大小各官。除各以現在品級。已得封贈外。凡陞級及改任者。照新銜封贈。一、凡試職各官。俱准

圖表 1.14： 北京大學圖書館藏曹家之誥命。

❖ 順治八年曹振彥夫婦誥敕

奉

天承運，

皇帝制曰：國家推恩而錫類，臣子懋德以圖功。懿典攸存，忱恂宜勗。爾山西平陽府吉州知州曹振彥，慎以持躬，敏以涖事。俾司州牧，奉職無愆。官常彰廉謹之聲，吏治著循良之譽。欣逢慶典，宜沛新綸，茲以覃恩特授爾階奉直大夫，錫之誥命，於戲！式弘車服之庸，用勵顯揚之志。尚欽榮命，益矢嘉猷。

初　任

今　職

制曰：靖共爾位，良臣既效其勤；黽勉同心，淑女宜從其貴。爾山西平陽府吉州知州曹振彥妻袁氏，克嫻內則，能貞順以宜家；載考國常，應褒嘉以錫寵。茲以覃恩封爾為宜人，於戲！敬為德聚，實加儆戒以相成；柔合女箴，愈著匡襄以永賚。

順治捌年捌月貳拾壹日

（北京大學圖書館藏）

❖ 康熙六年曹璽祖父母誥敕

奉

天承運，

皇帝制曰：恩彰下逮，勉篤棐於群寮；家有貽謀，本恩勤於大父。用溯源流之自，爰推綸綍之榮。爾曹世選，乃駐劄江南織造郎中加一級曹璽之祖父。植德不替，佑啓後人。綿及乃孫，丕彰鴻緒。休貽大父，聿觀世澤。茲以覃恩贈爾為資政大夫駐劄江南織造郎中加一級，錫之誥命，於戲！垂裕孫謀，已沐優渥之典；崇褒祖德，用邀錫類之仁。貽厥奕祚，佩此新綸。

制曰：一代褒功，勸酬示後；再世承恩，崇奬及先。績既懋於公家，寵宜追於王母。爾駐劄江南織造郎中加一級曹璽祖母張氏，爾有慈謀，裕及後昆。念茲稱職，端由壼教。爰錫褒儀之貴，用昭種德之勤。茲以覃恩贈爾為夫人，於戲！溯其家法，愛勞既殫先圖；貴乃國章，昌融益開來緒。永期丕贊，用席隆庥。

康熙六年十一月二十六日

（北京大學圖書館藏）

圖表 1.15：　康熙十四年曹璽祖父母及父母獲賜之誥命。

❖曹璽（熙）父母之誥敕

奉
天承運，
皇帝制曰：父有令德，子職務在顯揚；臣著賢勞，國典必先推錫。用申新命，以表前休。爾曹振嚴，乃江寧織造三品郎中加四級曹熙之父，持身有道，迪子成名。嘉予懋績之臣，實爾傳家之嗣。爰褒義訓，用賁恩榮。茲以覃恩贈爾為光祿大夫江寧織造三品郎中加四級，錫之誥命，於戲！率行式穀，澤流青史之光；教孝作忠，榮耀紫綸之色。永培厥後，益庇昌隆。

制曰：國之最重者，惟是忠藎之臣；家所由興者，以有劬勞之母。特頒恩命，用慰子情。爾江寧織造三品郎中加四級曹熙母歐陽氏，慈能育子，教可傳家。念茲靖共之猶，實本恩勤之訓。母德既著，渥典宜加。茲以覃恩贈爾為一品太夫人，於戲！須爵用以榮親，褒忠因之教孝；錫隆恩於不匱，表嘉譽於來茲。欽服寵綸，用光泉壤。

制曰：育撫同勞，母誼不殊於始繼；休榮均被，君恩罔間於後先。典既酬勳，禮宜並貴。爾江寧織造三品郎中加四級曹熙繼母袁氏，嗣脩闈範，式穀後人。撫異產為己出，罔間恩勤；承國典之寵光，無慚似續。茲以覃恩封爾為一品夫人，於戲！念茲良臣，報爾培成之德；嘉茲令子，褒及勤教之功。休命欽承，寵榮不替。

康熙十四年十二月十四日

❖曹璽（熙）祖父母之誥敕

奉
天承運，
皇帝制曰：貽厥孫謀，忠藎識世傳之澤；繩其祖武，恩榮昭上逮之休。忠厚之道攸存，激勸之典斯在。爾曹錫遠，乃江寧織造三品郎中加四級曹熙之祖父，爾有貽謀，以啓乃孫。傳至再世，克勤王家。褒寵之恩，宜及大父。茲以覃恩贈爾為光祿大夫江寧織造三品郎中加四級，錫之誥命，於戲！再世而昌，無忘貽德之報；崇階特晉，用昭寵錫之恩。奕代垂休，九原如在。

制曰：孝子之念王母，情無異於慈幃；興朝之獎勞臣，恩幷隆於祖烈。爰沛貤封之命，用慰報本之懷。爾江寧織造三品郎中加四級曹熙祖母張氏，爾有貽恩，迨於再世。乃孫襲慶，績懋國家。嘉爾淑儀，宜錫褒寵。茲以覃恩贈爾為一品夫人，於戲！章服式貴，沛介錫於大母；綸綍寵頒，保昌隆於百禩。永承家慶，以妥幽靈。

康熙十四年十二月十四日

曹錫遠 ⇕ 曹世選
曹振嚴 ⇕ 曹振彥
曹　熙 ⇕ 曹　璽

曹璽祖父母的誥命乃1956年由吳恩裕購藏，曹璽父母的誥命則原歸傅吾康(Wolfgang Franke, 1912-2007)

曹世選則因康熙六年十一月二十六日的世祖章皇帝配饗天地恩詔，以孫江寧織造郎中加一級曹璽貴，並因當時特賜「在京文武官員俱著各加一級」，[80] 而獲贈正二品的資政大夫。[81] 康熙十四年曹世選又因冊立皇太子恩詔，以孫郎中加四級之曹璽貴，晉贈光祿大夫（圖表 1.15）。由於《五慶堂重脩曹氏宗譜》記「錫遠：從龍入關，歸內務府正白旗；子貴，誥封中憲大夫；孫貴，晉贈光祿大夫」，指其生前曾因子振彥的表現，而封正四品的中憲大夫，若此屬實，則時任從五品知州的振彥，應是在順治十一年以三年考滿，又因加一級而授正四品的中憲大夫，並推恩到父母。

曹顒因於康熙五十一年十月補放江寧織造，五十四年正月卒，這段期間恰逢五十二年三月十八日的六旬聖壽恩詔，故他應可透過加級誥授正四品中憲大夫。曹頫在其兄顒卒後，旋即奉旨入繼長房，且補放江寧織造，至雍正五年十二月以「騷擾驛遞」等罪名遭革職，他在遇逢康熙六十一年十一月二十日的新帝即位、雍正元年二月十九日的上康熙皇帝尊謚或雍正元年十二月二十三日的冊立皇后三次恩詔時，皆有機會以從五品員外郎加級誥授為從四品朝議大夫。至於曹寅以正三品通政使誥授從二品通奉大夫、曹荃以正七品內務府司庫誥授從五品奉直大夫，均有可能是加級所致。

綜前所論，《五慶堂重脩曹氏宗譜》中曹錫遠（世選）支的資料，應均據乾隆九年成書的《八旗滿洲氏族通譜》增補入，惟因當事者不諳此官書之表述體例，遂誤判了天佑（天祐）的輩分，他應是曹振彥之曾孫而非玄孫。至於小傳中的一些封贈散階，則是遞編者於乾隆五十一年以後才在無具體

80 《大清詔令》，卷 5，頁 26。

81 《雪屐尋碑錄》中收有十七名同於康熙六年十一月二十六日以覃恩獲得誥命的官員，其中四人為郎中，分別是戶部掌印郎中加一級色黑、兵部郎中加二級卜書庫、工部郎中加一級金泰、戶部郎中加一級穆成格，他們全獲授資政大夫。疑當時或將品秩屢遭大幅上下調整的郎中視為特例，只要加級（無論加一級或二級）就等同於正二品官封贈。參見盛昱，《雪屐尋碑錄》，卷 4，頁 5-14。

材料的情形下逕自新添的（此從「武功將軍」及「武義都尉」的出現可推得），故頻見錯誤。第十四世的天佑條因筆跡與其它各世均不同，且不諱「顒」字（圖表 1.7），應是更晚（甚至有可能入民國後）才附入。也就是說，《五慶堂重脩曹氏宗譜》所記曹寅家族的世系資料，並非出自獨立的一手文獻，故不可盡信。

由於遼東曹譜在明清鼎革的亂世中多已亡於兵燹，故在遞編《五慶堂重脩曹氏宗譜》時，為豐富並拔高家族的歷史位階，因此出現攀附山東定陶曹邦輔、安徽壽州安豐曹良臣、揚州儀真曹義等名人的情形。有些科第的記事也出現與史實不合的情形，如譜內記六人擁有科名，卻只有入旗的曹焜和曹炳可核實。又因順治間初編家譜的曹士璘以及同治朝遞編的惠慶等皆屬第三房，故此譜的內容明顯以此房最多且最詳。而第四房唯一收錄的曹錫遠支、第五房唯一收錄的曹恭誠支以及「不知房分」的曹邦支，其內容或均摘錄自《欽定八旗通志》《八旗滿洲氏族通譜》等官方文獻，但每一小傳末所增記的誥贈封號（如曹爾正、曹宜、曹頎等八旗武職的封贈依例該用文銜，但編寫者因不知此規矩，遂均誤繫成漢人武官之封號）與所揣摩的生子情形（如以天佑為顒子、頎為宜子），則屢有失實之處（附錄 1.3）。

附錄 1.3

《五慶堂重修曹氏宗譜》內容的可信度

先前有關《五慶堂重修曹氏宗譜》(簡稱《五慶堂曹譜》)的研究，應以馮其庸的《曹雪芹家世新考》用力最勤。下文即在此書的基礎上，進一步與獨立史料(尤其是具有官方性質者)中所記載的相關人、事相對照，希望能更深入了解《五慶堂曹譜》的可信度。

此譜內擁有科名者六：長房十一世的曹天錫為康熙丙午科舉人、三房八世的曹行為舉人、三房九世的曹養直為進士、三房九世的曹國用為舉人、五房十三世的曹焜為康熙丁酉科武舉、五房十三世的曹炳為雍正乙卯科舉人。然弔詭的是，只有入旗的曹焜和曹炳可核實，[82]「中國方志庫」以及乾隆四十四年的《欽定盛京通志》，均查無其他四人的科第資料。[83]

經耙梳馮其庸公布的《曹氏譜系全圖》(此應出自五慶堂同宗較早所編的「另譜」)，[84] 亦未見曹天錫和曹行的科名，且記曹養直為歲貢而非進士。至於該圖另見之科第則多可核實，如稱十二世曹興隆(與其父得位均入正藍旗)為康熙二年舉人，十三世正藍旗曹雲龍登乾隆四十八年武舉、十三世鑲藍旗曹秉順中乾隆元年舉人。[85] 只有十世曹國用之武舉以及十五世曹繼祥之道光丙午科舉人無考，而三世曹鼐雖確為宣德八年 (1433) 狀元，但因其籍隸河北寧晉縣，[86] 故很可能屬攀附。

---

82 鐵保等，《欽定八旗通志》，卷 105，頁 41、卷 109，頁 6。

83 阿桂、劉謹之等撰，《欽定盛京通志》。

84 此「另譜」所記三房曹禮以下一百五十五人的名字、世系，皆同於今本《五慶堂重修曹氏宗譜》(兩者均出自曹儀簡家)，但「另譜」之上所附的一些簡歷以及它房的世系，則與《五慶堂重修曹氏宗譜》出現不少差異，後者亦增添了如曹邦等世系不明之人。參見馮其庸，《曹雪芹家世新考》，頁 15-33。

85 鐵保等，《欽定八旗通志》，卷 105，頁 10、卷 106，頁 3、卷 110，頁 29。

86 伊承熙等修，張震科等纂，《寧晉縣志》，卷 4，頁 40-42。

又如《五慶堂曹譜》長房所記諸人乃以第十世邦輔的宦跡最盛，其小傳有云：「崇政子，巡撫、左都御史、提督五軍，晉封光祿大夫。」並稱其祖伯珍、祖母張氏住「遼東瀋陽城東魚橋寨」。此雖與《明實錄》所記邦輔於嘉靖三十四年 (1555) 陞應天巡撫、隆慶四年 (1570) 以提督京營兼左都御史的身分專督五軍營的經歷相合，[87] 然據山東《定陶縣志》，曹邦輔籍隸該縣，墓在縣東之柳林村，且從志中所收錄之誥敕，其父應名良廣、祖剛、祖母馬氏，[88] 均明顯異於五慶堂譜！此外，《五慶堂曹譜》中的仕宦事跡雖多可考，但亦有少數未見於史書，如遼東三房十世任「江西贛州府通判」的致中即不見方志記載。[89]

《明實錄》稱曹良臣於洪武三年 (1370) 授「開國輔運推誠宣力武臣、榮祿大夫、柱國、封宣寧侯、食祿九百石」，五年六月戰歿後，贈光祿大夫，並追封安國公，諡忠壯，由子曹泰襲爵，然此官書另處卻明指良臣為安徽壽州安豐人，[90] 而非《五慶堂曹譜》中所謂賜葬「儀真縣西南隅五壩頭」的揚州儀真人。尤有甚者，壽州或安豐的方志均稱良臣是安豐人，且歸葬安豐，塋墓就在壽州城南的井亭舖前。[91] 此外，明清兩朝五次纂修的《揚州府志》亦皆未收錄曹良臣。前述種種與史料不合的情形，令人懷疑《五慶堂曹譜》的編纂者是在名人效應下攀附不同籍貫的曹良臣、曹邦輔，且浮誇了養直、天錫、行的科名。

查《國朝獻徵錄》所收劉定之撰寫的〈豐潤伯曹公義墓誌銘〉中有云：

> 公諱義，字敬方，先世居揚州儀真。曾祖花一；祖勇，燕山左衛副千户；父勝，指揮僉事；皆以公貴，贈奉天翊衛宣力

87 《明世宗實錄》，卷 422，頁 7329；《明穆宗實錄》，卷 45，頁 1128。
88 趙國琳修，張彥士纂，《定陶縣志》，卷 1，頁 13。
89 魏瀛等修，鍾音鴻等纂，《贛州府志》，卷 34。
90 《明太祖實錄》，卷 58，頁 1133、卷 94，頁 1639、卷 228，頁 3344。
91 栗永祿纂，《壽州志》，卷 2，頁 24；柳瑛纂修，《中都志》，卷 5，頁 57。

> 武臣，特進榮祿大夫、豐潤伯……居京師奉朝請，久之，以疾卒，時天順庚辰正月二十二日也，享年七十有一……今當襲爵者振也，振卜葬公於宛平縣玉河鄉之原。[92]

清楚記載曹義上三代之名（亦見於《儀真縣志》[93]），然其中並無曹良臣。倒是洪武十二年曾以指揮僉事新掌鎮海衛的「曹勝」，才較可能是曹義之父。[94] 事實上，曹良臣殉國之時曹義都還未出生！又，曹義的墓誌銘明確記載其祖籍為揚州儀真，且《明實錄》在記載豐潤伯曹義逝世一事時，也直指他是直隸揚州儀真縣人，[95] 此皆與壽州安豐籍的曹良臣有差。

馮其庸在仔細對照相關史料後，亦推論五慶堂譜的真正始祖是曹俊，至於其父一世祖安國公曹良臣（安豐人）以及其兄二世祖曹泰、豐潤伯曹義（儀真人），都是「撰譜人強拉入譜或訛傳竄入的」。[96] 檢晉武帝時曾遷置江左流民於尋陽（隸屬廬江郡），並僑立安豐郡，遙隸揚州府，至晉安帝時才降格為安豐縣，唐屬安徽鳳陽府壽州，明初立安豐衛，旋廢。五慶堂譜的編纂者遂利用歷史上安豐此一複雜的隸屬狀況，將曹良臣的籍貫安徽壽州安豐衛附會成揚州儀真。其實，揚州儀真自明清以來從無任何行政建置出現「安豐」之名！[97] 也就是說，《五慶堂曹譜》中提及曹良臣時所謂「賜葬安豐衛儀真五壩隅」「儀真安豐衛人」的描述，均屬混淆視聽，且曹良臣和曹義兩名人應非父子關係。

---

92 焦竑，《國朝獻徵錄》，卷 9，頁 51-52。

93 申嘉瑞修，李文、陳國光等纂，《儀真縣志》，卷 9，頁 9。

94 王鏊撰，《姑蘇志》，卷 25，頁 3。

95 《明英宗實錄》，卷 311，頁 6533。

96 此段參見馮其庸，《曹雪芹家世新考》，頁 1-33。

97 夏燮，《明通鑑》，前編，卷 3，頁 30-31；李賢，《明一統志》，卷 7，頁 14；萬繩楠，〈晉、宋時期安徽僑郡縣考〉。

由於曹義之父應為指揮僉事曹勝，且曹良臣亦無子名為義或俊，其獨子曹泰在襲爵後被指控與欲謀反的藍玉結黨而遭明太祖處決，[98] 疑順治年間曹士璘初編《遼東曹氏宗譜》時，為自高世系，遂將曹良臣、曹義皆攀緣為先祖，並亂點兩人為父子。

再者，曹士琦序《遼東曹氏宗譜》時有云：

> 後因遼、瀋失陷，闔族播遷，家譜因而失遺兵火中，從前世系宗支，茫然莫記。猶幸豐潤伯處全譜尚存，不意未及繕錄，又罹闖逆之變，叔豐潤伯匡治及兄勳衛鼎盛俱盡忠殉難，而家乘益無徵焉。[99]

知籍隸遼東的士琦自認與豐潤伯同族，且知後者當時仍有族譜全稿，他更以叔、兄親切稱呼匡治及鼎盛父子。因疑祖籍同是儀真的五慶堂曹氏與豐潤伯曹義（與其曾孫曹愷均歸葬宛平）或曾「聯宗」，無怪乎，《五慶堂曹譜》對歷代豐潤伯之世系以及襲替資料均頗有掌握，[100] 編者很可能見過涉及豐潤伯曹家世系的一些原始材料。

又因順治間初編的曹士璘及同治朝續編的惠慶五兄弟皆同屬第三房，故《五慶堂曹譜》的內容明顯以此房最多且詳盡，如長房第四至六世、二房第四世之後、四房第四至八世、五房第四至九世均失載。至於長房末列的十幾位「莫知世次者」，其中出仕的有二：萬錫，順治十六

---

98 譜中卻將曹泰的除爵說成是因得罪藍玉而遭其誣諂所致。又，文獻中有稱「子秦薨，無子，國除」或「子恭襲爵」，其中「秦」「恭」應均為「泰」之形誤。參見焦竑，《皇明人物考》，卷 1，頁 23；查繼佐，《罪惟錄》，列傳，卷 12 上，頁 31-32；趙岡，〈曹氏宗譜與曹雪芹的上世〉。

99 前人多將官銜「勳衛」誤為人名。據明代典制，「凡勳衛、散騎舍人，舊制擇公、侯、都督及指揮嫡長、次子為之，俸秩視八品侍衛，直宿外或令署各衛所事及聽差遣」。《明實錄》亦見「茂先，中山武寧王達之孫，勳衛添福之子」的記事。參見李東陽等撰，申時行等重修，《大明會典》，卷 142，頁 7-8；《明太宗實錄》，卷 11，頁 188；曹革成，〈曹雪芹關內祖籍的六點考證〉。

100 曹義世系已略見於馮其庸的《曹雪芹家世新考》（頁 57-59），現再據《明實錄》、劉定之〈豐潤伯曹公義墓誌銘〉、劉玉〈豐潤伯曹公墓誌銘〉補充。

年任江南河道總督右營遊擊；光肇，順治十八年任江南漕運總督右營遊擊。二人皆見於《江南通志》，惟曹萬錫為京衛人、曹光肇為順天人。[101]

同樣地，五房僅列恭誠支共六世八人。其中明副將曹恭誠於天聰五年在大凌河降金，崇德元年授二等梅勒章京。[102]《欽定八旗通志》（三房十世的純中小傳就曾提及此書）記載恭誠→熙麟→秉桓→烘→焜→國培→廷鑰→文蛟的承襲過程，[103] 此恰為《五慶堂曹譜》所收曹恭誠一支的襲爵者。由於恭誠家不太可能世代皆如此單傳，卻又人人襲爵，而《五慶堂曹譜》竟不曾收入任何未出仕者，因疑該譜乃自嘉慶四年 (1799) 出版的《欽定八旗通志》中收錄曹恭誠支的材料。

至於《五慶堂曹譜》末列的曹邦一支共三世六人，雖稱「僅記世次、官爵，不知房分，存俟考證」，然崇禎三年投順金國並入旗的曹邦實為豐潤曹氏，與五慶堂似無直接關係。據光緒《浭陽曹氏族譜》，曹邦有元、重（又名忠）、庶三子，惟在《五慶堂曹譜》中長子元被誤為次子，次子重被誤為長子，曹庶之子秉泰被誤作曹元之子，曹元之子秉和被誤作重子，這些內容應亦出自《八旗滿洲氏族通譜》，惟因其中常只記輩分，故有前誤，且因該書僅收錄有官銜或科名者，故未記曹元之次子秉謙及曹重之獨子秉鈞。[104] 至於《通譜》中所見的曹邦曾孫阿爾蘇及曹景岱，則被《五慶堂曹譜》遺漏。

事實上，從三房以外零星的譜牒內容，讓人合理懷疑此或均是編者自行從各種文獻中纂輯，甚至是竄入的。綜觀全書，筆者認為其他四房並不曾提供修譜者具體的世系資料，加上「因際播遷，譜失莫考」「播遷譜失，名俱莫記」，書中遂常可見「名失莫記」「名失考」或「以

101 趙弘恩等監修，黃之雋等編纂，《江南通志》，卷 111，頁 15、19。
102 《清太宗實錄》，卷 10，頁 141、卷 30，頁 382。
103 鐵保等，《欽定八旗通志》，卷 275，頁 54、卷 304，頁 14。
104 此段參見黃一農，〈豐潤曹邦入旗考〉。

前失考」「後失考」「前後失考」等敘述。亦即，雖然此譜乃遼東曹氏（尤其是五慶堂三房）的自我認知，應絕無可能是近人造偽，[105] 但其中的部分內容則仍待核實。

清保的長子惠慶於同治八年任山東曹州知府時，[106] 曾請薛福保為其所擁有的遼東曹氏族譜作序（圖表 1.16），[107] 文曰：

> 蓋明二百餘年之間，遼東之曹千有餘家，或襲職，或以仕起家，或散于野，要皆出懷遠而祖儀徵之曹，至德先兄弟而遼東之曹始大崇封。

強調遼東曹家多出懷遠將軍曹俊之後，[108] 並以其祖源自儀徵（雍正元年為避雍正帝嫌名，改儀真為儀徵）曹良臣。由於薛序並不見於今本《五慶堂重脩曹氏宗譜》（出自清保次子溥慶家），疑當時五慶堂均以各自的鈔本請名人作序，封面遂可見「恭呈叩求賜序」題籤，而三房的鈔本上也因此有同治十三年衍聖公孔祥珂 (1848-1876) 所題的〈明宣寧侯、安國公、忠壯公像讚〉。

---

105 方曉偉，〈《曹氏榮慶硃卷》芻議〉。

106 孫葆田等，《山東通志》，卷 55，頁 1890。

107 胡文彬，〈曹寅、李煦家世生平史料八則〉。

108 2012 年 5 月在瀋陽市大東區榆林堡出土了曹輔的墓葬，其碑書「贈懷遠將軍曹公墓誌，明成化二十一年」。懷遠將軍為明代武官的散階，從三品者初授懷遠將軍。曹輔之名亦見於瀋陽長安寺院內成化二十三年(1487)所立的《重修瀋陽長安禪寺碑》，內及他於明天順二年(1458)任瀋陽中衛指揮，然曹輔是否為曹俊的裔孫，則仍待考。參見吳炎亮主編，《遼海記憶：遼寧考古六十年重要發現 1954-2014》，頁 377-379；https://read01.com/QejEDR.html；https://kknews.cc/travel/59bx48.html。

圖表 1.16：薛福保於同治間所撰的〈曹氏族譜序〉。[109]

曹氏族譜序
（中略）
氏無辨姬姓之曹氏其國而實非古之所謂姓也魏武之
興述其世者謂出於漢功臣相國參參邾後徙沛由是後
世之曹皆祖魏而推本於邾而姬姓之曹不少稱予讀遼
東曹氏譜讙哉其言之也遼東之曹出於明宣甯侯良臣

青萍軒文錄 卷一 十四

宣甯侯以上不可譜其卒也賜葬儀徵三子泰失侯義封
豐潤伯明敗封絕俊懷遠將軍守瀋陽家焉五子第三子
曰禮禮九世至德先有功
太宗
世祖朝封一等精奇尼哈番弟仁先始爲漢軍正黃旗八
亦以功封阿思哈尼哈番義先襲兄德先爵又自以軍功
爲昂邦章京內大臣行走卒與仁先皆葬房山蓋明二百
餘年之間遼東之曹千有餘家或襲職或以仕起家或散
于野要皆出懷遠而祖儀徵之曹至德先兄弟而遼東之
曹始大崇封俊廟名績焯起略與宣甯侯父子比義先五
世至九江鎮總兵淸保力戰南昌以忠節著聞長子惠慶
官曹州府知府授予其譜者也譜述宣甯侯至其子述豐
潤伯迄明亡述懷遠之世到於今懷遠之別五而禮之世
詳焉予嘗謂自義軒迄周末一切邈渺不可紀獨裔類之
（下略）

五慶堂曹氏三房第十世的曹致中共生士琦、士珣、士璘三子，入清後僅士琦一人出仕，相關方志均以士琦為「遼東瀋陽人」或「奉天人」，[110] 但其家似未入旗（見後）。士琦在其順治十八年所撰的〈《遼東曹氏宗譜》敘言〉中，稱此譜乃士璘遵父志所編，並自江寧寄給時任雲南布政使司參政的他索序。[111] 由於士珣曾住在江寧府所屬的上元縣，士璘第六子永芳一支在出繼堂叔士璧後亦入籍上元，知編修《遼東曹氏宗譜》的曹士璘家族為民人，且與康熙三年起長期擔任江寧織造的曹璽家族頗有地緣關係，兩支曹氏稍後或因所認遠祖相同而敘譜。

109 薛福保，《青萍軒文錄》，卷 1，頁 14-15。
110 李英纂修，《蔚州志》，卷上，頁 36；趙弘恩等監修，黃之雋等編纂，《江南通志》，卷 109，頁 12。
111 《清世祖實錄》，卷 142，頁 1096。

雖然《五慶堂曹譜》將入遼始祖曹俊的五子昇、仁、禮、智、信析分成五房，但由於材料缺佚，故負責修譜的三房遂以該房的內容為主。又因長房從第七至十世的人數成等比級數增長，疑編纂者亦曾掌握該房的一些信息。但四房唯一收錄的曹錫遠支、五房唯一收錄的曹恭誠支以及「不知房分」的曹邦支，或均只是編者摘錄自《欽定八旗通志》《八旗滿洲氏族通譜》等官方文獻的結果。亦即，譜中所記曹寅家族的資料應非獨立且可信的。

總而言之，或為攀鱗附翼，《五慶堂曹譜》一方面以明代封爵的曹良臣、曹義等同姓之名人為顯祖，另一方面則與八旗新貴（如降順入旗的正黃旗曹紹中、正白旗曹恭誠、鑲藍旗曹純中、正白旗曹寅、正紅旗〔亦有作正藍旗等〕曹邦等家；詳見第二章及圖表 4.35）的幾支曹氏，陸續透過敘譜以求建立「同氣連枝之誼」。雖然在無 DNA 驗證技術的古代，往往無從確知彼此是否真為親近之血親，但此類行為主要建立在雙方的主觀認知，只要兩造自認有共同的祖先，且有強烈的意願聯宗即可。

四、從清代硃卷履歷看曹氏間的通譜

晚近發現的咸豐十一年辛酉科《曹氏榮慶順天拔貢硃卷履歷》（圖表 1.17），[112] 提供了從另一角度析探《五慶堂重脩曹氏宗譜》所呈現中國傳統社會的通譜現象。此類履歷乃科舉考試時由考生本人提供，除記載當事人的姓名、字號、行第、生年、籍貫、戶籍、功名、師承，還會詳列同胞以及從堂、嫡堂等數代以上族人的譜系。榮慶籍隸正黃旗漢軍，在五兄弟中行三，前述硃卷履歷記載其家從高高祖義先（紹中第三子）至胞姪共六代一百五十幾位男性的名字與簡歷。內容除以五慶堂三房義先一支為主外，亦收錄「長房」之天錫、「四房」之璽（雪芹曾祖）、鼎（應即爾正）、寅、荃、宜、顒、頫、順（應為頎），「五房」之熙麟（恭誠子）、秉桓、炳、煐、焜、國培、廷錀，以及不知房分之豐潤曹的元（邦子）、忠（即重）、秉和、秉政、秉泰（此五人皆入旗）、鼎望、首望。該咸豐十一年順天拔貢履歷所提及最晚的人與事，乃「山東候補知府、鹽運使銜、賞戴花翎」的積慶（光緒三年署山東曹州府知府，九年實授），此很可能是鴉片戰爭後始開捐翎之例的結果。[113]

《曹氏榮慶順天拔貢硃卷履歷》臚列的族人當中，有少數不見於《五慶堂重脩曹氏宗譜》，如榮慶的從堂高伯叔祖秉順、嫡堂伯叔祖繼柱、從堂伯叔景雲以及嫡堂伯富興、三音保、五保、定保，就僅見於《曹氏譜系全圖》（附錄 1.3）。至於嫡堂伯叔祖的世豐、世顯（稱兩人是乾隆二十四年己卯科「兄弟同榜」），則世系不明。知榮慶的硃卷履歷並非單純參考《五慶堂重脩曹氏宗譜》而已，無怪乎，此履歷在從堂高高伯叔祖曹璽之下，

---

112 胡鐵岩，〈曹雪芹家世研究資料的又一新發現〉；方曉偉，〈《曹氏榮慶硃卷》芻議〉。

113 孫葆田撰，《山東通志》，卷 54，頁 1890；福格，《聽雨叢談》，卷 1，頁 10。

列了「鼎：原任佐領」，而非五慶堂譜所記「爾正：另譜名鼎，振彥二子，原任佐領」（圖表 1.7）！

又因榮慶的履歷沿襲了五慶堂譜的錯誤，將曹爾正、曹宜、曹頎的封號記成武義都尉、武功將軍、武義都尉，[114] 且又將「頎」誤刻為形近的「順」，知《五慶堂重脩曹氏宗譜》中所記四房第九至十三世的內容，應編於咸豐十一年榮慶考取拔貢之前，而非近人造偽。

至於《曹氏榮慶順天拔貢硃卷履歷》中所載乾隆二十四年己卯科同榜的世豐和世顯兄弟，頗引人關注。經耙梳《欽定八旗通志》後，發現曹世豐曾以印務章京管理正紅旗漢軍第四參領第一佐領，後緣事革退，但從未獲得科名，而曹世顯（隸正紅旗臧士霖佐領）則確於乾隆二十四年中舉。再查道光二十四年甲辰恩科的《曹氏貴林順天鄉試硃卷履歷》，發現除曹世顯外，另記曹世德於乾隆十七年中舉（時隸正紅旗臧應聘佐領，乾隆三十年隸臧士霖佐領），[115] 惟該履歷並未見曹世豐（圖表 1.18）。亦即，《曹氏榮慶順天拔貢硃卷履歷》中所載世豐小傳確有浮誇之嫌。

---

114 由於年代久遠、文獻散佚，故古人在記先祖的封贈名銜時，往往自行加以揣測。如榮慶的硃卷履歷記其高祖興祖（與曹寅同輩）「誥授建威將軍」，然正一品的八旗武職在康熙朝時原封建威大夫。此外，貴林的硃卷履歷記希洙「鎮守陝西西安府協領，誥授通議大夫」、愚「清河縣學訓導，敕授儒林郎」、世德「原任四川常寧縣知縣，敕授文林郎」，然其族姪保昌的硃卷履歷卻記希洙「鎮守陝西西安府協領，誥授武義都尉」、愚「清河縣學訓導，敕授文林郎」、世德「原任四川常甯縣知縣，誥授承德郎」（圖表 1.17 及 1.18），同一人獲授的最高封號竟出現不同！至於前述康熙朝得到誥授的曹希洙，雖為武職但其封號應較可能是文銜的通議大夫，而非乾隆五十一年才新定的武義都尉。

115 鐵保等，《欽定八旗通志》，卷 106，頁 13；秦國經主編，《中國第一歷史檔案館藏清代官員履歷檔案全編》，冊 19，頁 111。

圖表 1.17：曹氏榮慶的硃卷履歷（部分書影）。

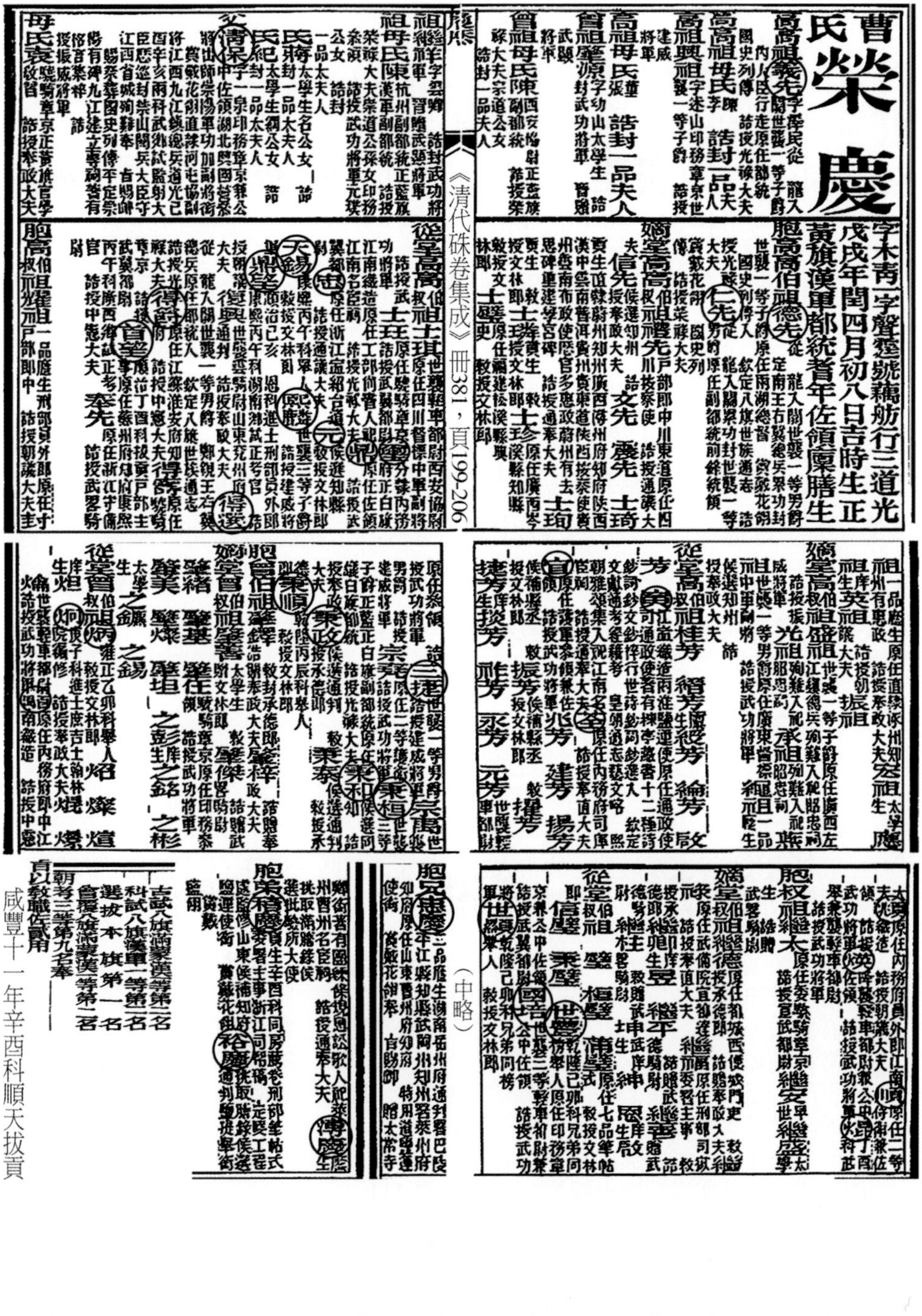

曹氏榮慶

字木青，字聲甕，號藕舫，行三，道光戊戌年閏四月初八日吉時生，正黃旗漢軍都統耆年佐領廩膳生

《清代硃卷集成》冊381，頁199-206

（中略）

咸豐十一年辛酉科順天拔貢

圖表 1.18：曹爾素裔孫貴林及保昌的硃卷履歷（部分書影）。

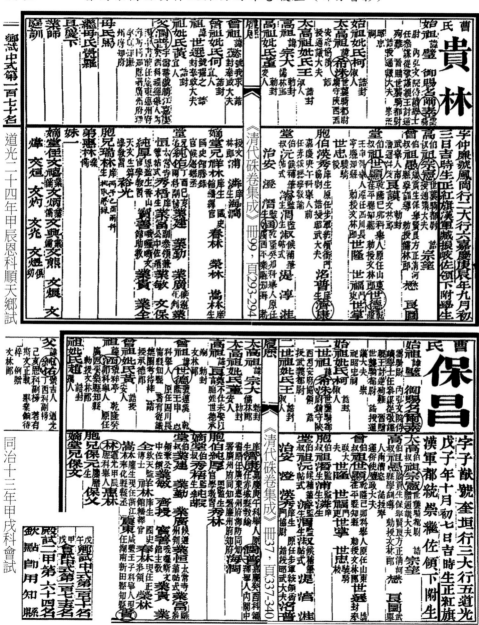

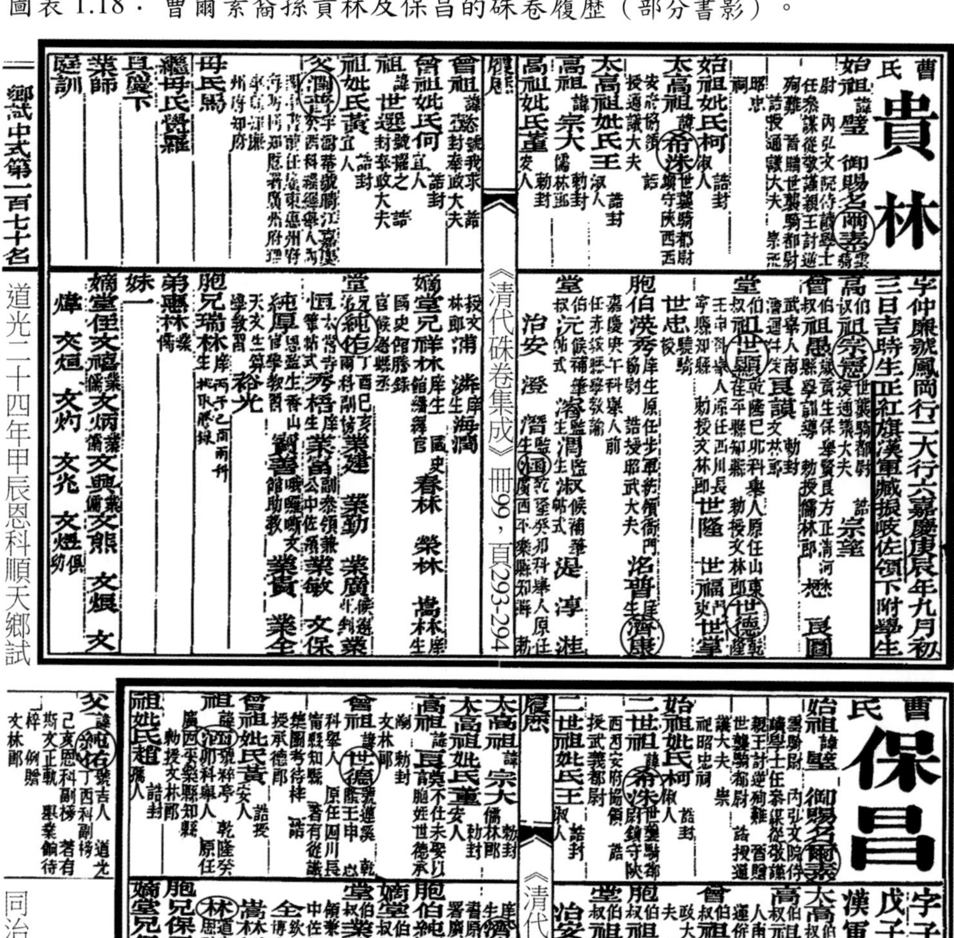

曹氏貴林

字仲廉號鳳岡行二大行六嘉慶庚辰年九月初三日吉時生正紅旗漢軍臧振岐佐領下附學生

《清代硃卷集成》冊99，頁293-294

鄉試中式第一百七十名

道光二十四年甲辰恩科順天鄉試

曹氏保昌

字子猷號奎垣行三大行五道光戊子年十月初七日吉時生正紅旗漢軍都統崇繼佐領下附生

《清代硃卷集成》冊37，頁337-340

同治十三年甲戌科會試

戊午鄉試中式第一百二十名

甲戌會試中式第一百七十三名

殿試二甲第六十四名

欽點即用知縣

臧應聘和士霖父子曾相繼管理正紅旗漢軍第四參領第三佐領，此原係天聰八年將位於義州城北白土廠之人丁整編而成，臧應聘曾祖臧國祚乃於天命七年（1622，天啟二年）正月金國攻陷廣寧時降順，[116] 獲賜世管佐領。[117] 知曹世顯、曹世德、曹世選（與曹璽祖父同名）、貴林（正紅旗臧振岐佐領下）、保昌（正紅旗崇繼佐領下，貴林族姪）或均隸此佐領，世德為保昌曾祖，貴林祖則為世選，並以世顯、世德為堂伯叔祖；其始祖名璧，御賜名爾素（圖表 1.18），為河北寶坻縣的旗下邑紳，順治二年從員外郎銜筆帖式改內弘文院侍讀，八年七月陞本院侍讀學士，十三年殉清，子孫世襲拜他喇布勒哈番。[118]

從貴林與保昌的科舉履歷，我們可發現二人均單純地以曹爾素為始祖，而未與其他曹氏聯宗。然咸豐十一年的《曹氏榮慶順天拔貢硃卷履歷》雖收錄了乾隆二十四年舉人曹世顯，卻未見其上幾代仕宦較顯的爾素、希洙（世襲騎都尉、鎮守陝西西安府協領）、宗憲（世襲騎都尉），也未見下幾代的涵（乾隆四十八年舉人，平樂縣知縣）、濟康（嘉慶十五年舉人）、潤普（嘉慶十八年舉人，署廉州府知府）、保昌（咸豐八年舉人）。同樣地，榮慶的履歷亦收錄道光二十年庚子科進士選庶吉士的曹炯（甘肅蘭州皋蘭縣人；授編修，改內閣中書）。[119] 疑榮慶在填寫履歷時，為豐富世系，乃將已所知之同姓官員或科第名人納入同族，此舉或不曾得到對方的允許，惟當事人因受同姓之人看重，可能也不會太在意。

---

116 「天命」嚴格說來並非年號，此因原始文獻或當代文物中從未見「天命○年」的記法，而皆是在「天命」之後加干支，故疑努爾哈赤或因不願奉明正朔，金國之人遂以干支配合尊號「天命汗(*abkai fulingga han*)」以紀年。但由於學界已相因成習，本書因此仍從俗。參見盧正恒、黃一農，〈先清時期國號再考〉。

117 鐵保等，《欽定八旗通志》，卷 25，頁 17-18、卷 106，頁 13 及 18。

118 《清世祖實錄》，卷 15，頁 134、卷 58，頁 461；洪肇楙修，蔡寅斗纂，《寶坻縣志》，卷 11，頁 37-38。

119 張國常纂修，《重修皋蘭縣志》，卷 23，頁 53。

圖表 1.19：與曹雪芹家族祖籍相關的重要文獻。

❖ 康熙《江寧府志》及康熙《上元縣志》

兩志的曹璽小傳稱其先人為曹彬裔孫，後「著籍襄平」，其祖世選（即錫遠，原名寶）「宦瀋陽，遂家焉」、「令瀋陽有聲」。此傳內容應為久在當地任江寧織造的曹家所認同，甚或提供資料

江寧府志

曹璽 字完璧宋樞密武惠王裔也及王父寶宦瀋陽遂家焉父振彥從入關仕至浙江鹽法道著惠政公承其家學讀書洞徹古今負經濟才兼藝能射必貫札補侍衛之秩隨王師征山右建績

上元縣志

曹璽字完璧其先出自宋樞密武惠王彬後著籍襄平大父世選令瀋陽有聲世選生振彥初扈從入關累

❖ 同治《曹氏譜系全圖》

原應是五慶堂譜中先前所編「另譜」（應源自順治《遼東曹氏宗譜》）的一部分，在四房曹智支記振彥、寅、璽、鼎，其下有「向聞分住遼陽，譜失莫記」一句，並記爾正之名為鼎，且將寅誤成與其父璽同輩

智　振彥 任浙江鹽法道

寅　璽 任江南織造工部　鼎

向聞分住遼陽譜失莫記

信　伯　文錦　文勳　九綱　登高　應俊　應文

❖ 乾隆九年《八旗滿洲氏族通譜》

此譜記曹錫遠世居瀋陽地方

武英殿本

曹錫遠 正白旗包衣人世居瀋陽地方來歸年分無考其子曹振彥原任浙江鹽法道孫曹璽原任工部尚書曹爾正原任佐領曾孫曹寅原任通政使司通政使曹宜原任護軍參領兼佐領曹荃原任司庫元孫曹顒原任郎中曹頫原任員外郎曹頎原任二等侍衛兼佐領曹天祐現任州同

❖ 同治《五慶堂重修曹氏宗譜》

遞修自順治《遼東曹氏宗譜》，因主編的三房十五世清保有惠慶、溥慶、榮慶、積慶、裕慶五子，遂名「五慶堂」。譜中第四房後裔僅列九世曹錫遠一支，內容或主要抄自《八旗滿洲氏族通譜》和《熙朝雅頌集》。所記爾正小傳稱「另譜名鼎」，且各人誥贈封號頗多不合規制，父子關係亦因是揣測自《通譜》，以致不乏錯誤

五慶堂重修曹氏宗譜

❖ 光緒《浭陽曹氏族譜》

據康熙九年曹鼎望序，始遷祖曹端明於明初由武陽遷豐潤，其弟端廣接著卜居遼東鐵嶺衛，然鐵嶺曹端廣與遼陽曹世選的關係不明

浭陽曹氏族譜

❖ 咸豐《曹氏榮慶順天拔貢硃卷履歷》

榮慶一族始自其高高祖曹義先（遼東曹氏第三房），所收之人多可見於五慶堂譜，而涉及曹璽家的記述亦無超出五慶堂譜者。疑此履歷沿襲了五慶堂譜的錯誤，因知後者應無可能為近人所為

曹氏榮慶 字木青一字聲遠號藕舫行三道光戊戌年閏四月初八日吉時生正黃旗漢軍都統耆年佐領廩膳生

從堂高伯祖 璽 分隸內務府正白旗江南織造原任工部尚書人祀江南名宦祠誥授光祿大夫 鼎 原任佐領誥授武翼都尉

從堂曾伯叔祖 寅 江寧織造兩淮鹽運使原任通政使司通政使著有楝亭藏書十二種詩鈔詩別鈔文鈔詞鈔行世詩鈔詞鈔選入欽定文獻通考經籍考皇朝通志藝文略熙朝雅頌集入祀江南名宦 誥授通奉大夫 荃 原任內務府司庫誥授奉直大夫 宣 原任護軍參領兼佐領誥授武功將軍

從堂曾伯叔祖 顒 原任內務府郎中江南織造誥授中憲大夫 頫 原任內務府員外郎江南織造誥授朝議大夫 頎 原任二等侍衛兼佐領誥授武功將軍 天祐 川停衛兼佐

綜前所論，《曹氏榮慶順天拔貢硃卷履歷》以及薛福保〈曹氏族譜序〉的發現，讓我們得以確證以三房為主的《五慶堂重脩曹氏宗譜》絕非是近人編造的，但其中涉及遠祖以及它房的部分內容，則不乏負責修譜之三房的主觀認知或攀緣比附，應不能逕視為一手文獻（圖表 1.19）。

五、小結

曹雪芹的籍貫之爭在相關學界一直是難解的重大課題，「豐潤說」「鐵嶺說」與「遼陽說」等派長期相互辯難，除了數百篇論文外，迄今更已有十幾本專書析探此事，惟因大家不斷往前追溯遠祖，而譜牒中的相關記事又常出現攀附或闕漏，以致始終各說各話，無法得到足夠共識。加上祖籍的追索，究竟對紅學研究有何較積極的學術意義，也迭遭質疑，令此課題的熱度在近十年間大幅消退。

鑒於古人無從獲得科學性的血緣證據，且因動亂或遷徙等種種因素，也很難得到可信度較高之譜牒（唯一記有曹寅家族的《五慶堂重脩曹氏宗譜》，雖非近人編造，然其世系資料卻非一手文獻）或戶籍文件的支撐，故對遠祖的認同常屬自我形塑的結果，此應是類似課題所面臨的共同宿命。

先前紅圈中人對曹家祖籍的認識往往陷入一誤區：將曹雪芹家族（或間接透過其親友）視歷代一些曹姓名人為先祖的看法，皆逕當成了歷史事實。而以乾隆之前地方志和詩文別集為主的十幾種清代文獻，在提及曹家中人的籍貫或故里時，雖分別記載為遼東、遼左、奉天、三韓、長白、千山、襄平、遼陽或瀋陽（圖表 1.2），但這些不同的地名多是因視角不同所致，且皆與本章所疏理出的結論相合：曹雪芹的先輩入遼後或一直著籍遼陽，至曹世選始因任官而宦居瀋陽，但仍以遼陽為故里。

此外，科舉考試的硃卷履歷也提供一些曹氏後人對其先祖或彼此宗親關係的認知。如籍隸正黃旗漢軍的榮慶，在咸豐十一年辛酉科的《順天拔貢硃卷履歷》中，就指稱其先祖為五慶堂三房的曹義先，並臚列長房之天錫，四房之璽等，五房之熙麟等，以及不知房分之豐潤曹元等。此一相互通譜的情形與《五慶堂重脩曹氏宗譜》相合，知五慶堂的各房應自認為同宗。

然榮慶的硃卷履歷也包括不屬於五慶堂的乾隆二十四年舉人曹世顯，後者之名雖亦可見於道光二十四年甲辰恩科的《曹氏貴林順天鄉試硃卷履歷》以及同治十三年甲戌科的《曹氏保昌會試硃卷履歷》，但貴林及其族姪保昌（先祖曹爾素為寶坻旗下邑紳）的履歷中卻不見五慶堂之人！疑清代文獻中的聯宗記載，除兩造為求相互攀緣而有意為之，也有一些只是單方面當事人的自我認同，彼此並未敘親或通譜。

再者，通譜者之間的親緣關係常屬主觀認定，故往往只有少數當事人相互認知，稍後也有可能因交情不再熱絡或子孫不再深交，而讓此一鏈結遭到解消脫鉤。類似情形亦見於《紅樓夢》的第二回，賈雨村在與友人冷子興聊天時，提及都中同姓的榮國府賈家，笑道：「寒族人丁卻不少，自東漢賈復以來，枝派繁盛，各省皆有，誰逐細考查得來？若論榮國一枝，卻是同譜。但他那等榮耀，我們不便去攀扯，至今越發生踈难認了。」第六回所提及的劉姥姥女婿王狗兒，亦復如此，其祖上因曾當過小京官，故認了王夫人之父為伯父，但那時只有王夫人之大兄、鳳姐之父以及在京的王夫人等少數幾人知有此一門遠族，「餘者皆不認識」。

下章即嘗試疏理曹家在以漢姓包衣的身分「從龍入關」後，如何透過聯宗與誼親的經營，進一步擴建其人脈網絡。

【附記】

回想 2010 年 3 月當我決定進入陌生的紅學領域時，選擇的第一個切入點就是曹雪芹的祖籍問題，並曾先後遠赴河北豐潤、江西武陽、進賢、都昌、湖口等地進行田調。但在戮力多時後，因發現家譜中對遠祖的記載常流於虛渺，且又感覺追索曹家入遼之前的祖籍一事，對了解《紅樓夢》的成書背景幫助或不大，加上曹家於明代降順金國以前的事跡幾乎無考，旋即轉移至其它議題。然在準備此章文稿時，又得再度思考治史過程該如何去面對印象與真相間的分際，發現雖因受限於材料，我們往往無法確切掌握事件的真實性，但自我認知或印象（不管是否有確鑿證據）對其後的歷史有時亦能或多或少產生影響。[120]

120 筆者曾研究的類似案例，如見〈印象與真相：清朝中英兩國覲禮之爭新探〉〈正史與野史、史實與傳說夾縫中的江陰之變(1645)〉〈史實與傳說的分際：福康安與乾隆帝關係揭祕〉等文。

第二章　開啟百年盛世的曹振彥*

曹雪芹的高祖振彥或於天啟元年瀋陽城破時全家被俘或降，天聰三年因被考選為金國首批生員，得以拔出奴籍變成正身旗人的包衣。天聰四年九月前不久，長期任「教官」的曹振彥取得「致政」身分（此或為當時授與漢人的從政資格），稍後獲管阿濟格王府下的旗鼓牛彔，但於清朝入主中原之前「緣事革退」。曹振彥在「扈從入關」後，考取八旗貢士，於順治七年外放為吉州知州，並歷官至從三品兩浙鹽運使（官署在杭州）。又因其管主阿濟格遭削爵、籍沒，曹家的旗籍也於順治八年自鑲白旗改成皇屬的內務府正白旗，從而開啟其家此後七十多年波瀾起伏的小歷史。

一、曹振彥的父親曹世選

滿洲少數民族於明末崛起，首當其衝者就是包含曹雪芹祖先在內的遼人族群，面對天崩地解的大時代變動，他們被迫承擔明軍戰敗的苦果，並屈辱地學習如何在異語言與異文化的新政權底層存活。被愛新覺羅皇室烙印為漢姓包衣的曹家，乃從第二代曹振彥起努力往上爬升，並隨著金國在遼東的得勢以及清朝的入主中原，其名開始零星出現於官方的滿、漢文史料當中，惟因滿文有老、新之分，且滿漢間的名字對譯又不具備單一性，以致曹家人的姓名在不同時期的文獻常令人混淆難辨。[1]

滿人初無文字，萬曆二十七年 (1599) 努爾哈赤下令參照表音的蒙古字母來拼寫滿語，此即所謂的老滿文，惟因蒙古字母並不足以完整表達滿語，且常未能準確音譯漢字，以致老滿文中的一個字母有時可代表多個滿語的

---

* 本章部分內容曾發表於拙著〈e-考據時代的新曹學研究：以曹振彥生平為例〉(2011)、〈曹雪芹高祖曹振彥旗籍新考：從新發現的滿文材料談起〉(2012)。

1 黃一農，《二重奏：紅學與清史的對話》，頁 42-49。

音，這就造成了拼讀的困難。皇太極嘗稱：「十二字頭，原無圈點。上下字無別……書中尋常語言，視其文義，易於通曉。至於人名、地名，必至錯誤。」天聰六年（崇禎五年；1632）正月遂正式頒行有圈點的新滿文，令書寫滿語時表達音義的方式較為完善。然原先漢人姓名在音譯後所寫出的新、老滿文往往不同，而老滿文姓名一時又無從全面改定，導致清前期滿文文獻中漢人姓名的寫法不一，再加上滿文無聲調，故當後人將此過渡期間滿文檔案中的漢人姓名回譯成漢字時，就屢因未能核實相關史料，而令同一人出現「音同（或音近）名異」的情形。

曹雪芹高高祖之名就因此嘗被寫成漢字相當不同的世選與錫遠（圖表2.1）。查康熙六十年《上元縣志》的〈曹璽傳〉以璽祖為「世選」，然康熙二十四年左右編纂的《江寧府志》中之〈曹璽傳〉則稱璽祖名「寶」，知世選或原名寶，兩方志上的表述應均獲曹家認同。「寶」與「世選」皆可見於《尚書》，〈盤庚上〉有「世選爾勞，予不掩爾善」，孔穎達疏稱「選」通「算」，計數之意；〈盤庚下〉有「無總于貨寶，生生自庸。式敷民德，永肩一心」句，亦即，寶和世選是名與字的關係（取「勞」「善」為「寶」的教誨與寄託之意），後並以字行。[2]

但在康熙十四年曹璽祖父母及父母之誥敕上（圖表1.15），則記其家三代為錫遠、振嚴、熙（《八旗滿洲氏族通譜》作錫遠、振彥、璽），此應為當時撰寫者自行將滿文名字音譯的結果。「錫遠」一名或源自將無聲調之滿文譯成漢字的過程，由於「世」「錫」兩漢字在老滿文中無法分辨（如曹士蛟之名即被今人回譯成世教或希嬌；圖表4.36），且因撰寫誥敕者欲避康熙帝玄燁嫌名，[3] 遂主動將帝名首字取聲音相似者代之，改原滿文的“*hiowan*”

---

2 此指不用本名而以其字行於世。參見劉上生，〈曹錫遠論略〉。

3 清代自雍正元年始頒諱例，規定「玄」應改寫成「元」。故乾隆初成書的《通譜》

為 “*yuwan*”（此或依宋代改「玄」為「元」的傳統），[4] 再漢譯時遂誤成「遠」，乾隆九年成書之《八旗滿洲氏族通譜》亦循此寫為「曹錫遠」。[5]

圖表 2.1：　清代文獻中所載的曹雪芹高高祖曹世選（亦作「曹錫遠」）。

❖ 于成龍纂修《江寧府志》稿本（約康熙二十四年成書）

曹璽字完璧宋樞密武惠王裔也及王父寶宦瀋陽
遂家焉父振彥從入關仕至浙江鹽法道著惠

❖ 唐開陶纂修《上元縣志》（康熙六十年刊本）

曹璽字完璧其先出自宋樞密武惠王彬後著籍襄平
大父世選令瀋陽有聲世選生振彥初扈從入關累

❖《八旗滿洲氏族通譜》（乾隆九年成書）

曹錫遠
正白旗包衣人世居瀋陽地方來歸年分無考
其子曹振彥原任浙江鹽法道孫曹璽原任工

❖《五慶堂重修曹氏宗譜》（同治年間鈔本）

錫遠
從龍入關歸內務府正白旗子貴誥封中
憲大夫孫貴晉贈光祿大夫生子振彥

❖ 康熙六年曹璽祖父母誥敕（北京大學圖書館藏）

爾曹世選乃駐劄江南織造郎中加一級曹璽之祖父

❖ 康熙十四年曹璽（熙）祖父母誥敕（1956年吳恩裕購藏）

爾曹錫遠乃江寧織造三品郎中加四級曹熙之祖父

中，無任何姓名有與「玄」字同音者。倒是可見有名為「王士選」之漢姓包衣人，其他名中有「選」字者還有高名選、董文選等十人。參見弘晝等，《八旗滿洲氏族通譜》，卷 75，頁 4；《清世宗實錄》，卷 13，頁 233-234。

4 當時不少滿文官書雖避“*hiowan*”為“*yuwan*”，但此並非統一規定，因有時亦會改寫成“*siowan*”（如見康熙十一年官譯的《大學衍義》）。參見盧正恒，〈清代滿文避諱：兼論乾隆朝避諱運用實例〉。

5 此段參見黃一農，《二重奏：紅學與清史的對話》，頁 168-169。

《八旗滿洲氏族通譜》記曹世選（曹錫遠）家族有職銜或科名者曰：

> 曹錫遠，正白旗包衣人，世居瀋陽地方，來歸年分無考。其子：曹振彥原任浙江鹽法道。孫：曹璽原任工部尚書，曹爾正原任佐領。曾孫：曹寅原任通政使司通政使，曹宜原任護軍參領兼佐領，曹荃原任司庫。元孫：曹顒原任郎中，曹頫原任員外郎，曹頎原任二等侍衛兼佐領，曹天祐現任州同。[6]

依這部官書的體例，「凡初來歸依、有名位可考者，通行載入」，即使是被革職抄家（如原任員外郎的曹頫）或僅為生員者皆收載，而對同輩則大多以官職大小而非長幼臚列（應是便於編輯）。曹家乃該書八百多個滿洲旗分內尼堪包衣家族之一，[7] 而所謂「世居」瀋陽地方，應間接反映曹世選被俘或投降是在天啟元年瀋陽城破時。至於「來歸年分無考」，則是因努爾哈赤稱汗時期制度未建或檔案亡佚所致。若曹家確在瀋陽城破時歸金，則因振彥長子璽或已出生（第三章），知曹家的世選、振彥、璽祖孫三代，於戰亂中同時或俘或降並入旗。

曹世選家的旗籍初應隸努爾哈赤親領的正黃旗，後因其所屬佐領撥給阿濟格，且皇太極甫即位後又將兩白、兩黃互換旗纛，曹家的旗色遂轉為鑲白，此一情形直至順治八年阿濟格的牛彔及財產俱因政爭遭籍沒後才發生改變（詳見第四節）。[8] 今從中國第一歷史檔案館藏《順治朝現任官員履

---

6 弘晝等，《八旗滿洲氏族通譜》，卷 74，頁 10-11。

7 包衣不見得是被俘，如據《陳漢軍弓通張氏族譜》的光緒十四年序，張德耀本登州府萊陽之民，因赴關東採蔘致富，遂從山東帶領二子景和、景發遷居盛京（今遼寧省瀋陽市），後以軍功入盛京內務府鑲黃旗包衣。《八旗滿洲氏族通譜》記曰：「張德耀，鑲黃旗包衣人，世居瀋陽地方，來歸年分無考。」（卷 75，頁 16）。感謝張榮波提供該家譜。

8 此段參見黃一農，〈曹振彥旗籍新考：從新發現的滿文材料談起〉；黃一農，《二重奏：紅學與清史的對話》，頁 53-60。

歷冊》中所記：

> 大同府見任知府曹振彥，正白旗下貢士。山西吉州知州，順治九年四月陞山西大同府知府。
>
> 陽和府陞任知府曹振彥，正白旗下貢士。山西吉州知州，順治九年四月陞山西陽和府知府，十二年九月陞兩浙運使。[9]

知曹家改隸皇帝直屬之內務府正白旗應在順治八、九年間。

也就是說，曹家在順治八年之前是「入於滿洲旗分」的包衣漢姓旗人，長期歸下五旗王公阿濟格的門下（又稱屬下、管下，此乃清代對王公所領旗人的特定稱謂，滿語為 *harangga*），[10] 之後則改隸皇帝，成為皇屬上三旗之內務府正白旗旗鼓佐領下的包衣漢姓人，或稱內務府包衣漢軍人（此非漢軍旗下的漢軍旗人），既歸內務府管理系統，又屬正白滿洲旗。[11] 曹家此一身分在清代的法律地位是良人，而非旗下家奴所屬之賤民，更非社會上一般之奴僕。[12] 事實上，對內務府漢姓包衣而言，其奴僕身分僅相對於皇室和宗室王公，他們仍可擁有自己的財產和旗下家奴，在政治待遇（如選官）上有時比外八旗漢軍旗人還要優越，有的甚至還歷官至大學士。[13]

---

9 張書才，《曹雪芹家世生平探源》，頁 11-12。

10 杜家驥，〈雍正帝繼位前的封旗及相關問題考析〉；鈴木真，〈雍正帝と藩邸旧人〉。

11 杜家驥，〈清代內務府旗人複雜的旗籍及其多種身份：兼談曹雪芹家族的旗籍及其身份〉。

12 金國在戰爭中所擄獲之人並非皆入奴籍，如天聰二年二月皇太極親征察哈爾多羅特部時，共俘獲蒙古及漢人一萬一千二百人，其中一千四百人編為戶口，餘者為奴。參見羅振玉編，《天聰朝臣工奏議》，卷中，頁 24-25。

13 杜家驥，〈曹雪芹祖上之隸旗與領主的多次變化〉；杜家驥，《八旗與清朝政治論稿》，頁 446-448、461、475；祁美琴，《清代內務府》，頁 17。

二、入關前擔任教官、致政與旗鼓的曹振彥

據《八旗滿洲氏族通譜》，曹世選所生「有名位可考」之子僅曹振彥一人。然曹振彥的滿名在被今人回譯成漢字時，因新、老滿文混雜而變成音同或音近的曹謹言、曹金顏、邵振筵或邵禎言（圖表 2.2），令人無法與曹振彥聯想在一起。[14] 類似情形亦見於今人翻譯之崇德七年六月盛京吏部滿文紀錄中的人名，該名單乃烏真超哈初分八旗時之高官，即譯盧延祚作陸延佐、盧登科作陸登科、祖應元作祖迎遠、柯汝極作郭如吉、柯永盛作郭永生、姜一魁作蔣義魁、劉曰科作列玉克、徐大貴作崔達貴、張思孟作張遲夢、吳士俊作吳遲軍、胡弘先作胡鴻憲、高拱極作高功紀。[15]

曹振彥歸金時可能年約二十歲或稍長，他應很快掌握了滿族語言與文化，並掙得主子的認同。其漢名首見天聰四年四月的《大金喇嘛法師寶記》，[16] 他是碑陰題名的十八名「教官」之一（圖表 2.3），該銜應指官學中的教職，惟紅圈中亦有主張此為武職，指管理儲糧且字形與「教官」相近的「敖官」（附錄 2.1）。[17] 在同年九月刻的《重建玉皇廟碑記》上，曹振彥則列名於二十七位「致政」之一（圖表 2.4；見後文），稍後更擔任阿濟格王府的旗鼓牛彔章京，此為當時漢姓包衣少數能獲得的高階職位。

---

14 黃一農，《二重奏：紅學與清史的對話》，頁 42-48。

15 黃一農，〈紅夷大砲與皇太極創立的八旗漢軍〉。

16 李勤璞，《後金時代和清朝初期藏傳佛教傳播史研究》，頁 93-126、221-237。

17 在這十八人當中，冉啓倧（宗）於天聰七年已為守備，曹振彥於天聰八年之前已陞旗鼓牛彔章京，王之哲（或音譯作王世哲）於崇德元年任都察院理事官，蔡一品（蔡義品）後陞副將，韓士奇（韓世琦）於順治十一年由他赤哈哈番陞吏部啟心郎，康熙元年授順天巡撫，歷官至四川巡撫。又，對當時的旗員而言，文職繫武銜的情形實屬常見。參見高樹偉，〈《大金喇嘛法師寶記》碑“教官”辨偽〉；雷炳炎，〈清代八旗世家子弟的選官與家族任官問題初探〉；丁寶楨纂修，《四川鹽法志》，卷 30，頁 20；《清世祖實錄》，卷 85，頁 669；宋如林等修，孫衍星等纂，《松江府志》，卷 43，頁 7-8。

圖表 2.2：　清初滿漢文獻中的曹振彥。

崇德三年正月初八日條

❶《內國史院檔》

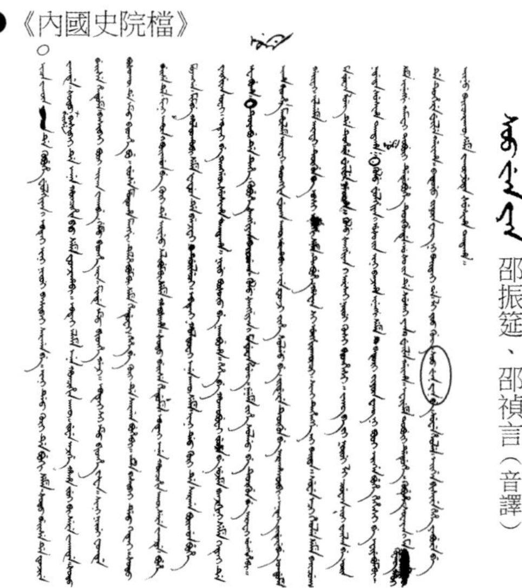

soo
jen
yan

邵振筵、邵禎言（音譯）

❷ 河內良弘，《内国史院満文档案訳註：崇德二、三年分》

【ume】○ gulu fulgiyan i u šo jin ini banjiha inenggi seme baturi jiyûn wang ni
正紅旗の u šo jin は彼の誕生日だと言って武英郡王の

booi eigen buhe hehesi be efiyebumbi seme inenggi kamafi (gamafi) toburi
booi の有夫の婦女等を遊楽させると言って、白昼ひきつれ、夜

(dobori) dedubuhe turgunde,, u šo jin de susai yan i weile gaiha,, efiyeme
泊まらせた咎で、u šo jin を五十兩の罰に処した。遊んで

toburi deduhe,,kubuhe suwayan i ma guwang hoi de tuhere weile gaiha,,baturu
夜寝た鑲黄旗の ma guwang hoi を應得の罪に坐せしめた。武英

jiyûn wang ni baitai da[*1], li yoo gung, soo jeñ yañ be, suwe heolen, eigen
郡王の baitai da, li yoo gung、soo jeñ yañ を、汝等は怠慢である。有

bisire hehe yabure be ainu baicarakû seme jakûnjute šusiha tantaha,,
夫の婦女のおこないを何故調べなかったのかと、各八十鞭打ちにした。

❸ 關孝廉等譯，《清初內國史院滿文檔案譯編》

正紅旗吳守進為賀其生辰，以演戲為辭，將武英郡王府下已嫁婦女白天接去，至晚留其宿。是以，吳守進罰銀五十兩；鑲黃旗馬光輝以演戲留宿，坐以應得之罪。武英郡王下管家李要功、邵振筵以其怠誤，不察有夫之婦行止，各鞭八十。

❹ 郭成康、劉景憲譯註，《盛京刑部原檔》

正紅旗吳守進生日時，令巴圖魯郡王包衣之有夫之婦耍戲，晝取而夜宿，故罰吳守進五十兩銀；耍戲且姦宿之鑲黃旗馬光輝罰以規定之罪。巴圖魯郡王之擺塔大李耀功、邵禎言，爾等懈怠失職，對有夫之婦所行失於覺察，各鞭八十。

天聰八年四月初九日條

❺《內國史院檔》

曹振彥（漢名）

❻《清初內國史院滿文檔案譯編》

墨爾根戴青貝勒屬下旗鼓牛彔章京曹振彥因有功，再加半個前程。

❼《清太宗實錄》

墨爾根戴青貝勒多爾袞屬下旗鼓牛彔章京曹振彥，因有功加半個前程

崇德元年六月二十四日條

❽《滿文原檔》

ts'oo jin yan
曹金顏
任世鐸等譯，《滿文老檔》

ts'oo jen yan
曹振彥
北京大學藏順治八年曹振彥誥命

圖表 2.3： 天聰四年四月的《大金喇嘛法師寶記》。遼陽民俗博物館藏，圖右為漢字的摹寫，框出之字應為稍後另加刻的。[18]

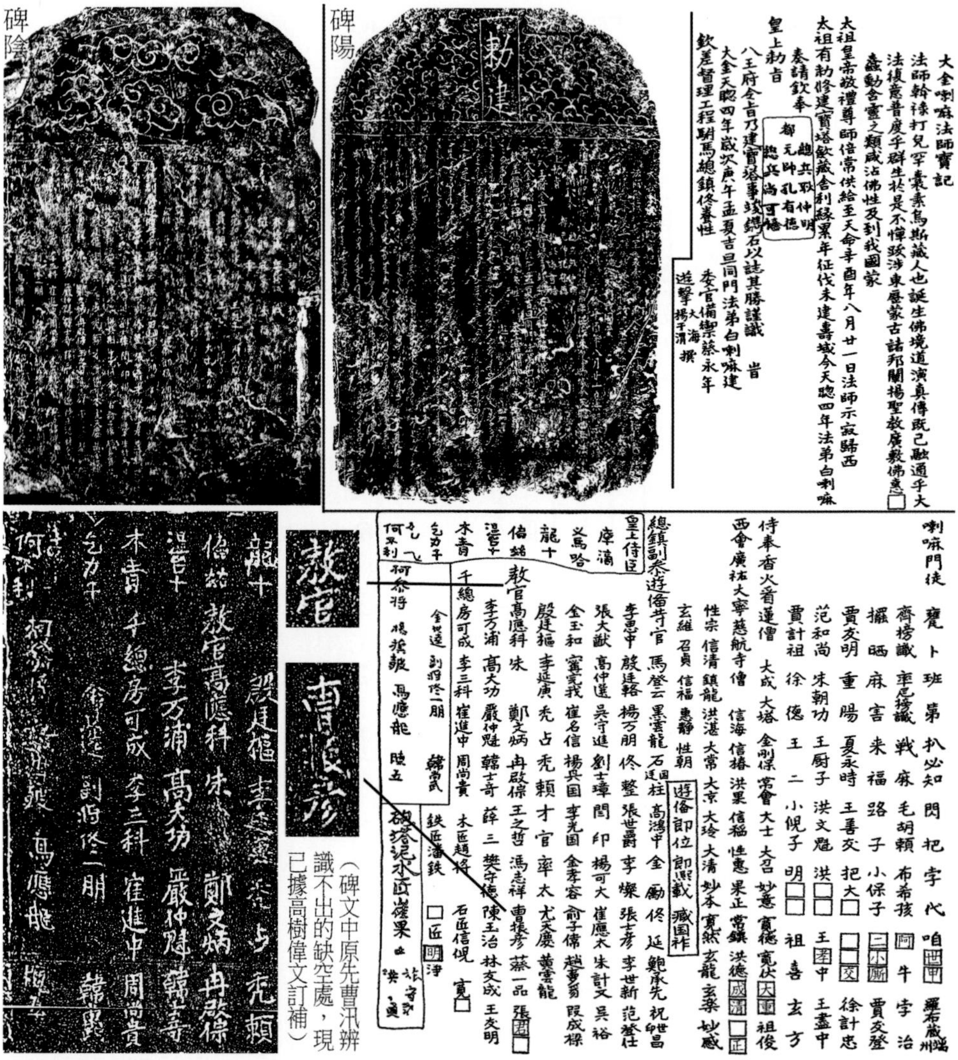

碑陰

碑陽

教官

曹振彥

（碑文中原先曹汛辨識不出的缺空處，現已據高樹偉文訂補）

[18] 改繪自曹汛〈有關曹雪芹家世的一件碑刻史料：記遼陽喇嘛園《大金喇嘛法師寶記》碑〉及高樹偉〈《大金喇嘛法師寶記》碑“教官”辨偽〉，惟摹寫的部分細節已據筆者 2010 年所拍之照片微調，以求更接近原件。

圖表 2.4：　天聰四年九月的《重建玉皇廟碑記》。[19] 遼陽民俗博物館藏，此據遼寧省博物館所藏拓片。

重建玉皇廟碑記　　（前略）

鳩工遊擊李燦
儒學生員楊起鵬撰

天聰四年歲次庚午秋九月上浣之吉立

碑陰題名：

石廷柱、金玉和、殷廷輅、李思中、張大猷、禿賴、□□位、崔應太、俞子偉、□□□、趙夢豸。

廡雲龍、石國柱、金勵、殷廷樞、馬雲龍、劉士璋、禿占、高仲選、甯完我、段成良、□□□、□廡、佟延、李國翰、鮑承先、張世爵、朱計文、尤天慶、吳守進、崔名信、□□□。

黑雲龍、王□龍、孫得功、高鴻中、祝世印、張士彥、金孝容、楊萬朋、閆印、楊興國、率太、王□、佟整、丁□、祝世昌、李世新、李延庚、柯來鳳、楊可□（大）、李光國、黃雲龍、郎位、張良必。

侍奉香火道士

夏天明、祁□□

致　政

李廷隆、李應隆、孫必科、孫蓬□、高□、□□□、范一□、王棠舜、王□□、曹振彥、汪道光、王文功、王國棟、□尚禮、陳才□、奉□、薛應富、馮志祥、韓□、喇洪、孫計武、李顯、□□

助工信士

石應科、李應舉、韓思敎、蘆應魁、金善□、王廡子

畫　匠

張得儀、楊守德、姜良

□　匠

郭彥舉

泥水匠

□□、□李

木　匠

鐫　匠

寬洪

侍奉香火道士　夏天明
致政李廷隆　李應隆　孫
曹振彥　汪
薛應富　馮

[19] 因此碑已殘破漫漶，故各家辨識的文字可見一些出入，左邊人名乃轉引自馮其庸書。參見曹汛，〈《重建玉皇廟碑記》曹振彥題名考述：曹雪芹家世碑刻史料考證之四〉；馮其庸，《曹雪芹家世、紅樓夢文物圖錄》，頁 165-166。

附錄 2.1

曹振彥曾任「教官」抑或「敪官」？

在遼陽民俗博物館今藏的天聰四年《大金喇嘛法師寶記》碑上，記有包含曹振彥在內的十八名「教官」，其排序列於「千總」之上、「總鎮、副、參、遊、備等官」之下。曹振彥此銜在紅學界迄今仍無共識，有學者（如馮其庸）雖認同「教官」說，但誤以他們乃佟養性屬下的紅夷大砲教官，[20] 筆者則主張這是天聰年間官學中的教職。[21] 另有人（如周汝昌）主張「教官」應識成「敪官」，此為人名，而非官銜。由於周汝昌與馮其庸兩紅學界大老介入此爭議頗深，且看法各有堅持，以致圈內長期莫衷一是，更因兩造皆無法提出新且強的證據，二老又先後謝世，終致近年來少人對此議題再聞問。

惟北京大學的高樹偉在 2017 年疏理各種舊拓後，驚訝發現大概於上世紀九十年代之後，碑上「教官」的首字似乎曾遭人動過手腳，被添加筆劃以補成更趨近「教」的字形（圖表 2.5）。又由於雍正《石樓縣志》的〈石樓縣營建記〉中，記該縣知縣李光於明正德間修建「敪官住宅一所十間」，且努爾哈赤曾於萬曆四十三年 (1615) 命各牛彔設倉官十六員、吏八員，執掌出入，海州、瀋陽、遼東等地也於天命年間設倉積糧，故他主張「教官」應識成「敪官」，並認為此詞乃沿襲自明代管糧之倉官，而非人名。[22]

---

20 金國最早擁有的一門西洋火砲，是天聰初年從遼東海邊沖上岸的，賜名為「鎮國龍尾大將軍」。此後，至天聰五、六年間佟養性才督鑄成紅夷大砲七門，獲賜為「天祐助威大將軍」。亦即，天聰四年刻《大金喇嘛法師寶記》碑時，金國只有一門西洋火砲，不可能以曹振彥等多達十八人來擔任此砲的教官。參見黃一農，〈紅夷大砲與皇太極創立的八旗漢軍〉。

21 黃一農，《二重奏：紅學與清史的對話》，頁 28-30。

22 高樹偉，〈《大金喇嘛法師寶記》碑“教官”辨偽〉。又，筆者在耙梳異體字「敪（廒）官」的用例時，發現此兩字多須斷開，如稱「永豐倉……左右共十一敪、官廳三間」；參見李光昭修，周琰纂，《東安縣志》，卷 3，頁 48。

圖表 2.5：《大金喇嘛法師寶記》碑各拓片上的「教」或「敖」字。

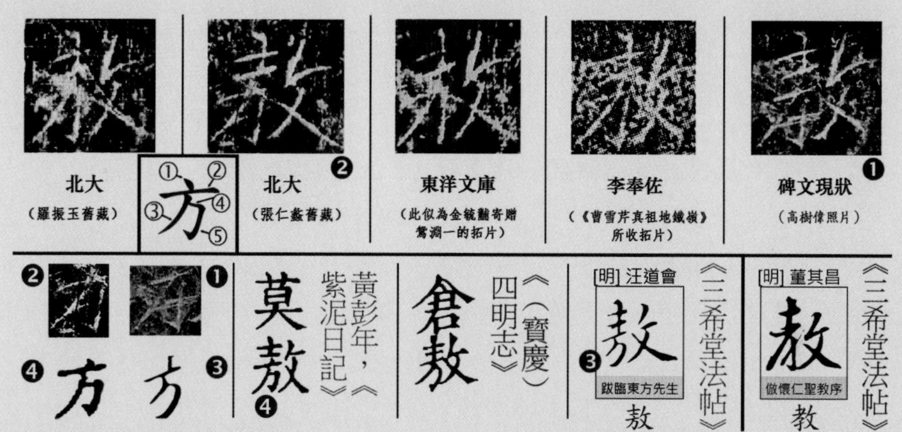

的確，古人常將倉、敖並稱，以表示儲藏糧食的處所。《重修鎮原縣志》曾解釋倉敖的起源曰：

> 倉儲，即倉廒所存之穀也。倉者，藏穀處所也，圓曰囷，方曰倉，廒乃地名，初作敖，秦以敖地為倉所在，故爾後遂謂倉為敖，蓋循習之誤也。[23]

知秦代曾在鄭州滎澤縣西北的敖山置倉，後遂稱倉儲為「敖倉」。[24]

唐以後更有將「倉」「敖」視為高低不同的層級，如唐憲宗元和九年 (814) 鹽鐵官李稼為解決軍糧的運送問題，建議「今誠得十敖之倉，列於所便，以造出入，計無憂也」，遂於淮河流經的盱眙縣東南建都梁山倉。[25] 元順帝至正年間亦有僧人在嘉興城北的天寧光孝萬壽禪寺內，「〔築〕兩倉二十敖，受各莊之歲入」。[26] 此外，宋・秦九韶的《數書九章》亦有「積倉知數」一題，問有五十敖之倉，每敖闊一丈五尺、深

23 焦國理等纂，賈秉機等編，《重修鎮原縣志》，卷 7，頁 20。

24 景日昣，《說嵩》，卷 12，頁 18。

25 王錫元修纂，《盱眙縣志稿》，卷 11，頁 5-6。

26 羅炌修，黃承昊纂，《嘉興縣志》，卷 8，頁 1-3。

三丈米、高一丈二尺，欲知該倉共可容米多少石。[27] 知「敖」乃每倉下屬的建築單位。

然遍查《大明會典》《大清會典》及各資料庫，卻罕見「敖官」（僅三處；圖表 2.6），倒是在明清文獻中「倉官」就出現兩千多則，「教官」更有上萬則。如《獲鹿縣志》記明代由例貢出仕者，即有：

> 王敏，任倉官，陞主簿……張拱，任倉官……趙麟，任倉官……石磬，任倉官，陞巡檢、主簿……賈信，任倉官，陞巡檢、主簿……劉進，任倉官，陞巡檢。[28]

其中巡檢司巡檢為從九品，縣主簿為正九品。《大明會典》記倉官原屬未入流的雜職，然若考滿表現優異，亦可陞從九品或正九品。[29] 而該縣的縣倉有房五十六間，收貯「本縣官吏人等俸糧併本縣軍需糧」，預備倉有房四十間，收貯該縣與鄰縣的「客兵糧及賑濟穀」，獲鹿縣在景泰至成化年間即有六人先後擔任倉官。[30]

「雕龍」資料庫中的《三才考畧》，在提及明代吏部考功司對官吏的考課時，記稱「倉場庫官一年考，巡檢二年考，敖官及流外冗官九年考，始陟不得過一等，惟舉人教官〔此應指舉人出身的教官〕淂引選試，陞陟無等」，然在張岱《石匱書》或孫承澤《春明夢餘錄》所引的同一內容，則明確以「敖官」為「教官」，知「敖」字在此處應釋讀為「教」。至於秦檜之例，文獻中的記載亦不一，如在李清的《諸史異彙》鈔本中，記秦檜任「敖官」時曾有私生子，惟因秦檜乃科甲出身（《宋史》稱其「登政和五年第，補密州教授〔此屬教官，每州州學置二員〕」），[31] 應不至於擔任低階之倉官。無怪乎，在陳絳《金罍子》以及劉仲達《劉氏鴻書》等刊本中，均明白記其為「教官」。

27 秦九韶，《數書九章》，卷 12，頁 16。
28 趙惟勤纂修，《獲鹿縣志》，卷 10，頁 5-6。
29 李東陽等撰，申時行等重修，《大明會典》，卷 12，頁 28-29。
30 趙惟勤纂修，《獲鹿縣志》，卷 3，頁 8。
31 《宋史》，卷 157，頁 3662、卷 473，頁 13747。

圖表 2.6：　文獻中甚易混淆的「敎官」與「教官」。在資料庫中將「教」字誤釋成「敎」者，乃以星號“*”表示。

❖ 李清，《諸史異彙》，卷20，頁686

拜丈林一飛乃秦檜作教❶官時婢所生妻王氏不容與同官林家人
養之後檜門客曹泳嘗獻計於檜欲還一飛作子不果遂爲莆田林

❖ 陳絳，《金罍子》，上篇，卷19，頁27

飛齊東埜語志之朱子亦謂興化一傳聞云林一
飛乃秦作教❷官時婢所生夫人不容與同官林家
人養之秦後欲取歸未遂而死其黨又欲爲料理

❖ 劉仲達輯，《劉氏鴻書》，卷103，頁7

妾有娠遂出諸莆林氏及長曰林一飛齊東埜語志之
朱子亦謂興化一傳聞云林一飛乃秦作教❸官時婢所
生夫人不容與同官林家人養之秦後欲取歸未遂而

❖ 莊元臣輯，《三才考畧》，卷3，頁22

如京官倉場庫官一年考廻檢二年考❹教官及流外
冗官九年考始陟不得過一等惟舉人教❺官得引選試

❖ 張岱，《石匱書》，卷28，頁24

場庫官一年考廻檢三年考教❻官及流外冗官九年
考覈其功過而黜陟之陟無過一等惟舉人教官得

❖ 孫承澤，《春明夢餘錄》，卷34，頁3

肖擬去留聽上王官考察如京官倉場庫官一年考廻
檢二年考教❼官及流外冗官九年陟無過一等惟舉人

*❶ 敎　❷ 教　❸ 教　*❹ 敎　❺ 敎　❻ 教　❼ 教　❽ 廒　*❾ 敎　❿ 教

❖ 秦夔纂，袁學謨修，《石樓縣志》，卷4，頁22

石樓縣學營建記　丙辰進士 上

李侯名冗字營之米脂世家也初石樓爲邑僻在
山西縣治學校公署肇字自洪武年間創造年久
傾圮殘壞前令畢從煩擾漫不介意正德甲戌歲
侯來宰是邑治餘政暇獎勸民力縣治爲發政施
令之府故首及之繼琴堂三間不日而成建儀從
房三間畜馬房六間儀門狹隘無以壯觀折舊爲
新建譙樓三間足以聳民心之觀瞻學校爲育賢
儲材之地抑又次焉修號房二十餘臨門樓一座
碑亭二間創鄉賢祠三間廒❽倉三間教❾官住宅一
所十間櫺星門匾義士張彪施財修建財帛本會

哉學稽石樓地隸平陽教❿接西河其猶先王先賢

卷4，頁24

又，前人或不曾通讀〈石樓縣營建記〉中「敖官」記事的前後文，遂產生誤解。該文乃稱頌知縣李光於明正德年間整建縣治的宦績，指其在縣學：

> 修號房二十餘區、門樓一座、碑亭二間，創鄉賢祠三間、厫倉三間、敖官住宅一所十間、櫺星門垣。義士張彪施財修建，財帛本食，俠多贊助，足以培士子之英氣。[32]

該「厫倉」應就是收貯師生月糧的儒學倉（通常設一至三名「斗級」管理），且「三間」的規模亦不太可能專設倉官管理，還為其蓋「一所十間」的住宅（每間房的正面或寬約一丈[33]）。此外，明代從未在該縣設倉場或草場，故縣屬秩官當中並無倉官的編制。[34] 但其儒學則設教諭一員、訓導一員，陰陽學有訓術一員，醫學設訓科一員，[35] 雖不知各學是否同在一處，惟若儒學內建有一所包含十間房的宿舍，以供老師們居住，則屬合理。筆者因疑〈石樓縣營建記〉中作為孤例的「敖官」，乃「教官」之形誤，而非「倉官」的別稱。[36]

至於《大金喇嘛法師寶記》碑上的「教官」，雖有遭人「修飾」的痕跡，但卻不必然得將此詞改釋為「敖官」，此因「敖」字左下半的部件為「方」，然該碑舊藏拓片卻顯示其寫法與「教」字的「子」較接近

32 〈石樓縣營建記〉對知縣的描述是「李侯名□，字瑩之，米脂世家也」，「中國方志庫」從缺字下半部的殘劃，推判其名為「元」，然從《汾州府志》可發現其名應為「光」。參見袁學謨修，秦燮纂，《石樓縣志》，卷 4，頁 22；戴震纂，孫和相修，《汾州府志》，卷 8，頁 22。

33 黃一農，〈曹雪芹「蒜市口地方房十七間半」舊宅新探〉。

34 倉官所管理的倉場或草場常冠有地名，如明末順天府即在壩上、義河、北草場、黃土、鄭家莊馬房、湖渠馬房、湯山草場、南石渠、金盞兒甸等十九處各設倉官一員。參見沈應文、張元芳修纂，《順天府志》，卷 4，頁 20-21。

35 袁學謨修，秦燮纂，《石樓縣志》，卷 3，頁 5-6。

36 《滿文老檔》在天命七年二月十四日條曾一見「倉官」（頁 329），但從未見「敖官」。

（圖表 2.5）。[37] 再者，若從文本內容、字形特徵與排列位置（圖表 2.3 中「教官」兩字較前後其它各行之人名均高一階，且與其下之人並無人名間通常有的空隙）等角度綜合判斷，「教官」應與相隔一行的「千總」同屬職銜才對。

此外，由於《大金喇嘛法師寶記》碑上所冠的「教官」或「敖官」，乃包含曹振彥在內的十八人，故此一職稱理應常見於其它文獻，然耙梳各種資料庫後發現只有「教官」以高頻率出現，「敖官」則渺無蹤跡，說明「教官」之說更符合歷史事實。此職應在皇太極時期的遼東就已存在，也無怪乎順治元年八月即有「將遼東等處十五學改附永平府，設教官三員，分司教導」之命。[38]

《大金喇嘛法師寶記》碑上曹振彥所擔任的「教官」究竟為何，另可從金國教育系統的肇建過程略窺端倪。天命六年七月努爾哈赤首度任命八名專職的滿人師傅（稱作巴克什 [*baksi*]），[39] 以教習各旗子弟，直接對各貝勒負責，每兩旗設一學，各配置四名生員教習漢文，並聘有「在八旗教書的漢人外郎 [*nikan wailan*]」。又，天聰五年閏十一月曾敕諭滿漢官員均應將八至十五歲的子弟報名讀書，否則其父兄不准披甲隨征；六年正月禮部參政李伯龍疏請應「考校教書秀才」；稍後，鑲紅旗相公胡貢明更建議「當

---

37 從圖表 2.5 可清楚發現「敖」字左下部件「方」的第四筆，罕見有往左跨越第三筆的情形，第五筆也未見往上與第二筆相連者，第五筆的起筆亦不太以直豎的線條表示。又，有論此碑「教」字左下方「子」的寫法稱：「橫鉤下面一個豎鉤，豎鉤由細到粗，豎筆垂直，鉤很長——這正是“子”的寫法。碑上這個字必定是個“教”字。」此外，《寶記》碑上的「教」字寫法頗似董其昌的〈倣懷仁聖教序〉，後者「教」字左下「子」的末筆，乃從左下往右上的挑劃，此筆在北大所藏的早期《寶記》拓片中亦依稀可見。參見李廣柏，《文史叢考：李廣柏自選集》，頁 91。

38 《清世祖實錄》，卷 7，頁 77；李中躍，〈清代曹寅家族軍功史研究〉。

39 沈一民，〈清初“巴克什”考察：兼論清入關前的滿族文人〉。

於八家各立官學」，讓各旗子弟皆可於本旗就近入學，使「無退縮之辭」。知早先所設置的官學雖成效不彰，但皇太極仍積極發展文教。[40]

天聰三年（1629，崇禎二年）七月，皇太極命全國所有原明生員（包含在各王府之下者）俱於九月初一日赴試，各管主不得阻撓（圖表 2.7）。其時共有約三百名生員參加，經分別優劣後得二百人，並析分成一、二、三等，俱免兩丁差徭，且出奴籍成為所謂的「開戶人」，[41] 這些應就是首批經金國官方認證的生員。如若曹家是在天命六年瀋陽城陷時或降或俘，曹振彥應會很積極透過其文才，努力在此過程中脫離奴籍，成為阿濟格底下一名正身旗人的包衣。這批金國生員中表現較好且適合任教者，有些很可能就在皇太極力倡文治的過程中被聘為官學裡的教師。

筆者因此合理懷疑天聰四年列名《大金喇嘛法師寶記》碑上的十八名教官（包含曹振彥），應多是籍隸遼陽或當時在遼陽任教者（作為金國的重鎮以及天命六至十年間的首都，遼陽很可能也與瀋陽一樣設有多間供旗人和民人就讀的學校[42]），而教官一銜所指的「漢人教書生員」，或是金國政權中最早的一批漢人文職人員，其待遇與品級應稍高於千總銜（詳見後文）。

---

40 黃一農，《二重奏：紅學與清史的對話》，頁 35-39；任世鐸等譯，《滿文老檔》，頁 218、286、1338-1346；杜家驥，〈努爾哈赤時期滿族文化與教育探略〉。

41 劉小萌，〈關於清代八旗中"開戶人"的身分問題〉。

42 嘉靖末遼陽即設有社學六所、儒學、正學書院、習武書院等。參見李大偉，《遼陽碑誌續編》，頁 244-246、300-307；叢佩遠主編，《中國東北史》，卷 4，頁 1202-1230。

圖表 2.7：《天聰朝稿簿奏疏》中涉及教書秀才（或即「教官」）的材料。

❖《後金汗國（皇太極）天聰朝稿簿奏疏》（北京：全國圖書館文獻縮微複製中心，2010）

天聰三年七月初六日，頁19-20

天聰五年閏十一月初一日，頁96-97

天聰六年正月，頁142-145

天聰六年正月，頁153-159

天聰六年八月，頁173及185

天聰六年九月，頁186-190

天聰六年十一月二十一日，頁216

天聰六年十一月二十八日，頁229

天聰七年正月十九日，頁242

天聰七年四月十二日，頁262

天聰七年六月二十六日，頁290

天聰九年二月初三日，頁365

從天聰六年九月二十三日的《滿文原檔》中，我們可發現當時八旗已從四學析分成每旗一學，配漢人生員共十六名，為使其無後顧之憂，皆免二丁徭役。[43] 由於天聰三年考選原明生員時，曾將表現較佳的二百名俱免兩丁，故此免徭之舉應屬對盛京瀋陽所設八旗官學之漢人教書生員的額外恩遇，其免四丁的待遇已同於天聰八年首度考取舉人者（圖表 2.8），也與無世職的牛彔章京相當。[44] 十月二十一日，有劉泰和另一位邵 (*šoo*) 姓生員上訴，[45] 聲稱他們自天命六年起已教兩黃旗子弟十二年，即使於天命十年乙丑歲努爾哈赤屠殺漢人生員時，亦仍「蒙汗眷顧，擇而養之」，但現卻因超額（每旗兩名）而被改派成差役，皇太極遂恩免二人各二丁。[46]

據此，可知金國自天命六年即已有漢人教書生員在八旗官學任職。此外，由於天聰四年九月的《重建玉皇廟碑記》乃為「儒學生員楊起鵬」所撰，八年三月且自生童（應於學校就讀）當中考取生員二百多人，[47] 九年二月還可見到「儒學生員沈佩瑞」所上的奏章（圖表 2.7），知天聰朝應仍循明制在遼東各地方設有儒學等教育機構，此應為漢人受教育的主要場所，並皆聘有教官，楊起鵬和沈佩瑞或均以生員的資格在遼陽的儒學任職。

---

43 任世鐸等譯，《滿文老檔》，頁 1338-1339。

44 崇德元年五月為慶祝皇太極的正大位禮，無官銜的牛彔章京如未獲罪，即可各免四丁。崇德三年定優免人丁例時，亦規定無世職的牛彔章京准免四丁。參見任世鐸等譯，《滿文老檔》，頁 1469；《清太宗實錄》，卷 43，頁 575。

45 由於曹振彥的滿文姓氏在被今人回譯為漢字時，嘗變成「邵」，故筆者初疑「邵生員」有可能姓曹，然因天聰六年九月二十三日的檔案稱正黃旗教習漢文的生員中有一人為舒芳（《滿文原檔》作 *šo fang*），經仔細考量後，判斷此人很可能就是「邵生員」，而與曹振彥無關。感謝吳國聖老師的提示。

46 任世鐸等譯，《滿文老檔》，頁 1345-1346。

47 羅振玉錄，《天聰朝臣工奏議》，卷中，頁 26-27。

圖表 2.8： 皇太極在位期間關涉科舉考試的史事。

時間	相關記事
天聰三年九月	首度考校金國所有儒生（此應包含原明生員以及擔任外郎的儒士），通過考試的 200 人中，析分一、二、三等，俱免兩丁差徭，並出其奴籍
天聰三年十一月	金兵入關克遵化，率軍親征的皇太極曾從俘虜中考選俊秀之儒生，送盛京瀋陽的文館深造，以儲備文臣之人才。世居遵化的明諸生蔣赫德，時年甫十五，即被拔置為第二，順治朝歷官至大學士
天聰八年三月	自生童當中考取漢人生員 228 人，並分為三等
天聰八年四月	正式開科取士，取中滿、蒙、漢舉人 16 名，各免四丁差徭
崇德三年八月	或因滿洲既得利益者強烈反彈，不再准允奴僕應試，是科通過一、二、三等生員共 61 人，各授壯達（天聰八年之前稱旗長，順治十七年之後稱護軍校）品級，已入部者免二丁差徭，未入部者免一丁；並取中舉人 11 名，各授半個牛彔章京品級、免四丁
崇德六年七月	取中滿、蒙、漢舉人 7 名、生員 45 人

又，《大金喇嘛法師寶記》碑上刻有一名為冉啓倧（音「宗」）的教官，因《天聰朝稿簿奏疏》收錄七年六月「黃旗下守備臣冉啓宗、曹良輔等」的奏章（圖表 2.7），知冉啓宗應即同音且形似的冉啓倧。考量他於天聰七年乃任守備（其位階在千總之上），故支持「敖官說」者以此是武職，認為與文職的「教官」相抵牾。然金國當時的文職往往帶武官銜（如稱「備禦銜巴克什」「千總銜巴克什」），且與冉啓宗一同上疏的守備曹良輔亦於順治四年由八旗貢士知山東東明縣，[48] 知前述論據有待商榷。

即使缺乏直接的文獻證據，但綜前所論，我們仍可合理推測曹振彥或在天聰三年成為金國第一批認證的生員（順治初再考選為八旗貢士），更因

[48] 儲元升纂修，《東明縣志》，卷 4，頁 7。

此被拔出奴籍。惟因他至遲在天聰八年即已負責管理鑲白旗的一個旗鼓牛彔（見後文），查當時金國的牛彔僅兩百多個，旗鼓牛彔更只有約二十來個，[49] 且八年四月才首度開科取士，而當時所取中的十六名舉人也不過授半個牛彔章京品級，[50] 知曹振彥的升遷不可謂不快。至於曹振彥於天聰四年自「教官」轉授「致政」的事跡，應也可幫助我們更進一步掌握這段宦歷。

馮志祥是僅知與曹振彥同見於《大金喇嘛法師寶記》「教官」及《重建玉皇廟碑記》「致政」兩名單者，惜其事跡不詳。但「致政」中的王國棟與曹振彥的經歷相近，他是遼東鐵嶺衛人，隸鑲黃旗，貢士，順治七至十三年任沁州知州，十四年改霸州判官，康熙元年知大寧縣。[51] 由於王國棟與曹振彥同在順治七年以八旗貢士外放至山西擔任知州，兩人理應互知。雖漢文中的動詞「致政」常指官吏歸還執政的權柄，然因曹振彥正值壯年，且其後還擔任旗鼓牛彔章京、知州、知府、運使等官職，王國棟亦仍在仕途，知《重建玉皇廟碑記》中的「致政」應非「退休」之意。

有學者推測「致」字在此乃指致力、努力、獲得之意，類同《論語・子張》中「君子學以致其道」的用法。[52] 在《重建玉皇廟碑記》中作為名詞使用的「致政」，或為天聰前期授予漢人的一種從政資格，其性質也許類似明代對新科進士所施行的「觀政」制度，這些觀政進士分發至九卿衙

---

49 鄂爾泰等修，《八旗通志初集》，卷 3-10。

50 在金國最早考選的這批舉人中，僅宜成格、齊國儒、朱燦然、羅繡錦、梁正大、雷興、馬國柱、金柱、王來用九位漢人，他們無一出現於《大金喇嘛法師寶記》碑上的「教官」名單。參見《清太宗實錄》，卷 43，頁 567。

51 葉士寬原修，姚學瑛續修，《沁州志》，卷 6，頁 6；翟文選等修，王樹枏等纂，《奉天通志》，卷 183，頁 25；朱廷梅修，李道成等纂，《霸州志》，卷 7，頁 13；杜棠修，郭屏纂，《大寧縣志》，卷 3，頁 6。

52 周策縱，《紅樓夢案：周策縱論紅樓夢》，頁 296。

門，乃領有俸祿的非正式官員，他們已取得做官資格並享有奏議朝政的權利，但不簽署文案，亦無決策權，實習期間為三個月。[53]

「致政」一銜可能也與天聰五年七月新定六部的官名相呼應，當時命一貝勒管一部事，下設承政、參政與啟心郎。[54] 亦即，金國的「致政」或近於明朝的「觀政」，均屬試用官員，而「致政」「參政」「承政」三銜很可能出自同一系列的命名概念。以吏部為例，當時乃命「墨爾根戴青貝勒多爾袞管吏部事；圖爾格為承政，滿朱習禮為蒙古承政，李延庚為漢承政；其下設參政八員，以索尼為啟心郎」，[55] 但非正式官銜的「致政」則未記入檔案，且此名詞似僅行用一甚短時期。事實上，除了《重建玉皇廟碑記》外，清入關前後尚未見其它文獻記載有以「致政」為頭銜者。

倒是在耙梳資料庫時，筆者發現順治七年任山東右參政、八年陞江南按察使、十二年授山東左布政使的謝道，在其職官簡歷被註明是「正藍旗教官」。[56] 此種表述並不多見，如以《山東通志》所記順治朝曾出任布政使、參政、參議、按察使的 64 人次（皆漢姓）為例，當中約 23 人次為民籍，以進士（15 人）居多；另有 41 人次為旗籍，包含生員（5 人）、一等生員（1 人）、功貢、貢士（6 人）、貢生（5 人）、廕生、國學生、歲貢、恩貢、舉人等出身，然教官僅謝道一人（圖表 2.9）。類似謝道的情形，筆者只另見於順治三年任山西太原府知府的王昌齡、七年授分守荊西道右參議的劉奇遇、八年陞福建驛傳道副使的秦嘉兆。[57]

---

53 章宏偉，〈明代觀政進士制度〉；黃一農，《二重奏：紅學與清史的對話》，頁 39。

54 李學智，《老滿文原檔論輯》，頁 161-163。

55 《清太宗實錄》，卷 9，頁 124。

56 趙祥星修，錢江等纂，《山東通志》，卷 25，頁 10、13；《司道職名冊》，頁 9。

57 于成龍等修，杜果等纂，《江西通志》，卷 14，頁 9；《司道職名冊》，頁 11-12。

謝道，字路然，滿洲奉天生員，原籍山東濟南府，順治三年知山西臨縣，旋陞淮安知府。[58] 王昌齡，遼陽前衛人，正白旗教官（或稱生員）。[59] 劉奇遇，正藍旗教官，原係明朝生員，為祖大壽參謀，天命七年金軍攻廣寧時率家人於三岔河歸順努爾哈赤，著籍瀋陽；崇德元年六月經大學士范文程等考授為內弘文院副理事官，免其傜役三丁，順治二年以從七品的國子監助教陞授石樓知縣（正七品）。[60] 秦嘉兆，正紅旗教官，遼陽貢士，順治二年正月以訓導任趙城知縣，甫一年即超陞平陽知府。[61] 我們雖未見直接證據指出謝道等人的教官出身是否在金國統治時期即已獲得，然因劉奇遇於崇德元年已獲授正式文官的副理事官（待遇應高過「教官」），其位階相當於半個牛彔章京，[62] 知其應在此前即已取得教官身分。

綜前，目前筆者僅在清代官員簡歷中發現三個以「教官」（高於生員或貢生）替代科名的個案，[63] 此三人全為遼人旗籍，且皆在順治二、三年出任山西之知縣（應大多是「從龍入關」），疑「教官」多指滿洲政權於發展文治之初在官學中的漢人教書生員，其品級應接近半個牛彔章京(附錄 2.2)。作為「教官」的曹振彥理應對滿語愈來愈能掌握，也日益熟悉與滿人的互動方式，遂於不久後憑藉其勞績或表現，被其管主阿濟格拔擢為旗鼓牛彔章京。

---

58 趙弘恩等監修，黃之雋等編纂，《江南通志》，卷 108，頁 20；胡宗虞等修，吳命新等纂，《臨縣志》，卷 4，頁 7。

59 費淳、沈樹聲纂修，《太原府志》，卷 31，頁 14；邊大綬等修纂，《太原府志》，卷 3，頁 40。

60 戴震纂，孫和相修，《汾州府志》，卷 11，頁 26；覺羅石麟修，《山西通志》，卷 81，頁 52；《清太宗實錄》，卷 30，頁 383。

61 安錫祚重修，劉復鼎著，《趙城縣志》，卷 6，頁 31；楊延亮纂修，《趙城縣志》，卷 21，頁 1。

62 《清世祖實錄》，卷 2，頁 40-41、卷 18，頁 162。

63 文獻中亦有記謝道、劉奇遇為監生者。參見翟文選等修，王樹枏等纂，《奉天通志》，卷 196，頁 3；張琴修，杜光德纂，《鍾祥縣志》，卷 7，頁 27。

圖表 2.9：　順治朝出身教官的省級遼人官員。標有“❖”符號者或均入旗。

康熙《山東通志》，卷25

左布政使
王標極　北直真定府南宮人由進士順治元年十一月十七日任
❖董宗聖　遼陽人由國學生員順治四年四月二十六日任
❖盧震陽　鑲黃旗下生員順治六年六月初三日任
❖耿焞　遼陽人由功貢順治六年十一月十九日任
❖陳極新　正藍旗遼東撫順人順治十年十一月二十二日任
❖謝道　正藍旗教官遼東人順治十二年八月十五日任
❖史記功　正白旗生員順治十四年十月初四日任
❖施天裔　滿洲人由貢士順治十七年到任

右布政使
王默　直隸大名府魏縣人由進士順治二年三月十七日到任
❖穫弘祖　遼東遼陽中衛人官籍由一等生員順治四年正月二十五日任
❖盧震陽　鑲黃旗下生員順治六年正月十一日任
胡章　河南汝寧府光州人順治十六年八月初七日任
張縉彥　河南衛輝府新鄉人由進士順治十年六月十七日任
于之士　鑾儀衛官籍順天府大興人舉人順治十一年十二月初十日任
陳爌　孟津縣人由進士順治十三年二月十五日到任
❖袁一相　宛平縣人由正黃旗下順治十五年二月二十八日任
于朋舉　金壇人由進士順治十八年八月十一日任

左參政
❖負盡忠　遼東豐州衛人貢士順治十三年任督糧道
王孫蔚　陝西臨潼人進士順治十五年任督糧道
❖吳 杜　遼東廣寧人監生順治十六年任分守濟南道
張弘俊　順天大興人進士順治十七年任分守東兗道
王紀　山西沁水人進士順治十八年任分守濟南道

右參政
董宗聖　順治三年十月任分守東兗道
❖謝道　遼東人正藍旗教官順治七年任分守東兗道
❖田起龍　遼東人生員順治十一年任分守萊州道
❖周召南　遼東瀋陽人國學生順治十一年任分守萊州道
❖徐化成　滿洲人貢生順治十三年分守萊州道
❖毛一麟　遼東廣寧人貢生順治十四年任分守萊州道
張永祺　順天大興人進士順治十五年任分守萊州道
❖楊奇烈　遼東蓋州衛人貢生順治十七年任分守萊州道

左參議
張昌尹　順治三年六月任分守濟南道
❖馬登科　滿洲人順治九年任分守東兗道
❖劉應錫　遼東開原人國學生順治十年任分守東兗道
王尹祿　順天文安人進士順治十一年任分守東兗道
❖范承祖　瀋陽衛人歲貢順治十三年任分守東兗道
❖潘超先　遼東人貢士順治十五年任分守東兗道
鍾性樸　順天大興人進士順治十六年任分守東兗道
揭 陛　順天涿州人舉人順治十七年任分守濟南道
李世洽　直隸東鹿人進士順治十七年任督糧道

右參議
張祺　順治二年八月任分守萊州道
傅鸞祥　河南汝陽人官生順治五年二月任督糧道
❖劉可徵　滿洲籍遼陽人國學生順治五年任分守東兗道
❖徐大用　滿洲人國學生順治五年任分守萊州道
❖張尚　滿洲籍順治五年潤四月任分守濟南道
❖劉名標　遼陽人國學生順治八年任督糧道
何啟圖　陝西華州人廪生順治九年任分守濟南道
❖戴聖聰　遼東蓋州衛人貢生順治十年任分理濟東典屯道
❖白秉真　遼東杏山人恩貢順治十年任分理兗青典屯道
畢振姬　山西高平人進士順治十一年任分守濟南道
❖遲日豫　遼東廣寧人貢生順治十一年任知府管分理濟東典屯道事
❖牟廷選　遼東錦州人國學生順治十四年任分守濟南道

按察使
胡之彬　河南光州人由進士順治元年任
❖王任重　滿洲人由貢士任
❖武廷祚　滿洲人由貢士任
❖馬光先　滿洲人順治六年二月初十日任
❖佟延年　遼東撫順人由國學生順治八年二月十三日任
❖白本質　遼東鐵嶺人由國學生順治九年十月初十日任
❖陳培禎　遼東遼陽人由國學生順治十二年九月十七日任
❖胡文華　滿洲人由貢士順治十二年十二月初十日任
❖朱衣助　遼東瀋陽人由生員順治十四年二月二十七日任
❖王廷賓　杏山人由國學生順治十五年六月二十七日任
徐 坦　江南興化人由進士順治十六年七月二十四日任
❖于變龍　遼東鑲黃旗衛人由舉人順治十七年九月十五日任
❖班璉　遼東廣寧人由貢士順治十八年閏七月十八日任

康熙《江西通志》，卷14頁9

右布政
秦嘉兆　滿州人教官順治十二年任

（「秦嘉北」應為「秦嘉兆」之形誤）←——

道光《濟南府志》卷29頁19

國朝　左布政使
順治
謝道　遼東人正藍旗教官十二年任

《司道職名冊》，頁9-12

按察使謝道正藍旗下教官順治捌年玖月陞授
驛傳道副使秦嘉北教官正紅旗下順治捌年玖月陞授
分守荊西道右參議劉奇遇實職參政正藍旗教官順治柒年肆月陞授

附錄 2.2

天聰朝「教官」的可能品級

經由天聰四年所刻《大金喇嘛法師寶記》碑上的排序，我們應可判斷教官的品級乃介於備禦和千總之間。檢努爾哈赤統治初期，每牛彔額真下設代子二人、章京四人；天命五年改牛彔額真為備禦，章京為千總；天聰八年改備禦為牛彔章京，代子為分得撥什庫（順治十七年改稱驍騎校），千總為小撥什庫。[64] 然千總的品級究竟為何，未見具體表述，我們或許只能根據史事試加揣摩：

1. 皇太極在天聰七年敘功時，對陣亡者皆加贈半備禦，如「程國輔原係千總，征旅順口時以礮攻敵陣亡，贈為半備禦」。[65]
2. 天聰九年六月陞小撥什庫噶爾珠為半個牛彔章京，准再襲二次，此因其「隨車爾格征阿里庫部落有功；波木博自盛京逃走，復追殺之；又，明兵侵輝發時，進戰有功；塔克都自盛京逃走，復追殺之；又隨孟阿圖征虎野部落有功；今又隨吳巴海、荊古爾代征阿庫里尼滿部落有功」。[66]
3. 天聰九年五月因加隆阿、依拉尼兩位分得撥什庫從征黑龍江有功，授半個牛彔章京，並加襲二次。[67]
4. 管屯千總李士英原以人丁增加授為半個牛彔章京，然因稍後查明該功乃前任所為，遂於天聰十年三月將其革職，並鞭一百。[68]

知天聰時代子的品級低於半備禦；千總亦然，得要力戰陣亡，或屢次

64 傅克東、陳佳華，〈清代前期的佐領〉。
65 《清太宗實錄》，卷 15，頁 210。
66 《清太宗實錄》，卷 23，頁 311-312。
67 關嘉祿等，《天聰九年檔》，頁 59。
68 《清太宗實錄》，卷 28，頁 356。

進戰有功且追殺逃人，或增養甚多人丁，才可陞授為半備禦。[69]

又，《內國史院檔》在記天聰八年十月敘征大同、宣府之功時，多授第三位登城者一分（相當於 1/3）牛彔章京，第二位授二分（相當於 2/3）牛彔章京，最先登者一個牛彔章京，陣亡者則贈半個牛彔章京，由其親屬襲職。[70] 當時的八旗世爵乃以一分牛彔章京為底階，[71] 並給與敕書，記准襲次數。通常一分牛彔章京及半個牛彔章京准襲二次，二分牛彔章京及一個牛彔章京准襲四次，賜號巴圖魯的牛彔章京准襲六次。而一或二分牛彔章京可再經由勞績或軍功陞為半個或整個牛彔章京，如二分牛彔章京布丹於崇德五年授為牛彔章京時的敕書即稱其：

> 隨多羅武英郡王征燕京，入邊時破其關外守軍，及攻邊時本甲喇兵先登，又遇涿州明兵，同固山額真護軍統領步戰，敗之。又，出邊時明兵於居庸關口阻我輜重，率先衝擊，敗之。又，往迎和碩睿親王時，我軍據守山岡，明兵來攻，塞古德怯避，同希爾艮擊敗之，約斬十人。又，隨多羅額爾克楚虎爾貝勒往略錦州，克敵回時，救出石廷柱旗下一人。又，隨和碩鄭親王往略錦州時，遇松山兵百人向錦州來，同希爾艮囊古濟席哈敗之。又，隨和碩睿親王率兵初圍錦州時，於汛地擊杏山後騎兵，敗之。[72]

知欲加一分牛彔章京仍需相當的努力。崇德二年七月敘平定朝鮮、皮島功時，陣亡的二分牛彔章京納密達被贈為牛彔章京兼半個前程（即

---

69 順治四年以「授爵自拖沙喇哈番始，舊為半個前程，漢稱“外所千總”，正五品」，知在稍後千總品級似變高。趙爾巽等，《清史稿》，卷 117，頁 3362。

70 參見關孝廉等譯，《清初內國史院滿文檔案譯編》，冊上，頁 113-114。

71 天聰八年十月，喀木庫、阿雅克塔等四名白身皆以第三位登城等功授一分牛彔章京，且襲兩次。順治四年三月，一分章京阿雅克塔又以軍功陞半個牛彔章京。知一分或二分牛彔章京應非先前學者所稱「都屬於半個牛彔章京」。參見關孝廉等譯，《清初內國史院滿文檔案譯編》，冊上，頁 113-114；《清世祖實錄》，卷 31，頁 256；雷炳炎，《清代八旗世爵世職研究》，頁 19-20。

72 《清太宗實錄》，卷 53，頁 711-712。

加半個牛彔章京），以其弟和託嗣職，[73] 此應合併了其它功績。

天命六年三月因遼東既定，遂發帑銀、布帛行賞，其中有云：

> 牛彔額真、備禦、白巴牙喇纛額真及備禦銜巴克什一級，各賞銀二十兩、布二十匹、緞三匹。白侍衛、巴牙喇，代子備禦、綿甲人一級，各賞銀十五兩、布十五匹、緞二匹整。白隨侍巴牙喇、紅巴牙喇首領、管牛彔千總和千總銜巴克什一級，各賞銀十兩、布十匹、緞一匹……牛彔額真代子、千總，各賞八匹。各路大臣、千總，各賞六匹。[74]

從「備禦銜巴克什」「千總銜巴克什」等名稱，知當時文職往往帶武銜，而同樣是千總，但「管牛彔千總」和「千總銜巴克什」的位階，則高於牛彔額真下的千總以及無職的閒散千總。

綜前所述，筆者懷疑天聰四年《大金喇嘛法師寶記》碑上的「教官」乃金國創制文官體系初期的新銜，其品級應較「千總銜巴克什」為高，可能為半個備禦，曹振彥遂能於之後不久（不晚於天聰八年）憑藉勞績或表現晉陞旗鼓牛彔章京。類似情形亦見於天聰三年四月以筆帖式身分隨巴克什達海等人翻譯漢字書籍的剛林，他於八年四月被考選為金國首批共十六名舉人之一，獲授相當於半個牛彔章京的品級，且免四丁。[75] 《滿文老檔》於崇德元年五月記剛林曰：

> 爾原係白身，命管典籍，五年考試生員，授為舉人，命領國史院事。三載考績，以不負委任，恪盡厥職，勤勉可嘉，授為牛彔章京，陣亡准襲，病故不准承襲。[76]

指出他在天聰三年奉派掌管典籍，五年之後自生員考授為舉人（半個牛彔章京），再三年考滿後，即以優異表現陞授牛彔章京。

---

[73] 《清太宗實錄》，卷 37，頁 488。

[74] 任世鐸等譯，《滿文老檔》，頁 184。

[75] 崇德三年八月第二次取中舉人時，即明確稱「各授半個牛彔章京品級，免四丁」。參見《清太宗實錄》，卷 5，頁 70、卷 18，頁 239、卷 43，頁 567。

[76] 任世鐸等譯，《滿文老檔》，頁 1456。

鑒於皇太極統治時期科舉制度尚未步入正軌，不僅無進士科名，舉人僅舉辦三科取中 34 人，生員亦只考了四次，通過 534 人（圖表 2.8），這批人應是順治朝「從龍入關」協助清廷統治中國社會的主要遼人群體。也或因清朝的科第在入關之初才制度化，有些八旗漢官為增壯聲色，就在簡歷上填以其它經歷，如順治九年十月《司道職名冊》的謝道、劉奇遇、秦嘉兆（皆教官）、張尚（戶部啟心郎）、楊茂魁（內三院副理事官）、張儒秀（筆帖式）、[77] 袁一相（副將；卻歷官數省布政使司參議、參政、布政使，按察使司副使、按察使等文職）即然。至於志書中何以對同一人的科名有不同記述，此雖有可能出自編纂者的疏漏，但亦可能是認定的角度不同（如不以教官或貢士為科名）。[78] 而從未見於各職官簡歷的「致政」，或只短暫用於金國文官體系新肇之際，以標舉取得出仕資格的儒士，它不見得與官品有關。

曹振彥獲授旗鼓牛彔章京的時間下限在天聰八年，因該年四月初六日條的《清實錄》記稱：「墨爾根戴青貝勒多爾袞屬下旗鼓牛彔章京曹振彥，因有功加半個前程。」[79] 此資料罕見地只針對曹振彥一人（通常會一併處理某重大戰事所有建功人員[80]），且未言明原因。由於這是《實錄》中首度提及有旗鼓牛彔章京（崇德元年五月改稱長史）因功陞官，而當時往往只以軍功

---

[77] 吏部曾於順治元年七月記張儒秀為「固山下啟心郎陞山西平定州知州」，但此職名冊則稱其出身為「筆帖式」。參見《明清史料丙編》，第 3 本，頁 219。

[78] 以歷官至浙江巡撫的正白旗奉天人史記功為例，在各方志的職官簡歷中記其出身為貢士、生員、貢生、監生、國學、國學教讀或國學教讀生員。其中順治《汾陽縣志》稱：「史記功，滿州人，由國學教讀生員除授滿城知縣……歷陞廣東右布政」，由於史氏在順治九至十一年出任山西布政使司參政，旋改江南按察使，十二至十四年則任廣東右布政使，知此志出版時距其離任山西參政未久，故「國學教讀生員」之描述不太可能不確，但有些修志者或不認同此為科名。參見吳世英纂修，《汾陽縣志》，卷 3，頁 5。

[79] 《清太宗實錄》，卷 18，頁 237。《內國史院檔》繫此於初九日（圖表 2.2）。

[80] 如天聰七年九月敘征旅順口諸將功並錄其從前勞績時，即以兩千多字詳述約十七人的功勳。參見《清太宗實錄》，卷 15，頁 208。

敘賞，[81] 故疑曹振彥應是在不久前處理孔有德、耿仲明及尚可喜率眾投降的過程中發揮了重大作用，遂得以加「半個前程〔相當於半個牛彔章京〕」，而成為牛彔章京加半個前程（再加半個前程即可陞三等遊擊）。[82] 由於此隱晦史事有可能是振彥在從龍入關之前最突出的功績（此招撫之功雖非直接出自戰場，然或亦可歸為軍功[83]），且與遼東曹氏彼此間的聯宗有著密切關係，故下文將對此做進一步闡述。

查崇禎四年（天聰五年）閏十一月，明將孔有德和耿仲明在赴大凌河增援途中，兵變於河北吳橋，導致明軍所倚恃的西洋大砲和操作技術為金國所有，是明清鼎革過程中雙方戰力消長的重要轉捩點之一。[84] 六年五月孔有德派副將曹紹忠等至金國洽談投降事宜，皇太極則派濟爾哈朗、阿濟格、杜度三貝勒率兵至鴨綠江口往迎之。在孔有德開列的 107 員降將名冊中，我們可清楚發現不少曹氏，如排名居首的「見任副將」曹得選以及「原任

---

81 如天聰九年六月敘征阿庫里尼滿部落功，加默默里和湯糾各半個前程。崇德二年七月敘平定朝鮮、皮島等功，加贈陣亡的二分章京納密達半個前程，以其弟和託襲職；牛彔章京塞克什巴圖魯雖擊敗敵兵但戰歿，亦加半個前程，以其子僧朱襲職；牛彔章京碩詹以渡海取江華島有功加半個前程。崇德三年七月敘征厄黑庫倫等部落功，牛彔章京朱馬喇、塔哈布以奮勇深入並多獲人口，各加半個前程。至於非軍功敘賞的案例甚少，如崇德八年十二月小撥什庫田永茂以及牛彔章京趙猛才二人皆以恭建福陵有功，「雖無戰功，仍入功臣之列」，前者授為牛彔章京，仍准再襲二次，後者擢為三等甲喇章京，病故後以子襲職，仍准再襲三次。參見《清太宗實錄》，卷 23，頁 311、卷 37，頁 488-491、卷 42，頁 559；李燕光點校，《清太宗實錄稿本》，頁 31；關孝廉等譯，《清初內國史院滿文檔案譯編》，冊上，頁 524。

82 類似情形可見於碩詹，他於崇德二年七月以克江華島有功，由牛彔章京加半個前程。此外，哈爾松阿亦於崇德七年九月以功由牛彔章京加半個前程。參見《清太宗實錄》，卷 37，頁 491、卷 62，頁 854。

83 李中躍，〈清代曹寅家族軍功史研究〉。

84 黃一農，〈吳橋兵變：明清鼎革的一條重要導火線〉；黃一農，《紅夷大砲與明清戰爭》。

副將」的曹紹忠、曹得先等（圖表 2.10），[85] 這三名高階將領應就是列於《五慶堂重脩曹氏宗譜》的曹得選、曹紹中與曹德先。[86]

天聰七年六月多爾袞代表皇太極封投順之孔有德為都元帥、耿仲明為總兵官，而八年二月廣鹿島副將尚可喜欲降時，也由多爾袞率兵往迎。故作為阿濟格府中或多爾袞旗下少數具備滿漢雙語溝通能力的旗鼓牛彔章京，[87] 曹振彥很有可能參與協助處理相關事宜。更有甚者，根據《五慶堂重脩曹氏宗譜》以及《曹氏榮慶順天拔貢硃卷履歷》，三房曹紹中與四房曹振彥乃遼東五慶堂曹氏同輩分之族人，曹得選與曹德先則小其一輩（圖表 2.10）。曹振彥或因與曹紹中有所謂同宗之誼，且這兩個先前同住瀋陽的明朝武官家庭原本就可能相識（甚至敘譜），曹振彥遂得以在孔有德部的投誠過程中扮演雙方均能信任的媒介角色。[88]

據中國第一歷史檔案館所藏明代衛所職官襲替補選的《武職選簿》（圖表 2.10 上），曹紹中家族至遲在其曾祖曹陸即已入遼擔任軍職。曹陸原充總旗，以軍功歷陞至正三品指揮使，十一年以年老由子孫襲替。然因其子效周乃監生，不願襲職，故由嫡孫養性 (1561-?) 承替，三十四年再由已故正四品指揮僉事曹養性的嫡長男紹中 (1580-?) 承襲。根據該原始官方檔案，可知仲→銀兒→陸→效周→養性→紹中，此世系與《五慶堂重脩曹氏

---

[85] 黃一農，《二重奏：紅學與清史的對話》，頁 32。

[86] 疑當時有些叛明者或擔心親友受牽連，故不願具以真名，遂在名冊中以音近之字替代。如在孔有德部的降金名冊中，即出現曹得選/曹德軒、吳進勝/吳進盛、施尚弼/史尚璧、連得成/連德成、劉成祖/劉承祖、許伯周/水柏舟、張成勛/張承勳等異名。類似情形可參見黃一農，〈紅夷大砲與皇太極創立的八旗漢軍〉。

[87] 當時阿濟格王府下已知有兩個旗鼓牛彔，或由李有功和曹振彥分別管理，至於《八旗通志初集》所記正白旗（多爾袞為旗主）下於「國初編立」的旗鼓佐領，亦不過三個左右。參見黃一農，《二重奏：紅學與清史的對話》，頁 44-45；鄂爾泰等修，《八旗通志初集》，卷 5，頁 39-42。

[88] 此段參見黃一農，《二重奏：紅學與清史的對話》，頁 31-34。

宗譜》所記的仲→守位→效周→養性→紹中大致相同，但後書無曹銀兒、曹陞二人，其所列的養性之祖亦稱是曹守位，且譜中小傳也未記曹仲、守位、效周、養性曾任武職！令人對《五慶堂重脩曹氏宗譜》所記明代事跡的正確性產生一些疑問（詳見附錄 1.3）。但曹紹中家族的襲職檔案中以其原籍揚州，則與曹俊（獲贈散階懷遠將軍）為五慶堂的入遼始祖、遼東諸曹氏「皆出懷遠而祖儀徵之曹」的看法一致（圖表 1.16）。

曹紹中後以隨孔有德歸順之功封三等梅勒章京，並入漢軍正黃旗。崇德五年四月紹中因年邁失明由其次子仁先襲替，仍准再襲七次。[89] 順治十四年八月仁先晉二等阿思哈尼哈番，十六年十二月由子燕祖襲，後因故停爵。[90] 紹中的長子德先（《清實錄》中混用「得先」「得賢」與「德先」）以及同房同輩的得選（《清實錄》中混用「德選」「德軒」與「得選」）在降金後亦皆封爵授職。[91] 曹振彥或透過聯宗親誼以及多爾袞旗下旗鼓牛彔章京的身分，因緣際會地在清初三藩成形的過程中扮演了彌足輕重的角色。

已深度滿化並取得統治者信任的曹振彥，在短短不到四年的時間，就從教官變成致政、旗鼓牛彔章京，且加半個前程，他除負責阿濟格王府的儀仗、護衛以及總務等工作外，還得協助處理各旗分配到的非戰鬥任務。阿濟格家與曹家此一長期的主屬關係，即使在順治八年阿濟格被抄沒並黜宗籍後，應仍未完全弭滅，此故，曹雪芹後在與阿濟格裔孫敦敏、敦誠兄弟交往時，似乎仍難以跨越彼此因身分高低所造成的無形障礙。[92]

---

89 關孝廉等譯，《清初內國史院滿文檔案譯編》，冊中，頁 454。

90 張廷玉等，《皇朝文獻通考》，卷 254，頁 33；《清太宗實錄》，卷 51，頁 683。

91 《清太宗實錄》，卷 44，頁 576、卷 56，頁 754；《清世祖實錄》，卷 42，頁 341、卷 44，頁 350、卷 57，頁 457、卷 64，頁 504。

92 他們雖為知交，但彼此的交往應屬「君子之交淡如水」，故敦敏《懋齋詩鈔》記其於乾隆二十五年賦〈芹圃曹君（霑）別來已一載餘……〉，二十六年冬賦〈訪曹雪芹不值〉，二十八年二月柬約曹雪芹為敦誠慶生，竟不知雪芹已於年前除夕逝世。

圖表2.10：五慶堂遼東曹氏三房的相關文獻。

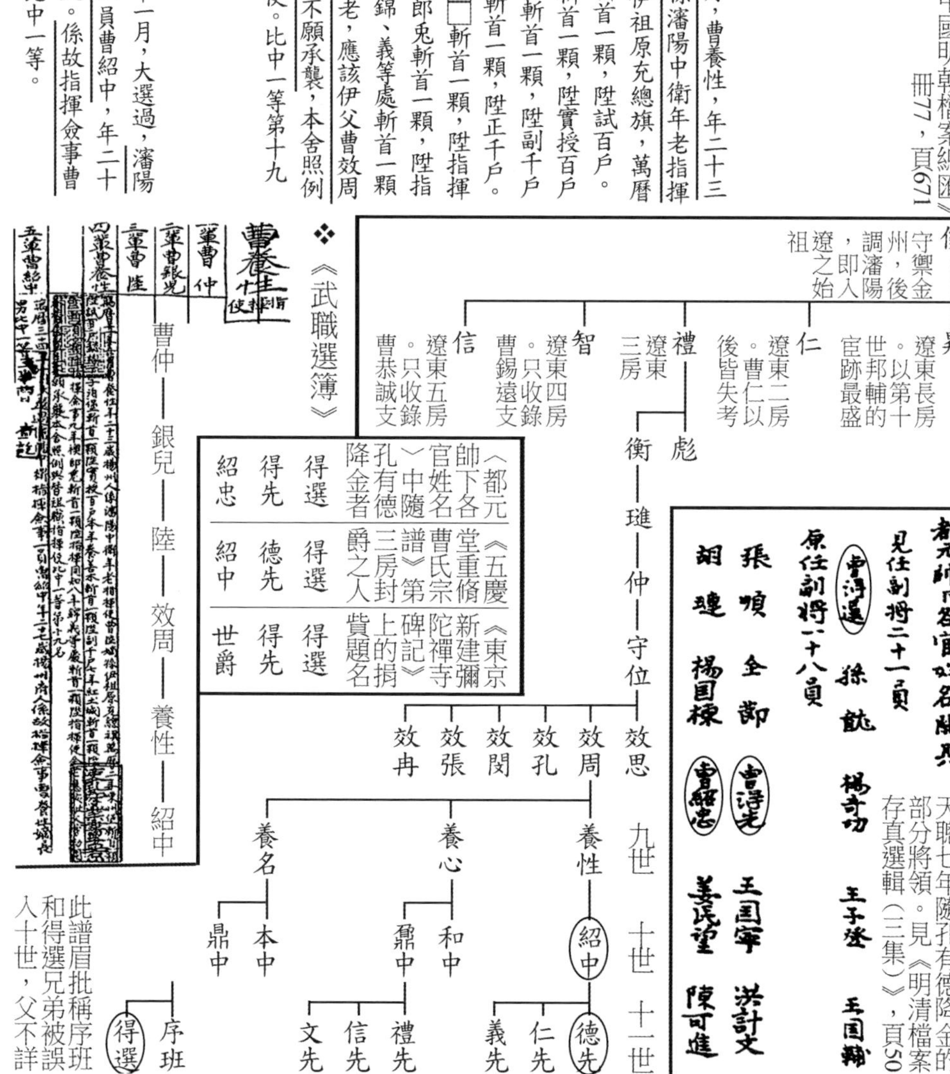

編入旗鼓牛彔的包衣原雖多為俘虜，但在清帝國肇建的過程中，其地位也偶因「效力年久」等因素而水漲船高，有些人得以成為擁有獨立戶籍且為非賤民的「正身旗人」，他們面對皇帝或主家時，雖仍自貶為「包衣下賤」或「家奴」，惟在法律上卻非奴僕，與附於旗人戶下之無獨立戶籍的家奴截然有別，在外既可任官，亦可擁有奴僕與財產，但與其主家仍維持主從關係，故或較接近「世僕」「家人」，而不應被視同一般奴隸。[93] 康熙朝的巴泰（漢姓金）有可能就是最早歷官至內秘書院大學士的包衣之一，他且被抬旗編入同旗漢軍（圖表 3.13）。[94]

崇德元年六月，先前獲授旗鼓牛彔章京加半個前程的曹振彥因罪被鞭八十，當時刑部官郎位被控「貪財好色，不法不義」，遭革甲喇章京並追贓，且查出他在審理鑲白旗下長史（此年五月之前稱作「旗鼓牛彔章京」）曹振彥的案件時，不僅索賄 20 兩，後又以借債為名索銀 15 兩。[95] 由於振彥總共給了郎位 35 兩，知其所犯之罪的預期罰鍰或遠高於此，否則他應無必要冒行賄遭查獲的危險。

雖然文獻中闕載曹振彥被告的罪狀，但我們或可從類似處分稍窺其可能被議罪之事。《清實錄》曾記天聰九年甄別城工官員表現一案，稱：

> 以鑲紅旗所築五處不堅固，罰固山額真葉臣銀五十兩；鑲藍旗所築八處不堅固，罰固山額真篇古阿格銀八十兩；正藍旗所築十六處不堅固，應議固山額真色勒阿格罪，因其二子一死一病，未與城工，乃坐代督之昂阿喇阿格、克宜福罪，罰銀一百六十兩；貝勒下二旗鼓、三旗下牛彔章京等，俱坐應得之罪，罰贖。[96]

---

93 杜家驥，《八旗與清朝政治論稿》，頁 435-489。

94 黃一農，《二重奏：紅學與清史的對話》，頁 191-194。

95 李燕光點校，《清太宗實錄稿本》，頁 53-54；任世鐸等譯，《滿文老檔》，頁 1515-1516。

96 《清太宗實錄》，卷 23，頁 308。

知參與修築城垣的旗鼓牛彔章京，亦可能與其固山額真或代理者同坐一罪。

此外，天聰年間規定若編審壯丁有所隱匿，亦會將牛彔額真及其下相關官員俱坐以「土黑勒威勒〔*tuhere weile*；指規定之罪〕」，此為清前期施行的一種特殊科罰單位，特點是每份的定例因人而異，世職世爵愈高，科罰愈重，如和碩親王是每份 200 兩，多羅貝勒 150 兩，有世職的牛彔章京為 15 兩，無世職的牛彔章京（曹振彥擔任的旗鼓牛彔章京屬此）為 10 兩。[97] 以崇德四年九月正白旗包衣牛彔章京伊拉木一案為例，其所管莊頭裘二隱匿一丁未上冊，伊拉木因此被罰規定之罪 15 兩及隨丁銀（依丁數計罰）5 兩。崇德四年十一月鑲黃旗牛彔章京俄木索科因隱丁十六人未納官賦，又私帶守城甲士至軍中，故除因隱丁而被罰以 80 兩的隨丁銀外，亦加倍坐以規定之罪（罰兩個「土黑勒威勒」，即 30 兩）。由於曹振彥欲透過賄賂以減輕罰鍰，而在「土黑勒威勒」的定例下，其所任旗鼓牛彔章京每份的罰款僅為 10 兩，遠小於其賄款，知其罪很可能事涉不少隨丁銀。至於曹振彥被鞭八十下，則屬相當嚴重，因清前期的鞭刑最高也不過百下，此或是他堅不承認行賄，故遭加重處罰所致。[98]

崇德三年正月曹振彥又以懈怠失職遭罪，此因一等甲喇章京吳守進以過生日演戲為由，將武英郡王阿濟格王府下鑲白旗包衣之已婚婦女（應不止一名）接去，至晚且留宿，吳守進因此被罰銀 50 兩，而姦宿已婚婦女之三等甲喇章京馬光輝也坐以規定之罪。武英郡王下的長史曹振彥和李有功因不察其所屬牛彔下有夫之婦的行止，各鞭八十（圖表 2.11）。[99]

---

97 袁建瓊，〈《盛京刑部原檔》所載清代早期法制中"規定之罪"略析〉。

98 此段參見張晉藩、郭成康，〈由崇德三、四年刑部滿文原檔看清初的刑法〉；張晉藩、郭成康，《清入關前國家法律制度史》，頁 509-561。

99 此段參見關孝廉等譯，《清初內國史院滿文檔案譯編》，冊上，頁 263；郭成康、劉景憲譯註，《盛京刑部原檔：清太宗崇德三年至崇德四年》，頁 4-5。

圖表 2.11：滿文資料中的李煦祖父李有功。

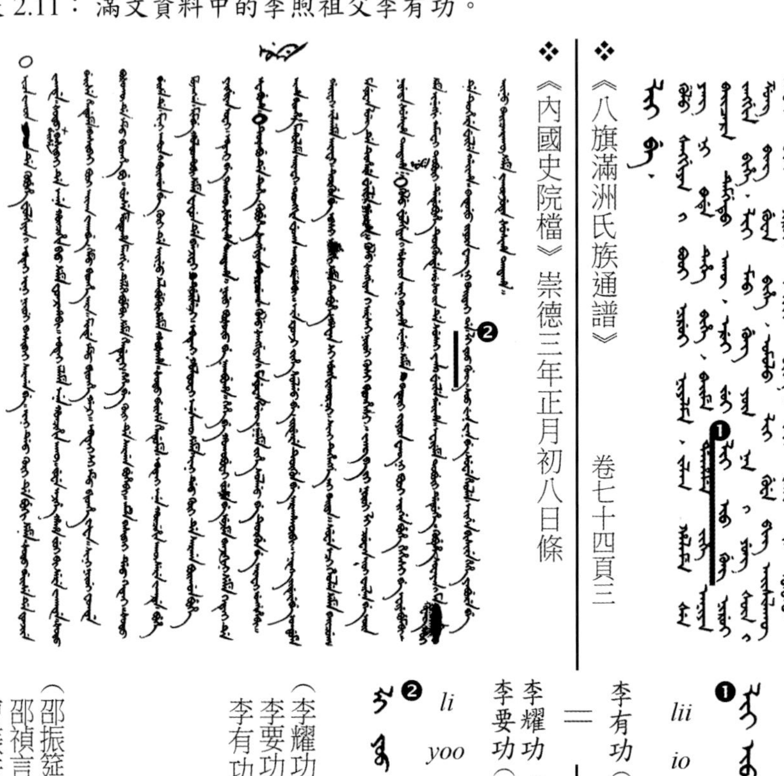

❖《八旗滿洲氏族通譜》

李栢，正白旗包衣人，世居瀋陽地方，來歸年分無考。其子：李有功原任佐領，李懋功原任雲南永順鎮總兵官。孫：李國屏原任員外郎兼佐領。曾孫：李芳原任副將。元孫：阿什泰現任護軍校。四世孫：李治現任典儀，李浦現係舉人

❖關孝廉等譯，《清初內國史院滿文檔案譯編》

正紅旗吳守進為賀其生辰，以演戲為辭，將武英郡王府下已嫁婦女白天接去，至晚留其宿。是以吳守進罰銀五十兩；鑲黃旗馬光輝以演戲留宿，坐以應得之罪。武英郡王下管家李要功、郃振筵以其怠誤，不察有夫之婦行止，各鞭八十

❖郭成康、劉景憲譯註，《盛京刑部原檔》

正紅旗吳守進生日時，令巴圖魯郡王包衣之有夫之婦耍戲，晝取而夜宿，故罰吳守進五十兩銀；耍戲且姦宿之鑲黃旗馬光輝罰以規定之罪。巴圖魯郡王之擺塔大李耀功、郃禎言，爾等懈怠失職，對有夫之婦所行失於覺察，各鞭八十

曹振彥此次遭鞭刑的主因，應是清入關前的法律視通姦為重罪。如崇德元年八月有鑲黃旗的薛大湖與鑲白旗孫得功所管金英子婦通姦，法司擬男女俱死，薛大湖遭革職，鞭一百，准折贖，降為民，通姦女子則鞭一百，貫耳鼻，還給其夫。又，崇德三年八月鑲黃旗布爾薩海牛彔下根都爾的包衣額拖齊和另一包衣女人色布得通姦被拿獲，但根都爾卻將這對男女釋放，布爾薩海亦未對他們進行審問。經人檢舉後，布爾薩海遭鞭五十；根都爾鞭一百，貫耳鼻之罪准折贖；通姦男女則各鞭一百，貫耳鼻。牛彔章京布爾薩海所受的處罰，或與長史曹振彥和李有功的前罪程度大致相仿。[100]

前述之李有功有時被音譯作李要功/李耀功（*li yoo gung*；圖表 2.11），此因「有」「要」「耀」三字在老滿文均同譯作 *io*，在新滿文行用後，「有」字仍作 *io*，「要」與「耀」則譯作 *yoo*，但在此轉型期許多老滿文之 *io* 被逕改作 *iyoo/yoo*，李有功行用多年的滿名可能因此被改成 *li yoo gung*，遂被今人回譯為李要功/李耀功。至於後出之乾隆官刻《通譜》，則將其名正確寫成 *io gung*，惟該書因避乾隆帝弘曆名中之「曆」字，又將「李」字的滿文 *li* 拼作形近但音同的 *lii*。[101]

綜前所述，在清朝崛起關外的過程中，曹振彥以包衣第二代之身分透過天聰三年的考選正式成為金國第一批生員，接著擔任教官，並獲得「致政」之資格，更於天聰八年以前即出任阿濟格王府的旗鼓牛彔章京。由於曹振彥曾負責的旗鼓牛彔，在順治元年已改由高國元管理，[102] 而參照《八旗通志初集》中〈旗分志〉的敘事，各旗鼓的替換原因主要為過世、生病、

---

100 郭成康、劉景憲譯註，《盛京刑部原檔：清太宗崇德三年至崇德四年》，頁 62；張晉藩、郭成康，《清入關前國家法律制度史》，頁 519-520。

101 黃一農，《二重奏：紅學與清史的對話》，頁 44-45。

102 此據《內務府正白旗佐領、管領檔》。轉引自張書才，《曹雪芹家世生平探源》，頁 17。

年老、外放、抬旗或犯事，再衡諸曹振彥的狀況，疑他最可能是在崇德後期「緣事革退」，但此前他已出仕約十年。

透過與曹振彥同為阿濟格王府長史的李有功，讓我們有機會覓得康熙朝江寧織造曹寅（振彥孫）與蘇州織造李煦兩家成為世交的源頭。[103] 此李有功（字號為西泉）就是李煦祖父，李煦之父本名姜士楨（文獻中有將其名末字記成「禎」或「正」者；附錄2.3[104]），在崇禎十五年（崇德七年）清軍攻破其家鄉山東昌邑時被擄出關，後過繼給無子之李有功並改姓。鑒於旗人無嗣依例得先按親等遠近以同宗之姪承繼，如無，才可過繼有親戚關係之異姓，[105] 故疑姜士楨原或出自李有功之岳家。換句話說，曹寅與李煦兩家乃世交，曹振彥與李有功不僅同時擔任阿濟格王府的長史，且籍隸同一旗鼓佐領，曹振彥、曹爾正、曹寅即管理過該佐領。此外，曹寅的岳父李月桂也可能是李有功的遠親，或彼此聯宗（參見第三章）。

李士楨和李煦父子雖分別歷官廣東巡撫及「蘇州織造、戶部右侍郎兼巡視兩淮鹽課監察御史」，但或因士楨乃以外姓出繼李有功，故無法如血脈純正的曹家諸人（振彥、爾正、寅、宜、頎）獲授被視為清政權根本之牛彔章京（順治十七年後改名佐領）。查乾隆《八旗滿洲氏族通譜》，原任佐領的李有功在過繼士楨之後，其家只有他姪子國屏（康熙四十九至五十年間負責粵海關，五十年十月任「武英殿總監造、內務府會計司員外郎兼參領、佐領」；參見圖表4.13）管過佐領，李國屏或是李有功兄弟李懋功（原任雲南永順鎮總兵官）之子。亦即，李士楨及其後代並無人擔任過佐領。

---

103 本節有關李士楨家族的討論，可見黃一農，《二重奏：紅學與清史的對話》，頁44-48、180-190；王偉波，〈李煦與曹雪芹祖母李氏兄妹關係再探〉。

104 李士楨取字「毅可」或出自《論語》「士不可以不弘毅」句，因其名與字將士、可、毅三字相關連，且楨字的本義為「剛木」，亦可與《禮記・中庸》的「發強剛毅，足以有執」句產生關合。感謝高樹偉提供的意見。

105 明亮等纂修，《欽定纂修中樞政考》，卷16，頁30。

附錄 2.3

李煦之父應名「士楨」而非「士禎」

李煦之父本姓姜，其所參與創建的廣州十三行在清代經濟史上意義重大，[106] 然其名末字的寫法卻不明確，有記為士楨、士禎或士正者，甚至同一書內也不統一（圖表 2.12）！[107] 由於雍正皇帝名胤禛，故在其即位後，文本中屢見有將「禛」字避改成「正」或「禎」的情形，且因避嫌名亦嘗改「崇禎」為「崇正」，改「儀真」為「儀徵」。此外，文學大家王士禛卒於康熙五十年，入雍正朝亦因避帝諱而被追改成「王士正」，然因其兄士祿、士禧、士祜（末字同為「示」部）皆有文名，故乾隆三十九年又奉諭：「士正名以避廟諱致改，字與原名不相近，流傳日久，後世幾不復知為何人，今改為士禎，庶與弟兄行派不致淆亂」。[108] 綜前所述，令人對李煦父名究竟為何，產生了不確切的感覺。

欲釐清此一混淆情形，或許得耙梳出與李家關係較密切的記述。如杜臻的《經緯堂文集》就收錄他於康熙三十八年或之前不久為李煦父所撰的墓誌銘，內稱「公諱士楨」，此文想必經李家過眼並根據喪家所提供的行狀撰寫，且因杜臻「忝舊治，知公悉」，故不應連名字都出錯。[109] 至於李氏以廣東巡撫的身分於康熙二十四年序《廣東輿圖》時，不僅署名「李士楨」，末所鈐蓋的印文亦同，他為鄧文蔚所寫的進士匾額亦題「李士楨」。此外，康熙三十六年一修本和六十年二修本的《昌邑姜氏族譜》，均記其名為「李士楨」，他還是前書的「纂述」之一。

106 彭澤益，〈清代廣東洋行制度的起源〉。

107 如在《撫粵政略》各卷之首即分署為「都昌李士楨」或「都昌李士禎」所撰。據江西巡撫（康熙四十一年任）張志棟前序，知此書乃建昌知府高琦為其在廣東的前長官李士楨所刻，時間在張志棟「按〔按院為監察御史的別稱〕洪〔南昌古名洪州〕之明歲」。參見李士楨，《撫粵政略》，序，頁 1-4。

108 黃一農，〈康熙朝漢人士大夫對「曆獄」的態度及其所衍生的傳說〉。

109 杜臻為浙江嘉興人，而李士楨曾任浙江布政使，故杜臻遂謙稱己為其原先所轄地區的子民（「舊治」）。參見杜臻，《經緯堂文集》，卷 10，頁 10-13。

圖表 2.12： 文獻中對李煦父親李士楨的記述。其名末字偶被寫成形近的「禎」，後亦常因避帝胤禛之嫌名而改作「正」。

❖《安慶府志》（康熙六十年刊本）
李士楨 字毅可 號 ... 卷12頁43

❖《廉州府志》（康熙六十年刊本）
李士禎 昌邑人 卷30頁58

❖ 巡撫李士楨 卷1頁48
廣東巡撫李士禎 卷6頁42

❖《揚州府志》（康熙間刊本）
李士禎 山東昌邑貢生九年 卷三頁20
撫院李士楨 卷27頁35

❖《南海縣志》（康熙三十年刊本）
巡撫都院李士楨 卷2頁8
撫部院李士禎 卷2頁27

❖《昌邑縣志》（乾隆七年刊本）
劉氏以孫李士楨貴 卷5頁159
徐氏以子李士禎貴

❖《仁和縣志》（康熙廿六年刊本）
藩司李士禎等 卷27頁40

❖《河南通志》（康熙卅四年刊本）
李士楨 滿州籍昌邑人貢士康熙六年任 卷2頁8

❖《廣東通志》（康熙卅六年刊本）
巡撫李士楨 卷4頁26

❖《江西通志》（康熙廿二年刊本）
李士楨 山東昌邑人貢士康熙二十年至 卷14頁2

❖《河防芻議》（康熙間刊本）
河南按察使李士禎 卷6頁49

❖《浙江通志》（文淵閣四庫本）
李士禎 山東昌邑人貢士康熙十四年 卷121頁22

❖《江西通志》（光緒七年刊本）
李士正山東昌邑人貢士 卷128頁8

❖《陝西通志》（文淵閣四庫本）
李士正 山東昌邑人順治十三年任 卷23頁25

❖《揚州府志》（雍正十一年刊本）
李士正 昌邑人九年任 卷18頁24

❖《撫粵政略》（康熙間刊本）
都昌李士楨毅可父著 卷1頁1
都昌李士禎毅可父著 卷2頁1

❖《經緯堂文集》（康熙間刊本）
廣東巡撫都察院右副都御史李公墓誌銘
公本姜姓世居東萊之都昌素治經業代有聞人生而異
頒賜清書綱目一部眞一時異數云公諱士楨號毅可生於
萬曆己未歲四月二十三日亥時卒於康熙乙亥歲三月
六十七耀出餘未字煦等將以康熙三十八年二月六日
其時奉公葬通州城西之王瓜園以藤忝舊治知公悉屬
爲銘詎不敢辭謹據狀次第行實而系以銘曰
卷10頁10-13

❖《昌邑姜氏族譜》（康熙三十六年刊本）
纂述揚波校訂輿
士楨 焯
士模 熠
（康熙六十年刊本）
士楨 演次子字毅可壬午

❖《李士楨、李煦父子年譜》
巡撫廣東等處地方提督軍務兼理糧餉塩法都察院右副都御史加一級李士禎爲
巡撫廣東等處地方提督軍務兼理糧餉塩法都察院右副都御史加一級李士禎爲

❖《廣東輿圖》（康熙廿四年刊本）
乙丑歲菊月之吉
巡撫廣東等處地方提督軍務兼理糧餉鹽法都察院右副都御史李士楨謹撰

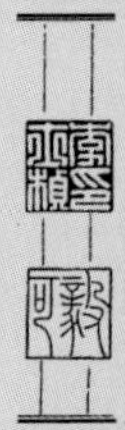

進士
進士
康熙乙丑科會試中式第六十八名鄧文蔚立

再者，李士楨曾於康熙二十年五月陞授江西巡撫，十二月調廣東巡撫，二十六年十一月以年老休致。[110] 作為方面大員，康熙二、三十年刊刻的相關方志不應屢見訛誤才對，查康熙二十二年《江西通志》中有兩次記其人，皆作「李士楨」，而此書共見 11 次「禎」、16 次「楨」、435 次「禎」，[111] 故「（李士）楨」字明顯不是「禎」或「禎」的避改。尤其，李士楨甫從江西巡撫離任，修《江西通志》諸人不應對其名不熟悉，又，此書總裁于成龍（兩江總督）晚李士楨四年出任福建布政使，他也不應不知道李士楨之名！

至於康熙三十六年《廣東通志》提及曾任該省巡撫的李氏共 7 次，全都刻作「李士楨」，此書未見「禎」字，但有 27 個「楨」、1032 個「禎」。[112] 此外，康熙三十年成書的廣東《南海縣志》中，提及巡撫「李士楨」之名 27 次，僅 1 次稱「康熙二十五年撫都院李士禎」，由於此書出現 2 次「禎」、39 次「楨」、165 次「禎」，[113] 知孤例「（李士）禎」純屬形近的錯字，而與避諱無關。

換句話說，李煦之父應名「士楨」而非「士禎」，此亦與其兄弟士檟、士楙、士楷、士模名中第二字偏旁皆從「木」之部首的情形相合。[114] 有些志書在纂修時或因距李士楨任官期間已遠，且因李士楨並非當地主官，其名對編者而言常不顯，故偶會誤將字形相近的「楨」與「禎」相混，雍正朝以後則又常因避帝名胤禛之嫌名而改「士楨」作「士正」。清人類此而遭改名的情形頗常見，如都察院參政佟國胤（其名的正確寫法乃根據順治八年八月二十一日的佟氏夫婦誥封碑）即常被書作國印、國蔭、國蔭、國應或國允等異名。[115]

110 《清聖祖實錄》，卷 96，頁 1209、卷 99，頁 1252、卷 131，頁 416。
111 于成龍等修，杜果等纂，《江西通志》。
112 金光祖纂修，《廣東通志》。
113 郭爾戺、胡雲客修，冼國幹等纂，《南海縣志》。
114 黃一農、王偉波，〈李煦幼子李以鼐小考〉。
115 黃一農，〈紅夷大砲與皇太極創立的八旗漢軍〉。

三、從龍入關重啟仕途的曹振彥

曹振彥在順治初從龍入關，方志中多稱其科名為貢士（圖表 1.2），中國第一歷史檔案館所藏的《順治朝現任官員履歷冊》亦稱他是「正白旗下貢士」。[116] 貢士通常指會試中式但尚未經殿試授為進士者，然因清代乾隆以前旗人的文武科進士和舉人名單均臚列於《欽定八旗通志》，當中卻從未見曹振彥之名，且入關前亦無貢士之科名，知清初科舉制度中之貢士應與一般的概念稍異。

查順治元年起即曾多次考選具明代科名者（不論出仕與否），並授貢士出身，但「八旗人士不與」。[117] 旗人則是另行開科取士，此因政權新肇，急需充補各省之地方官缺，清廷遂數次考用從龍入關的遼人，順治六年有旨：「八旗漢軍通曉漢文者，無論俊秀、閒散人等，並赴廷試。文理優長者，准作貢士，以州縣即用。」[118] 然八旗貢士的選拔應早自入關之初，此因順治元年知山西交城縣的高選（遼陽人）、屯留縣的王昌齡（遼陽人）、河南內黃縣的劉永盛（奉天人），即均為旗下貢士出身。[119] 直至順治九年才首度策試八旗貢士，通過者賜予進士及第。[120]

---

116 張書才，《曹雪芹家世生平探源》，頁 11-12、372-379。

117 以順治朝的河南驛糧道為例，民籍貢士先後到任之時間為：元年的李芳蘊（直隸永年人，泰昌元年恩貢）、二年的李呈祥（山西隰州人，崇禎三年舉人）、衛之琯（陝西韓城人，天啟元年舉人，崇禎十二年知臨漳縣）、五年的鄭廷櫆（廣東澄海人，天啟四年舉人，崇禎七年任三水縣教諭）、六年的李子和（直隸大興人，崇禎十二年舉人）、七年的張懋勳（直隸雄縣人，崇禎六年舉人）等。參見田文鏡等修，孫灝等纂，《河南通志》，卷 35，頁 16-17。

118 崑岡等修，劉啟端等纂，《欽定大清會典事例》，卷 1136，頁 1-2。

119 覺羅石麟修，《山西通志》，卷 81，頁 18、56；田文鏡等修，孫灝等纂，《河南通志》，卷 37，頁 34。

120 此段參見《清世祖實錄》，卷 25，頁 211、卷 31，頁 255、卷 43，頁 347、卷 63，頁 498；李周望，《國朝歷科題名碑錄初集》，頁 480-494；趙爾巽等，《清史稿》，經檢索《文淵閣四庫全書》中的各省通志，發現有許多遼人於順治朝以貢士身分派往各省任官，其中最多的山西，在從知縣以迄布政使的 383 人次當中，八旗貢士就約佔 185 人次（知州 36 人次、知縣 108 人次），[121] 清廷顯然是希望透過他們融通滿漢兩種語言和文化的能力，協助落實對基層社會的統治。曹振彥應在順治初年成為八旗貢士，惟確切年份不知，或由於他先前已有擔任旗鼓牛彔章京的從政經歷，故在順治七年被直接外放為官階較高的山西平陽府吉州知州，[122] 任職期間他為與地方建立較好的互動，曾重修位於錦屏山之麓的城隍廟。[123]

順治九年四月曹振彥陞授山西省陽和府（在大同東北約 50 公里處）知府，十二年九月始調兩浙都轉運鹽使司運使。先前學界常誤其出任大同府知府，[124] 惟因清大同總兵官姜瓖於順治五年十二月據城叛，[125] 宣大、山西總督耿焞奔逃陽和，六年八月，姜瓖死，清兵旋將收復的大同城垣拆除；[126] 十月將府治移至陽和，旋設陽和府，「大同廢，不立官」；八年十月，總督佟養量、按院薛陳偉合疏請復大同府；[127] 至十二年十月，總督馬之先始從

卷 108，頁 3160。

121 覺羅石麟修，《山西通志》，卷 80-82。

122 此段參見劉世德，《曹雪芹祖籍辨證》，頁 67-77、81。

123 吳葵之修，裴國苞纂，《吉州全志》，卷 1，頁 25。

124 如見周汝昌，《紅樓夢新證》(2016)，頁 207。惟曹振彥在順治九年十二月初八日的奏本中即明確記載他是陽和府知府，此見張書才，《曹雪芹家世生平探源》，頁 8-9。

125 下文相關史事均請見張繼瑩，〈清初姜瓖之變與山西社會秩序的重建〉。

126 《清世祖實錄》，卷 41，頁 332、卷 46，頁 365、卷 63，頁 490 及 493；吳輔宏修，王飛藻纂，《大同府志》，卷 1，頁 10、卷 12，頁 2。

127 胡文燁纂修，《雲中郡誌》，卷 3，頁 2、卷 12，頁 13。

陽和移鎮大同，十一月左右陽和府裁。[128] 故嚴格說來，曹振彥從不曾出任過大同府知府。

據順治十三年四月刻石的《重修大同鎮城碑記》（圖表 2.13；此碑原嵌在大同鐘樓的牆壁上，現藏大同市博物館），知該次修城之議「始於前直指天中薛公諱陳偉〔「直指」乃謂御史，此因薛陳偉曾於順治八年以監察御史巡按宣大，天中指河南開封的祥符縣〕，再成於前總督襄平馬公鳴珮」，當時因戰爭的摧破，大同城內到處是頹垣壞壘，碑文有云「戊子之變，誰非赤子，誤陷湯火，哀此下民，肝腦塗地……睇此蕪城，比於吳宮晉室，鞠為茂草，為狐鬼之場者，五閱春秋」，即描寫自順治五年戊子歲姜瓖叛清五年多（所謂「五閱春秋」）以來，戰爭的慘烈已令大同淪為「狐鬼之場」。此外，順治八年任督糧戶部主事之劉國欽曾撰〈再入雲中（時鎮署移陽和鎮）〉，云：

> 十室九空遺民老，飛鳥仍如鱗集時。
> 危樓影照斜陽裡，剩有殘陽影向誰？

亦可見該城於兵燹後的殘破景象。[129]

有紅友在未詳探史料的情形下，誤稱「〔六年二月〕被尊為皇父攝政王的睿忠親王多爾袞親率大兵征剿，曹振彥作為其屬下正白旗包衣旗鼓佐領，參加這次軍事行動」，[130] 另有網民抨擊曹振彥在大同城破後的大屠殺中亦手染鮮血。由於姜瓖之變被許多紅學界人士認為是曹家在從龍入關後力爭上游的關鍵，該事件也與身為其旗主或管主的阿濟格、多爾袞、多鐸三親兄弟間的矛盾息息相關，下文即嘗試就此進行疏理。

---

128 在順治十二年十一月的實錄中，大同府與陽和府兩名仍同時見於文獻。參見《清世祖實錄》，卷 94，頁 742、卷 95，頁 748；鐵保等，《欽定八旗通志》，卷 208，頁 16。

129 張繼瑩，〈政治情境與地方史書寫：以清代大同方志為例〉。

130 王洪勝，〈曹雪芹家世祖籍研究的重大發現〉。

圖表 2.13：　大同市博物館藏順治十三年的《重修大同鎮城碑記》。

重修大同鎮城碑記

進士第戶部河南清吏司郎中郡人解元才撰文

大同古雲中郡也世為國家壯巖疆巍然巨鎮保障一方於以車輔處雁朔之險壁聯錯宣蔚之勢襟恒嶽帶桑乾其所由來□□□□

□□□建燕都則沿邊而漸於西

神京右臂北門鎖鑰國家之藩垣門戶此焉是也然茲土之眾賦性淳樸上少惠之以恩則易於見德蒞茲地者□□□□□□□□□

朝廷親信忠蓋大臣撫而用之庶乎無西顧憂奈何野獸跳梁弄兵潢池戊子之變誰非赤子誤陷湯火哀此下民肝腦塗地是非□□□

土□□□□

蓋以楚猿禍林城火殃魚此亦理與勢之所必至者睇此蕪城比於吳宮晉室鞠為茂草為狐鬼之場者五閱春秋哲人興黍離之悲□

傍徨不忍釋者

客歲乙未大司馬總督三韓馬公諱之先自秦來晉節制此邦矚茲殘黎潸然泣下為百姓請命於

□□一時

聖君賢相睹流繪之章惄焉如擣

（第十一、十二行之下端）

特命城之夫城以保民者也一時攻築之勤糗糧之費板幹之資求其必不病民而心乃慰公且謂大役之興非才略素著者恐不足以建□

功於是特進總

（拓片全貌）

鎮三韓彭公諱有德而專其任彭公則認為審度營築亦主兵之一乃身先士卒露宿城巔設法修葺備極勞瘁惟見農安於野不羸於

車牛商營於市

不擾於錙銖士安於室不輟於誦讀不傷財不勞民如靈臺之攻鼛鼓弗勝未半載而頹垣壞壘易為紇紇金城矣是大有造於此一城

民也噫果何道

而致此豈調度之有方而經營之有術歟抑捐己俸而不恡資群助而無恫歟瘠己舒民興社稷利國家雖古名大臣無以踰此立德立

功真堪不朽矣

是役也制府馬公總其務元戎彭公董其成若夫復城之議則始於前直指天中薛公諱陳偉再成於前總督襄平馬公諱鳴珮其商確

□□□經其□

疏移駐則今直指會稽翁公諱祖望其一時捐輸清俸共襄厥事者則有若備兵三韓劉公諱興漢興屯中州邢公諱以忠副總戎三韓劉

公諱朝輔□□

守襄平曹公諱振彥司理三楚沈公諱會霖別駕中州李公諱考祥參戎袁公諱誠李公諱遇芳縣令金台高公諱擬霄是可無社而稷

之尸而祝之也 ←

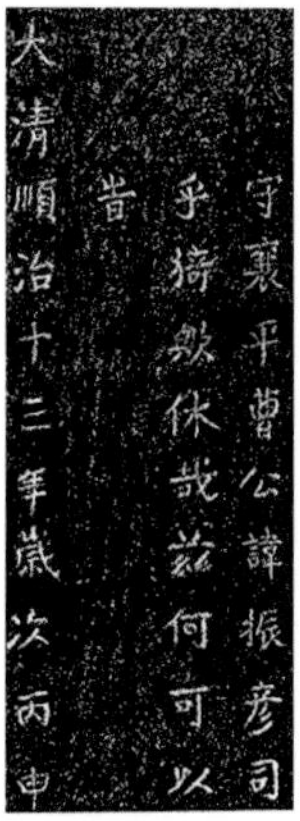

（或因請人書寫的碑文較能獲得的刻碑石材稍長，故每行最末的六個字被迫得刻在左側行間的最下方）

乎猗歟休哉茲何可以不為誌也敬為之誌用表來茲

皆

大清順治十三年歲次丙申孟夏穀旦

查姜瓖為原明大同總兵，崇禎十七年三月投降大順政權，同年六月又歸順滿清。順治五年十一月英親王阿濟格受命統兵戍守大同，疑遭猜忌的姜瓖遂在十二月據城叛，清廷於是分遣大軍攜紅衣大砲圍大同。六年三月十二日阿濟格的兩福晉出痘亡，「皇父攝政王」多爾袞令阿濟格先歸，遭拒；十八日「輔政叔德豫親王」多鐸出痘薨；四月命固山貝子吳達海等率師往大同更替阿濟格等兵馬；六月阿濟格遣人啟多爾袞，質疑同母弟多鐸生前的功績，且強調「予乃太祖之子、皇上之叔，何不以予為叔王，而以鄭親王為叔王」。此舉引發多爾袞的不滿，遂與諸王、貝勒、大臣議削阿濟格王爵，後雖免罪，但令其以後「勿預部務及交接漢官」；七月朔多爾袞率兵親征大同，但十四日至阿魯席巴爾臺（今內蒙古卓資縣）時，他就「罷大同之行，行獵而還」；八月二十五日再遣阿濟格增援大同；二十八日偽總兵楊振威斬獻姜瓖歸順，九月初二日多爾袞諭阿濟格曰：

> 斬獻姜瓖之楊振威等二十三員及家屬，并所屬兵六百名，俱著留養，仍帶來京。其餘從逆之官吏、兵民盡行誅之，將大同城垣自垛徹去五尺。

遂造成此次大同遭屠城並毀牆的慘案。[131]

然而，曹振彥曾否親歷平定姜瓖之亂，其實並無具體證據。曹家的旗籍在這段期間變化頗大（詳細討論可見下節），其管主阿濟格自崇德八年起即已調入多鐸新主之鑲白旗，但在順治六年三月多鐸卒後，多爾袞旋兼領鑲白旗，並一直擔任旗主，直至他於七年十二月崩逝為止。曹振彥若確曾隨軍赴山西，應非是出自其旗主多鐸或多爾袞的關係，此因多鐸當時乃以「輔政叔德豫親王」的職務在朝，而多爾袞則是以「皇父攝政王」而非鑲白旗旗主的身分出征。若曹振彥乃跟隨其管主阿濟格當差，理由雖屬充分，

---

131 《清世祖實錄》，卷 41，頁 331-332、卷 42，頁 337、卷 43，頁 344-346、卷 44，頁 356、卷 45，頁 358-359、卷 46，頁 365。

然因振彥或甫考取八旗貢士，正準備轉任文職，且其年紀已五十來歲，加上家中已有長子曹璽「隨王師征山右」（圖表 1.4），推判曹振彥應未預此役，倒是曹璽追隨管主阿濟格釀此浩劫的可能性頗高。

順治七年曹振彥以貢士身分知山西吉州；九年知陽和府。十二年宣大總督馬之先欲從陽和移鎮已廢的大同，遂用不到半年將大同改建成「紇紇金城」，並於十一月裁陽和府。在《重修大同鎮城碑記》列出的幾位捐輸官員中，即包括「□□□襄平曹公諱振彥」，據先前所公布的碑記照片，知「襄平」兩字之前乃「守」字，疑另缺之二字應為「前太」，[132] 此因曹振彥已於十二年九月自陽和知府（太守）改任兩浙都轉運鹽使司運使，且碑文中屢以「前○○（此兩字為官銜的簡稱，如直指、總督）」稱呼參預此事的離任官員。

除《大金喇嘛法師寶記》碑及《重建玉皇廟碑記》，較新發現與曹振彥相關的文物，是山西五龍宮（在平陽府吉州鄉寧縣南九十里處）所藏的順治十二年捐貲題名碑（圖表 2.14）。[133] 五龍宮碑乃由崇禎十五年中舉的黃希聲撰文，捐款者以明清之際平陽府、絳州、吉州的地方官，及曲沃、絳州、鄉寧、猗氏等地的鄉宦領銜，鄉紳和信眾則以絳州、稷山、鄉寧為主，前述諸地名多位在鄉寧縣方圓百餘里內。至於捐款最多者，則是「大學士曲沃李建泰施銀壹百伍拾兩」，次為「中憲大夫、知陝西平涼府事、鄉寧成伯英」的三十兩，再為「鴻臚【臚】寺少卿李添麒」「絳州鄉宦劉芳遠偕男舉人日光」「鄉寧縣進士原任湖廣酃縣知縣王廷傑」「原任陝西鳳翔府知府鄉寧王纘聖」的十兩，曹振彥的二兩銀幾乎是所有官員中最少者。

---

132 此據鄒玉義，〈《重修大同鎮城碑記》考辨：曹雪芹祖籍遼陽的又一權威史證〉；張書才，《曹雪芹家世生平探源》，頁 2、13。由於該碑之製作頗為粗糙，以致每行的最後六個字得要補刻在左側行間空隙的下方，先前釋文並未清楚呈現此一情形，現按原格式仔細清謄。

133 拓片之照片轉引自馮其庸，《曹雪芹家世、紅樓夢文物圖錄》，頁 23-24。

圖表 2.14： 臨汾五龍宮藏順治十二年的捐貲題名碑。上刻有曹振彥名字。

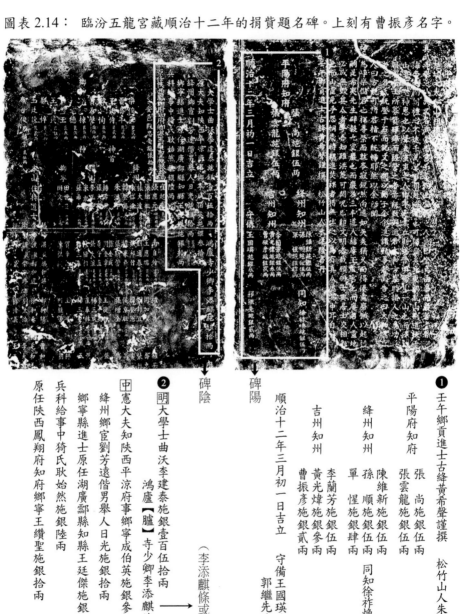

❖山西雲丘山風景區（位於臨汾市鄉寧縣）內五龍宮所藏捐貲題名碑

碑陽

碑陰

❶壬午鄉貢進士古絳黃希聲謹撰　松竹山人朱運隆書丹
平陽府知府　張　尚施銀伍兩
　　　　　　張雲龍施銀伍兩
絳州知州　陳維新施銀伍兩
　　　　　孫　順施銀伍兩　同知徐祚煥施銀伍兩
　　　　　單　惺施銀肆兩
吉州知州　李蘭芳施銀伍兩
　　　　　黃光煒施銀參兩
　　　　　曹振彥施銀貳兩
順治十二年三月初一日吉立　守備王國瑛施銀參兩
　　　　　　　　　　　　　郭繼先施銀貳兩

❷明大學士曲沃李建泰施銀壹百伍拾兩
　鴻臚【臚】寺少卿李添麒施銀拾兩 → （李添麒條或為補刻）
中憲大夫知陝西平涼府事鄉寧成伯英施銀參拾兩
絳州鄉宦劉芳遠偕男舉人日光施銀拾兩
鄉寧縣進士原任湖廣酃縣知縣王廷傑施銀拾兩
兵科給事中猗氏耿始然施銀陸兩
原任陝西鳳翔府知府鄉寧王纘聖施銀拾兩

李建泰於崇禎十六年五月曾以吏部右侍郎兼東閣大學士，十七年正月他自請提兵攻打李自成，三月五日兵潰於真定，後在保定投降。李建泰被俘入京後，李自成特赦之，並拜相。然在闖軍兵敗後，他又於順治二年三月降清，五月獲授弘文院大學士，十二月以得賄革職；五年十二月，大同總兵官姜瓖叛；六年，建泰據太平應之，後被清軍圍困，勢迫請降；七年二月，全家被殺。[134] 亦即，順治十二年鐫刻五龍宮捐貲題名碑時，李建泰已卒，他應是在姜瓖之變前即捐貲。

作為鄉寧縣周遭最高階地方官員的平陽府知府，在碑上可見順治二年到任的張尚以及八年的張雲龍；吉州知州則有崇禎五年出任的黃光煒、順治二年的李蘭芳、順治七年的曹振彥；絳州知州有崇禎十四年到任的孫順、順治二年的陳維新、九年的單愃。施銀十兩的順治三年丙戌科進士王廷傑，則是在五至七年初授湖廣酃縣知縣。[135] 此外，登崇禎七年進士的耿始然歷官明兵科給事中，他曾降大順朝，隨李自成歸西安，後以「小忤」得罪李闖而死。[136]

另，「絳州鄉宦劉芳遠偕男舉人日光」施銀十兩，劉芳遠是順治七年的拔貢，十一至十四年任山西靈石縣（清初屬平陽府，乾隆間才隸屬霍州）訓導，康熙元年陞蒲縣教諭，[137] 其子順治八年舉人劉日光於康熙十一至十二年初知任丘縣。[138] 故頭銜分別為鄉宦和舉人的劉芳遠父子，施銀應最可能在康熙元年至十一年間。而「原任陝西鳳翔府知府」的王纘聖，乃於順治

134 黃一農，《兩頭蛇：明末清初的第一代天主教徒》，頁 247-252。

135 陳宏謀、范咸纂修，《湖南通志》，卷 64，頁 18。

136 此段參見「中國方志庫」以及《明史》，卷 309，頁 7968。

137 方志中以劉芳遠是山西忻州人。參見李培謙纂，崔允昭修，《直隸霍州志》，卷 19，頁 41；巫慧修，王居正纂，《蒲縣志》，卷 6，頁 14；黃居中修，楊淳纂，《靈臺志》，卷 4，頁 12。

138 劉統修，劉炳纂，《任邱縣志》，卷 7，頁 28。

九年至十六年間知鳳翔府，隨後歸里，[139] 故從碑上稱其為「原任」一詞判斷，此應為十六年以後始在原先稍微嫌短的留白處補刻，以致字距甚小。

綜前所論，此碑上的官員涵蓋大明、大順及大清，他們應是在不同時間捐建五龍宮，且許多人早已自所列的官銜離任（如刻碑時曹振彥已知陽和府，卻被記為吉州知州，知他應是在知吉州時捐款）。又，廟方刻碑時乃撇開政治立場，將捐款者皆留名誌謝，並大致依捐款多寡由右至左順次排列。

順治十二年九月，曹振彥陞授官署在杭州的兩浙都轉運鹽使司運使，任內「恤竈撫商，疏引裕課」，開啟其家於江南的仕途；十四年去職（是年六月初七日由福建運同湯大臨接任），惟不知是病免、致仕，抑或卒於官。[140] 由於《五慶堂重脩曹氏宗譜》記曹雪芹先祖之事跡（圖表 1.7）曰：

> 九世：錫遠，從龍入關，歸內務府正白旗；子貴，誥封中憲大夫；孫貴，晉贈光祿大夫；生子振彥。十世：振彥，錫遠子，浙江鹽法道，誥授中議大夫；子貴，晉贈光祿大夫。

其中曹錫遠誥封之中憲大夫位階雖與史事若合符契，但曹振彥應誥授的中大夫，卻依乾隆間始定之同階新銜改作「中議大夫」。若此譜這部分言之有據，只是改用了編纂時的封號，由於「存者稱封，死者稱贈」，那麼從「誥封中憲大夫」句，可推斷曹錫遠於順治十一年因子振彥貴而獲此銜時應仍在世，但至十四年三月振彥誥授中大夫時已卒。[141] 而曹錫遠與曹振彥均應在康熙十四年十二月十四日頒布恩詔時，以擔任江寧織造、三品郎中加四級之曹璽貴而獲賜誥命，晉贈最高階之光祿大夫（圖表 1.15）。[142]

---

139 劉棨修，孔尚任等纂，《平陽府志》，卷 23，頁 93。

140 張書才，《曹雪芹家世生平探源》，頁 7-12；《清世祖實錄》，卷 110，頁 860。

141 朱南銑〈關於《遼東曹氏宗譜》〉稱曹世選在振彥任浙江鹽法道時尚存。

142 北京大學藏有一軸雍正十三年曹振彥以孫曹宜貴而獲贈資政大夫的誥命，然因振彥在康熙六年已贈資政大夫，十四年又贈光祿大夫，故不應於雍正十三年再誥贈

四、曹家的旗主與管主

曹振彥家的旗籍轉折甚大（圖表 2.15 及 2.16），[143] 但紅學界先前一直未能掌握確切原因。曹家歸順金國之初，應以努爾哈赤為管主，自天命七、八年間努爾哈赤將其所領正黃旗的三十個牛彔平分給阿濟格、多爾袞兄弟，曹家就長期以阿濟格為管主。天聰八年的《內國史院檔》記「*mergen daicing*〔墨爾根戴青；此為多爾袞因軍功所獲賜之號〕*beile*〔貝勒〕*i*〔的〕*cigu*〔旗鼓〕*soo jen yan*〔曹振彥〕」，《清實錄》稱其是「多爾袞屬下旗鼓牛彔章京曹振彥」，皆指他當時所隸鑲白旗的旗主為多爾袞（天聰二年三月取代因擅替幼弟多鐸娶親而被革的原旗主阿濟格）；其中滿文的名詞屬格 *i* 有「私屬」之意，文獻中亦屢見用此字來描述旗主（或三異姓王）與其所統率者之間的從屬關係。

又因崇德元年六月二十四日的《滿文老檔》記曹振彥為「鑲白旗下長史」，且崇德三年正月初八日的《盛京刑部原檔》記曹振彥為「巴圖魯郡王之擺塔大〔*baitai da*；王府長史之官銜〕」，而文獻中並未見天聰八年至崇德三年間多爾袞所屬牛彔曾罰給或轉給阿濟格（即巴圖魯郡王）的記事，知曹振彥在天聰八年時雖是旗主多爾袞旗下的官員，但其管主（又作「領主」，指包衣的主家）仍為同旗的阿濟格。

低階的資政大夫。此外，該軸亦出現不少明顯之訛漏或衍字，知應為偽作。參見黃一農，《二重奏：紅學與清史的對話》，頁 173-178。

143 此節均參見杜家驥，《八旗與清朝政治論稿》，頁 149-206；《清世祖實錄》，卷 10-63；黃一農，《二重奏：紅學與清史的對話》，頁 53-60。

圖表 2.15： 曹雪芹家族的旗籍記事。

時間	旗籍記事	補充及出處
天聰八年四月初九日	滿文《內國史院檔》記「墨爾根戴青貝勒的旗鼓曹振彥……」，《清實錄》記「多爾袞屬下旗鼓牛彔章京曹振彥……」（繫於四月初六日）	多爾袞時任鑲白旗旗主。楠木賢道等譯註，《內國史院檔・天聰八年》，頁117；《清太宗實錄》，卷18，頁237
崇德元年六月二十四日	清人譯《清太宗實錄稿本》記「鑲白旗長史曹謹言〔即曹振彥〕」、近人譯《滿文老檔》記「鑲白旗下長史曹金顏〔應回譯為曹振彥〕」	李燕光點校，《清太宗實錄稿本》，頁53-54；任世鐸等譯，《滿文老檔》，頁1515-1516
三年正月初八日	近人譯滿文《盛京刑部原檔》記「巴圖魯郡王之擺塔大〔*baitai da*；王府長史之官銜〕李耀功〔應回譯為李有功〕、邵禎言〔應回譯為曹振彥〕……」	「巴圖魯」（*baturu*，意譯為「武英」）郡王即阿濟格。參見郭成康、劉景憲譯註，《盛京刑部原檔》，頁4-5
順治九年四月	中國第一歷史檔案館藏《順治朝現任官員履歷冊》稱曹振彥是「正白旗下貢士。山西吉州知州，順治九年四月陞山西陽和府知府」	順治八年正月阿濟格遭幽禁，並籍其鑲白旗原屬的十三牛彔
康熙二十九年	滿文《內務府行文檔》記曹振彥的子孫隸於「桑格佐領下〔《八旗通志初集》記在曹爾正、曹寅之後，齊桑格亦曾管理正白旗包衣第五參領第三旗鼓佐領〕」。此年四月內務府致戶部的咨文中亦稱曹家隸屬「三格佐領」（圖表 6.3）	疑管理第三旗鼓佐領的桑格因與第四旗鼓佐領的桑格同名，遂改加漢姓「齊【祁】」以便與後者區別，此應即二十九年四月內務府致戶部咨文中提及的「三格」
雍正七年	滿文《內務府奏銷檔》記曹振彥的子孫隸於「尚志舜佐領下」	尚氏管理正白旗包衣下第五參領第三旗鼓佐領
	《八旗通志初集》以曹爾正、曹寅曾管理正白旗包衣第五參領第三旗鼓佐領，並記康熙六年守節請旌的趙氏為「鑲白旗包衣曹爾正佐領下」魏庫妻	趙氏旗藉或根據未更新之舊檔。鄂爾泰等修，《八旗通志初集》，卷 5，頁41、卷 241，頁 6
	《八旗滿洲氏族通譜》記「曹錫遠〔即曹世選〕，正白旗包衣人」	弘晝等，《八旗滿洲氏族通譜》，卷 74，頁 10
	《欽定八旗通志》以其家籍隸正白旗包衣第五參領第一旗鼓佐領，此因當時已將各參領所屬之佐領重新編列順序，而非如先前每旗是統一排序	鐵保等纂修，《欽定八旗通志》，卷 7，頁 33

圖表 2.16：曹雪芹家族的旗籍隸屬。

旗色	旗主	管主	籍隸期間與相關史事
正黃旗	努爾哈赤	努爾哈赤	起自曹家歸順金國之初
正黃旗	阿濟格	阿濟格	起自天命七年四月至八年二月間。努爾哈赤將其自領正黃旗的三十牛彔均分給阿濟格和多爾袞，並以阿濟格為旗主。努爾哈赤且將自領的鑲黃旗分出十五牛彔給幼子多鐸，父子同在此旗，皇太極登基後即以多鐸為鑲黃旗旗主
鑲白旗	阿濟格	阿濟格	起自天命十一年八月。努爾哈赤卒於此月，繼位的皇太極欲領有禮制上最尊貴的黃色旗，乃將兩白（分由皇太極及其長子豪格為旗主）、兩黃（分由阿濟格及多鐸為旗主）互換旗纛，但不改牛彔
鑲白旗	多爾袞	阿濟格	起自天聰二年三月。阿濟格因擅替幼弟多鐸娶親得罪皇太極，而於此月被革旗主，多爾袞繼掌鑲白旗
鑲白旗	多鐸	阿濟格	起自崇德八年九月至十一月間。皇太極於崇德八年八月崩逝後，輔理國政的多爾袞為提昇自己的旗序地位，命將多鐸所掌的正白旗與己掌的鑲白旗互換旗纛。八年十月多鐸因謀奪大學士范文程妻，被罰十五牛彔，其中七個撥隸阿濟格，八個則撥給多爾袞，阿濟格及其牛彔並被調入多鐸新掌的鑲白旗
鑲白旗	多爾袞	阿濟格	起自順治六年三月。多鐸於此月病逝後，多爾袞旋兼領其所主之鑲白旗，並調多鐸第五子多爾博入正白旗（多爾袞為旗主）且將其過繼
鑲白旗	多爾博	阿濟格	起自順治八年正月。多爾博在多爾袞猝逝後襲其睿親王爵並掌兩白旗，而多鐸長子多尼則自鑲白旗調入正藍旗掌旗
？	順治帝	順治帝	起自順治八年正月初六日。阿濟格遭幽禁，並籍其原屬十三牛彔歸順治帝
正白旗	順治帝	順治帝	順治八年閏二月或之後不久。因阿濟格父子之牛彔均遭籍沒，曹家自此成為皇屬

曹振彥雖在崇德元年和三年兩度因事被處以鞭刑，但檔案中並未發現其遭免職或降階的記載，何況他還有天聰八年因功所加的半個前程，故他有可能在崇德朝仍持續擔任一段時間的旗鼓牛彔章京，後或「緣事革退」，至滿清入主中原才順勢重啟仕途。

曹家在歸順金國之初的前三十年間，旗色從正黃→鑲白→正白，其中以天命十一年八月至順治八年正月所屬的鑲白旗最久，旗主亦經歷努爾哈赤→阿濟格→多爾袞→多鐸→多爾袞→多爾博（多鐸第五子、多爾袞承繼子）→福臨，當中阿濟格、多爾袞、多鐸三同母兄弟與曹家的主屬關係尤其錯綜密切（圖表 2.16）。順治七年十二月，多爾袞於出獵時猝逝，八年正月被追尊為「義皇帝」。阿濟格雖企圖取代多爾袞的權勢，但在濟爾哈朗等的策動下，阿濟格遭削爵、幽禁、籍家，諸子且皆黜為庶人（圖表 2.17），八年十月阿濟格被賜死；九年二月已故之多爾袞亦遭削爵、籍家，更被撤出廟享。[144] 由於阿濟格遭籍沒的十三個牛彔，陸續又被分撥鑲黃、正白、正藍、鑲白等旗，曹振彥家族最後或因此於順治八、九年轉隸皇屬之內務府上三旗中的正白旗。

---

144 《清史稿》誤阿濟格第五子樓親（亦作「勞親」；順治六月十月曾封親王，七年八月改多羅郡王）與父同遭賜死，他應至十八年十月始被賜自盡。參見中國第一歷史檔案館藏《小玉牒》；《清世祖實錄》，卷 46，頁 370、卷 50，頁 397；趙爾巽等，《清史稿》，卷 217，頁 9014-9019、卷 218，頁 9021-9041。

圖表 2.17：　中國第一歷史檔案館藏《小玉牒》中的阿濟格子女資料。

阿濟格十一子

第一子固山貝子和度　天命四年己未十一月十九日亥時嫡妻西林覺羅氏祜新之女所出。初封輔國公，順治元年十月晉封固山貝子，順治三年丙戌十月初七日亥時薨，年二十八歲。嫡夫人扎魯特氏常起布之女

第二子奉恩鎮國公傅勒赫　天聰二年戊辰十二月十六日戌時繼妻科爾沁博爾濟吉特氏炳圖郡王孔果洛之女所出。順治二年，封授鎮國公。順治八年因伊父英親王阿濟格獲罪黜宗室，免為庶人。順治十七年庚子四月初三日申時卒，年三十三歲。順治十八年因伊無辜復入宗室，康熙元年二月追封為鎮國公。嫡妻科爾沁博爾濟吉特氏和碩卓立克圖親王吳克善之女，繼妻博爾濟吉特氏弼漢桑噶爾賽台吉之女，另室所居媵妾宋氏宋向之女

第三子伯爾遜　天聰五年辛未正月初三日酉時媵妾所出。因伊父阿濟格、弟樓親獲大罪黜去宗室。康熙十四年乙卯九月二十八日卯時卒，年四十五歲。乾隆四十三年正月特旨復入宗室。嫡妻鈕祜祿氏二等侍衛齊泰之女，媵妾田氏田二之女，媵妾李氏李達之女，媵妾金氏金惟孜之女，媵妾王氏王達之女

第四子門柱　天聰七年癸酉五月二十八日戊時媵妾所出。天聰九年乙亥八月十三日卯時卒，年三歲

第五子樓親　天聰八年甲戌九月十九日亥時繼妻科爾沁博爾濟吉特氏炳圖郡王孔果洛之女所出。因睿親王薨之後，上往迎喪，伊父阿濟格佩小刀侍從，伊率四百人夾御杖而行，睿親王停喪畢，伊居右翼，伊父居左翼，謀纂作亂，革去和碩親王爵，下獄，又放火燒獄。順治十八年辛丑十月初四日賜自盡，年二十八歲。乾隆四十三年正月特旨復入宗室

第六子墨爾孫　天聰九年乙亥六月二十二日子時繼妻科爾沁博爾濟吉特氏炳圖郡王孔果洛之女所出，卒年未詳。嫡妻瓜爾佳氏都統和岳圖之女

第七子索爾科　崇德五年庚辰正月二十五日子時媵妾李氏所出。崇德七年壬午五月十六日卯時卒，年三歲

第八子佟塞　崇德六年辛巳三月十三日酉時媵妾所出。因伊父阿濟格、兄樓親獲大罪黜去宗室。康熙四十年辛巳十月初九日丑時卒，年六十一歲。乾隆四十三年正月特旨復入宗室。嫡妻鄂卓氏鄂海之女，媵妾王氏王達之女，媵妾張氏張祥之女

第九子瑚理　崇德六年辛巳七月初七日午時媵妾所出，卒年未詳

第十子鄂拜　崇德八年癸未二月初一日午時媵妾所出。因伊父阿濟格、兄樓親獲大罪黜去宗室。康熙二十八年己巳八月初一日巳時卒，年四十七歲。乾隆四十三年正月特旨復入宗室。嫡妻郭絡羅氏散騎郎扎海之女，媵妾李氏李三之女，媵妾張氏張自福之女，媵妾喬氏喬大之女

第十一子班進泰　順治元年甲申四月二十二日卯時媵妾所出。因伊父阿濟格、兄樓親獲大罪黜去宗室。康熙四十五年丙戌七月十五日酉時卒，年六十三歲。乾隆四十三年正月特旨復入宗室。嫡妻納喇氏侍衛班領舒淑之女，媵妾曹氏曹達之女

阿濟格七女（第七女資料待補）

第一女　天命九年甲子五月二十八日卯時繼妻科爾沁博爾濟吉特氏炳圖郡王孔果洛之女所出。天聰九年正月選鈕祜祿氏太師果毅公遏必隆為壻，本月成婚。女於崇德八年癸未正月卒，年二十歲。

第二女　天聰四年庚午三月二十六日子時繼妻科爾沁博爾濟吉特氏炳圖郡王孔果洛之女所出。順治二年十二月選博爾濟吉特氏扎穆索台吉為壻，順治三年正月成婚。女於順治年年戊子十一月卒，年十九歲。

第三女　天聰五年辛未四月十二日寅時繼妻科爾沁博爾濟吉特氏炳圖郡王孔果洛之女所出。順治二年十一月選博爾濟吉特氏噶布拉台吉為壻成婚。女於康熙四十二年癸未三月卒，年七十三歲。

第四女郡主　崇德元年丙子四月十四日申時繼妻科爾沁博爾濟吉特氏炳圖郡王孔果洛之女所出。順治三年八月選翁牛特博爾濟吉特氏都稜郡王博多和為額駙成婚。額駙於順治十七年庚子正月卒，康熙十四年乙卯布爾尼背恩反叛時，郡主為國勤勞可嘉，封為郡主。郡主於康熙三十七年戊寅正月卒，年六十三歲。

第五女　崇德二年丁丑七月二十四日巳時繼妻科爾沁博爾濟吉特氏炳圖郡王孔果洛之女所出。順治十年十二月選納喇氏內大臣明珠為壻，本月成婚。女於康熙三十四年乙亥二月卒，年五十九歲。

第六女　順治四年丁亥六月十四日巳時媵妾李氏所出。康熙五年四月選博爾濟氏二等侍衛顧祿為壻，本年七月成婚。女於康熙十一年壬子七月卒，年二十六歲。

五、曹家入關後在寶坻的圈地

清廷為解決大量「從龍入關」旗人的生計，於順治元年十二月起在京畿及附近地區圈地，除占有明代的皇莊及無主土地外，更大量圈佔民田。[145] 曹振彥家當時乃鑲白旗英王阿濟格屬下的包衣，依「王以下各官所屬壯丁，計口給地六晌」之原則，其家（除振彥、璽及爾正三人外，應還包含家下的奴僕壯丁）每口應可分得 36 畝（清代之 1 晌為 6 畝，1 畝約合 614 平方米），而受田地點在寶坻縣城之西（見後文）。查順治初年寶坻民地之原額約有 6,890 頃（1 頃 = 100 畝），但在施行圈地和投充之制後，[146] 僅存的竟然不到 58 頃！若再加上宮地、馬房地、竈地、宮邊府地等，該縣共有約一萬頃地撥給各旗，其中又以鑲白旗和正黃旗所得最多，不少民人即因生計困難而投充成為阿濟格的奴僕。[147] 武清縣的情形亦類似，其圈地以正藍旗為主，「武邑民地，旗圈已去八九，止存一二分為旗所棄之零瘠地畝」。[148]

曹寅在康熙四十年五月所撰的〈東皋草堂記〉（圖表 2.18）中有云：

> **東皋，在武清、寶坻之間，舊曰「崔口」，勢窪下，去海不百里……方兄之南走儋耳**〔「儋」音「丹」，漢武帝在海南島設儋耳郡，轄清代之昌化縣、感恩縣、崖州等地[149]〕，**北度瀚海**〔指戈壁沙漠〕，**舞筆躍馬，奮揚英華，視功名易若唾手，脫親於危亡之難，急義於死絕之域，何其偉也！而乃風塵蹭蹬，卒卒不遇，**

---

145 劉家駒，《清朝初期的八旗圈地》。

146 宋秀元，〈從檔案史料看清初的圈地與投充〉。

147 洪肇楙修，蔡寅斗纂，《寶坻縣志》，卷 5，頁 2-6、卷 16，頁 23-25；鐵保等，《欽定八旗通志》，卷 69，頁 26-28。

148 吳翀修，曹涵纂，《武清縣志》，卷 10，頁 51；鐵保等，《欽定八旗通志》，卷 69，頁 24-26。

149 明誼修，張岳崧等纂，《瓊州府志》，卷首。

> 年未五十，鬚髮已白……予家受田，亦在寶坻之西，與東皋雞犬之聲相聞……兄歸，幸召佃奴，撻而教之，且以勗弟筠石。

該東皋草堂主人應就是曹寅的「殷六表兄」（與其同姓），殷六為其字號或家譜行序，[150] 此因曹寅的人脈網絡內屢見與東皋草堂主人相唱和者（圖表2.19），[151] 而曹寅在序《太平樂事》時亦提到「余表兄東皋」，惟該表兄之名先前一直未能考實。[152]

東皋草堂是曹殷六在潞河（即北運河）東岸所築的養母別莊（王煐稱其「幽居潞水東」，彭定求亦謂「平莊宛在潞河東」），地點位於武清、寶坻兩縣之間的「崔口」（圖表 2.20），即今天津市武清區的崔黃口鎮。此鎮古名「東皋」，距武清縣城約 30 公里，鎮之東門上有一供奉馬王神的廟宇，匾額上題「界聯武寶」四字，應取其位置恰在武清、寶坻兩縣交界之意。[153]

家住寶坻城南青口莊（今天津寶坻區北清溝村）的王煐，[154] 嘗以「吾家住青口，阡陌接東皋」形容他與曹殷六的居所相毗鄰。而曹寅家因圈地所分得的旗地，「亦在寶坻之西，與東皋雞犬之聲相聞」（圖表 2.18），故曹寅在前引文中除略記東皋草堂主人之生平，並請他指點弟曹荃如何經營位

---

150 如蕭山湘南韓氏的家譜記東宅寶一房牌軒村的行字為「寶正照顯宗在堂賢懷舜道彰春夏殷鼎復興」，其中「行殷六」的振國，乃謂他在行字為「殷」者（自賢三公宜祐所生兩子懷二公宜佐、懷五公宜侃的裔孫起算，凡 62 人）的出生序為第六。由於曹鼎望（繼祖長子）與曹鈖（在同祖之堂房兄弟中行四）父子分以冠五與殷六為別號（自登瀛、登均兄弟輩起算；圖表 2.26），曹寅別集中亦分以俊三、尊五為字號以稱呼其友人喬國彥、吳貫勉，此不知是否均即類此之大排行？參見韓寰康等纂修，《浙江蕭山湘南韓氏家譜》，卷 13，頁 45。

151 曹寅稱東皋草堂主人「風塵蹭蹬，卒卒不遇。年未五十，鬚髮已白」，吳貫勉稱曹殷六「只三十，過頭霜染髭鬚……今做灌園夫」，且汪繹、卓爾堪、彭定求、釋超格、楊中訥等亦皆提及殷六早生白髮、宦途不順或歸隱農耕之事。

152 相關討論可參見顧斌，《曹學文獻探考》，頁 209-227；方弘毅，〈"東皋草堂主人"曹殷六行跡考〉。

153 何俊田等，《御河文化史料》，頁 76-79。

154 洪肇楙修，蔡寅斗纂，《寶坻縣志》，卷 17，頁 69。

於寶坻西的受田。此因曹寅與繼嫡母孫氏多住在江寧或揚州，其家在京的產業連同寶坻的圈地應均歸曹荃負責管理。我們從吳貫勉的〈芷園席上曹東臯索贈〉，知曹荃（號芷園）確與東臯草堂主人曹殷六有往來（圖表 2.19）。

圖表 2.18： 曹寅撰於康熙四十年五月的〈東臯草堂記〉。

東臯草堂記

東臯在武清寶坻之間舊曰崔口勢窪下去海不百里非有泉石之奇市廛之盛工藝之巧弋釣之足樂也其土瘠鹵積糞不能腴其俗鄙悍詩書不能化故世祿於此地者率多以爲芻牧之地或棄之而請益於大司農即撥給之者亦每勤其恤而薄其徭自丙戌以來

國家奠畿輔之重鑒前明府衛之弊因盛京夫田之制得寓兵於農之法生息教養五十餘年戸益益繁盛均田之令不克行世祿者復侈奢相競每每不能振其業遊俠之徒利於操縱多習爲刀筆商賈之事有役者仰食於倉廩無役者遊手於閭里遂使兼并之家趨其緩急貪緣爲奸闢地置邑得以震烜其聲光蒼頭廬兒之屬亦得乘勢援繫於衣冠之姓乘堅策肥交遊徧長安而仕宦於四方者逶逶窮年白首挈子負孫無所歸嗟乎藏舟於壑有力者負之而趨晏子之居湫隘叔敖之請惡邑東臯之窪下而尚可餬口於今日其爲幸也深且厚矣吾兄其亦有鑒於斯乎方兄之南走儋耳北度瀚海舞筆躍馬奮揚英華視功名易若唾手脫親於危亡之難急義於死絕之域何其偉也而乃風塵蹭蹬卒卒不遇年未五十鬚髮已白酒闌歌罷輒垂頭睡去豈今者鉏耰之具足以銷其猛氣而耗其雄心歟嗟乎仕宦古今之畏途也馳千里而不一躓者命也一職之繫兢兢惟恐或墜進不得前退不得後孰若偃仰箕踞於蘧篨襏襫之上之爲安逸也紆青拖紫新人滿眼遥念親故動隔千里孰若墦間之祭掃雞漬酒傾倒於荒煙叢篠之中謔浪笑傲言無忌諱之爲放適也吾兄勉乎哉予異日儻得投紱以歸徜徉步屧於東臯之上述今日之言仰天而笑斯乃爲吾兩人之厚幸矣予家受田亦在寶坻之西與東臯雞犬之聲相聞僕僕道途溝塍多不治兄歸幸名佃奴撻而教之且以勗弟筠石至東臯牆垣籬落庖湢之處耕藝之事筠石愛弄柔翰尚能記之予以未及見故不書康熙四十年五月初三日記於萱瑞堂之西軒

楝亭文鈔 四

楝亭文鈔 五

❖ 曹寅，《楝亭文鈔》，頁四至五

圖表 2.19：　涉及曹殷六的清代詩文。

❖ 王豫輯，《江蘇詩徵》

姚　潛字後陶原名景明字仲潛江都人著後陶集
飲孫子魚琴來閣同汪度若李方明曹殷六杜吹萬作
愛踏羊求徑柴扉晝不關秋空千里目雲冷一樓山把酒心
猶熱依人鬢早斑阮宣錢欲罄賴爾破愁顏
祝曹殷六
酌酒與君秋色新欽崎風骨見清真貧因任俠恒爲客母在
知身未許人花月留連隋苑柳琴樽消遣秣陵春由來五十
彈冠近莫漫東皐卜隱淪

卷三十九頁三

❖ 汪繹，《秋影樓詩集》

次韻和徐忍齋前輩玩月懷曹荔軒使君
校書廣陵城同局恰滿十積陰連晦朔兀兀若有失今夕喜
《秋影樓詩集卷九》　二
開霽朗月屋頭出氷輪挾水氣灩灩不可極客況夜深覺清
景雨餘衍庭空毛髮爽竹密衣裳溼纖雲巧成綺宿鳥驚翻
翼從來明月光偏入幽人室笑我蠹書魚恥彼處褌蝨素影
流遙空萬象不敢匿不知白玉盤誰人爲拂拭離群亦已久
獨坐忽心惻美人隔江滸共此長天色明日駕漁舟載酒話
相憶

❖ 吳貫勉，《秋屏詞鈔》

題曹殷六東皐圖
香秔粒粒果離離秋樹根邊酒熟時寂是人家吉祥事童顏
阿母白頭兒

卷九頁四

❖ 卓爾堪，《近青堂詩》

滿庭芳
芷園席上曹東皐索贈
薄被聯牀深杯勸酒不堪同是窮途近來天意潦倒
困吾徒莫憶揚州舊話紅橋畔十里芙蕖新涼夜歌
邀月上水淨冶香鋪　欲獻歸未久溪山清絕何處
吾廬只三十過頭霜染髭鬚還剩平原蔬圃煙雨後
常帶經鋤休嘲笑英雄氣短今做灌園夫

卷一頁六

東曹殷六
少年好事與相同忽漫皆成白髮翁關酒場中
憐夜月射黿江上憶秋風壬戌秋同殷六登燕磯余射三鵰升沉有
異才原遜南北雖遙信屢通君過揚州曾問訊
布帆早挂碧流中

頁三十

❖ 曹寅，《楝亭詩鈔》

冲谷四兄寄詩索擁臂圖並嘉子學天竺
書

卷一頁十九

再報東皐一尺書咏詩松下晚涼如長城近日無
（下略）

孟秋偕靜夫子魚尊五殷六過雞鳴寺得
詩三首

卷四頁二十二

❖ 曹寅，《楝亭詩別集》

雜句

卷四頁十八

邗上繁華非故土嶺南離亂有來書送殷六

❖ 彭定求，《南畇詩稾》

乙酉集 卷下
登真州署樓贈荔軒使君

頁五至六

題東皐艸堂圖二首爲天津曹殷六養母別莊
笙詩譜得畫圖成志養融融非世情底事懷葵如穎叔
不須奉檄似毛生
平莊宛在潞河東稻壠蔬畦滿目中樹得堂陰萱正好
輕雲淡日扇和風

頁十四

丁亥集
元夕荔軒使君招飲復送絲燈二盞欲却不得
書以志愧

頁一

❖ 釋超格（夢庵禪師），《同事攝詩集》　卷一

慶清朝・題殷六曹公《東皋草堂圖》

紅樹山青，黃蘆水碧，數椽茅屋東皋。煙霞影裡，橫斜雁字行高。一曲秋江笛韻，白蘋洲畔繫蕭然。意拼將，霜鬢混跡漁樵。新釀床頭初熟，脫葛巾淺漉，何必如陶。吟松詠菊，百年心事都消。大抵浮名身外，鼠肝蟲臂任人嘲。回廊下，石坪響細，先著誰饒。

❖ 席居中輯，《昭代詩存》（曹寅詩）

冬日送殷六表兄還維揚用高達夫韻
樽前話別悵何如況復交親在索居邗上繁華非故土
嶺南離亂有來書堪憐骨肉同枝折漸覺風塵兩鬢疎
滾滾寒江東去疾片帆開處正躊躇

卷七頁九十九

❖ 釋上思，《雨山和尚語錄》

曹殷六居士行樂

目無近人，胸無近事。混跡山樵，超然肆志。一味我行我道，寧問今世何世。如此倜儻不羈，方可稱為天下士。

卷十九

❖ 楊中訥，《蕪城校理集》

題《東皋草堂圖》殷六養親別業

男兒生懸弧，經營在四方。功名豈不懷，有母恒思將。先王勞使臣，所以念不遑。自從南陔廢，此志久已荒。君看斑彩衣，何如卷繡裳。曹侯秉至性，東皋結草堂。新田狎雉兔，沙隴牧牛羊。雞豚以時蓄，甘旨必親嘗。怡然童稚顏，不知鬚鬢蒼。畫師亦好手，貌出雲水莊。摹畫豈第意，粉墨淳風揚。是即無聲詩，東晳空補亡。披圖三歎息，內省熱中腸。

卷上

❖ 王煐，《寫憂集》

寫憂集卷下 壬午春至乙酉秋
題曹殷六東皐草堂卷即用四字爲韻
蒼翠田盤遠幽居潞水東行歌秋色裏高躅想無功
吾家住青口阡陌接東皐策蹇曾相訪柴門月正高
仕宦每誤人一生恒草草孝悌與力田天真得全保
與君同作客何日更登堂丙舍南村在時時憶故鄉

無頁碼

（此詩格式已經編輯）

❖ 曹寅（自號柳山），《太平樂事》序

舊有金陵陳大聲《太平樂事》一闋……余表兄東皋酷愛其詞，以子鶩相餉，勒家僮令演之。然曲多談段，小令秖堪彈唱，因補填大套七齣，以《太和正音》、《燈詞》繫其尾，大聲《開場》、《燈賦》弁其首……武林稗畦生擊賞此詞……未幾，有捉月之游。又一年，東皋亦下世……己丑九月十五日柳山居士書。

圖表 2.20： 位於武清與寶坻之間崔口的東皋草堂。[155]

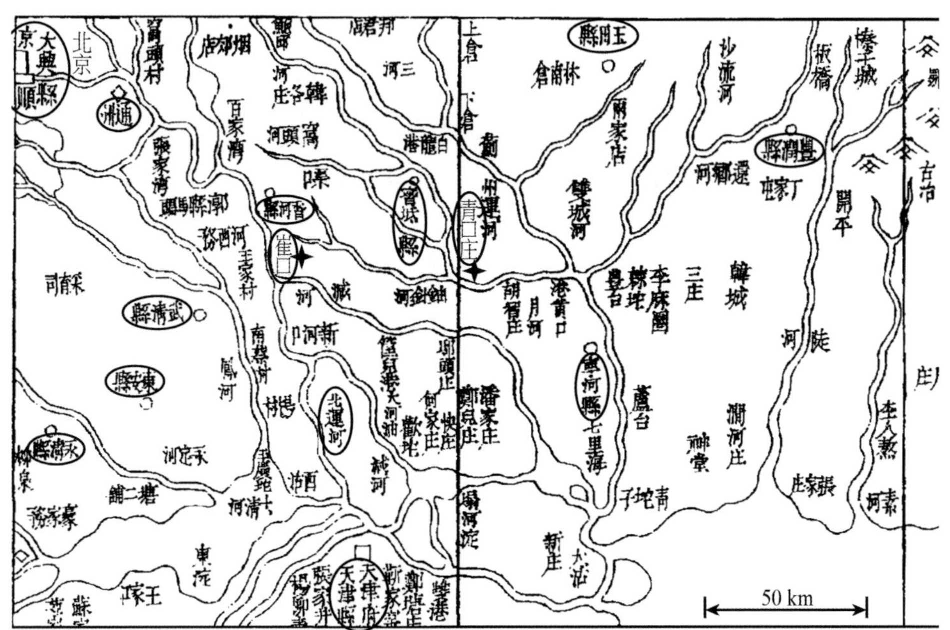

曹殷六在曹寅交遊圈中算頗活躍，如曾為殷六賦詩的王煐、姚潛（1625-1709；字後陶）等人，即與曹寅、曹荃相熟；姚潛於康熙三十八年冬與曹氏兄弟同遊蘇州支硎山旁的名瀑「千尺雪」時，賦有〈吳門同曹荔軒通政昆仲遊千尺雪，限深字〉一詩；王煐亦作〈千尺雪和荔軒、芷園兩使君〉。此外，汪繹、吳貫勉（其以尊五為字，或與曹鋡號殷六的情形相近）、彭定求、釋超格、楊中訥、王煐等人，皆曾在康熙四十三年前後為曹殷六的《東皋草堂圖》題贈詩詞（圖表 2.19）。

由於曹寅的〈東皋草堂記〉作於康熙四十年五月，文中稱東皋主人「年未五十」，知其應生於順治十年或稍後。又，曹寅在四十八年九月所撰的《太平樂事》前序（圖表 2.19、4.16）中有謂：

155 汪前進整理，《清廷三大實測地圖集・乾隆十三排圖》，九排東一。

> 舊有金陵陳大聲《太平樂事》一闋……余表兄東皋酷愛其詞，以子鶩相餉，勒家僮令演之。然曲多豔段，小令秖堪彈唱，因補填大套七齣……武林稗畦生擊賞此詞……未幾，有捉月之游。又一年，東皋亦下世。此詞已入山陽之笛，急切付梓，蓋存故人之餘意焉爾。己丑九月十五日柳山居士書。

文中的「豔段」指金、元院本或雜劇在正劇之前所附加的一段小故事，「稗畦」即曹寅友人洪昇之號，他於康熙四十三年六月初一日在烏鎮失足落水而死，故用李白醉後入水捉月而死之典，以其有「捉月之游」。又，「山陽之笛」乃用晉・向秀的故事，因其途經山陽時聞人吹笛，感音而懷念亡友嵇康、呂安，後以山陽笛表示傷悼、懷念舊友。

至於曹寅在〈東皋草堂記〉和《太平樂事》前序提及的東皋，經耙梳相關的人際網絡與生平事跡後，發現別號東皋的曹殷六頗可能就是與曹寅交好的曹鈖（圖表 2.19）。[156] 曹鈖為鼎望的第三子，字沖谷，號寓菴，貢監，初任候選訓導，歷官至候選理藩院知事（正八品），[157] 據康熙《南昌武陽曹氏宗譜》，知其生於順治十一年。[158] 此與前文所推東皋主人的生年（順治十年或稍後）若合符契，令筆者開始探索「殷六」即曹鈖的可能性。

曹寅為曹鈖所賦的〈松茨四兄遠過西池……感今悲昔，成詩十首〉，因此成為與〈東皋草堂記〉對照的重要文獻。後者揄揚東皋主人「南走儋耳，北度瀚海，舞筆躍馬，奮揚英華，視功名易若唾手，脫親於危亡之難，急義於死絕之域」，恰與前引組詩第五首的「三驅度瀚海……旃裘擁戈寐」句若合符契，此或記曹鈖於三十五年春以理藩院候選官員身分隨康熙帝征

156 曹寅的詩文中對曹鈖還有「沖谷四兄」或「松茨四兄」等不同稱謂。

157 曹鈖此銜或是捐官所致，但他應不曾實授理藩院知事（否則，他應有機會獲得正八品修職郎之誥命，不致墓碑上僅書「待贈休【修】職佐郎」；參見圖表 2.21），有些文獻則逕自略去「候選」二字（圖表 2.22）。

158 黃一農，〈重探曹學視野中的豐潤曹氏〉。

討準噶爾部的噶爾丹一事（附錄 2.4）。至於曹寅請東皋主人點撥曹荃管理受田的情境，亦與第三首稱曹鋡「寸田日夜耕」以及曹鋡嘗賦「年來漸識為農好」詩句所描述的能力相合（圖表 2.22 及 2.23）。第四首的「陶寫〔指陶冶性情、消愁解悶〕托笙竽……聲伎安能娛」以及第七首的「黃鐘散為徵，太音〔指雅音〕聲久希」，則又與《太平樂事》序中所描述酷愛戲曲的曹寅表兄「東皋」相呼應（圖表 2.19）。

圖表 2.21： 曹鋡夫婦合葬墓碑。[159] 圖左之碑石照片乃 2010 年筆者攝於唐山市豐潤區博物館，其右之拓片則攝自豐潤區文物管理所。

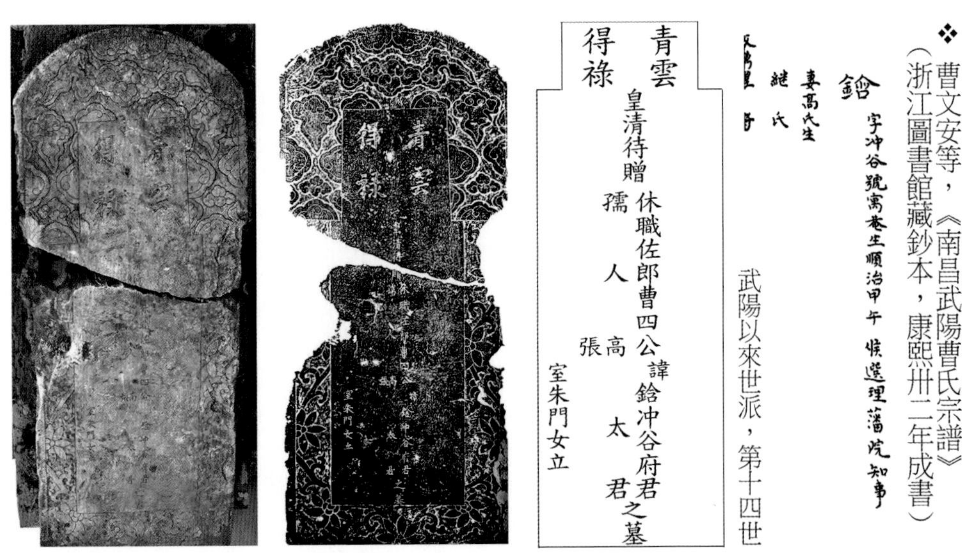

159 碑上所書「待贈休【修】職佐郎」及「待贈孺人」之銜，均應是親友為虛誇其身分而私自所稱。清初的封贈共分十七階，「正八品，修職郎；從八品，修職佐郎」，命婦則視其夫或子之品封贈，正從七品之母妻各封贈孺人，以下不封。然因曹鋡諸子均為白身，故曹鋡夫婦應無法獲得敕贈。清初葉夢珠即嘗曰：「有身後稱待贈者，必其子孫列于士林，或已入仕籍而未蒙綸誥者，親友從而頌禱之。後則概用，若為固然，今則子孫自稱之矣，習焉不察，可發大笑。」參見伊桑阿等，《大清會典》，卷 13，頁 8-10；葉夢珠撰，來新夏點校，《閱世編》，卷 2，頁 39-40；黃一農，〈重探曹學視野中的豐潤曹氏〉。

圖表 2.22：　曹鋡詩作輯佚。其文采應亦是其與曹寅交好的重要因素。

❖ 光緒《畿輔通志》卷一百三十六頁七十六

鶴窩集　國朝曹釗撰
畿輔詩傳釗字靖遠豐潤人歲貢生有鶴窩集
檗庵集　國朝曹鈖撰
畿輔詩傳鈖字賓及號檗庵豐潤人釗弟貢生官內閣中書有檗庵集
雪窗詩集　國朝曹鋡撰
畿輔詩傳鋡字沖谷豐潤人鈖弟官理藩院知事有雪窗詩集

❖ 光緒《遵化通志》卷三十四

曹人望　州同　曹鋡　理藩院知事　曹鍠　訓導

❖ 乾隆《豐潤縣志》

曹人望字譽臣候選州同
卷四頁二十九

曹鋡字沖谷候選理藩院知事
曹鍠字允大候選訓導
卷四頁三十

過唐愷庵遥黛山莊　曹鋡
卜築誅茅另一村編籬插棘蔭柴門年來漸識爲農
好老去深知養拙尊自撥新醅呼小婦閒鈔舊句課
兒孫春明更種南溪樹荷鍤人歸帶月痕
卷八頁五十五

小輞川　曹鋡
岸繞菰蒲水接天四圍桑柘一村烟兒童不識征徭
苦雞犬猶躭自在眠堤柳似分隋苑色野航疑泛越
溪船前身可是王摩詰別墅人呼小輞川
白雲嶺下山居　曹鋡
萬事無如此閉關嶺雲溪月好投閑窻分遥黛晴堪
數秋滿陳宮近可攀岸脚柴扉迎綠水林腰茆舍倚
青山移家絶勝桃源住歲歲花開任往還
卷八頁六十一

❖ 陶樑輯，《國朝畿輔詩傳》

曹鋡
鋡字沖谷豐潤人鈖弟官理藩院知事有雪窗
詩集
雨中對瀑復觀龍潭水漲
驟雨劃然至烟霧失長空千峯斂微影飛瀑垂玲瓏深
潭怒湍沸疑是蛟龍宮響聲振林樾雪浪生寒風躡足
心欲動舉首搖雙瞻下觸石骨碎上與銀河通誰爲開
鑿力吾將問洪濛
國朝畿輔詩傳《卷二十三　七
伏日同伯兄倉葊松茨消暑
何處攜樽酒東皋舊草堂雨殘沙路細風軟藥苗香梁
燕非時出山蜂底事忙老親憐弱稚歡喜故相將
入山曉行
竹輿隨徑轉蘿薜挂烟霄石險偏欹樹溪回屢渡橋霧
收方見日雲聚即成潮瀟灑紅塵外青山認寂寥
入紫翠林
人多穿洞出路狹礙枯藤怪石如迎客山猿不避僧疎
林飛瀑落絶壑亂雲蒸索有登臨興梯霞上百層
半纓雪亭
山澗涔千尺晴堆雪一溪雨隨雲去住烟接樹高低路
盤旋天遥峯尊與日齊掃苔聊獨憩摩壁好留題
登文殊院
嶝磴開線路杖屨莫辭難嵐氣千岩雨山風六月寒石
欹防客過松古學龍蟠縱目遐荒外方知天地寬
黃山
古木枯藤路不分徜徉麋鹿自爲羣山僧煮茗松間話
仙侶吹簫月下聞嵐氣滿衣渾似雨水流觸石自成紋
欲知軒帝歸何處須問孤峯頂上雲
卷廿三頁十七至十八

❖ 閔麟嗣，《黃山志定本》

白龍潭
激瀑濺千尺奔騰勢若雷春潭群玉碎觸石六花開倦
已騎龍去雲猶送雨來心隨流水遠彷彿近天台
黃山志定本　卷七　賦詩　百七
卷七頁百七

❖ 孫鋐輯評，《皇清詩選》

曹鋡　沖谷直隸豐潤人
狎浪閣同伯兄晚眺
雨霽煙林靜蒼茫暮景幽板橋斜對寺山月吐當
樓積水搖星動歸雲入澗流仙源何處是曾不見
漁舟
眼中何等空濶可想見憑欄時也
卷十五頁五

❖ 宋犖，《滄浪小志》

滄浪亭用歐陽公韻　豐潤曹鋡沖谷
才人性命寄山水勝地往往留詩篇精神所結鬼神護
事莫須有理則然子美滄浪今宛爾紅橋綠水仍迴環
遊屐輕衫鏡中度荷花人面相爭妍地偏心遠意頗適
幽僻曾無車馬喧入檻紫鱗時曝日風開翠竹紛搖烟
孤亭如笠冠両嶺騁目正與山爲緣軒窗雖小意自勝
一榻栩栩隨飛仙修廊老樹互倚帶赤欄掩映青林邊
感喟繁華等朝露將相池館成桑田當年還客誰過問
中丞慨想開清漣浮家泛宅志已久何時散髮撑吳船
清風明月豈須買只辦酒家十萬錢文章別自有契託
寸心千載遥相憐祠宇既新羞俎豆太息此誼高雲天
瓣香久爲宋夫子商邱家學誠淵淵深淨軒中飲我酒
滄浪亭邊許醉眠古來志士多慷慨感激一飯懷千年
滄浪小志　下卷
顧公大名垂竹帛詎肯但以詩人傳
卷下頁廿一至廿二

圖表 2.23： 曹鈖與曹荃從軍的材料。

❖ 曹寅，《楝亭詩鈔》

松茨四兄遠過西池用少陵可惜歡娛地
都非少壯時十字爲韻感今悲昔成詩
十首　卷二頁十七
西池歷二紀仍蓺短檠火薄書與家累相對無一
可連枝成漂萍叢篠冒高笋歸與空浩然南轅計
誠左
今夕良讌會今夕深可惜況從丱角遊弄兹蓮葉
碧風堂說舊詩列客展前席大樂不再來爲君舉
一石
閑居咏停雲遠若戀微官行葦幸勿踐秺駕良匪
難寸田日夜耕狂瀾無時安恭承骨肉惠永奉筆
墨歡
奇雅慕古人其次思與俱猗何謝太傅陶寫托笙
竽榮名罰恒憂服食不須臾瞋眩奠有瘳聱佞安
能娛
勾陳逼招摇幽天風夜至單于六羸走羽林呼動
地三驅度瀚海持冰畏糗糒念我同胞生旃裘擁
戈寐
吾宗詩淵源大率歸清腴叔氏振頹風句不修廉

楝亭詩鈔卷二

隅選友得關中沈雄避時趨會應策騕褭歷塊過
名都
黃鐘散爲徵太音聲久希前賢横專據各得具體
微盲瞽不安命小儒多腹非有斐貴切磋且願誦
緇衣
曩年拓強弓齒牙一何少腸肥腦復滿猛敢過鷹
鷂軒起觸四隅周胠不可攤茫茫紅塵中未路炳
龜燋
伯氏值數奇形骸恒放蕩仲氏獨賢勞萬事每用
壯平生盛涕淚萬里幾悽愴曷哉加餐飯門户慎
屏障
酒黨日以散婚宦方乘時交遊山水間町疃羅松
茨貨殖非所好欵段無不之沄沄大江流煙霞相
與期

楝亭詩鈔卷二

❖ 曹寅，《楝亭詩別集》

聞二弟從軍却寄　卷三頁七
與子隮地同胚胎與子四十猶嬰孩囊垂禿筆不
稱意棄薄文家談武備伏闈攘狄開邊隅聞子獨
載推鋒車回憶趨庭傳射法平安早早寄雙魚

附錄 2.4

康熙三十五年曹鈖扈從征噶爾丹小考

曹寅有〈松茨四兄遠過西池，用少陵「可惜歡娛地，都非少壯時」十字為韻，感今悲昔，成詩十首〉（圖表 2.23），依其內容所記，該組詩應全為曹鈖（1654-?；號松茨）所賦。首句的「西池歷二紀〔一紀十二年〕」，乃追憶兩人相識之始，此因康熙八年十月曹鈖父鼎望在知徽州時，曾為剿除婺源、祁門盜賊，至江寧謁總督麻勒吉，遂與曹璽聯譜認宗。年少的曹鈖或至遲在此時與曹寅於江寧織造府中的西池初識，而有「況從丱〔音“冠”〕角遊，弄茲蓮葉碧」的交情。至康熙三十五年曹鈖於從征後再過西池，相隔已二十六、七年，近乎「二紀」。

該組詩屢以「連枝成漂萍」「況從丱角遊」「恭承骨肉惠」「念我同胞生」「叔氏〔曹鼎望幼子鈖，因其在同祖之堂房兄弟中行四，故云松茨四兄〕振頹風」，描寫從小與曹寅相知如兄弟的曹鈖（兩家乃聯宗）；至於第九首的「伯氏〔鼎望長子釗〕值數奇，形骸恒放蕩。仲氏〔鼎望次子鈖〕獨賢勞，萬事每用壯〔指勇武〕」，也是為了鋪陳曹鈖「平生盛涕淚，蒿里〔古輓歌名〕幾悽愴」的坎坷命運（其兄釗與鈖皆先卒於康熙二十七年），曹寅因此期勉曹鈖「勗哉加餐飯，門户慎屏障」。

又，第六首稱「吾宗詩淵源，大率歸清腴。叔氏振頹風，句不修廉隅。選友得關中，沈雄避時趨……」，此因曹鈖曾於康熙二十三年隨出知鳳翔府的父親至陝西，故「選友得關中」句乃用了淨飯王遍訪國中聰明婆羅門（所謂「選友」）來教導其子釋迦牟尼的典故，由於釋迦牟尼「凡技藝、典籍、天文、地理、算數、射御皆悉自然知之」，且其師曾歎曰：「何欲令我教！」[160] 知該首亦同時讚許曹鈖才氣縱橫。

至於第五首所記，則與當時的戰事有關，詩稱：

勾陳逼招搖，幽天風夜至。單于六羸走，羽林呼動地。

160 曹寅，《楝亭詩鈔》，卷 2，頁 18；釋志磐，《佛祖統紀》，卷 2，頁 9。

三驅度瀚海，持冰褁糗糒。念我同胞生，旃裘擁戈寐。

康熙帝曾三度征討噶爾丹，於三十五年春出師漠北、同年秋至鄂爾多斯、翌年春行兵寧夏，[161]「三驅」應謂首次親征時所採用的三面驅趕戰略（此與另兩次兵分兩路的做法頗異）。[162]《宋史》稱天星勾陳「主天子護軍」、招搖「主北兵」；贏（音「裸」）為赤身露體，褁（同「裹」）謂攜帶，「糗糒〔音"備"〕」即乾糧，知此詩乃描寫曹銓扈從康熙帝征噶爾丹事，「念我同胞生」則指被曹寅視為同胞的曹銓。[163] 然「勾陳逼招搖」句或僅為寓意，「羽林呼動地」也不必然表示他任侍衛。

曹銓歷官至候選理藩院知事（圖表 2.22），該院是清朝處理外藩（指蒙古、新疆與回部）事務的部門，順治五年二月始增設正八品的漢知事一人，康熙三十八年七月裁。[164] 三十六年二月的上諭有云：「朕親歷行間，塞外……其地不毛，間或無水，至瀚海等砂磧地方，運糧尤苦……朕今親臨寧夏，凡有可用兵之地，必詳察行道、水草，全備馬駝、糧糗等物……」[165] 此或即曹寅所賦「度瀚海」句的背景，因疑曹銓乃於三十五年春隨帝西征。當時理藩院先後派遣署院事馬齊、侍郎滿丕、員外郎常祿、主事保住、諾爾布、巴雅思呼朗、副使署主事薩哈連，處理在御駕途中勘路設驛、運米解糧、奉差出使、解送降人、沿邊安塘（「塘」乃泛指關卡）、降敕賜幣等事，[166]「曩年拓強弓」的曹銓，應是其中派赴漠北的一名低階官員。而賦於約四十一年的〈聞二弟從軍却寄〉（圖表 2.23），顯示曹荃從軍應晚於曹銓。

---

161 先前對三次親征的認知有誤。參見楊珍，〈康熙二十九年"親往視師"再析〉。

162 康熙三十五年秋亦是兵分兩路。參見《清聖祖實錄》，卷 178，頁 914-915。

163 先前相關的討論可詳見高樹偉，〈曹荃扈從北征及持節南下考辨〉；蘭良永，〈曹宣從軍及其他〉。高文首揭「三驅度瀚海」意指三面驅趕噶爾丹的戰略，蘭文則強調曹寅〈松茨四兄遠過西池〉一詩與曹荃從軍無關。

164 《清世祖實錄》，卷 36，頁 293；《清聖祖實錄》，卷 194，頁 1051。

165 《清聖祖實錄》，卷 180，頁 928-929。

166 《清聖祖實錄》，卷 179，頁 920、卷 180，頁 923-928、卷 181，頁 936 及 942、卷 183，頁 961。

據曹鼎望的墓誌銘（圖表 2.24），他於康熙初年知徽州期間，嘗親隨總兵丘越征討數千亂賊，前後計七個月；十七年五月他出知廣信府時，亦「惟以討賊安民為首務」，不僅隨營督糧出謀，並募健丁二百人守禦府城，終在十九年完全敉平亂事。[167]「曩年拓強弓」（見〈松茨四兄遠過西池……〉組詩第八首）的曹鈖，在這些過程中，「往往負劍從之」，[168] 此或即曹寅在〈東皋草堂記〉中稱頌曹殷六「脫親於危亡之難」之舉。

若曹殷六即曹鈖，那他有何特殊機緣可於康熙四十年之前遊歷海南島的瓊州府（領儋州、崖州等三州及昌化、感恩等十縣）？經耙梳康熙三十幾年的六、七十名地方官後，發現知昌化、崖州的陶元淳（1646-1698；二十七年進士）及知感恩的姜焯（曾選編同祖堂兄李煦的《虛自齋尺牘》），恰與曹鈖、王煐、趙執信（「信」讀「伸」）、曹寅同屬一泛交遊圈（第六章）。由於清朝州縣頗多，推判曹殷六「南走儋耳」與陶元淳或姜焯毫無關連的概率應很低。元淳於十八年與曹寅族舅顧景星等人同應鴻博之徵，但未獲選。[169] 三十三年五月他在赴昌化履新前，曾在廣州與曹寅友人王煐（二十七至三十四年知惠州）相敘。又，趙執信登康熙十八年進士時即與陶氏在京互動密切（所謂「晨夕無間」），[170] 三十五年性好壯遊的趙執信（二十八年因觀演洪昇《長生殿》案被劾以「國恤張樂」罪革職）亦「遊於南海」，並與尚未離粵的王煐會面，他且嘗對陶元淳亟稱王煐之才乃「屈指畿內」。曹鈖因此很有可能為擴展視野並親覽蘇軾遷貶儋耳的遺跡，而過訪陶元淳或姜焯。[171]

---

167 孫世昌等纂修，《廣信郡志》，卷 1，頁 33-34。

168 尤侗著，楊旭輝點校，《尤侗集》，冊下，頁 1350-1351。

169 李銘皖等修，馮桂芬等纂，《蘇州府志》，卷 63，頁 1；高士鸃等修，錢陸燦等纂，《常熟縣志》，卷 11，頁 100。

170 趙執信，《飴山詩集》，卷 18，頁 2。

171 陶元淳於康熙三十三年知昌化，三十四至三十七年兼攝崖州，卒於任，他於三十七年在昌化重建治平寺，所撰碑記嘗及蘇軾至昌化事。姜焯於三十七至五十一年

圖表 2.24：題為康熙三十二年蔣弘道所撰的曹鼎望墓誌銘。[172]

皇清誥授中
憲大夫陝西
鳳翔府知府
加三級澹齋
曹公墓誌銘

皇清誥授中憲大夫陝西鳳翔府知府加三級前翰林院庶吉士澹齋曹公墓誌銘
賜進士出身光祿大夫戶部左侍郎加六級年眷弟大興蔣弘道頓首拜撰
賜進士出身通議大夫順天府府尹年眷弟真定劉元慧頓首拜篆
欽授翰林院編修太常寺少卿加一級年眷弟靜海勵杜訥頓首拜書
公諱鼎望字冠五別號澹齋姓曹氏豐潤人順治甲午舉於鄉己亥　進士選內翰林國史院庶吉士屢試　太和
殿　賜茶人以為榮辛丑散館授刑部山西司主事念關外嚴寒流犯多凍死者請大司寇龔公鼎孳具疏三冬不
發遣以廣好生之德　制曰可癸卯陞本部員外郎有誣陝西張某謀反者並揭其廳壁反詩證之獄將成公閱其
詩乃唐人張謂舊作歸取刻本示之事乃寢甲辰仍晉本部郎中丙午奉
命典湖廣鄉試丁未擢徽州府知府婺源祁門盜踵至掠去童子張有鵬等十三人蓋徽州地連三省在萬山中賊渠六
人率其黨數千出沒郡縣為害已二十年公聞之遣丁壯市魚塩假商人入山貿易識其巢穴姓名乃密報巡撫走
江寧謁總督具道其事總督驚將發兵剿之公曰不可剿必聯三省行文備軍儲往返期會非三閱月不能竣風聲
一出賊偵知解散兵去而賊復聚此所以屢剿而一賊不獲也總督曰然則奈何公曰徽寧池饒將弁皆制府所轄
誠得一老成廉能者少帶兵馬探訪責在胥役剿緝責之營兵發縱指示則摻之主將寬其時日開以自新之路如
此則成功必矣總督曰善遂令總兵丘越帥郭應華等將精甲三百偕公往陣斬賊首何老二等十三人生禽王跳
鬼六公子趙老大等九十餘人搜獲被掠童子十三人縱之歸餘悉投誠免死計七月而賊平遇
覃恩誥授中憲大夫封父母如其官未幾督撫相繼去新巡撫至以事忤其意奪爵三級歸當是時三藩未靖尋以才賢
起廣信府知府廣信邇七閩自耿逆為亂兩陷兩復兵燹之餘民逃匿城中蓬蒿深沒人逆賊江機楊一豹等盤據
山谷為盜距郡城僅五十里提鎮將軍駐廣信公與將軍約俾兵民和輯勿得恃强虐民招流亡勸墾民稍稍集又
出令先降者受上賞賊疑懼未定既而奉檄調提鎮赴湖南援剿賊勢復張公請總督亟剿之總督至謂公曰吾欲
先撫後剿何如公曰甚善第此賊狡甚非剿不可以撫今日之戎首即前日之投誠人也總督曰太守言是即發兵
破其前關賊遁入封禁山公隨營兩月晝則督糧儲夜則人謀惟幄賊糧盡將就撫而總督亦調赴湖廣進取雲貴
兵既去郡佐亦攝篆他縣空城中止餘知府一人而已於是募健丁得土兵二百人為守禦資己未舊提鎮移駐貴
溪公遺之以書又投牒巡撫且乞師浙督會剿江機楊一豹等計窮走福建投誠餘黨漸次剿滅忽並徵七年逋賦
公嘆曰六載兵戈民氣非二十年不能復今若此是驅之為盜也白巡撫疏請於朝十七年以前逋賦盡蠲民獲蘇
息尋以外艱去亾何丁內艱服闋補鳳翔府知府先是秦蜀初定分西安將軍兵馬之半駐防漢中春秋往來道出
鳳翔民田苦踐踏不得穫公言於總督疏免之乃新張橫渠先生祠及蘇眉山喜雨亭公餘觴咏其間公是歲六十
有九因念禮大夫七十致仕奈何以遲暮之年汩沒風塵中不遠愧二疏耶遂引年乞休公沉毅有謀三出守皆值
大軍之後凶荒相繼而其指揮勘亂捷若影響卒能起廢興行可謂為政識本末者矣生於明萬曆戊午二月初九
日終於康熙癸酉正月初三日得年七十六公之系出宋濟陽武惠王彬之五世孫孝慶咸淳中仕至顯文閣待制
家於豫章明永樂中始祖伯亮徙豐潤之咸寧里伯亮生英英生安安生宗禮宗禮生思敬思敬生登瀛登瀛生士
直公之祖也士直生繼祖是為公父封中憲大夫母王氏封太恭人元配常氏封恭人男子三人長釗廩貢生次鈖
□貢官內閣中書舍人俱先公卒次鈴歲貢女子六人俱為士人妻孫八人尚幼所著曹子全書藏於家是歲十二
月乙丑十五日甲申季子鈴爰卜宅兆奉柩安厝於城西十八里鴨護山之陽商家庄新塋詔曰三仕大府囊無餘
資卓爾獨立詎肯詭隨手摻兵柄制勝出奇料敵巧中電驟雷馳傷哉時命未竟厥施屢起屢蹶乃止於斯炳然者
詞穹然者碑髣髴來臨風馬靈旗

（此拓片乃筆者攝自唐山市豐潤區文物管理所）

知感恩。此段參見王煐，《憶雪樓詩》，卷上，前序；明誼修，張岳崧等纂，《瓊州府志》，卷 11 上，頁 37、卷 24，頁 1-66、卷 31，頁 9-11。

172 由於李澄中的文集亦收錄此墓誌銘，只不過少數文句有異，疑此文乃李澄中代蔣此外，豐潤縣令羅景泐（音「勒」）的〈秋日飲曹澹齋松茨……〉有「徒倚東皋晚氣封」詩句，其中松茨為曹鼎望（號澹齋）在豐潤（位於寶坻之東）東郊的別墅，曹鈖後曾以松茨為號。又，曹鈖〈夏日松茨園消暑，同伯兄眉菴〔鼎望長子曹釗別號〕〉亦有「何處攜樽酒，東皋舊草堂」句。[173] 曹寅〈冲谷四兄寄詩索擁髻圖，並嘉予學天竺書〉內，有「再報東臯一尺書」句。知鼎望父子在豐潤的居所，原位於縣城東邊陡河旁的高地，或以「東皋」為名，但此距曹殷六在武清縣崔口為母所築的東皋草堂頗遠（圖表 2.20）。然若曹殷六即曹鈖，則他很可能因追求交通便利，而選擇與母自豐潤移住崔口附近的北運河東岸，[174] 但仍以原「東皋草堂」命名新宅，無怪乎，曹鈖會在〈夏日松茨園消暑……〉詩中稱豐潤的松茨園為「東皋舊草堂」。

至於彭定求何以於康熙四十四年（曹鼎望卒於三十二年）賦〈題《東皋艸堂圖》二首〉的詩題下有「為天津曹殷六養母別莊」之小註（圖表 2.19），亦可有合理解釋：此因從豐潤西南抵寶坻約一百七十里，寶坻南至天津衛一百六十里，西南至武清縣九十里，[175] 而這些區域皆歸天津道管理，[176] 故彭氏以「天津曹殷六」稱呼「直隸豐潤」曹鈖的作法，正如同曹振彥既被稱作「奉天遼東人」，亦有謂其是「遼東遼陽人」的情形（圖表 1.2）。

惟若旗人曹寅確稱民人曹鈖為表兄，通常應是兩人當中有一人之姑嫁

弘道所作。參見董寶瑩、曹兆榮，〈曹鼎望墓誌銘和曹鈖墓碑〉，收入劉繼堂、王長勝主編，《曹雪芹祖籍在豐潤》，頁 74-84；李澄中，《白雲村文集》，卷 3，頁 16-18；http://blog.sina.com.cn/s/blog_4e5341fe0102vuvx.html。

173 曹振川等，《浭陽曹氏族譜》，卷 2，頁 49-50、57。

174 乾隆方志中在其週邊可見大曹家莊、東曹莊、曹家崗、西曹莊等以「曹」氏命名的地名。參見吳翀修，曹涵纂，《武清縣志》，卷 1，頁 25。

175 羅景泐修，曹鼎望纂，《豐潤縣志》，卷 1，頁 7；牛一象等修，苑育蕃等纂，《寶坻縣志》，卷 1，頁 3。

176 如康熙三十四年三月天津道朱士傑即指派寶坻、豐潤、武清、天津衛等九處挑浚新河。參見沈鋭修，章過等纂，《薊州志》，卷 3，頁 31-32。

與另一人的父親或叔伯輩，[177] 然曹寅與曹銓自其曾祖以下三輩當中尚未見娶曹氏女的記載。[178] 考量旗民間的通婚有特殊限制（民女可嫁到旗下，但旗女禁嫁民人），[179] 圖表 2.25 整理出幾種可能性：曹銓姑祖母之女（可不姓曹）嫁給曹璽的兄弟（如曹爾正）或堂兄弟、曹寅姑祖母之女（可不姓曹）配曹邦子姪（參見圖表 2.26）、曹爾正或其堂兄弟娶曹銓之姑，[180] 但目前尚無法證明是何種姻婭關係。但曹銓若是曹寅的「殷六表兄」，那為何曹寅在詩文中卻大多只稱其為「松茨四兄」或「沖谷四兄」？[181] 此或因中國向來有「一表三千里」之說，然曹寅卻屢以「骨肉」「同胞」「連枝」等詞形容其與豐潤曹鼎望三子釗、鈖、銓之間的親密程度，知曹鼎望與曹璽兩家的關係已遠不止於通常泛泛的「官場聯宗」或「同姓聯宗」，再加上曹銓與曹寅為同姓的表兄弟，遂將「表」字省略。

尤侗在序曹銓的《松茨詩稿》時，即呈現兩曹間的密近關係，稱：

> 司農曹子荔軒與予為忘年友……今致乃兄沖谷薄遊吳門，因得讀其《松茨詩稿》……信乎兄弟擅場，皆鄴中之後勁也。予既

177 雖然清初律例規定「凡同姓為婚者，主婚與男女各杖六十，離異，婦女歸宗，財禮入官」，但若耙梳「中國譜牒庫」和《八旗通志》，即可發現不少同姓婚配者。如在康熙編的鐵嶺《李氏譜系》中，就見到七位娶李氏的情形，且劉廷璣亦娶劉兆麒的長女。參見伊桑阿等，《大清會典》，卷 113，頁 26；鐵保等，《欽定八旗通志》，卷 263，頁 8 及 37、卷 264，頁 11、卷 265，頁 9-10。

178 僅曹爾正的婚姻不詳。曹振川等，《浭陽曹氏族譜》，卷 4；黃一農，《二重奏：紅學與清史的對話》，頁 16-18；黃一農，〈重探曹學視野中的豐潤曹氏〉。

179 定宜庄，《滿族的婦女生活與婚姻制度研究》，頁 331-348。

180 如若曹世選有女嫁給在旗的俞氏，其所生之女又嫁曹邦長子曹元（《浭陽曹氏族譜》記曹元娶俞氏），則曹寅應可稱同姓的曹銓為表兄，類似情形出現在曹邦其餘子姪時亦可。此外，若曹寅之姑配曹邦子姪，曹寅應亦可稱曹銓為表兄，然因曹邦子姪並無人配曹氏，知此途徑應無可能。

181 古人在不同時空或交遊圈往往用不同字號，如曹寅雖常用松茨和沖谷稱曹銓，惟亦稱其為東皋或殷六，曹銓且還有一較少見的別號「石壺」（圖表 4.39）。

> 交沖谷，知為豐潤人。豐潤京畿壯縣……予昔司李其地〔司李即推官的習稱，尤侗曾於順治間任永平府此職〕……得冠五〔鼎望字〕太史而奉教焉，然未識沖谷也……予既承命為序，而即以此送之，并寄語荔軒曰：「君詩佳矣，盍亦避阿奴火攻乎？」[182]

知尤侗本與曹鼎望相知，卻不識曹鈖，而「今致〔招引之意〕乃兄沖谷薄遊吳門」句，則指當時是由曹寅引介「乃兄沖谷」至蘇州，尤侗此序即應曹寅之命所作。序中先頌揚鈖、寅的表現是「兄弟擅場」，且兩人的才氣直逼其家族共認的顯祖曹丕、曹植（故謂「鄴中之後勁」），並以《晉書》中周嵩醉舉燭火擲其兄周顗（音「倚」）之典，[183] 調侃曹寅既與曹鈖是才情不相上下的兄弟，亦可仿效「阿奴〔兄對弟的暱稱〕火攻」的故事挑戰曹鈖。

圖表 2.25：曹鈖與曹寅為表兄弟的可能性。

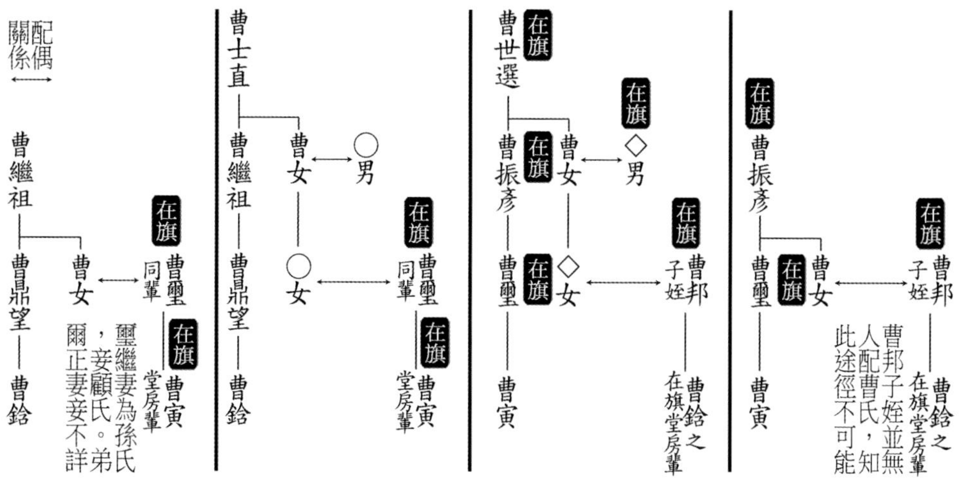

182　尤侗著，楊旭輝點校，《尤侗集》，冊下，頁 1350-1351、1699。

183　晉人周嵩嘗醉對兄周顗曰：「君才不及弟，何乃橫得重名！」並舉蠟燭火擲之，頗具雅量的周顗笑曰：「阿奴火攻，固出下策耳。」其中「阿奴」乃尊長對卑幼的稱呼。又，雪芹好友敦誠在〈別四弟汝猷〉詩亦有「鳳譽期吾弟，火攻笑阿奴」句。參見樊志斌，《曹雪芹家世文化研究》，頁 9。

圖表 2.26：豐潤曹氏的世系圖。內容主要參據光緒《浭陽曹氏族譜》。

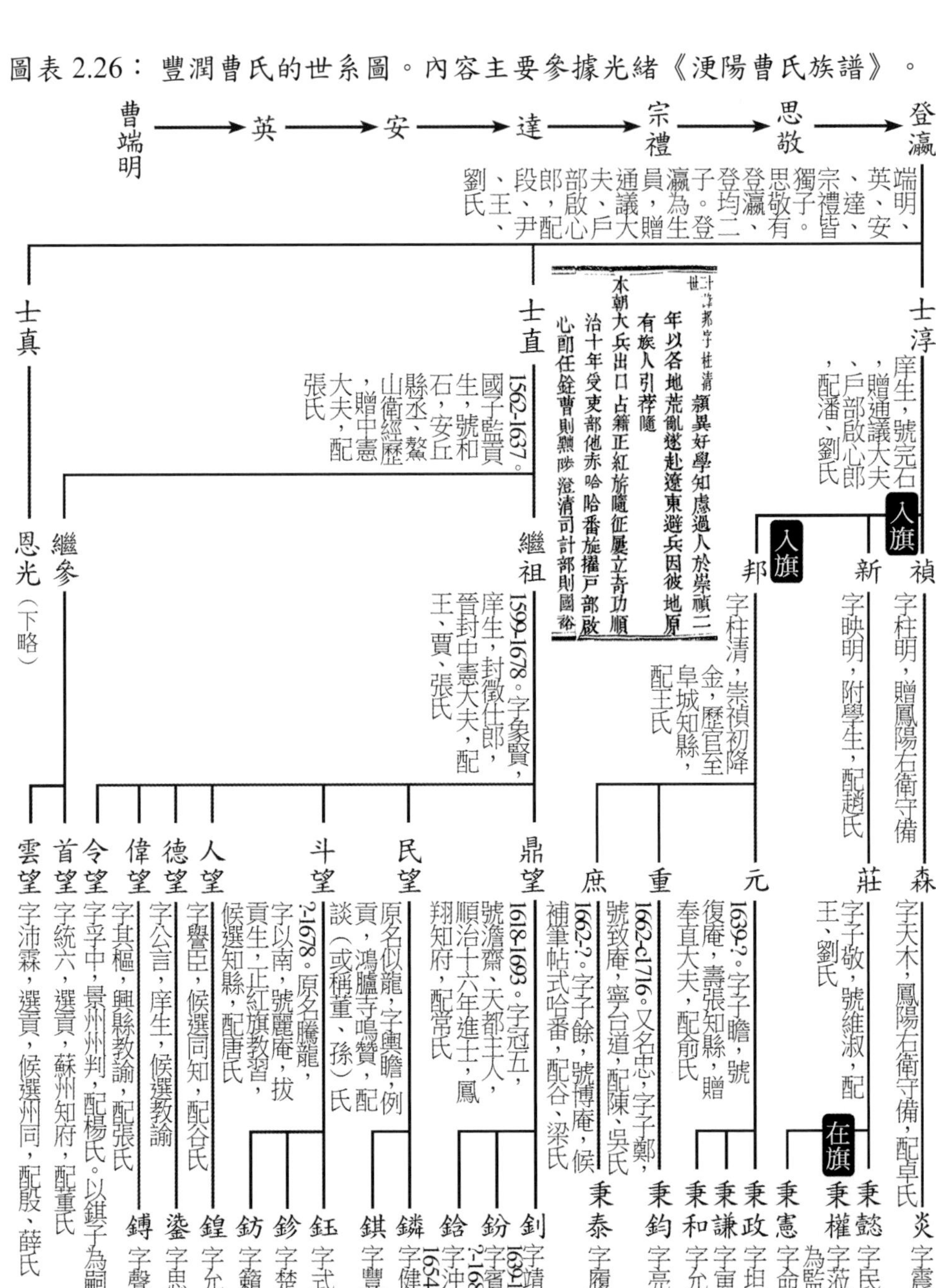

六、小結

曹雪芹的高高祖曹世選或於天啟元年（天命六年；1621）瀋陽城破時全家被俘或投降，初應在努爾哈赤親領的正黃旗隸旗下家奴，至天命八年 始因其所屬牛彔被撥給阿濟格，而以阿濟格為管主。天命十一年八月甫即位的皇太極將兩白、兩黃互換旗纛，曹家因此成為鑲白旗，迄順治八年 (1651) 阿濟格遭籍沒後，才轉隸皇帝直主的內務府正白旗。在這服侍愛新覺羅家族的前二、三十年間，曹家身分最重要的轉折點應發生於天聰三年 (1629)，曹振彥因考選為金國首批的兩百名生員之一，自此拔出奴籍變成正身旗人，且免兩丁差徭。也就是說，其身分變成為阿濟格所管旗鼓牛彔下的一名包衣。

曹家這段從奴隸到包衣的經歷，想必在其家族留下悲慘記憶。曹雪芹在撰寫《紅樓夢》時，性格飽滿多樣的奴才即是這本小說各種角色中最大的群體，從大總管、管家、司專職的管事，下到小廝雜役，以及各房的奶娘、執事大丫頭、中小丫頭、粗使僕婦，數目應以百計。該書在第十九回描寫寶玉造訪襲人家時，曾見到她兩位標緻的姨妹子，就慨嘆曰：「我回為見他寔在好的狠，怎庅也淂他在偺們家就好了。」襲人冷笑道：「我一个人是奴才命罢了，难道連我的親戚都是奴才命不成？定还要揀寔在好的丫頭綫徃你家来？」讓寶玉尷尬不已。

作者在第四十五回也曾透過賴嬤嬤之口對其甫捐縣官的孫子賴尚榮曰：

> 哥哥兒，你別說你是官兒了，橫行霸道的！你今年活了三十歲，雖然是人家的奴才，一落娘胎胞，主子的恩典，就放你出來，上托着主子的洪福，下托着你老子娘，也是公子哥兒似的讀書認字，也是丫頭、老婆、奶子捧鳳凰似的，長了這庅大，你那

里知道那「奴才」两字是怎広寫的！

尚榮之父是榮國府的大總管賴大（見第七和第五十二回）。曹雪芹在教訓賴尚榮不要忘本之餘，更以「你那里知道那“奴才”两字是怎広寫的」一語，吶喊出自己對家族累世作為包衣老奴的痛苦心聲。

此外，小說中也曾透過「從小兒跟著太爺們出過三四回兵，從死人堆里把太爺背了出來，得了命，自己挨著餓，卻偷了東西來給主子吃。兩日沒得水，得了半碗水，給主子呵〔猶喝、飲〕，他自己喝馬溺」的焦大（第七回），呈現許多漢人在作為旗下家奴日久之後，對主子的死忠。

曹振彥在天聰三年九月通過金國生員的考試後，很快就於幾個月內考授學校裡的「教官」，旋又於四年九月之前取得「致政」身分（可能指的是出仕資格），稍後並獲派管理旗鼓牛彔。曹振彥當時應已充分展現其融通滿漢兩種語言和文化的能力，天聰八年四月更以「有功」而加半個前程，疑他應是在這段時間隨旗主多爾袞和管主阿濟格處理孔有德、耿仲明、尚可喜投降事宜，並於其中發揮了重大作用。

崇德初年，獲授牛彔章京加半個前程（此非世職）的曹振彥兩度因罪被鞭八十，並於清朝入主中原之前就已「緣事革退」。而與其同在崇德三年正月遭鞭刑的另一位阿濟格王府下的長史李有功，正是李煦（稱曹寅為「老妹丈」）的祖父。亦即，曹寅與李煦兩家的淵源早在關外的金國時期即已醞釀。

順治初，因政權新肇，急需充補各省之地方官缺，清廷遂數次考用通曉滿漢文且擁有旗籍者為八旗貢士，旋即外放為州縣正官。「扈從入關」的曹振彥應在順治初年考選為八旗貢士，或由於他先前已有管理旗鼓牛彔的從政經歷，遂在順治七年外放為山西平陽府吉州知州。九年四月，知陽和府，十二年九月再陞授官署在杭州的兩浙都轉運鹽使司運使；十四年六月去職，惟不知是病免、致仕，抑或卒於官。衡諸曹振彥生平所確切擔任過的教官、致政、旗鼓牛彔章京（長史）、知州、知府、運使，明顯均非專責帶兵之武職，知其應非如先前許多學者所稱是以戰場上的殺敵致勝或攻城掠地起家。

綜前所述，曹振彥作為最早一批在戰亂中接受滿人統治的漢姓包衣，很快就深度滿化，在天聰年間即以其勞績掙得旗鼓牛彔章京的位階，成為曹家首位在金國出仕之人。他後來雖遭「緣事革退」，但因驟然入主中原的清廷需才孔亟，所謂「國方新造，用滿臣與民閡，用漢臣又與政地閡」，才給予諳習滿漢語文、典制與民俗的曹振彥一個新的政治生命。他於順治七年以八旗貢士的科名經由文官仕途至山西擔任知州、知府，再歷官至從三品兩浙鹽運使（官署在杭州），協助清朝治理省級以下的地方。曹家處此「天崩地解」的巨大轉折，因身為八旗統治階層的一分子，必須與大量的漢族民人互動，其家後輩遂又重拾漢文化的傳統，並在漢人士紳間經營社會網絡，開啟其在江南長達七十多年的興衰史（見第三章）。

圖表 2.27： 曹振彥相關記事編年。

時間	材料	出處
天聰四年四月	《大金喇嘛法師寶記》碑上，記有包含曹振彥在內的十八名「教官」	遼陽民俗博物館藏
九月	《重建玉皇廟碑記》記曹振彥是「致政」項下二十七個人名之一	遼陽民俗博物館藏
八年四月初九日	墨爾根戴青貝勒多爾袞屬下旗鼓牛彔章京曹振彥，因有功加半個前程。	中國第一歷史檔案館藏《內國史院檔》
崇德元年六月二十四日	刑部官郎位被控在審理鑲白旗下長史曹振彥一案時，受銀二十兩，又致函以借債為名索銀十五兩，但曹振彥卻聲言未行賄，是以擬鞭八十	《滿文老檔》
三年正月初八日	武英郡王阿濟格之擺塔大曹振彥，因懈怠失職，對有夫之婦的行止失於覺察，遭鞭八十	《內國史院檔》
順治七年	曹振彥獲授為山西平陽府吉州知州	《（光緒）吉州全志》
八年八月二十一日	山西平陽府吉州知州曹振彥夫婦獲誥命	北京大學圖書館藏
九年	曹振彥陞授山西省陽和府知府	《（乾隆）大同府志》
四月或稍後不久	記曹振彥是「正白旗下貢士，山西吉州知州，順治九年四月陞山西陽和府知府」	中國第一歷史檔案館藏《順治朝現任官員履歷冊》
十二月初八日	曹振彥的奏本明確記載他是陽和府知府	張書才，《曹雪芹家世生平探源》，頁 8-9
十二年三月初一日	山西臨汾五龍宮藏的捐資題名碑上刻有「吉州知州曹振彥施銀貳兩」字樣	山西臨汾五龍宮藏
九月	曹振彥獲授兩浙都轉運鹽使司運使	《清世祖實錄》
十三年四月	《重修大同鎮城碑記》刻有「前太守襄平曹公諱振彥」字樣	大同市博物館藏
十四年六月	湯大臨續任兩浙都轉運鹽使司運使（浙江鹽法道），曹振彥最後歷官至此	《清世祖實錄》及《八旗滿洲氏族通譜》
康熙十四年十二月十四日	曹振嚴【彥】夫婦以子江寧織造、三品郎中加四級曹熙【璽】貴獲得誥命	原由傅吾康 (Wolfgang Franke, 1912-2007) 購藏

第三章　奠立半世紀「秦淮風月」的曹璽*

曹璽是受過旗人養成教育的第一代包衣，亦為內務府外放之首位專差久任的江寧織造。本章除耙梳曹璽的生平事跡，也嘗試追索其繼妻孫氏（康熙帝保母，曹荃生母）、小妾顧氏（江南名士顧景星族妹，曹寅生母）、親家李月桂（瀋陽李氏，歷官江西督糧道，曹寅岳父）、女婿塞白理（原名李顯祖，鐵嶺李氏，歷官浙江提督，繼娶曹璽女）等姻婭關係。

一、初任江寧織造的曹璽

曹振彥已知有曹璽（原或名爾玉，[1] 字完璧；圖表 1.4、3.1 及附錄 3.1）與曹爾正二子，他們均是在旗人養成教育下被栽培出的第一代包衣，滿文很自然成為其國語，漢文則是母語。在振彥勞績的庇蔭之下，二子同獲重用：精於箭術且「射必貫札〔指鎧甲的葉片〕」的曹璽，因「負經濟才」，故於康熙三年督理江寧織造（圖表 1.4），[2] 後以長子曹寅於四十四年康熙南巡時捐銀二萬兩而特恩追贈為工部尚書，時人遂有以「司空」或「大司空」稱之者（圖表 3.1）；[3] 爾正則獲授正白旗第五參領第三旗鼓佐領，至康熙三十六年正月或之前去職。[4]

---

* 本章的部分內容曾發表於拙著〈曹寅乃顧景星之遠房從甥考〉(2012)、〈江南三織造所梭織出的曹家姻親網絡〉(2014)。

1 滿人之間的「故老常談」稱曹璽原名爾玉，弟名爾正，後「璽以詔旨筆誤更名」。參見奉寬，〈蘭墅文存與石頭記〉。

2 韓菼〈楝亭記〉稱曹璽「董〔主管〕三服官〔指織造，此或因漢代齊郡乃供應春夏冬三季天子之服而得名〕來江寧」。參見陳熙中，〈說"其先人董三服官江寧"〉。

3 此段參見黃一農，《二重奏：紅學與清史的對話》，頁 171-173。

4 《關於江寧織造曹家檔案史料》，頁 7-8。

圖表 3.1： 清人詩文集中有關曹璽的記述。

❖ 李漁，《笠翁一家言全集》

贈曹完璧司空

贈曹完璧司空　時督江南織造

天子垂裳念有功先從君始
大臣補袞無慚始見公高

王寶如評、何其懇切而猗大

《笠翁文集》，卷四頁九

❖ 葉燮，《己畦集》

棟亭記　卷五

故大司空曹公於康熙　年奉
天子命董治上方會服之事開府於江南之江寧
惟昔虞廷職爲汝明之官以佐
天子垂裳黼黻之治位近而清尊而暇公在事歷
二十餘年其初至也手植一棟樹於庭久之樹大
可蔭爰作亭於其下因名之曰棟亭公以暇日輒
偃息於斯以寓其先憂後樂之意今司農公荔軒
及弟筠石兩先生公之賢嗣也
天子仍授司農公以公之官而移府治於蘇州乃
繪棟亭以爲圖於先澤三致意焉海內賢大夫士
名公卿至傳觀爲盛事咸作詩歌以稱述之燮最

❖ 韓菼，《有懷堂文稿》

棟亭記

（中略）

寶也荔軒曹使君性至孝自其先公董三服官來江寧
於署中手植棟樹一株絕愛之爲亭其間嘗憩息于斯
後十餘年使君適自蘇移節如先生之任則亭頗壞爲
新其材加堅焉而亭復完音容如在而此樹猶未婆娑

（下略）　卷八頁七至八

❖ 熊賜履，《經義齋集》

曹公崇祀名宦序　卷四頁十七至十九

國家設織造署於江淛以應　上供匪頒之用命內
冬官出領之雖亦猶前代文思綾錦之遺意而職任
則加重焉康熙癸卯完璧曹公以宿望被　特簡來
江南視事金陵本佳麗之地易作奇巧以滋蕩靡而
異時奸弊之叢倚者且蝟相藉也公至則殫力爬梳
一洗從前之陋又時時問民所疾苦不憚馳請更張
以甦重困如是者二十餘年洎甲子夏以勞瘁卒於
官易簀之五月遇
天子巡幸至秣陵　親臨其署撫慰諸孤　特遣內
大臣以尚尊奠公若曰是朕藎臣能爲朕惠此一方
人者也而都人士益思公不能忘既合請於有司張
鼓樂導公主侑食學宮名宦祠復作爲詩歌壽之棗
梨以侈公盛美予聞而嘉之因嘆公遺愛入人之深
（中略）
乎公之用心亦良苦矣以故歿後猶洊荷　恩綸榮
哀備至峴山之頌洋洋於秦淮鍾阜之間而公長子
某且將宿衛周廬持橐簪筆作
天子近臣次子某亦以行誼重於鄉國則天之所以
篤佑於公子又烏得而涯際之也哉予窮老於世匿
影長干頻辱公式廬之禮而攸系大畜罕與公接襟
側聞公譽聲布溢無間於童叟故於是編之梓也濡
墨弁言以識公懿行偉績之梗概云

❖ 方中發，《白鹿山房詩集》

棟亭詩　爲織造曹子清司空賦曹公父
藍官翁貢公世其職今謂結辭

（下略）　卷六頁七

❖ 樂鈞，《青芝山館詩集》

題棟亭圖四首　并序　卷二十一頁十五

康熙中內府漢軍曹君董三官江寧織造手植棟樹於庭
已而其子荔軒繼官於此因作亭而寫圖焉韓慕廬先生
爲之記今藏黃閣峯員外家荔軒自號棟亭後爲兩淮鹽
政
支茜園淡絳雪飛當年初點使臣衣登樓印綬傳佳夢重見
郎君帥武威
亭外花風信欲闌流蘇宮紫散春寒可憐博得韓宣譽畫入
冰紈更好看
東郡趨庭事已陳一株長殿秣陵春婆娑料得無生意送過
曹家兩代人
氏似甘棠已百年洛陽忠孝至今傳千金自買姚黃貢不費
官家少府錢

❖ 謝重輝，《中江紀年詩集》

棟亭詩爲曹子清侍衛賦有引

棟亭者內務司空曹公奉　命江南時所
搆也公歿其子侍衛銜恤來南攀枝執條
惻焉心痛諸同人傷之相率賦詩
棟花三月開綠葉何葳蕤隴首播芳風庶物咸光
輝朝看花灼灼暮見子離離中有丹鳳凰徘徊將
其兒和鳴自天翔五色爲毛衣德音表休應瑞圖

（下略）　卷三頁二十至二十一

❖ 熊賜履，《些餘集》

輓曹完翁　卷六頁八

天家工作重咨垂水部持衡愼所司黼黻九重勞
補袞杼機二月念新絲雲間已應修文召石上猶
傳錦字詩配食瞽宗堪不朽東南墮淚哭豐碑

附錄 3.1

曹雪芹如何以燈謎暗寓祖宗之名？

《紅樓夢》第二十二回中有賈政所出的一道燈謎，其謎題為「身自端方，体自堅硬。虽不能言，有言必應——打一用物」，賈母答說是「硯臺」，此因「言」「研」以及「必」「筆」諧音，故「有研筆應」。小說庚辰本在此有小字雙行批曰：「好極！的是賈老之謎，包藏賈府祖宗自身。“必”字隱“筆”字，妙極！妙極！」蒙府本及戚序本亦略同（俄藏本、舒序本及夢稿本均無此批）。該謎底「硯臺」應代指小說中的長房寧國公賈演（「硯」與「演」僅聲調有差，滿文相同），賈家基業即奠定在其多次出生入死、為國征戰的功勳之上。[5]

名作家端木蕻良曾於 1996 年發表短文〈一條謎語所得的內證〉，[6] 以謎面的「必」字正好與雪芹曾祖曹璽字完璧中的「璧」諧音，認為謎底應是「玉璽」，並稱只有瞭解曹雪芹家事底細的人才寫得出前述批語。《紅樓夢》中不乏與燈謎相關的內容，知作者頗好此道，更有稱其「在謎藝這一專門技巧上，達到了中國謎語的高級水平」。[7] 前述謎題對一般人而言其正解只能是「硯臺」，但對曹雪芹家族而言，另一恰當的謎底則可為「寶璽」，[8] 此因必→璧→璽，且璽的祖父曹世選原名寶。寶璽在古代社會的象徵意義是無比尊貴，既端方，又堅硬，平常雖無表述能力(「不能言」)，但紙上文字一旦鈐用了它，就產生效力(「有言必應」)。亦即，脂批所謂的「包藏賈府祖宗自身」，也一語雙關地直指作者曹雪芹家（該「祖宗」除曹璽外，還包含璽的祖父曹世選）。

---

5 感謝高樹偉的提示。

6 端木蕻良，《端木蕻良文集》，卷 6，頁 288-289。

7 錢南揚，《謎史》，頁 81；高國藩，〈紅樓夢中的謎語〉。

8 該燈謎應非被前人視作謎病的「一謎多底」，因「寶璽」之解只有在曹家的氛圍之下才可漂亮扣合，此情形令人不禁想起戚蓼生序《石頭記》時曾譽此書有「一聲也而兩歌，一手也而兩牘」之奇。

美國學者史景遷 (Jonathan Spence, 1936-2021) 因璽妻孫氏 (1633-1706) 生於崇禎五年十二月（見後文），故在其「丈夫大於妻子二歲」的假說下，暫推曹璽生年為崇禎三年 (1630)，因他相信「包衣鮮少早婚」，又進而認定振彥不應在二十足歲之前誕璽；亦即，他主張曹振彥的出生不可能晚於萬曆三十八年 (1610)。[9] 惟這些推論均有待商榷，如漢姓包衣李士楨的第三子李炘及第五子李炆均於十九歲就已生子，且曹璽的次子曹荃更於十七歲生長子曹順（圖表 1.1 及第六章）。再者，丈夫與妻子的年齡有時可差好幾歲（詳見後），妻的年紀亦可能大於夫，何況孫氏不見得為嫡妻。

此外，紅圈中也有嘗試從其它間接方式追索曹璽生年者，如因曹寅〈松茨四兄遠過西池……〉組詩中出現「叔氏振頽風」句，先前有誤以該「叔氏」乃指代曹鼎望（萬曆四十六年二月生），[10] 遂據以推估曹璽生於萬曆四十六年二月之前。其實，該「叔氏」並非曹寅的叔輩，而是曹鼎望的幼子曹鈖（附錄 2.4），故無法因此推判曹璽的年齡大於曹鼎望。

不過《江寧府志》與《上元縣志》中的〈曹璽傳〉，提供了一估計其生年的機會（圖表 1.4），因兩傳稱其「補侍衛之秩，隨王師征山右建績，世祖章皇帝拔入內廷二等侍衛管鑾儀事」或「及壯補侍衛，隨王師征山右有功」，由於「征山右」應指的是其在順治五至六年間以侍衛身分追隨阿濟格（曹家之管主）至山西一事（於姜瓖之變前後，詳見第二章），[11] 而「及壯」可用以概稱接近壯年的二十幾歲至已逾壯年的三十幾歲（附錄 3.2），故我們或可從曹璽「及壯」補侍衛（應為正六品藍翎侍衛或正五品三等侍衛）一事，回推其生年在萬曆三十八年 (1610) 至崇禎元年 (1628) 間。[12]

---

9 史景遷著，溫洽溢譯，《曹寅與康熙》，頁 25、281-282。

10 王暢，〈“漢拜相、宋封王”與“皇猷黼黻”：曹雪芹祖籍問題考論之一〉。

11 王仰東，〈姜瓖與山西的反清復明運動〉。

12 有以曹璽補侍衛是擔任「王府侍衛」，然王府所設者乃名為「護衛」。

附錄 3.2

曹璽「及壯」之年補侍衛的可能歲數

曹璽在「及壯」時補侍衛，雖《禮記・曲禮上》以男子三十為「壯」，我們或應仍需透過大數據具體掌握其意。從耙梳出的上千「及壯」用例中，可發現其所對應的歲數多難理清，但初步可查明以下幾例：

1. 趙昂 (1421-1500) 登明正統十年 (1445) 進士，弘治十三年 (1500) 卒。《徽州府志》稱其「及壯登第」，[13] 時年二十五歲。
2. 邵長蘅為好友閻若璩（音「渠」）父修齡所寫的七十壽序，稱其生於萬曆四十五年，「年未及壯，遭離變故，絕意仕宦」，此指二十八歲的閻修齡於崇禎十七年甲申之變後隱居不仕。[14]
3. 黃芳泰曾於康熙朝奏稱：「今臣年三十有三，齒已及壯。當此海疆未靖，聖主宵旰不遑之時，正微臣竭力圖報之日。」[15] 知「及壯」乃描述其年三十三歲。
4. 王俊在序沈起元的《敬亭文稿》時，稱其「及壯成進士」，由於沈氏生於康熙二十四年，六十年成進士，知「及壯」在此為三十七歲。[16]
5. 劉先煥的小傳中稱他「年及壯即領辛酉鄉薦……至道光己亥，年已七十矣」，[17] 知其於嘉慶六年辛酉歲領鄉薦時為三十二歲。

知「未及壯」或指年未三十，「及壯」則可概稱從接近壯年的二十幾歲至已逾壯年的三十幾歲，暫取二十一至三十九歲為其寬鬆範圍。亦即，古人描寫年齡的「及壯」「比冠」「結髮」等用語常只是一概約之數。

[13] 丁廷楗修，趙吉士纂，《徽州府志》，卷 18，頁 44。

[14] 張穆，《閻潛丘先生年譜》，頁 7、60。

[15] 翁方綱，《復初齋集外文》，卷 2，頁 16-18。

[16] 王昶纂修，《直隸太倉州志》，卷 54，頁 1；李桓，《國朝耆獻類徵初編》，卷 75，頁 19-25。

[17] 徐家瀛修，舒孔恂纂，《靖安縣志》，卷 10，頁 32。

至於曹璽小傳中所謂的「內廷二等侍衛管鑾儀事」，常被誤認是管鑾儀衛事。根據順治四年十月所更訂的鑾儀衛官品，正四品二等侍衛的品級等同於雲麾使，該機構官階較此為高者還有鑾儀使（正二品）、鑾儀副使、冠軍使、冠軍副使等（圖表 3.2）。鑾儀衛的職責是掌管帝后的儀仗車駕，此並非冷衙門，如《順治十八年縉紳冊》臚列的該衛官員即有 49 人，《康熙八年縉紳便覽》更高達 124 人（其中有 14 人的品級高於雲麾使），這讓人很難理解曹璽如何能以二等侍衛的身分就可管鑾儀衛事。

鑾儀衛的補授規矩有云：

> 凡本衛官除授掌衛事內大臣員闕，由領侍衛府以領侍衛內大臣、內大臣列名疏請補授。滿鑾儀使員闕，於冠軍使及一等侍衛內簡選；冠軍使於雲麾使內簡選；雲麾使、治儀正於治儀正、整儀尉內以次簡選，如選不得人，移領侍衛府簡選：三旗三等侍衛擬補雲麾使，藍翎侍衛擬補治儀正；整儀尉於滿洲、蒙古世爵及佐領內簡選，均由衛引見補授。漢鑾儀使員闕……。[18]

知正二品鑾儀使出缺可於正三品冠軍使及一等侍衛內簡選，而若正四品雲麾使或正五品治儀正出缺但「選不得人」，則可於正五品三等侍衛或正六品藍翎侍衛中擬補。亦即，曹璽以其在山西所建立之軍功陞「二等侍衛管鑾儀事」，[19] 應指擔任滿缺的「掌鑾儀司事雲麾使」，其所管乃鑾儀司事，而非鑾儀衛事。鑾儀衛下設儀左、儀右、儀中、儀前、儀後五所，每所各設兩司，儀左所設鑾儀司和馴馬司，掌鑾儀司事的雲麾使即與二等侍衛同為正四品。

---

[18] 允祹等，《欽定大清會典》，卷 93，頁 18。

[19] 《雍正二年冬文陞閣縉紳全書》共臚列約 120 名鑾儀衛官員，其中 3 名以侍衛兼鑾儀衛官員（班劍司掌司印治儀正侍衛加一級高攀鱗、御前侍衛治儀正巴金泰及御前侍衛整儀尉蘊布什達），另有 22 名乃侍衛出身，17 名兼任佐領。

圖表 3.2：　順、康間縉紳錄中的鑾儀衛官員。

❖《順治十八年縉紳冊》（中國國家圖書館藏）

十八年縉紳冊

順治十八年縉紳冊

鑾儀衛冠軍使張世沭
鑾儀衛冠軍使仍帶加一級戴天祐
經歷張際能
儀左所掌印雲麾使加一級王有禮
掌鑾輿司治儀正王致正
掌馴馬司治儀正張尚儒

儀右所掌印雲麾使加一級宋士英
掌鑾蓋司治儀正鄭以熿
掌弓矢司治儀正陳嘉言
儀中所掌印雲麾使加三品徐廷諍
掌旌節司治儀正水本源
掌旛幢司治儀正蔣世勳
儀前所掌印雲麾使張應泰
掌扇手司治儀正王國屏
掌斧鉞司治儀正水本澄
儀後所掌印雲麾使加一級周之德
掌戈戟司治儀正李應龍
掌班劍司印治儀正加一級王仲寶
馴象所掌所事雲麾使楊嘉茂

管象整儀尉加一級謝存仁
王者佐
張一桂
劉文科　治儀正張應斗
駕儀管理雲麾使蘇宏化
駕儀管理治儀正張守德
步輦管理雲麾使賈振芳
步輦協理治儀正陳大亨
洪名世　整儀尉江廷議
潘書　整儀尉倪　顯
李世准　張光六
唐際盛　整儀尉蔡如松
陳之祥
宋　清　吳文質

冉印孔　整儀尉鄭以熿
杜之　顧栢　整儀尉崔文燿
冉　立　整儀尉李尊年
胡應登
盧　陳天佑

順治四年十月更定鑾儀衛官員品級
鑾儀使，正二品；鑾儀副使，從二品
冠軍使，正三品；冠軍副使，從三品
雲麾使，正四品；雲麾副使，從四品
治儀正，正五品；治儀副正，從五品
整儀尉，正六品；整儀副尉，從六品
《清世祖實錄》，卷34，頁280

伊桑阿等，《大清會典》，卷81，頁2
一等侍衛，正三品
二等侍衛，正四品
三等侍衛，正五品
藍翎侍衛，正六品

❖《康熙八年縉紳便覽》（中國國家圖書館藏）

掌鑾輿司事雲麾使加一級龔鼇　滿洲人
掌鑾輿司事治儀正江廷議
掌馴馬司事雲麾使奚里兒　滿洲人
掌馴馬司事治儀正陸應星　順天大興人

江南三織造在清初均是由戶部或內十三衙門差人管理，往往每年一替或三年一換。康熙二年二月，「停差江寧、蘇州、杭州織造，工部揀選內務府官各一員久任監造」。[20] 康熙元年被工部織染局派駐江寧擔任「公織造」的曹璽，即因該局於三年歸併內務府，而成為首位「專差久任」的江寧織造（圖表 3.3），[21] 直至二十三年卒於任。

織造乃內務府外放官員中的肥差，然正式待遇並不高。如順治四年定：

> 織造官照品支俸薪外，歲支蔬菜燭炭銀一百八兩、心紅紙張銀一百八兩、案衣家伙銀六十兩。

十三年又規定「在外文官歲給俸，心紅紙張、操賞銀仍照例支給外，其柴薪、蔬菜燭炭銀俱令裁去」。蔬菜燭炭、心紅紙張、案衣家伙等銀皆屬正祿的補貼，蔬菜燭炭銀為生活費，「心紅」乃紅色印泥，「案衣」指鋪在桌案上做裝飾和保護用的布帛，「家伙」是器具，知心紅紙張銀和案衣家伙銀本為支應辦公的費用，後則變成個人所得。康熙七年議准「裁減各官心紅紙張銀，仍留給總督、巡撫一百兩……織造、河差三十兩……」。[22]

此待遇在三藩之亂時還因政府的財務吃緊而遭刪減，[23] 如康熙十六年曹璽所支的俸餉銀米數，即為「每年應支俸銀壹百叁拾兩，除奉捐銀陸拾伍兩不支外，實支俸銀陸拾伍兩。又，全年心紅紙張銀壹佰捌兩，俱經議裁不支，理合登明。月支白米伍斗」（圖表 3.4）。

---

20 《清聖祖實錄》，卷 8，頁 135。

21 中國國家圖書館藏洪氏剞劂齋無封面的《康熙縉紳冊》，記曹璽為「欽命內工部督理江寧織造府加一級」，今據同館另藏剞劂齋之崇禎《新刊詳注縉紳便覽》重新命名為《康熙八年縉紳便覽》，此因書中最晚記事為工部右侍郎查哈喇及工部左侍郎羅多（皆八年六月至十月在任）。參見《清聖祖實錄》，卷 30，頁 406、卷 31，頁 422 及 427。

22 此段參見伊桑阿等，《大清會典》，卷 36，頁 14-19。

23 陳鋒，《中國財政經濟史論》，頁 210-223。

圖表 3.3：　順、康間縉紳錄中的曹家親友。

❖《順治十八年縉紳冊》（中國國家圖書館藏）

曹鼎望 冠五 順天豐潤縣人 己丑（庶吉士）

巡撫順天河間等處地方提督軍務兼理糧餉都察院右僉都御史 韓世琦 滿洲人

曹民望 興 江西南昌 籍 拔 順天豐潤人 貢（鴻臚寺鳴贊）

劉兆麒 端 滿洲籍 山東人（宗人府啟心郎）

巡撫順天河間等三府寫府鎮地方等處提督軍務都察院右僉都御史 韓世琦 滿洲人

分巡道 駐劄遼州 參政 李士禎 山東人

分守關西道 駐劄 參政 李月桂 遼東瀋陽人

建昌府知府 高天爵 遼東遼陽

分守湖西道 駐劄臨江府 參議 施潤章 江南宣城人 己丑

提督軍務兼理糧餉都察院右副都御史加一級 盧興祖 遼東人

❖《康熙八年縉紳便覽》（中國國家圖書館藏）

儀制司郎中 曹首望 順天豐潤人 拔貢（禮部）

欽命內工部督理江寧織造府加一級 曹 璽 滿洲人

欽命內工部侍郎督理蘇州織造加一級 雷先聲 滿洲籍遼陽人

欽命內刑部督理杭州等處織造府加一級 金遇知 滿洲人

主簿 曹民望 江西南昌 順天豐潤人 拔貢（鴻臚寺）

徽州知府 曹鼎望

兩淮都轉鹽運使司 劄揚州府運使 李月桂 奉天瀋陽人

河南等處提刑按察使 李士楨

總督等處地方軍務兼理糧餉兵部右侍郎兼都察院右副都御史加二級 劉兆麒 滿洲籍

總督等處地方軍務兼理糧餉兵部尚書兼右副都御史 甘文焜 遼東人

臨安府知府 曹得爵 遼東人

❖曹寅屢稱曹鼎望的三子釗、鈖、鈐為「骨肉」、「同胞」、「連枝」，知兩家乃聯宗

❖韓世琦（士奇）與曹振彥同列名於天聰四年《大金喇嘛法師寶記》碑的「教官」

❖曹民望為鼎望弟

❖劉兆麒之姪殿邦繼娶曹鼎望女

❖李士禎（楨）為李煦父，士楨所出繼的李有功與曹寅的祖父曹振彥曾同時在阿濟格的王府擔任長史，而李煦與曹寅兩家亦關係密切

❖李月桂為曹寅岳父，其先於明中葉遷瀋陽中衛（與曹振彥家有地緣關係），祖李世璉投降金國並從龍入關

❖高天爵之姪其倬娶納蘭明珠（其妻乃曹振彥管主阿濟格的第五女）孫女

❖施潤（閏）章為曹寅父執輩

❖盧興祖為納蘭明珠長子成德的岳父

❖曹首望為鼎望堂弟

❖曹寅因與五慶堂第三房曹德先兄弟支聯宗，遂會因曹權中女（與德先同房的族姊，長曹寅一輩）嫁給甘體垣，而敬稱甘國基（甘體垣族弟甘文焜第三子）為「鴻舒表兄」和「秋原表兄」

❖曹得爵之名出現在《五慶堂重脩曹氏宗譜》中的三房十一世，與曹寅家乃聯宗

圖表 3.4： 康熙朝江寧織造支過俸餉文册。

二 巡撫安徽徐國相奏銷江寧織造支過俸餉文册

康熙十七年七月十二日

巡撫安徽寧池太廬鳳滁和廣等處地方・提督軍務・都察院右副都御史・加玖級臣徐國相謹奏：爲册報支放江寧織造官員錢糧事。

竊照江寧織造等并跟役馬匹支過俸餉糧料，例係督臣按年造册奏銷，續於奏銷錢糧等事案內，准戶部題覆，江南總督臣阿席熙疏稱：通省地丁各項錢糧，俱係專責撫臣管理，其江寧、京口滿漢官兵及織造衙門并安遊等營，歲支本折錢糧數目，自康熙拾柒年爲始，交與江寧、安徽貳巡撫奏銷可也等因。奉旨：依議。欽此。移咨前來，隨經轉行遵照在案。

今奏銷屆期，催據安徽布政使龔佳育，將江寧織造官曹璽等并跟役馬匹，自康熙拾陸年正月起，至拾貳月終止，支過俸餉銀米、豆草數目，分晰册報前來。該臣覆核無異，除照造清册移送部科外，臣謹恭繕黃册，進呈御覽，鑒照施行。爲此開坐造册，謹具奏聞。

計開：

織造官壹員曹璽，每年應支俸銀壹百叁拾兩，除奉捐銀陸拾伍兩不支外，實支俸銀陸拾伍兩。又，全年心紅紙張銀壹佰捌兩，俱經議裁不支，理合登明。月支白米伍斗。

物林達壹員，〔註〕每年應支俸銀陸拾兩，除奉裁銀貳拾肆兩不支外，實支俸銀叁拾陸兩。月支白米伍斗。

柒品筆帖式壹員，每年應支俸銀肆拾伍兩，除奉裁銀玖兩不支外，實支俸銀叁拾陸兩。月支白米伍斗。

物林人貳員，〔註〕每員月支廩銀肆兩，白米伍斗。

筆帖式壹員，每月支廩銀肆兩，白米伍斗。

跟役、家口共計玖拾伍名口，每名口月各支倉米貳斗伍升。

馬貳拾柒匹，每匹春冬季日支豆叁升，草貳束；夏秋季日支豆貳升，草貳束。（下略）

織造官曹璽支康熙拾陸年分俸銀陸拾伍兩。

物林達龔安支康熙拾陸年分俸銀叁拾陸兩。

柒品筆帖式張問政支康熙拾陸年分俸銀叁拾陸兩。

以上共支銀貳佰捌拾壹兩，共支白米叁拾陸石，共支倉米貳佰捌拾伍石，共支豆貳佰肆拾叁石，共支草壹萬玖千肆百肆拾束。

右謹奏聞。

（內閣・黃册）

〔註〕物林達，滿語，漢譯爲司庫；物林人，漢譯爲庫使。 頁三至五

九 巡撫安徽陳汝器奏銷江寧織造支過俸餉文册

康熙三十七年五月二十二日

巡撫安徽寧池太廬鳳滁和廣等處地方・提督軍務・兵部右侍郎・兼都察院右副都御史臣陳汝器謹奏：爲册報支放江寧織造官員俸廩、糧料事。

（中略）

茲據安徽布政使張四教將江寧織造衙門官役、家口、馬匹，自康熙叁拾陸年正月起，至拾貳月止，支過俸廩、銀兩并本折米豆、草束數目，分晰備造清册前來，經臣覆核無異，除照造清册移送部科查核外，臣謹恭繕黃册，進呈御覽，伏乞睿鑒施行。爲此開坐造册，謹具奏聞。

計開：

織造壹員曹寅，每年應支俸銀壹百伍兩外，全年心紅紙張銀壹百捌兩，奉裁不支，理合登明。月支白米伍斗。

物林達壹員馬寶柱，每年應支俸銀陸拾兩，月支白米伍斗。

柒品筆帖式張問政，每年應支俸銀肆拾伍兩，月支白米伍斗。

物林人壹員戚式，無品筆帖式壹員李巴士，每員月支廩銀肆兩，白米伍斗。

新任物林人壹員桑格色，於本年閏叁月初拾日到任。前件准江寧織造府移稱：新任物林人桑格色，每月應支廩銀肆兩，自康熙叁拾陸年閏叁月起支。其本員下白米、家口倉米、馬匹豆草，俱應於本年閏叁月初拾日截支。等因移司。理合登明。

跟役、家口陸拾貳名口，每名口月各支倉米貳斗伍升。

馬貳拾伍匹，每匹春冬季日各支豆叁升，草貳束；夏秋季日各支豆貳升，草貳束。（下略）

織造官曹寅，支康熙叁拾陸年分俸銀壹百伍兩。

陸品物林達馬寶柱，支康熙叁拾陸年分俸銀陸拾兩。

柒品筆帖式張問政，支康熙叁拾陸年分俸銀肆拾伍兩。

以上共支銀叁百伍拾肆兩，共支本色白米叁拾陸石叁斗叁升叁合貳勺，共支本色倉米壹百玖拾肆石捌斗叁升貳合捌勺，共支本色豆貳拾叁石貳斗捌升，共支折色豆貳百叁石伍斗貳升，每石折銀柒錢，共該銀壹百肆拾貳兩肆錢陸分肆釐，共支折色草壹萬捌千壹百貳拾束，每束折銀柒釐，共該銀壹百貳拾陸兩捌錢肆分。

右謹奏聞。

（內閣・黃册）

《關於江寧織造曹家檔案史料》，頁十一至十三

三藩亂平之後，雖在江寧巡撫余國柱所進呈的《康熙二十一年分文武官員俸銀數目冊》中有「遵奉部文，於康熙二十一年為始，官俸照舊復給」之說，[24] 但三十六年的《江寧織造支過俸餉文冊》仍記「織造壹員曹寅，每年應支俸銀壹百伍兩外，全年心紅紙張銀壹佰捌兩，奉裁不支，理合登明。月支白米伍斗」（圖表 3.4），知江寧織造後來一直未恢復心紅紙張銀等補貼，僅俸銀「照舊復給」。亦即，曹家在織造任內最主要的經濟收益來自承辦銅觔、管理鹽課或代內務府售參等差使，而其經手金額往往高達幾萬兩至數百萬兩（參見第四章）。

康熙《江寧府志》中的〈曹璽傳〉（圖表 1.4）嘗記其所受的榮寵曰：

> 丁巳、戊午〔康熙十六、七年〕兩督運，陛見天子，面訪江南吏治，樂其詳剀，賜御宴、蟒服加正一品，更賜御書匾額、手卷。

蟒服是當時官員的禮服，因上繡蟒（與龍幾乎無異，唯一差別在龍有五爪，蟒是四爪）形得名。惟因康熙三年題准，文官四品以上官員可用蟒服，[25] 而曹璽於康熙十四年獲得誥命時，已是「江寧織造、三品郎中加四級」（圖表 1.15），原本就可用四爪蟒服，知其所獲賜的蟒服應超越禮制的規定。此一情形頗似康熙十六年海澄公（民公原只可服四爪蟒）黃芳世以特恩被賞給五爪蟒緞朝服，二十五年起居注官陳元龍亦因善書賜五爪蟒緞。[26] 另從徐元文的〈織造曹君示所賜御書敬賦〉一詩，知曹璽獲賞的「御書匾額、手卷」，乃上鈐「清寧之寶」小璽的「敬慎」堂額，以及御筆絕句〈橋望〉一幅，其詩曰：「郊原浮麥氣，池沼漾青蘋〔有作“清萍”〕……」（圖表 3.5），借用了唐・黎逢「郊原浮麥氣，池沼發荷英」的部分詩句。

---

24 陳鋒，《清代軍費研究》，頁 317。

25 伊桑阿等，《大清會典》，卷 48，頁 15。

26 依當時服制，貝勒（含）以下用四爪，親王、郡王可用五爪。參見《清聖祖實錄》，卷 67，頁 859；翁方綱，《復初齋集外文》，卷 2，頁 14；陳元龍，《愛日堂詩》，卷 5，頁 15；張廷玉等，《皇朝文獻通考》，卷 141。

圖表 3.5： 曹璽家的敬慎堂。

❖ 徐元文，《含經堂集》，卷五，頁十二至十三

織造曹君示所賜 御書敬賦
奎壁天奇藻河山地寶章典彝探奥道秘協羲牆
聖以多能作文將庶品昌絲言垂訓誥瑤札煥琳琅栢
殿常趨侍楓庭屢拜颺璧窠驚卧虎飛白動儀鳳睿製
光軒頊恩施感廟廊披懷逢縞帶盥手啓緗囊千斗芒
千丈縈河錦七襄金題巖欵識玉㨾細縈潢皇矣清寧
篆❶卷用小璽清寧之寶休哉敬慎堂❷所賜敬慎二大字為堂額鏗聲揮古句❸又賜唐人絕句一幅麥
氣詠微涼❹御書絕句云郊原浮麥氣池沼漾清萍夏日臨橋望薰風處處新乃聖製也箋並澄心貴煙應
易水良鳳毛騰九釆龍甲發千光游藝空前喆貽回契
彼蒼沖情留染翰餘暇寄乖裳篆誄誰能繼書評詎敢
並觀瀾真浩浩測海但茫茫制作追虞夏規模越漢唐
臣文恭讚頌 臣璽慎珍藏

❖ 楊鍾羲，《雪橋詩話續集》，卷三，頁五十六

曹荔軒為完翁司空國璽子完翁嘗取御書敬慎二大
字為堂額又嘗蒙御書聖製絕句云郊原浮麥氣池沼
漾清萍夏日臨橋望薰風處處新棟亭者督織造於金
陵署旁搆一亭以為荔軒兄弟讀書之所手植楝樹以
為表識完翁棄世荔軒與職南來見高樹之扶疏覩庭
楹之如昨繪楝亭圖題詠甚富倪闇公詩匹馬銜悲客
（中略）
相忘康熙己卯南巡止蹕織造署會庭中萱花開御書
萱瑞堂三大字以賜其壽母孫氏馮山公為之作記荔
（下略）

❶ 篆卷用小璽清寧之寶

卷用小璽「清寧之寶」

❷ 堂所賜敬慎二大字為堂額

所賜「敬慎」二大字為堂額

❸ 句又賜唐人絕句一幅

又賜唐人絕句一幅

❹ 涼御書絕句云郊原浮麥氣池沼漾清萍夏日臨橋望薰風處處新乃聖製也

御書絕句云「郊原浮麥氣，池沼漾清萍。夏日臨橋望，薰風處處新」，乃聖製也。

清寧之寶
（藏原統汪）

❖ 張玉書等編，《聖祖仁皇帝御製文集》，卷三十一，頁四至五

橋望
郊原浮麥氣池沼漾青蘋夏日臨橋望薰風處處新

前引〈曹璽傳〉也嘗記其逝世前後之事，稱：

> 甲子六月又督運，瀕行，以積勞感疾卒于署……是年冬天子東巡抵江寧，特遣致祭，又奉旨以長子寅仍協理江寧織造事務。

以曹璽病卒於二十三年甲子歲六月。由於此志在曹璽過世後不久成書，且曹璽為當地名宦，故其說應可信。時人熊賜履在〈曹公崇祀名宦序〉中云：

> 洎〔音「記」，至也〕甲子夏，以勞瘁卒於官。易簀之五月，遇天子巡幸至秣陵，親臨其署，撫慰諸孤。[27]

「易簀（音“責”）」指危殆將死，典出曾子，他在病重時以己躺之竹蓆是季孫所贈原本供大夫用的較高規格，故堅持換掉，旋過世。由於康熙帝此次南巡乃在二十三年十一月初駐蹕江寧府城，[28] 恰發生於曹璽過世後五個月，熊氏遂稱「易簀之五月〔意指之後五個月[29]〕，遇天子巡幸至秣陵〔南京的故稱〕」。

---

27 熊賜履，《經義齋集》，卷 4，頁 18。

28 《清聖祖實錄》，卷 117，頁 225。

29 古人有不少類似用例，如〈明故處士龔季弘先生葬誌〉指其「卒天啟五年乙丑八月二十九日……以公卒之十日重九葬公」，卒後十日即九月初九日之重九。又，何俊良〈先府君訥軒先生行狀〉提及其父卒於嘉靖十四年九月二十日，奉柩安葬於「卒之三月，為十二月廿八日甲寅」，「卒之三月」意指逝世後三個月。知「易簀之五月」乃謂「易簀之後五月」。參見張大復，《梅花草堂集》，卷 12，頁 28-31；何俊良，《何翰林集》，卷 24，頁 8。

二、曹璽繼妻孫氏的一生

曹璽過世後，其妻孫氏有長達二十多年皆是曹家大家長，身為曹寅與曹荃之母，且為曹順、頔、頎、顏、顒、頫的祖母，讓人不禁聯想起《紅樓夢》中整個榮國府輩分最高且長期掌權的老祖宗——賈母史太君（有賈赦、賈政兩子，以及賈璉、賈琮、賈珠、賈寶玉、賈環等孫）。

尤侗〈曹太夫人六十壽序〉稱孫氏於「今辛未〔康熙三十年〕臘月朔日，年登六袠〔音“秩”〕」，他撰於三十八年的〈萱瑞堂記并贊〉亦謂：

> 寅母孫氏、妻李氏皆得叩謁陛下，入請皇太后起居。上見之大喜，曰：「此吾家老人也。」各賜袞掛一襲，優果數品。又問臣寅母年幾何，答以六十九【八】歲，上益喜甚，遂手書「萱瑞堂」三大字以賜。[30]

毛際可〈萱瑞堂記〉則云：

> 曩者歲在乙亥皇上勘視河工……嘗駐蹕金陵尚衣署中，時內部郎中臣曹寅之母封一品太夫人孫氏叩顙墀下，兼得候皇太后起居，問其年已六十有八，宸衷益加欣悅，遂書「萱瑞堂」以賜之。

惟康熙三十四年乙亥歲前後幾年皆無南巡之舉，此應指康熙三十八年己卯歲的第三次南巡，回推孫氏或生於天聰六年（崇禎五年）十二月初一日（1633年1月10日）。又因四十五年八月曹寅疏稱「臣母冬期營葬，須臣料理」，推判孫氏應卒於此前不久（附錄3.3）。

---

30 尤侗著，楊旭輝點校，《尤侗集》，冊下，頁1186-1187、1799-1780。

附錄 3.3

曹寅繼嫡母孫氏過世時間小考

曹寅於康熙四十五年所上的〈……請假葬親摺〉中有云：

> 八月初四日接邸抄，蒙恩復點曹寅巡視兩淮鹽課……今年正月太監梁九功傳旨，著臣妻於八月上船奉女北上，命臣由陸路九月間接敕印，再行啟奏……竊思王子婚禮，已蒙恩命尚之傑備辦，無悞筵宴之典，臣已堅辭。惟是臣母冬期營葬，須臣料理，伏乞聖恩准假，容臣辦完水陸二運及各院司差務，捧接敕印，由陸路暫歸，少盡下賤烏哺之私。[31]

知孫氏應卒於四十五年八月之前，但具體時間不詳。

入清之後，旗、民服喪各有規定。查康熙十二年八月宗人府等衙門遵旨議覆旗下服制，稱：

> 凡王以下至奉恩將軍及滿洲、蒙古、漢軍文官以上，遇有父母喪事，不計閏，准守制二十七月……俱准其百日剃頭，照舊進署辦事，仍在家居喪二十七月，滿日除服。未除服之前，凡穿朝服等處，停其朝會。凡有喜慶事處，不許行走。不許作樂，違者照定律議處。

得旨命旗下在京武官亦照文官例守制。[32] 內務府外放官員應視同在京旗員，故孫氏卒時，曹寅或只要持服百日即可入署辦事，但仍得在家守喪三年（實為二十七個月）。[33] 換句話說，我們或可從曹寅所上奏摺的連續性來判斷他請假百日以守喪的時間。

圖表 3.6 依日期整理出有關曹寅的奏摺，[34] 我們可發現在康熙四

31 《關於江寧織造曹家檔案史料》，頁 42。

32 《清聖祖實錄》，卷 43，頁 572。

33 崑岡等修，劉啟端等纂，《欽定大清會典事例》，卷 138，頁 339。

34 雍正帝登基後曾命將所有康熙帝硃批奏摺皆呈繳，臺北故宮博物院「宮中檔」現

十三年十二月中旬至四十四年閏四月底以及四十五年二月二十九日至六月底這兩段期間，曹寅均有超過百日無摺上奏。鑒於營葬時間通常不應距逝世太遠，亦即，孫氏最可能卒於四十五年三月（因曹寅於七月初一日曾奏報《全唐詩》將刻完一摺，而當時若未服滿百日理不該上奏）。

曹荃很可能在孫氏過世之前即已趕到江南，看顧生母最後一程並守喪。八月，曹寅妻李氏奉長女至京完婚，[35] 曹寅疏稱「臣母冬期營葬，須臣料理」，故至十月始抵京，十一月二十六日其女被平郡王納爾蘇迎娶過門，十二月初六日曹寅即南返（圖表 5.3）。由於曹荃至是年冬還未銷假返京，[36] 疑其或在曹寅赴京期間代理織造印務，此與康熙三十八年第三次南巡時的情形近似。[37]

又，曹寅嘗致函汪繹（1671-1706，號東山）曰：

> 細讀大集，如嚼芝飲露，幾忘身在塵坱〔音「養」，指塵埃〕間矣。拜服！拜服！署中正㑩裝〔整理行裝〕，謹命使捧上東山先生。朞弟寅頓首。

查二人論交始於四十四年五月曹寅開揚州詩局前後，而汪繹卒於四十五年五月，故此信大概寫於四十四年十月曹寅因鹽差完事即將返京述職之際（圖表 3.7）。[38] 由於信尾自稱「朞弟」，「朞」同「期」，指服喪一年，知曹寅當時應正為五服中之伯叔父母、兄弟、姪、嫡長子、

存的曹寅奏摺因此算是相當完整。參見莊吉發，《清代奏摺制度》，緒論；《關於江寧織造曹家檔案史料》；易管，〈江寧織造曹家檔案史料補遺〉。

35 當時旗人服喪滿三月即可成婚，如揆敘妻耿氏卒於康熙五十八年十一月初二日，其次子永福在明年二月初三日即與皇九子胤禟的第三女成婚，相隔恰剛滿九十日。參見黃一農，《二重奏：紅學與清史的對話》，頁 237。

36 趙執信曾於四十五年冬在江南為「聖宣曹二兄」題顧景星的《不上船圖》，此長卷中之曹氏應即曹荃（詳見第六章）。

37 沈漢宗，《聖駕閱歷河工兼巡南浙惠愛錄》，卷上，頁 16。

38 汪繹，《秋影樓詩集》，卷 9，頁 2-3；方曉偉，《曹寅評傳・曹寅年譜》，頁 420-433。

眾子、嫡孫，或在室之姑、姊妹、姪女服喪（圖表 3.7 下）。[39] 類似用語並不難見到，如鮑桂星於道光六年三月過世後，其三弟為其徵求銘誄時即以「期服弟鮑珊」自稱；[40] 光緒十年九月章邦元為病歿於家的弟弟邦愷經紀喪事，十一年正月他即以「余猶在期服中，忍言慶乎」為由，婉拒親友為其辦六十大壽的好意。[41]

筆者先前因未特別留意「朞弟」一詞的意涵，遂在對照曹家人的卒年後（圖表 1.1），誤此與孫氏之死相關。[42] 但作為庶長子的曹寅理應為繼嫡母孫氏服「斬衰」（依漢字文化圈的傳統喪服制度，得守制三年，實為二十七個月）而非「期年」才對，且該以「孤哀子」而非「朞弟」自稱！無怪乎，在前引曹寅致汪繹函的文辭當中，未見甫喪母者應有的厚重哀戚之情。

翻查曹寅五服親戚的可能卒年，曹寅於康熙四十四年十月左右自署「朞弟」之前不久所發生的家喪，最可能指其卒於四十三、四年間之子曹顏（詳見後），無怪乎，曹寅在奏摺中從未提及於四十四年已屆十八歲當差之齡的曹顏，且四十五年八月寅妻李氏奉長女北上與平郡王納爾蘇成婚時，曹顏亦未同行照料，因疑曹顏或逝於四十三年冬到四十四年春之間。[43] 當然，我們亦不能完全排除曹寅叔爾正（文獻中僅知他在康熙三十六年之前自佐領「緣事革退」）在此期間過世的可能性。

---

39 信札中的稱謂屢見「期弟確謹白」「期社弟陳確頓首」「功弟士禎頓首」之類的自稱，此皆為服喪期間所用。參見葛嗣浵，《愛日吟廬書畫別錄》，卷 2。

40 鮑桂星，《覺生自訂年譜》，頁 3、20。

41 章家祚，《章午峰先生年譜》，頁 3、19。

42 周汝昌亦誤判此指曹寅弟曹荃之死，進而推其卒年在康熙四十四年，然因王煐〈輓曹荔軒使君十二首〉中有「令弟芷園於戊子歲先逝」之小註，確知曹荃應於四十七年過世。參見黃一農，《二重奏：紅學與清史的對話》，頁 114-116；周汝昌，《紅樓夢新證》(2016)，頁 376；王煐，《蘆中吟》，無頁碼。

43 依康熙朝《大清會典》的規定，八旗官員已娶妻之子亡故者，應居家持服兩個月。無怪乎，四十三年十二月中旬至四十四年閏四月底未見曹寅上摺。其中四十四年三月初六日至閏四月的部分，則或因康熙帝南巡至江南，曹寅已隨侍在旁所致。參見伊桑阿等，《大清會典》，卷 81，頁 26。

圖表 3.6： 康熙四十三至四十五年間有關曹寅的奏摺。

日期（康熙朝）	奏摺內容
四十三年二月十五日	曹寅奏謝賜金山扁額摺
四十三年四月初一日	曹寅奏將遵旨採買米石摺
四十三年五月二十日	曹寅奏報江南收成並請聖安摺
四十三年七月二十九日	曹寅奏謝欽點巡鹽並請陛見摺
四十三年九月十六日	曹寅奏陳買訖米石請旨收貯摺
四十三年十月十三日	曹寅奏謝欽點巡鹽並到任日期摺
四十三年十月十三日	曹寅奏報禁革浮費摺
四十三年十一月二十日	曹寅奏陳鹽課積欠情形摺
四十三年十一月廿二日	曹寅奏查過鹽商借帑情弊摺
四十三年十一月廿二日	曹寅奏為禁革兩淮鹽課浮費摺
四十三年十二月初二日	曹寅覆奏摹刻高旻寺碑文摺
四十三年十二月初十日	曹寅奏以僧紀蔭主持高旻寺摺
四十三年十二月十二日	曹寅奏請應於何處伺候摺
四十四年閏四月初五日	內務府等衙門奏曹寅、李煦因捐修行宮議給京堂兼銜摺
四十四年五月初一日	曹寅奏刊刻全唐詩集摺
四十四年五月初一日	曹寅奏謝聖恩巡視全河並蠲租摺
四十四年七月初一日	曹寅奏陳清黃交漲河水甚大摺
四十四年八月初（？）	曹寅恭請聖安摺
四十四年八月十五日	曹寅謝賜書扇摺
四十四年十月二十二日	曹寅奏進唐詩樣本摺
四十四年十二月二十八日	內務府奏曹寅請將購銅銀兩就近向江蘇藩庫支領摺
四十五年正月二十三日	內務府總管赫奕等奏曹寅呈請借銀給韓楚安經營貿易摺
四十五年二月二十八日	曹寅奏傳諭李煦並報校修唐詩今年可竣摺
四十五年四月三十日	內務府奏請將宮中用車交三處織造承造摺
四十五年五月	兼兩淮鹽課李煦奏鹽課請展限奏銷摺
四十五年七月初一日	曹寅奏報全唐詩集本月內可以刻完摺
四十五年七月	曹寅奏江南雨水收成情形摺
四十五年七月	曹寅覆奏奉到口傳諭旨摺
四十五年八月初（？）	曹寅奏江寧上江雨水糧價摺
四十五年八月初四日	曹寅謝復點巡鹽、奉女北上、請假葬親摺

圖表 3.7：曹寅致東山先生汪繹函。

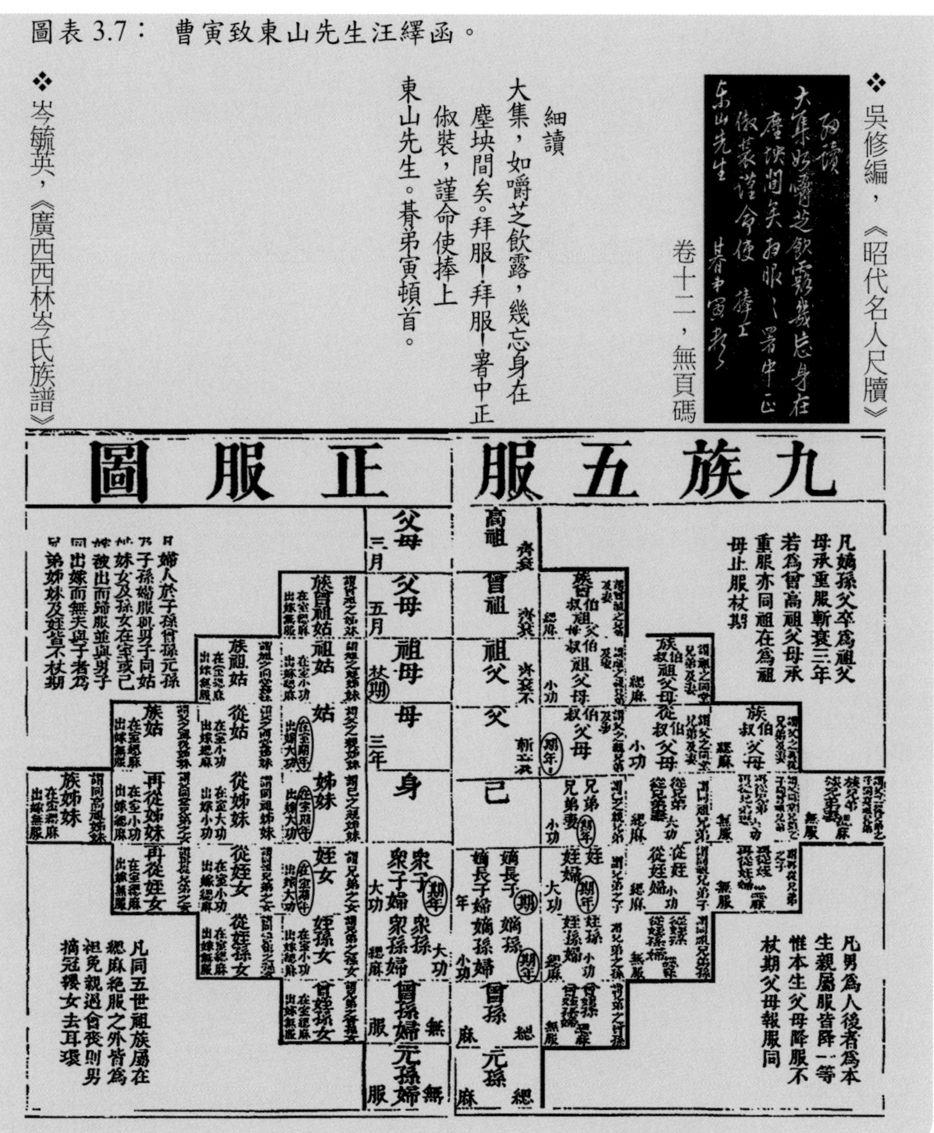

康熙三十八年馮景曾應曹寅之邀撰〈御書萱瑞堂記〉，稱：

> 康熙己卯夏四月，皇帝南巡回馭，止蹕於江寧織造臣曹寅之府，寅紹父官，實維親臣、世臣，故奉其壽母孫氏朝謁，上見之色

> 喜，且勞之曰：「此吾家老人也。」賞賚甚厚。會庭中萱花開，遂御書「萱瑞堂」三大字以賜。嘗觀史冊，大臣母高年召見者，第給扶，稱「老福」而已，親賜宸翰，無有也。[44]

康熙帝此次出巡最南抵杭州，北返時嘗駐蹕江寧，曹寅因此奉繼嫡母孫氏謁見（當年皇太后亦隨行），因時值織造府中栽植的諼（通「萱」，為古代對母或其居室之代稱）花盛開，帝遂御賜「萱瑞堂」三字（《惠愛錄》記為「宣端」），並稱其是「吾家老人」。此因曹家隸內府三旗，男女皆得替皇族當差，且孫氏曾為「聖祖保母」之故。[45] 又由於孫氏即將於是年十二月初一日過六十八歲（虛歲）生日，而古代亦有以「積閏」過整壽的傳統，[46] 若用每三十年可積累十二個閏月略計，可推得孫氏當年剛好將過積閏七十整壽，曹寅或因此藉機奉「壽母」朝謁以求恩賜，毛際可在〈萱瑞堂記〉中即以提前在初夏盛放（通常是秋季）的萱花為孫氏大壽將至之預兆（圖表3.8）。

從馮景前文知康熙帝因曹家是「親臣、世臣」，而特賜御書以籠絡，但類似榮寵並非如其誇稱的「嘗觀史冊……親賜宸翰，無有也」，因從《惠愛錄》所記的康熙三十八年第三次南巡事，即可發現皇帝沿途亦多次御賜臣子大字。紅圈中有將曹家此恩遇歸功於曹寅母乃清帝之保母，然因康熙帝曾誥封順治帝的乳母朴氏為奉聖夫人，並特贈己之乳母瓜爾佳氏為保聖夫人，孫氏的待遇顯然遠未及此，知其與皇帝的關係並不特別親密。由於清代皇子例用保母和乳母各多名，孫氏應只是眾保母之一。[47]

---

44 馮景，《解春集文鈔》，卷4，頁1-2。

45 蕭猛撰，朱南銑點校，《永憲錄》，續編，頁390。

46 如俞樾（紅學家俞平伯之曾祖）在其〈戊戌元旦試筆〉詩中有「計閏年為八十歲」句，並自註曰：「三十年積閏月十二，作為一歲，六十年得兩歲，余今年七十八，計閏年則八十矣！」俞樾生於道光元年，光緒戊戌元旦時虛歲七十八，但因每三十年約可積得閏月十二個，故也可稱作八十歲。參見俞樾，《春在堂詩編》，卷17，頁12。

47 此段參見黃一農，《二重奏：紅學與清史的對話》，頁114-116。

圖表 3.8：　曹璽妻孫氏與其家的萱瑞堂。

❖ 馮景，《解春集文鈔》卷四頁一至二

御書萱瑞堂記

（中略）

也乃幸於今見之康熙己卯夏四月皇帝南巡回馭止蹕於江寧織造臣曹寅之府寅紹父官實維親臣世臣故奉其壽母孫氏朝謁上見之色喜且勞之曰此吾家老人也賞賚甚厚會庭中萱花開遂御書萱瑞堂三大字以賜嘗觀史冊大臣母高年召見者第給扶稱老福而已親賜宸翰無有也今世使臣例得養親官所既異於古者懷歸來諗之情而今上以孝治天下推恩錫類合萬國之懽心以事

（中略）

父之詩作四牡所以爲王治之隆哉曹公屬景記之此盛德事也景雖無文不敢以辭

❖ 邵長蘅，《青門賸稿》，卷三頁二

御書萱瑞堂詩爲工部臣曹寅恭賦

岏崙半夜天雞曉玉井轆轤聲窅窅王母呼龍耕紫煙不種瑤芝種萱艸種得移根北堂下朱榮綠葉紛婀妸小人有母賢母娛鹿葱錫胥名都雅　帝乘翠虬前長離伯僑羨門厮踏趨（大人賦厮征伯僑而役羨門）　南巡幸臨臣寅居春暉藹藹天顏舒綠玉牓題萱瑞字裔雲垂天光燭地銀鉤金薤琳琅璆橑栱炎業龍蚴蟉　兩宮懽豫寵賚優寅拜稽首揚王休　皇帝陛下壽萬歲臣母期頤作人瑞

聖恩。跪請再住幾日，以慰小民。依戀輿情之至意。　督撫代奏上云云。十六日，四　京又　賜織造府曹御書萱瑞二大字一匾，併　賜　御前物件特色。是夜在行宮演劇。十五日。文武各官上朝，有報恩寺僧千餘，獻萬

（康熙三十八年四月）

沈漢宗，《聖駕閱歷河工兼巡南浙惠愛錄》，卷下，頁廿六

萱花

❖ 毛際可，《會侯先生文鈔》

萱瑞堂記

（中略）

邉將母之恍殆所謂永錫爾類者非耶。曩者歲在乙亥皇上勤視河工兼之省方問俗恐　皇太后定省久缺遂侍奉　鑾輿以行書　駐蹕金陵尚衣署中時內部郎中臣曹寅之母封一品太夫人孫氏叩頭墀下兼得候皇太后起居問其年已六十有八　宸衷益加欣悅遂書萱瑞堂以賜之歲方初夏庭下之萱皆先時芳茂若預知　翠華之將臨而且爲壽母之光豈偶然之數歟夫詩三百篇

（中略）

一時賢士大夫競作歌頌積成卷軸復屬臣際可志之卷末而臣竊有所感也蓋織造一官明代用中官掌之汰侈相尚日以滋甚　興朝定鼎始隸以親信近臣規制甚善而寅之父司空臣璽尤殫心蠶桑爲　國家歲正供減冗費恤機戶之艱辛董歲課之勤惰嘗手植楝樹建亭其側旣去而人作詩以思慕之擬于召伯之甘棠今俯仰二十餘年而其子復纘承先緒以政事見稱致　天恩之寵遇如此且以楝名亭以萱名堂先後若合符契蓋信其非偶然也異日採風之使列諸風雅與三百篇並傳豈小臣一人之私言也哉是爲記

一集，卷四頁十六至十七

孫氏生於天聰六年十二月，比曹璽小十幾歲，且在曹璽生前即以夫貴封一品夫人，康熙二十七年十月曹寅以內務府郎中獲授誥命時，她應可以子貴而改封一品太夫人。[48] 考量曹振彥的家庭環境，身為長子的曹璽不應太過晚婚，故孫氏很可能為繼妻，[49] 但應非側室（因妾只能以子孫貴獲得誥敕），其元配或於婚後不久即卒，姓氏待考。璽之長子寅乃妾顧氏於順治十五年九月初七日所生，[50] 她應為中年乏嗣的曹璽在北京任二等侍衛管鑾儀司事時所納（不遲於順治十四年，因懷胎需十月），希冀能傳宗接代。

又由於康熙元年二月三十一歲的孫氏亦為曹璽生一子宣（後改名「荃」，詳見第六章），而孫氏曾在順治十一年（時年二十三歲）玄燁誕育之初（是年三月生）被選入宮擔任其保母，此事不太可能交給從無生養經驗的黃花閨女，[51] 知孫氏當時已婚且育有子女，因疑曹璽與孫氏的婚姻均為梅開二度。孫氏應至遲於順治十八年正月初七日玄燁（時年八歲）登基後不久出宮，旋嫁與曹璽為繼妻（附錄 3.4），並於康熙四十五年三月左右過世（附錄 3.3）。

---

48 曹璽歷官正二品內工部侍郎，當其在康熙十六、七年兩度陛見時，獲賜加正一品（此應計入加級），孫氏遂得以夫貴封一品夫人。陳鵬年繼妻謝氏亦於康熙六十一年封一品夫人，雍正十三年又以子戶部侍郎陳樹萱貴改封一品太夫人。參見呂正音修，歐陽正煥纂，《湘潭縣志》，卷 25，頁 22、28。

49 另參見朱淡文，《紅樓夢研究》，頁 479、503-504。

50 胡適首先考出曹寅生日，然其單名「寅」似與生辰八字的干支無關。參見胡適，〈紅樓夢考證（改定稿）〉。

51 保母是否必為已婚且育有子女，未見具體規定，然嘉靖朝大學士桂萼嘗奏稱：「中宮者三事：一胎教之儀……；一擇諸母，諸母者，慈母、保母、乳母也，慈者知其嗜欲，保者安其居處，乳者以乳食子者也；一慎子師……。」又，天啟朝禮科給事中劉懋亦曰：「皇上登極四年，育皇子女共四位，乃一歲之中相繼而逝……保母不習調養之方，乳哺失其節，喜怒違其性，已失天和矣……保母關係最重也，必選老成醇善者……。」知要照顧好皇子女的生活起居，應不太可能挑選從無生養經驗的黃花閨女擔任保母。參見《明世宗實錄》，卷 118，頁 2793-2794；《明熹宗實錄（梁本）》，卷 44，頁 2420-2422。

附錄 3.4

曹璽與孫氏的婚姻均為梅開二度

《清朝野史大觀》在〈皇室無骨肉情〉條下記皇子的乳保曰：

> 皇子生，無論嫡庶，一墮地即有保母持之出，付乳媼手。一皇子例須用四十人，保母八，乳母八……至絕乳後，去乳母，添內監若干人為諳達，所以教之飲食，教之言語，教之行步，教之禮節。[52]

惟各文獻所記乳保的數目不一，如同治帝已知有大嫫嫫吳氏、二嫫嫫潘氏、三嫫嫫王氏等乳母，以及楊氏、白氏等保母。[53] 孫氏應是玄燁幼時的幾名保母之一，她或在順治十一年（時年二十三歲）玄燁誕育之初被選入宮當差。

由於皇子的保母不太可能交由從無生養經驗的黃花閨女擔任，知孫氏當時應已婚且育有子女，[54] 而其首任丈夫並非曹璽，此因璽長子曹寅是妾顧氏於順治十五年所生，也就是說，曹璽在順治十一年孫氏入宮時尚無子。孫氏應至遲於誕曹荃（康熙元年二月十五日生，孫氏三十一歲）之前一年出宮。

乾隆《欽定大清會典則例》記載：

> 選乳母、保姥，順治十八年議準總管內監等豫期傳知，即交各佐領、內管領將應選之人送進，交總管內監等選用。入選

52 小橫香室主人，《清朝野史大觀》，卷 2，頁 10。

53 沈欣，〈再論清代皇室之乳保〉。

54 若依明朝的選奶母之制，應選者必須有夫，年在十五以上、二十以下，容貌端正，且生第三胎僅三個月。又，產皇子時的規矩是用乳女者，產皇女用乳男者。至於保母，則挑選來自內務府下各佐領或管領中擅長滿語、習於滿俗的婦女。參見劉小萌，〈清朝皇帝與保母〉。

之乳母則別買乳婦償之，以哺其子女，價以八十兩為則。[55]

知選用乳母時得給銀八十兩以另請人哺育其子。乳母的年例為銀二十四兩、雲緞一疋、衣素緞一疋、潞紬一疋、紗一疋、綾一疋、綿紬一疋、深藍布四疋、夏布一疋、木棉三觔、米二十四斛，保母的年例則為銀二十四兩、米二十四斛。由於妃嬪中最低階之答應的年例銀亦不過三十兩，知乳保的待遇應算豐厚，且每日還給豬肉一觔、老米七合五勺、應時鮮菜十二兩、黑鹽三錢，這些俱准折銀支給。[56]

清初最有名的乳保為朴氏（又作布母布哩氏），她是福臨的乳母，自盛京輝發地方挑選入宮，當時已至少為其夫巴薩哩生第五子哇岱，朴氏出宮後或因夫歿遂再嫁喀喇（圖表 3.9）。乳公喀喇生前獲授二等阿達哈哈番，順治十一年過世時不僅得諡並立碑。康熙二十年朴氏卒，特恩被追贈奉聖夫人，頂帶、服色均比照公夫人品級，其封階與皇太后之母等同，其家更自正黃旗包衣第三旗鼓佐領下人被抬入正黃旗滿洲都統第四參領第十六佐領，且全族可免選秀女。[57]

孫氏與曹璽的婚姻應也像朴氏一樣是梅開二度，該安排或許出自內廷，將同屬內務府包衣且失婚的曹璽和孫氏配成對，當然曹璽或也期盼透過此舉可強化其與內廷的裙帶關係。類此透過皇子乳保以與皇族建立某種紐帶的做法，亦見於降金漢人劉興祚身上，傳努爾哈赤為籠絡他，曾許配以次子代善的養女，而該女之母乃代善第三子薩哈廉的乳母。[58]

---

55 允祹等，《欽定大清會典則例》，卷 160，頁 33-34。

56 于敏中等，《國朝宮史》，卷 17，頁 42、46-47、67 及卷 19，頁 19。

57 劉小萌，〈清朝皇帝與保母〉。

58 劉興祚(?-1630)家族在毛文龍被殺之後崛起，其七兄弟皆擔任遼東沿海島嶼上的重要將領，他們徘徊周旋於明、金兩大政權之間，甚至曾起意建立劉家自己的基業，但最後卻因兄弟間的政治立場不一導致手足相殘，存餘之人更因喪失利用價值，而遭明、金兩朝分別殺害，終使此一原本可做為明軍重要前線的海上防線如同骨牌般崩塌，連帶成為引燃明朝覆亡的重要導火線之一。參見黃一農，〈劉興治兄弟與明季東江海上防線的崩潰〉。

圖表 3.9：　《輝發薩克達氏家譜》中有關順治帝乳母朴氏的記載。

一原籍盛京葉河葫蘆邑大柳村人氏
一原籍盛京時羅姓老姓倉姓此三姓俱係一族不應作
親若用漢文姓氏俱寫薩克達氏滿文寫
一由原籍自
太祖龍飛之日攜族內府世受
皇恩屢承
天眷祖母朴氏
世祖章皇帝之乳母也夫喀喇授阿達哈哈番世職康熙
二十年祖母朴氏病故蒙
聖祖仁皇帝諭禮部曰
世祖章皇帝乳母朴氏保育
先皇克昭敬慎朕躬幼時殫心調護夙夜懃懇撫視周詳實有
等於顧復提攜倍至時罔怠於寒暄封典宜加用彰隆眷今
封為奉聖夫人頂戴服色照公夫人品級爾部即遵諭
行特賜
孝陵近地葬如公夫人禮欽遵在案旋奉
特恩建祠墓道春秋致祭雍正二年復蒙
特恩遣官致祭
制隆常憲
德被無疆我子孫輩仰荷教育之深恩當感敦倫要道
於萬一敬從始祖恭錄世譜一分以備後世子孫弗失於
本而報
朝廷之至意
一原由　盛京來時係正黃旗內府滿洲第三佐領下人
修譜時內府佐領係茂林承管因祖母前在朝有功擡
入正黃旗滿洲四甲第十六佐領下

始祖 **伊拉達**　墳地在　盛京吉林輝發

伊字長子 **他母布**　墳地在　盛京吉林輝發

他字長子 **烏達那**　墳地在　盛京吉林輝發

烏字長子 **巴薩哩**　墳地在　盛京吉林輝發

巴字 **妻**　布母布哩氏墳地在北京德勝門外東北十里大豁口外東北滿井坐北向南子山午向火局旺向兼丙三分丙子丙午分金首座　巴字祖母帶領哇字祖父呈請入內務府

巴字五子 **哇岱**　墳地在滿井　左第二座

哇字長子 **法喀**　原任員外郎兼護軍參領　墳地在滿井　左第四座

曹家此一家史及其優渥的環境，或豐富了曹雪芹在《紅樓夢》中的故事鋪陳。小說中賈家地位最高的奴僕就是乳母，相關記述頗多。[59] 如第三回稱賈府的姑娘們，「每人除自幼乳母外，另有四亇老嬷嬷」，「嬷嬷」或「嬤嬤」均譯自滿語的“*meme*”，兩者並不存在詞意上的區別，[60] 均指保母，除照顧幼兒的生活起居外，還要擔負教育和引導的責任。同一回在描述林黛玉初入賈府會見眾人時，「只見三亇奶嬷嬷並五六亇丫環，擮擁着三亇姊妹來了」，所謂「奶嬷嬷」就是乳母。這些乳母於孩子長大後，在家中仍擁有一定地位，如第十六回賈璉與鳳姐就欲將來訪的乳母趙嬤嬤讓上炕一同吃酒，共饌時鳳姐擔心「媽媽狠嚼不動那個，到沒的矼〔音“槍”，指被堅硬的東西碰傷〕了他的牙」，還要平兒熱來一碗很爛的「火腿頓【燉】肘子」，並對其稱「媽媽，你嚐一嚐你兒子代【帶】来的惠泉酒」，且答應會照顧她生的兩個奶哥哥。

又，第八回寶玉嘗對大丫鬟茜雪怒斥要將乳母李嬤嬤攆走，稱：

> 他是你那一門子的奶奶，你們这広孝敬他？不过是仗着我小时候吃过他几日奶罢了。如今逞的他比祖宗还大了。如今我又吃不着奶了，白白的養着祖宗作什広！攆了出去，大家干净！

第十九回李嬤嬤跑到寶玉住處時，亦曾逕自拿起原要留給襲人的酥酪就吃，經人點明後，她又氣又愧，便說：

> 我不信他這樣壞了。別說我吃了一碗牛奶，就是再比這個值錢的，也是應該的。难道待襲人比我还重？难道他不想想怎広長大了？我的血变的奶，吃的長這広大，如今我吃他一碗牛奶，他就生氣了？我偏吃了，看怎広樣！

一面說，還一面賭氣將酥酪吃盡。至於迎春的乳母就更過分了，她不但聚

59 劉相雨，〈論紅樓夢中的乳母形象〉。
60 劉小萌，〈清朝皇帝的保母續考〉。

眾賭博，還偷了迎春的攢珠累絲金鳳等物品去賭（第七十三回）。

此外，李嬤嬤在第二十回也曾痛罵襲人曰：

> 忘了本的小娼婦……一心只想粧狐媚子哄宝玉，哄的宝玉不理我，听你們的話。你不過是几両臭銀子買來的毛丫頭，这屋里你就作耗〔意指作亂〕，如何使浔！

寶釵則勸寶玉：「你別和你媽媽吵纔是，他老糊塗了，到要讓他一步為是。」李嬤嬤的兒子李貴則不僅負責陪伴賈寶玉讀書（第九回），同時也是賈寶玉眾男僕的頭目。第四十五回且記賈政的乳母賴嬤嬤不僅家有花園，甚至敢否定鳳姐的決定，其孫亦蒙主子協助捐官而當上縣令。

三、曹璽所納的漢人小妾顧氏

曹璽正妻的姓名及生平俱不詳，其繼妻孫氏是康熙帝的保母，並於出宮後再醮亦喪偶的曹璽，享壽七十五歲的孫氏因較其夫晚卒二十二年，遂長期成為曹家的主母。至於曹璽所納的漢人小妾顧氏，[61] 雖在家庭中的身分較低，但因其子曹寅後成為家長，且知名明遺民顧景星 (1621-1687) 在詩文中屢以舅甥間的典故點出彼此關係，故頗值得我們仔細耙梳其身世，希望能因此對庶子曹寅的成長過程有較深刻的體會。[62]

---

61 有疑曹寅的生母顧氏乃嫡妻，若然，則其年紀應與夫曹璽相近，亦即，她約四十歲才生子！此外，顧氏的族兄弟顧景星屢用古代舅甥之典記其與曹寅之誼，然詩文頗富的景星卻從未提及久任織造的曹璽，若寅母是正妻，此一狀況頗不合情理。尤其，孫氏在曹璽生前即以夫貴封一品夫人，康熙二十七年亦以子曹寅貴改封一品太夫人，故若顧氏確為嫡妻，則應早以夫貴封/贈一品夫人，那何以曹家及其親友少有人在詩文中提及這位獲最高誥命的曹寅生母（尤侗、毛際可、馮景均曾為孫氏撰文）？參見馬美琴，〈關於曹寅“嫡出”身份的考證〉。

62 此節參見黃一農，《二重奏：紅學與清史的對話》，頁 92-109。

顧景星，字赤方，號黃公，湖北蘄（音「祈」）州人，崇禎末廷試貢士第一，授福州府推官，以不附權貴歸隱。[63] 紅學家朱淡文曾推測曹寅乃景星異母妹的庶生子，[64] 李廣柏等人則主張景星與曹寅之間只存在乾舅甥間的結拜關係。[65] 由於這是關涉曹寅成長背景的重要關節，下文即先略述景星之生平，再詳探此事。

崇禎十六年張獻忠屠蘄州，景星之父天錫舉家逃歸崑山之祖居。順治二年閏六月清兵攻下崑山，強命他隨征，景星力辭養親還里。當時降清的原明參將蕭世忠許以獨生女，至五年冬始完婚。顧家於順、康之際的景況甚差，友人邵長蘅曾在詩中稱其「亂定還家十年後，草堂蕭瑟蘄江邊。鷫裘典盡無酒錢，蹙額文君明鏡前」，指他窮得無物可典當，景星亦自嘲是「貧苦流連，奔走乞食」，但從其《白茅堂集》四十六卷中所呈現的交遊網絡，知他與當時江南士紳間的往還頗多。

康熙十七年二月顧景星被疏薦應博學鴻詞科（圖表3.10），但至十八年正月下旬始抵京；三月初一日皇帝於體仁閣親試獲薦舉的一百多人並賜宴。三年後他在〈懷曹子清〉一詩中描述曹寅當時與己之互動是「周旋逢輦下，導引謁宸居」，並註明曹寅「嘗為予引龍尾道」，龍尾道原為唐代含元殿前的甬道，借指宮中的輦路，當時擔任三等侍衛的曹寅或嘗引導應考者晉見。三月二十二日諭旨取中彭孫遹等五十位，俱以翰林任用，負責編修《明史》。在顧昌（1653-1707；字文饒，號培山，康熙三十二年舉人，未仕卒）為其父景星所撰的行略中，稱其「入覲保和殿，賜坐、賜茶、賜饌，再以病懇，既放還」，景星遂於四月初與友人讌別，並以布衣終老。

---

63 潘克溥纂修，《蘄州志》，卷15，頁23。

64 朱淡文，《紅樓夢研究》，頁333-356。

65 李廣柏，《曹雪芹評傳》，頁38；方曉偉，《曹寅評傳・曹寅年譜》，頁176。

圖表 3.10：康熙朝所開博學鴻詞科的各種異稱。[66]

❖《清實錄》

進剿復遣將軍傅弘烈都統勒貝等率兵攻
康熙十七年四月初五日

太皇太后宮問安○試內外諸臣薦舉博學鴻儒一百四十三人於體仁閣賜宴試題璿璣
康熙十八年三月初一日

庚戌授薦舉博學宏詞邵吳遠為侍讀湯
康熙十八年五月十七日

銜侍讀學士蔣弘道侍講學士崔蔚林嚴我
康熙十九年五月初三日

爭原任四川巡撫張德地署理延綏巡撫時曾奏延安邊地並無可舉博學宏詞之人原
康熙三十三年十二月十七日

宴○封二十四阿哥允祕為和碩誠親王皇四子弘曆為和碩寶親王皇五子弘晝為和碩和親王○諭辦理軍機大臣等額駙策凌
雍正十一年二月初七日

是以鑠闡廣額書院賜金開繙譯之科舉鴻博之典下第之士給以歸資又詢其所就而
雍正十三年八月二十三日

為儀嬪遣官讀冊致祭如例○御試博學鴻詞一百七十六員於保和殿命大學士鄂爾
乾隆元年九月二十八日

❖《明清檔案》（康熙十八年九月 日）

B21689

總督倉場戶部右侍郎[illegible]都察院右副都御史加[illegible]臣周 謹

題為

請行保舉之法特拔奇異之材事臣見所舉博學鴻詞諸臣已蒙

皇上優異如此無非愛惜人才至意今在位在野豈無經濟弘通奇才異能可以教時澤民

A38-214(2-1)

❖乾隆元年朱超的博學鴻詞試卷（中國第一歷史檔案館藏）

一 臣朱超年五十七歲河南開封府祥符縣人康熙五十年舉人現任校
耕牧所應博學鴻詞試原任河東總督王士俊保舉
一 三代 曾祖應試未仕 祖泰交未仕 父高元未仕

❖康熙二十四年《岳州府志》

博學鴻詞科康熙十七年
卷十頁三

❖康熙二十六年《常熟縣志》

應康熙己未年博學宏詞科
卷二十頁九

❖康熙二十五年《杭州府志》

上親試博學鴻儒
卷卅七頁四十六

❖康熙三十八年《徽州府志》

國朝薦辟不復行康熙己未特開博學弘詞科試詩賦取中一二等五十人授編修檢討官後不為例
卷十頁十

顧景星抵京時得病，曹寅曾探視，景星因此賦〈曹子清饋藥〉一詩曰：

> 韶光閉戶惱不徹，況復病痁多晏眠。
> 半紅半白杏花色，乍煖乍寒三月天。
> 藥盌繩牀嘗廢日，他鄉逆旅動經年。
> 世情交態寒溫外，別有曹郎分俸錢。[67]

曹寅也以相同韻腳賦〈春日過顧赤方先生寓居〉唱和：

> 見因季子到堦前，堂上先生尚晏眠。
> 逆旅藥香花覆地，長安日暖夢朝天。
> 開軒把臂當三月，脫帽論文快十年。
> 即此相逢猶宿昔，頻來常帶杖頭錢。[68]

知曹寅曾以俸祿資助景星，並常給其「杖頭錢」以出外買醉。[69] 曹寅造訪景星的次數應不少（前詩所謂的「頻來」），否則他不會知道該贈以何藥。而詩中的「季子」即指隨侍景星應鴻博之徵的三子顧昌，他最受父親鍾愛，「登臨、遊歷無不與」。

顧昌在〈曹荔軒梓《白茅堂集》將竟感賦〉一詩中，也曾回憶其父與曹寅當時交往的情形曰：

> 昔維先君子，旅卧越烏呻。
> 公也獨慨慕，意洽如飲醇。

---

66 康熙十七年為籠絡漢族士大夫，決定在翌年特別開博學鴻儒科（又稱博學宏詞、鴻博）。有稱其名原為「博學宏詞」，至乾隆朝因避帝諱而改稱「博學鴻詞」或「博學鴻儒」。其實，康熙朝方志以及《清聖祖實錄》（因未避「弘」字，知成書並抄寫於乾隆即位之前）中，即已出現「博學宏詞」「博學弘詞」「博學鴻詞」等各種用法。

67 顧景星，《白茅堂集》，卷 20，頁 11。又，有將「乍煖乍寒」過度理解成感染瘧疾，此處其實只是形容三月之天氣。

68 曹寅，《楝亭詩鈔》，卷 1，頁 1-2。

69 此用晉人阮脩之典，因阮氏常以百錢掛杖頭，步行至酒店後，便獨酣暢。

走馬出殿直，攬轡來城闉。
晏語或達暮，夜懷難及晨。
豈唯骨肉愛，竟以膠漆論……。

「越舄〔音 “細”〕」乃用「莊舄越吟」之典，指戰國越人莊舄雖仕楚，但病中思鄉時仍吟越聲，知顧景星抵京之初曾因病而頗懷鄉。對他相當「慨慕」的曹寅，則每在公餘騎馬出宮造訪或同遊，往往在日暮禁中關閉宮門之前始急急趕回（所謂「晏語或達暮」），有時夜裡思念起對方都等不及天明（「夜懷難及晨」），並以「骨肉」「膠漆」來形容他倆的交往關係。

至於曹寅〈春日過顧赤方先生寓居〉詩中的「脫帽論文快十年」句，則描述曹、顧二人上一次相見時的情景。景星曾於康熙七年夏遠行，先從蕪湖搭小船至宣城，七月抵江寧，與「論交二十年」的好友周亮工（時任江安督糧道，駐江寧）歡聚，再途經蘇州抵達松江；翌年經江寧返回蘄州。疑曹寅所謂的「脫帽論文」，乃對景星此行主要文化活動的描述，[70] 曹寅回憶當時兩人才初次相見，而一晃已近十年。又，曹寅於康熙四十三年為顧昌所作的〈夜飲和培山眼鏡歌〉，內有「與君半百皆稱翁，花襠荻戟頗憶嬉庭中」句，提及己與顧昌年少時曾身穿花襠褲，以荻為戟一起戲耍，所指的時空或就在康熙七、八年的江寧曹家。

亦即，景星很可能是在旅途中以親戚身分探望了顧氏（應尚存）及其子曹寅。雖顧景星的老友周亮工（號櫟園）乃曹璽的通家之好，[71] 且景星的詩

---

70 如他停留在松江的兩個月，幾乎每日均與盧元昌、周茂源、沈麟、董含、董俞等五子一起煮酒論詩，彼此唱和的詩中即可見「董生意氣橫九秋，脫帽半醉飛觥籌」「脫帽露頂談真詮，亟呼庖人劈蟹螯」「敏捷詩無敵，盧生果絕倫。論文操月旦，求友出天真」等詩句。

71 曹寅嘗在〈周櫟園祠堂記〉一文中稱：「余丱角侍先司空於江寧時，公方監察十府糧儲，與先司空交最善，以余通家子，常抱置膝上，命背誦古文，為之指摘其句讀。」參見曹寅，《楝亭文鈔》，頁 12-13。

文集中亦常可見到曹寅交遊圈中的施閏章、梅庚、顧貞觀等人，然其存世涉及此次壯遊的共約百首詩作中，卻不曾留下有關曹璽的片語隻字，甚至在多達四十六卷且由曹寅捐貲刊刻的《白茅堂集》中，亦從未出現曹璽的蛛絲馬跡，因疑曹璽與顧景星間的交往頗少。不知受漢文化薰陶似不深的曹璽，是否並不太看重身為民人布衣的景星？而景星在順治五年所賦的〈舟中聞鳥聲，榜人〔指船夫〕云巧女兒〔為鳥名〕，感而作歌〉中有云：

> 絲坊嘈嘈雜機杼，有似流泉下極浦。
> 此時巧女時一聲，織婦聞之淚如雨。
> 東家少婦工織縑，近被官編作機戶。
> 巧女巧女汝莫啼，古來才巧多苦饑。[72]

其〈織婦詞〉亦有「誰家少婦弄機杼〔織布機〕，鳴聲夜夜達五更」句，對織造所屬機戶或織婦的苦痛充滿同情。

曹寅與顧景星的互動，應深受漢人小妾在旗人家庭中地位低下的影響。康熙十八年曹寅之父璽和繼嫡母孫氏均健在，而其生母已過世（見後文），身為庶子的曹寅當時在家中或如履薄冰。然應鴻博之召入京的顧景星，相當欣賞「如臨風玉樹，談若粲花……貝多、金碧、象數、藝術，無所不窺；弧騎、劍槊、彈碁、擘阮，悉造精詣」的曹寅，[73] 曹寅亦十分景仰碩學通儒的景星，兩人遂結為忘年之交（彼此相差三十七歲），甚至還合刻《西軒倡和詩》（圖表 3.11 及 3.12）。但對八旗曹家的許多人而言，並不特別看重出身書香門第的顧景星，以致曹寅不敢造次。

---

72 顧景星，《白茅堂集》，卷 4，頁 3、卷 6，頁 27。

73 貝多乃梵語 pattra 的音譯，為一種可供書寫之樹葉，略稱貝葉，古印度常以之寫經，故借指佛經；金碧為顏料中的泥金、石青和石綠，代指繪畫；弧騎謂騎射，弧為弓；劍槊泛指兵器，槊是類似矛的重型騎兵武器；彈碁是古代的一種博戲；擘阮指演奏一種名為阮的撥弦樂器。

圖表 3.11：顧景星《白茅堂集》中與曹寅相關的內容。

❖ 顧景星，《白茅堂集》

白茅堂文集序
予既於題先生小照中論先生
之文在以博得名者矣令子復
以其專集將授梓行世屬予亦
專序之所以觸乎予心於題小
（中略）
其人以無本之學識之也其令
子所稱授梓爲鉅公曹荔軒是
能文者是能知先生學之有本
金州喻成龍撰

顧赤方徵君詩文集序
蘄州顧孝廉文饒奉其尊人赤方先生像并詩
文若干卷走金陵歷吳會叩中丞宋公爲之論
定而今直指使者巡鹺曹公爲先生宅相謀以
其集付之剞氏文饒廼返楚丐制府喻公爲之
序而并問序於余因得盡窺先生白茅堂全集
（中略）
交相待而成者文饒名昌癸酉所雋賢書者也
余忝藩楚省例得備員闈中辱有一日之長故
不辭而爲之序
三韓張士伋頓首拜撰

曹子清饋藥　康熙十八年，卷二十頁十二
韶光閉戶惱不徹況復病痁多晏眠半紅半白杏花色
乍煖乍寒三月天藥盌繩牀嘗廢日他鄉逆旅動經年
世情交態寒温外別有曹郎分俸錢
白茅堂集　卷二十　己未　十二

懷曹子清　康熙二十一年，卷二十二頁九
早入龍樓儤還觀中秘書鳳毛擬王謝簪翰比應徐佽
閬東曹冠官階內府除文章光黼黻賓客滿簪裾愛汝
金蟬貴偏當繡虎譽周旋逢輦下導引謁宸居嘗爲予引
龍尾道綺席邀春雪雕鞍散直廬情親何繾綣餞別倍踟
躕老我形骸穢多君珠玉如渼懈路車贈近苦寒鴻疏
敬篋長篇在看雲短髮梳臣邊人近遠離思可能攄

玻璃方鏡　曹子清贈
披香侍臣金玉姿贈我四寸方玻璃光如寶劍出瑩拭
形比玉印無刓劃塗黃鍔碧作什襲云是疏勒與倪皮
何時金𥳑破鶚散聞省火昔年太公二聲來渠胥錫鉛磨揩賤
銅質纖瞖不起貞神奇漢宮四靈何足貴唐家百鍊從
爾爲碧空秋水雨瑟瑟中有雲气非瑕疵持來焰膽徹
骨冷六月古雪崩峨嵋人言此物出龍藏鱗妄不敢污
淫䝤空山佩入窟百怪夔魖蝄蜽何繇瞯誓將攜此訪
五嶽毛女貌換螢光芝寒輝但許宓妃共宵炤世上凡
須省
康熙二十二年，卷二十三頁四

皐清揀授文林郎顧公培山府君行略
嗚呼不孝湛露寫啣不文何能狀吾　府君雖然
行述

生徒□資館穀逆壬午以中丞牧仲宋公招自都
門邀姑蘇宋公有意梓徵君集時幕客有以費繇
辭艱難者府君不欲也今止金陵晤銀臺曹公諱寅
字子清號荔軒別號楝亭公時織造江南兼鹽漕務察院前與
徵君爲燕臺雅集舅甥契誼遂捐千金代梓白茅堂
全集府君一手較正歷癸未甲申剞劂告成徵君
緒論在江南時與楝亭曹公有西軒倡和詩久經
行世又有栗蔭軒詩文錦樹堂塡詞江山筆助集

圖表 3.12： 曹寅《楝亭集》中與顧景星父子相關的內容。

❖ 曹寅，《楝亭詩鈔》

荔軒草者侍中曹子清詩集也子清門第國勳長江南佳麗地束髮即以詩詞經藝驚動長者稱神童既舞象入爲近臣今始弱冠而其詩清深老成鋒穎芒角篇必有法語必有源雖顛白齒搖拈鬚苦吟不能逮其一二可不謂奇哉不佞徵車來長安晤子清如臨風玉樹談若粲花甫曼倩待詔之年腹鄉嬛二酉之秘貝多金碧象數藝術無所不窺弧騎劍槊彈碁擘阮悉造精詣與之交溫潤伉爽道氣迎人予益歎其才之絕出也蓋才之出于

（中略）

目之以天人令子清何多遜也李白贈高五詩謂其價重明月聲動天門即以贈吾子清海內月旦必以予言爲然已未四月朔黃公顧景星書于都門旅次

序頁一

春日過顧赤方先生寓居　卷一頁一

見因季子到堦前堂上先生尚晏眠逆旅藥香花覆地長安日暖夢朝天開軒把臂當三月脫帽論文快十年即此相逢猶宿昔頻來常帶杖頭錢

荅顧培山見嘲　卷一頁一

黃塵埲塕馬蹄劇五月誰披白苧衫老去心情非見獵逆風正喜未張颿

舟中望惠山舉酒調培山

虎丘僧軒坐雨遲培山未至漫成

歸舟和培山見荅韻　卷四頁十六

東南溯歸舟丘壑厭名勝感茲風雨交得暢魚鳥性軒蓋來無時盛事每難併躍躍手中藤牽我破苔磴初疑俯鮫宮恍惚失庭徑碧陰盪流潦蕭索

（下略）

卷四頁十六

❖ 曹寅，《楝亭文鈔》

舅氏顧赤方先生擁書圖記　頁三

後已未二十二年庚辰寅行年四十三文鏡四十有八舅黃公先生棄世已十四年寅出使莅吳十年文鏡三上公車矣文鏡下第自都門奉遺像及海內名家詩贊共一巨卷投知已中丞宋公抵蘇州而還過金陵使院將買舟歸黃岡八月十七夜晚廳畫諾畢振衣屨秉燭炬出像瞻拜覿頰宛然謦欬如在第鬚鬢蒼白稍異前時問知爲後來追想補圖者中間人事不足述感歎存歿悠悠忽忽何以遂至二十二年之久而燈影徘徊亦竟忘余與文鏡之年皆企於知非不惑之間也然自今以往得覩此卷者尚有日雖壽至耄耋子孫滿前亦終拳拳於二十二年之前也作詩慕廬韓侍郎果亭徐學士毘陵邵鬍子湘其餘皆有聞而不相識子湘亦二十二年前於舅氏坐中相識者其云老輩蓋同就徵之山西傅青主關中李天生長洲汪苕文宜興陳其年宣城施尚白文采彪炳風流映帶神光奕奕一時皆可想見者也寅謹記

曹寅在景星於康熙十八年返鄉後即較少與他往還，二十一年景星賦〈懷曹子清〉詩，提及自己的心情，稱：

> 情親何繾綣，餞別倍踟躕。老我形骸穢，多君珠玉如。
> 深慚路車贈，近苦塞鴻疎……。

其中「老我形骸穢，多君珠玉如」句，乃用晉人王濟以「珠玉在側旁，覺我形穢」形容其與外甥衛玠在一起的感覺（此即成語「自慚形穢」的出處）。至於「路車贈」，則典出《詩經》之「我送舅氏，曰至渭陽；何以贈之？路車〔貴胄所乘的車〕乘黃〔四匹黃色的良駒〕」，指在母卒的情形下甥以程儀為舅送行。[74] 朱淡文因此推斷曹寅生母卒於康熙十八年之前，否則此一用典即有詛咒之嫌，由於曹璽繼妻孫氏當時仍在世，知寅乃側室所生。[75]

景星前詩中的「塞鴻」指塞外的鴻雁，古人常以之表示對離鄉親人的懷念，而「近苦塞鴻疎」句，或讓久無音信聞問的曹寅頗不好意思，遂於次年託人送上一塊四寸見方的珍貴鏡子，並賦〈玻璃方鏡〉一詩。二十七年，曹寅又嘗作〈送程正路之黃陂丞兼懷赤方先生〉，末有「舉辔黃州近，全身問楚狂」句，拜託赴黃陂擔任縣丞的友人程義（字正路），抽空到臨近的蘄州（與黃陂同屬黃州府）問候景星，但曹寅不知景星已卒於前一年的十月。

顧景星嘗在文中間接影射己與曹寅有舅甥之誼，如他在康熙十八年四月離京前夕為曹寅《荔軒草》作序時，稱：

> 子清門第國勳，長江南佳麗地。束髮即以詩詞、經藝驚動長者，稱神童。既舞象，入為近臣。今始弱冠，而其詩清深老成，鋒

---

[74] 春秋時晉獻公將女兒穆姬嫁給秦穆公，以結「秦晉之好」，後穆姬弟重耳因政爭逃往國外，幾經流離，終在秦穆公的支持下奪得君位。當時穆姬已過世，其子即送母舅重耳一程到渭水，並贈以車馬。

[75] 朱淡文，《紅樓夢論源》，頁 49-50。

> 穎芒角……不佞徵車來長安，晤子清，如臨風玉樹，談若粲花……予益歎其才之絕出也……李白贈高五詩，謂其「價重明月，聲動天門」，即以贈吾子清，海內月旦，必以予言為然。己未四月朔，黃公顧景星書于都門旅次。

其中「價重明月，聲動天門」句，引自李白〈贈別從甥高五〉詩中的「賢甥即明月，聲價動天門」，景星且借用李白與高五間的舅甥關係，親暱稱呼曹寅為「吾子清」。

由於曹寅在顧景星生前所作的詩文從未以舅氏稱之，故紅圈中有謂曹寅輕視其人而不願承認景星是其母舅，此說應非。因在清廷的籠絡政策下，曹寅及其摯友張純修（號見陽）、納蘭成德（字容若）等少數漢化程度較高的旗人，[76] 當時均充分利用開博學鴻詞科之難得機會與來京應試的漢人名士論交。曹寅也初獲文名，如與宋琬以「南施北宋」並稱詩壇的施閏章，即十分稱賞其「寒山見遠人」句，曹寅與遺民士紳的交往也始終頗多。[77]

曹寅現存詩文至康熙三十九年才首見他三呼景星以舅氏，其所撰的〈舅氏顧赤方先生擁書圖記〉一文有云：

> 後己未二十二年庚辰，寅行年四十三，文饒四十有八，舅黃公先生棄世已十四年。寅出使莅吳十年，文饒三上公車矣。文饒下第，自都門奉遺像及海內名家詩贊共一巨卷，投知己中丞宋公，抵蘇州而還，過金陵使院，將買舟歸黃岡……感歎存歿，悠悠忽忽，何以遂至二十二年之久……然自今以往，得覩此卷者尚有日。雖壽至耄耋，子孫滿前，亦終拳拳於二十二年之前也。作詩：慕廬韓侍郎、果亭徐學士、毘陵邵髯子湘，其餘皆

76 曹寅〈墨蘭歌〉的詩題註稱「為見陽太守賦，見陽每畫蘭，必書容若詞」，詩中並以「交渝金石真能久，歲寒何必求三友」描述三人感情。參見曹寅，《楝亭詩鈔》，卷 4，頁 22；黃一農，《二重奏：紅學與清史的對話》，頁 85-90。

77 劉上生，《曹寅與曹雪芹》，頁 134-162。

> 有聞而不相識。子湘亦二十二年前於舅氏坐中相識者，其云「老輩」，蓋同就徵之山西傅青主、關中李天生、長洲汪苕文、宜興陳其年、宣城施尚白，文采彪炳，風流映帶，神光奕奕，一時皆可想見者也。寅謹記。[78]

曹寅稱在此圖卷上跋詩者，還有他相熟的韓菼、徐秉義、邵長蘅，其餘則「有聞而不相識」。或因邵氏所跋〈題顧赤方遺照因憶舊遊成二截句〉一詩中有「老輩即今看欲盡，廿年如夢話旗亭」句，讓曹寅不禁又憶起曾應鴻博試的傅山、李因篤、汪琬、陳維崧、施閏章等「老輩」。他沒想到歲月一悠忽，舅甥於康熙十八年的分離竟成永別，感慨自己將來如果重覩此卷，必然會「拳拳〔形容懇切不忘〕於二十二年之前」的那場盛事。

曹寅有可能在作〈舅氏顧赤方先生擁書圖記〉之前即已公開稱景星舅氏，此或因其透過康熙二十七年十月的恩詔已為繼嫡母孫氏獲封最高階的一品太夫人，[79] 曹寅遂敢於積極為獲贈誥命的亡母爭取較高的家庭與社會地位。[80] 情理上，得到命婦身分的側室顧氏，其神主甚至可入祀家廟，並

---

78 曹寅，《楝亭文鈔》，頁 3。

79 據「若嫡母已受封，生母先亡者，准追贈」「凡封贈母，止封嫡母一人、生母一人，繼嫡母不得概封」「凡命婦因子孫封者，並加"太"字」之規定，顧氏應有機會可獲贈誥命。由於康熙二十三年九月頒佈恩詔時，曹寅僅暫時奉命協理江寧織造，並未獲正式的官階，故應不能獲得誥命。但遇二十七年十月的恩詔時，他應可為已因夫貴封一品夫人的繼嫡母孫氏加「太」字（康熙三十年尤侗即撰有〈曹太夫人六十壽序〉），且為已故生母顧氏獲贈誥命，惟品級不詳，因曹寅當時的官品及加級均仍待考。三十六年七月再頒恩詔時，顧氏應又可晉贈。參見伊桑阿等，《大清會典》，卷 13，頁 8-11。

80 《紅樓夢》第十三回記尤氏犯疾不能料理事務，賈珍「惟恐各誥命來往，虧了禮数」，第十四回提及「繕国公誥命亡故」「鎮国公誥命生了長男」，第五十八回記老太妃薨逝時，「凡誥命等皆入朝隨班按爵守制」。在此，「誥命」皆指獲賜誥敕的命婦。又，第七十一回稱賈母八十壽誕時，只有命婦可參加榮國府中的正式筵宴。第七十四回王善保家抨擊大觀園裡的丫鬟們時，也曾對王夫人說：「這些女孩子們一个个倒像受了封誥是的，他們就成了千金小姐了。」

奉安於男主人曹璽龕旁。[81] 只不過景星卻已於二十六年十月先卒，趕不及親聞或親見曹寅公開稱其為舅。

康熙四十一年初，顧昌攜帶其父所著之《白茅堂集》書稿面晤曹寅，得其以千金助刻遺集，並安排他在江寧用兩年多時間處理相關事宜。顧家親友在此書中即兩度點出顧、曹的舅甥關係。如張士伋的序文稱「今直指使者巡鹺曹公為先生〔指顧景星〕宅相」，其中「直指使者巡鹺曹公」即巡鹽御史曹寅，「宅相」乃外甥之代詞。[82] 至於顧湛露為父顧昌所撰的行狀，亦謂景星與曹寅有「舅甥契誼」。[83] 然我們在《武陵蘄陽顧氏家譜》以及《白茅堂集》書末的兩卷〈家傳〉中，卻完全未見提到顧、曹兩人為舅甥的姻屬脈絡。由於曹寅當時已承認彼此關係，且身為刊刻此書的主要贊助人，顧家實無理由因看不起曹寅生母（嫁給旗人為妾）而蓄意刪略其資料，知寅母顧氏與景星並非近親，其族屬關係應是因遠祖相同而聯宗所致。[84]

惟曹寅似不曾將其與顧景星的甥舅關係延伸至下一代，如《楝亭詩鈔》中共收錄十八首為顧昌所賦之詩，但全都以別號培山名之，從未稱呼其為表兄或外兄，只有在〈送培山之鹿城〉詩中的「愁思風旌外，親情帶水間」

---

81 有記旗人生母神主入廟的儀注稱：「生祖母暨余輩生母俱屢蒙誥封……乃奉生祖母神位於先祖龕內之西，奉余輩生母神位於先君龕內兩傍……嗣後我族人之生母得受誥封者，公同議定俱依此儀節行，未得受誥封者，仍安主於別室，如儀供祀。」參見索寧安，《滿洲四禮集》，滿洲家祠祭祀儀注，頁 12-13。

82 《晉書》記魏舒少孤，為外家甯氏所養。甯氏起宅時，有相宅者（指勘察地理風水的術士）云：「當出貴甥。」舒曰：「當為外氏成此宅相。」

83 有稱景星與曹寅間的「契」誼，乃類似今之契兄（乾哥）、契妹（乾妹）之關係，然如二人純因談得來，逕可結為契父子，實無必要再轉個彎結拜為乾舅甥。又，筆者耙梳大數據中的古代文獻，尚未見契甥、契舅之稱謂。「契」字在此或只是用來形容情意相投。如清宗室晉昌在赴盛京將軍任時，因與奉天府丞李楙同好詩文，李氏即「以有韻之言與公結契」，然晉昌在與李氏往還的大量詩作中均僅以「滄雲學使」稱之，而不曾稱兄道弟。參見晉昌，《戎旃遺興草》，卷上，頁 5-20、卷下，頁 29-35。

84 顧景星既非寅母的異母兄（未見顧氏的家譜或家傳），也非與曹寅為乾舅甥。

句，淡淡流露彼此的姻誼。同樣地，顧昌在〈曹荔軒梓《白茅堂集》將竟感賦〉一詩中，也未逕稱曹寅為表弟或外弟；至於顧湛露為其父所寫的行略中，亦只稱曹寅為「銀臺曹公」。如曹寅之母確是顧昌的親姑姑，很難想像他倆在如此接觸密切的情形下，卻從不曾於現存的眾多詩文中以表兄弟互稱！亦即，曹寅與顧景星的甥舅稱謂，應基本建立在景星是寅母族兄（兩人或他們的親長原本應相熟）的關係之上，其情誼更透過康熙十八年鴻博期間他們彼此吟詩論文的過程加以厚實。

曹寅生母顧氏作為曹璽小妾的家庭地位、顧景星與曹璽間的鮮少互動（兩人的生卒時間相當接近，且均多在江南地區活動），以及曹寅身為庶出長子的成長過程，這些有血有淚的生命史，想必也多少在曹雪芹所撰寫的《紅樓夢》中留下痕跡。如小說第八十回敘述薛蟠的小妾香菱在被嫡妻金桂強迫改名時，即低調地稱：「奶奶說那里話，此刻連我一身一体俱屬奶奶，何得換一名子的字反問我服不服！」薛家最後還想把她給賣掉。又，賈政之妾趙姨娘雖生有賈探春和賈環一女一子，但她在眾人心目中的份量恐怕還不如襲人和鴛鴦幾個有點臉面的丫鬟（第五十五回），且趙姨娘所領二兩銀子的月錢也只是正室王夫人的十分之一，比伺候寶玉的丫鬟襲人都還少一吊錢（第三十六回）。王夫人更曾因賈環在爭鬧中以蠟油澆燙嫡子賈寶玉（被視作主子），而叫過趙姨娘來罵，道：「養出这樣黑心、不知道理下流種子〔指賈環〕來，也不管管！」（第二十五回），此負面形象雖因趙姨娘的平素作為所致，但王夫人用詞之尖刻應也跟趙姨娘的身分攸關。

再者，第五十五回當趙姨娘之兄弟趙國基死時，正值探春暫代鳳姐理家，為了後事應給多少銀兩，趙姨娘還與親生女探春翻臉大鬧，指她連自己親舅的事都不關照，並氣問：

> 你不当家我也不來问你。你如今現說一是一，說二是二。如今你旧旧【舅舅】死了，你多給了二、三十両銀子，難道太太就不

> 依你？分明太太是好太太，都是你们尖酸尅薄。

探春則哭問道：

> 誰是我旧旧【舅舅】？我旧旧【舅舅】年下纔陞了九省檢点，那里又跑出一個旧旧【舅舅】來？我素習按理尊敬，越發敬出這些親戚來了。既這庅說，环兒出去，為什麼趙國基又跕起來，又跟他上學？為什広不拿出旧旧【舅舅】的款來？何苦來，誰不知道我是姨娘養的，必要過両三個月尋出由頭來，徹底來番騰一陣，生怕人不知道，故意的表白、表白。

知探春一向只認嫡母王夫人的兄弟王子騰為舅，她對趙國基是連名帶姓直呼，且亦羞愧自己是庶生。

事實上，趙氏與探春母女在小說中彼此竟是以「姨娘」與「姑娘」互稱，而賈環雖被鳳姐稱為「主子」（第二十回），但其同母姐探春卻指他只是太太王夫人的「奴才」（第五十五回）。至於趙姨娘的兄弟國基，在榮府中亦不過是名隨侍賈環上學的下人，從不曾被當成賈政的妻舅。又，賈赦繼室邢夫人的胞弟邢德全，雖只知吃酒賭錢、眠花宿柳，但到底還是跟王子騰同屬「舅」爺的身分，即使也有人輕蔑喚他作「傻大舅」（第七十五回），仍被稱為「舅太爺」「老舅」。亦即，妾媵的兄弟在寧、榮二府並不擁有正常姻親關係中舅舅的稱謂或地位，男主人也不會以妻舅敬稱或對待。

由於我們現未見曹璽存世的任何詩文或書畫，且《江寧府志》與《上元縣志》中的〈曹璽傳〉亦僅稱他「讀書洞徹古今，負經濟才兼藝能，射必貫札」「少好學」（圖表 1.4），疑曹璽對漢文化並無太多造詣與興趣。無怪乎，他並未透過側室顧氏而與江南名士顧景星有深切互動。但曹寅則因生母顧氏為漢族民人，自幼即接受漢文化薰陶，更因有機會親炙周亮工（常將曹寅抱置膝上，命背誦古文，且為之指點句讀）及其好友顧景星等碩儒，不斷深化他在這方面的素養，且成功跨越滿漢兩文化的鴻溝。

四、曹璽的兒女親家

《紅樓夢》中以賈、史、王、薛四大家族相互結姻，第四回有云：「这四家皆連絡有親，一損皆損，一荣皆荣，扶持遮飾，皆有照應的。」且因康熙帝在四十五年七月曾命杭州織造孫文成（甫接替漢名為金依仁的敖福合擔任此職）傳諭曹寅曰：「三處織造，視同一體，須要和氣，若有一人行事不端，兩個人說他，改過便罷，若不悛改，就會參他，不可學敖福合妄為。」[85] 再者，曹寅的嫡母姓孫、[86] 曹寅之妻姓李，曹寅之子顒娶馬氏，故紅學界一直有人認為小說中的四大家族即對應江南織造曹寅、李煦和孫文成三家，另加接替曹璽出任江寧織造的桑格（漢姓馬）家。[87] 這些姓氏雖與各織造家族有所重合，但較具體的證據往往附之闕如。

查江南三織造中的馬家（馬偏俄、桑格共擔任 14 年）、金家（金遇知、敖福合共 37 年）、曹家（曹璽、曹寅、曹顒、曹頫共 55 年），在康、雍兩朝皆不只一人出任織造，而孫文成（凡 22 年）與李煦（凡 29 年）個別任職的時間亦極長。[88] 也就是說，在清朝入主中原的第一個百年間共有五個家族曾長期管理江寧、蘇州和杭州織造。曹家或透過聯姻以及聯宗與三織造中

---

85 《關於江寧織造曹家檔案史料》，頁 41。

86 李煦於康熙四十五年一函中稱「修河孫大人係不佞至戚」，此人或指是年特派至附近串場河開濬的都統孫查齊（又作孫渣濟、孫渣齊），因他籍隸鑲紅旗滿洲第五參領第六佐領，而曾為皇帝保母的孫氏則為內務府包衣，知其應非曹寅繼嫡母孫氏的本家。參見張書才、樊志賓、殷鑫，〈《虛白齋尺牘》箋注（一）〉；穆彰阿、潘錫恩等纂修，《大清一統志》，卷 93，頁 16；鐵保等纂修，《欽定八旗通志》，卷 13，頁 14；《清太宗實錄》，卷 224，頁 250-251。

87 如見周汝昌、嚴中，《紅樓夢裡史侯家》，頁 77-92。

88 嵇曾筠等監修，沈翼機等編纂，《浙江通志》，卷 121，頁 12；趙弘恩等監修，黃之雋等編纂，《江南通志》，卷 105，頁 13-14；曹允源、李根源纂，《吳縣志》，卷 6，頁 18；孫珮，《蘇州織造局志》，卷 2，頁 4-5。

的馬、孫、李家皆建立關係，下分述之。

據李煦的《虛白齋尺牘》，他於康熙四十四年致桑漕院的信中，稱其為「太親翁」，此應指的是漕運總督桑額（又作桑格、三格，意為三哥）。[89] 桑額家之漢姓為馬，《八旗滿洲氏族通譜》記曰：

> 馬偏額，正白旗包衣人，世居瀋陽地方，來歸年分無考，原任郎中兼佐領。其子：桑格原任吏部尚書，費雅達原任陝西潼關總兵官，馬二格原任佐領。孫：馬維品原任副將，薩齊庫原任郎中兼佐領，馬維翰原任佐領，馬維范原任驍騎校……。[90]

知桑額是原蘇州織造馬偏額（又作馬偏俄）的第三子（所謂「三哥」），字麟徵，三十一年九月自江寧織造陞為湖廣巡撫，十月調山東巡撫，三十四年八月授漕運總督，四十九年十一月陞為吏部尚書。馬家在入關後至少有費雅達、桑格、馬二格、薩齊庫、馬維翰等五位，奉派管理正白旗滿洲第五參領第四旗鼓佐領，顯然頗獲重用。[91] 桑額並非家中唯一獲授織造的，其父馬偏額先前即以理事官身分於順治十三年初任蘇州織造，十五至十八年再任，康熙二年三任，四年二月初八日卒。[92]

太親翁的「太」字表示較當事人大一輩，故「太親翁」通常用來稱呼姊妹（或堂姊妹）丈夫之父、兒女（或其堂兄弟姊妹）親家之父。[93] 在李煦的

89 張書才、樊志賓、殷鑫，〈《虛白齋尺牘》箋注（一）〉，頁 49-50。

90 弘晝等編，《八旗滿洲氏族通譜》，卷 74，頁 10。

91 鄂爾泰等修，《八旗通志初集》，卷 5，頁 41-42；馮其庸，《敝帚集》，頁 14-20。

92 趙弘恩等監修，黃之雋等編纂，《江南通志》，卷 105，頁 13；韓世琦，《撫吳疏草》，卷 52，頁 61-62。

93 如曾國藩在同治二年正月二十四日字諭其子紀澤時，即稱呼曾紀澤三妹夫羅兆升之祖父羅嘉旦為「羅太親翁」。又，朱光圖為三男聘汪氏女時，亦謂「荷蒙太親翁允以令孫女貺室僕之三男」。參見曾國藩，《曾文正公家訓》，卷下，頁 1；陳躍，〈羅澤南詩歌縱談〉；陳枚輯，《留青新集》，卷 9，頁 20。

家族中，目前僅見其姪李以埥（圖表 3.21）娶馬氏，雖然迄今尚無資料可確定該馬氏乃桑額孫女，但此應為李煦稱桑額為太親翁的最可能原因。至於曹顒妻馬氏是否亦出自桑額家，仍待考。

又，《楝亭圖》中有一跋詩，題曰：「〈楝亭歌〉一章，呈荔翁老襟丈，並祈郢政。弟金依堯具稿。」末鈐「文安氏」之印，[94]「老襟丈」乃連襟之間的互稱。[95] 也就是說，金依堯應娶與曹寅妻李氏同族或聯宗之同輩。金依堯，字文安，鑲藍旗人，雍正二年知衡州府時遭革職，[96] 他是杭州織造金遇知第五子（圖表 3.13）。曹寅於康熙五十年有詩題稱：「辛卯孟冬四日，金氏甥攜許鎮帥家伶見過……」，[97] 若該「金氏甥」乃曹寅連襟金依堯之子，則曹寅是其姨丈，且恰可稱其為甥。另，《楝亭文鈔》的〈松巔閣記〉有云：「今〔康熙四十五年〕五月織部金公殂，擬赴弔……」，[98] 此「織部金公」應指杭州織造敖福合。

據鐵嶺《李氏譜系》（圖表 3.14；感謝高樹偉提供檔案），該家族之老二房與織造金家的婚配既多且密：如第九世李鍵的長女適「金璁，織造敖福哈公之子，廣西全州知州」，[99] 鍵子李智德娶「暢春苑總管金公依聖之女」；李鋐娶「杭州織造金公遇知之女」，長婿為年希堯子年如；李鋐長兄李錕

---

94 周汝昌，《紅樓夢新證》(2016)，頁 312。

95 如在乾隆朝夏敬渠的《野叟曝言》第五十六回中，未洪儒對文素臣曰：「弟在獄中，伏侍岳丈〔指任信〕，有失迎接。岳父特命小弟傳說，老襟丈〔指文素臣〕到月底才可出官……」素臣亦嘗對洪儒曰：「虧得老襟丈〔指未洪儒〕臨崖勒馬……」小說中的文素臣與未洪儒分別娶任湘靈、任文素兩姊妹。

96 《清代文字獄檔》，頁 551；曠敏本纂，饒佺修，《衡州府志》，卷 21，頁 17。

97 曹寅，《楝亭詩鈔》，卷 7，頁 18。

98 曹寅，《楝亭文鈔》，頁 10。

99 金璁為正紅旗監生，康熙三十九至四十一年知全州。參見黃昆山等修，唐載生等纂，《全縣志》，第 4 編，頁 30。

的次子李灝德娶「杭州織造金公依仁之女」。由於金家僅金遇知於康熙八年起管杭州織造、敖福合於三十一至四十五年間襲職，知「織造敖福哈」應即敖福合（《八旗通志初集》作卓福合），其譜名或漢名為金依仁。[100]

參據《鑲藍旗漢軍世管佐領原由家譜清冊》以及鐵嶺《李氏譜系》，[101] 金氏的開基祖金炳世（或譯作金秉世、金丙士或金炳西）共有巴泰、沙爾護、巴喀、達爾護、開敘、巴黑、揮塞七子（圖表 3.13）；至於前述之杭州織造金遇知（今人有音譯作金毓芝者），則與巴泰平輩，兩人同以金和為曾祖。巴泰 (?-1690) 是金家歷官最高者，原隸由其父金秉世、弟巴喀相繼管理的正黃旗包衣第四參領第一旗鼓佐領，天聰二年獲選御前承值；五年任二等侍衛；康熙三年陞任內國史院大學士；九年獲授中和殿大學士。身為清代第一位官至極品的「包衣下賤」，他在太宗和世祖兩朝均為「親近侍衛之臣」，康熙十九年因功被抬出包衣籍，以其家族編立一世管佐領，入正黃旗漢軍，始令巴喀管理，世襲罔替，凸顯其家所獲殊遇。[102]

巴喀陞任廣東副都統時，[103] 該佐領以其弟巴黑管理。康熙三十七年皇三子胤祉封誠郡王，巴黑所管佐領被撥歸胤祉門下，[104] 編為鑲藍旗漢軍第三參領第三佐領。至於巴喀原管的正黃旗包衣第四參領第一旗鼓佐領，在其家於康熙十九年改旗後，交多賴管理，多賴後亦分入誠郡王屬下，該旗

---

100 胡鐵岩〈曹璽首次赴江寧與任職江寧織造時間及旗籍考辨〉一文誤為金依堯。

101 如遇不合則暫以較具官方色彩的《鑲藍旗漢軍世管佐領原由家譜清冊》為主。

102 下文涉及金氏的論述均見拙著《二重奏：紅學與清史的對話》（頁 190-195），並據《鑲藍旗漢軍世管佐領原由家譜清冊》加以訂補。

103 廣東巡撫李士楨（蘇州織造李煦之父）曾於康熙二十一年與巴喀（杭州織造金遇知之族兄）等合詞密題〈請立花縣疏〉，知李、金兩家或早有一些互動。參見任果等修，檀萃等纂，《番禺縣志》，卷 19，頁 84-87。

104 康熙三十八年九月敏妃喪未滿百日，胤祉因不請旨即薙頭，論罪但從寬革去郡王，改授貝勒；四十八年十月晉封和碩誠親王；雍正八年，允祉（胤祉改名）因弔怡親王允祥喪時遲到早散、面無戚容，遭奪爵。

鼓佐領則以孫文成管理。前述背景應可讓我們了解金遇知卒後其家原管的杭州織造何以於三十一年仍指派敖福合（時雖已被抬出包衣籍，仍直屬皇帝的上三旗）襲父職；但當四十五年遴選接替敖福合的人選時，因金家已改隸鑲藍旗（不屬內務府），遂又轉由管正黃旗包衣第四參領第一旗鼓佐領的孫文成繼任。曹寅曾在奏摺中提及「孫文成係臣在庫上時曾經保舉，實知其人」，顯見曹、孫二人應頗相熟，然而，孫文成的家世背景及其是否與曹家有姻婭關係，均仍待考。

曹家雖自曹璽起擔任江寧織造，但要到深受康熙帝器重的曹寅奉旨繼任父職之後，其家的聲勢才大起。[105] 曹寅不僅負有督理鹽課、銅觔和織造等重責，亦多方交結並籠絡江南的漢人士大夫，還透過密摺扮演皇帝的耳目。[106] 此外，曹家也透過與李家、馬家、金家、孫家等織造世家之間直接或間接的姻婭關係，有效擴展其在江南的影響力。

曹璽有寅、荃二子，寅娶李月桂 (1628-1683) 第三女，荃妻不詳。至於璽生幾女，[107] 文獻無考。李月桂，字含馨，別字仙巖，順治初年以貢生知忻州，遷兩浙都轉運使，累擢江西督糧道，卒於官。[108] 月桂的先世出自隴西，明中葉始遷瀋陽中衛，據朱彝尊為其所撰的墓誌銘（圖表 3.15），稱他：

> 曾祖某，明中衛指揮使；祖某從世祖章皇帝入關，歷官鳳陽知府；考某，妣王氏；公三歲喪父。

並未記明上三代的名字。然因清代在康熙朝以前擔任鳳陽府知府的二十三

105 劉長榮，〈玄燁和曹寅關係的探考〉。

106 王春瑜，〈論曹寅在江南的歷史作用〉。

107 康熙十八年成書的《昭代詩存》收錄曹寅〈送徐德公還崐山〉，內「維予方抱戚」句註稱「時予喪妹」。參見席居中輯，《昭代詩存》，卷 7，頁 98-99。

108 黃一農，《二重奏：紅學與清史的對話》，頁 180-188。

名官員當中，只有李世璉（奉天人，生員）、李以易（山東人，舉人）、李陳常（秀水人，進士）三人姓李，旗人更只有李世璉一位，他是順治朝七名知府中的第四任，知李月桂的祖父應就是李世璉。[109]

圖表 3.13：《鑲藍旗漢軍世管佐領原由家譜清冊》中的金氏譜系。

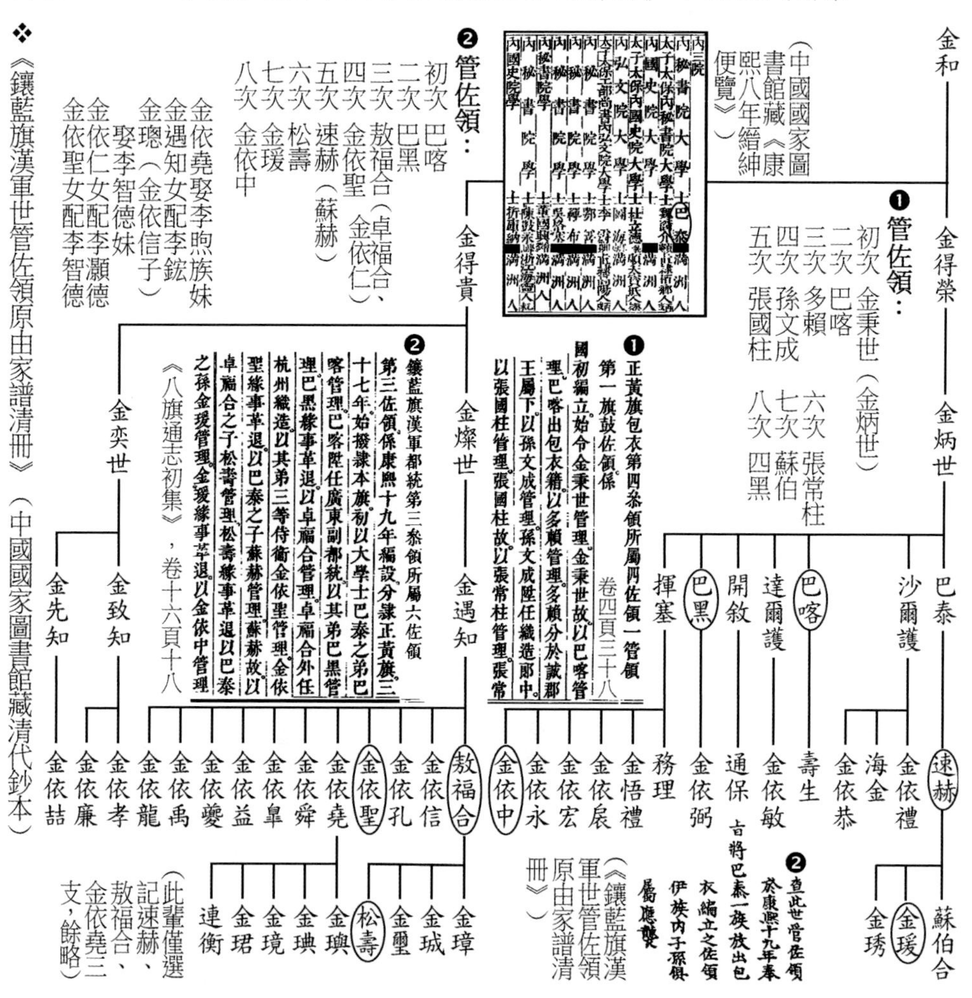

109 馮煦修，魏家驊等纂，《鳳陽府志》，卷 6 下，頁 2。

圖表 3.14：鐵嶺《李氏譜系》中與杭州織造金家等的聯姻。

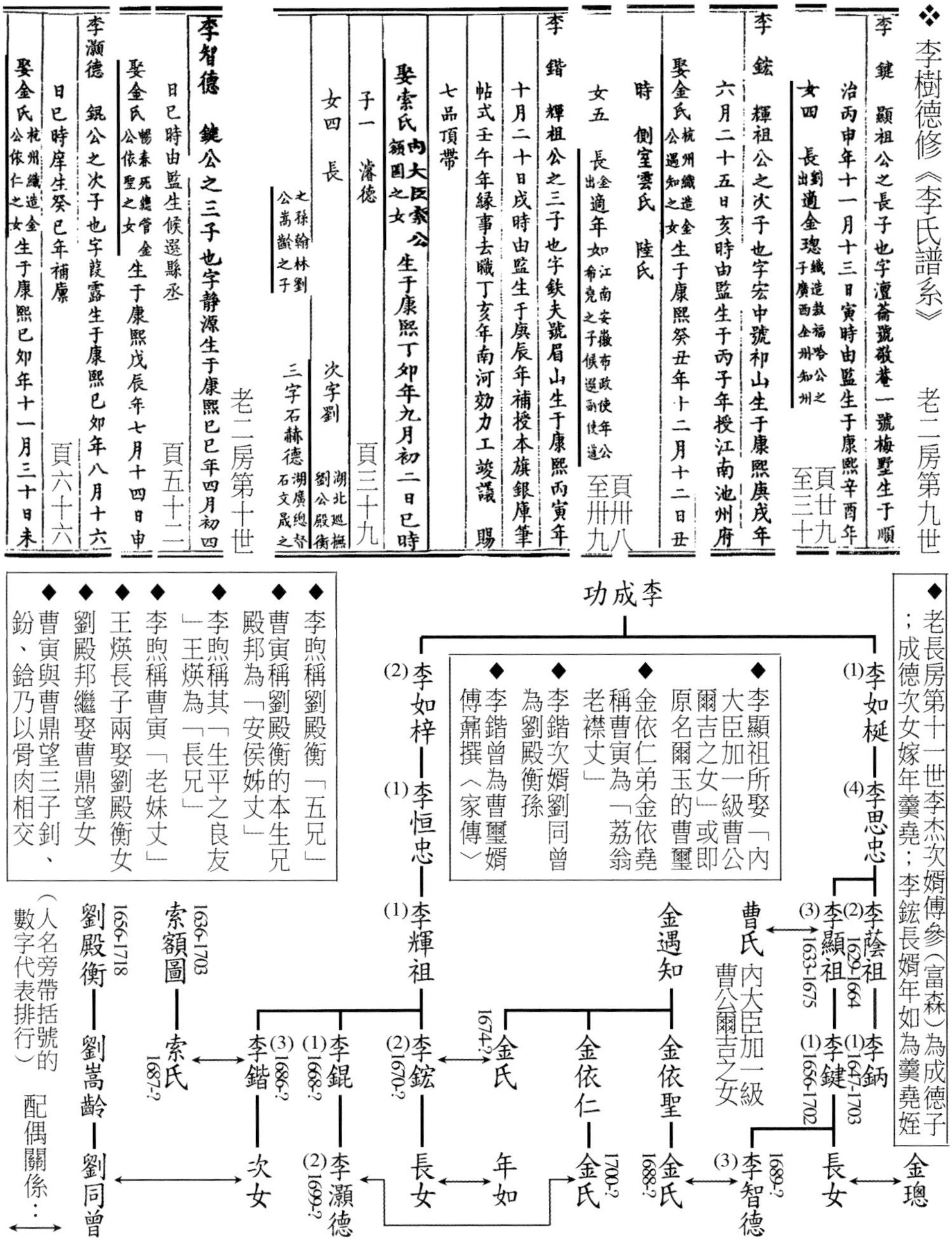

❖ 李樹德修《李氏譜系》

老二房第九世

李鍵　顯祖公之長子也字澶薔號敬菴一號梅墅生于順治丙申年十一月十三日寅時由監生于康熙辛酉年

女四　長（劉出）適金璁（織造散福哈公之子廣西全州知州）

頁廿九至三十

李鋐　輝祖公之次子也字宏中號礽山生于康熙庚戌年六月二十五日亥時由監生于丙子年授江南池州府

娶金氏（杭州織造金公遇知之女）生于康熙癸丑年十二月十二日丑時

側室雲氏　陸氏

女五　長（金出）適年如（江南安徽布政使年公希堯之子候選副使道）

頁卅八至卅九

李鍇　輝祖公之三子也字鉄夫號眉山生于康熙丙寅年十月二十日戌時由監生于庚辰年補授本旗銀庫筆帖式壬午年緣事去職丁亥年南河効力工竣議　賜七品頂帶

娶索氏（內大臣索公額圖之女）生于康熙丁卯年九月初二日巳時

子一　濬德

女四　長

次字劉（湖北巡撫劉公殿衡之孫翰林劉公嵩齡之子）

三字石赫德（湖廣總督石文晟之

頁三十九

老二房第十世

李智德　鍵公之三子也字靜源生于康熙己巳年四月初四日巳時由監生候選縣丞

娶金氏（暢春苑總管金公依聖之女）生于康熙戊辰年七月十四日申

頁五十二

李灝德　錕公之次子也字葭露生于康熙己卯年八月十六日巳時庠生癸巳年補廩

頁六十六

娶金氏（杭州織造金公依仁之女）生于康熙己卯年十一月三十日未

◆老長房第十一世李杰次婿傅參（富森）為成德子；成德次女嫁年羹堯；李鋐長婿年如為羹堯姪

李成功

(1)李如梴—(4)李思忠

(2)李蔭祖 1629-1664—(1)李鈉 1647-1703

(3)李顯祖 1633-1675 ↔ 曹氏（內大臣加一級曹公爾吉之女）

李顯祖—(1)李鍵 1656-1702

李鍵—長女 ↔ 金璁

李鍵—(3)李智德 1689-? ↔ 金氏 1688-?

(2)李如梓—(1)李恒忠—(1)李輝祖

李輝祖—(2)李鋐 1670-?、(1)李錕 1668-?、(3)李鍇 1686-?

金遇知—金依聖、金依仁、金氏 1674-?

金依聖—金氏 1688-?

金依仁—金氏 1700-? ↔ (2)李灝德 1699-?

李鋐 ↔ 金氏 1674-?

李鋐—長女 ↔ 年如

李錕—(2)李灝德 1699-?

索額圖 1636-1703—索氏 1687-? ↔ 李鍇

李鍇—次女 ↔ 劉同曾

劉殿衡 1656-1718—劉嵩齡—劉同曾

◆李顯祖所娶「內大臣加一級曹公爾吉之女」或即原名爾玉的曹璽

◆金依仁弟金依堯稱曹寅為「荔翁老襟丈」

◆李鍇次婿劉同曾為劉殿衡孫

◆李鍇曾為曹璽婿傅鼐撰〈家傳〉

◆李煦稱劉殿衡「五兄」

◆曹寅稱劉殿衡的本生兄殿邦為「安侯姊丈」

◆李煦稱其「生平之良友」王煐為「長兄」

◆李煦稱曹寅「老妹丈」

◆王煐長子兩娶劉殿衡女

◆劉殿邦繼娶曹鼎望女

◆曹寅與曹鼎望三子釗、鈖、鈐乃以骨肉相交

（人名旁帶括號的數字代表排行）

配偶關係：↔

圖表 3.15： 李月桂的墓誌銘及家傳。

❖朱彝尊，《朱竹垞文稿》，無頁碼

光禄大夫江西布政使司叅政李公墓志銘

江西布政使司叅政李公之葬也其子文煥物土于平谷縣治東北伊家留請余文誌其墓公諱月桂字含馨别字仙巖瀋陽中衛人曾祖某明中衛指揮使祖某從

世祖章皇帝入關歷官鳳陽知府考某妣王氏公三歲喪父戊童歲于學年二十以諸生貢于禮部出知忻州事時姜瓖初平餘惡未盡官兵方事捜

（中略）

碑以頌公焉擢知平陽府：自兵後逋賦至七十餘萬公請于上官再三疏聞于　朝報可民以得蘇而以法繩胥吏豪猾戢為屏跡五年遷河東轉運使蘪盬池周垣立廳事廨舍於前修治海光樓建野狐泉亭臺以為游憩之所商民胥悦尋以陝西布政司使叅政分守關西既至首葺城門樓堞

（中略）

米盡㒸公改定短運法民得以無困升廣西按察司使旋以吏議鐫級調兩淮都轉運使為言官奏彈事白補兩浙都轉運使遷江西布政司叅政督糧儲公於積弊殫心剔釐僉運必公無偏累也交

（中略）

詔免則公實倡之也公三督醝政兩叅藩屏晋進至一品以康熙二十一年十二月日終于官年五十有五娶劉氏繼娶陶氏俱封淑人子男二人文煥文炳俱蔭生女五人一嫁塗中坦蔭生一嫁張益貢監生一嫁曹寅官內戶部督理蘇州等處織造府一嫁遲維玫湖廣新田知縣一嫁安定隆候選知縣孫男二人壻國子監生其一幼未名女四人康熙三十年四月　葬之日也銘曰

❖戴名世，《南山集》，卷八頁廿六至廿九

李月桂家傳

李月桂字含馨瀋陽人也其先世出隴西至明之中葉遷瀋陽遂爲瀋陽人月桂生三歲而孤其大父撫之以至於成人嘗以謂人曰吾後當有興者其在斯兒乎年二十一貢於禮部起家知忻州是爲順治某年也當是時山西兵起屢剏而不散忻

（中略）

旨報可守平陽五年遷河東運使君凡三視鹺政最先河東次兩淮次兩浙皆能相商人之輕重緩急而次第布之不爲一切而已陞關西參政先是

（中略）

也乃設一短運之法力省而用寡秦人皆便之擢廣西按察使尋以他事詿誤左遷兩淮運使人有惡君者劾奏之遂罷去已復補兩浙運使居有頃陞江南督糧參政先是江西自康熙甲寅以還所在兵起大兵恢復俘其子女不可勝數君偕同官捐金多所贖取好義者多從而效之又江西旱潦頻仍君發倉廩賑卹多所全活叅政職司漕運漕運穨敝已久軍民皆困君按籍稽核躬親督率漕政之弊爲之一清自滇南起亂江西介閩楚之間被兵最久民死亡無算君以丁缺田荒移文制府請悉蠲逋制府上疏爲戶部所格不行久之奉覃恩逋賦悉免君嘗曰天下無不可感之民無不可格之主顧立身行己何如耳以故其政蹟多可書今不具載載其大者

李世璉於順治五年知河北新河縣，方志中記其「質性明敏，才猷練達，雖不事詩書，而雄才大略，料事多中」，邑人還為其撰有〈邑侯李世璉生祠碑記〉（或有吹捧之嫌）。[110] 八年正月戶部侍郎馬鳴佩題請查處時任鳳陽府知府的李世璉，因其先前曾領過制錢以搭放兵餉、官餉以及工食，故本應抵還錢本銀九萬七千餘兩，卻屢催不解，諭命戶部「嚴察議奏」。[111] 又，江寧巡按御史上官鉝（音「立」）在九年八月為「糾劾愽漕壞法貪官」所上的題本記：

> 李世璉年陸拾歲，遼東瀋陽中衛人，由正黃旗下生員原任江南鳳陽府知府，於順治伍年閏肆月初柒日到任。狀招世璉「居官無術，任蠹作奸」，以致另案發配。

細讀此一長達約五千字的文件（詳見圖表3.16），知李世璉應是八年八月因放縱所屬衙役剋扣驛銀千餘兩等事而遭革職。

李世璉本人雖查無「入己之贓」，但他「膺師帥之任，鮮精明之職，養奸作祟，縱蠹貽殃」，依律應杖八十，照例可納米贖罪。亦即，生於萬曆二十一年的李世璉，雖在知新河縣數月之後驟陞鳳陽府知府，然因他「以庸劣之才，任繁劇之地，不能剔弊馭下，惟知縱役憑城」，遂於三、四年後被革職擬杖（圖表3.16）。

110 傅振倫等修纂，《新河縣志》，冊3，頁57、冊4，頁80。
111 中國第一歷史檔案館編，《清代檔案史料叢編（第七輯）》，頁171-172。

圖表 3.16： 李月桂祖父李世建遭免官的材料。

巡按江寧等處兼管屯田監察御史上官鉉謹
揭為循例糾劾惧漕壞法貪官以安民生事本
年捌月初貳日攪江南按察使司按察使謝道
呈開得一名李世建年陸拾歲遼東瀋陽中衛
人由正黃旗下生員原任江南鳳陽府知府於
順治伍年閏肆月初柒日到任狀招世建居官
無術任蠹作奸以致另案發配今提到審參審

（中略）

題奉捌年肆月初壹日奉
聖旨該部知道欽此欽遵到部該本部題覆於捌月
貳拾日奉
聖旨是劉孔中李世建周祥麟王佐于學政曹轉敏
王胤翼鄒肇職并本內有名衙蠹着該督撫按一

（中略）

等情批案會審得李世建身任府正不思愛養
百姓恪守官箴縱蠹馮毓祥顏甯宇侵扣池河
張橋等肆驛應給站銀每百兩扣除貳拾兩計

（中略）

民錄思皆為脂膏散之夫馬窮役不沾實惠研
審世建雖無入手之贓而養奸以至侵贓千有
餘兩尚安客此如聾如瞶者一朝居於民上乎

（中略）

均徒不枉李世建覺察不嚴官箴大壞並杖允
宜但犯事在
赦前應否免罪追贓統惟憲奪等因具招於玖年伍
月貳拾捌日詳解到司該本司謝按察使提取

見在各犯逐一按款研審各供與前情無異看
得李世建職任牧民才實庸邁居官善政無聞
縱蠹肆虐有攙如侵尅驛銀也吏書馮毓祥顏
甯宇每兩加貳扣侵內除濠梁附郭紅心句養
供無扣尅睢陽百善大店叁驛扣尅銀兩已奉
憲行追給外復扣尅池河等肆驛銀壹千貳百
叁拾伍兩貳錢均分如推理詞狀七柒年分經

（中略）

蠹役侵詐多贓驛民受害罔極世建實有以致
之也馮毓祥顏甯宇許長春計贓既已貫盈按
律並應流徒李世建覺察無能官常有玷念無
染指之私允宜杖懲贓追入官李主吾等供明
免議應詳各犯事在
赦前應否援例宥罪追贓統候憲裁具招呈詳總督
馬部院掌批李世建身膺郡守不潔官箴縱蠹
憑城婪聲嘖嘖驛遞之凋敝無如池河等即多
患恤尚虞艱役之難甦柰何凡發驛銀便有侵
扣任胥蠹除扣分肥全無釐竭民膏夫髓真堪
群蠹之唆吸手睢陽等叁驛扣銀既經追給則
此驛尅果止此否推詞差票每張有票經年累
月數豈僅此其他各款證供僉属無據難以懸
坐不識當日何故以風影之事據拾以入
否也世建昏邁縱奸即云中無染指可謂衆蠹之罪
非其罪乎

（中略）

史批馮毓祥敢於侵扣驛站銀壹千貳百餘兩
許長春亦敢公然賣牌得受多贓李世建俛偪
自甘任憑衙蠹玩弄股掌而不覺真大可詫異
矣餘款尚多豈盡無染仰遂一研究確報不得
徇縱仍候督按二院詳行繳又蒙巡按上官御
史批此案原參贓數已若纍纍而世建名下毫
無一實豈前撫無所據而漫登啓事乎至於承

（中略）

審前情是的覆看得李世建膺師帥之任鮮精
明之職養奸作慝縱蠹貽殃誠有愧於民上者

（中略）

拾兩律杖壹百李世建合依不應得為而為之
事理重者律杖捌拾李世建係革職官審有力
照例納米贖罪馮毓祥等俱衙役審無力馮毓

（中略）

招詳到職該職謹會同督臣馬國柱督漕撫臣
王文奎看得李世建以庸劣之才任繁劇之地
不能剔弊取下惟知縱役憑城至驛站一項極
稱疲困守斯土者謂宜何如甦恤以綏殘黎乃

（中略）

甯至吾李世建念無入己之贓一杖允宜馮毓

（中略）

順治
日監察御史上官鉉

❖ 張偉仁主編，《明清檔案》，第15輯，A195-092

李世璉此一不堪的過往，在李月桂的墓誌銘及家傳中均未留下片語隻字。事實上，檢朱彝尊為李月桂所寫的墓誌銘，月桂之祖雖曾官至從四品的知府，卻被以「祖某從世祖章皇帝入關，歷官鳳陽知府」的書寫方式姑隱其名。而在戴名世所寫的家傳中，更只稱「月桂生三歲而孤，其大父撫之」，對世璉曾出仕一事亦未提及。這些肯定皆是李家為避免尷尬而蓄意主導，因朱、戴二人絕不可能無法得到此資訊。[112]

李月桂三歲喪父，母王氏，天聰二年（崇禎元年）生，當時其家所在的瀋陽已於天啟元年被金國攻陷。順治四年二十歲（或稱順治五年二十一歲）的月桂以諸生「貢於禮部」，旋於六年知忻州，十年知平陽府，十六年任河東鹽法道，十七年轉陝西分守關西道，康熙四年任廣西按察使，七年授兩淮鹽運使，十二年任兩浙鹽法道，十五年任江西督糧道，後攝布政司印務，二十一年十二月卒於官，享壽五十五歲，[113] 其最後的官銜應是「督理江西通省稅糧事務、布政使司參政、加至正一品又加五級」。[114] 月桂有文煥及文炳二子，女五人，其中第三女嫁「官內戶部，督理蘇州等處織造府」之曹寅。

圖表 3.17 整理出方志等官方性質的文獻中有關李月桂的宦歷，我們發現對其出身有「貢士」和「貢生」兩種表述，甚至在四庫本的《山西通志》中，列忻州知州以及河東鹽法道職官時雖均記其為貢士，但列平陽知府時卻記成貢生！由於清朝在肇建之初急需充補各地方官缺，順治間遂數次考

112 通常墓誌銘及家傳是根據當事人親友所寫的行狀來發揮，而行狀不太會略記其擔任過顯宦的先祖名字，但因李世璉不太名譽的過往，或為避免給人負面評價，朱彝尊遂只好略記成「曾祖某，明中衛指揮使；祖某，從世祖章皇帝入關，歷官鳳陽知府；考某」，將李月桂的曾祖、祖父與父親皆隱名處理！

113 方戊昌修，方淵如纂，《忻州志》，卷 21，頁 24；曾國荃、劉坤一等修，劉繹、趙之謙等纂，《江西通志》，卷 15，頁 19-20。

114 杜林修，彭斗山纂，《安義縣志》，卷首綸音。

用從龍入關之旗人，「文理優長者，准作貢士，以州縣即用」，此明顯與民人貢士（專指會試中式但尚未殿試的舉人）不同。疑清初旗籍官員只要曾被記為「貢士」者，多屬八旗貢士出身，此即李月桂墓誌銘中所謂的「以諸生貢于禮部」，但因其位階通常被認為較民人的舉人略遜一籌，故文獻中偶亦記成了形近的「貢生」。

至於李月桂的旗籍，記載也不一（圖表 3.17）：如在前引順治九年八月上官鉝的題本中，即記其祖李世璉是正黃旗下生員；但月桂於順治十七年至康熙四年任陝西分守關西道時，《陝西通志》記其為鑲紅旗人；當他於康熙七年擔任兩淮鹽運使時，雍正和嘉慶《揚州府志》、乾隆《江南通志》以及光緒《重修安徽通志》則皆記成鑲白旗人；他在康熙十二年陞授浙江都轉鹽運使司鹽法道時，雍正《浙江通志》與同治《重修兩浙鹽法志》卻又記為正白旗人。然因李月桂的旗分隨時間而不同，並無錯雜的情形，故我們目前只能推判其旗籍在順康之間的轉變為正黃→鑲紅→鑲白→正白，[115] 具體原因待考。

李月桂所受漢文化的薰陶應較撫養他的祖父為深，他於順治十四年知山西平陽府時，曾重刊《針灸大成》並為之撰序，稱醫學為其家學（所謂「末學家剽一二浮辭，謂為有得」），且於康熙二十年又將此書再刊於江西。[116] 康熙元年李月桂刊刻張載的《張子全書》時，序中亦稱「余弱冠時，披誦歷代名籍，夙聞先生載籍……余今分藩關西，親炙里居，得全集而置之案頭。政事暇而講求吟咏，紬繹領略，心曠神怡」，[117] 知其乃文士出身。

115 曹雪芹家族在歸順金國之後以迄順治中葉，其所隸的旗色也曾從正黃→鑲白→正白（第二章）。

116 黃龍祥主編，《針灸名著集成》，頁 790。

117 張載著，章錫琛點校，《張載集》，頁 393-394。

圖表 3.17： 李月桂相關記事編年。

版本	材料	出處
乾隆刊本	遼東瀋陽貢士，順治六年知忻州	《忻州志》卷 3
四庫全書本	遼陽瀋陽貢士，順治六年知忻州	《山西通志》卷 82
四庫全書本	遼東瀋陽貢生，順治十年知平陽府	《山西通志》卷 81
康熙刊本	奉天貢生，順治十年知平陽府	《平陽府志》卷 19
康熙刊本	遼東瀋陽貢士，順治十六年任運使	《河東鹽政彙纂》卷 4
四庫全書本	遼東瀋陽貢士，順治十六年任河東鹽法道	《山西通志》卷 80
乾隆刊本	奉天貢生，順治十六年任河東陝西都轉鹽運使司鹽運使	《解州全志》卷 5
乾隆刊本	奉天貢生，順治十六年任運使	《河東鹽法備覽》卷 3
四庫全書本	鑲紅旗人，順治十七年至康熙四年任分守關西道	《陝西通志》卷 23
四庫全書本	奉天人，康熙七年之前任廣西按察使	《廣西通志》卷 57
康熙刊本	遼東□□貢生，康熙七年任兩淮鹽法運使加敕管鹽法道	《揚州府志》卷 10
雍正刊本	鑲白旗人，康熙七年任兩淮都轉鹽運使司運使	《揚州府志》卷 18
四庫全書本	鑲白旗貢生，康熙七年任兩淮都轉鹽運使	《江南通志》卷 106
嘉慶刊本	漢軍鑲白旗貢生，康熙七年任兩淮都轉鹽運使	《揚州府志》卷 38
光緒刊本	鑲白旗貢生，康熙七年任兩淮都轉鹽運使	《重修安徽通志》卷 123
康熙刊本	康熙十二年任兩浙江南都轉運鹽使司運使	《杭州府志》卷 19
同治刊本	奉天瀋陽正白旗貢士，康熙十二年任兩浙都轉運鹽使鹽法道	《重修兩浙鹽法志》卷 22
四庫全書本	奉天正白旗貢士，康熙十二年任浙江都轉鹽運使司鹽法道	《浙江通志》卷 122
康熙刊本	奉天瀋陽貢士，康熙十五年任江西糧儲道	《江西通志》卷 14
四庫全書本	康熙十五年任江西督糧道	《江西通志》卷 48
民國鉛印本	關東貢生，知沂州，累擢江西督糧道	《奉天通志》卷 185

日本京都大學尚藏有山西運城鹽池廟之項錫胤〈飲虞舜彈琴處〉及李月桂〈飲虞舜彈琴處，次項犀菴大參元韻〉兩詩碑拓片（圖表 3.18），前者或為項氏在順治十五、六年任山西按察使司副使、分巡河東兵備道時，巡歷其轄區內的鹽池神廟所題。因項氏於十六年陞授貴州布政使司參政，十七年再調江南布政使司參政，故李月桂和其詩時遂稱他為「大參〔參政之別稱〕」。[118] 從此詩碑的內容與書法，知李月桂的漢文化造詣不差。康熙十三年秋李漁至杭州，浙江按察使郭之培即拜託鹽運使李月桂幫其介紹認識。[119] 可見李月桂的交遊圈中不乏漢人名士。

曹璽和李月桂結兒女親家的因素或有多重，首先，兩家先人同有居住在瀋陽的地緣關係，並皆於金國軍興之初入旗，只不過曹家為滿洲包衣，李家為漢軍旗。[120] 再者，曹振彥和李月桂均曾於「扈從入關」後考取八旗貢士，並先後外放山西，一為吉州知州（順治七年），一為忻州知州（順治六年）。接著，曹振彥於九年陞授山西陽和府，李月桂亦於十年知同省的平陽府。順治十二至十四年曹振彥轉任官署在杭州的兩浙鹽運使，李月桂則於順治十六年陞任在解州的河東陝西鹽運使，並於歷官陝西分守關西道以及廣西按察使後，在康熙七年出任官署在揚州的兩淮鹽運使，十二至十五年在杭州任兩浙都轉運鹽使司鹽法道。康熙三至二十三年任江寧織造的曹璽，很可能於公私兩方面均與李月桂有許多交往的機會，遂替長子曹寅與門當戶對的李月桂第三女議婚。

---

118 《清世祖實錄》，卷 121，頁 941、卷 127，頁 991。

119 李漁，《笠翁一家言全集》，詩集，卷 6，頁 68。

120 李月桂家即因此未如曹璽家被收入《八旗滿洲氏族通譜》。

圖表 3.18：清代文獻中的李月桂。[121]

❖日本京都大學藏山西運城鹽池廟之李月桂詩碑拓片

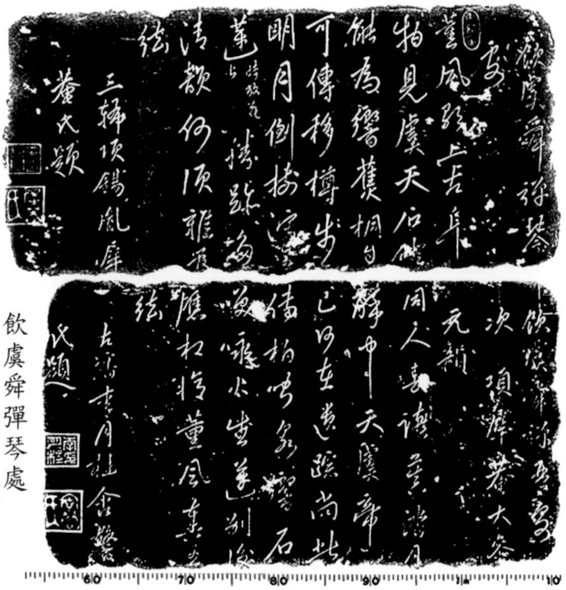

飲虞舜彈琴處
薰風歌上古，阜
物見虞天。石磴
能為響，蕉桐自
可傳。移樽步
明月，倒樹瀉金
蓮。時放花七，勝跡多
清韻，何須雜管
絃。
三韓項錫胤犀
菴氏題

飲虞舜彈琴處
次　項犀菴大參
元韻
同人春讌苦，踏月
醉中天。虞帝
已何在，遺蹤尚此
傳。拍聞泉響石，
笑咏火生蓮。別後
應相憶，薰風奏五
絃。
左濬李月桂含馨
氏題
李印月桂
含馨氏

❖蔡受，《鷗跡集》，卷十四頁二

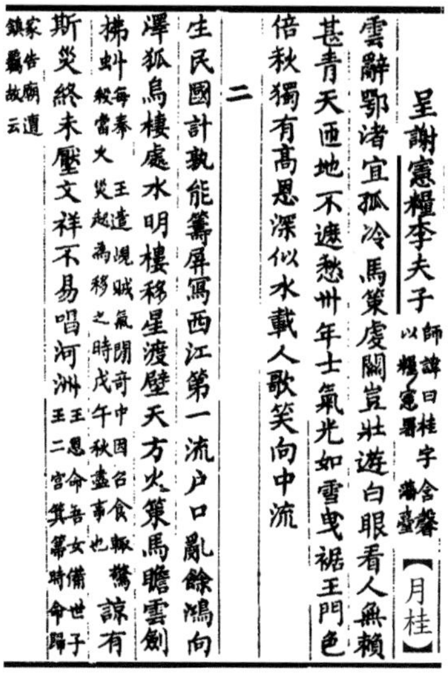

呈謝憲糧李夫子 師諱曰桂字含馨以糧憲署藩臺 【月桂】
雲辭鄂渚宜孤冷馬策虔關豈壯遊白眼看人無賴
甚青天匝地不遮愁卅年士氣光如雪曳裾王門色
倍秋獨有高恩深似水載人歌笑向中流
二
生民國計執能籌屏寫西江第一流戶口亂餘鴻向
澤狐鳥棲處水明樓移星渡壁天方火策馬瞻雲劍
拂斗 每奉王遣覘賊氣閧奇中因召食賑饑發當大災越為移之時戊午秋盡事也 諒有
斯災終未壓文祥不易唱河洲 王恩命吾女備世子王二宮冀第時命歸家告廟遺鎮麤故云

❖楊繼洲，《針灸大成》（順治十四年李月桂刊本）

慨自青囊秘絕，而醫失其傳，末學家剽一二浮辭，謂為有得……余承乏平水，大父自都來，顧以邁年跋涉長途，風濕侵尋，遂積為痰火之症，幾至不起。延訪名醫，而三晉寥寥乏人……多方調劑，百日始痊……郡中向有《針灸大成》一書，乃先任按台趙公遘疾，諸醫藥莫效，而得都門名針楊繼洲三針奏癒，因感其神，洲遂出秘傳，匯采名集而著梓之……第斯刻其來已遠，舊板殘缺浸湮，余善其書，憫其疾，故捐俸采葺而廣梓之。倘有志繼洲者，精習而妙施焉，未必無補於世云爾。時順治丁酉秋月吉日，知平陽府事關東李月桂撰

❖張載，《張子全書》（清初刊本）

粵考雍州之域土厚風樸……余弱冠時，披誦歷代名籍，夙聞先生載籍……余今分藩關西，親炙里居，得全集而置之案頭。政事暇而講求吟咏，紬繹領略，心曠神怡……謹漫為序……時康熙壬寅仲秋，欽差分守關西道兼管糧餉驛傳陝西布政司右參政後學李月桂謹撰

121 感謝薛龍春和吳國聖協助辨識圖上的詩碑拓片。「時放花七」指當時開花七朵。

曹寅雖娶李月桂女，但與其情誼匪淺的李煦，[122] 卻常稱曹寅為「老妹丈」或「妹丈」，並指兩人是「至親骨肉」「至戚之誼」或「寮友之情」（圖表 3.19）。曹寅過世後，李煦亦於五十四年三月初十日奏稱：

> 臣妹曹寅之妻李氏，感激萬歲命曹頫承繼襲職隆恩，特起身進京叩謝。臣一聞此信，隨同曹頫各差家人飛騎止住，所以臣妹已至滁州仍回江寧矣。臣煦於三月初二日到江寧織造署內，即向臣妹宣示恩旨……臣妹李氏跪聽之下，感激涕泣。

其中用了四次「臣妹」來稱呼曹寅妻李氏。此外，曹頫在同年八月奏請聖安並求賜稻種摺中，稱「奴才向母舅李煦分得稻種一斗……」，在十二月的請安摺中，亦稱「今接奴才母舅李煦來字，傳示批旨……」。此外，五十四年正月李煦在致兩淮巡鹽御史李陳常的函中，也稱曹顒為「曹舍甥」，至於他給曹頫的回信，亦以「復曹甥」為題。[123] 前述的「臣妹」及「母舅」稱謂，因屢屢出現在寫給皇帝的文書中，故曹、李兩家理應有一些較客觀的姻婭關係。

---

122 李煦與曹寅在康熙三十一至五十一年間分別任蘇州與江寧織造，他倆也於四十三年起奉旨輪流以御史銜巡視兩淮鹽課，李煦且在曹寅和其子曹顒先後過世時，協助其家處理後事以度過財務難關。

123 李煦撰，張書才、樊志斌箋註，《虛白齋尺牘箋注》，頁 394、510。

圖表 3.19：　李煦《虛白齋尺牘》中對曹寅的稱謂。

❖ 李煦，《虛白齋尺牘》

致曾銀臺　康熙四十四年十月

旗丁張李友糾衆橫行一案前接來教知老妹丈欲據實　題參
深為佩服頃聞移咨各院尚未拜疏在吾妹丈以果毅之姿必無
（中略）
臺臺無關礙誠不必有所深慮而却顧者也弟非以接任伊邇故
為喋喋蓋轉盼兩䌸老妹丈隨身任其責如目前不為振肅將來
弊何底止知吾妹丈必力挽頹波日內已繕疏具　題而弟固不
勝仰望之殷也伏惟賜示為禱

復曾銀臺　康熙四十五年四月

頃來翰教領悉陶兄事弟實以措處艱難不能應命武偹院鰍鱗
重荷妹丈處費神弟前已措上五數餘尚該幾何乞示知當即照
帳找奉也弟與老妹丈至戚骨肉又同寮好友百凡自當仰賴指
敎但亦當有體量斟酌者未可一概信口任意而言使弟撫心稱
屈不知凡幾也弟與妹丈同受
（中略）
聖恩深重非前人傳舍視之之比焉可不顧鹽法只圖一已之私
其勞老妹丈安受其逸豈其不以為感而反以為罪耶弟何嘗不
用盡苦心寬嚴並濟但吾妹丈不加體察耳寧國之故滷耗亦如
八縣之故滷耗此阻絕私鹽之一要法也衆商皆歡欣樂從其收
（中略）
惟有心傷不已為大體含忍曲全聽之蒼天而已頃所定織造等
費今年去年一樣皆蹈妹丈而行撙散皆當面言明並無更改增
移或妹丈去年有人中飽則弟不得而知也前相晤時妹丈諄說
衆商大為聚議及至別後而妹丈又密令冠商致字維揚使衆商
向弟講求由此以觀果真心為弟耶抑與二三摠商已有成竹耶

總自今以後妹丈何不静以聽之還祈俯諒愚衷之坦率無欺勿
惑於一二人不經之浮議則不特十載同舟歡然共濟而且於親
情友誼始終永好勿渝矣適因來教敢布腹心幸恕戇直未盡所
言尚容面悉

又

弟與老妹丈重之以至戚之誼加之以寮友之情當陳膠漆其素
相式好已非朝夕矣年來吾兩人蒙
（中略）
苦心皇天后土實式憑之豈敢殘民以自逞摠商之橐私迴續不
過奉一年之差以盡一年之事初非戀戀淮鹺希圖接任以作永
遠之模乃相知如妹丈似乎未蒙見亮覿面之諷刺別後之揚言
前賜翰教又皆欲加人罪之辭老妹丈愛我有素固應胥無他志
而其迹則實有可疑此弟之所為扼腕陳詞以求白其苦衷冀原
之愫也刻下接來函老妹丈肺腑既蒙明示則烟消霧釋鄙懷尚
何所芥蔕即以弟之近今諸事吾妹丈亦日久自明可不必再為
細陳要之吾兩人非同泛泛自茲以往一遞一年彼此輪流既以
共荅
君恩而至親骨肉亦且永以為好目今之饒舌在妹丈以為弟聽
貝錦之言以致有此弓影之疑然而弟亦望妹丈高懸秦鏡將人
之譖愬不行則昔時之管鮑豈得專美於前耶冒昧之罪容日荊
請伏惟垂亮

與李運司　康熙四十五年五月

久不晤語殊切葭思制軍過後祈即枉駕來儀以慰飢渴弟與曹
荔軒葭莩之戚已三十餘年而織造共事又復十有餘載從前本
相好無間雖其性情行事每多矜氣在弟無不曲為原亮止期永

查李煦之父李士楨（本姓姜，山東昌邑人）乃於崇禎十五年被南略的清軍擄出關，旋出繼正白旗佐領李有功，有功父李栢為「正白旗包衣人，世居瀋陽地方」，其家收在《八旗滿洲氏族通譜》（圖表 3.20），然李月桂家未被收入，[124] 那李煦稱曹寅為「老妹丈」或「妹丈」，究竟指的是何種關係？

雖然李煦為表達彼此的密切關係，嘗在致書曹寅時稱其為「至親骨肉」，或稱有「至戚之誼」，但當李煦於康熙四十五年五月因與曹寅對鹽課之事有所齟齬，而去函兩淮鹽運使李斯佺時，則謂：

> 弟與曹荔軒葭莩之戚已三十餘年，而織造共事又復十有餘載。從前本相好無間，雖其性情行事每多孩氣，在弟無不曲為原亮，止期永以為好而已。年來吾兩人又荷朝廷寵命，一遞一年，輪視淮鹺。私心逆料，以為同舟雅誼，彼此益相親厚，而孰知荔軒則有大不然者。弟去冬抵任未幾，即嘖有煩言，然各行各事，弟亦聽其嘵嘵，固不與之校也。[125]

改以較接近實情的「葭莩之戚」來形容兩人的親誼。「葭莩」原指蘆葦中極其輕薄的膜，用以比喻關係疏遠的親戚；此詞亦可用作新戚的代稱，如《醒世恒言》卷二十一記張淑兒對楊延和稱「若不棄微賤，永結葭莩」。[126] 因疑李月桂與李煦或為遠親，或彼此不過是聯宗。又因李煦與曹寅間的此一關係，應肇始於曹寅成婚之際，故從「弟與曹荔軒葭莩之戚已三十餘年」句，知曹寅與李氏應不晚於康熙十五年結婚，當時李月桂在杭州任兩浙鹽法道，而曹璽在南京任江寧織造。

---

124 嘉慶《揚州府志》稱李月桂為漢軍旗，故不屬《八旗滿洲氏族通譜》收錄對象。

125 李煦撰，張書才、樊志斌箋註，《虛白齋尺牘箋注》，頁 39-42。

126 馮夢龍，《醒世恒言》，卷 21，頁 13。

圖表 3.20：　李煦祖父李有功的相關材料。

❖ 關孝廉等譯，《清初內國史院滿文檔案譯編》

天聰八年四月初九日條

墨爾根戴青貝勒屬下旗鼓牛彔章京曹振彥因有功，再加半個前程。

崇德三年正月初八日條

正紅旗吳守進為賀其生辰，以演戲為辭，將武英郡王府下已嫁婦女白天接去，至晚留其宿。是以，吳守進罰銀五十兩；鑲黃旗馬光輝以演戲留宿，坐以應得之罪。武英郡王下管家李要功（應譯為李有功）、邵振筵（應為曹振彥）以其怠誤，不察有夫之婦行止，各鞭八十。

崇德八年十二月十一日

李有功以爾克盡闕職，不忤旨意，特准管事，並授為半個牛彔章京，陣亡准襲，病故不襲。

順治二年九月初七日

多羅武英郡王執事官李有功，因年邁多病被辭退後，由高陽生任半個牛彔章京並任執事官。

❖ 弘晝等，《八旗滿洲氏族通譜》，卷七十四頁三

欽定四庫全書　卷七十四　八旗滿洲氏族通譜　三

李栢

正白旗包衣人世居瀋陽地方來歸年分無考其子李有功原任佐領李想功原任雲南永順鎮總兵官孫李國屏原任員外郎兼佐領曾孫李芳原任副將元孫阿什泰現任護軍校四世孫李治現任典儀李浦現係舉人

❖ 杜臻，《經緯堂文集》，卷十頁十至十三

經緯堂文集卷十　十

廣東巡撫都察院右副都御史李公墓誌銘

公本姜姓世居東萊之都昌素治經業代有聞人生而異質過目成誦宗黨咸器之壬午從龍遼左繼正白旗佐領西泉李公即以李為氏丁亥八旗掄才以第十六名中選授長蘆運判京東接壤山左彼時潢池陸梁王師南下滄民驚恐公力為調護賴以安全更疏引鹽課至

（中略）

頒賜清書綱目一部眞一時異數云公諱士楨號毅可生於萬曆己未歲四月二十三日亥時卒於康熙乙亥歲三月二十二日申時享年七十有七元配王氏系出山左望族今封夫人子六人長煦文氏出前內閣中書隨征補廣東韶州知府改補浙江寧波知府今授督理蘇州織造府事次耀陳氏出原任貴州貴陽府修文縣知縣次炘現任內務府會計司員外郎次燦候選知縣俱王夫人出次炆白氏出分理暢春園事次煒陳氏出候選州同娶皆名族女一王夫人出適周承詔佐領孫男十五人以壎國學生燿出以堉以墉以塏以墻俱國學生炘出以坦以墧以增俱炆出以埁以埈以坤俱燿出以埰以某燦出以[illegible]煦出以某煒出孫女長適營造司掌印郎中參領兼管佐領事佛公保子阿廩煦出次適原任營造司郎中參領岳公陽子六十七燿出餘未字煦等將以康熙三十八年二月六日某時奉公葬通州城西之王瓜園以孫黍舊治知公悉屬為銘誼不敢辭謹據狀次第行實而系以銘曰

又因江西巡撫李士楨在康熙二十年十一月所上〈荒缺丁田緩徵疏〉中，稱「據江西布政使司會同按察使司柯永昇、督糧道參政李月桂、驛鹽道僉事遲煊、都使司俞承都會看得江右荒缺一項……」，知李月桂時為李士楨的部屬。依康熙十年題准的迴避原則，可判斷兩人間的親等應在五服之外，否則，李月桂理應迴避調職，此亦可說明李士楨與李月桂兩家的親緣關係不是很近。惟據清律中的規定，旗人無嗣應先按親等遠近以同宗之姪承繼，如無，才可過繼異姓，但此異姓通常仍為親戚，故筆者先前曾懷疑李煦與曹寅之戚誼，有可能因李月桂之母王氏與李士楨（原姓姜）的正妻王氏乃姑姪。依此假說，李月桂原應稱士楨為「表姊丈」，士楨之子煦因此得稱月桂婿曹寅為「表妹丈」，但因李煦與寅妻同姓，遂簡稱曹寅為「妹丈」。[127]

惟「表妹丈」究竟可否亦稱作「老妹丈」或「妹丈」，很難從一般工具書中查得答案。然經努力疏理大數據中其它使用「老妹丈」的用例以及當事人彼此間的親誼關係後，現已可確認「老妹丈」與「妹丈」在清代乃對親妹、堂妹、族妹或表妹配偶的稱謂，而「老」字為敬詞（附錄3.5）。

附錄3.5

「老妹丈」稱謂釋義

目前通行的文史工具書中，罕見「老妹丈」一詞的釋義。經搜尋各種大型文史資料庫，雖可發現詩文別集中不乏此一稱謂，然當事人彼此的親緣關係卻往往不易疏理，倒是在清代的章回小說中有較多機會理清。現即臚列析探的結果如下：

[127] 此段參見黃一農，《二重奏：紅學與清史的對話》，頁185-187。

1. 康熙時人曹煜稱呼其堂妹之夫李天相為「舍妹丈」「老妹丈」「賢妹丈」或「妹丈」。[128]
2. 在清初小說《檮杌閑評》中，魏進忠稱呼其表妹客印月（兩人之母為陳氏姊妹）之夫侯二官為「老妹丈」或「妹丈」。[129]
3. 在康熙成書的《桃花扇傳奇》中，安排表字龍友的罷職縣令楊文驄為鳳陽督撫馬士英的妹夫，書中的馬士英因此稱楊文驄為「老妹丈」，楊文驄則謂馬士英是「舅翁」。[130]
4. 揚州八怪之一的高鳳翰 (1683-1749) 在〈寄玉兼王姊丈〉中，兩稱王氏為「老姊丈」，一稱其「姊丈」，[131] 惟鳳翰的親姊妹和堂姊妹中似無嫁王氏者。[132]
5. 雍正初年的章回小說《姑妄言》記被老婆毒打之童自大的故事，他欲請擔任刑房書辦的姻親魏如豹為其寫狀子申告，童妻鐵氏是魏氏的遠房表妹，魏如豹兄如虎因此稱呼童自大為「妹丈」「老妹丈」。[133]
6. 乾隆朝小說《儒林外史》中有王德和王仁兩兄弟，其妹嫁與嚴致和為妻，王氏兄弟即稱嚴氏為「老妹丈」或「妹丈」。[134]
7. 乾隆朝小說《孝義真蹟珍珠塔》中的畢雲顯因其妹秀金許配給方子文，遂稱方氏為「老妹丈」。[135] 咸、同間蘇州彈詞藝人馬如飛創作的《繪圖孝義真蹟珠塔緣》，亦描寫落魄文人方卿娶

---

[128] 曹煜，《繡虎軒尺牘》，卷 1，頁 6、二集卷 2，頁 24、三集卷 2，頁 6、三集卷 3，頁 3。

[129] 《檮杌閑評》，卷 12-14。

[130] 孔尚任，《桃花扇傳奇》，卷上，頁 20、80。

[131] 高鳳翰，《南阜山人斅文存稿》，尺牘，卷 14，頁 244。

[132] 宋和修，《高鳳翰年譜》，頁 3-10。

[133] 曹去晶，《姑妄言》，第 3 回，頁 315-317。

[134] 吳敬梓，《儒林外史》，第 5 回，頁 11。

[135] 周殊士，《孝義真蹟珍珠塔》，第 8-9 回。

湖廣提督軍門畢雲顯之妹畢繡金（無姊妹）的故事，畢雲顯在書中稱方卿為「老妹丈」。[136]

8. 韓錫胙在乾隆四十年所撰的〈祝杜必照姊丈暨大姊韓安人七旬雙壽序〉中，稱杜必照為「老姊丈」，九稱其「姊丈」，[137] 而杜氏是其大姊的夫婿。

9. 在嘉慶朝出版的小說《粉粧樓》中，柏文連獨女柏玉霜稱李全為「母舅」，李全稱文連為「老妹丈」「妹丈」，而文連則呼李全為「老舅兄」。[138]

10. 道光朝歷官至大學士的阮元，嘗稱焦循（字里堂）為「里堂老姊丈」或「焦里堂循姊丈」。[139] 查阮元是阮氏遷揚州的第九世，其族姊（第八世承勋之季女）嫁焦循，兩人乃共第四世祖的秉謙。[140]

11. 歷官至定海鎮總兵的葛雲飛 (1789-1841)，道光時曾有一函致「老妹丈」，信尾自署為「制內弟」。[141] 由於接信者通常應稱呼葛氏為「老舅兄」，然因葛氏的妹夫可能比其年紀要大，故守制中的葛氏遂自謙為「內弟」。

12. 光緒朝小說《官場現形記》中的查三蛋稱妹夫唐二亂子為「老妹丈」，甄閣學的內兄于氏亦稱甄閣學為「老妹丈」。又，徐大軍機的兒子們稱呼姊夫尹子崇為「老姊丈」。[142]

知「老妹丈」與「妹丈」（或「老姊丈」與「姊丈」）常通用，「老妹丈」且是「老舅兄」的對應稱謂，疑「老」字乃敬詞，並不必然表示

136 馬如飛，《繪圖孝義真蹟珠塔緣》，卷 2，頁 12。
137 韓錫胙，《滑疑集》，卷 4，頁 20-22。
138 《粉粧樓》，卷 5，第 36 回，頁 23、卷 9，第 65 回，頁 2。
139 阮元，《揅經室四集》，詩，卷 2，頁 1；焦循，《易章句》，書前手札，頁 2。
140 王章濤，《阮元年譜》，書首之遷揚州阮氏家族世系總表。
141 陳志放主編，《蕭山文史資料選輯》，第 6 輯，頁 48。
142 李寶嘉，《官場現形記》，卷 52，頁 8 及 16、卷 59，頁 3-4。

年歲，此即鄭玄在註《周禮·地官·司徒》的「鄉老，二鄉則公一人」句時所稱：「老，尊稱也。」[143] 我們在李煦的《虛白齋尺牘》中，亦屢可見其以「老長兄」稱呼兩淮都轉鹽運使李燦、湖廣巡撫劉殿衡、江蘇淮安府知府張建烈、原任大名道陳世安、廣東布政使高必宏、江蘇布政使宜思恭、浙江糧儲道程鑾、江蘇淮陽道王英謀、廣東瓊州府知府張琳等人，這些應皆為尊稱。綜前所論，「老妹丈」即是對親妹、堂妹、族妹或表妹配偶的敬詞。

前引案例中之高鳳翰應是王玉兼妻的族弟，遂稱王氏為「老姊丈」。而阮元與焦循的關係可能最類似曹寅與李煦，阮元因其族姊嫁焦循，故稱焦循為「老姊丈」，又因阮元的嗣子常生原本是焦循妻之叔叔承煕（後過繼給其叔晝堂）的孫子，且阮元與焦循二人「少同遊，長同學」，故關係顯得較密。[144]

亦即，若李月桂母王氏與士禎妻王氏是姑姪，則士禎子李煦確可稱李月桂婿曹寅為「老妹丈」。惟因王姓恰為中國第一大姓，故前述兩王姓女子是否確有親緣關係，在資料不足的情形下難有足夠說服力。尤其，李月桂的先祖於明中葉即從隴西遷瀋陽，故月桂之母王氏通常最可能是遼東人士，而士禎所娶的王氏則或出自其家鄉山東昌邑附近（士禎二十四歲在昌邑被擄出關，當時應已娶妻並生至少一女[145]），此兩王氏誼屬姑姪的機會或不大。

另，因李士禎之祖李栢世居瀋陽地方，李月桂家亦於明中葉自隴西遷

143 紅友任曉輝告知東北人今以「老」稱呼「小」，並無「尊」意，如某家有兄妹三人，小妹即被稱作「老妹」，其夫作「老妹夫」，最小的舅舅則被稱為「老舅」。然清代的情形或與此不同，如前引乾隆朝的韓錫胙即稱其大姊夫杜必照為「老姊丈」，而杜氏所娶卻非韓錫胙最小的姊姊；此外，《粉粧樓》中的柏文連與李全亦以「老妹丈」「老舅兄」互稱。

144 王章濤，《阮元年譜》，書首，遷揚州阮氏家族世系總表。

145 金臺生員李錦章子枝仙娶士楨女姜氏為妻，由於此女並非姓李，疑其似未在崇禎十五年隨父被擄並改姓。參見周來郜纂修，《昌邑縣志》，卷 6，頁 191。

瀋陽，而唐《姓氏譜》載「李氏凡十三望，以隴西為第一」，南宋鄭樵的《通志》亦稱「言李者稱隴西」，知李栢很可能也源出隴西。由於李士楨和李月桂不僅嘗分任河東轉運副使與正使，也在兩淮分任運同與鹽運使，兩家又同在瀋陽入旗；故即使李士楨與李月桂的血緣並不十分親近，但若兩人聯宗，則李煦應亦可稱李月桂婿曹寅為「老妹丈」，此應是目前最合理的解釋。而曹振彥、李士楨和李月桂（依年齡長幼排比）三人之間宦歷過程的前後任或主從關係，以及出身背景的相似性（李士楨父李有功與曹璽父曹振彥曾同為管主阿濟格的王府長史），應也是促成下一輩（如曹寅與李煦）密切互動的重要因素。

經再仔細耙梳李家之世系圖（圖表 3.21），[146] 筆者發現李煦之弟李炘（嫡長子）娶曹氏，李炘之同母弟李燦之子李以圻亦娶曹氏，若該二曹氏有出自曹寅家者，則因親上加親，可更能理解李煦與曹家中人的密近稱謂：如李煦在《虛白齋尺牘》中屢稱曹寅為「妹丈」「老妹丈」（圖表 3.19），並在致函李陳常和甘國璧時皆稱曹顒為「舍甥」，且於奏摺中指寅妻為「臣妹」，而曹頫亦在摺中稱李煦為「母舅」。

蘇州西園寺珍藏元代僧人善繼血書的八十一卷《大方廣佛華嚴經》，卷後留有四百餘位名家之題跋，其中可見「康熙戊寅〔三十七年〕十二月十一日，曹寅同表兄文瑚、友吳燭、鄭、張、程三棋師敬觀」句，下鈐「楝亭」長方朱印（圖表 3.22），此一「表兄文瑚」應是李煦生母文氏之姪子，知曹寅不僅與李煦本人有「至戚之誼」，且與李煦母家亦頗有往來，遂依李煦的稱謂同稱文瑚為表兄。同樣地，因曹寅稱曹鼎望婿劉殿邦為「安侯姊丈」，李煦亦因此稱殿邦弟殿衡為「五兄」（詳見第四章）。

---

146 改繪自黃一農，《二重奏：紅學與清史的對話》，頁 188。另參見清代六次修纂之《昌邑姜氏族譜》；王偉波，〈蘇州織造李煦的昌邑親族〉。

圖表 3.21： 李有功家族的世系圖。

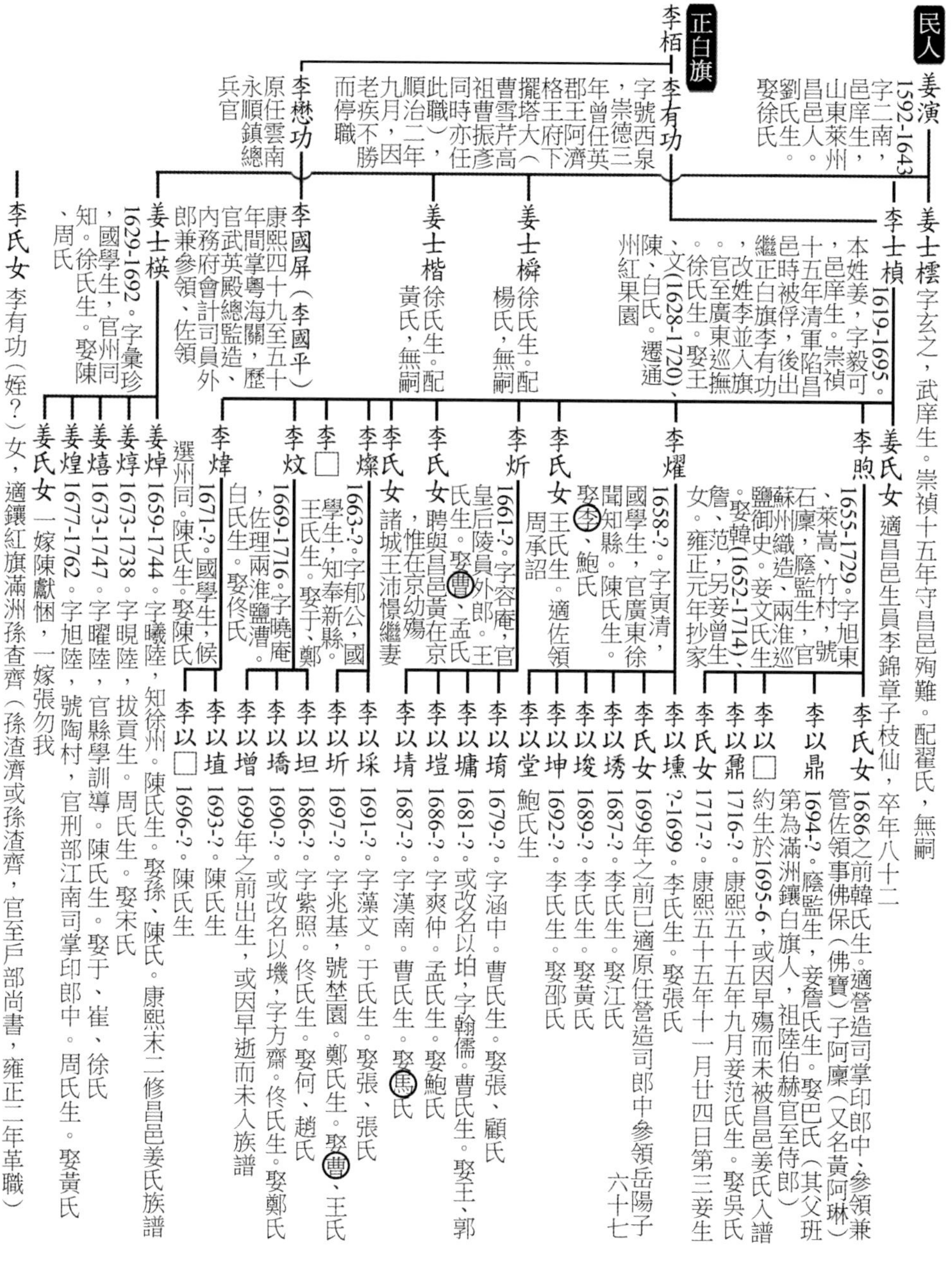

民人

- **姜演** 1592-1643 字二南，邑庠生，山東萊州昌邑人。劉氏生。娶徐氏。
  - **姜士櫄** 字玄之，武庠生。崇禎十五年守昌邑殉難。配翟氏，無嗣
  - **李士楨** 1619-1695。本姓姜，字毅可，邑庠生。崇禎十五年清軍陷昌邑時被俘，後出繼正白旗李有功，改姓李並入旗。官至廣東巡撫。徐氏生。娶王、文(1628-1720)、陳、白氏。遷通州紅果園
    - **姜氏女** 適昌邑生員李錦章子枝仙，卒年八十二
    - **李煦** 1655-1729。字旭東，號竹村、萊嵩、石麈，廕監生，官蘇州織造、兩淮巡鹽御史。妾文氏生。娶韓(1652-1714)、詹、范，另妾曾生女。雍正元年抄家
      - **李氏女** 1686之前韓氏生。適營造司掌印郎中、參領兼管佐領事佛保（佛寶）子阿麈（又名黃阿琳）
      - **李以鼎** 1694-?。廕監生，妾詹氏生。娶巴氏（其父班第為滿洲鑲白旗人，祖陸伯赫官至侍郎）
      - **李以□** 約生於1695-6，或因早殤而未被昌邑姜氏入譜
      - **李以鼐** 1716-?。康熙五十五年九月妾范氏生。娶吳氏
      - **李氏女** 1717-?。康熙五十五年十一月廿四日第三妾生
    - **李燿** 1658-?。字寅清，國學生，官廣東徐聞知縣。陳氏生。娶㊕、鮑氏
      - **李以壎** ?-1699。李氏生。娶張氏
      - **李氏女** 1699年之前已適原任營造司郎中參領岳陽子六十七
      - **李以琇** 1687-?。李氏生。娶江氏
      - **李以墢** 1689-?。李氏生。娶黃氏
      - **李以坤** 1692-?。李氏生。娶邵氏
      - **李以堂** 鮑氏生
    - **李氏女** 王氏生。適佐領周承詔
    - **李炘** 1661-?。字容庵，官皇后陵員外郎。王氏生。娶㊟、孟氏
      - **李以埥** 1679-?。字涵中。曹氏生。娶張、顧氏
      - **李以墉** 1681-?。或改名以珀，字翰儒。曹氏生。娶王、郭
      - **李以塏** 1686-?。字爽仲。孟氏生。娶鮑氏
      - **李以靖** 1687-?。字漢南。曹氏生。娶㊫氏
    - **李氏女** 聘與昌邑黃在京，惟在京幼殤
    - **李氏女** 諸城王沛憬繼妻
    - **李燦** 1663-?。字郁公，國學生，知奉新縣。王氏生。娶于、鄭
      - **李以埰** 1691-?。字藻文。于氏生。娶張、張氏
      - **李以圻** 1697-?。字兆基，號埜園。鄭氏生。娶㊟、王氏
    - **李□**
    - **李炆** 1669-1716。字曉庵，佐理兩淮鹽漕。白氏生。娶佟氏
      - **李以坦** 1686-?。字紫照。佟氏生。娶何、趙氏
      - **李以墧** 1690-?。或改名以璣，字方齋。佟氏生。娶鄭氏
      - **李以增** 1699年之前出生，或因早逝而未入族譜
    - **李煒** 1671-?。國學生，候選州同。陳氏生。娶陳氏
      - **李以埴** 1693-?。陳氏生
      - **李以□** 1696-?。陳氏生

正白旗

- **李栢**
  - **李有功** 字號西泉，崇德三年，曾任英郡王阿濟格（下王府大擺塔高芹雪曹振彥、祖曹亦同時任此職），順治二年九月，因老疾不勝而停職
    - **姜士橓** 徐氏生。配楊氏，無嗣
    - **姜士楷** 徐氏生。配黃氏，無嗣
  - **李懋功** 原任雲南永順鎮總兵官
    - **李國屏**（李國平） 康熙四十九至五十年間掌粵海關，歷官武英殿總監造、內務府會計司員外郎兼參領、佐領
    - **姜士楧** 1629-1692。字彙珍，國學生，官州同知。徐氏生。娶陳、周氏
      - **姜焯** 1659-1744。字曦陸，知徐州。陳氏生。娶孫、陳氏。康熙末二修昌邑姜氏族譜
      - **姜焞** 1673-1738。字晛陸，拔貢生。周氏生。娶宋氏
      - **姜熺** 1673-1747。字曜陸，官縣學訓導。陳氏生。娶于、崔、徐氏
      - **姜煌** 1677-1762。字旭陸，號陶村，官刑部江南司掌印郎中。周氏生。娶黃氏
      - **姜氏女** 一嫁陳獻惆，一嫁張勿我
  - **李氏女** 李有功（姪？）女，適鑲紅旗滿洲孫查齊（孫渣濟或孫渣齊，官至戶部尚書，雍正二年革職）

圖表 3.22：蘇州西園寺藏善繼禪師血書《華嚴經》的部分題跋。[147]

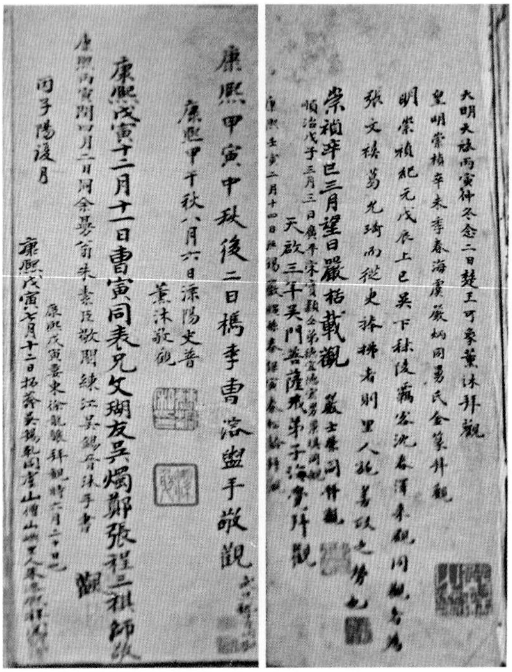

❖蘇州西園寺藏元・善繼禪師血書之《華嚴經》

大明天啟丙寅仲冬念二日楚王可象薰沐拜觀

皇明崇禎辛未季春海虞嚴炳同舅氏金篆拜觀

明崇禎紀元戊辰上巳吳下秣陵羈客沈春澤來觀，同觀者為
張文禧、葛允琦，而從吏捧拂者，則里人施善政之勞也

崇禎辛巳三月望日嚴栝載觀，嚴士榮同拜觀

順治戊子三月三日廣平宋實穎仝弟德宜、德宏，男□琪同觀
天啟三年吳門菩薩戒弟子海覺拜觀

康熙壬寅二月十四日無錫嚴繩孫、秦保寅、秦松齡拜觀

康熙甲寅中秋後二日檇李曹溶盥手敬觀

康熙甲午秋八月六日溧陽史普
薰沐敬觀

康熙戊寅十二月十一日，曹寅同表兄文瑚、友吳燭、鄭、張、程三棋師敬觀

康熙丙寅閏四月二日同余曼翁、朱素臣敬閱，練江吳錫晉沐手書

丙子陽復月

康熙戊寅婁東徐龍驤拜觀，時六月二十日也

康熙戊寅七月十二日拓荞吳錫乾同虞山僧山□、里人朱□□拜閱

147 依血書上其它題跋之例，每位觀覽之人（除僧人外）均書姓氏，且多連名帶姓，不會僅寫字號，此因諸跋乃敬謹為之的拜觀紀錄，而非私人間的往還文字。亦即，曹寅所謂的「表兄文瑚」應不可能指字號為文瑚的表兄，而是指其姓文、名瑚。又，吳燭，字調玉，上元籍吳縣人，曹寅曾於康熙十幾年為其賦〈調玉以「秋夜宿江栖草廬」詩見示，余讀而愛之，因次原韻〉，中有「淡泊忘年友，殷勤靜夜言」句。參見席居中輯，《昭代詩存》，卷 7，頁 98；雍薇，〈西園寺“血經”述略〉；潘承玉，〈續《有關紅學的新材料》〉。

此外，曹寅有〈西軒賦送南村還京，兼懷安侯姊丈、沖谷四兄，時安侯同選〉詩，先前紅圈罕知安侯其人其事，筆者查出此應是正紅旗人劉殿邦的字，但先前因無進一步的材料，故只能照字面以其是曹寅親姊所適。[148] 近在深入耙梳曹家的聯宗關係後，始發現劉殿邦繼娶曹鼎望女，而曹寅與鼎望諸子以「骨肉」「同胞」「連枝」相稱，遂有「安侯姊丈」之謂（第四章）。

再者，李奉佐與周汝昌於康熙鐵嶺《李氏譜系》發現浙江提督李顯祖（1633-1675；順治帝賜名塞白理[149]）的小傳（圖表 3.23），稱其：

> 娶穆氏（內大臣一等伯穆公和倫之女），誥贈一品夫人。
> 繼娶曹氏（內大臣加一級曹公爾吉之女），誥封安人……。

由於滿人的「故老常談」有稱曹璽原名爾玉，故他倆主張「曹爾吉」即曹璽的訛寫，且認為曹爾吉的職銜與曹璽的「內務府尚書正一品加一級」（此銜並無文獻支持）正吻合。[150]

然最近紅圈有人發現在曹璽、曹爾正兄弟之外，八旗中亦可見名為「曹爾○」者，如康熙九年任正六品府通判的曹爾斌（順天人，由刑部筆帖式出身）、康熙十六年任正六品滿洲司業的鑲黃旗人曹爾和、歷陞至從四品侍讀學士的曹爾素（後在討姜瓖諸逆時遇害，誥贈拜他喇布勒哈番，世襲），故主張鐵嶺《李氏譜系》中的曹爾吉不是曹璽名字的訛寫，而是另有其人。[151] 但該說並未詳考當時有無姓名相近的八旗顯宦，下文即嘗試加以深入論證。

---

148 曹寅著，胡紹棠箋註，《楝亭集箋注》，頁 170-171；黃一農，《二重奏：紅學與清史的對話》，頁 111、178。

149 亦有文獻稱其「李塞白理」。參見吳士進修，胡書源等纂，《嚴州府志》，卷 8，頁 2；鐵保等，《欽定八旗通志》，卷 194，頁 1-4。

150 周汝昌，《胭脂米傳奇》，頁 116-117；李奉佐，《曹雪芹祖籍鐵嶺考》，頁 106-107、197；李樹德修，《李氏譜系》，老二房，頁 16-17。

151 胡鐵岩，〈曹家八旗或有同宗：曹爾斌、曹爾和、曹爾素資料簡識〉。

圖表 3.23：鐵嶺《李氏譜系》中繼娶曹氏的李顯祖。

❖ 李樹德修，《李氏譜系》

李恒忠 女一 出適曹熙麟（精奇尼哈番） 頁十
李繼祖 繼娶曹氏（刑部尚書曹公海之女） 卒 誥贈淑人 頁十三

李顯祖 思忠公之三子也滿名塞伯理字允宗號鐵嶺生于
明崇禎癸酉年六月十三日申時 國朝順治己丑年
授三等侍衛辛卯年陞二等侍衛 覃恩誥封中憲大
夫壬辰年襲頭等阿思哈尼哈番兼一拖沙喇哈番丁
酉年 覃恩加一級辛丑年陞參領本年陞都督同知
江南左路隨征總兵官康熙丁未年 覃恩加一級戊
申年陞提督廣東水師總兵官未到任缺裁己酉年授

李氏譜系 卷二 房 頁十六 第八世

提督浙江金衢總兵官乙卯年 誥封光祿大夫卒于
康熙乙卯年九月二十二日亥時年四十有三
欽賜祭葬葬直隸完縣城西馬哥莊北望都坡之陽
娶穆氏（內大臣一等伯穆公和倫之女） 誥贈一品夫人
繼娶曹氏（內大臣加一級曹公爾吉之女） 誥封安人俱葬直隸完縣城
西中夏邑北山之陽
三娶吳氏（護軍參領吳公爾恰海之姪女）生于明崇禎壬午年九月初五
日午時卒于 國朝康熙壬子年二月十八日巳時年
三十有一 誥贈一品夫人 公殁合葬
四娶張氏（浙江水師提督左都督張公杰之女）生于順治壬辰年六月十五
日未時卒于康熙癸亥年六月十四日子時年三十有
二 側室關氏生于明崇禎戊寅年十二月十九日寅
時卒于 國朝康熙辛巳年十月二十九日未時年六
十有四丁丑年以子鑄官 誥封一品夫人俱葬完縣

經查《李氏譜系》中的李顯祖小傳，發現其記事與史實略有不合。如譜中稱李顯祖前兩任妻子的父親穆和倫和曹爾吉皆貴為正一品的內大臣，[152] 但《欽定八旗通志》的〈穆和倫傳〉卻指他於康熙五十五年授戶部尚書，五十七年四月因收平餘銀（此為地方政府上繳正項錢糧時額外給與戶部的陋規）未奏，遭降五級調用，十月卒；不僅未記他曾任內大臣，亦未提及他被封為一等伯；穆和倫應為康熙三年過世的內大臣一等伯穆和琳之誤。[153]

---

152 據康熙及雍正《大清會典》，上三旗設正一品的領侍衛內大臣，每旗二員，下另有協助相關職事的內大臣（亦為正一品），無定員。參見伊桑阿等，《大清會典》，卷 81，頁 8-9；允祿等，《大清會典》，卷 111，頁 2。

153 李顯祖於康熙十四年乙卯歲過世，享年四十三歲，然穆和倫於康熙五十五年才授戶部尚書，知兩人不太可能為翁婿。參見鐵保等，《欽定八旗通志》，卷 180，頁 28-31；《清聖祖實錄》，卷 13，頁 197。

至於「內大臣加一級曹公爾吉」，其人其事不僅未見於《八旗滿洲氏族通譜》《八旗通志初集》《欽定八旗通志》《康熙起居注》以及《清初內國史院滿文檔案譯編》，亦消失在各種大型文史資料庫。此外，進一步耙梳《清世祖實錄》和康熙二十三年（曹璽卒年）之前的《清聖祖實錄》，在這約四十年的史事中，共出現 84 位內大臣的人名，亦無一形音近似曹爾吉。倒是李顯祖三娶的「護軍參領吳公爾恰海之姪女」，該「吳爾恰海」即順治十四年三月初十日以覃恩特授資政大夫的吳爾齊海；[154] 四娶張氏的父親張杰，確為「浙江水師提督、左都督」。[155]

故推判李顯祖的婚配對象應均是所謂「門當戶對」者，亦即，其繼妻曹氏之父曹爾吉，即使官銜不見得是「內大臣加一級」，但應為高官，故不太可能自目前存世的大量文獻完全匿蹤。筆者於是遍查《八旗滿洲氏族通譜》及《八旗通志》等官書，發現姓名出現「曹爾」二字者的正四品以上官員，只有原任從三品頭等護衛的曹爾（出身蒙古正藍旗的塞勒穆札普之孫）以及正四品佐領的曹爾正（曹璽弟）。[156] 再者，清初或今人對譯滿漢人名時，常將「曹」譯成「邵」或「索」，[157] 故筆者也嘗試搜尋「索爾」「邵

---

154 天聰九年十二月吳沙蘭（即管理正黃旗滿洲第二參領第一佐領的武沙蘭）病故，以其子吳爾齊海襲牛彔章京，仍准再襲二次。吳爾齊海於順治十四年以覃恩特授資政大夫時的職銜為「管牛彔、擺牙喇甲喇章京〔漢名"護軍參領"〕加一級」。參見關孝廉等譯，《清初內國史院滿文檔案譯編》，冊上，頁 220；鐵保等，《欽定八旗通志》，卷 4，頁 12；盛昱，《雪屐尋碑錄》，頁 2879。

155 嵇曾筠等監修，沈翼機等編纂，《浙江通志》，卷 149，頁 2。

156 弘晝等，《八旗滿洲氏族通譜》，卷 71，頁 2、卷 74，頁 10-11。

157 如曹璽之父曹振彥嘗被今人譯作曹謹言、曹金顏、邵振筵或邵禎言。又，《清實錄》記崇德七年七月「承政索海」因在敏惠恭和元妃（孝莊皇后姊）喪期擅招俳優吹彈歌舞，下部議應論死，奉旨免死、革職、解梅勒章京任，但《東華錄》則以其名為「承政曹海」。至於今人所譯的「內國史院滿文檔」中，在崇德三年二月和四年十一月亦分別出現「刑部承政索海」及「鑲黃旗索海」，而康熙二年二月所立的漢字〈襄敏宜公碑文〉中，則提及「鑲黃旗梅勒章京曹海」參與了崇德

爾」或「爾吉」等詞，但均未能找到較可能的人選。知《李氏譜系》在書寫「曹爾吉」之名時顯然有誤，換句話說，周汝昌等人所提此名即曹璽之訛寫一說確屬相當可能。

曹璽雖於康熙四十四年獲特恩追贈為從一品的工部尚書（因其子曹寅在第五次南巡時捐銀二萬兩），但他不論是生前或死後皆不曾獲賜內大臣銜。事實上，共記載乾隆以前兩萬多名八旗人物的《八旗滿洲氏族通譜》中，就從未見有漢姓包衣曾出任內大臣者。故若曹爾吉為形近之曹爾玉（曹璽本名）的訛寫，則康熙末年編寫《李氏譜系》時，不僅將李顯祖第一任妻子之父「內大臣一等伯穆和琳」誤書為曾任户部尚書的穆和倫，也將其第二任妻子之父內務府大臣曹璽（曾於康熙十六、七年獲賜蟒服加正一品；圖表 1.4）虛誇且訛成「內大臣加一級曹爾吉」。

綜前所論，曹璽確可能有一女嫁李顯祖為繼妻。據《李氏譜系》，李顯祖於天聰七年生，順治六年十七歲時授三等侍衛，八年陞正四品的二等侍衛，覃恩誥封正四品中憲大夫，九年襲頭等阿思哈尼哈番。康熙八年授浙江提督，十四年誥封為正一品的光祿大夫，是年九月卒，[158] 子李鋑於十五年六月襲爵，鋑弟李鑄於二十三年十一月襲。由於曹璽較李顯祖大一、二十歲，曾於順治五、六年以二等侍衛管鑾儀司事，故應是顯祖在初授三

二年十月的圍錦州之役。知《李氏譜系》所記李繼祖繼娶的曹氏，其父「刑部尚書曹公海」與同時期文獻中出現的「承政索海」及「承政曹海」均應是同人異名。參見《清太宗實錄》，卷 61，頁 840；王先謙，《東華錄》，崇德七，頁 11；關孝廉等譯，《清初內國史院滿文檔案譯編》，冊上，頁 284、441；盛昱，《雪屐尋碑錄》，頁 2897；趙爾巽等，《清史稿》，卷 114，頁 3274；黃一農，《二重奏：紅學與清史的對話》，頁 42-49。

158 康熙十四年僅十二月十四日曾頒恩詔，知李顯祖應是透過武官的考滿途徑獲光祿大夫誥命。參見黃一農，《二重奏：紅學與清史的對話》，頁 157-160。

等侍衛時的長官，此或即曹璽以李顯祖為婿的重要背景因素。[159]

鑒於李顯祖繼妻曹氏所誥封的安人，乃六品命婦的封號，知他很可能在順治六年獲授正五品的三等侍衛之前曾擔任正六品的藍翎侍衛，[160] 而此前清朝可頒賜誥命的恩詔，只有順治元年十月初十日的定鼎建號詔（顯祖才十二歲，應不太可能已當差並成婚）以及五年十一月十一日的太祖武皇帝配祀南郊追尊列祖詔，[161] 故李顯祖或於順治五年十六歲時初授藍翎侍衛，其繼妻曹氏則以當年十一月的恩詔誥封安人。

檢八旗女子的婚齡通常為十六至十九歲，但若以資料較完整的宗室作為樣本，發現仍有約 20% 是在十五歲以前成婚，[162] 知顯祖的正妻穆氏應於婚後不久即卒。若李顯祖（生於崇禎六年；1633）與其繼妻曹氏同齡，且曹璽在十六歲之後生此女，則曹璽誕於 1618 年（萬曆四十六年或天命三年）之前。再參考前文有關「〔曹璽〕及壯補侍衛，隨王師征山右有功」之敘述，與清人有關「及壯」的用例後（附錄 3.2），我們可進一步判斷曹璽生在萬曆三十八至四十六年間。亦即，他於瀋陽被金國攻佔之前很可能就已出生。

康熙朝《大清會典》記順治初年起規定：

> 凡應封妻者，止封正妻一人；如正妻未封已歿、繼室當封者，

159 李顯祖（塞白理）任浙江提督時，曾與浙江總督劉兆麒的在職期間有五年重疊（康熙八至十三年），由於兆麒之姪殿邦是曹鼎望婿，曹鼎望三子又與曹寅以骨肉兄弟相稱，曹寅還稱兆麒長婿劉廷璣的妹夫曹秉楨為「峙乃二弟」，這些同僚、聯宗與姻婭關係（詳見第四章）應是互為影響，且發酵形成其人際網絡中的重要黏著劑。參見《清聖祖實錄》，卷 28，頁 392、卷 31，頁 420、卷 50，頁 651、卷 62，頁 802。

160 李顯祖小傳中稱「順治朝簡八旗英俊充侍衛，顯祖與上選，左右君主者十有二年」。參見彭作楨等纂修，《完縣新志》，教育第三，頁 21。

161 黃一農，《二重奏：紅學與清史的對話》，頁 160。

162 馮國華，《十八世紀以降清代宗室婚姻研究：以玉牒為中心》，頁 260-261。

正妻亦准追贈，其繼室止封一人。[163]

故穆氏可因康熙十四年十二月十四日的冊立皇太子恩詔，以誥封光祿大夫的李顯祖貴而被贈為一品夫人。而繼妻曹氏則應於順治八年之前已去世，遂無法在是年正月十二日李顯祖以親政詔封正四品中憲大夫時，獲賜四品恭人誥命。

五、小結

曹璽妻妾與子女所延展出的社會關係明顯擴大了其家的人脈網絡：如繼妻孫氏曾獲選為康熙帝年幼時的保母，其女一嫁襲爵且歷官浙江提督的李顯祖（其長孫女適杭州織造敖福合之子金璁；圖表 3.14），另一女（喪父時才七歲左右）則嫁與歷官至刑部尚書兼理兵部的傅鼐（訥音富察氏；第四章），長子曹寅娶時任兩浙都轉運鹽使司鹽法道李月桂的第三女，其妾顧氏的族兄顧景星（曾被疏薦應博學鴻詞科的江南名士）與子曹寅結「舅甥契誼」。此外，曹璽在江寧織造長達二十多年的經歷，令其家族得以透過承辦御用事物等內務府之職掌，開始厚植經濟實力。這些安排與過程不僅讓曹家與內廷之間維繫著良好的公私互動，亦與八旗勢族鐵嶺李氏、瀋陽李氏建立起姻婭關係。

值得注意的是，曹璽雖無詩文傳世（曹振彥亦然），但其生活中仍不乏與遺民文人或漢人官僚互動，他聘請了「十年晤對」的知己馬鑾（南明權臣馬士英子，入清後絕意仕途）等人擔任曹寅和曹荃兩子的蒙師。[164] 曹家後輩因此深化了漢文化的涵養，從而積澱出曹雪芹創作《紅樓夢》所需之跨越滿漢兩大族群的多元文化底蘊。

---

163 伊桑阿等，《大清會典》，卷 13，頁 10。

164 劉上生，〈"石上猶傳錦字詩"：以曹璽與馬鑾關係考索為窗口〉。

圖表 3.24： 曹璽相關記事編年。

時間	材料	出處
順治五、六年前後	及壯補侍衛，隨王師征山右有功，後順治帝拔其入內廷任二等侍衛管鑾儀事	見圖表 1.4
十五年九月初七日	其妾顧氏生長子曹寅。顧氏應為中年且乏嗣的曹璽在北京任官時所納（不遲於順治十四年）	見本章
康熙元年二月十五日	曹璽繼妻孫氏（玄燁保母）生次子曹宣（後改名「荃」）。孫氏最可能於順治十八年正月初七日玄燁(時年八歲)登基前後不久出宮，並再醮曹璽	見本章
二年	特簡督理江寧織造(實應為康熙三年，參見前文)	《（乾隆）上元縣志》，卷 15，頁 15
六年十一月二十六日	江南織造郎中加一級曹璽之祖父母獲得誥命	北京大學圖書館
七年	其職銜為「欽命內工部督理江寧織造府加一級」	中國國家圖書館藏《康熙七年搢紳錄》
八年	其職銜為「欽命內工部督理江寧織造府加一級」	中國國家圖書館藏《康熙八年縉紳便覽》
十四年十二月十四日	江寧織造、三品郎中加四級曹熙【璽】之父母獲得誥命	傅吾康 (Wolfgang Franke, 1912-2007) 原藏
十二月十四日	江寧織造、三品郎中加四級曹熙【璽】之祖父母獲得誥命	原由吳恩裕於 1956 年購藏
十六年十月二十日	管理江寧織造郎中曹璽呈進緞樣織造摺	《關於江寧織造曹家檔案史料》，頁 1
十六、十七兩年	陛見，陳江南吏治，備極詳剴，賜蟒服加正一品，御書「敬慎」匾額	《（乾隆）上元縣志》，卷 15，頁 15
二十三年六月	曹璽卒於署	《（乾隆）上元縣志》，卷 15，頁 15
四十四年五月初一日	曹寅因在康熙第五次南巡時捐銀二萬兩，故「蒙聖恩榮加祖、父」（曹璽因此特恩追封為工部尚書銜）	易管，〈江寧織造曹家檔案史料補遺（上）〉
年月不詳（康熙八至十七年間）	江寧織造理事官加四級臣曹璽恭進轎一乘、鐵梨案一張等物件	《關於江寧織造曹家檔案史料》，頁 5

圖表 3.25： 曹爾正相關記事編年。

時間	材料	出處
康熙六年閏四月初三日	米思罕等為狗腿折斷事所上之題本記「曹爾珍【正】佐領下李茂功……」[165]	王多聞、關嘉祿等選譯，《清代內閣大庫散佚滿文檔案選編》，頁 19
十三年	三藩亂起，曹璽因此「僑寄廣陵，驅子若弟，補伍編行」，知曹璽當年曾偕同弟曹爾正以及長子曹寅在軍中	曹寅，《楝亭文鈔》
三十六年正月二十六日	內務府總管奏請派定「原任佐領曹爾正」等共二十人為「巴延人」之頭班，隨同皇帝出行，輪班掌管馬匹	《內務府滿文奏銷檔》，轉引自《關於江寧織造曹家檔案史料》
正月或之前	原任正白旗包衣第五參領第三旗鼓佐領的曹爾正已去職	《內務府滿文奏銷檔》；鄂爾泰等，《八旗通志初集》
雍正七年十月初五日	允祿等奏稱：「尚志舜佐領下護軍校曹宜，當差共三十三年，原任佐領曹爾正之子，漢人。」	《內務府滿文奏銷檔》，轉引自《關於江寧織造曹家檔案史料》
	正白旗包衣第五參領第三旗鼓佐領的設立過程為：「國初編立，始以高國元管理；高國元故，以曹爾正管理；曹爾正緣事革退，以張士鑑管理。」	鄂爾泰等，《八旗通志初集》；張書才，《曹雪芹家世生平探源》，頁 17
	《八旗滿洲氏族通譜》稱「曹爾正原任佐領」，知其歷官至佐領，卒年不詳	乾隆九年成書的《八旗滿洲氏族通譜》
	曹氏榮慶的硃卷履歷稱曹鼎誥授武翼都尉（同治《曹氏譜系全圖》僅記曹鼎之名，同治《五慶堂重修曹氏宗譜》稱曹爾正誥授武義都尉）	咸豐《曹氏榮慶順天拔貢硃卷履歷》

165 「曹爾珍」應為「曹爾正」之誤，因《八旗通志初集》中並未記當時有其他名字相近之人曾管佐領。曹爾正所管理的正白旗包衣第五參領第三旗鼓佐領，是接替過世的高國元，而「包牛彔章京加一級高國元」曾於順治十四年三月初十日以覃恩獲授通議大夫，高氏或卒於順、康之際。參見鄂爾泰等，《八旗通志初集》，卷 5，頁 41；盛昱，《雪屐尋碑錄》，卷 2，頁 1-2。

第四章　康熙皇帝長年的寵臣曹寅*

本章對曹寅的宦歷做了較完整的疏理，他不僅深入會通滿漢兩種文化，並透過奉敕出版《御定全唐詩》《御定佩文韻府》等活動，擴大其在漢人士紳中的關係網絡。他也借重「官場聯宗」的關係，在新朝中與不少同姓之人認宗敘譜，以求相互攀緣發展。曹寅在長達約二十年擔任江寧織造期間，由於深受康熙帝的信賴，遂得以先後承接內務府的買銅、賣鹽、售參及修造工程等利潤豐厚的差使，令其家族發展出「烈火烹油、鮮花着錦之盛」。亦即，曹寅在父親曹璽所奠定的基業上，將其家的發展推向巔峰。

一、以庶長子出掌家業的曹寅

曹璽長子曹寅（字子清）於順治十五年在北京出生，康熙元年隨被工部織染局派駐江寧擔任「公織造」的父親赴任，自此寓居江南。[1] 江安督糧道周亮工（康熙五至八年任）常在織造署內將他抱置膝上教讀古文，寅母的族兄顧景星在為其序《荔軒草》時，亦稱「子清門第國勳，長江南佳麗地」，知曹寅應長於江南。[2]

由於順治十七年江寧滿城才在鍾山之南整建完成，初期是否設有官學校並不詳，但城中學舍的條件似不佳，即使至乾隆三十四年時亦不過「八

* 本章內容乃增補改編自拙著〈豐潤曹邦入旗考〉(2011)、〈重探曹學視野中的豐潤曹氏〉(2011)、〈曹寅乃顧景星之遠房從甥考〉(2012)。

1 織染局舊隸工部，康熙三年歸內務府管理，其管局大臣及兼攝局務之司官，均奏派，無定員。參見周家楣等修，張之洞等纂，《順天府志》，卷 7，頁 19；胡鐵岩，〈曹璽首次赴江寧與任職江寧織造時間及旗籍考辨〉。

2 李廣柏，〈曹寅"伴讀"之說不可信〉；孟晗，《周亮工年譜》，頁 123-133。

旗佐領下各一所，自蓋房二、三間不等」，[3] 故疑曹寅所受的滿漢教育或得自家庭教師，或是其家的學塾（類同於《紅樓夢》第七回中賈家的情形）。納蘭成德〈曹司空手植楝樹記〉中稱「〔曹璽〕攜子清兄弟以從，方佩觿佩韘之年，溫經課業，靡間寒暑」，即指曹寅與曹荃兄弟年少時乃跟隨父親在江寧織造任所讀書。[4] 因曹璽初掌江寧織造時，嘗於署內築亭，旁植楝樹數株，曹寅遂以楝亭為號。[5]

曹寅身為內務府旗人的一份子，自幼應熟稔滿文，稍長更得兼習騎射。依例，旗籍官員子弟在十八歲時得回京歸旗當差，目標是披甲、出仕或擔任吏職，通常三年後，始量能授秩。[6] 但曹寅很可能跟一些親近皇室的八旗子弟一樣，獲准提早當差。[7] 然其究竟何時開始當差？曾否侍候康熙帝

---

3 鐵保等，《欽定八旗通志》，卷 117，頁 31-33。

4 曹寅〈戲送錢穆孫〉一詩中有「石橋執經予最少，十年同社夜臺多」句，先前學界多以後句乃回憶他在江南所受的十年啟蒙教育，然據劉上生的新解，以「夜臺」為墳墓（《聊齋志異》卷三有「夜台朽骨，不比生人」句，因其不見光明，故為墳墓之代稱），知此句應指「十年來，同社（同里或同學，古以二十五家為一社）之人很多都已去世」。參見方曉偉，《曹寅評傳・曹寅年譜》，頁 171-173、283、316；劉上生，〈曹寅的入侍年歲和童奴生涯：對"康熙八年入侍說"的再論證〉。

5 曹璽過世後，曹寅以父親手植的楝樹名亭，並廣邀士大夫對其描繪或歌詠，留下一本深具紀念性質的《楝亭圖詠》（現藏中國國家圖書館）。參見薛龍春，〈《楝亭圖詠》卷的作者、詩畫與書法〉。

6 清律規定：「向來旗員子弟自幼隨任在外至十八歲者，例應來京。若有欲留任所協辦家務者，準督撫代為題請，聽候部議。」參見允祹等，《欽定大清會典則例》，卷 32，頁 8-9；蕭猛撰，朱南銑點校，《永憲錄》，續編，頁 393。

7 如和碩額駙康果禮第四子賚塔、內大臣武拜之子郎坦及襲雲騎尉世職的福康安，均於十四歲即任三等侍衛。納蘭明珠先由侍衛授正五品鑾儀衛治儀正，年十七陞任正四品雲麾使，知其應年紀相當輕就擔任正六品的藍翎侍衛。順治帝乳母朴氏之後裔誠恩，於十六歲補清漪園拜唐阿。此外，雍正三年更下令揀選勳舊世臣之子孫（「自二十歲以下、十四歲以上，或十二、三歲而身軀長成者」），帶領引見，以「量酌其宜加教訓成就之處」。參見鐵保等，《欽定八旗通志》，卷 158，頁 1、卷 159，頁 2；《清世宗實錄》，卷 33，頁 501-502；《輝發薩克達氏家譜》，無頁碼；陳桂英，〈北京圖書館藏抄本《明珠墓誌銘》考述〉；黃一農，〈史實與傳說的分際：福康安與乾隆帝關係揭祕〉。

或其世子讀書？擔任鑾衛或侍衛的時間又為何？紅學圈一直無法獲得共識。[8] 下文將盡力耙梳涉及曹寅早年經歷的詩文，並參照當時官場的運作常例，嘗試合理還原其外放江南擔任織造以前的事跡。

王朝瓛〔音「環」〕在康熙四十八年己丑歲跋《楝亭詞鈔》時（圖表 4.1），[9] 言及曹寅當差初期的狀況，曰：

> 楝亭先生昔官侍從時，與輦下諸公為長短句，唱酬甚夥，輒為好事者持去。廿年後，秉節東南，不復為倚聲之作，今存者僅百之一……己丑秋九月後學王朝瓛謹識。

若依古人計年時常頭尾皆算之慣例，從康熙二十九年曹寅外放蘇州織造（所謂「秉節東南」）回推二十年，他應自約康熙十年起入宮當差（「昔官侍從」）。此外，曹寅作於十九年的〈宿盧溝題壁〉中有「十年馬上兒，門戶生光輝」句，康熙帝當時為歡迎擊敗鄭經凱旋的康親王傑書，在十月十七日駐蹕盧溝橋並行拜天禮，此「十年馬上兒」或起算自作者當差之初，同樣亦可回推至約康熙十年。[10] 曹寅時僅十四歲，此亦合乎他自稱「從幼豢養」「自黃口〔指幼時〕充任犬馬」「自幼蒙豢養，得備下走〔指供奔走役使〕之任」「於稚歲備犬馬之任」等說法。[11]

---

[8] 朱淡文，《紅樓夢研究》，頁 333-356；朱淡文，《紅樓夢論源》，頁 19-20；李廣柏，〈曹寅"伴讀"之說不可信〉；劉上生，〈佩筆侍從：曹寅"為康熙伴讀"說辨正〉；胡鐵岩，〈曹寅未曾當康熙伴讀：《恭誌追賜御書奏對始末》簡讀〉；朱淡文，〈胡鐵岩先生"曹寅未曾當康熙伴讀"讀後〉；胡鐵岩，〈向朱淡文先生求教"伴讀說"的三項舉證〉；朱淡文，〈答胡鐵岩先生有關"曹寅伴讀說"的三項置疑〉；劉上生，〈關於曹寅早期生平研究兩個問題的討論和思考〉。

[9] 顧斌，《曹學文獻探考》，頁 259-266。

[10] 高樹偉，〈曹寅赴京當差時間再議：與蘭良永先生商榷〉；《清聖祖實錄》，卷 92，頁 1167。

[11] 《關於江寧織造曹家檔案史料》，頁 22-23、78、81-82；易管，〈江寧織造曹家檔案史料補遺（上）〉。

圖表 4.1： 王朝瓛為《楝亭詞鈔》所寫的序跋。

❖上海圖書館藏《楝亭詞鈔》書首

今代填詞惟迦陵集江湖載酒集後生服膺無異辭雖位置南宋名流中猶當擅場非有明三百年詞人所及也大銀臺楝亭曹公以殆庶之才淹通四庫書作爲古今體詩抉輿爭奇吐棄凡近然其少時尤喜爲長短句當巳未庚申歲陳朱兩太史同就徵入館閣而公以期門四姓官爲

天子侍衛之臣入則執戟螭頭出則彯纓豹尾方且短衣縛袴射虎飲麞極手柔弓燥之樂顧每下直輒拈兩太史倚聲按譜拈韻分題含毫邈然作此冷淡生活每成一闋必令人驚心動魄兩太史

《楝亭詞鈔序》 一

動以陳思天人目之時又有檢討從子次山陽羨蔣郡丞京少長洲黃孝廉蕺山相與賡和所作甚夥惜不自藏弆脫稿即爲好事持去及秉節江南二十餘年唱酬寥落無復曩時之盛酒酣以往間有拈綴今所存什之一而已公之詞以姜史之雅麗兼辛蘇之俊爽逸情高格妥貼排奡其視迦陵竹垞殆猶白石之於清真也公又遊戲涉筆爲餕餖歌曲皆工妙天成奪金元之勝公嘗自言吾曲第一詞次之詩又次之此謙語實不盡然昔鍾記室之品陳王曰譬人倫之周孔鱗羽之龍鳳音樂之琴笙女工之黼黻嗚呼若公者豈不足以當之乎今公往矣徒使懷鉛吮墨者抱篇章而景慕故予校公之遺集而不禁愾然有餘思也康熙癸巳閏五受業王朝瓛謹識

❖復旦大學圖書館藏《楝亭詞鈔》書末

可涕歲月空驚速禿翁行念舉杯輒酹醽醁

滿庭芳 秋屛以詞問西庭梅花將申郊遊之約而意不在梅也時適兩困酒不出戶即韻次答並索再和

殢午園林厭厭冷雨昏昏卯酒難消聆塀何許戶外欲塡橋洗得梅紅褪了憑誰寄滿幅冰綃因循過杏花如夢應讓綠楊描 寥寥尋香處一雙翠羽似遣魂飄笑飛瓊伴侶省識漿瓢買斷春愁十里排珠價半餉錫簫江南路白沙烏泥屐齒幾曾遙

楝亭先生昔官侍從時與輦下諸公爲長短句唱酬甚夥輒爲好事者持去廿年後秉節東南不復爲倚聲之作今存者僅百之一先生藻思綺合興會飈舉其高絕處如飛仙之俯塵世視彼循聲琢句具碌碌不足數諷詠諸闋非阿私所好自爲具目者共欣賞函巳丑秋九月後學王朝瓛謹識

（王朝瓛此康熙己丑跋未見上海圖書館本）

曹寅初應分發至內務府的養狗處當差，此因他嘗賦「束髮〔指男子十五歲〕舊曾充狗監」之詩句，[12] 並在〈題楝亭夜話圖〉以「憶昔宿衛明光宮，楞伽山人〔成德之號〕貌佼好。馬曹狗監共嘲難，而今觸緒傷懷抱」句悼念好友成德。[13] 曹寅及成德分別當差的養狗處和上駟院（成德或任上駟院侍衛），[14] 因職事攸關清初統治階層所崇尚的射獵活動（圖表 4.2），故較易與皇族建立私人關係。

又，顧景星嘗賦詩稱曹寅「早入龍樓儤，還觀中秘書」，[15] 曹寅的〈明月逐人來〉一詞，[16] 亦有「長念龍樓待漏，一丸冷雪」句。其中的「儤〔音"報"〕」即「儤直」，指連日待漏值宿。[17] 至於「龍樓」，先前學者多依成語「鳳閣龍樓」而逕釋作「帝王的宮殿、樓閣」，然前引二詩詞應是用典。《漢書》記成帝為太子時，「初居桂宮，上嘗急召，太子出龍樓門，不敢絕馳道」，該門樓因上飾銅龍故名「龍樓」。[18] 我們在流傳廣遠的《六臣注文選》中亦可見到「龍樓」一詞共出現於三文，註釋皆引漢太子的典故，其中南朝・沈約的〈齊故安陸昭王碑文〉有「博望之苑載暉，龍樓之門以峻。獻替帷扆，實掌喉脣。奉待漏之書，銜如絲之旨」句，更與曹寅「長

---

[12] 旗人出身拜唐阿是頗常見的，以鈕祜祿氏的家譜為例，即可見有三十幾人於年少時被選為各種拜唐阿，其中博色、都朗、德祿、同順、德寧、窩繩袞六人就是養狗拜唐阿。參見《鈕祜祿氏弘毅公家譜》，八房，頁 8-11、十六房，頁 67-68、堂兄房，頁 10；曹寅，《楝亭詩鈔》，卷 8，頁 3。

[13] 成德於二十一年六月亦賦「馬曹此日承恩數，也逐清班許釣魚」詩句。參見納蘭性德，《通志堂集》，卷 5，頁 4。

[14] 鐵保等，《欽定八旗通志》，卷 45，頁 24-25；奕賡，《侍衛瑣言》，補，頁 1。

[15] 顧景星，《白茅堂集》，卷 22，頁 9。

[16] 曹寅，《楝亭詞鈔》，頁 3。

[17] 道光朝侍衛奕賡於當差五年之間，「值門宿，左門四十四次，右門二十八次，乾清門二十七次」。參見奕賡，《侍衛瑣言》，頁 7。

[18] 班固，《漢書》，卷 10，頁 301。

念龍樓待漏」詩句相呼應。[19] 此外，賦有「宮學峨峨龍樓之阿」的元・宋濂〈皇太子入學頌〉，以及唐・歸登（在順宗為太子時任侍讀，順宗即位後復受命為東宮以及諸王之侍讀）為訓勉東宮曾獻〈龍樓箴〉的故事，[20] 也可能多是古代士人（包含曹寅）所習知的。

圖表 4.2： 郎世寧等繪《哨鹿圖》中跟隨乾隆帝秋獮（音「顯」）的隊伍。其中備箭、備弓、養狗、養鷹等事均有專門的拜唐阿負責，北京故宮博物院藏。

[19] 博望苑乃漢武帝時所建的處所，以供太子交接賓客之用，後亦泛指太子之宮。參見蕭統等編，李善等註，《六臣注文選》，卷 46，頁 22、卷 59，頁 28。

[20] 宋濂，《宋景濂未刻集》，卷上，頁 3-5；歐陽脩等，《新唐書》，卷 164，頁 5038-5039；張玉書、陳廷敬等，《御定佩文韻府》，卷 20 之 3，頁 8、卷 25 之 4，頁 2、卷 27 之 2，頁 4。

知「龍樓」二字乃代稱太子，而「早入龍樓儤，還觀中秘〔謂宮廷珍藏圖書文物處〕書」以及「長念龍樓待漏」二句，均點出曹寅當差時極可能侍候過康熙十三年出生的皇次子胤礽（滿文讀音為「成」；十四年立為皇太子）。[21] 亦即，顧景星和曹寅的前引詩乃描述曹寅早年嘗於太子讀書或居住處值宿當差，而非如先前學者所以為的是服侍年少之皇帝。[22]

此外，顧景星在康熙十八年所撰的〈荔軒草序〉中，亦稱許曹寅曰：

> 束髮〔指十五歲〕即以詩詞經藝驚動長者，稱神童。既舞象〔《禮記・內則》的鄭玄註以此為十五歲以上〕，入為近臣。今始弱冠〔二十歲左右〕而其詩清深老成，鋒穎芒角，篇必有法，語必有源……甫曼倩待詔之年，腹鄉嬛、二酉之秘。[23]

其中「曼倩待詔之年」是用西漢・東方朔（字曼倩）於二十二歲待詔公車的故事，[24] 至於鄉嬛福地與大小酉山皆為傳說中藏書豐富的洞宮。[25] 亦即，顧景星在此序中首先讚譽曹寅於十五歲左右就被目為神童，稍後更成為天子近臣，且點出此序撰寫時曹寅剛好與待詔公車的東方朔同為二十二歲，並皆因飽讀宮中藏書而學問淹博。

熊賜履也嘗具體指稱曹寅「持囊〔前人多誤為"槖"〕簪筆，作天子近

---

21 胤礽開始讀書的年紀很可能與其父玄燁相近（五歲；圖表 4.4）。參見黃一農，《二重奏：紅學與清史的對話》，頁 80-83。

22 先前有將「早入龍樓儤，還觀中秘書」誤釋作「早晨到"龍樓"當差，晚上還家後看"中秘書"」。參見宋澤廣，〈向胡鐵岩先生請教"早入龍樓儤，還觀中秘書"之釋解〉。

23 曹寅，《楝亭詩鈔》，顧景星序。

24 東方朔在漢武帝徵賢良之士時，上書自薦曰：「臣朔年二十二，長九尺三寸，目若懸珠，齒若編貝，勇若孟賁，捷若慶忌，廉若鮑叔，信若尾生。若此，可以為天子大臣矣。臣朔昧死再拜以聞。」帝於是命其待詔公車。參見班固，《漢書》，卷 65，頁 2841。

25 伊世珍輯，《瑯嬛記》，卷上，頁 1；盛弘之，《荊州記》，頁 3。

臣」，該詞語應典出漢代的張安世（字子孺），他嘗以近臣的身分事孝武帝數十年，「持囊」乃稱其負責攜帶盛書用之袋子，「簪筆」則謂插筆於冠或笏，以備隨時記事，「持囊簪筆」即指近臣「從備顧問，有所記也」，[26] 表明曹寅後曾在康熙帝身邊侍候筆墨。前人有疑曹寅乃擔任康熙帝的伴讀師傅，遂因得到皇帝青睞而平步青雲，然此說應是誤讀史料的結果，以曹寅當時的學識與年紀，均無可能勝任此職，倒是他或曾侍候皇太子胤礽讀書（但並非具師傅性質的伴讀），並在太子有過失時，代其受罰，扮演希望能令其有所感悟的角色（所謂「抗世子法」；附錄 4.1）。

附錄 4.1

論曹寅應不曾任康熙皇帝之伴讀

周汝昌首倡曹寅曾任康熙帝伴讀一說，並以此作為曹家屢蒙恩寵的源由。他在 1953 年初版的《紅樓夢新證》中，記鄧之誠先生曾告知在某書見曹寅自幼侍讀事，該書乃其於 1939 年替燕大圖書館（今北京大學圖書館）購自琉璃廠文芸閣，價二、三十元間，八冊一函，約為康熙間刊本，四字書名，甚怪異，亦無著者名（頁 215）。然包括周氏在內的眾多學者多年來皆查無此書，因而引發一些譏評。[27]

由於朱淡文又提出另一條獨立的證據鏈，故伴讀說在紅學界仍擁有相當的支持者。此因納蘭成德為《楝亭圖》所寫的〈曹司空手植楝樹記〉中，有「伯禽抗世子法」句（圖表 4.3），而《禮記・文王世子》稱：「成王幼，不能涖阼，周公相，踐阼而治，抗世子法於伯禽，欲令成王之知父子、君臣、長幼之道也。成王有過，則撻伯禽，所以示成王世子之道也。」周公旦應是考量成王姬誦喪父時尚年幼，「乃踐阼，代成王攝行政當國」（《史記・魯周公世家》），又因姬誦尚不熟習世子

[26] 魏徵等，《隋書》，卷 11，頁 236；熊賜履，《經義齋集》，卷 4，頁 17-19。
[27] 胥惠民，〈周汝昌研究紅樓夢的主觀唯心論及其走紅的原因〉。

（指太子或帝王和諸侯的嫡長子）之禮，周公遂命己長子伯禽以伴讀的身分與姬誦同居，並抗（舉也）「世子法」以教二人，亦即，如姬誦有過失，伯禽將代受罰，希望能令其間接有所感悟。[28] 朱氏因此主張成德所謂之「伯禽抗世子法」，即描述曹寅曾伴讀康熙帝的經歷，惟該解一直湧現反對意見（如李廣柏、劉上生、胡鐵岩等），且兩造在相互辯難的情形下始終無共識（見後文）。

圖表 4.3：　成德在《楝亭圖》所書的〈曹司空手植楝樹記〉。

曹司空手植楝樹記
詩三百篇，凡賢人君子之寄托，以及野夫
遊女之謳吟，往往流連景物。遇一草一木之
細，輒低回太息而不忍置，非盡若召伯之棠
「美斯愛，愛斯傳」也。又況一草一木倘為先
人之所手植，則睠言遺澤，攀枝執條，泫
然流涕，其所圖以愛之而傳之者，當何如
切至也乎！余友曹君子清，風流儒雅，彬彬
乎，兼文學政事之長，叩其淵源，蓋淂之
庭訓者居多。子清為余言其先人，司空
公當日奉
命督江寧織造，清摻惠政，久著東南。於時
尚方資黼黻之華，閭閻鮮杼軸之嘆，衙齋
蕭寂，攜子清兄弟以從。方佩觿佩韘之年，
溫經課業，靡間寒暑。其書室外，司空親
栽楝樹一株，今尚在無恙。當夫春葩未揚，秋
實不落，冠劍廷立，儼如式憑。嗟乎，曾幾
何時，而昔日之樹已非拱把之樹，昔日之人
已非童稚之人矣！語畢，子清愀然念其先
人。余謂子清：「此即司空公之甘棠也！惟周
之初，召伯與元公、尚父並稱，其後伯禽抗
世子法，齊侯伋任虎賁、直宿衛，惟燕嗣
不甚著。今我
國家重世臣，異日者子清奉
簡書，乘傳而出，安知不建牙南服，踵武司空？
則此一樹也，先人之澤，於是乎延，後世之澤，
又於是乎啟矣！安可無片語以志之？」因為賦
長短句一闋，同賦者錫山顧君梁汾……
楞伽山人成德拜手書

成德在〈曹司空手植楝樹記〉一文中，稱己嘗對曹寅曰：

> 此即司空公之甘棠也！[29] 惟周之初，召伯與元公、尚父並稱，其後伯禽抗世子法，齊侯伋任虎賁、直宿衛，惟燕嗣不甚著；今我國家，重世臣，異日者子清奉簡書，乘傳而出，安知不建牙南服，踵武司空？則此一樹也，先人之澤。

文中以「甘棠遺愛」的成語故事（典出《詩經・召南》）將司空曹璽所

[28] 皮錫瑞，《今文尚書考證》，卷 17，頁 7；楊寬，《西周史》，冊上，頁 147-151。

[29] 高樹偉在〈楝亭舊事：張伯駒、啟功、周汝昌與《楝亭圖》〉一文中指出周汝昌《紅樓夢新證》脫「公」字 (https://kknews.cc/zh-tw/culture/egokm3z.html)。

種的楝樹比作甘棠樹，稱每見楝亭所植之樹就不禁聯想起曹璽，就好像看見召伯曾居停和休憩的甘棠，就會讓人睹物思賢一樣。

接著，成德又指出召伯、元公（周公）與尚父（呂尚，又名姜子牙）並稱於世，三人之子姬克（所謂「燕嗣」，因召伯受封於燕地）、伯禽與呂伋分任燕、魯、齊三國之主，皆成為輔佐周室的棟梁。但在分封之前，伯禽即以周公長子的身分侍候年幼之成王讀書，並透過「抗世子法」的方式參預成王的教育；呂尚之子呂伋曾於成王駕崩時以「二千戈、虎賁百人」迎立康王，且透過「掌宿衛」之舉以維護初立的政權（《尚書・周書・顧命》）；只有召伯之子姬克年輕時其名不顯。成德遂以「惟周之初……；今我國家……」之對比句法，預卜曹寅（被視同姬克，其父曹璽則被視同召伯）在「重世臣」的清朝必能「奉簡書，乘傳而出」，且「安知不建牙〔指武臣出鎮〕南服〔稱南方〕」，與在江南擔任方面大員的曹璽一樣有突出表現。

朱淡文認為成德「連用三次類比，語婉意深，不露痕迹，十分巧妙」，並指稱：「〔成德〕先用“伯禽抗世子法”比曹寅少年時任康熙伴讀，再用“齊侯伋任虎賁，直宿衛”比曹寅青年時期任康熙侍衛，三用燕嗣之享國綿長比曹氏之世代延澤。」胡鐵岩則主張成德不過是將三公之子所受的重用進行對比，而非指曹寅擁有這全部的經歷。[30] 我們現雖已很難判斷成德此段敘述引喻的程度，但若能從其它文獻印證曹寅的生平包含「抗世子法」「任虎賁」「直宿衛」三項事跡，則朱淡文之說就可成立。由於學界對曹寅曾任侍衛並值宿一事似無爭議（見後），故下文將針對他在宮中擔任伴讀與否詳作討論。

皇子之伴讀在清初常被視同為師傅，丁皂保於〈恭誌追賜御書奏對始末〉中就提及順治十五年玄燁年方五歲時，丁應元（正黃旗包衣，

---

30 胡鐵岩，〈曹寅未曾當康熙伴讀：《恭誌追賜御書奏對始末》簡讀〉。

舉人[31]）、明珠（時年二十五歲，無科名）、伊桑阿（約二十二歲，進士）與馬爾漢（二十六歲，舉人）曾受命伴他讀書（圖表 4.4）。這些伴讀在康熙朝都備受恩寵，其家族甚至多與宗室聯姻：明珠歷官武英殿大學士，娶英王阿濟格第五女，子揆方娶康親王傑書第八女，一女嫁溫郡王延壽，孫永福娶皇九子胤禟第三女；馬爾漢官至吏部尚書，一女嫁怡親王允祥；伊桑阿歷官文華殿大學士，子伊都立娶馬爾漢女，孫福增格是允祥二女婿。[32] 只有丁應元因康熙五年早卒，故僅官至內務府郎中，但其子皂保則出任內務府總管，後以年老乞休，仍食一品俸，至乾隆十二年卒，享壽九十七歲。[33]

此外，何焯於康熙四十二年（四十三歲）左右奉旨「侍讀皇八子府」，他在告知兄長時，稱己獲授「藩邸伴讀」，並曾自署名銜為「賜進士出身、內廷供奉、皇子伴讀……」。[34] 又，雍正元年庶吉士蔡世遠（時年四十二歲）蒙恩特召入京「侍讀皇子」，七年冬二十二歲的平郡王福彭亦奉旨隨皇子讀書，[35] 乾隆初庶吉士雷鋐（四十來歲）也嘗奉詔「侍讀皇子」。[36] 嘉慶十年閏六月的《實錄》，提及「向來大學士、尚書等簡派上書房總師傅，及翰林官員派充阿哥師傅」，並稱這些師傅為「督課書房伴讀」。[37] 綜前所述，知侍讀與伴讀兩詞在當時乃相通，多用來稱呼侍候皇子讀書的名銜或職事。

---

31 康熙帝嘗稱丁應元「十四歲即中舉人」，然皇太極時僅於天聰八年、崇德三及六年取中 33 名舉人，並未見丁氏，疑此說有誤。參見盛昱，《雪屐尋碑錄》，卷10，頁 10-12；黃一農，《二重奏：紅學與清史的對話》，頁 36-37。

32 黃一農，《二重奏：紅學與清史的對話》，頁 213、421。

33 裴煥星等修，白永貞等纂，《遼陽縣志》，卷 8，頁 9-10。

34 皇八子胤禩時年二十三歲。參見清國史館原編，《清史列傳》，卷 71，頁 27；何焯，《義門先生集》，卷 1，頁 12、卷 4，頁 8。

35 當時只有同為十九歲的皇四子弘曆和皇五子弘晝在世，弘曆於雍正五年完婚，但仍住在紫禁城內的乾西二所。參見蔡世遠，《二希堂文集》，卷 5，頁 20。

36 朱仕琇，《梅崖居士文集》，卷 7，頁 1-2。

37 《清仁宗實錄》，卷 146，頁 999-1000。

由於丁應元等被順治帝選為皇子玄燁伴讀時，曹寅於當年九月才剛出生，且康熙初年就遵從體制改由日講官提供帝王教育（丁應元任伴讀止於玄燁御極之時；見圖表 4.4），「每歲自二月經筵後始，夏至日止；八月經筵後始，冬至日止。每日於部院官奏事後進講」，日講官以翰林院為主，「除滿漢掌院學士兼攝外，其餘以本院官與詹事府、坊局各官充補」，[38] 知無科名之曹寅的學識與年紀均不可能勝任伴讀師傅。事實上，已知擔任過康熙帝伴讀之人，均較曹寅高一輩，如明珠即曹寅好友成德之父！康熙四十年皇帝也曾親口對丁皂保稱「昔年爾父〔此指丁應元〕同書事者，今惟存明珠、伊桑阿、馬爾漢三人而已」（圖表 4.4），清楚說明曹寅不在伴讀之列，否則，康熙帝不太可能獨獨將其遺忘，尤其，曹寅直至康熙五十一年病卒時仍「聖眷頗隆」。

再者，曹寅「長念龍樓待漏」、成德「抗世子法」以及顧景星「早入龍樓傔」，不僅皆未指曹寅當過伴讀師傅，更一再點出曹寅侍候的是「龍樓」所指代之「世子」，而康熙朝唯一被立為東宮的只有胤礽！[39] 何況，玄燁於八歲登基時，曹寅還不到四歲，此前玄燁不太可能由一個乳臭未乾且本身還需人照顧的小小孩來陪讀，並在犯過時用他來頂替受責！康熙八年（曹寅此時尚未入京當差），十六歲的玄燁以大不敬之罪逮捕鰲拜後，開始親政，自此乾綱獨斷，更無人敢責罰他。

綜前所論，曹寅應不曾擔任康熙帝的伴讀師傅。考量曹寅的資歷與聲望，他也不可能為胤礽的伴讀師傅，曹寅或只是在皇太子身旁值宿當差，成德則將這段經歷美言成「抗世子法」。有意思的是，小說《紅樓夢》中似有一些情節與胤礽相近：如第十六回記夏太監奉旨宣賈政入朝，賈政於得知元春晉封為賢德妃後，又趕往東宮，並通知老

38 實際情形與此規定常有出入，如以康熙十一年為例，全年共由日講官進講了三十二次，分別發生在自四月十五日至五月二十二日、閏七月二十五日至八月十八日、十月十六日至二十八日這三段期間。參見允祹等，《欽定大清會典則例》，卷 153，頁 4；徐尚定標點，《康熙起居注》，冊 1，頁 13-63。

39 胡鐵岩雖提及「早入龍樓傔」應指曾在太子宮當差，但他未將「抗世子法」與此相關連。參見胡鐵岩，〈向朱淡文先生求教“伴讀說”的三項舉證〉。

太太速領太太們去謝恩；第二十五回記趙姨娘請馬道婆作法，在寶玉和鳳姐的床榻下置小紙人魘害二人的事件。考清代僅胤礽曾於康熙十四年正位東宮，他在擔任儲君的三十多年間，享有極高地位，故賈政如有女於康熙朝陞為主位，是有可能赴皇太子所居之「東宮」毓慶宮謝恩的；[40] 又，四十八年曾揭發大阿哥胤禔利用巫術鎮魘胤礽之陰謀。這些皆屬清史中相當獨特且發生在或應出現於胤礽身邊的小插曲。[41]

至於曹寅所擁有「持橐簪筆，作天子近臣」的經歷，雖可釋作「曾侍讀〔動詞〕皇帝」，但筆者認為其事應發生在曹寅二十歲成年前後。此說與周汝昌先生《紅樓夢新證》各版所描述的「侍帝讀……曹寅幼年曾侍讀皇帝的事……」（1953 年第一版）或「寅自幼侍皇帝讀……寅自幼侍讀事……」（1976 年及 2016 年本），均略有出入。[42] 周先生此說的論據有二：一稱曹寅曾在康熙五十年的奏摺中有「臣自黃口充任犬馬」，一稱郭振基在序曹寅《楝亭詩別集》時有「自結髮侍內直」句。然前者並未點出侍候皇帝讀書，而「結髮」乃指男子二十歲成年，周氏似與代指十五歲成童的「束髮」相混淆了。[43]

不知《紅樓夢新證》前引文中的「幼年」二字是否為周汝昌或鄧之誠先生據己意所推衍？該待覓之書的原文有無可能乃記「曹寅曾侍讀〔對象為皇帝〕」？當然，前述疑問在尋回鄧先生曾過覽但已佚之書前，將永遠無解。惟從前文的討論，我們可以發現在大家不斷發掘史料且對文本之意涵愈辯愈明的情形下，該書的再現與否，對理清曹寅這段早年的經歷，其重要性或已不大。

40 當時皇太子的服飾、儀仗、器用，多與皇帝的規格相差無幾。且每年萬壽節、冬至、元旦及皇太子千秋節，諸王、貝勒、文武大臣除向皇帝行三跪九叩大禮外，還要再赴東宮向皇太子行二跪六叩禮。參見白新良等，《康熙傳》，頁 319。

41 黃一農，《二重奏：紅學與清史的對話》，頁 263。

42 周汝昌，《紅樓夢新證》，1953 年本，頁 214-216；1976 年本，頁 279；2016 年本，頁 229。

43 周汝昌，《紅樓夢新證》(2016)，頁 276。

圖表 4.4：　《雪屐尋碑錄》中所記丁應元任伴讀的事跡。

❖ 盛昱，《雪屐尋碑錄》

遼海叢書

雪屐尋碑錄

恭誌追賜御書奏對始末先臣□姓諱應元遼陽前衛人年十四奉
孝廉太宗文皇帝選學讀書□□□世祖章皇帝特簡□書房翻
譯章□進呈御覽皆稱旨屢拜寵眷日隆時上年五歲世祖章皇帝
即命先□伴讀以至御極於康熙丙午年疾終於家上聞震悼遣御
前侍衛□圖太□□賜茶拜賜治喪銀五百兩賜地□葬命御前侍
衛□赫督造營墓備□異數更推恩□□保累□特授內務府慎
刑司主事廣□司員外郎郎中□佐領□□領又總管滿內宮□隨
皇上三次親征加級至光祿大夫得誥贈先臣如其官沐皇上之隆
恩皆先臣之遺蔭也臣自康熙甲子冬隨皇上駕幸闕里奉命立御
書聖廟碑監修周公孟子二廟各立御書碑次第告成迨上命皇長
子代祭西嶽皇三子告祭闕里兼祭東嶽咸命臣隨行督理康熙已
卯春聖駕南巡命臣同兵部尚書席爾達御前一等侍衛馬武督理
舟楫夫役四月十四日至蘇州府蒙賜御書一幅臣叩頭謝且奏曰
皇上御書賜臣勒石墓前臣父之光榮更加萬倍矣上曰俟朕回鑾
當書賜汝父臣謹叩頭謝恩訖至康熙四十年四月初一日侍皇上
早膳上諭侍臣曰□保之父當朕五歲時即作朕讀書此皂保亦僅
五歲即□朕前其平日最孝且爲人勤慎堪以委託是朕從□所深
知者臣叩頭奏曰臣至微至賤何幸□襁褓便得日侍天顏蒙皇上
眷養成人歷膺拔擢受恩已四十三年得逢聖明之□叨蒙聖恩之
深內廷諸臣□無有在□之前者但臣雖早□□殊恩不敢以此告
人即以告人必□臣非□□妄今蒙聖諭及此臣方敢在皇上前自
言五歲受恩以至今日也上又諭曰爾父十四歲即中舉人侍朕時
朕未嘗見其輕於言笑人品端方學問淵博未有及爾父者此時朕
雖五歲然行動氣象便與今□無異臣奏曰皇上聖質天成臣此時
雖□五歲然仰覩皇上已即如今日矣上又問曰爾父精於六壬爾
知之乎臣奏曰皇上聰明天縱故臣父精微之學皆敬陳於皇上之
前臣並未知臣父有此學問今奉聖諭臣始知之然臣平時每念臣
父臨終遺言眞神仙也上曰何謂也臣奏曰臣父疾革時謂□母曰
吾幸生逢聖世得蒙皇上寵眷之深有不能向汝言之者將來吾身
後必蒙聖心垂念加恩吾子吾觀三子中能承吾主之恩者其在□
保乎汝其記數十卒後吾言方驗今臣之兄弟果皆早世而獨臣得
受聖主深恩今日備叨榮寵家計充裕當年臣父皆先知之上曰然
臣因叩頭□曰臣於去年爲臣父求御書得蒙□俞旨臣□夜仰□
待□命廹切求皇上即允賜發臣父冥漠之中亦不勝慊忭之至矣
上曰爾父之歿已經三十餘年朕時□念之欲求如爾父之人更不
可得昔年爾父同書事者今惟存明珠伊桑阿馬爾漢三人而已所
許爾父□□當即賜汝五月初十日召□赴暢□□上以黃牋書素
心松桂四大字鈐以御寶追賜先臣且諭曰前許爾父之字今特賜
汝於爾父墓前懸挂臣叩頭謝恩拜□捧歸告於家廟遂以名臣二
子長曰松次曰桂爰就淸河賜塋建坊三□恭懸御書又勒之貞珉
樹於墓道永□不朽以昭聖天子篤念蓍臣加恩身後久而彌深之
曠典復於十月初六日以墓坊工竣繪圖進呈皇上聖心嘉悅誠人
臣未有之奇遇也顧譾劣如臣疊受異數雖勉竭犬馬亦何足以上
答高深之萬一耶謹識其始末勒之墓門勗我子孫仰瞻奎章勉思
祖德以圖報國恩於生生世世焉康熙四十年歲在辛巳秋八月望
日立

卷十頁十至十二

又，顧景星在康熙十八年序曹寅的《荔軒草》時，稱該書是「侍中曹子清詩集也」，先前紅學界逕以侍中即侍衛的別稱。雖「侍中」一詞確可用來描述侍衛，[44] 然清代並無此官職，東漢・應劭集解《漢書》時嘗謂「入侍天子，故曰侍中」，指此是服侍君王者之通稱，雖應包含侍衛，但有的侍中甚至得負責執唾壺和便器等賤事。[45]

那曹寅曾否擔任過皇帝身旁的侍衛？從汪士鋐〈楝亭詩為侍衛曹荔軒、筠石賦〉的詩題，[46] 以及袁啟旭〈楝亭詩為曹子清侍衛賦〉小引中所稱的「公歿，其子侍衛銜恤來南……」（圖表 4.5），知曹璽於康熙二十三年六月病逝後，趕赴江寧奔喪的曹寅當時已任侍衛。[47] 熊賜履亦在為已故曹璽所寫的〈曹公崇祀名宦序〉中，[48] 稱曹寅「且將〔且是〕宿衛周廬，持囊簪筆，作天子近臣」，明指寅當時已是侍衛，並曾在皇帝身邊擔任「持囊簪筆」的近臣。此外，方仲舒在題詩《楝亭圖》時也有「公子如公〔指曹璽〕官白門，起家侍衛皇恩繁」句。[49] 惟曹寅究竟在何時出任侍衛，其前後還曾獲授哪些職務，則尚無共識。鑒於與曹寅直接相關的材料明顯不足，下文的討論將輔以同時代相近背景者的升遷狀況作為參照。

---

44 如法式善曾賦〈通志堂詩鈔〉，其詩題小註稱作者為「容若侍衛性德」，首句則謂「侍中擅文墨」。參見法式善，《存素堂詩初集錄存》，卷 14，頁 2-3。

45 漢武帝時的孔安國曾擔任侍中，因是儒者，故「特聽掌御唾壺」。又，《西京雜記》有云：「漢朝以玉為虎子，以為便器，使侍中執之，行幸以從。」指漢代皇帝乃用玉製的虎子作為便器，並由侍中攜帶。參見簡朝亮，《尚書集注述疏》，卷 24，頁 3、10；郝懿行，《證俗文》，卷 3，頁 59-60。

46 鄧漢儀，《詩觀》，三集，卷 3，頁 4。

47 從袁啟旭同一年先後所題〈楝亭詩為曹子清侍衛賦〉〈題曹子猷洗桐圖〉的稱謂，或可判斷曹荃當時尚無任何職銜。又，曹荃的《洗桐圖》乃成於康熙二十一年壬戌歲或之前，此因翁方綱〈鐵香得舊題曹筠石洗桐圖詩一卷，而其圖失去……〉有「此卷楝亭題於康熙壬戌……」之小註。參見翁方綱，《復初齋詩集》，卷 46，頁 3。

48 康熙《上元縣志・曹璽傳》稱其於康熙二十三年卒後即從祀名宦（圖表 1.4）。

49 周汝昌，《紅樓夢新證》(2016)，頁 309-310。

圖表 4.5：　袁啟旭《中江紀年詩集》為曹寅、曹荃所賦的詩。

楝亭詩爲曹子淸侍衛賦并序 卷三頁廿至廿一

楝亭者內務司空曹公奉　命江南時所搆也公歿其子侍衛銜恤來南攀枝執條惻焉心痛諸同入傷之相率賦詩

楝花三月開綠葉何葳蕤隴首播芳風庶物咸光輝朝看花灼灼暮見子離離中有丹鳳凰徘徊將其兒和鳴自天翔五色爲毛衣德音表休應瑞圖協明時祟柯爍華彩彤庭佇光儀翛焉朝露晞雛鳴淸且悲攀條不忍綴涕泗滿纓緌遺形企華表餘蔭淸莊馗何以肅溫恭敬芾有餘思何以著堅貞盤錯無委蛇栖棲旣以遠仁孝心不攜載賡楝亭篇欲廢蓼莪詩 康熙二十三年九、十月

題曹子猷洗桐圖 二十三年冬 卷三頁廿四

千尺高梧濟絕俗秋風吹嫩晴煙綠誰將老幹繫銅鉼日汲寒泉洗脊玉獨坐空山一卷書椶鞋白袷自于徐他年若引長離至彈徹冰紘好待予

曹子淸督蘇州織造投贈二十韻

家世中朝貴簪裳龍命頻一門榮黼黻兩代藉經綸筐篚金陵舊楓欃吳會新垂衣煩聖主補袞屬親臣內府仙班出南都黼飾陳風流誠絕俗偶儻必殊倫萬里咨籌畫三江協錙紳御香龍冉冉天語鳳諄諄洵美多才藝能言復雅馴雕虫心作繪繡虎筆如神妙齡黃初並交期白屋真兩年傷契濶五字失陶鈞工謝天孫巧家慚織女貧同袍那有客分火執爲隣夜月悲絲軸寒煙卷釣緡市交成貝錦薄俗笑懸鶉敢傍金貂重聊將蘭蕙紉公猷端棘達余步且逡巡寄勿台銜借閭鄉疾苦伸還期沛雨露作使桑麻春 二十九年冬 卷四頁四三

張伯行的〈祭織造曹荔軒文〉對曹寅的宦跡提供了不少訊息，稱其：

> 比冠，而書法精工，騎射嫻習，擢儀尉，遷儀正，翼翼乎豹尾螭頭之恪謹，而軒軒然貂冠羽箭之高騫。至於佐領本旗，既簡閱訓練之有術；晉秩郎署，且勾稽出納之益虔。於是，特簡織使，節鉞翩翩。初蒞姑蘇……繼調江寧……又其大者，兩淮鹽課……。[50]

指曹寅先在康熙十六年二十歲（「比冠」）左右陞授鑾儀衛整儀尉，稍後遷治儀正，還管理過佐領，再陞授會計司郎中，接著外放為蘇州織造，繼轉江寧織造，並兼兩淮巡鹽御史。

檢清代自順治二年起設鑾儀衛，以內大臣掌衛事，下設鑾儀使、冠軍使、雲麾使、治儀正、整儀尉等官，負責處理皇室車駕儀仗等禮儀方面的

50 張伯行，《正誼堂文集》，卷 23，頁 16-17。轉引自周汝昌，《紅樓夢新證》(2016)，頁 433-434。

事務，其中治儀正有二十四人、整儀尉二十九人。康熙二十二年還規定若車駕巡幸途中出現「衝突儀仗叩閽者」，值班的冠軍使、雲麾使、治儀正、整儀尉各罰俸六月。[51] 至於隨侍帝王的侍從，除了鑾儀衛外，也包括負責皇帝安全且侍候左右的內廷侍衛（見後文），依例鹵簿前引有乘馬之侍衛二人；御輦前後有執鐙侍衛四人，輦前執提爐侍衛二人，皆步從；輦後之豹尾班有執槍侍衛十人、佩儀刀侍衛十人、佩矢弓侍衛二十人。[52]

清初侍衛有御前侍衛、乾清門侍衛和大門侍衛三種，各依品秩分成一、二、三等及藍翎侍衛等職銜。御前侍衛「御殿則在帝左右，從扈則給事起居」，乾清門侍衛「侍從立於簷霤，扈蹕則弧矢前驅，均出入承明，以示親近」，皆與皇帝較親近，這兩種通稱內廷侍衛，歸御前大臣統轄。大門侍衛則「宿衛禁闥，執戟明光」，由負責領侍衛府之領侍衛內大臣統轄，又依其職事有上駟院司鞍、司轡侍衛，另有以侍衛之秩別充尚茶、尚膳、上虞、鷹鷂房、鶻房、十五善射、[53] 善騎射、善射鵠等，均無專額。[54]

前引張伯行的「翼翼乎豹尾螭頭之恪謹，而軒軒然貂冠羽箭之高騫」，應是形容曹寅任鑾衛和侍衛時的工作，此因漢代儀仗會在皇帝車隊的最後一輛垂放豹尾，而將其前的地方視同禁中；[55] 又，螭頭乃刻於殿前的石階，「貂冠羽箭」則描述侍衛的服飾與配備。此外，王朝瓛在為《楝亭詞鈔》所撰之序中，亦稱曹寅於康熙十八、十九年任「天子侍衛之臣」。[56]

---

51 趙爾巽等，《清史稿》，卷 117，頁 3367；伊桑阿等，《大清會典》，卷 82，頁 23。

52 鐵保等，《欽定八旗通志》，卷 33，頁 6。

53 清代選王公大臣以及滿洲武官中之善射者十五人，充禁庭射者，賞戴花翎，名「十五善射」。參見昭槤撰，何英芳點校，《嘯亭雜錄》，續錄，頁 373。

54 福格著，汪北平點校，《聽雨叢談》，卷 1，頁 25-26。

55 班固，《漢書》，卷 87 上，頁 3535。

56 其文有云：「當己未、庚申歲……公以期門四姓官〔原指東漢明帝樊、郭、陰、當時的鑾儀衛官員常與侍衛相互遷轉，《欽定大清會典則例》中即可見相關規定，曰：

> 滿雲麾使、治儀正員闕，於滿治儀正、整儀尉內以次簡選。如選不得人，行文領侍衛府，簡選三旗三等侍衛擬補雲麾使，藍翎侍衛擬補治儀正，滿整儀尉員闕於滿洲、蒙古世爵及佐領內簡選，均由衛引見補授……漢治儀正員闕於漢整儀尉內簡選，漢整儀尉員闕於漢軍世爵及佐領內簡選。[57]

知藍翎侍衛（正六品）可補治儀正（正五品），而三等侍衛（正五品）亦可補較治儀正位階為高的雲麾使（正四品）。

此從鑲黃旗滿洲鈕祜祿氏族人的歷官過程可獲得具體印證，如特清額於乾隆二十九年由官學生選為上虞備用處拜唐阿（*baitangga*，又作「栢唐阿」，意指作公事的無品級或低品級的役人[58]），三十三年選藍翎侍衛，四十年陞治儀正；倭星額於乾隆二十三年選上虞備用處拜唐阿，二十五年恩授藍翎侍衛，二十八年陞治儀正；興長於乾隆四十一年選整儀尉（正六品），四十三年陞治儀正，四十八年選乾清門三等侍衛。[59] 桂輪於嘉慶十五年補授整儀尉（二十三歲），翌年陞治儀正，十八年因「射中布靶五矢」而挑乾清門侍衛，道光元年陞二等侍衛（正四品），四年陞頭等侍衛（正三品）授尚茶正。

馬四姓外戚的子弟，後引申為功臣子孫的代稱〕為天子侍衛之臣，入則執戟螭頭，出則彩纓豹尾，方且短衣縛袴，射虎飲麞，極手柔弓燥之樂。」參見高樹偉，〈曹寅赴京當差時間再議〉。

57 允祹等，《欽定大清會典則例》，卷169，頁10。

58 如養狗處的編制有「內務府拜唐阿十人，內九品職銜委署筆帖式五人；外養狗處拜唐阿二十一人；內養狗處拜唐阿八人……」，知養狗拜唐阿有九品者，亦有無品級者。參見鐵保等，《欽定八旗通志》，卷45，頁24-25。

59 《鈕祜祿氏弘毅公家譜》，十六房，頁46、58、77-78。

[60] 知擔任藍翎侍衛者可陞治儀正，但出任過整儀尉或治儀正者，並不見得一定會挑侍衛。[61]

經對照曹寅早年的仕宦經歷以及八旗官場的常例，我們或可合理還原其外放江南以前的事跡如下：曹寅於十四歲（康熙十年）左右開始當差（所謂「昔官侍從……廿年後，秉節東南」），[62] 應先分發在內務府的養狗處任拜唐阿（遂有所謂「束髮舊曾充狗監」「馬曹狗監共嘲難」「舊日倀童〔指童子〕半服官」「於稚歲備犬馬之任」「自幼蒙豢養，得備下走之任」「自黃口充任犬馬」「既舞象，入為近臣」等描述）。[63] 此故，他在〈射雉詞〉詩中有「少年十五十六時，關弓盤馬百事隳，不解將身事明主，惟愛射雉南山陲」句，[64] 形容自己在年少時酷愛騎射，但當時還朦朧不知此為出仕、佐君的重要技能，只知以射獵為樂。

---

60 長齡，《懋亭自定年譜》，卷 1，頁 72、卷 2，頁 11 及 24 與 57、卷 3，頁 17。

61 如毓寧、達福、雙祥、申泰與博多歡等人即然。參見《鈕祜祿氏弘毅公家譜》，三房，頁 47、八房，頁 10、十一房，頁 13、十三房，頁 38、十六房，頁 74-75。

62 劉上生曾以曹寅詩中的「十年遊子懷」（不遲於康熙十六年年底作）、「索居近一紀」（十九年作）或「西池歷二紀」（劉氏主張三十三年作，筆者於附錄 2.4 推論是三十五年）等句，回推曹寅開始當差的時間與他所主張的「康熙八年入侍說」大致無矛盾。但若考量古人有頭尾皆算的計年傳統，且因詩句中的歲月常用成數表達，則前述之記事也合於筆者的「康熙十年入侍說」。參見劉上生，〈曹寅的入侍年歲和童奴生涯：對"康熙八年入侍說"的再論證〉。

63 前人因不熟悉八旗選官的規矩，遂誤稱「至晚十五歲時，曹寅即已入京為康熙皇帝侍衛，初為養狗處統領或頭領」。事實上，旗人通常要三、四十歲且經歷較完整後，才有可能出任養狗處等內務府機構的頭領。如以鈕祜祿氏為例，端多和於年少時選三等侍衛，歷陞頭等侍衛，擢侍衛班領後始兼養狗處拜唐阿頭領；保慶生於乾隆二年，少選養狗處拜唐阿，三十八年始陞補拜唐阿頭領；阿爾泰生於康熙五十六年，乾隆三年由監生選養鷹鷂處拜唐阿，九年陞授三等侍衛，十年才陞授拜唐阿頭領。參見《鈕祜祿氏弘毅公家譜》，十三房，頁 5 及 23、堂兄房，頁 13；樊志斌，《曹雪芹家世文化研究》，頁 52-59；劉上生，〈曹寅的入侍年歲和童奴生涯：對"康熙八年入侍說"的再論證〉。

64 曹寅，《楝亭詩鈔》，卷 1，頁 3。

康熙十三年三藩亂起，曹璽因此「僑寄廣陵〔揚州古名〕，驅子若弟，補伍編行」。[65] 曹寅在〈句容館驛〉一詩自註：「余十七歲侍先公宿此，今來往三十年矣。」[66] 知曹璽當年曾偕同弟曹爾正以及長子曹寅（所謂「驅子若弟」），在揚州準備迎戰耿精忠等叛軍，途中曾歇宿在句容縣（位於揚州西南約 50 公里處）的館驛。十三年四月上諭議政王、大臣等曰：

> 江寧滿兵既分千人援浙，恐江寧兵單，可出包衣佐領兵千人、八旗每佐領驍騎二人往守江寧，以駐懷慶內大臣阿密達為總統，在京副都統拉哈、吉勒塔布為兩翼領之。[67]

知清廷當時因三藩之變而震動，並曾自北京的包衣佐領調遣千名兵士以及八旗各佐領的數百名驍騎至江寧協防，曹寅身為當差的正白旗包衣，且家人皆在江寧，很可能奉派南進或自動請纓。[68]

康熙十八年成書的《昭代詩存》收有曹寅〈冬日送殷六表兄返維揚〉一詩，即大概作於此時，曰：

> 樽前話別悵何如，況復交親在索居。邗上繁華非故土，
> 嶺南離亂有來書。堪憐骨肉同枝折，漸覺風塵兩鬢疎。
> 滾滾寒江東去疾，片帆開處正踟躕。[69]

「嶺南離亂」乃指耿精忠的叛清之變，至於「骨肉同枝折」，則或謂曹寅的喪妹之痛。[70]

---

65 曹寅，《楝亭文鈔》，頁 25。

66 曹寅，《楝亭詩鈔》，卷 4，頁 14-15。

67 勒德洪等纂，《平定三逆方略》，卷 5，頁 10。

68 劉上生，〈曹寅入侍康熙年代考〉。

69 席居中輯，《昭代詩存》，卷 7，頁 99。

70 《昭代詩存》在此詩的前一首還收錄曹寅〈送徐德公還崐山〉，內「維予方抱戚」句下註稱「時予喪妹」。參見席居中輯，《昭代詩存》，卷 7，頁 98-99；潘承玉，〈續《有關紅學的新材料》〉。

待戰事漸趨和緩，曹寅或於康熙十五年前後返京，並在甫被立為皇太子的胤礽（十三年五月生）身旁值宿當差（所謂「早入龍樓儤，還觀中秘書」「長念龍樓待漏」「抗世子法」），其身分很可能就是所謂的「哈哈珠子」，[71] 或為太子的侍從。[72] 二十出頭時，則改在皇帝身旁侍候筆墨（「自結髮〔指男子年二十〕侍內直」「持橐簪筆，作天子近臣」），[73] 並被選為正六品的鑾儀衛整儀尉（「比冠，而書法精工，騎射嫻習，擢儀尉」）；[74] 稍後，陞正五品的治儀正（「遷儀正」）。陳鵬年〈楝亭詩二十五韵呈銀臺曹子清先生〉中，有「世業舊從龍，尺五依宸極」句，[75] 「尺五」為一尺五寸，在此乃指離「宸極」（皇帝的代稱）甚近，或就指曹寅的這段經歷。

康熙十八年（二十二歲）曹寅應已陞授正五品的三等侍衛（顧景星稱其為「侍中」、王朝瓛稱為「天子侍衛之臣」），遂有顧景星〈懷曹子清〉中「周旋逢輦下，導引謁宸居」句下小註所提及的「嘗為予引龍尾道」事，此應發生於十八年三月顧景星應博學鴻詞科入宮覲見之際。據康熙《上元縣志》，曹寅在二十三年六月父喪後不久，兼攝從五品的內務府慎刑司員外郎（即「內少司寇」），因其品級低於三等侍衛，故袁啟旭於稍後所作的〈楝亭詩

---

71 「哈哈珠子」專指「大臣子弟以童稚入侍禁近」者，其職掌為「日供掃灑、侍巾櫛」等，有時且可因表現而被挑補為侍衛。參見李文益，〈清代"哈哈珠子"考釋：兼論滿文"*haha juse*"與"*haha jui*"的翻譯〉。

72 康熙十年生之渥式哈的經歷或與曹寅相似，他十九歲隨大將軍裕親王征噶爾丹，二十歲被選為御茶膳房拜唐阿，並擔任皇太子胤礽之侍從。參見《鈕祜祿氏弘毅公家譜》，十房，頁 12-13。

73 「自結髮侍內直」句乃出自郭振基為其師曹寅《楝亭詩別集》所撰之序，郭、曹二人交往密切，郭自稱兩家有「通門〔指師出同門〕三世」之誼。

74 如毓寧、昌基即是由拜唐阿選整儀尉。參見《鈕祜祿氏弘毅公家譜》，三房，頁 47、堂姪房，頁 27。

75 陳鵬年，《陳恪勤集・秣陵集》，卷 2，頁 7。

為曹子清侍衛賦〉，小引中僅稱其職銜為侍衛（圖表 4.5）。[76] 曹寅在擔任鑾衛及侍衛期間，或因職務關係即嘗多次隨車駕出巡（所謂「佩筆六番充侍從」[77]）。

又，曹寅管理過正白旗第五參領第三旗鼓佐領，此職為正四品官，其前任鄭連緣事革退，後任齊桑格（漢姓應為同音的「祁」，亦作桑格）則是在二十九年曹寅外放蘇州織造時接掌。[78] 由於擔任會計司郎中的鄭連曾於二十三年四月三十日因事革職，仍留管佐領，而張伯行在〈祭織造曹荔軒文〉中記曹寅「擢儀尉，遷儀正……至於佐領本旗……晉秩郎署，且勾稽出納之益虔」，從其所述經歷的先後順序，知曹寅兼管該佐領應在二十三年四月底之後，但不晚於二十五年二月他獲授正五品會計司郎中時。[79] 康熙二

---

[76] 曾管正黃旗滿洲第一參領第三佐領的明奇，即以員外郎兼三等侍衛。又，王朝瓛序《楝亭詞鈔》時，稱曹寅於康熙十八年已任「天子侍衛之臣」。另據現存的滿漢文檔案，知二十四年四月十八日桑格已以內務府郎中接替已故之曹璽管江寧織造；二十五年正月二十一日曹寅仍為慎刑司員外郎，二月十八日補放會計司郎中，二十六年九月初七日依然在任。參見鐵保等，《欽定八旗通志》，卷 4，頁 2；關嘉祿、何溥瀅，〈曹寅與皇莊〉；馮其庸，《敝帚集》，頁 18。

[77] 從曹寅細數佩筆充侍從的次數，知此應非指涉他長年在皇帝身邊侍候筆墨之事。相對於佩儀刀、佩弓矢或執槍之侍衛，先後出任鑾衛以及侍衛的曹寅，或因此特意強調自己主要之職掌是「佩筆」的侍從。另解可參見蘭良永，〈曹寅第六番“佩筆侍從”考：兼與劉上生“佩筆侍從”說商榷〉。

[78] 據〈……內務府廣儲司郎中管佐領兼護軍參領加一級仍督內學祁公墓表〉，齊桑格應即祁桑格（約康熙二十六年自滸墅鈔關調回京後才初授佐領），因其卒於三十年，故應非五十二年病故的原吏部尚書桑格（漢姓馬，亦名桑額，二十三至三十一年間擔任江寧織造）。又，《八旗通志初集》誤「曹寅陞任江寧織造〔二十九年授蘇州織造，三十一年改江寧織造〕，以齊桑格〔三十年卒〕管理」，它誤亦見於第四旗鼓佐領，稱「桑格故〔應是三十一年自江寧織造陞任湖廣巡撫〕，以馬二格管理。馬二格故〔應是三十四年改管第五旗鼓佐領〕，以帕帕管理」。參見鄂爾泰等修，《八旗通志初集》，卷 5，頁 41；盛昱，《雪屐尋碑錄》，卷 11，頁 22-23；趙弘恩等監修，黃之雋等編纂，《江南通志》，卷 105，頁 19。

[79] 在《八旗滿洲氏族通譜》中即有幾十例以員外郎或郎中兼佐領者。參見關嘉祿，〈曹寅理財芻議〉。

十七年曹寅轉廣儲司郎中，二十九年四月更憑藉其所積累的較完整資歷（曾任鑾儀衛的整儀尉與治儀正、三等侍衛、內務府慎刑司員外郎、旗鼓佐領、內務府會計司及廣儲司郎中）與康熙帝的親信身分，外放為蘇州織造（織造為欽差，無定品），[80] 三十一年改江寧織造，後兼巡視兩淮鹽課監察御史、兌漕糧，並曾獲賜通政使司通政使銜，[81] 五十一年七月卒於任。

前述曹寅在京期間的經歷不僅可與目前所有的材料若合符契，也與同時代一些八旗中人的宦迹相近，如以本章先前所提及的鈕祜祿氏族人為例，康熙十年生的渥式哈，即於二十九年選御茶膳房拜唐阿，並任皇太子胤礽之侍從；至於乾隆二十四年出生的興長，則在十八歲選鑾儀衛整儀尉，二十歲陞治儀正，二十五歲選乾清門三等侍衛，二十八歲補授公中佐領。[82]

曹寅喪父時二十七歲，其弟曹荃二十三歲，惟因曹寅是漢人小妾顧氏所生，而曹荃（原名宣，後因避諱帝名玄燁而改）則出自曹璽繼妻孫氏，孫氏且曾為康熙帝的保母，遂令曹寅在接掌家業的過程中頗多曲折。通常一家族的家長人選可自行決定，故孫氏理應扮演關鍵性的角色，而其親生的嫡長子曹荃常會是名正言順的承繼者。[83] 然作為內務府的包衣，接班者有無最佳能力替皇帝當差，才是決定因素。籍隸正白旗包衣佐領的李煦即然，他雖為庶長子，但因在廕授中書舍人以及外放韶州、寧波知府期間表現優異，遂於康熙二十五年召入內務府為侍衛，「衛直禁陛，扈從出入，積節不懈而辦事敏幹」，三十一年更獲重用，接替曹寅為久任的蘇州織造。[84]

---

80 關嘉祿，〈曹寅理財芻議〉。

81 臺北中研院傅斯年圖書館內閣大庫檔案登錄號 104516-001；http://catalog.digitalarchives.tw/item/00/27/e5/e3.html。

82 公中佐領指無根由之佐領（指不明該佐領初編時的緣由），初編時非一姓承管，其佐領員缺於本旗大臣官員內揀選補放。

83 朱淡文，《紅樓夢論源》，頁 53-54。

84 雖乾隆《江南通志》（圖表 7.15）以李煦於康熙三十二年任蘇州織造，但其家人至於曹璽過世後，曹寅曾否短暫接任江寧織造，一直混沌不明。查康熙二十四年左右成書的《江寧府志》，稱皇帝初為讓曹家能延續曹璽開創的事業（所謂「以纘公緒」），曾命曹寅仍「協理江寧織造事務」（圖表 1.4），相關敘事亦可見於其它文獻。如康熙《上元縣志》記「璽在殯〔指入殮封棺後待葬〕，詔晉〔指曹寅〕內少司寇，仍督織江寧」（圖表 1.4）。此外，方中發（方以智姪）在〈楝亭詩〉的詩題小註有云：「為織造曹子清司空賦，曹公父舊官金陵，公世其職，今調姑蘇。」知曹寅應在父卒後不久即以內務府慎刑司員外郎（所謂「內少司寇」）的身分協理江寧織造。[85] 而所謂的「協理」，乃因其以較低階暫署正印，故疑當時雖已指派桑格為江寧織造，惟後者尚未履新。[86] 此一臨時性的安排，可能也是為確保南巡隊伍抵達江寧時（二十三年十一月）各項準備工作的順遂。

康熙二十四年五月，曹寅自江寧扶父柩並攜家返回北京，其忘年好友杜岕賦〈思賢篇〉以送別，曰：

> 昔有吳公子，歷聘游上國……又有魏陳思，肅詔苦行役；翩翩雍丘王，恐懼承明謁……俯仰古今賢，願思季與植。[87]

應曾過眼的行狀則記為前一年。此外，乾隆《丹午筆記》亦稱「康熙三十一年織造李公煦莅任」。參見李果，《在亭叢稾》，卷 11，頁 28-33；顧公燮，《丹午筆記》，頁 249。

85 清代別稱刑部尚書為大司寇，侍郎為少司寇，由於慎刑司相當於內務府的刑部，下設郎中、員外郎等官員，故「內少司寇」應指的是該司員外郎，此詞略帶奉承之意。參見關嘉祿、何溥瀅，〈曹寅與皇莊〉。

86 桑格於康熙二十三年獲授江寧織造，但授職或履任的確切時間不詳。臨時委派協理一事亦曾見於蘇州織造：如乾隆二十六年二月織造安寧陞授蘇州布政使，總催舒文即協理織造事務，至二十七年閏五月金輝始奉旨管理，三十五年三月久任蘇州織造司庫的舒文終於調補織造。趙弘恩等監修，黃之雋等編纂，《江南通志》，卷 105，頁 13；馮其庸，《敝帚集》，頁 8-14；《清高宗實錄》，卷 630，頁 24、卷 663，頁 415、卷 668，頁 466-467、卷 855，頁 454-455。

87 杜岕，《些山集輯》，卷 2，頁 7。

希望他以季札為榜樣（春秋時期吳王壽夢的幼子，有賢名，三次讓國兄長，不願居王位），並記取曹植的教訓（曾封雍丘王，因死前為陳王，謚號「思」，故又稱「陳思王」。植因與長兄丕爭奪王位，加之才高，素為魏文帝曹丕所嫉），妥善處置與嫡出弟弟曹荃間的關係。[88] 由於康熙帝已在二十三年十一月底返蹕，曹寅之所以在半年後才攜家返京擔任內務府慎刑司員外郎，應是因曹璽在南京經營逾二十年的家業需要處理或安排所致。至於他為何未能實授江寧織造，而是由桑格接任，則或因其當時的資歷尚淺。

康熙二十三年曹璽病卒時，其孫輩僅有曹荃所生之曹順一人，故曹寅在接掌家長之後，應為表達對繼嫡母孫氏以及嫡房曹荃的善意，遂過繼了姪子曹順。雖然在法律上曹順自此成為長房的承繼子，但或擔心曹荃若不再有子，則嫡支將絕嗣，故當時最可能是安排曹順兼祧兩房（附錄 4.2）。二十九年四月，身為家長的曹寅在離京赴蘇州任前，曾替弟曹荃以及己子曹順（四十七年或因與承繼母李氏不和而歸宗）、曹顏（曹寅於過繼曹順後所生，或於四十三、四年間過世）、姪子曹顒（在曹順歸宗後出繼長房）、曹頔各捐納成監生，以取得將來參加科舉或出仕文職的基本資格。[89] 且因曹寅是家庭經濟的主要支柱，他於江寧和揚州任官期間更儘量把子姪們養在身邊（此因曹荃官運較不亨通，且家族重心在江南，故荃子多由長住江寧的祖母孫氏和兄寅撫育），甚至屢過繼荃子，[90] 這些舉動皆遵從其好友杜岕所提「俯仰古今賢，願思季與植」的勸勉。

---

88 有疑曹荃非孫氏生，然若他與寅同為庶子，那他實無與曹寅爭鋒的條件，杜岕就不致如此擔憂。周汝昌，《紅樓夢新證》(2016)，頁 256-258；朱志遠，〈"楝亭圖詠"與清初江南詩風嬗變〉；蘭良永，《紅樓夢文史新證》，頁 81-82。

89 小說第一百十八回中王夫人嘗稱：「他爺爺做糧道的起身時，給他們爺兒兩個援了例監了。」即指賈寶玉和賈蘭是援例捐納取得監生資格。有關曹順、曹顒歸宗或過繼的討論，詳見第七章。

90 曹荃曾授侍衛，康熙二十八年任南巡圖監畫，四十年自侍衛改任物林達（即正七

附錄 4.2

清代宗法制度下的兼祧

出繼是清代家族在處理立嗣問題時相當普遍的做法，其主要目的是保障身分和財產的繼承。至於兼祧，則是在宗祧繼承風俗之下，使獨子得以同時成為兩房乃至多房繼承人的從權特例。兼祧雖存在中國民間已久，但官方並不承認，歷經長期「法不責眾」的階段，直至乾隆朝才終於納入清律。[91]

族譜中的兼祧之例屢見，經以「兼祧」為關鍵詞查索「中國譜牒庫」的 291 種家譜，共出現約 13,000 條。如在光緒《續修陳氏君實公支譜》中，兼祧一詞即出現 458 處。再以民國《安徽合肥李氏五修宗譜》為例，自明末之始祖心莊公起，至民國十五年的第十三世止，共 2,393 丁，兼祧者 65 人。[92]

另以江蘇鎮江《潤東苦竹王氏族譜》為例，亦不乏兼祧（凡 316 條）或出繼（2,700 條）者，如王守模於萬曆間生必高與必元，必元後出嗣守模的堂叔大爵。必高與必元各生一子，分別是懋儒與懋金，由於懋金夫妻同卒於康熙六年，其獨子治龍四歲時即交由無子的大伯懋儒（康熙七年卒）撫養，並兼祧兩支。[93] 治龍生基大、基昌，由於基大又無子，而基昌分別於雍正十二年和乾隆八年生恒萬與恒欣，遂以恒欣出嗣基大（雍正九年卒；圖表 4.6）。

品之司庫），四十七年卒。此段參見黃一農，《二重奏：紅學與清史的對話》，頁 112-136。

91 鄭小悠，〈清代"獨子兼祧"研究〉。

92 陳雲標等編纂，《續修陳氏君實公支譜》；李經方等編纂，《安徽合肥李氏五修宗譜》。

93 譜中稱「治龍字雲從，行錫三十四，懋儒公兼祧子。生於康熙三年甲辰十一月初一日申時，卒於康熙五十七年戊戌四月十五日」。參見王振澤等修，《潤東苦竹王氏族譜》，卷 20，頁 20。

圖表 4.6：家譜中的兼祧與出繼例。

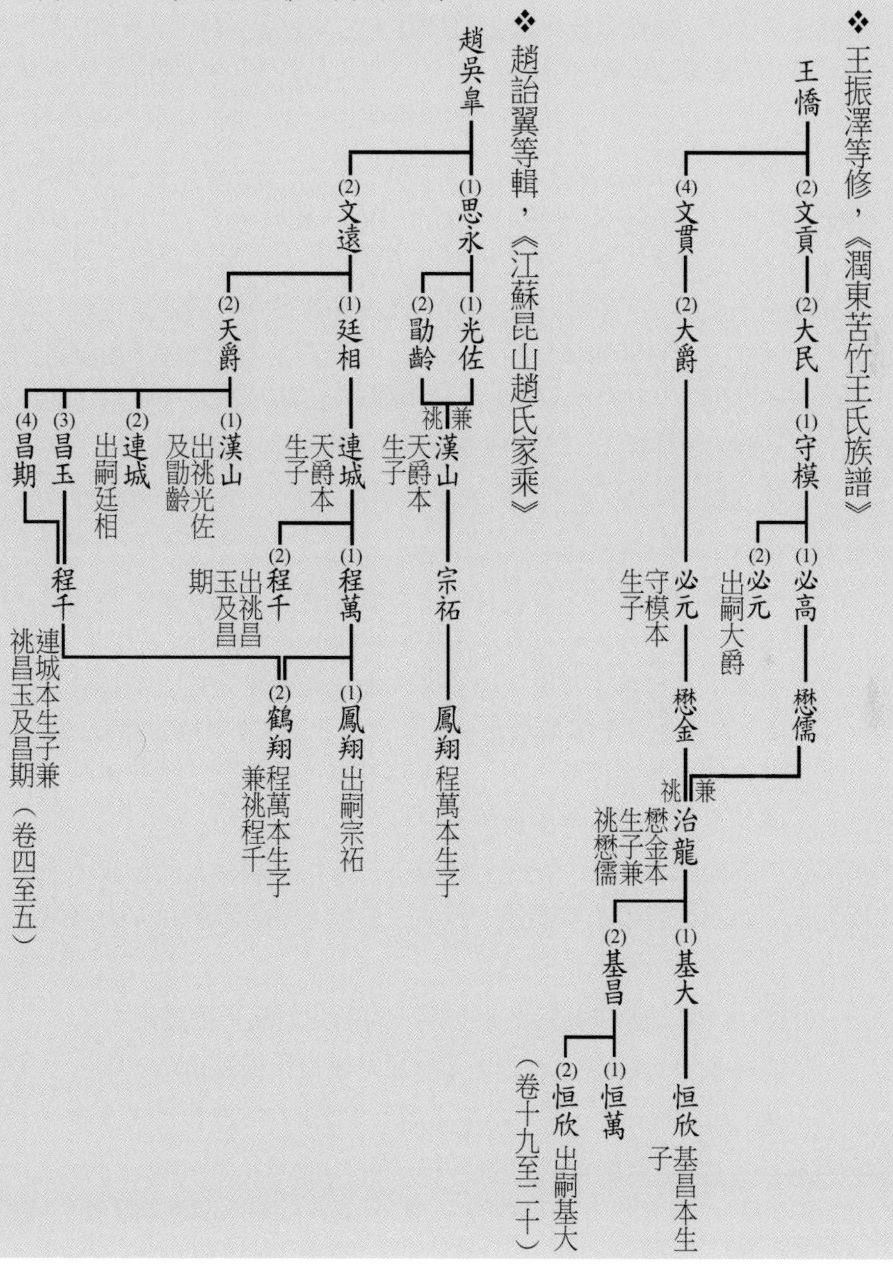

❖ 王振澤等修，《潤東苦竹王氏族譜》

- 王憍
  - (2)文貢 — (2)大民 — (1)守模
    - (1)必高 — 懋儒（兼祧：治龍）
    - (2)必元　出嗣大爵
  - (4)文貫 — (2)大爵 — 必元　守模本生子 — 懋金 — 治龍（兼／祧）　懋金本生子兼祧懋儒
    - (1)基大 — 恒欣　基昌本生子
    - (2)基昌
      - (1)恒萬
      - (2)恒欣　出嗣基大

（卷十九至二十）

❖ 趙詒翼等輯，《江蘇昆山趙氏家乘》

- 趙吳皐
  - (1)思永
    - (1)光佐
    - (2)勛齡
    - 漢山（兼光佐／祧勛齡）　天爵本生子 — 宗祏 — 鳳翔　程萬本生子
  - (2)文遠
    - (1)廷相 — 連城　天爵本生子
      - (1)程萬
        - (1)鳳翔　出嗣宗祏
        - (2)鶴翔　程萬本生子兼祧程千
      - (2)程千　出祧昌玉及昌期
    - (2)天爵
      - (1)漢山　出祧光佐及勛齡
      - (2)連城　出嗣廷相
      - (3)昌玉
      - (4)昌期
      - 程千（昌玉、昌期）　連城本生子兼祧昌玉及昌期 — (2)鶴翔

（卷四至五）

王守模雖生必高與必元，但必元出嗣大爵支，而必高單傳懋儒，故當懋儒無子時，並無堂兄弟之子可擇立。尤其，懋儒的從堂兄弟（指同曾祖）在其康熙七年卒時皆尚未生子，故只得從已出嗣大爵的必元（與必高同本生父）支承頂，然因必元亦只單傳懋金→治龍，遂以治龍兼祧。

再舉昆山趙吳皐（康熙八年生）為例，他共五子，長子思永生光佐、勖齡，次子文遠生廷相、天爵。天爵育漢山、連城、昌玉和昌期，由於光佐和勖齡乏嗣，天爵遂讓長子漢山出嗣並兼祧光佐和勖齡，又因廷相亦無子，又將次子連城出嗣廷相。漢山後生宗祏，連城生程萬、程千。然因昌玉和昌期皆無子，為延續天爵的香火，又以程千出嗣且回祧昌玉和昌期。但由於宗祏和程千再無嗣，遂將程萬長子鳳翔出嗣宗祏，次子鶴翔兼祧程千。[94] 知在康、雍兩朝兼祧和出繼的現象已習見。

光緒《關氏族譜》嘗引《大清律例統纂集成》，稱禮部曾於道光九年十二月二十四日議奏曰：

> 古無所謂兼祧也，自乾隆四十年欽奉特旨，准以獨子兼祧兩房宗祧，於是始定兼祧之例。兼祧者，「從權以濟經耳」云云。蓋律所謂權者，以獨子而兼祧兩房宗祧也；所謂經者，以立繼者於五服內別無可繼之人，始准兼祧兩房宗祧。如五服內尚有可繼之人，仍應以可繼之人為嗣，不得強執兼祧之例，以杜覇產圖繼之漸也。[95]

指清代自乾隆四十年起才正式允許兼祧，但得要當事人自願並得到家族允許，始可讓該獨子兼嗣無子叔伯之宗祧，惟若五服之內尚有可繼之人，則不得強用兼祧之例。

然依《清實錄》中乾隆四十年閏十月所定的獨子承祧例：

> 戶部奏軍營病故乏嗣人員請照陣亡之例，准以獨子立嗣一摺，已依議行矣。獨子不准出繼，本非定例，前因太僕寺少

94 趙詒翼等輯，《江蘇昆山趙氏家乘》，卷 2，頁 3、卷 4，頁 6-24、卷 5，頁 1。
95 《關氏族譜》，前序。

> 卿魯國華條奏，經部議准行……但或其人已死，而其兄弟各有一子，豈忍視其無後。且現存者尚可生育，而死者應與續延，即或兄弟俱已無存，而以一人承兩房宗祀，亦未始非從權以合經……嗣後遇有孀婦應行立繼之事，除照例按依昭穆倫次相當外，應聽孀婦擇其屬意之人，并問之本房是否願繼。取有合族甘結，即獨子亦准出繼……該部即照此辦理，著為令。[96]

知先前原就准許陣亡軍士之遺孀可以獨子立嗣兼祧，後又允病故乏嗣之軍人亦可循此例。乾隆四十年或只是更進一步允許一般民眾之孀婦亦可以獨子繼承。

也就是說，在曹寅家面臨子嗣承繼問題的康熙朝，不僅出繼族人的情形相當普遍，兼祧之例更早已存在。[97] 此一做法不僅見於民人，旗人應亦有採用者。如《黑龍江庫雅喇氏宗譜》中稱若嫡庶皆未生子，則「先由近支擇賢過繼，近支無多，再於從堂兄弟之子擇立，若均無人，方准兼祧」，[98] 所謂「近支」乃指同祖的堂兄弟。

乏嗣的曹寅讓其過繼的姪子曹順兼祧兩房之舉(應在曹荃於康熙二十五年生次子曹頔之前，否則就只需自二房過繼一子即可)，雖與當時律例不合，但大家對此類做法多睜一隻眼、閉一隻眼。該情形頗似明清社會對娶妾規定的態度，清承明律，雖在〈妻妾失序〉條明文記稱「其民年四十以上無子者，方聽娶妾，違者笞四十」，但許多人（尤其是官紳家族）卻常不遵守法條，至乾隆五年，有關官民娶妾的限制條文始因窒礙難行而遭刪除。[99]

96　《清高宗實錄》，卷 995，頁 301-302。

97　其它相似情形亦可見於安徽桂城陳氏第二十九世的金生（康熙六年生），他原係大仕之子，但又兼祧長春支；同世的三元（康熙二年生）係夢龍子，亦兼祧大質支。參見陳祖蔭，《桂城陳氏族譜》，卷 2 下，頁 31。

98　明海纂，《黑龍江庫雅喇氏宗譜》，家訓篇第五。

99　黃一農，《兩頭蛇：明末清初的第一代天主教徒》，頁 40-42。

二、曹寅深厚的漢文化積澱

2017 年 6 月在揚州大虹橋的施工工地發現一塊高約 50.5 cm 的殘碑（圖表 4.7），尚見「……公後塵。康熙五十一年歲在壬辰四月，江寧織造、通政使司通政使、鹽漕察院曹寅題」等字，正文末僅存的「公後塵」，字體較曹寅的題銜大頗多，由於此三字不太像文章的結尾，故疑應為詩碑。

經耙梳收錄一百多萬首歷代詩詞的「搜韻網」，僅發現南宋・曾丰《緣督集》的〈用山谷新詩「徒拜嘉」之句為韻，賦五篇，報尹直卿〉第一首以「公後塵」三字收結，[100] 此詩歌詠曹寅十分景仰的北宋文豪歐陽脩曰：

> 吾土歐陽公，一代不數人。文星蜚上天，山川效其珍。劉（侍郎）郭（內翰）相望出，才藻豈不新。所恨狃時態，未躡公後塵。

曾丰（撫州樂安人，該縣原自吉州等地分出）指稱籍隸吉州的劉才邵（紹興間拜侍郎）、郭知章（宋徽宗時為翰林學士），[101] 即使皆才藻富贍，亦很難追及同鄉（「吾土」）歐陽脩的文采。又，歐陽脩有〈真州東園記〉名世，其園雖毀，但清初吳照吉（字尚中[102]）、吳文埊先後依記中描述在儀真縣學東偏重築此園，曹寅於康熙四十八年秋亦賦〈尚中索書真州東園……〉，內「廬陵揭高文」「仰懷歐陽子」「子酹六一翁」等句均是向別號六一居士的廬陵歐陽脩致敬（圖表 4.7）。喬國楨也在揚州城東的甪（音「路」）里村建東園，宋犖（音「落」）、王士禛皆為文記之。據張雲章五十年十一月所撰的〈揚州東園記〉，曹寅亦賦〈寄題東園八首〉為園中諸勝景命名。[103]

---

100 山谷道人黃庭堅（江西分寧人，曾知吉州太和縣）的〈以峽州酒遺益修……〉有「新詩徒拜嘉〔謂令人不能不拜服〕」句。尹德鄰，字直卿，吉州永豐人。

101 余之禎纂修，《吉安府志》，卷 18，頁 16-17 及 25、卷 21，頁 1-4。

102 據顧頡剛查自楝亭重刻《類篇》的校勘名單。宋廣波，《胡適論紅樓夢》，頁 59。

103 此段參見張世浣等修，姚文田等纂，《揚州府志》，卷 30，頁 38、卷 32，頁 22-24；張雲章，《樸村文集》，卷 11，頁 15-16；方曉偉，〈曹寅和歙縣鹽商〉；張清文、崔侃侃，〈儀徵地方志所見曹寅儀徵園林題字研究〉。

圖表 4.7：　揚州瘦西湖大虹橋修繕時新發現的曹寅題殘碑。[104]

❖ 曾丰，《緣督集》，卷二頁九

用山谷新詩徒拜嘉之句爲韻賦五篇報尹直卿
吾土歐陽公一代不數人文星蜚上天山川效其珍劉
郭（侍郎內翰）相望出才藻豈不新所恨狃時態未躡公後塵

殘寬約 31 cm左右、高度近 50.5 cm、厚度 20.7 cm

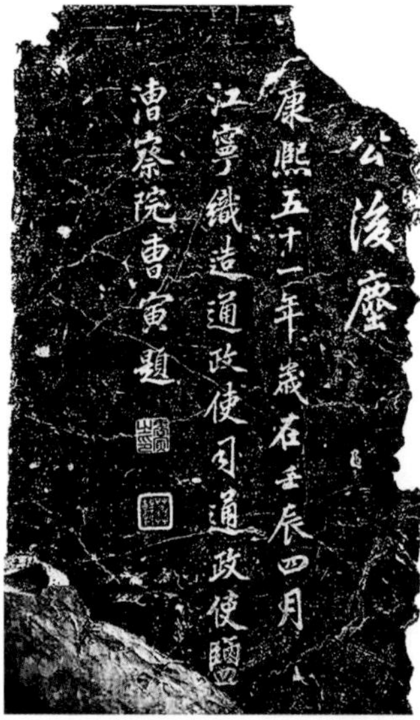

公後塵
康熙五十一年歲在壬辰四月
江寧織造通政使司通政使鹽
漕察院曹寅題

曹寅之印　荔軒

吾土歐陽公一代不數
人文星蜚上天山川效
其珍劉郭相望出才藻
豈不新所恨狃時態未
躡公後塵
康熙五十一年歲在壬辰四月
江寧織造通政使司通政使鹽
漕察院曹寅題 曹寅之印 荔軒

（此碑現藏揚州博物館）

此殘碑僅餘最左邊，或於1973年重修大虹橋時，被當成石料，用混凝土粘合在橋南側的橋腹

❖ 歐陽脩，《歐陽文忠公集》，卷四十頁四至六

真州東園記

真爲州當東南之水會故爲江淮兩浙荊湖發運使之治所龍圖閣直學士施君正臣侍御史許君子春之爲使也得監察御史裏行馬君仲塗爲其判官三人者樂其相得之懽而因其暇日得州之監軍廢營以作東園而日往遊焉歲秋八月子春以其職事走京師圖其所謂東園者來以示予曰園之廣百畝而流水橫其前清池浸其右高臺起其（一作起其）北臺吾望以拂雲之亭池吾俯以澄虛之閣水吾泛以畫舫之舟敞其中以爲清讌之堂闢其後以爲射賓之圃芙蕖芰荷之的歷幽蘭白芷之芬芳與夫佳花美木列植而交陰此前日之蒼煙白露而荊棘也高甍巨桷水光日景動搖而下上（一作上下）其寬閑深靚可以答遠響而生清風此前日之頹垣斷塹而荒墟也（一作也）嘉時令節州人士女嘯歌而管絃此前日之晦冥風雨鼪鼯鳥獸之嗥音也吾於是信有力焉凡圖之所載蓋其一二之略也若乃升于高以望江山之遠近嬉于水而逐魚鳥之浮沈其物象意趣登臨之樂覽者各自得焉凡工之所不能畫者吾亦不能言也其爲我書其大槩焉又曰真天下之衝也四方之賓客往來者吾與之共樂于此豈獨私吾三人者哉然而（一作其）池臺日益以新草樹日益以茂四方之士無日而不來而吾三人者有時而皆去也豈不眷眷於是哉不爲之記則後孰知其自吾三人者始也予以謂三君子之材賢足以相濟而又協于其職知所先後使上下給足而東南六路之人無辛苦愁怨之聲然後休其餘閑又與四方之賢士大夫共樂于此是皆可嘉也乃爲之書廬陵歐陽脩記

❖ 曹寅，《楝亭詩鈔》，卷六頁十八

尚中索書眞州東園予有愧焉作詩留別
情見乎辭
廬陵揭高文珠斗羅青天楮墨向千載咳唾猶芳（中略）
許亦猶人政績今歸然仰懷歐陽子再拜當題鐫（中略）
美嗟新妍奐今清讌堂櫨枅皆楠梗子爵六一翁
更誦歸田篇

❖ 王式丹，《樓邨詩集》，卷二十一頁二

柬曹楝亭
古時明月最揚州却被隋家脂粉汙唐承隋俗倍繁華
香風十里珠簾度可憐夢裏杜司勳顛狂枉賦青樓句
賴有廬陵六一翁力挽天河洗塵霧三朝著作凌江山
留得南東導先路千秋響答古今同繼其後者今曹公
正逢（下略）

曹寅不僅景仰文壇宗主歐陽脩，其友人亦謬許他可與歐陽脩相提並論，如康熙五十一年春王式丹（四十二年癸未科狀元）即有〈柬曹楝亭〉長詩相贈，稱「古時明月最揚州，却被隋家脂粉汙……賴有廬陵六一翁，力挽天河洗塵霧……千秋響答古今同，繼其後者今曹公……」。[105] 綜前所述，我們或可合理推論該碑是為緬懷慶曆八年 (1048) 曾出知揚州的歐陽脩而立，正在揚州書局處理《御定佩文韻府》刊刻事宜的曹寅只是借題了曾手的詩。[106] 曹寅雖因宦跡而與淮揚地區建立了突出的地緣關係，但若考量距離因素，則前述詩碑應只可能原立於揚州，1973 年重修揚州瘦西湖的大虹橋時，曾從附近城區收集石料，此碑殘件遂被用混凝土粘合在橋南側的橋腹。[107]

今江南一帶尚存幾方與曹寅有關的碑刻，如鎮江圌（音「垂」）山風景區內紹隆寺的西北側，有碑額題曰「金山江天寺鐵舟海和尚〔俗姓蔣，名韻可，號行海，字鐵舟〕塔銘」之塚（圖表 4.8），末書「淮南八十舊史朱曹頓首撰并書丹」「戶部掌部事郎中曹寅篆額」「繼任金山超樂等同立石」，[108] 並鈐有「曹寅之印」及「荔軒」兩印，時間則繫於康熙三十七年的「歲戊寅中秋前一日」。此銘之正文凡一千七百餘字，內容大致分成三部分，首記宋曹（明遺老，崇禎時官至中書舍人）自述應行海弟子超樂之請撰此銘文的緣起，次敘行海的身世和事跡，末則為四言贊語。[109]

又，據南京博物院現藏的《香林寺廟產碑》（圖表 4.9），曹寅在江寧織造任上曾為香林寺買施兩處香火田，一是位於秣陵關（在江寧城南六十里）

---

104 https://kknews.cc/culture/k3q5jyq.html.

105 王式丹，《樓邨詩集》，卷 21，頁 2。

106 此說為儀徵楹聯學會的高揚首先提出。參見 https://read01.com/6Bem05n.html#.YcUhG8lByyo。

107 感謝揚州方曉偉與張桂琴兩位紅友在筆者研究過程中的協助。

108 「康熙叁拾捌年拾月穀旦」勒石的《駕幸江寧紀恩碑記》（位於南京明孝陵）上，刻有「管理江寧織造內務府三品郎中加五級臣曹寅」銜（圖表 4.11）。

109 江慰廬，《曹雪芹・紅樓夢種種》，書首及頁 11-19。

的二百七十餘畝，一是和州（今安徽馬鞍山市，在江寧城西南百餘里）的一百五十餘畝，占當時該寺所有香火田面積的 55% 左右，約值銀二、三千兩（每畝值六、七兩），應為康、雍、乾時期香林寺最大的施主。

圖表 4.8：　曹寅篆額的《金山江天寺鐵舟海和尚塔銘》。

查乾隆《上元縣志》記稱：

> 香林寺在太平門內，明時建。國朝康熙三十八年聖祖南巡改今名〔原名興善寺〕，方丈內賜御書「覺路」二字匾額。[110]

知曹寅之所以選擇香林寺施田，很可能是受該寺蒙康熙帝御賜改名一事的影響，曹寅希冀也能表達一些心意。類似情形亦見康熙帝於四十二年改南京定淮門內的觀音庵為「古林律院」時，曹寅就曾延請名家陳凱畫《水陸變相》十八幅施贈該院，隨後每逢七月中的瑜伽薦度法會，僧人即將之懸於殿壁，以示大眾，觀者歎絕。[111]

110　藍應襲修，何夢篆等纂，《上元縣志》，卷 12，頁 5-6。

111　此段參見吳新雷，〈《香林寺廟產碑》和曹寅的《尊勝院碑記》〉。

圖表 4.9： 南京博物院藏《香林寺廟產碑》上的曹寅。

❖南京博物院藏《香林寺廟產碑》

欽命江南通省鹽法分巡江寧兼管水利道、陞貴州按
察使司、加十級、記錄十次方，憲准令香林寺現住持
僧贖回前僧典賣各處寺產，嚴禁嗣後毋再私相典
賣碑。
一香林寺奉
前織造部堂曹大人買施：　秣陵關田貳百柒拾餘畝
　和州田地壹百伍拾餘畝
檀越李公天士佈施：　江寧鎮田地貳百壹拾畝
　六合縣田地玖拾餘畝
本寺自置：　全椒縣田地伍拾伍畝零
以上共計香火田柒百柒拾餘畝。
乾隆五十四年前僧當江寧鎮田肆拾捌畝零於傅
懷道名下，當價貳百捌拾兩。五十五年前僧賣秣陵
關田肆拾參畝零於常明發名下，賣價參百貳拾兩。
五十六年前僧當江寧鎮田地貳拾肆畝於陳文□
名下，當價壹百伍拾兩。五十八年前僧當江寧鎮田
地陸畝零於徐天位名下，當價參拾捌兩。
嘉慶元年現住持僧法慧查明寺田原額及典賣畝數，稟奉
巡憲方　堂斷：贖田歸寺，以符原額，并發給印簿二本，
一行江邑立案，一貯本寺備查。再有典賣者，即干盜
買盜賣之咎。達禪遵示勒石。
嘉慶三年九月　　吉旦立

《南京歷代碑刻集成》（上海：上海書畫出版社，2011），頁264、416-417（此碑之識文已在吳新雷等先生的基礎上試作訂正）

另據安徽來安縣文化館所藏的《尊勝院碑記》（圖表 4.10），德賢（號次哲）法師於康熙六年丁未歲獲邀擔任舜山吉祥菴（尊勝禪院前身）的住持，[112] 三十二年癸酉歲駕鶴西歸，由其弟子了叡繼任。惟因碑記繫於「康熙歲次壬寅仲呂月既望」（此句位於碑的最左上），此指康熙六十一年壬寅歲四月十六日，而撰文的「欽命內兵部督理江寧等處工部事織造府曹寅」卒於五十一年壬辰歲七月二十三日，知該繫年乃對應此碑最左下「菱湖葉約書丹、住持了叡始立、和陽梅芃鐫」的勒石時間，而與曹寅何時撰文無關。

康熙帝為籠絡漢人，在三十八年第三次南巡行經南京時，亦曾命江蘇巡撫宋犖與江寧織造曹寅修理明孝陵，並御書「治隆唐宋」四大字，交曹寅製匾懸置殿上且勒石（圖表 4.11），稱頌大明王朝在始祖朱元璋的治理之下，比唐、宋兩朝更加隆盛。而記康熙帝謁陵事的《駕幸江寧紀恩碑記》，末署官員中的曹寅、宋犖、李鈵（其叔顯祖或娶曹璽女；圖表 3.14）、劉殿衡（其兄殿邦繼娶曹鋡姊，曹寅稱曹鋡為四兄）皆關係密切。[113] 曹寅在這類差使中常扮演替皇帝出錢出力的角色，試圖透過宗教協助康熙帝拉攏百姓。[114]

再以康熙四十六年南巡為例，帝因杭州淨慈寺先前發生火災，特令杭州織造孫文成「酌量募捐，以全十景」，除重建鐘樓、重鑄晚鐘外，並修葺大雄殿後房屋。有兩百多名官員共襄盛舉，捐銀最多的是福浙總督梁鼐、江寧織造曹寅、蘇州織造李煦、杭州織造孫文成的各 500 兩，最低者為八旗漢軍協領張垂爵等四人的各 3 兩。至於三織造下屬的烏林大（又作「物林達」，漢譯為「司庫」）徐啟元等三人以及筆帖式劉武等二人亦各捐 200 兩，此外，兩浙眾鹽商捐 800 兩、揚州眾鹽商 404 兩、湖廣各商 500 兩。[115]

---

112 符鴻等修，歐陽泉等纂，《來安縣志》，卷 11，頁 40。惟此志誤德賢為明人。

113 王春法，《雋立千古：紅樓夢文化展》，頁 88-89。

114 釋際禪纂輯，《淨慈寺志》，卷 1，頁 30-36。

115 方曉偉，〈從新發現的夢庵贈曹楝亭詩看曹寅和曹雪芹的禪宗情結〉。

圖表 4.10： 曹寅所撰的《尊勝院碑記》。

❖《尊勝院碑記》（安徽來安縣文化館藏）

普門示現

（此碑之識文已在吳新雷等先生的基礎上試作訂正）

尊勝院碑記

尊勝禪院去來邑之北二十五里，踞舜歌山之麓，剏自元至正間。後因吉祥寺僧駐錫，故又以吉祥名院，猶天竺、永寧之有上下內外也。數百年來所歷興廢，自難槩述。迨明天啟初，靈谷超然師來主焚修，魏國徐公手為緣引，得一理葺。繼聞古吳善士虔造

觀音大士栴檀聖像初成，四眾爭奉，師亦懷香奔往，預眾參請，紛議未決。至嗚公得鬮，方果所願。於奠安後，歲即大豐，士民愈增焚頂，地湧甘泉，飲可愈疾。殿後石壁微裂，久現紫竹數莖，靈異感通，略無虛日。自是人遠事異，日就傾圮，一切建置，多委荒煙茂草矣！丁未年，

闔邑士庶，寢食憂之，訪聞

次哲法師者，戒品森嚴，法眼明徹，遠承

賢首正脈，近躡普德芳踪，勇於捨己，擅荷重任，率眾往請，得蒙飛錫。法筵龍象，霧湧雲集；堂閣香燈，永輝不夜；拓摭前基，大竪法幢；臺殿兩廡，鑿石成搆；一切規模，幾如大剎。況彼甘泉，涸而再溢，堦前兩桂，枯後重花，若非志愜天人，善根濃厚，詎意臻此！師於癸酉西歸，復淂上足以公偉孫適南。一整未了，再振前猷；兩搆藏文，昭示聖諦；更拓膏腴，庶充禪悅；丹衷翼翼，白葉競競；洵亦僧中所僅見者。茲又退處盛舉，彌久就煙，爰托貞珉，乞言垂誡，用示來茲云爾。

欽命內兵部督理江寧等處工部事織造府曹寅撰　　菱湖葉約書丹

康熙歲次壬寅仲呂月既望　　住持了叡始立，和陽梅芃鐫

圖表 4.11：明孝陵的《駕幸江寧紀恩碑記》及《治隆唐宋碑》拓片。

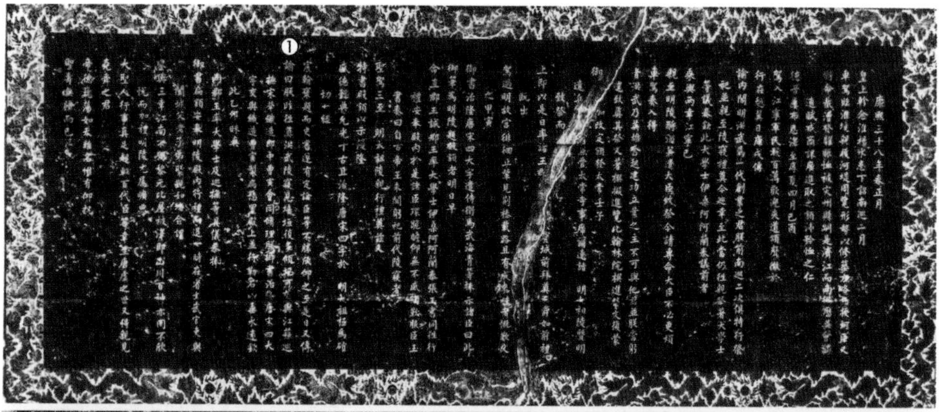

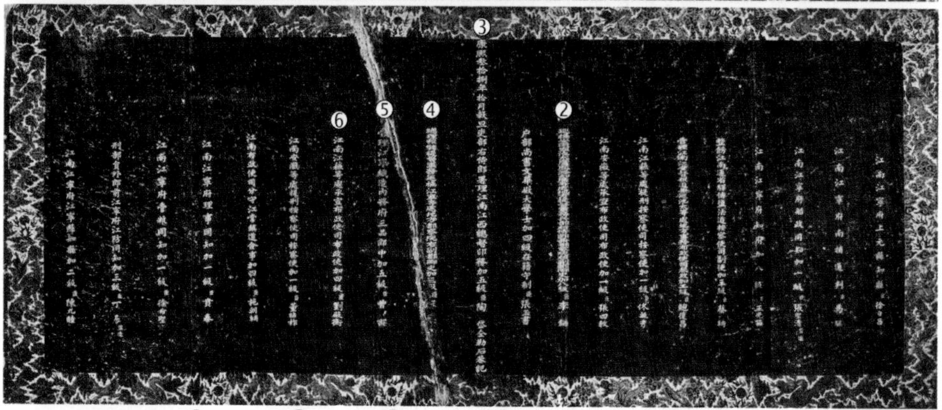

①
諭曰：「朕昨往奠洪武陵寢，見墻垣復多傾圮，可交與江蘇巡撫宋犖、織造郎中曹寅會同脩理。朕御書『治隆唐宋』四大字交與織造曹寅製扁，懸置殿上，並行勒石，以垂永遠。欽此。」乙卯昧爽…… 

② 
巡撫安徽寧池太廬鳳滁和廣等處地方提督軍務兵部右侍郎兼都察院右副都御史加八級臣李鈵

③
康熙叁拾捌年拾月穀旦吏部右侍郎署理江南江西總督印務加五級臣陶岱仝勒石恭紀

④ 
總理粮儲提督軍務巡撫江寧等處地方都察院右副都御史加三級臣宋犖

⑤ 
管理江寧織造內務府三品郎中加五級臣曹寅

⑥ 
江南江蘇等處承宣布政使司布政使加四級臣劉殿衡

⑦
康熙歲次己卯四月望敬書

南京明孝陵博物館藏拓片

曹寅受漢文化的薰陶甚深，其友人張大受在〈贈曹荔軒司農〉一詩中揄揚他的多才多藝，曰：

> 多才魏公子，援筆詩立成。有時自傅粉，拍袒舞縱橫。
> 跳丸擊劍訖，何如邯鄲生。風流豈已矣，繼擅黃初名。[116]

此因曹寅自認是三國魏武帝曹操的裔孫(第一章)，故前引詩遂用操子曹丕、曹植之典來頌揚曹寅。所謂「援筆詩立成」句，乃借曹植「七步成詩」的故事，代譽曹寅的文采。次引曹植見邯鄲淳之典，淳當時以博學多才聞世，植欲延其人，見面之初，不先與談，《魏略》中記稱：

> 時天暑熱，植因呼常從取水自澡，訖，傅粉，遂科頭拍袒，胡舞五椎鍛，跳丸、擊劍，誦俳優小說數千言訖，謂淳曰：「邯鄲生何如邪？」[117]

其中「跳丸」是古代百戲之一，表演者兩手快速拋接若干彈丸。曹植在展現數種藝能後，才與邯鄲淳縱論天下古今，淳因此歎曹植之才有若天人。至於「黃初」，是魏文帝曹丕的年號，「繼擅黃初名」則誇曹寅不僅堪與曹植的才氣相比擬，也承繼了曹丕的文學成就。

曹寅的詩文作品頗多，但今只主要留存了《楝亭集》十五卷。此外，他還是一位大藏書家和出版家，如《楝亭書目》即著錄他擁有的三千多部書籍。金埴 (1663-1740)《不下帶編》記曰：

> 江寧織造曹公子清有句云「賺得紅蕤剛半熟，不知殘夢在揚州」，自謂平生稱意之句。是歲，兼巡淮鹺，遂逝于淮南使院，則詩讖也。公素躭吟，擅才藝，內廷御籍多命其董督，雕鏤之

116 宋犖，《江左十五子詩選》，卷 6，頁 7。
117 陳壽，《三國志》，魏書，卷 21，頁 602。

精，勝于宋版。今海內稱「康版書」者，自曹始也。[118]

與金埴唱和頗多的洪昇（字昉思）亦與曹寅相交甚密。前引書對洪、曹二人在戲曲表演藝術上的互動多所著墨，且記「賺得紅蕤剛半熟，不知殘夢在揚州」句是曹寅平生最得意之作（圖表 4.12）。[119]

曹寅因是康熙朝最精通漢人之學的八旗大臣之一，故對江南士大夫的懷柔，亦成為他在江寧織造任內的重要任務。康熙帝於四十四年三月十九日發《全唐詩》一部，命曹寅主持校刊，以翰林彭定求等十人分校，並在天寧寺開揚州詩局，所有寫刻工的挑選訓練、校刊人員的工作安排等，都是由兼任兩淮巡鹽御史的曹寅負責。至四十五年十月初一日曹寅等上〈進書表〉及四十六年四月十六日補刻御製序後，揚州詩局的任務才算正式完成。所刻之《御定全唐詩》凡九百卷，因字體俊逸、刷刻精美、校勘謹嚴，遂成為清代雕版史上的典範之作（圖表 4.13）。[120]

揚州詩局前後共刻書數十種，篇幅近三千卷。除《御定全唐詩》外，還有《佩文齋書畫譜》一百卷、《淵鑒類函》四百五十卷、《聖祖詩集》二十八卷、《御定歷代賦匯》一百四十卷、《御定佩文齋詠物詩選》四百八十六卷、《御定歷代題畫詩類》一百二十卷、《御選宋金元明四朝詩》三百四十卷、《御定全唐詩錄》一百卷、《歷代詩餘》一百二十卷等，都是工楷寫刻，秀麗天成。[121] 此外，曹寅還在揚州刊有篇幅較小的《琴史》《硯箋》《糖霜譜》《梅苑》《法書考》《玉篇》等書（圖表 4.13）。

---

118 金埴，《不下帶編》，卷 1，頁 6。

119 曹寅摯友納蘭成德也有以紅蕤入詞的警句，如在其〈虞美人〉中可見「歸鴻舊約霜前至，可寄香牋字？不如前事不思量，且枕紅蕤欹側，看斜陽」，〈金縷曲〉中亦見「人比踈花還寂寞，任紅蕤、落盡應難管。向夢裏，聞低喚」，紅蕤枕即傳說中神仙用的三寶之一。

120 下文有關曹寅在刻書方面的努力，參見曹紅軍，〈曹寅與揚州詩局、揚州書局刻書活動考辨〉；李軍，〈曹寅編刻《全唐詩》時期交遊考略〉。

121 潘天禎，〈揚州詩局雜考〉。

圖表 4.12： 曹寅平生最稱意的詩句。

❖金埴，《不下帶編》

甲申春杪，昉思應雲間提帥張侯雲翼之聘，依依別予去。侯延為上客，開長筵，盛集文賓、將士，觀昉思所譜《長生殿》戲劇以為娛。時織部曹公子清寅聞而豔之，亦即迎致白門，南北名流悉預為大勝會。公置劇本于昉思席，又自置一本于席，每優人扮演一折，公與昉思讎對其本，以合節奏（音「湊」），凡三晝夜纔畢。兩公並極盡其興賞之豪，互相引重，致厚幣，贐其行，長安傳為盛事。迨返櫂過烏戍，昉思遽醉而失足，為汨羅之投，士林競為詩文以哀輓之……

江寧織造曹公子清有句云「賺得紅蕤剛半熟，不知殘夢在揚州」，自謂平生稱意之句。是歲，兼巡淮鹺，遂逝于淮南使（去）院，則詩讖也。公素躭吟，擅才藝，內廷御籍多命其董督，雕鏤之精，勝于宋版，今海內稱「康版書」者，自曹始也。

卷一頁六

❖納蘭性德，《通志堂集》

通志堂集卷七

納蘭性德容若 原名成德

詞二

金縷曲 贈梁汾

又

生怕芳樽滿到更深迷離醉影殘燈相伴依舊回廊新月在不定竹聲撩亂問愁與春宵長短人比踈花還寂寞任紅蕤落盡應難管向夢裏聞低喚

此情擬倩東風浣奈吹來餘香病酒旋添一半惜別江郎渾易瘦更著輕寒輕暖憶絮語縱橫茗椀滴滴西牕紅蠟淚那時腸早爲而今斷任枕角欹孤館

卷七頁三

虞美人

又

彩雲易向秋空散燕子憐長歎幾番離合總無因贏得一回儔悠一回親 歸鴻舊約霜前至可寄香牋字不如前事不思量且枕紅蕤欹側看斜陽

卷八頁七

❖曹寅，《楝亭詩鈔》

夜長不寐戲效誠齋體

有情恒與睡爲讐燈爐香寒合罷休賺得紅蕤剛半熟不知殘夢散揚州

卷六頁十七

圖表 4.13：曹寅刊刻的《御定全唐詩》及《御定佩文韻府》等書。

❖《御定全唐詩》

通政使司通政使臣曹寅翰林院侍講臣彭定求
編修臣楊中訥臣潘從律臣汪士鋐臣徐樹本臣
車鼎晋臣查嗣瑮庶吉士臣俞梅等上言康熙四
十四年三月十九日奉
旨頒發全唐詩一部
命臣寅刊刻臣定求臣沈三曾臣中訥臣從律臣士鋐
臣樹本臣鼎晋臣汪繹臣嗣瑮臣梅等校對於康
熙四十五年十月初一日書成謹裝潢成帙進呈
欽定四庫全書　〈御定全唐詩 進書表〉
聖覽者臣寅等誠惶誠恐稽首頓首竊惟謳歌吟詠凡民
（中略）

御定全唐詩
校閱刊刻官
通政使司通政使臣曹寅
校對官
翰林院侍讀臣潘從律
翰林院侍講臣彭定求
右春坊右中允兼翰林院編修臣楊中訥
（下略）

全唐詩康熙四十五年奉
江都縣志　〈卷之三十〉
命巡鹽御史曹寅暨諸詞臣校刊於揚州
釣磯立談南唐史虛白著琴史宋朱長文著墨經宋晁
說之著硯箋宋高似孫著聲畫集宋孫紹遠著唐宋
千家詩宋劉克莊選都城紀勝宋耐得翁著[illegible]
宋王灼著梅苑黃大輿著法書考元盛熙明著禁扁
元王士點著錄鬼簿元鍾嗣成著玉篇三十卷廣韻
五卷類篇十五卷俱曹寅刊於揚州

❖高士鑰修，五格等纂，《江都縣志》卷三十頁二十六

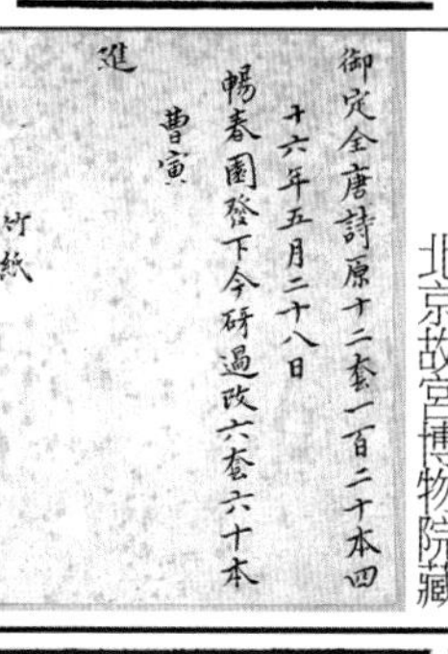
御定全唐詩原十二套一百二十本四
十六年五月二十八日
暢春園發下今研過改六套六十本
曹寅
進
竹紙

北京故宮博物院藏

❖《御定佩文韻府》

康熙四十九年十一月奉
旨開載
佩文韻府纂修監造官員職名五十年十月奉
旨刊定
彙閱
原任　文華殿大學士兼戶部尚書臣張玉書
經筵講官文淵閣大學士兼吏部尚書臣陳廷敬
文淵閣大學士兼吏部尚書臣李光地
原任　經筵講官吏部尚書兼管翰林院掌院學士事臣徐潮
原任經筵講官戶部尚書臣王鴻緒
原任經筵講官禮部尚書臣李振裕
原任經筵講官工部尚書臣徐元正
佩文韻府　一

監生臣洪𪍑
監造官
養心殿總監造臣趙昌
養心殿總監造上駟苑主事臣王道化
原任　武英殿總監造內務府會計司員外郎兼佐領臣赫世亨
武英殿總監造內務府會計司員外郎兼佐領臣張常住
武英殿總監造管翻書房內閣侍讀學士兼佐領臣和素
武英殿總監造內務府會計司員外郎兼參領佐領臣李國屏
佩文韻府　四

哈佛燕京圖書館藏
內府刊本

諸書之大指以見成
書之不易如此
康熙五十年十月題

中國古代最大型的詞藻典故辭典《御定佩文韻府》（供作詩時尋找典故以及押韻對句之用），則是在五十一年三月開工刊刻，前期工作由曹寅主持，杭州織造孫文成負責紙張，當時亦成立了臨時編組的揚州書局（與揚州詩局不同）。在當年七月曹寅病卒後，即改由李煦主持。李煦於五十二年九月奏稱：「竊臣煦與曹寅、孫文成奉旨在揚州刊刻御頒《佩文韻府》一書，今已工竣。謹將連四紙〔江西鉛山縣所產的名貴紙張〕刷釘十部，將樂紙〔福建將樂縣生產的高級竹紙〕刷釘十部，共裝二十箱，恭進呈樣。」康熙皇帝硃批「此書刻得好的極處」，但三織造均未列名書首（圖表 4.13）。由於《御定全唐詩》與《御定佩文韻府》寫刻精工，體現了康熙年間內廷刻印書籍的最高水平，無怪乎，金埴稱曹寅精刻書籍被海內譽為「康版書」之濫觴。

此外，曹寅也是劇作家，且能粉墨登場，他在這方面的投入與成就，應與康熙帝對傳統戲曲的高度興趣有關。姚廷遴在其《上浦經歷筆記》（《歷年記》）中即有相當豐富的敘述（圖表 4.14），該書記康熙二十三年第一次南巡事時，稱帝於十月二十六日入駐蘇州行宮後，竟然立喚蘇州織造祁國臣曰：「祁和尚，我到你家用飯罷。」[122] 旋起身到其衙署，並問祁：「這裡有唱戲的麼？」祁氏隨即傳三班進去，由皇帝欽點戲目，直至半夜共演了《浣紗記》的《前訪》《後訪》以及《水滸記》的《借茶》等二十齣。

次日一早皇帝更命開場演戲，至午飯後才出發至虎丘。參觀畢，即在大殿傳蘇州清客（教授吹彈歌唱的藝人）打十番，[123] 姚廷遴記此盛事曰：

---

122 康熙二十九年曹寅外放蘇州織造時，其原管之佐領（亦為曹家所隸）改由齊桑格（漢姓應為「祁」，亦作桑格、三格）接掌，不知此人與祁國臣有無關係？康熙二十三至三十一年間擔任江寧織造之桑格，漢姓為馬，與此人僅為同名。

123 十番是傳統音樂中的器樂合奏樂種，多屬吹打樂，但也有絲竹樂以及純用打擊樂器的清鑼鼓，於康熙前期應已在中國南北各地流行。《紅樓夢》第十一回慶祝賈敬壽辰時亦請了「一班小戲兒並一档子打十番的」，第七十六回賈母在中秋夜宴時也將「十番上女孩子傳來」。參見任舒靜，〈中國傳統器樂藝術瑰寶“十番”的起源與流布〉。

> 上曰：「好，果然好。但是你只曉淂南方的音，還不曉淂北方的音。叫小番來，打一番與你們看。」即刻飛傳舡上小番來，俱十五、六歲俊俏童子，一樣打扮，俱穿醬紅緞衣，頭戴紅緯貂帽，共一十六個。各持樂器上山，在大殿前兩邊立，打一套十番，果然好絕，姑蘇極老班頭，亦從未聞者。

知康熙帝雖激賞從蘇州清客聽到的南方崑腔，但他希望大家也能見識一下北方流行的弋陽腔，[124] 遂命隨船的十六名小番打了一套十番。因擔心站較遠處的百姓聽不太到，故又命這些小番在千人石附近再打起十番，並親自擊鼓，直至二更方興盡乘船離城。[125] 知康熙帝對戲曲的愛好已不只停留在純欣賞的層次，此或是他在第一次南巡前後於宮中成立南府的重要背景，南府不僅負責承應內廷演戲和演樂，更負責提昇其水平。[126]

三十八年三月十四日第三次南巡的隊伍駐蹕蘇州新建行宮，其時已是黃昏，但康熙帝仍安排於晚上聽戲，「串戲數劇，每人賞銀壹錠。做戲不坐，不用鑼鼓，惟以小鼓板應聲，腔板而已。戲子每齣上場，先叩頭朝上，後做関目唱曲」（圖表 4.20），[127] 其中「關目」乃指戲曲中的說白（指對話或獨白）。四十四年第五次南巡，蘇州織造李煦於三月十七日接駕時，康熙帝欽點在次日的萬壽節宴會中演出《太平樂》（即曹寅所改編的雜劇《太平樂事》？）全本，四月初三日杭州織造敖福合亦進宴演戲，十二日回程再經過蘇州時，李煦又進宴演戲，十五日還命清客串演雜戲，二十三日江寧織造曹寅也進宴演戲。[128]

---

124 簡稱「弋腔」，為元末自江西弋陽縣發展出的戲曲聲腔，它源於南戲，以金鼓等打擊樂器伴奏，除臺上的演員獨唱，多人會在後臺幫腔。因善於吸取各地土語鄉音，在明、清兩代地方戲曲中頗風行。

125 丁汝芹，〈康熙帝與戲曲〉；姚廷遴，《上浦經歷筆記》，頁 296-302。

126 王政堯，《清代戲劇文化考辨》，頁 1-33。

127 沈漢宗，《聖駕閱歷河工兼巡南浙惠愛錄》，卷上，頁 47-48。

128 《聖駕五幸江南恭錄》，頁 10、19、27。

圖表 4.14： 康熙帝於二十三年在蘇州虎丘看劇並擊鼓的情節。

❖ 姚廷遴，《上浦經歷筆記》 康熙二十三年十月二十六日

駕及撫院布政等官共馬六七十疋即在盤门上城往
北過胥门閶门西北過齊门至東婁门下城、隨請
到鋪設行宮內去行宮即吳三桂偕王額駙住房
內有花園亢造廳堂俱彷彿宮中樣式今為逆產
府弟因而作為鋪設　行宮
皇上進內竟至河亭上坐撫院送擡飯到
上曰這裡東西用不中的喚祁工部曰祁和尚我到
你家用飯罷即起身仝工部出行宮上馬南去到
工部衙门進內至堂上自將公椅移在東西向而
坐工部叩頭禀曰請
皇爺坐正了
上曰正是這等坐你不知道是你的衙署若我南
面坐了你後日不便坐了工部妻子出來朝拜
拜畢即擡出小飯來
上曰不必用你的叫朕長隨來煑這裡有唱戲的
麼工部曰有立刻傳三班進去叩頭畢即呈戲
目隨奉
御自親点雜齣戲子禀長隨哈某曰不知宮內體
式如何求老爺指点長隨曰亢拜要對
皇爺拜轉場不要背對　皇爺
上曰竟照你民间做就是了隨演前訪後訪借茶
等二十齣已是半夜矣上起即在工部衙內安歇
是日隨
駕官員俱宿于工部之周圍鎮江將軍及楊將軍在
皇爺馬前護　駕即如頂駱樣此番姑蘇官多極
矣次日　皇爺早起向曰虎邱在那里工部曰
在閶门外　上曰就到虎邱去祁工部曰
皇爺用了飯去因而開場演戲至日中後方起馬

（中略）

旨曰百姓不要跪竟到虎邱在山門
皇上即下馬進去自己上山並無扶援者登大殿拜
三世佛拜畢即到後山去看宝塔又走至四賢祠
仍到大殿對正门東向坐撫院及兩將軍工部布政
兵道并隨從官員俱兩行侍立傳蘇清客打十番
打畢　上曰好果然好但是你只曉得南方的音還
不曉得北方的音叫小番來打一番與你們看即刻令
傳船上小番來俱十五六歲俊俏童子一樣打扮俱
穿醬紅緞衣頭戴紅緯帽共一十六個各持樂器
上山在大殿前兩邊立打一套十番果然好絕姑蘇極
老班頭從來聞者約有一個時辰方畢已黃昏候矣
上起而出到天王殿見下邊擁擠塔上俱已点燈紅燈滿
山看者不肯散去
上曰上邊的百姓都聽見了下邊的還沒有聽見再
打一套去隨至千人石上坐打起十番
上自動手打鼓後乃逐件弄過直打至二更時方完
即隨二將軍及長隨哈等在人叢中擠出山门竟
下船如飛去星夜出閶轉至常州府甚是戒嚴二
十八日到丹陽竟往江寧去多官擁護戒嚴異
常初三日復到鎮江口渡江北去記此浮覩
天顏盛事也

在康熙帝的六次南巡中，觀劇顯然是最重要的文化休閒活動之一，接駕的江南三織造為此多有回應。如李煦於三十二年十二月奏稱：

> 今尋得幾個女孩子，要教一班戲送進，以博皇上一笑，切想昆腔頗多，正要尋個弋腔好教習，學成送去，無奈遍處求訪，總再沒有好的。今蒙皇恩，特着葉國楨前來教導，此等事都是力量做不來的……今葉國楨已于本月十六日到蘇，理合奏聞。[129]

他想必深知皇帝的癖好，故欲送一個弋腔的戲班入宮，卻苦於不易尋得良師教導，康熙帝因此決定自京派遣教習葉國楨去蘇州負責此事。

李煦家也有戲曲迷，顧公燮的《丹午筆記》中有云：

> 康熙三十一年織造李公煦莅任，在蘇有三十餘年……恭逢聖祖南巡四次，克己辦公，工匠經紀，均沾其惠，稱為「李佛」。公子性奢華，[130] 好串戲，延名師以教習梨園，演《長生殿》傳奇，衣裝費至數萬，以致虧空若干萬。[131]

由於雍正元年被抄家的李煦僅有以鼎與以鼐兩子，而康熙五十五年以鼐才出生，知此「好串戲」之子只能是誕於三十三年的以鼎（康熙四十六年第六次南巡時才十四歲），[132] 他豪奢演《長生殿》傳奇之舉，應在康熙末年。

至於曹寅的投入更勝一籌，他雖在二十九年四月才外放蘇州織造，三十一年改江寧織造，因此錯過了前兩次南巡，但他想必深知康熙帝對戲曲

---

129 故宮博物院明清檔案部編，《李煦奏摺》，頁 4-5。

130 王利器在其《李士楨李煦父子年譜》一書中錯引此句成「稱為李佛子。公性奢華」，導致許多紅學著述皆相沿此誤。若以「為?佛」為關鍵詞查索「中國方志庫」（意謂「為」「佛」中間相距一字），即可發現不乏官員因有德政，而被邑人呼為「○佛」或「○佛子」的情形，但無被稱作「○佛公」者。參見顧斌，《曹學文獻探考》，頁 386-390。

131 顧公燮，《丹午筆記》，頁 178-179。此書成於乾隆五十年。

132 黃一農、王偉波，〈李煦幼子李以鼐小考〉。

的摯愛，曹寅後來在戲曲表演藝術上的成就，顯然深受此一氛圍的影響，其孫曹雪芹所創作的《紅樓夢》中應也反映了該家庭背景。

如小說第十七、十八回記賈薔因元妃即將省親，故從蘇州採買了十二個女孩子，並聘教習、備行頭，開始在梨香院教演女戲。第五十四回賈府在大花廳辦酒戲、過元宵，三更過後賈母放走了賈珍等兄弟，要該教習帶文官等小戲子專門為女性親友唱幾齣較清淡的本子，稱：

> 薛姨太太、這李親家太太都是有戲的人家，不知听過多少好戲的。這些姑娘都比俗們家姑娘見過好戲，听過好曲子。如今這小戲子又是那有名頑戲家的班子，雖是小孩兒們，卻比大班子還強。俗們好歹別落了褒貶，少不淂羙個新樣兒的。

芳官於是唱了齣只用琴的《尋夢》，葵官則唱了不用抹臉的《惠明下書》。《尋夢》乃出自明・湯顯祖所著的傳奇《牡丹亭》；《惠明下書》則應是《西廂記》故事中的《解圍》或《許婚借援》，記草寇孫飛虎帶兵圍住相國寺，要強擄在寺中西廂借住的崔鶯鶯做押寨夫人，崔母情急下聲言有能退賊者，願將其女妻之，張君瑞因此急修書給故友白馬將軍杜確請求解圍，和尚惠明於是隻身闖出重圍，遞信求救。

賈母還指著湘雲道：

> 我像他這麼大的時節，他爺爺有一班小戲，偏有一個弾琴的湊了來，即如《西廂记》的《听琴》，《玉簪記》的《琴挑》，《續琵琶》的《胡笳十八拍》，竟成了真的了，比這亇更如何？

曹雪芹在此將曹寅養家班並創作《續琵琶》的家史融入了故事情節，若作者是其他人，恐不會在所寫的小說中，將《續琵琶》與遠較其出名的《西廂記》《玉簪記》相提並論。尤有甚者，《紅樓夢》共引用了三十七個劇碼，顯示作者在這方面的造詣頗深，僅以《西廂記》為例，書中不僅提及

《惠明下書》《鬧簡》《聽琴》等折子戲之名，[133] 亦引用了戲中的「多愁多病身」「傾國傾城貌」「花落水流紅，閒愁萬種」「幽僻處可有人行，點蒼苔白露泠泠」「孟光接了梁鴻案」等文句。[134]

王朝瓛序《楝亭詞鈔》時，稱曹寅「遊戲涉筆為燄段，歌曲皆工妙天成，奪金、元之勝」，曹寅對己在戲曲創作的表現也自視頗高，嘗謂「吾曲第一，詞次之，詩又次之」（圖表 4.1）。目前已知他曾編製傳奇《後琵琶》（或即《續琵琶》）《虎口餘生》，以及雜劇《太平樂事》《北紅拂記》，且蓄有家班四處演出（圖表 4.15 至 4.19；附錄 4.3）。[135]

身為織造大員的曹寅有時在其劇作中署以「鵲玉亭」「柳山居士」，有時則不署名（如《續琵琶》《虎口餘生》，參見附錄 4.3）。其中「鵲玉」乃曹寅家的亭名，此因他在〈移竹東軒和高竹窗學士來韻〉詩中有「鵲玉還矜客琢珂」句，並以小註稱「予有亭名鵲玉，以亭半有老槐也」。[136] 至於鵲玉與老槐的鏈結，則源出傳為李淳風所撰《天玄主物簿》中「鵲啄槐實，結玉于腦，謂之鵲玉，此鵲終歲不復鳴噪，雖巢無胎」之傳說。[137]

---

133 《聽琴》與《鬧簡》是《西廂記》中著名的折子，情景是崔母在相國寺圍解後悔婚，紅娘於是建議張君瑞月下彈琴以試鶯鶯之心，聽琴後鶯鶯通過紅娘向張生說「好共歹不教你落空」，但因始終不見行動，張生遂相思成病，他趁紅娘前來問病時，托她帶一個簡帖兒給鶯鶯，鶯鶯假裝發怒，擲下回簡，其內容卻是欲與張生相約後花園。

134 此段參見徐扶明，《紅樓夢與戲曲比較研究》，頁 45-116；馬正正，〈紅樓夢中戲曲研究述評〉。

135 宋鐵錚、顧平旦，〈曹寅的《續琵琶》抄本〉；王人恩，〈曹寅撰《虎口餘生》傳奇考辨〉；徐扶明，〈曹寅與《虎口餘生》傳奇〉；胡文彬，〈曹寅撰《北紅拂記》抄本中的幾個問題〉；周興陸，〈試論曹寅的《北紅拂記》〉；楊惠玲，〈曹寅家班考論〉；劉水雲，〈紅樓夢中賈府家班與清雍乾年間的家樂〉。感謝顧斌提供相關劇作之圖檔。

136 曹寅，《楝亭詩鈔》，卷 2，頁 1。

137 張自烈等，《正字通》，亥集中，頁 61。

圖表 4.15： 曹寅雜劇《北紅拂記》的書影。

北紅拂記

中國藝術研究院圖書館藏邵銳鈔本

案頭之書場上之曲二者各有所長而南北因之異調元人北曲固自擅場但可被之絃索若上場頭一人單唱氣力易衰且賓白寥寥未免冷淡生活變而南音排徊宛轉觀者耳目皆靡其移人至矣然王實甫西廂一經李日華改竄幾于點金成鐵北之日趨而南也雖風氣使然寧無古調不彈之歎乎愚謂元人北曲若以南詞關目參之亦可兩人接唱合場和歌中間以蘇白插科打諢無施不可又為梨園子弟另闢蹊徑此意無人解者今於柳山先生遇之唐人小說傳衛公紅拂虬髯客故事英雄兒女各具本色吾吳張伯起新婚伴房一夕而成紅拂記風流自許乃其命意遣辭委薾殊甚即如私奔一齣夜深誰向叩柴扉齊微韻也顛倒衣裳試覷裝束魚虞韻也緊衣年少俊龐兒支思韻也以一曲而韻雜如此他可知矣浙中淩初成更為北劇筆墨排奡頗欲睥睨前人但一事分為三記有疊牀架屋之病體格口吻尚仿元人未便闌入紅牙翠管間也柳山復取而合之大約撮其所長汰其所短介白全出自運南北門筍巧若天成又添徐洪客棄家一折得史家附傳之法正如虎頭寫照更加頰上三毫神采倍覺豈惟青出於藍冰寒於水乎柳山遊越五日倚舟脫稿歸授家伶演之余從曲宴得寓目焉既復示余此本則案頭之書場上之曲兩臻其妙雖周郎復起安能為之一顧乎於是擊節欣賞而題其後西堂老人尤侗

張伯起紅拂記牽合樂昌公主事如傳紅綃伎者附入紅線以為掩映生姿何若直書本事之為當家乎至若淩初成易南曲為北曲三人各分一齣可以置几案而不可以登氍毹謂其義意重疊故耳柳山先生出遊越中於兩日內刪改為十齣詞曲賓白無不窮工盡致且同一俠也李靖俠而雅紅拂俠而慧虬髯俠而憤洪客俠而高即越公下追尋之令亦具咄咄英雄本色譬若張樂洞庭不可雜以凡響寫千尋絕壁不可綴以細蔬柔條尤非伯起所能夢見也遂安毛際可

李藥師非常人雖小說家亦喜以事摭實之每恨其筆無飄逸之氣及見張靈墟填詞竟以私奔為奇事與破鏡樂昌合傳馮猶龍以陳眉公言雖單作一記而以衛公參紫綃紅拂李娘子軍尤為穿鑿且二本皆以虬髯翁降唐為團場蹉跎頭眉畫虎不成反類狗矣壬申九月入越偶得淩初成填詞三本三人各為一齣文義雖屬重複而所論甚快筆仿元人但不可演戲耳舟中無事公之梅谷同好因為之添減得十齣命王景文雜以蘇白故非此無調侃也靡然一洗積垢為小說家生色亦卒成初成苦心也敘事淩本甚當但填詞少不稱敘已隨筆改補梅谷云優於王實甫故不然然過於關漢卿遠矣柳山自識

北紅拂記

第一齣 (末上)

杭邵銳茗生藏書記

鶴玉亭填詞

[白蘋香]淼淼三吳烟水蒼蒼入越雲山思量衹合枕書眠無那舞裙歌板 打疊臨川別夢重翻舊忽姻緣莫辭杯酒浣春衫玩取當場俊眼

李衛公家緣有氣力。 唐天子江山爭不得

中央人民政府文化部藝術事業管理局資料室藏書

圖表 4.16： 曹寅雜劇《太平樂事》的書影。

太平樂事題詞

昔漢代始立樂府有景星齋房天馬赤雁等曲承謳風之緒餘歌咏太平遠被重譯貢琛獻贄無不聞風嚮化則樂之感人深且遠矣後世衍爲歌行截爲斷句再變而填詞遞降而散曲加以賓白演以排塲成雜劇傳奇雖與古樂分途然其紀風俗頌熙皞同一意也金元以來院本特盛明代所纂雍熙樂府多取御筵歌唱不無猥雜金陵陳大聲點綴昇平旁摭逸事亦瑣褻不雅觀柳山先生出使江左鈴閣多暇含風咀雅酌古準今撰太平樂

太平樂事　一

事雜劇以紀京華上元凡漁樵耕牧嬉遊士女貨郎村伎花擔秧歌皆摩肩接踵外及遠方部落雕題黑齒卉服長鼓傑侏兜離罔人羅列院本其傳神寫景文思煥然詼諧笑語奕奕生動北之吳昌齡村姑演說尤錯落有古致而序次風華即紫釵元夕數折無以過之至于日本燈詞譜入蠻語怪怪奇奇古所未有即以之紹樂府餘音良不虛矣吾知此劇之傳百世以下猶可想見其盛而况身際昌期者乎癸未臘月錢唐後學洪昇拜記

楊朝英論定元曲目曰太平樂府其後陳大聲劉仲修遇歲華均有散段然未若柳山先生意匠經營窮工極致聚沙爲墖鞭石成橋未足喻其變幻觀止矣鼓鐘之詩云以雅以南以籥不僭非有淩雲之才安能媲羣雅若此小長蘆朱十借評

舊有金陵陳大聲太平樂事一闋相傳其初授百户時魏國公所命作其鷄鵞擔人結句云剛賣了第一日益文人無賴之語也余表兄東臯酷愛其詞以子鵞相餉勒家僮令演之然曲多歇段小令秖堪彈唱因補填大套七齣以太和正音燈詞繫其尾大聲開塲燈賦弁其首適有莊貞生妙製米

太平樂事　二

燈諸巧輻輳其戲遂成鬚眉弄影不獨稚子矣武林稗畦生擊賞此詞以爲勁氣可敵秋碧曾爲稗畦說宮調令其注彈詞九轉貨郎兒下未幾有提月之游又一年東臯亦下世此詞已入山陽之笛急切付梓葢存故人之餘意焉爾己丑九月十五日柳山居士書

復旦大學圖書館藏康熙四十八年刊本

圖表 4.17： 文獻中所記與曹寅演劇相關的材料。

❖ 劉廷璣，《在園雜志》，卷三頁三十五

商丘宋公記任丘邊長白爲米脂令時嘆府檄掘闖賊李自成祖父墳墓中有枯骨血潤白毛黃毛白蛇之異與吾鬪于邊別駕者不同長白自敘其事曰虎口餘生而曹銀臺子清寅演爲塡詞五十餘齣悉載明季北京之變及鼎革顛末極其詳備一以壯　本朝兵威之強盛一以感明末文武之忠義一以暴闖賊行事之酷虐一以恨從僞諸臣之卑汚游戲處皆示勸懲以長白爲始終仍名曰虎口餘生搆詞排場清奇佳麗亦大手筆也復撰後琵琶一種用証前琵琶之不經故題詞云琵琶不是那琵琶以便觀者着眼大意以蔡文姬之配

（後略）

❖ 王式丹，《樓邨詩集》

燕九日宴集觀長生殿襍劇四絕句　卷二十頁二

❖ 焦循，《劇說》

曹銀臺子清撰表忠記載明季忠烈及卑汙諸臣極詳備塡詞五十餘齣游戲皆示勸懲以邊長白大綏爲終始開場卽演掘闖賊祖墳掘墳事人皆知長白所爲不知實貫煥成之也

曹銀臺子清撰《表忠記》，載明季忠烈及卑汙諸臣極詳備，填詞五十餘齣。游戲皆示勸懲，以邊長白大綏為終始，開場即演掘闖賊祖墳，掘墳事人皆知長白所為，不知實貫煥成之也。卷三頁六

西堂題北紅拂記云愚謂元人北曲若以南詞關目參之亦可兩人接唱合場和歌中間間以蘇白插科打諢無施不可又爲梨園子弟別開蠶叢此意無人解者今于荔軒先生遇之

西堂題《北紅拂記》云：「愚謂元人北曲若以南詞關目參之，亦可兩人接唱，合場和歌，中間間以蘇白，插科打諢，無施不可，又為梨園子弟，別闢蠶叢，此意無人解者，今于荔軒先生遇之。」卷四頁廿一

❖ 朱彝尊，《曝書亭集外稿》

太平樂府跋見太平樂府

楊朝英論定元曲目曰太平樂府其後陳大聲劉仲修邁歲華均有餞段然未若柳山先生意匠經營窮工極致聚沙爲塔鞭石成橋未足喻其變幻觀止矣鼓鐘之詩云以雅以南昧任侏離以籥不僭非有凌雲之才安能婣㲋雅若此小長蘆朱十僭評

卷八頁十

❖ 王豫，《江蘇詩徵》

王文範字竹村江都諸生

江都志竹村詩雄渾蒼勁頗得少陵風味廣陵詩事補通政曹公督課淮南公餘多暇開閣延賓文酒之盛時無倫比如卓鹿廬鮑遠村楊掌亭郭雙村程萬亭周確齋殷蓼齋蕭東田唐飯山汪木瓶輩皆郡中名士日與觴咏之列而通政所最契密者則竹村也讀竹村西軒唱和集流風餘韻令人如或遇之

郭于宮宅觀通政曹公家伶演劇兼送楊掌亭入都

客滿中庭花月多春燈如畫酒如波搊箏擫笛行雲駐細按紅牙白雪歌

長楊羽獵素知名此去騰騫莫計程應憶桃花泉畔醉夢中猶聽繞粱聲

卷五十一頁九

❖ 方世舉，《江關集》

〈初至儀徵，程南陂郎中讌觀家樂（張獻忠始末，《補虎口餘生》）〉

卓犖觀古今，氍毹乃多壘。
曹公譜刀兵，虎口餘生始（故鹽漕通政使曹楝亭公演）。
特表邊令功，文體但詳李。
開泰待興朝，先驅群盜否。
同惡不同科，當筵猶裂眥。
黃虎張獻忠，兇殘未違理。
三王不能誅，四鎮無力弭。
洛中福祿酒，江底金交椅。
長矢殪天狼，夫誰能拊髀。
以致壤金甌，二賊實表里。
皦日麗中天，妖星盡尺箠。
我朝如漢高，一洗秦孺恥。
文武纘緒成，臣子彰厥美。
人生立本朝，安敢忘豐芑。
讀史者幾人，觀劇則比比。
所以武部郎，演劇助編紀。
盲腐如復生，把臂入林矣。
金鼓一登場，興亡在眼底。
嗟嗟良史才，小試何至此。
若謂但遊嬉，笑冷識者齒。
念母終養歸，望子就衰已。
通籍鄧禹年，歷官邴原止。
遊戲王高比（《西廂》《琵琶》兩元人）。
抱才無所施，
酒闌拍君肩，一笑三歎起。
比象指低昂，顧曲辨宮徵。

附錄 4.3

曹寅的戲曲作品《虎口餘生》及《續琵琶》

劉廷璣的《在園雜志》最早敘及曹寅的戲曲作品，其文曰：

> 長白〔米脂令邊大綬之別號〕自敘其事曰《虎口餘生》，而曹銀臺子清寅演為填詞五十餘齣，悉載明季北京之變及鼎革顛末，極其詳備……以長白為始終，仍名曰《虎口餘生》，構詞排場清奇佳麗，亦大手筆也。復撰《後琵琶》一種，用証前《琵琶》之不經，故題詞云：「琵琶不是那琵琶。」以便觀者着眼大意……。

漢軍旗人劉廷璣，字玉衡，號在園。他在康熙四十三年任江西按察使時因事免官，北返途中曾拜訪曹寅，並賦有「吳下十年通問久，長干一夕定交新」詩句，[138] 知曹、劉二人相知已久。再者，劉廷璣娶劉兆麒長女，而劉兆麒之姪劉殿邦正是曹鼎望的女婿（圖表 4.32），曹寅亦與曹鼎望三子以骨肉兄弟相稱，故劉廷璣所記曹寅之事的正確度應頗高。

從前引文得知曹寅填詞的《虎口餘生》乃根據邊大綬自敘的《虎口餘生》一書（正文僅二千餘字）所敷演，後書記邊氏於崇禎十五年掘李自成祖墓起，迄於順治元年五月自大順政權脫逃的經歷。曹寅的傳奇即主要根據邊大綬之書改編（所謂以「長白為始終」），凡五十餘齣。

雲南大學圖書館收有祝昭聲（字直翁）舊藏的巾箱本《虎口餘生》四卷四冊，卷首題「癸酉〔民國二十二年〕冬月立春後一日購於上海蟫隱廬，計銀元十四枚」，全本凡四十四齣，不僅少於曹寅本所稱之五十餘齣，且結尾亦非以長白為終。又，此本有「遺民外史」的前序稱「國朝定鼎以來，海宇奠安，迄有百歲，間嘗過河洛，走幽燕……暇日就旅邸中，取逸史所載邊君事，証以父老傳聞，填詞四十四折」，因曹寅似

138 曹寅曾賦〈讀葛莊詩有感，即韻賦送劉玉衡觀察歸涿鹿……〉送別，劉亦以〈金陵留別曹織部荔軒……〉次原韻。參見曹寅，《楝亭詩鈔》，卷 4，頁 14；劉廷璣，《葛莊分體對鈔》，七言律下，頁 43。

不曾赴河南、洛陽一帶，且其在世時距清朝定鼎亦不超過七十年，知遺民外史應非曹寅，其所編的《虎口餘生》不會是曹寅作品。

祝昭聲於同年稍早還自蟫隱廬購得《全本虎口餘生》殘鈔本（圖表4.18），此本無遺民外史序，僅餘前十四齣，內附不少工尺譜，由於其文字未避「玄」「丘」「弘」「泓」等字，知為諱例未嚴的康熙朝或之前所寫（附錄6.1）。至於遺民外史巾箱本，則避「任丘」為「任邱」、「弘猷」為「洪猷」、「弘基元年」為「洪基元年」、「李弘基」為「李洪基」，故應為乾隆帝即位以後的鈔本。再者，殘鈔本第十一齣《驗胎》有「鳳凰不彀咱靴尖擋，並乾坤彈丸塞上（合）。鴟〔音 "支"〕張時來運當，罡星爍掩沒帝光」句，但巾箱本第十一齣《敗回》則改作「鳳凰城不勾咱靴尖鞝〔音 "掌"〕，錦乾坤似彈丸可攘」，將有損清朝聲威的「掩沒帝光」刪削。知殘鈔本有可能較接近曹寅原本，而巾箱本則是後來由遺民外史所刪改，同時也改換了許多齣的名稱。

曹寅的傳奇《虎口餘生》在曹雪芹在世期間仍風行，如周京即於乾隆四年賦有〈慶春樓觀《虎口餘生》劇本〉。[139] 又，乾隆八年輯刊的《豫變紀略》中收錄邊大綬《虎口餘生》，青原山人彭家屏跋曰：「世徒見《虎口餘生》戲曲，而不知為誰作也。即有知為曹織造寅所作，而未知其有粉本也。本不出于他，即出長白先生之手，志真記實，故可傳耳。」粉本即指所根據的底稿。

蕭猛成書於乾隆十七年的《永憲錄》亦記稱：

> 寅演《琵琶傳奇》，用蔡文姬故事，以正伯喈之誣，內裝潰魏武之休美；或謂其因同姓，然是舉實阿瞞一生好義處。又演明末米脂令邊大綬與陝撫汪喬年掘李自成先塚所紀《虎口餘生》，將一時人物備列，表忠義而褫叛逆，可敦風教。[140]

只是將劉廷璣《在園雜志》提到的《後琵琶》稱作《琵琶傳奇》。

139 周京，《無悔齋集》，卷9，頁2。
140 蕭猛撰，朱南銑點校，《永憲錄》，續編，頁390-391。

圖表 4.18：曹寅傳奇《全本虎口餘生》的書影。

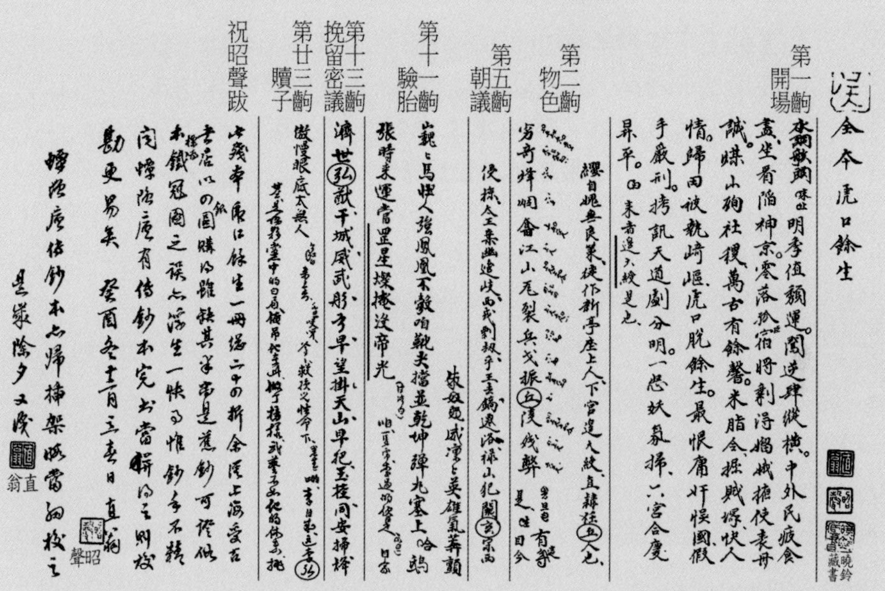

又，方世舉（1675-1759；字扶南，以字行）於乾隆十七年賦〈初至儀徵，程南陂郎中宴觀家樂（張獻忠始末，《補虎口餘生》）〉，中云：

> 曹公譜刀兵，《虎口餘生》始（故鹽漕通政使曹楝亭公演）。特表邊令〔邊大綬〕功，文體但詳李〔李自成〕……所以武部郎，演劇助編紀。讀史者幾人，觀劇則比比……通籍鄧禹年，歷官郎原止……遊戲王高比（《西廂》《琵琶》兩元人）……。[141]

知程崟（字南陂，康熙五十二年進士，官至刑部福建司郎中，致仕後移居揚州，嗜音律）家所演之劇，乃鄧禹年（其人待考）記張獻忠事的《補虎口餘生》（以詳李自成事的《虎口餘生》為樣板；圖表 4.17）。方世舉所稱替《虎口餘生》「譜刀兵〔指譜曲〕」「演劇」且「助編紀」的「武部郎」，恰與曹寅在《尊勝院碑記》的署銜「欽命內兵部督理江寧等處工部事織造府」相合（圖表 4.10），此應為內務府兵部郎中的簡稱。

141　轉引自袁行雲，《清人詩集敘錄》，冊 1，頁 686-687。

再者，焦循於嘉慶十年成書的《劇說》（圖表 4.17）記曰：

> 曹銀臺子清撰《表忠記》，載明季忠烈及卑汙諸臣極詳備，填詞五十餘齣。游戲皆示勸懲，以邊長白大綬為終始，開場即演掘闖賊祖墳，掘墳事人皆知長白所為，不知實賈焕成之也……出《在園雜誌【志】》言，親得之長白侄桂岩別駕聲威〔邊聲威，官通判〕者，較長白自記《虎口餘生》更為詳備。吾郡郭于宮觀演《表忠記》詩云：「碧血餘威照管弦，忠臣劇賊兩流傳。笑他江左夷吾輩，一卷陰符燕子箋。」

于宮為郭元釪之字，他曾參與編纂《御定佩文韻府》，[142] 曹寅摯友王文範亦賦有〈郭于宮宅觀通政曹公家伶演劇兼送楊掌亭入都〉（圖表 4.17），知曹寅的《虎口餘生》當時亦作《表忠記》。此劇迄晚清仍演出，如俞樾即謂：「《虎口餘生》曲本余曾見之，今黎【梨】園亦有演之者，然其為曹子清手筆，則知者罕矣！《後琵琶》情事殊勝，惜今不傳……。」[143] 但他書中對《後琵琶》的理解與敘述全出自《在園雜志》。

至於中國國家圖書館現藏的《續琵琶》殘鈔本是否即曹寅的《後琵琶》？紅圈中因其名略異而一直存在爭議。[144] 該鈔本鈐有「听雨樓查氏有圻珍賞圖書」印，查有圻為嘉、道間的鹽商巨賈，他在嘉慶十年的《嘉邑新豐鎮瘞骨塔碑》上自署「誥授朝議大夫、刑部湖廣司郎中加一級海甯查有圻」，此應為捐官之銜。[145] 先前正反兩造均曾從鈔本中的避諱來協助推衍己論，但因大家都不全理解諱例的變化，導致互有失當之處。今詳檢此殘鈔本，發現「玄」字缺末筆，「弘」與「丘」則未避（圖表 4.19），推斷其抄寫下限應在雍正三年十二月（1726；附錄 6.1），知其作者不可能是著有同名傳奇的高宗元 (1739-1811)。[146]

142 尹會一修，程夢星等纂，《揚州府志》，卷 31，頁 33。

143 俞樾，《茶香室叢鈔》，卷 17，頁 5-6。

144 樊志斌，《曹雪芹家世文化研究》，頁 87-100；陳傳坤，《紅樓清話》，頁 95-104。

145 趙惟崳修，石中玉纂，《嘉興縣志》，卷 35，頁 23。

146 汪超宏，《明清浙籍曲家考》，頁 383-389。

又因該本不避「璽」字，遂有以其直書曹璽名諱，故推判不可能為曹寅所寫。另一方面，支持者則以書中出現「傳國寶」三字，而非「傳國璽」，認為「這是避曹寅家諱的顯證」。其實，在曹寅的時代連國諱都不曾嚴遵，何況家諱！且「傳國寶」一詞在歷代並非罕用，從「中國基本古籍庫」即可查得數百個用例。更有甚者，曹寅弟曹荃所註釋並刊刻的《四言史徵》，就出現 64 個「璽」字，其中「傳國璽」有 5 個，且亦有 4 處用「傳國寶」一詞。知正反兩造的相關說詞皆不足為據。

但由於《續琵琶》首齣有「琵琶不是這琵琶」句，恰與劉廷璣所稱曹寅《後琵琶》有「琵琶不是那琵琶」之題詞（以凸顯與元末戲曲家高明所作《琵琶記》間的差別）僅一字之差，且若該本即抄自曹寅之本，則其文字亦與康熙朝諱例不嚴的情形若合符契。劉廷璣之所以稱曹寅創作的傳奇為《後琵琶》（《永憲錄》作《琵琶傳奇》），應只是相對於高明的《琵琶記》，而曹劇的正名或就是《續琵琶》，且此鈔本亦見賈母所稱《胡笳十八拍》的內容，高宗元的《續琵琶》則無。

圖表 4.19：　曹寅傳奇《續琵琶》的書影。

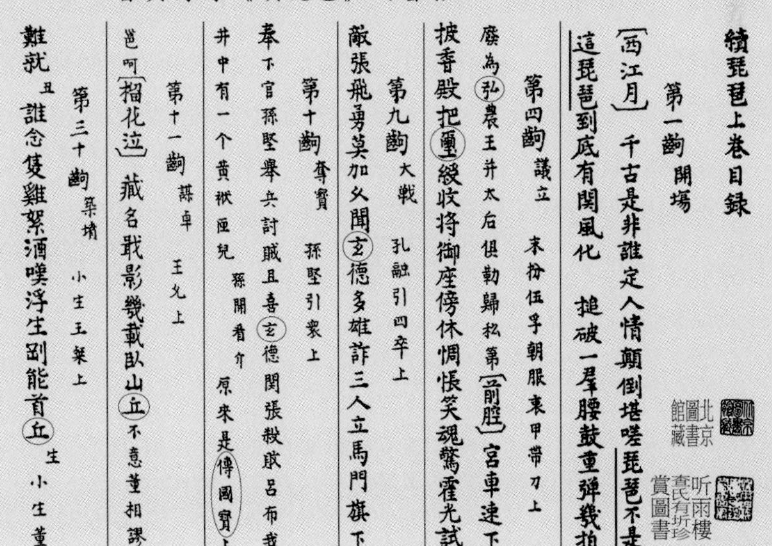
續琵琶上卷目録
第一齣 開場
〔西江月〕千古是非誰定人情顛倒堪嗟琵琶不是
這琵琶到底有関風化　搥破一羣腰鼓董彈幾拍
第四齣 議立　末扮伍孚朝服裹甲帶刀上
廢為弘農王并太后俱勒歸私第〔前腔〕宮車速下
披香殿把璽綬收将御座傍休惆悵笑魂驚霍光試
第九齣 大戰　孔融引四卒上
敵張飛勇莫加久聞玄德多雄詐三人立馬門旗下
第十齣 奪寶　孫堅引衆上
奉下官孫堅舉兵討賊且喜玄德関張殺敗呂布我
井中有一个黄袱匣兒　孫開看介　原來是傳國寶上
第十一齣 誅卓　王允上
邕呵〔摺花泣〕藏名戢影幾載臥山丘不意董相謬
第三十齣 築墳　小生王粲上
難就　丑　誰念隻雞絮酒嘆浮生剐能首丘　生　小生董

三、曹寅承接的內務府買銅等差使

曹寅所擔任的江寧織造，是內務府外放官員中位階最高的位置之一，專門為朝廷督造和採辦綢緞等高貴物件。雖然其俸銀每年只不過 105 兩（圖表 3.4），但其所承接的某些差使卻有十分豐厚的合法或灰色收入。

另因康熙帝屢至江南巡視，相關的安排更是江南三織造額外且重中之重的工作。南巡時雖嘗諭稱「有司供億御用什物槩行不用，亦不費民間一草一木」，或嚴令「若攤派，即以軍法處置」，[147] 但實際情形卻非如此。以三十八年第三次南巡所途經的蘇州為例，當時即在織造府旁新建了行宮，其制為：

> 有四殿：一以赤金箔粘于墻，為之泥金殿；一以諸奇香屑塗于壁，故名香壁殿；一以真石青色刷于墻，為之列翠殿；一以方圓明鏡鑲嵌于壁，故名通明殿。于內供設奇珍古玩、瑤草仙花，不能盡述其製作之巧、規模宏壯，悉皆織造李公心思所至，意想精微，其御用什物、廚房、茶房、進奉之物悉稱聖意。[148]

康熙帝因此慰勉李煦曰：「甚虧你用心收拾，老太太甚喜，特賜在後時。」指因隨行的仁憲皇太后極感滿意，稍後將會給予厚賜（圖表 4.20）。鑒於修造行宮，「華麗頗費」，江南三織造雖奏稱「我等乃皇帝家奴，我三處公同備辦」，但因供應食物、修築道路、安排交通，皆所費不貲，這些原本均發銀備辦，不廢地方一絲一粟，卻有地方官「借名捐解，私派百姓」，曹寅也曾被指稱從中拿了錢！[149]

---

147 中國第一歷史檔案館編，《康熙朝滿文硃批奏摺全譯》，頁 217。

148 沈漢宗，《聖駕閱歷河工兼巡南浙惠愛錄》，卷上，頁 47-48。

149 中國第一歷史檔案館編，《康熙朝滿文硃批奏摺全譯》，頁 216-222、270-271；王振忠，〈康熙南巡與兩淮鹽務〉。

圖表 4.20：沈漢宗《惠愛錄》的書影。

聖駕南巡惠愛錄序
吳門草莽臣沈漢宗天球甫謹著

回鑾矣己巳年正月吉二次
南巡先免江浙兩省本年稅粮天下挨次赦免普天之下
莫非王土率土之濱莫非王臣億兆人民咸皆擊壤頂祝
皇上巡視河工兼　巡吳越扈從南來
御舟順流而下停羽林軍于宿遷馬陵山至江南有司供偹
御用什物槩行不用亦不費民間一草一木至念一日
聖駕蹕蘇城吳民張燈結綵擁道拜迎接
駕是日　駐蹕織造府遊　幸惟虎丘靈岩玄墓而已
聖駕幸杭州　駐蹕織造府遊　幸惟西湖靈隱而已至二月

卷上，頁三

處終日恭候又奉
旨江甯織造曹　蘇州織造李　杭州織造金俱令前來接
駕其織造印務俱令其弟前去代理

卷上，頁十六

蘇州有司候
駕臨幸先于兩月前修理街道凡經由塘路悉皆修整及橋
梁堤岸亦皆修葺寺觀精藍凡欲遊　幸者各令其預先
修整以偹　臨幸各府州縣預偹
皇船牽夫每縣三百名每人勸新搰青𧘂套［illegible］襪每人紅
燈一盞雨傘一把應用伺候點名　織造府預偹
皇轎二乘用八人擡轎幔一黃綾一紅綾
宮眷轎二十乘用四人擡藍紬幔轎夫頭帶紅緯煖帽上有
翎毛衣穿紅絹團花馬衣腰繫綠帶足穿鞋襪共有一百
二十名每逢晴明之候着令在欲
駕臨之路行走練習步數以便應用
蘇州有司預偹接
駕揀選飛仙酒船大小三百餘隻各給工食起行接
駕又選大酒船六隻各給彩畫齊整內鋪設
龍位擺列古董奇珍各給工價同行候

卷上，頁四十一

皇上申時至閶門灣船隨侍
駕上轎請
太后入城從杜童梓門外綵亭中上轎併
各阿哥及諸　大臣等進城到織造府新建
行宮　駐蹕到時已黃昏矣隨着蘇州老串戲先選數人

卷上，頁四十七

應用是夜串戲數齣每人賞銀壹錠做戲不坐不用鑼鼓
惟以小鼓板應聲腔板而已戲子每齣上場先叩頭朝上
後做関目唱曲　織造府傍新建
行宮有四殿一以赤金箔粘于墻為之泥金殿一以諸奇
香屑塗于壁故名香壁殿一以真石青色刷于墻為之列
翠殿一以方圓明鏡鑲嵌于壁故名通明殿于內供設奇
珍古玩瑶草仙花不能盡述其製作之巧規模宏壯悉皆
織造李公心思所至意想精微其
御用什物廚房茶房進奉之物悉稱
聖意故有
金言曰甚虧你用心收拾
老太太甚喜特　賜在後時　織造李隨謝恩而出十五日文
匾額謝　恩而出又有玄墓山大和尚慧峰恭請
駕幸問荅之間口稱玄墓蓋墓字宜避忌
上不悅曰鄧尉山罷了何云玄墓故尔未　幸是山又差內大

卷下，頁二

此書中的沈漢宗印及閒章

漢宗　沈印

雖貧樂有餘

家有梅華不覺貧

康熙四十二年正月第四次南巡後，為使曹寅、李煦因接駕所花的大量無法報銷的費用能有些彌補，欽命自四十三年起，由曹寅、李煦輪做兩淮巡鹽御史，每任各一年，期限十年，每歲「向於十月十三日到任，次年十月十二日滿差」。[150] 四十四年第五次南巡時，又因曹寅、李煦各捐銀二萬兩，兩淮鹽運使李燦（正紅旗人，四十三至四十五年任，李煦有一弟與其同名）捐銀一萬兩，「理應斟酌捐銀數目，議敘加級」，惟以捐銀數目過多，不便加級，故給曹寅以正三品通政使司通政使兼銜，給李煦以正三品大理寺卿銜，給李燦以正四品參政道銜。[151]

曹寅在江寧織造任內因接駕四次（康熙朝最後四次南巡）而產生鉅額虧空的史事（附錄 4.4），在《紅樓夢》中或亦可見痕跡，如第十六回趙嬤嬤說賈府曾經接駕一次（庚辰本在此有側批稱「又要瞞人」，點出實際或不止一次；圖表 4.21），「把銀子都花的淌海水似的」，鳳姐稱其娘家也接駕過一次，趙嬤嬤接著道：「如今現在江南的甄家，噯喲喲，好勢派！獨他家接駕四次，若不是我們親眼看見，告訴誰誰也不信的。別講銀子成了土泥，憑是世上所有的，沒有不是堆山塞海的」，鳳姐問：「他家怎庅就這庅富貴呢？」趙嬤嬤說：「也不過是拿着皇帝家的銀子往皇帝身上使罢了！誰家有那些錢買這個虛熱鬧去？」而這幾段文字的側批「甄家正是大関鍵、大節且【目】，勿作泛泛口頭語看」「点正題正文」「極力一寫，非誇也，可想而知」「真有是事，經过見过」，均表明接駕四次的江南甄家是真有其事的「大関鍵、大節且【目】」（圖表 4.21）。至於第二回冷子興批評賈家「如今外面的架子雖未甚倒，內囊却也尽上來了」，或即史實中曹寅或李煦家的寫照。[152]

---

150 故宮博物院明清檔案部編，《李煦奏摺》，頁 225。此事後因曹寅卒於康熙五十一年七月，不及接任最後一次的任期而略有調整。

151 《關於江寧織造曹家檔案史料》，頁 30-31。

152 線天長、吳營洲，〈《石頭記》“辯冤”記〉。

圖表 4.21：　庚辰本《石頭記》第十六回中的接駕事。

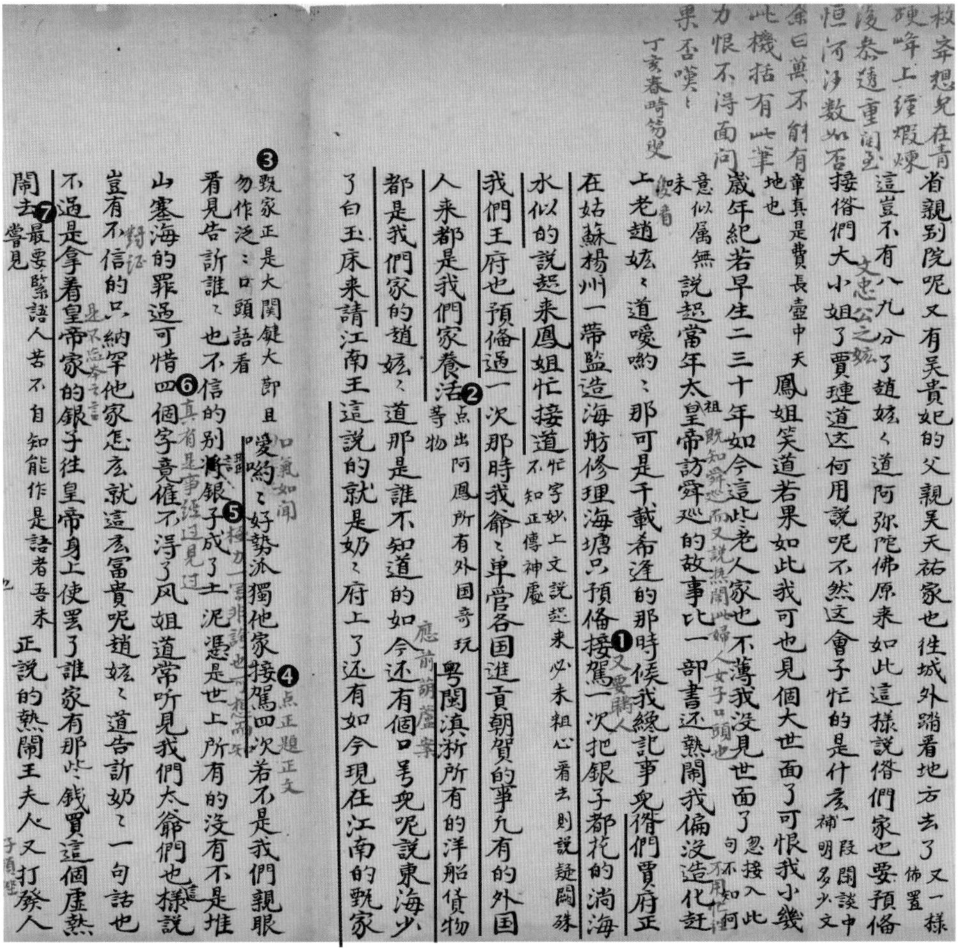

省親別院呢又有吳貴妃的父親吳天祐家也往城外踏着地方去了
這豈不有八九分了趙嬤々道阿弥陀佛原来如此這様說俗們家也要預備
接俗們大小姐了賈璉道这何用說呢不然这會子忙的是什麼
鳳姐笑道若果如此我可也見個大世面了可恨我小幾
歲年紀若早生二三十年如今這些老人家也不薄我沒見世面了
說起當年太祖皇帝訪舜巡的故事比一部書还熱鬧我偏沒造化趕
上老趙嬤々道嗳喲々那可是千載希逢的那時候我纔記事兒俗們賈府正
在姑蘇揚州一帶監造海舫修理海塘只預備接駕一次把銀子都花的淌海
水似的說起来鳳姐忙接道
我們王府也預備過一次那時我爺々單管各国進貢朝賀的事凡有的外国
人来都是我們家養活粵閩滇浙所有的洋船貨物
都是我們家的趙嬤々道那是誰不知道的如今还有個口号兒呢說東海少
了白玉床来請江南王這說的就是奶々府上了还有如今現在江南的甄家
嗳喲々好勢派獨他家接駕四次若不是我們親眼
看見告訴誰々也不信的別講銀子成了土泥憑是世上所有的沒有不是堆
山塞海的罪過可惜四個字竟顧不得了鳳姐道常听見我們太爺們也様說
豈有不信的只納罕他家怎么就這么富貴呢趙嬤々道告訴奶々一句話也
不過是拿着皇帝家的銀子往皇帝身上使罷了誰家有那些錢買這個虛熱
鬧去
正說的熱鬧王夫人又打發人

❖ 庚辰本《石頭記》第十六回

❶ 又要瞞人

❷ 点出阿鳳所有外国奇玩奇玩等物

❸ 甄家正是大関鍵、大節且【目】，勿作泛泛口頭語看

❹ 点正題正文

❺ 極力一寫，非誇也，可想而知

❻ 真有是事，經过見过

❼ 最要緊語，人若不自知能作是語者，吾未嘗見

附錄 4.4

曹雪芹過世前清代接駕最多次的官員

《紅樓夢》第十六回趙嬤嬤曾指江南甄氏「獨他家接駕四次」，那在曹雪芹寫小說之前究竟有無江南官員接駕四次？檢清代僅康熙和乾隆兩帝曾六下江南，而雪芹生前乾隆帝南巡只發生於十六、二十二、二十七年（未及四次），故我們只能從康熙帝六次南巡（分別於二十三、二十八、三十八、四十二、四十四、四十六年）的迎鑾官員中加以考慮。然因絕大多數任官江南者很少會久任一職，且住居環境還要適合接駕。何況若其表現極稱上意，理應早就改調高陞才對。亦即，較可能的官職就只剩下可久任的內務府織造或多次出任的巡鹽御史（圖表 7.15）。

清初的江南三織造本由戶部差員管理，後改由內務府外派，初期每一至三年更代，康熙間才定為專差久任。任期最久者依序為蘇州織造李煦（康熙三十一至六十一年）、杭州織造孫文成（康熙四十五年至雍正六年）、江寧織造曹璽（康熙三至二十三年）、江寧織造曹寅（康熙三十一至五十一年）、杭州織造敖福合（康熙三十一至四十五年）等。至於官署設在揚州的兩淮巡鹽御史始於明正統年間，清朝因之，順、康兩朝通常是一人出任一年，差滿後考核，但偶有一年兩人同任或一人連任兩年者，直至康熙四十三年才特旨令曹寅和李煦隔年輪管，曹寅共擔任四十三、四十五、四十七、四十九年四次（分別自該年的十月起算一年），李煦則為四十四、四十六、四十八、五十、五十一、五十二、五十五、五十六年八次。[153] 再查考《康熙起居注》以及《清聖祖實錄》，知只有曹寅和李煦各曾在六次南巡中接駕了四次（圖表 4.22、4.23）。無怪乎，張雲章於四十五年所賦〈題儀真察院樓，呈鹺使曹、李二公〉詩，內以「呼吸會能通帝座」句頌揚曹寅和李煦。[154]

153 趙弘恩等監修，黃之雋等編纂，《江南通志》，卷 105，頁 10-14；曾筠等監修，沈翼機等編纂，《浙江通志》，卷 121，頁 12。

154 張雲章，《樸村詩集》，卷 9，頁 1。

圖表 4.22： 康熙朝六次南巡中接駕之織造與兩淮巡鹽御史。

時間	南巡行程	接駕之織造與鹽政
第一次 二十三年	九月二十八日啟鑾。十月初十日登泰山，二十六日至蘇州。十一月初一日駐蹕江寧，初二日謁明太祖陵，十八日到曲阜孔子廟行三跪九叩禮，二十九日返京	蘇州織造祁國臣（因協理江寧織造曹寅之父曹璽卒於是年六月，故帝此次應未駐蹕府署）
第二次 二十八年	正月初八日啟鑾閱河工，二十三日至宿遷視察中河，二十七日駐蹕揚州。二月初三日至蘇州，初九日駐蹕杭州，十九日至蘇州，二十五日駐蹕江寧。三月十九日自天津返京	蘇州織造祁國臣、杭州織造金遇知、江寧織造桑格、兩淮巡鹽御史德珠
第三次 三十八年	二月初三日啟鑾，二十八日閱黃河以南高家堰。三月初七日抵揚州，十四日駐蹕蘇州，二十二日至杭州。四月初二日再駐蹕蘇州，初九日至江寧，二十一日抵揚州。五月十七日返京	蘇州織造李煦、杭州織造敖福合、江寧織造曹寅、兩淮巡鹽御史卓琳
第四次 四十二年	正月十六日啟鑾，二十六日登泰山。二月初七日抵揚州，十一日駐蹕蘇州，十五日抵杭州，二十日返蘇州，二十六日抵江寧，二十八日離江寧，舟經鎮江、揚州、高郵、寶應。三月十五日返京	蘇州織造李煦、杭州織造敖福合、江寧織造曹寅、兩淮巡鹽御史羅瞻
第五次 四十四年	二月初九日啟鑾。二十二日進入山東境內。三月初六日進入江南境，十一日抵揚州，十七日抵蘇州，二十五日至松江。四月初三日抵杭州，十二日駐蹕蘇州，二十二日駐蹕江寧，二十七日赴明太祖陵行禮。閏四月初一日駐揚州寶塔灣，二十八日返京	蘇州織造李煦、杭州織造敖福合、江寧織造曹寅、兩淮巡鹽御史曹寅
第六次 四十六年	正月二十二日啟鑾，二十七日舟泊揚州。三月初六日駐蹕江寧，十六日至蘇州。四月初二日抵杭州，十五日駐蹕蘇州，二十四日駐蹕揚州。五月二十二日返京	蘇州織造李煦、杭州織造孫文成、江寧織造曹寅、兩淮巡鹽御史曹寅

圖表 4.23：江寧漢府織局圖。[155] 康熙南巡時曾多次駐蹕，但僅三十八年曾奉皇太后至此（后位自二十八年後即懸缺）。

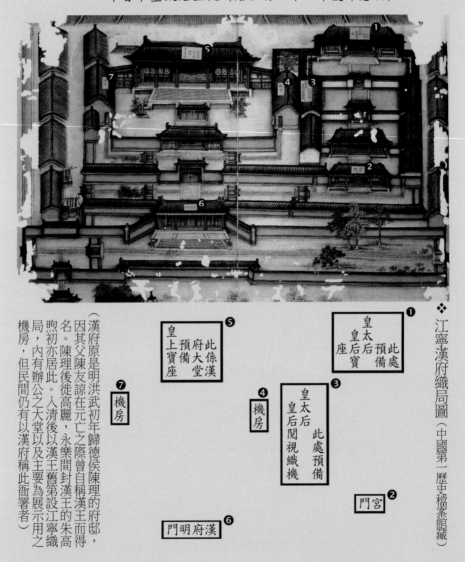

❖江寧漢府織局圖（中國第一歷史檔案館藏）

❶ 此處預備皇太后皇后寶座

❸ 此處預備皇太后皇后閱視織機

❷ 宮門

❹ 機房

❺ 此係漢府大堂預備皇上寶座

❼ 機房

❻ 漢府明門

（漢府原是明洪武初年歸德侯陳理的府邸，因其父陳友諒在元亡之際曾自稱漢王而得名。陳理後徙高麗，永樂間封漢王的朱高煦初亦居此。入清後以漢王舊第設江寧織局，內有辦公之大堂以及主要為展示用之機房，但民間仍有以漢府稱此衙署者）

155 宋伯胤，〈清末南京絲織業的初步調查〉。先前有將此圖命名為「江寧漢府機房圖」，然因機房所佔間數並不多，故應非織造局主要從事生產的織機工場。

康熙帝在曹寅晚年所奏密摺的硃批上，即屢次提醒曹寅要將鹽差的虧空儘速處理，如在康熙四十九年九月初二日的摺上，就關切地稱：「兩准情蔽〔通“弊”〕多端，虧空甚多，必要設法補完，任內無事方好，不可速【疏】忽。千万小心，小心，小心，小心，小心，小心，小心！」五十年二月初三日稱：「兩准【淮】虧空近日可曾補完否？」三月初九日稱：「虧空太多，甚有關係，十分留心，還未知後來如何，不要看輕了！」（圖表 4.24）類似情形亦發生在李煦身上，如四十九年九月十一日的硃批即稱：「每聞兩淮虧空甚是利害，尔等十分留心。後來被眾人笑罵，遺罪子弟，都要想到方好。」五十三年十一月十六日有云：「前者尔所奏蘇州織造虧空，並未言及江南虧空。近日方知江南亦有虧空，尔到京之後再問。」五十五年十月二十一日也稱：「此一任比不得當時，務須另一番作去纔是。若有疎忽，罪不容誅矣！」[156] 李、曹兩家於康熙帝卒後皆因失去後台而遭抄沒。

曹家的發展應與曹寅所承擔的重要差使（圖表 4.25）互為依歸：如康熙三十八年秋奉旨興修明陵，四十年五月至四十八年五月間辦理龍江、淮安、臨清、贛關、南新五關的銅觔，四十三至五十三年間曹寅與李煦輪管兩淮鹽務，四十八年三月發賣內務府庫存人參，五十一年修造西花園工程等事項。曹寅經手內務府的這些差使，總金額高達約三百多萬兩銀，其中尤以鹽差的規模最大，銅差次之。曹寅所接的銅差，或因涉及當時大量流入中國的倭銅，此亦應引發他對外國的興趣，無怪乎，在他所編雜劇《太平樂事》第八齣的《日本燈詞》中，即可見大量日本歌舞及語言之內容。而《紅樓夢》中所屢屢出現的舶來精品，也應是江南織造在真實世界與來華傳教士或洋商接觸的結果。[157]

---

156 中國第一歷史檔案館藏，《康熙朝漢文硃批奏摺彙編》，冊 3，頁 67、冊 5，頁 863、冊 7，頁 479。

157 唐權，〈“倭語”之戲：曹寅《日本燈詞》研究〉；方豪，〈從紅樓夢所記西洋物品考故事的背景〉；王萌，〈康熙朝後期的銅政改革與內務府官商〉。

圖表 4.24： 曹寅奏摺上的硃批。臺北故宮博物院藏。

❖ 康熙四十三年七月二十九日

朕體安善，尔不必來。明春朕欲南方走走，未定。倘有疑難之事，可以密摺請旨。凢奏摺不可令人寫，但有風聲，关係匪淺。小心，小心，小心，小心

❖ 康熙四十三年十月十三日

生一事不如省一事，只管為目前之計，恐後尾大難收，遺累後人，亦非久遠可行，再留心細議

❖ 康熙四十七年三月初一日

知道了。已後有聞地方細小之事，必具密摺來奏

❖ 康熙四十七年三月二十一日

知道了。九平羅官員等，倘有多事者，尔即寫密摺奏聞

❖ 康熙四十七年五月二十五日

知道了。此事奏聞的是，尔再打聽，還有甚麼閒話，寫摺來奏

❖ 康熙四十八年五月初六日

知道了。自新督撫到任以來，無一歲好收成；今又上江多病，正是風【封】疆大臣洗【細】心體朕愛養元元之至意纔好。又為故事，了其日月，豈不愧死！

❖ 康熙四十八年七月初三日

九可奏聞之事，即當先一步纔好。事完之後，聞之何益！

❖ 康熙四十八年七月初七日

摠督之死，早已聞知，此摺遲了，當病重的時候奏聞纔是

❖ 康熙四十九年四月初四日

朕安。今春北方麥秋甚有可望，雨水頗調，朕心寬慰。尔南方住久，虛胖氣弱，今又目疾，萬不可用補藥；最當用者六味地黃湯，不必加減，多服自有大效

❖ 康熙四十九年九月初二日

知道了。兩淮情蔽多端，虧空甚多，必要設法補完，任內無事方好，不可速【疏】忽。千万小心，小心，小心，小心，小心！

❖ 康熙四十九年十月二十八日

知道了。兩准【淮】運使甚有關係，所以九卿會選，已有旨了；況滿洲從未作運使之例，不合

❖ 康熙四十九年十一月初三日

知道了。惟疥不宜服藥，倘毒入內，後來恐成大痳風症，出【除】海水之外，千方不能治。小心，小心，小心！土茯苓可以代茶，常常吃去亦好

❖ 康熙五十年二月初三日

朕安。兩准【淮】虧空近日可曾補完否？新任運使如何？

❖ 康熙五十年三月初九日

虧空太多，甚有關係，十分留心，還未知後來如何，不要看輕了

圖表 4.25：曹家在江寧織造任內所承擔的重要差使。

時間（康熙）	《關於江寧織造曹家檔案史料》之相關記事	頁碼
三十八年五月	曹寅奉旨俟秋涼興修明陵	頁 13
四十年五月	議准將未來八年龍江等五關銅觔交曹寅、曹荃經營，每年運銅一百零一萬一千餘斤至京師寶泉、寶源兩局，以供鑄錢用，其每年上交的節省銀近四萬兩，收益應約數萬兩。據內務府的滿文行文檔，曹寅、曹荃旋呈稱：「我們兄弟二人俱有欽交差使，無暇辦銅，今著我們的孩子赫達色帶領家人王文等〔辦理〕。」	頁 15-20（另見張書才，《曹雪芹家世生平探源》，頁 83）
十一月	曹荃協助處理戶部交進內務府總管之豆草，康熙帝以此事「與錢糧關係重大」	頁 20-21
四十三年十月	曹寅奉旨與李煦輪管兩淮鹽務十年	頁 22-23
四十八年三月	內務府將庫存人參，除留二百斤外，其餘發交曹寅變賣	頁 66
四十八年	曹寅辦理五關銅觔八年限滿（四十年五月至四十八年五月），除每年將一百零一萬餘斤的銅解交戶部鑄錢外，共交節省銀三十一萬餘兩。又四十五、六、七年奉旨將各關銅觔銀兩改歸藩庫支用，共交過內庫節省腳費銀八千多兩	頁 64-69
五十年三月	新舊鹽課共該存庫銀二百八十多萬兩，曹寅自到任後已完過九十萬兩，尚欠一百九十餘萬兩，其中易完者十分之九，餘皆有通河保狀	頁 81
五十一年正月	曹寅修造西花園房屋、挖河等工程事宜，共用銀十一萬六千五百九十七兩	頁 95、106-109
七月	曹寅身故後，江寧織造衙門歷年尚虧欠錢糧九萬餘兩，又兩淮商欠錢糧，曹寅亦應完二十三萬兩零，而無貲可賠，無產可變	頁 99-100
五十二年十一月	李煦代曹顒任鹽差一年淨收銀五十八萬多兩，解補後尚餘三萬六千多兩（內有六千兩上繳）	頁 118-122
五十六年十二月	將連同蘆鬚之人參一千多斤交曹頫等運往南省售賣，曹頫所賣之九千多兩銀交藩庫	頁 148-151
五十九年二月	康熙帝指斥先前曹頫家燒製琺瑯彩瓷事有弊	頁 153
六十一年十月	曹頫代內務府出售人參七百多斤，所售銀一萬七千餘兩於雍正元年七月交完	頁 155-160

當時戶部寶泉局和工部寶源局每年鑄錢需銅 358 萬餘斤，故康熙三十八年將蕪湖等六關 2,246,360 斤銅的配額，交張家口商人王綱明、范毓芳等負責採買，三十九年另將龍江等八關 1,342,600 餘斤銅交內務府員外郎張鼎臣等承辦，每年上繳的節省銀則分別定為三萬和二萬兩。四十年曹寅建議若能借支官銀 100,000 兩，由其完全接辦採購十四關銅觔，他願每年交內庫銀 125,000 兩，八年內交銀總共 1,000,000 兩（但其中有 100,000 兩原屬借支的官銀），此較張鼎臣、王綱明等人多上繳了 500,000 兩（張、王二人願每年共交 50,000 兩，八年共 400,000 兩）。張鼎臣兄弟因此呈稱，如亦可借給本銀 100,000 兩以承辦十四關銅觔，他們一年願交節省銀 140,000 兩，八年終了時連同歸還本銀總共交銀 1,220,000 兩，比曹寅的提議又多出 220,000 兩。

內務府官員曹寅與張鼎臣對銅差競爭激烈，民人官商王綱明雖亦欲爭取但不敢置喙（圖表 4.26；前人多誤其籍隸內務府[158]）。後以「京師用錢關係既甚重要」，若將十四關銅觔全交獨家經營，萬一貽誤，恐將引發重大後果，故康熙四十年諭命將銅觔分成三份：一交張鼎臣、張鼎鼐、主事張常柱三兄弟（負責湖口、揚州、鳳陽倉、崇文門、天津、太平橋六關，共約 1,152,700 斤），一交商人王綱明、范毓芳、王振緒、翟其高（蕪湖、滸墅、北新三關，約 1,416,990 斤），至於曹寅、曹荃兄弟亦共為一份（龍江、淮安、臨清、贛關、南新五關，約 1,011,189 斤）。每年銅觔的節省銀就在前述的競標下，從原先的總共 50,000 兩大幅增加成 140,000 兩（可知此事利益驚人）。至於借支銀 100,000 兩，則由廣儲司具領，平分給三方，八年期滿後繳還。[159]

---

158 如著名官商范毓芳及王綱明雖被稱為「內務府商人」，但並不意謂其就是內務府籍，事實上，范氏籍隸山西介休縣，而據王綱明姪吉安知府王若鰲（或鏊）的資料，王氏則為直隸萬全縣人。兩家應皆為民人，只是承接了內務府的一些買賣。參見定祥修，劉繹纂，《吉安府志》，卷 11，頁 46；范汝廉等，《山西汾州府介休縣張原村范氏家譜》；賴惠敏，《乾隆皇帝的荷包》，頁 184-202。

159 借支內帑以辦買內務府所需什物的情形，至清中葉已成為常態。參見賴惠敏，《乾隆皇帝的荷包》，頁 184-258。

圖表 4.26：　曹寅等爭取銅差的奏摺。部分漢譯人名已據檔案訂正。

❖內務府題請將湖口等十四關銅觔分別交與張鼎臣、王綱明、曹寅等經營本（康熙四十年五月廿三日）

案據本月十六日員外郎張鼎臣、張鼎鼐，主事張常柱稟稱：我等具奏，奴才等父祖世受聖恩，至深且重，無時無刻，不在想念，願盡犬馬之勞，以報主上鴻恩。奴才等世業木商，每年獲利不過二分。去年主上施恩，將龍江等八關銅觔，賞給奴才弟兄三人經營。奴才等初次接辦銅觔，因不知內情，承辦之時，大概計算，曾按每斤銅節省銀一分五釐，總共銅一百三十四萬二千六百餘斤，一年共交節省銀二萬兩。今已經營一年，關于銅價及雜用等項，既皆明瞭，不敢不明白奏陳主上。查原來各關規定銅價每斤銀一錢五分，據我等經營，看得每斤銅需銀七分，運費及雜項用費需銀三分，合計每斤銅需銀一錢，於是每斤銅餘銀五分，其中解交我等節省銀一分五釐後，仍餘銀三分五釐。又，原來銅商因有酌量助給各關監督盤纏銀之處，我等即由所餘之三分五釐內，按照每斤銅需銀一分一釐計算，交給關監督。又，買銅之時，如候關監督交付銀兩，即將遲誤，而我等因自己銀兩不敷，乃借用利息銀，所付利息二分四釐。以上各項，皆由所餘之五分銀內支付。現在倘能借給官銀承辦，又可節支付利息之銀二分四釐，加上我等先節省之銀一分五釐，則每斤銅即可節省銀三分九釐。若將蕪湖等六關算上，共十四關銅觔，借支銀十萬兩承辦，則一年可節省銀十四萬兩，八年終了時，連同本銀，總共可得銀一百二十二萬兩。奴才等愚思，京師兩局鑄錢，皆靠此十四關銅觔，關係甚大，並非一二人能辦之事。奴才等擬請將十四關之銅三百五十八萬一千餘斤，分為三份，由曹寅、王綱明及我弟兄，各自承辦。若能如此，即與曹寅等總辦一樣，斷不致誤事，而且各自若有更多効力之處，聖上亦能知道。借支之銀十萬兩，亦分三份領取，不辦之時，各自將借支之本銀照常交庫等語具奏。奉旨：交內務府總管立即議奏。欽此欽遵。

查江寧織造・郎中曹寅奏稱：奴才承主上慈恩，無時不念高厚之恩，圖報於萬一也。康熙三十九年上諭，將十四關規定數目之銅，交與張鼎臣、王綱明等採買，每年節省銀五萬兩。奴才曹寅現在情願將十四關銅觔，完全接辦採購，竭力設法節省，以略盡犬馬之心。懇請主上施恩，借給本銀十萬兩，以便購銅，八年交本銀及節省銀總共一百萬兩，每年交內庫銀十二萬五千兩等語具奏。奉旨：交內務府總管。欽此欽遵。（中略）

如此斷不致誤事，而且各自若有更多効力之處，聖上亦能知道等語。前曾奏請，將十四關銅觔，交給彼等共同經營。查共同經營分為三份，與各自盡力經營相同，且今張鼎臣等八年節省之銀，既又多出二十二萬兩，因此請將十四關銅觔，分為三份經營，計交給張鼎臣兄弟三人一份，王綱明等四人一份，曹寅既係獨自一人，即與其弟物林達曹荃共為一份。借支銀十萬兩，請由廣儲司具領，分為三份借給。每年按節省銀十四萬兩計算，八年共交銀一百十二萬兩。借支銀十萬兩，八年終了，如何抽還，請再議奏。十四關之銅三百五十八萬餘斤，分為三份，因其合夥之人數多寡不等，而十四關之遠近，銅數之盈缺，既不相同，將此斟酌情形，請分給員外郎張鼎臣、張鼎鼐、主事張常柱以湖口、揚州、鳳陽倉、崇文門、天津、太平橋六關，共銅一百十五萬二千七百餘斤。分給商人王綱明、范毓芳、王振緒、翟其高以蕪湖、滸墅、北新，此三關共銅一百四十一萬六千九百九十餘斤。分給郎中曹寅、物林達曹荃以龍江、淮安、臨清、贛關、南新，此五關共銅一百零一萬一千一百八十九斤餘。為此謹題請旨。等因繕本。

譯自《內務府滿文奏銷檔》（見《關於江寧織造曹家檔案史料》，頁15-20）

張鼎臣奏稱各關原規定的銅價為每斤銀 1 錢 5 分，而每斤銅的成本需銀 7 分，運費及雜項用費為銀 3 分，合計每斤銅得要銀 1 錢，另，需酌給各關監督盤纏銀每斤 1 分 1 釐，且買銅借用現銀的利息為每斤 2 分 4 釐，故每斤銅可有節省銀 1 分 5 釐解交內庫，此與其所估每年上繳之 2 萬兩節省銀（定為整數值）大致相近，這些當然純屬檯面上的數字。惟因曹寅及張鼎臣同樣想獨家搶得此差，知他們皆評估採買銅觔應有明顯利潤。

前述張鼎臣家族的出身與曹寅家頗近，《八旗滿洲氏族通譜》記稱：

> 張啟祥，鑲黃旗包衣旗鼓人，世居瀋陽地方，來歸年分無考。其子：張萬祿原任佐領，張萬鍾原任山東濟南道，張萬彭原任員外郎。孫：張鼎鼐原任郎中，張鼎臣、張鼎昇俱原任員外郎，張常柱原任佐領。[160]

知張鼎臣的父輩張萬祿曾管理鑲黃旗包衣第四參領第一旗鼓佐領，張萬祿卒，以張鼎臣管理，後緣事革退。[161] 至於張鼎臣之弟張常柱，於康熙五十年十月已任武英殿總監造、內務府會計司員外郎（圖表 4.13），兼管理正黃旗包衣第四參領第一旗鼓佐領，後亦緣事革退。[162]

曹寅於康熙四十年獲恩賞承辦龍江等五關銅觔共八年，每年除交銅 10,100 担（每担 100 斤）以供鑄錢外，還需解送節省銀 39,530 兩。四十八年二月二十八日，曹寅奏稱此差使期滿，八年原共應交 316,240 兩，然因贛關少辦了一年銅觔，故只交銀 312,070 兩，又因四十五、六、七年的銀兩奉旨改成就近解至江蘇布政使司的藩庫（儲藏錢穀用），而無需運京，故曹寅又將節省的腳費銀 8,470 兩上繳。但或因利潤不如預期，曹寅因此在該摺末稱：「竊念臣蒙皇恩浩蕩，自應永遠効力，但臣係庸材，錢糧重大，誠

---

160 弘晝等，《八旗滿洲氏族通譜》，卷 75，頁 15。
161 鄂爾泰等修，《八旗通志初集》，卷 3，頁 36。
162 鄂爾泰等修，《八旗通志初集》，卷 4，頁 38。

恐有悞。除呈報內務府衙門查核外，理合具摺奏聞請旨，伏乞睿鑒。」未積極爭取續約，完滿達成八年任務的曹家從此不曾再經辦銅差（圖表 4.27）。

圖表 4.27：康熙四十八年二月曹寅在銅差期滿時所上的奏摺。[163]

江寧織造通政使司通政使臣曹寅謹
奏恭請
聖安竊臣係家奴自幼荷蒙
聖恩豢養涓埃莫報緣於康熙肆拾年啟
奏情願承辦各關銅觔爲
皇上節省以効犬馬之力蒙
聖恩賞辦龍江淮安臨清贛關南新伍關銅觔共壹萬壹百担
零除按年照數辦解交部無悞外每年節省銀叁萬玖千
伍百叁拾兩內除贛關少辦壹年捌年共交過節省銀叁
拾壹萬貳千柒拾兩又自康熙肆拾伍陸柒年奉
旨將各關銅觔銀兩改歸藩庫支領共交過節省腳費銀捌千
肆百柒拾兩零俱已解交
內庫訖又蒙
賞借本銀叁萬叁千叁百叁拾叁兩零亦經帶交完庫臣前啟
奏原以捌年爲滿今已捌年辦完無悞竊念臣蒙
皇恩浩蕩自應永遠効力但臣係庸材錢糧重大誠恐有悞除
呈報內務府衙門查核外理合具摺
奏
聞請
旨伏乞
睿鑒
這說的是照爾所請
康熙肆拾捌年貳月貳拾捌日

王綱明應是康熙後期承接各種差使最多的內務府官商（圖表 4.28），不僅採買紅銅、倭鉛，更參與伐木、開礦、買馬等事。[164] 他於康熙三十八年十二月起即承辦蕪湖等六關的銅差，自四十年起與曹寅等分別辦銅以來，迄四十六年止，七年間共照數交庫節省銀 370,314 兩；四十七至四十九年

163 《宮中檔康熙朝奏摺》，第 2 輯，頁 68。
164 王萌，〈康熙朝後期的銅政改革與內務府官商〉。

所應交之節省銀 180,000 兩，則奉旨停交；但五十至五十五年每年仍須交節省銀 60,000 兩、帶完銀 30,000 兩。[165] 經奏請後，停收五十至五十一年之節省銀；至於五十至五十五年應收的帶完銀 180,000 兩，因已交 100,000 兩，尚欠 80,000 兩。五十二年七月十七日，王綱明等以負擔過重，呈請將節省銀（應交的 60,000 兩乃三十八年十二月他初接蕪湖等六關時的兩倍）減半。八月二十八日內務府議得：自五十二年起，將王綱明等每年應交之節省銀 60,000 兩、帶完銀 30,000 兩俱減半。由於他先前所欠交的帶完銀 80,000 兩，是歷年虧欠，故不可減半，但獲允可自五十二年起分十年交完內庫。亦即，五十二年之後王綱明每年應攤還虧欠銀 8,000 兩，連同 45,000 兩的節省銀與帶完銀，每年共需交 53,000 兩。[166]

曹寅於辦理五關銅觔八年（康熙四十年五月至四十八年五月）限滿後，可能因獲利不高，遂將心力放在自四十三年十月起與李煦奉旨輪管十年的兩淮鹽差，然當其於五十一年七月過世時，只來得及完差四次（第七章）。[167] 曹璽與曹寅父子各約四十年侍候清帝的勞績，讓曹顒與曹頫二人能夠接續擔任江寧織造，並營造出曹雪芹寫作小說時所必需的物質環境與生活經驗。曹寅的宦跡雖與其父在伯仲之間（第三章），[168] 然其融通滿漢兩文化的表現，對《紅樓夢》的創作背景應產生極重要的影響。

---

165 帶完銀乃指每年還付當初購銅時所借內務府庫銀（用來周轉之借支銀）的款項。參見王萌，〈康熙朝後期的銅政改革與內務府官商〉。

166 《康熙朝滿文硃批奏摺全譯》中的王剛明、范宇方、王振玉、翟啟高（頁 905），在《關於江寧織造曹家檔案史料》被譯成王綱明、范玉芳、王振緒、翟其高（頁 20），其中范宇方（或范玉芳）及王剛明應作范毓芳及王綱明。

167 王煐為曹寅所賦的〈輓曹荔軒使君十二首〉中即稱其「鹽官四載橐無餘，賸得樓中萬卷書」（圖表 6.17）。

168 曹璽於順治初年約三十歲時補侍衛，後被拔為二等侍衛管鑾儀事，康熙三年起以內工部郎中銜奉派為首位內務府外放的專任江寧織造，二十三年以內工部侍郎銜卒於任，後又以曹寅於康熙四十四年第五次南巡時捐銀二萬兩，特恩追贈為工部尚書銜。

圖表 4.28：　王綱明所承接的各種差使。

❖《漳浦縣志》（康熙鈔本），卷七

鹽商王綱明等奏請代納懷來鹽課

❖ 儲大文，《存研樓文集》（乾隆九年刊本），卷十三頁二十三

開起滅訟者民寖少蘇會商王綱明稟請給開採牌六
月公亟疏題封禁曰戶部咨商人王綱明等稱鉛山不
禁不獨鉛觔易得而鼓鑄亦不遲悞應令其開採臣亦
何容置喙但臣受
恩最厚理應知無不言言無不盡況前受

❖《硃批諭旨》，卷十五頁四

一吉安府知府王若鼇係王綱明之姪與原任
如果官聲不好嚴加參處令其賠補地方虧空各項亦
巡撫王企埥聯宗叔姪倚勢貪橫贓私鉅萬伏
屬正理爾其秉公奏聞不可因過往一人之言即以為
懇
準但王綱明等之子姪諒來未必能為良吏爾惟據實
皇上問之新任巡撫明正其罪庶江右地方各官知
無私庶乎不謬
所儆懼矣

卷一百七十四之十七頁四十四

皇上陳之查從前紅銅倭鉛皆買賣人王綱明承辦自
戶部臣趙申喬將王綱明以遲延虧空參奏綱明
遂將紅銅推出八省採買從此分更不一始而分

❖《新昌縣志》（乾隆五十八年增修本），卷十頁廿七

禁康熙五十七年京商王綱明因借帑金奏請將湖
廣江西禁山砍伐奉部行知時球在京覲政詣部籲

❖《介休縣志》（乾隆卅五年刊本），卷九頁三十二

多不能繼公私苦之毓嶺與弟毓蘅願力任輓輸賦
轉沙漠萬里不勞官吏不擾閭閻尅期必至且省國
費以億萬計將帥上其功　賜職太僕寺卿用二品
服弟毓蘅　賜職布政司參政議敘也初退銅六
人內王綱明最長即推為首而性怙侈同類相效積
十餘年虧帑八十三萬綱明既死四人咸欲卸罪毓
嶺曰諸君前此恒舞酣歌鮮衣怒馬皆此中物非盡

❖《袁州府志》（同治十三年刊本），卷九之一頁十四

制宜尤為久遠盡善之圖自康熙五十六年戶部具題將
江南浙江江西湖廣福建五省驛站應補馬匹交與商人
王綱明承辦各省差人前往張家口收受馬匹每匹除路
費使用外價銀一十二兩內以九兩作王綱明馬價以三
兩代王綱明補庫行至十二年補完庫欠遂行未久者
累已多盖五省之距張家口皆關數千里往返動經半
載有餘日久則費多途長則馬疲以驛騎緊急之差操縱

❖《皇朝文獻通考》，卷三十頁二十五

五十二年奏准久經開礦地方分別開採其未經
開採者禁之大學士九卿等議覆開礦一事除雲
南督撫及湖廣山西地方商人王綱明等各雇本
地民人開礦不議外他省所有之礦向未經開採
者仍嚴行禁止其本地窮民現在開採者地方官

四、曹寅對聯宗的經營

雖然曹雪芹家族的清晰記憶，只可追溯到著籍遼陽並宦居瀋陽的高高祖曹世選，但為提昇其家族的血緣自豪感和社會地位，他們在出仕之後也和許多人一樣開始攀龍附鳳，擅託遠祖到一些歷史名人及其郡望。而以曹參、曹操、曹霸、曹彬、曹瑋和曹孝慶諸名人為顯祖的曹寅，更透過「官場聯宗」的關係，在新朝中與不少同姓之人認宗敘譜，以求相互攀緣發展。

如曹寅家即與遼東五慶堂第三房曹德先三兄弟支聯宗，[169] 又因權中之女（與德先同房的族姊，長曹寅一輩）嫁甘體垣，遂稱甘國基（體垣族弟雲貴總督文焜第三子）為「鴻舒表兄」或「秋原表兄」（圖表 4.29）。[170] 屢稱曹釗、鈖、鋡三兄弟（曹邦族姪鼎望子）為「骨肉」「同胞」「連枝」的曹寅，更據曹繼祖（鼎望之父）孫輩之大排行稱曹釗為「大兄」、曹鈖「賓及二兄」、曹鋡「沖谷四兄」或「松茨四兄」，[171] 知兩家亦聯宗。曹寅且因劉殿邦（字安侯）繼娶曹鼎望女，而稱其為「安侯姊丈」（圖表 4.29、4.30 及 4.31）。

---

169 據曹觀源〈武陽曹氏源流宗譜序〉以及李因篤為曹鼎望所寫的〈曹使君淡齋初度序〉，豐潤曹氏自認祖先可上溯至彬、瑋和孝慶。參見李因篤，《續刻受祺堂文集》，卷 2，頁 22-24；曹振川等，《浭陽曹氏族譜》，卷 1，頁 6-8。

170 甘恪編纂的《瀋陽甘氏宗譜》記甘國基生於順治十八年十一月二十五日。可能因兩家的血緣較遠、接觸較少（甘氏二十歲就出仕，歷官甘肅、陝西、山西、福建、河南等地，累遷至從二品的河南布政使，期間與曹寅均無交疊），故曹寅或不知甘國基小己三歲，抑或純屬對任官較早且家世較顯的國基（其父雲貴總督文焜於三藩之亂時殉清，特旨賞給恩騎尉，世襲罔替）表達尊敬，曹寅遂稱甘國基為「表兄」。參見劉上生，《曹寅與曹雪芹》，頁 38-39；劉世德，《曹雪芹祖籍辨證》，頁 479-480；曹寅，《楝亭詩別集》，卷 3，頁 8；費淳、沈樹聲纂修，《太原府志》，卷 33，頁 43。

171 豐潤曹氏自稱源出曹彬的五世孫孝慶，並以孝慶之曾孫端明為始遷祖，然經詳加比對史實後，發現目前所有武陽、進賢或豐潤曹譜所記孝慶以下四代裔孫的仕宦經歷多與史實不合。參見黃一農，〈重探曹學視野中的豐潤曹氏〉。

圖表 4.29：曹寅透過聯宗所產生的親戚稱謂。

❖ 曹寅，《楝亭詩別集》

賓及二兄招飲時值宿未赴悵然踏月口占兼示子猷二首　卷二頁一

歸鴉自知夕挼樹更遲煙耐可一樽外徘徊雙闕前靜香週月地清響結冰天料及圍爐坐馳思執戟邊

清談舒汎愛瀟灑對賓時骨肉應何似歡呼自不支已能揮短麈還共校新詩却笑今宵夢先輸春草池

楝亭詩別集卷二　一

冲谷四兄歸潁陽予從獵湯泉同行不相見十三日禁中見月感賦兼呈二兄

西河衰柳蕭蕭月半照龍旗出曉空別恨不容霜鏡滿短蓬又見玉梳工香凝畫省眠饑鳳夢隔寒雲數斷鴻爭似蘋婆雙院裏揮毫日日醉春風

過甘園　卷二頁二

依然薜荔舊牆陰再拜河陽松柏林一二年間春

楝亭詩別集卷二　二

更好八千里外恨難沉（鴻舒公死難滇南）嶮巇石筍穿窗見痕藉風花遠地尋已是杜鵑啼不盡忍教司馬重沾襟（謂鴻舒表兄）

送余九迪之介休四首　卷三頁八

楝亭詩別集卷三　八

（中略）

豪侈人思金介休紅蓮一幕儘風流誰知嘯詠無餘事布策眞堪作廁籌（九老善勾股法因憶湧幢小紀中有可笑者故及之）

荻戟嬉遊如昨日修髯不見又多年相思日日翻京報憑仗由余到汝前（憶秋原表兄太原太守）

楝亭詩別集卷四　二

賦得桃花紅近竹林邊和竹澗姪韻　卷四頁二

❖ 曹寅，《楝亭詩鈔》

冲谷四兄寄詩索擁臂圖並嘉子學天竺書　卷一頁十九

再報東皋一尺書哦詩松下晚涼如長城近日無堅壘末路相看有敝廬甚願加餐燕玉暖少憂問

楝亭詩鈔卷一　丸

病梵天虛鬢絲禪榻論情性遶匝蟲魚已廢除

虎丘雪霽追和芷園看菊韻寄松齋大兄筠石二弟　卷二頁四

楝亭詩鈔卷二　四

松筴四兄遠過西池用少陵可惜歡娛地都非少壯時十字爲韻感今悲昔成詩十首　卷二頁十七至十九

閑居咏停雲遠若戀微官行葦幸勿踐税駕良匪難寸田日夜耕狂瀾無時安恭承骨肉惠永奉箪墨歡

（中略）

勾陳逼招搖幽天風夜至單于六贏走羽林呼動地三驅度瀚海持冰畏糗糒念我同胞生旃裘擁戈寨

吾宗詩淵源大率歸清腴叔氏振頹風句不修廉

楝亭詩鈔卷二　大

隅選友得關中沈雄避時趨會應策驥裹歷塊過名都

（中略）

伯氏值數奇形骸恒放蕩仲氏獨賢勞萬事每用壯平生感涕淚萬里幾悽愴勗哉加餐飯門戶慎屏障

（下略）

西軒賦送南村還京兼懷安侯姊丈冲谷四兄時安侯同選　卷四頁八

官遊常苦累食指徧天涯朱紱聊通隱青氈盡挈家計程除目美遶道出京斜舒卷層霄內風雲望眼賒

渭符姪過慰有作時頒　詔入闈恩許還家上塚便道至白下　卷四頁十一

讀葛莊詩有感即韻賦送劉玉衡觀察歸涿鹿兼懷朗崖李公（時峙乃二第同行）　卷四頁十四

和竹磵姪上巳韻　卷六頁十

上日宜稱亡（巳諱）春來三月三老拋修禊筆句合麗人簪幞井桃花水穿街賣薺籃紅橋正泥濘游騎莫騶驛

❖ 李振裕，《白石山房文稿》

題曹松齋小影二首　卷十頁十五

何將軍有園林勝杜老曾遊兩賦詩誰遣收來圖畫裏依然紅綻綠垂時

小閣蕉陰自卷舒松篁交翠覆荷蕖只今瀚海鏖戈日正好臨風檢素書

❖ 閻若璩，《潛邱劄記》乾隆九年眷西堂本

贈曹子清侍郎四律

漢代數元功平陽十八中傳來凡幾葉世職少司空手自裁雲似心還補袞同我遊當首夏正颺楝花風

（中略）

潛邱劄記卷六　五十　眷西堂

其三　卷六頁五十

又得泥金信風流第一人（謂阿咸狀元）沙平新賜馬地近蚤攀鱗伊陟仍傳戶（唐趙嘏上令狐相公詩榮同伊陟傳朱戶）延年但避身（漢杜延年爲御史大夫以父曾居此官不敢當舊位坐卧皆易其處）古來鐃盛事未若此殊倫

（下略）

圖表 4.30：與曹寅家「官場聯宗」或「攀親結姻」的人物。

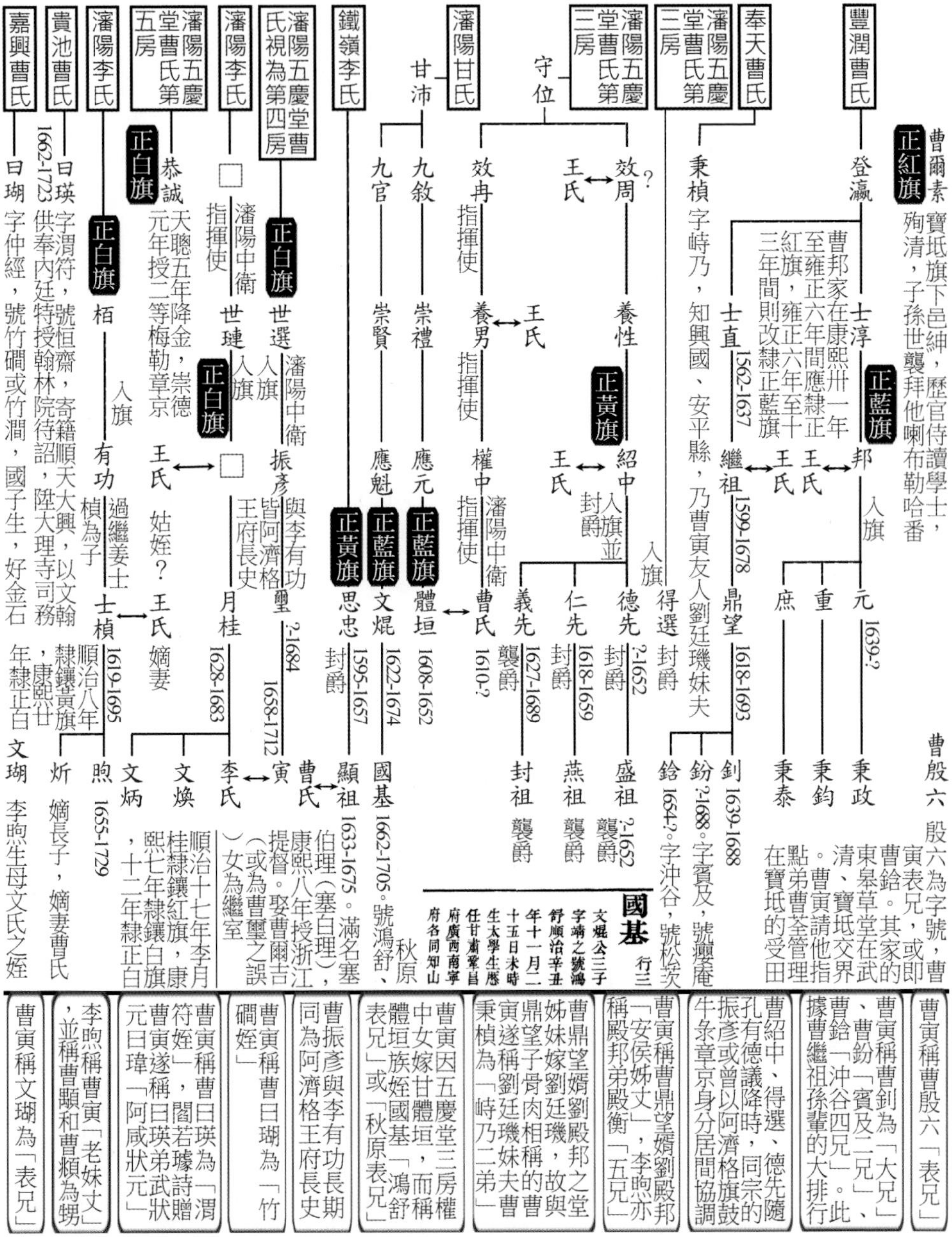

豐潤曹氏
- 登瀛
  - 士淳（正藍旗）— 邦（入旗）↔ 王氏
    - 元 1639-? — 秉政
    - 重 — 秉鈞
    - 庶 — 秉泰
  - 士直 1562-1637 — 繼祖 1599-1678 ↔ 王氏 — 鼎望 1618-1693
    - 釗 1639-1688
    - 鈖 ?-1688。字賓及，號瓣庵
    - 鈐 1654?。字沖谷，號松茨

曹爾素（正紅旗）寶坻旗下邑紳，歷官侍讀學士，殉清，子孫世襲拜他喇布勒哈番

曹邦家在康熙卅一年至雍正六年間應隸正紅旗，雍正六年至十三年間則改隸正藍旗

曹般六 般六為字號，曹寅表兄，或即曹鈐。其家的東皋草堂在武清、寶坻交界點。曹寅請他指弟曹荃管理在寶坻的受田

奉天曹氏
- 秉楨 字峙乃，知興國、安平縣，乃曹寅友人劉廷璣妹夫

瀋陽五慶堂曹氏第三房
- 得選（入旗）封爵

瀋陽五慶堂曹氏第三房
- 守位
  - 效周? ↔ 王氏 — 養性（正黃旗）— 紹中 ↔ 王氏（入旗並封爵）
    - 德先 ?-1652 封爵 — 盛祖 ?-1652 襲爵
    - 仁先 1618-1659 封爵 — 燕祖 襲爵
    - 義先 1627-1689 襲爵 — 封祖 襲爵
  - 效冉 指揮使 — 養男 ↔ 王氏 指揮使 — 權中 指揮使 瀋陽中衛 — 曹氏 1610-?

瀋陽甘氏
- 甘沛
  - 九敘 — 崇禮 — 應元 —（正藍旗）體垣 1608-1652 ↔ 曹氏
  - 九官 — 崇賢 — 應魁 —（正藍旗）文焜 1622-1674 — 國基 1662-1705。號鴻舒、秋原

國基 行三 文焜公三子字靖之號鴻舒順治辛丑年十一月二十五日未時生太學生歷任甘肅鞏昌府廣西南寧府各同知山

鐵嶺李氏
- （正黃旗）思忠 1595-1657 封爵 — 顯祖 1633-1675。滿名塞伯理（塞白理），康熙八年授浙江提督。娶曹爾吉（或為曹璽之誤）女為繼室 ↔ 曹氏

瀋陽五慶堂曹氏視為第四房
- （正白旗）世選 瀋陽中衛（入旗）— 振彥 與李有功皆阿濟格王府長史 — 璽 ?-1684 — 寅 1658-1712 ↔ 李氏

瀋陽李氏
- □ 瀋陽中衛 指揮使 — 世璉（入旗）—（正白旗）□ ↔ 王氏（姑姪？）— 月桂 1628-1683 順治十七年李月桂隸鑲紅旗，康熙七年隸鑲白旗，十二年隸正白
  - 李氏
  - 文煥
  - 文炳

瀋陽五慶堂曹氏第五房
- （正白旗）恭誠 天聰五年降金，崇德元年授二等梅勒章京

瀋陽李氏
- （正白旗）栢 —（入旗）有功 過繼姜士楨為子 — 士楨 1619-1695 ↔ 王氏 嫡妻 順治八年隸鑲黃旗，康熙廿年隸正白
  - 煦 1655-1729
  - 炘 嫡長子，嫡妻曹氏

貴池曹氏
- 曰瑛 1662-1723 字渭符，號恒齋，寄籍順天大興，以文翰供奉內廷，特授翰林院待詔，陞大理寺司務

嘉興曹氏
- 曰瑚 字仲經，號竹磵或竹澗，國子生，好金石
- 文瑚 李煦生母文氏之姪

- 曹寅稱曹般六「表兄」
- 曹寅稱曹釗為「大兄」、曹鈖「賓及二兄」、曹鈐「沖谷四兄」。此據曹繼祖孫輩的大排行
- 曹紹中、得選、德先隨孔有德議降時，同宗的振彥或曾以阿濟格旗鼓牛彔章京身分居間協調
- 曹寅稱曹鼎望婿劉殿邦「安侯姊丈」，李煦亦稱殿邦弟殿衡「五兄」
- 曹鼎望婿劉殿邦之堂姊妹嫁劉廷璣，故與鼎望子骨肉相稱的曹寅遂稱劉廷璣妹夫曹秉楨為「峙乃二弟」
- 曹寅因五慶堂三房權中女嫁甘體垣，而稱體垣族姪國基「鴻舒表兄」或「秋原表兄」
- 曹振彥與李有功長期同為阿濟格王府長史
- 曹寅稱曹曰瑚為「竹磵姪」
- 曹寅稱曹曰瑛為「渭符姪」，閻若璩詩贈曹寅遂稱曰瑛弟武狀元曰瑋「阿咸狀元」
- 李煦稱曹寅「老妹丈」，並稱曹顒和曹頫為甥
- 曹寅稱文瑚為「表兄」

圖表 4.31：曹寅周遭的聯宗或姻親關係。

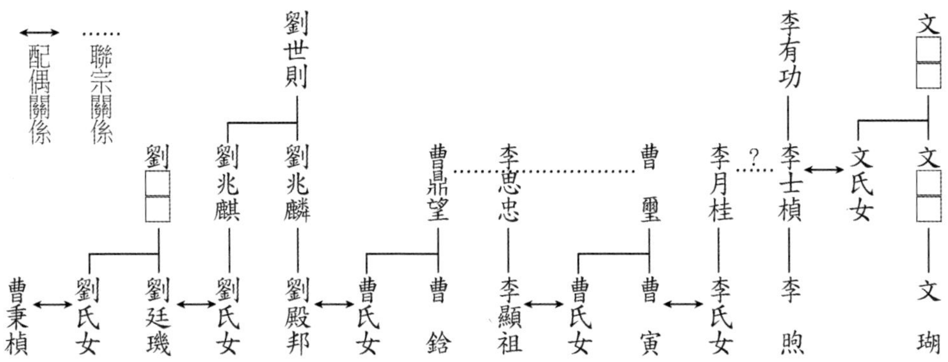

曹寅除豐潤曹氏外，亦與其他同姓士紳聯宗，遂稱浙江嘉興曹曰瑚（國子生，好集金石文字）為「竹磵〔或澗〕姪」、[172] 安徽貴池曹曰瑛（1662-1723；[173] 寄籍順天大興，以善書特授翰林院待詔，陞大理寺司務）為「渭符姪」。閻若璩也曾借用三國魏・阮籍姪阮咸有才名之典，在贈詩曹寅時稱曹曰瑛弟曰瑋（康熙三十三年武狀元）為「阿咸狀元」。[174] 至於曹曰瑚與曹曰瑛彼此亦有交往，貴池吳銘道 (1671-1738) 就指他與曰瑚曾會於位在北京太液池旁的同鄉曹曰瑛宅；江寧織造曹寅於揚州開局刊刻圖書時，任翰林院待詔的曹曰瑛也曾參與，且曹寅幕僚吳貫勉的〈台城路，酬曹竹磵見寄元韻，並示恒齋待詔〉詞，即同示曰瑚（號竹磵）與曰瑛（號恒齋）。[175]

時人的聯宗關係也會與姻婭關係混融擴延（圖表 4.31），如曹寅稱奉天

[172] 趙惟崳修，石中玉纂，《嘉興縣志》，卷 25，頁 21；高樹偉，〈曹寅"竹磵姪"考〉。

[173] 貴池縞溪曹家所藏的乾隆《曹氏宗譜》記曹曰瑛「卒於康熙六十一年壬寅十二月廿，享年六十有一」。參見張全海，〈曹寅《楝亭詩鈔》"渭符侄"考〉。

[174] 在「又得泥金信，風流第一人」詩句下有「謂阿咸狀元」小註。參見劉世德，《曹雪芹祖籍辨證》，頁 316-327、481-501；張全海，〈"阿咸狀元"詳考〉。

[175] 高樹偉，〈曹寅"竹磵姪"考〉；張全海，〈曹寅《楝亭詩鈔》"渭符侄"考〉。

曹秉楨（監生，先後知江西興國及貴州安平，乃曹寅遼陽友人劉廷璣的妹夫）為「峙乃二弟」，此因曹鼎望婿劉殿邦之叔兆麒的長女許配給劉廷璣，故廷璣可管鼎望叫表叔，而與曹鈖兄弟以骨肉相稱的曹寅，遂因此稱秉楨為「峙乃二弟」。[176] 再如李煦因以曹寅為「老妹丈」，而劉殿邦為曹鼎望婿，鼎望子又與曹寅以兄弟相稱，李煦遂謂劉殿衡為「五兄」（附錄 4.5）。[177] 再者，曹寅亦同樣可稱李煦生母文氏之姪為「表兄文瑚」。[178] 至於曹寅詩文中提及的「松齋大兄」「殷六表兄」，[179] 或同屬前述關係網絡的產物。

曹寅成為家長後一直努力擴大人際網絡，曹家圈地所在的寶坻與附近的豐潤，即是其特意經營的地區之一（附錄 4.5）。此因在明清鼎革的世變中，其祖父曹振彥與寶坻的劉兆麒、豐潤的曹邦與張自德（約 1612-1671；[180] 其名亦作滋德，子純修與曹鈖、曹寅均交好）等人有著相似的經歷，他們均在努爾哈赤或皇太極時期即已投順，並皆於「從龍入關」後出仕，協助清朝治理地方政府。此八旗社群且透過宗族和姻婭等關係（劉殿邦繼娶曹鼎望女，王煐長子兩娶劉殿衡女，張自德兄自澄或娶豐潤曹家女等；詳見後文），與豐潤曹鼎望、寶坻王煐等在地民人士紳，形成一小撮地域性甚強的利益團體，當中部分人士所擁有的旗籍身分與滿漢雙語能力，更讓他們在清初社會多了不少揮灑空間。

---

176 樊志斌，《曹雪芹家世文化研究》，頁 87-100。

177 劉世則所生的兆麟與兆麒共有五子（圖表 4.32），殿衡年紀應非最小，故疑「五兄」似為國禎曾孫的大排行（分別出自國禎兩子世則和堯則支）。又，劉、李兩家出仕過程亦有重疊，劉兆麒任浙江總督時，李士楨即曾是其下屬的布政使。參見李煦撰，張書才、樊志斌箋註，《虛白齋尺牘箋注》，頁 73、88、357；趙世安修，顧豹文、邵遠平纂，《仁和縣志》，卷 27，頁 40。

178 雍薇，〈西園寺“血經”述略〉。

179 曹寅，《楝亭詩鈔》，卷 2，頁 4；顧斌，《曹學文獻探考》，頁 209-227。

180 據毛際可〈張中丞自德傳〉，知張自德於十九歲「隨王師而東〔指崇禎三年被金軍擄出關外〕，遂隸籍藩下……享年六十而終」。參見錢儀吉，《碑傳集》，正編，卷 62，頁 2。此一生卒年異於「人名權威人物傳記資料庫」。

附錄 4.5

曹振彥家在寶坻的親友

曹寅於康熙四十一年作〈西軒賦送南村還京，兼懷安侯姊丈、沖谷四兄，時安侯同選〉詩，先前學界有誤此南村即王文範，亦不知「安侯姊丈」為何人。[181] 查《順天府志》有劉殿邦、劉殿衡兄弟的小傳，曰：

> 劉殿衡，字伯玉，寶坻人。父兆麒，兵部尚書；本生父兆麟，順治辛丑進士……仲兄殿邦，字安侯，累官至蘇松糧道署布政使，聖祖書「一州之表」四字賜之。[182]

知曹寅當時乃賦送友人王煐（1651-1726；號南村，康熙二十八年知惠州，四十四年補浙江分守溫處道，在官僅十日即遭解任）回京，兼懷與寶坻王煐同里的姊丈劉殿邦（字安侯）以及鄰縣豐潤的曹鈖（字沖谷），[183] 王煐當時或亦是為了候選官職而回京。[184]

前述諸人均為世交，如曹振彥曾於王煐之父王鼎呂（順治十四年拔貢）患難時「護持指示」，令其「得歸民籍」，[185] 故王煐在其〈輓曹荔軒使君十二首〉中，嘗稱兩家是「三世論交七十年」，而他與曹寅的

181 曹寅著，胡紹棠箋註，《楝亭集箋注》，頁 170-171。至於後文所涉《楝亭詩鈔》中各詩的繫年，均另可參見蘭良永，《紅樓夢文史新證》，頁 104-132。

182 周家楣等修，張之洞等纂，《順天府志》，卷 100，頁 33-34。

183 方曉偉，〈遼東曹氏的家族遷徙及其文化流變：從“安侯姊丈”說起〉；高樹偉，〈王南村・風木圖・曹寅：兩份關於曹寅的新材料〉；白溪，〈論王南村與曹寅家族的交往：從新發現的王南村有關曹寅的十八首詩談起〉。

184 王煐《寫憂集》的下卷記康熙四十一年春至四十四年秋詩，從其第四首〈渡河〉提及的徐州、第五首〈月夜經滹沱河，水驟漲，不得渡……〉的滹沱河（發源於山西五臺山，流經河北，至天津會合北運河後入海）、第六首〈汪司成齋頭賦得「雨餘清晚夏」〉末註的北京崇效寺等地名，均知他確於四十一年春北返。參見王煐，《寫憂集》，卷下，無頁碼；方曉偉，〈曹寅和王煐〉。

185 入旗漢人有從龍入關者，有在清朝定鼎後投誠者，亦有緣罪入旗者等，王鼎呂應曾入八旗奴籍。參見洪肇楙修，蔡寅斗纂，《寶坻縣志》，卷 17，頁 12。

定交則在「平生知己」曹鈖（字賓及，號瘿庵，康熙二十七年卒；曹銓兄）的北京寓所。[186] 又，王煐長子兩娶劉殿衡（殿邦本生弟）女，[187] 殿邦女後亦嫁庶吉士宋筠（曹寅好友宋犖之幼子）為繼妻。[188]

劉殿邦於康熙二十八至三十六年間任駐淮安的分巡淮揚道，三十六至三十八年任在吳縣的督理蘇松常鎮四府糧儲道參議。[189] 三十七年十二月其本生弟劉殿衡獲授江蘇布政使，翌年六月身為下屬的殿邦因迴避而離任。[190] 殿衡在三十八及四十二年的兩次南巡中，「供張為豫，無擾於民」，獲帝稱許，遂於四十三年三月陞授湖廣巡撫。知曹寅、李煦、劉殿邦、劉殿衡、王煐等人在四十年前後曾同在江南，[191] 彼此關係犬牙交錯，如王煐著作中涉及曹寅之詩多達十八首，且李煦在四十九年致王煐的一信稱王氏「長兄」、「老長兄」，並以其為「知己」「生平之良友」。[192] 此外，李煦亦曾於四十七年的信中稱時任湖廣巡撫的劉殿衡為「五兄」。[193] 由於《欽定八旗通志》記殿衡卒於五十六年十

186 王煐，《憶雪樓詩》，卷上，無頁碼。

187 此因王煐〈寄劉中丞十首〉之第五首有「兒非玉潤愧冰清，兩娶高門作館甥」句，在其悼子詩亦有「二女泉臺久相待，墓門從此結同心（兒兩娶於劉，俱早逝）」句。參見王煐著，宋健整理，《王南村集》，頁 172、335。

188 宋犖，《漫堂年譜》，頁 138-139。

189 衛哲治等修，葉長揚等纂，《淮安府志》，卷 18，頁 59；宋犖，《西陂類稿》，卷 34，頁 10、13、42 及卷 35，頁 25；趙弘恩等監修，黃之雋等編纂，《江南通志》，卷 106，頁 10-11。惟《淮安府志》將劉殿邦誤作「劉憲邦」。

190 宋犖，《漫堂年譜》，頁 102。

191 王煐於康熙三十六年北上奔父喪，三十九至四十一年間曾與曹寅同遊江浙。參見高樹偉，〈王南村・風木圖・曹寅：兩份關於曹寅的新材料〉。

192 李煦亦屢以「老長兄」稱呼許多官員，此或均為「老大哥」之類的尊稱。參見李煦撰，張書才、樊志斌箋註，《虛白齋尺牘箋注》，頁 169。

193 兩人似無直接親緣，且李煦早劉殿衡一年生，因疑此乃李煦追隨「妹丈」曹寅的稱謂。類似情形亦見於曹寅，他就稱年紀小己三歲的甘國基為「鴻舒表兄」或「秋原表兄」。李煦與曹寅有可能因劉、甘兩家為八旗勢族，遂敬稱年紀稍小的劉殿衡或甘國基為兄。參見李煦撰，張書才、樊志斌箋註，《虛白齋尺牘箋注》，頁 73、88、357；白溪，〈論王南村與曹寅家族的交往〉。

二月湖廣巡撫任內，「年六十有二」，[194] 知殿衡應是順治十三年生，其仲兄殿邦之生年必早於此。而曹鼎望女的年紀應大於曹寅，順治十五年生的曹寅才會稱其夫殿邦為「安侯姊丈」（圖表 4.32）。

查康熙《寶坻縣志》在「國朝旗下邑紳」項下，僅臚列曹爾素（歷官弘文院侍讀學士）、劉兆麒（歷官浙江總督）與吳一位（歷官蘇州知府），[195] 此應為當地最早投順清政權的士紳（圖表 4.33）。據張大受為劉殿衡所撰的墓誌銘，記殿衡的承繼父兆麒（誥封光祿大夫）曰：

> 光祿公當國初隸籍禁旅，事太宗、世祖受恩最深。今皇帝畀以文武重任，康熙九年覃恩蔭一子入監。[196]

知劉兆麒早在皇太極當政期間就已入旗，康熙皇帝且「畀以文武重任」。清朝為應付沙俄的侵擾，曾於康熙二十三年增兵黑龍江 2,301 人，其中包含自盛京、寧古塔調來的炮手及鳥鎗手 80 名，自北京調來炮手 40 名，另為方便管理，特設漢軍總管 (*ujen coohai uheri da*) 一名，此即黑龍江總管，首任就是劉兆麒，他直至康熙三十一年才離任。[197]

查寶坻曾在崇禎二、九、十五、十六年遭清軍掠境，縣城更於九年被攻破，多達數千人死亡，[198] 再據張玉書的劉兆麒墓誌銘，稱其：

> 年十四，遇太宗文皇帝觀兵畿輔，亟收人才，見公異之，令入官學讀書。年十六，隨世祖章皇帝入關。又七年，詔選漢軍滿、漢文藝，以范文肅為考官，名列上卷，遂授翰林院編修。公起布衣為侍從，感激知遇……今觀劉公一身，培養於諸生之中者，太宗皇帝也；歷試於侍從執法之列者，世祖皇

---

194 鐵保等，《欽定八旗通志》，卷 201，頁 37-45。

195 牛一象等修，苑育蕃等纂，《寶坻縣志》，卷 5，頁 8。

196 張大受亦嘗為曹寅賦〈贈曹荔軒司農〉一詩。參見洪肇楙修，蔡寅斗纂，《寶坻縣志》，卷 17，頁 70；宋犖，《江左十五子詩選》，卷 6，頁 7。

197 臺北故宮博物院藏清國史館傳稿第 701005662 號；張建，〈黑龍江駐防火炮研究〉。

198 洪肇楙修，蔡寅斗纂，《寶坻縣志》，卷 11，頁 10-12、卷 15，頁 14。

帝也；用以經文緯武、敭歷〔「敭」音「揚」，「敭歷」指仕宦經歷〕中外者，今上之識拔也。[199]

推判兆麒應在崇德七年（崇禎十五年）清兵入塞時（年十四）降順入漢軍旗，並成為官學生，[200] 順治初授侍衛（所謂「公起布衣為侍從」「隸籍禁旅」），七年更以精通滿漢文而獲選編修。[201] 查乾隆《寶坻縣志》只記劉兆麒、劉殿璣、劉殿璋、劉嵩齡、劉同曾、吳一位、曹爾素七人為旗籍，[202] 且當地僅有一支劉氏入旗，故前五人必出自同一家族，而據張玉書為劉兆麒所撰的墓誌銘，知他們乃祖孫三代。[203]

經耙梳「中國基本古籍庫」「中國方志庫」後，發現嘉慶《欽定八旗通志》《大清一統志》以及道光《蘇州府志》等官書均指劉兆麒是漢軍鑲白旗人，其承繼子殿衡在乾隆《江南通志》、道光《蘇州府志》、光緒《甘肅新通志》中，亦被記成是鑲白旗人，雍正《四川通志》、乾隆《直隸瀘州志》、嘉慶《直隸敘永廳志》也稱殿衡子嵩齡是鑲白旗人。然乾隆《江南通志》、道光《蘇州府志》、光緒《蘇州府志》、民國《吳縣志》，卻均以劉殿衡的本生兄劉殿邦隸正紅旗。

因疑康熙初年以後已居總督高位的兆麒，或曾協助殿邦支入漢軍旗。但有些家族由於人數眾多，且入旗時間不一致，故分入哪一旗，並無定數。清廷為維持各旗人數的均衡，或將殿邦支另編入了正紅旗（此說待考）。又因八旗漢軍的武會試自康熙五十一年壬辰科起才開科取士，[204] 知劉兆麟應是以民人身分登順治十八年武進士。

199 李桓，《國朝耆獻類徵初編》，卷 154，頁 9-13。

200 該次清軍共俘獲近三十七萬人出關，劉兆麒應非被擄，否則通常會隸於旗鼓佐領或管領下。又，當時每佐領各取官學生一名，以十名習漢書，餘習滿書。參見《清太宗實錄》，卷 64，頁 889；《清世祖實錄》，卷 20，頁 161。

201 劉兆麒任都察院啟心郎時，即負責將堂官定稿的滿文公文書譯成漢字。參見《清世祖實錄》，卷 82，頁 645、卷 110，頁 864。

202 洪肇楙修，蔡寅斗纂，《寶坻縣志》，卷 9，頁 3-17。

203 李桓，《國朝耆獻類徵初編》，卷 154，頁 12。

204 鐵保等，《欽定八旗通志》，卷 108，頁 1。

圖表 4.32：曹寅稱作「安侯姊丈」之劉殿邦的世系圖。[205]

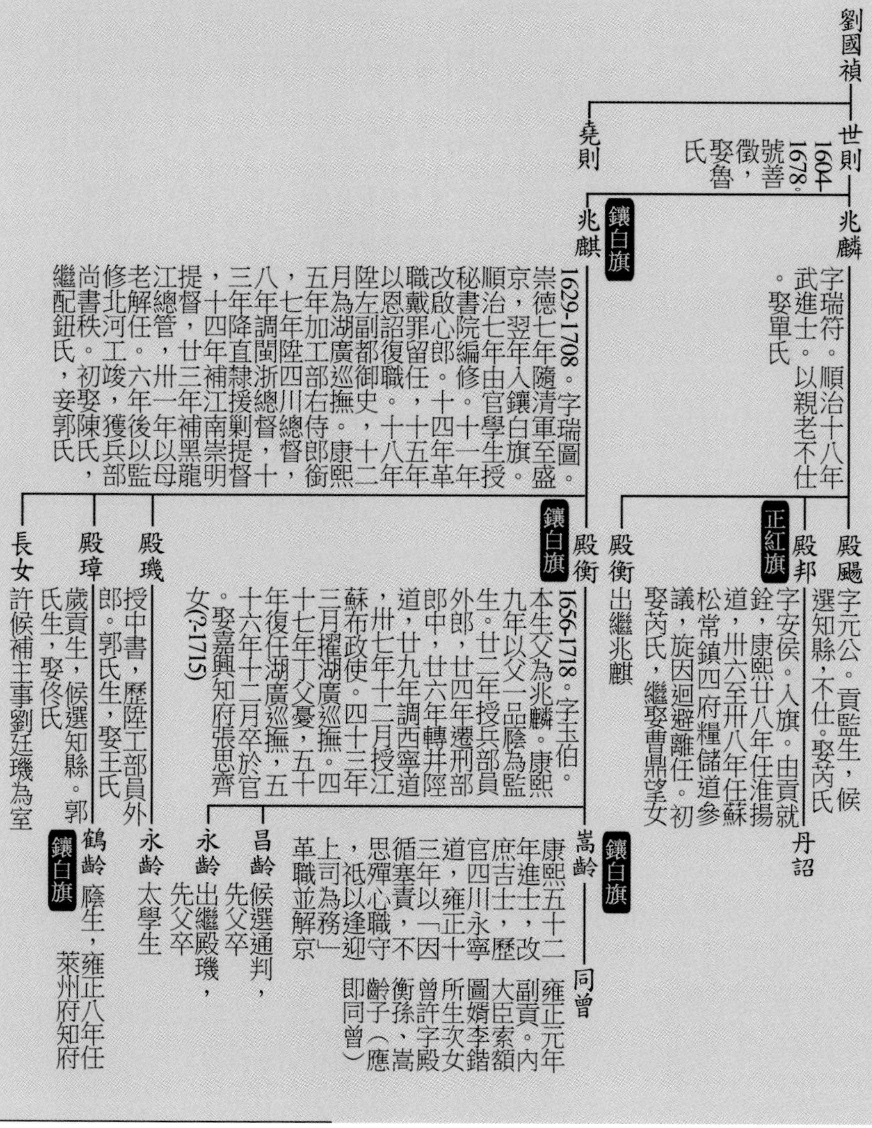

- 劉國禎
  - 世則　1604-1678。號善徵，娶魯氏
    - 兆麟　字瑞符。順治十八年武進士。以親老不仕。娶單氏
      - 殿颺　字元公。貢監生，候選知縣，不仕。娶芮氏
      - 殿邦（正紅旗）　字安侯。入旗。由貢就銓，康熙廿八年任淮揚道，卅六至卅八年任蘇松常鎮四府糧儲道參議，旋因迴避離任。初娶芮氏，繼娶曹鼎望女
        - 丹詔
      - 殿衡　出繼兆麒
  - 堯則
    - 兆麒（鑲白旗）　1629-1708。字瑞圖。崇德七年隨清軍至盛京，翌年入鑲白旗。順治七年由官學生授秘書院編修。十一年改啟心郎。十四年革職，戴罪留任，十五年以恩詔復職。十八年陞左副都御史，十二月為湖廣巡撫。康熙五年加工部右侍郎銜，七年陞四川總督，八年調閩浙總督，十三年降直隸援剿提督，十四年補江南崇明提督，廿三年補黑龍江總管，卅一年以母老解任。六年後以監修北河工竣，獲兵部尚書秩。初娶陳氏，繼配鈕氏，妾郭氏。
      - 殿衡（鑲白旗）　1656-1718。字玉伯。本生父為兆麟。康熙九年以父一品廕為監生。廿二年授兵部員外郎，廿四年遷刑部郎中，廿六年轉井陘道，廿九年調西寧道，卅七年十二月授江蘇布政使。四十三年三月擢湖廣巡撫。四十七年丁父憂，五十年復任湖廣巡撫，五十六年十二月卒於官。娶嘉興知府張思齊女(?-1715)
        - 嵩齡（鑲白旗）　康熙五十二年進士，改庶吉士，歷官四川永寧道，雍正十三年以「因循塞責，不思殫心職守，祇以逢迎上司為務」革職並解京
          - 同曾　雍正元年副貢。內大臣索額圖婿李錯所生次女曾許字殿衡孫、嵩齡子（應即同曾）
        - 昌齡　候選通判，先父卒
        - 永齡　出繼殿璣，先父卒
      - 殿璣　授中書，歷陞工部員外郎。郭氏生，娶王氏
        - 永齡　太學生
      - 殿璋　歲貢生，候選知縣。郭氏生，娶佟氏
        - 鶴齡（鑲白旗）　廕生，雍正八年任萊州府知府
      - 長女　許候補主事劉廷璣為室

205 參據《清實錄》《（乾隆）寶坻縣志》《國朝耆獻類徵初編》（卷 154，頁 9-13），另見漢沽金明之博客(http://blog.sina.com.cn/u/5616914113)中從《豐台劉氏家譜》等文獻輯出的劉氏碑傳。

圖表 4.33： 清初豐潤與寶坻的旗下邑紳。

❖《（康熙）豐潤縣志》，卷七頁二十一

國朝旗下貢監

張自德號紫源滿洲籍丁亥貢士巡撫河南兼理河道欋偷工部尚書都察院右副都御史

金成艮本姓樊越支場人滿洲籍江南鳳陽府知府歷按察司副使

曹邦號柱清滿洲籍癸巳特用出吏部考功司他赤哈哈番歷戶部尼堪啟心郎特用

武超凡本姓劉號聖階滿洲籍丁亥貢士授河南開封府西華縣知縣

曹元字子驊任靜海縣知縣侯補

曹重字子鄭侯補八品筆帖式哈番

豐潤縣志 卷之七

曹庶字子餘侯補八品筆帖式哈番

曹秉政字坦公侯補八品筆帖式哈番 曹秉權國子監監生

曹玉文國子監監生

❖張自德於崇禎三年降金，其子張純修為曹寅與納蘭成德之好友

❖曹邦於崇禎初降金，其族孫曹釗三兄弟與曹寅乃以骨肉相稱

❖曹元為曹邦長子

❖曹重為曹邦次子

❖曹庶為曹邦三子

❖曹秉政為曹元子

❖曹秉權為曹元族姪

❖《（康熙）寶坻縣志》，卷五頁八

國朝

旗下邑紳

曹爾素授弘文院領記庫歷陞內翰林弘文院侍讀學士

劉兆麒授翰林編修歷陞浙江總督兵部尚書兼右副都御史

吳一位授遼萊知縣歷陞徽州知府

❖劉兆麒在崇德七年清兵南略時降順入漢軍旗，其姪殿邦繼娶曹鼎望（曹釗父）女

然而，不論劉殿邦於康熙初年結婚時是否已為漢軍旗人，均不可能娶內府佐領下之女子，此因乾隆二年以前的律法明訂：「內府管領下女子不准與內府佐領下人結親，內府佐領下女子不准與外旗人結親，各莊園壯丁等女子惟與伊等壯丁內結親。」[206] 亦即，曹寅之所以稱劉殿邦為「安侯姊丈」，應非因殿邦娶了曹寅之姊或堂姊，亦非因其與包衣旗鼓人的曹邦支結姻，[207]

206 《欽定總管內務府現行則例》，會計司，頁 88。

207 弘晝等，《八旗滿洲氏族通譜》，卷 80，頁 5。

圖表 4.34：吳正治為劉兆麒父劉世則所撰的墓誌銘。

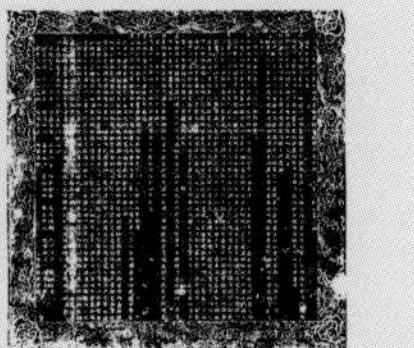

皇清誥封光祿大夫兵部尚書都察院右副都御史加從一品善徵劉公墓誌銘

賜進士出身光祿大夫……漢陽吳正治撰文幷書丹

瑞圖劉公，秉鉞吾楚……繼而總制蜀省，再督閩浙，軺車所至，輒多異政。癸丑還朝，正值西南風鶴，亟需頗、牧，以衛郊圻，遂銜命而出，總戎旅于常山，兵威大振，中外帖然。乃更移鎮崇明，海氛肆靖，東吳之生齒，望如歲矣。今年秋忽具狀來，乞銘于余，始知封大夫于季春仙逝，而公以余素承劍咡，爰委隧宮片石，余何敢以不斐辭？謹按狀：封大夫諱世則，號善徵，系本彭城，籍占寶坻，自曾祖諱信，始為邑庠生。配李氏，生祥宇公諱國禎，為太學生。配褚氏，繼趙氏、王氏。俱以覃恩，累贈光祿大夫，一品夫人。封大夫為褚太夫人所出，與弟欽徵公諱堯則，俱習儒業，共負俊才。緣念祥宇公服勞勤苦，志未大伸，故俾欽徵公卒業成均，而己獨任治生。躬先臧獲，克勤克儉，積有贏餘，用以贍宗黨鄰里之不給者。歲逢祲荒，全活甚眾，河潤數里，無德色，則封大夫之陰行，其善有如此者。會丁褚太夫人憂，哀毀骨立，葬祭悉殫厥誠。事兩繼母，仁孝備至，人無間言。元配魯夫人又能左右輔相，眉案莊莊，雍穆之軌，傳于遐邇。生丈夫子二：伯兆麟；仲兆麒，即瑞圖公也。伯氏長于韜鈐，起家虎榜，兩試皆膺魁選，特以瑞圖公官階右職，敭歷中外，故一意養親不仕，乃封大夫閑于有家，不以子貴而忘教誡。瑞圖公每晉一秩，必諄切誨諭，以故所在有聲，于楚、于蜀、于閩浙，一皆恖飭寧謐，拊綏綢繆，折衝禦侮……封大夫生于故明萬曆三十二年六月二十七日未時，卒于皇清康熙十七年閏三月初九日亥時，享年七十有五。順治十四年，恭遇恩詔，誥封通議大夫；康熙九年，恭遇恩詔，誥封光祿大夫、兵部尚書兼都察院右副都御史從一品；康熙十四年，恭遇恩詔，誥封榮祿大夫、都督僉事加二級。配魯氏，太學生守義公女，封淑人，進封夫人。子二：長兆麟，辛丑科武進士，娶單氏，庠生諱者吉、號迪之公女。次兆麒，由秘書院編修歷任都察院啟心郎、宗人府啟心郎、都察院左副都御史、巡撫湖廣工部右侍郎兼都察院右副都御史、總督四川兵部右侍郎兼都察院右副都御史、總督浙閩兵部尚書兼都察院右副都御史、從一品直隸真定等處援剿提督總兵官都督僉事、提督江南崇明總兵官都督僉事加二級，娶陳氏，繼娶鈕氏，參領諱維世公女。孫五：長殿颺，貢監生，娶芮氏，邑庠生諱翀南、號扶久公女。次殿邦，內閣中書候補主事，娶芮氏，貢監諱化南、號梁公公女；繼娶曹氏，己亥進士、江西廣信府知府諱鼎望、號冠五公女，麟出。次殿衡，廕生，候選主事，娶張氏，京口副都統諱思恭侄女，浙江台州黃岩知縣諱思齊公女，亦麟出，繼麒後。次殿璣，廕生。次殿璋。俱幼未聘，麒出。孫女四：一許字福建巡撫劉諱漢祚、號盤所公孫，江南安國府知府諱光榮、號萃東公子，候補主事諱廷璣為室。一許字陝西總督白諱如梅、號冒寒公孫，江西巡撫諱色純、號素公公子，刑部郎中諱為采為室。俱已卒。二俱幼未字。麒出。曾孫六：應詔、寵詔、遇詔，俱未聘，颺出。宸詔，未聘。廷詔，聘原婺源縣知縣魯諱文鵬、號北海公孫女，庠生諱道振、號興公公女。丹詔，未聘，邦出。曾孫女六：四颺出，二邦出，俱幼未字。余既次其梗概，爰系以銘。銘曰：……古燕孫興業鐫

(http://blog.sina.com.cn/s/blog_14ecb4ec10102wc6m.html)

皇清誥封光祿大夫善徵劉公墓誌銘

（現藏中國天津市寧河區豐臺鎮天尊閣院中，轉引自中國文化遺產研究院等編，《新中國出土墓誌：天津》，頁201-203）

筆者曾疑殿邦可能娶了民人曹鼎望（曹邦族姪）女或姪女，而因曹寅乃以骨肉稱呼曹釗三兄弟，遂謂殿邦為「姊丈」。惜在施閏章為鼎望父母合葬所撰的墓誌銘中，僅記「女孫十二人，皆適名族」，[208] 且曹鼎望的墓誌銘中亦只載「女子六人，皆為士人妻」，均未言及諸女的配偶。幸運地，在吳正治為劉兆麒父劉世則（號善徵）所撰的〈皇清誥封光祿大夫、兵部尚書、都察院右副都御史加從一品善徵劉公墓誌銘〉中，此說得到證實，因該文明指劉殿邦繼娶曹鼎望女（圖表 4.34）。

曹寅家與豐潤（古名浭陽）曹的交往，相較於其他「官場聯宗」者應更密切。據光緒《浭陽曹氏族譜》，曹邦是豐潤最早入旗者之一（圖表 2.26 及 4.35），己巳之變時，他於崇禎三年「因彼地原有族人引荐，隨本朝大兵出口」，其姻親張自德也一起投順。當時擔任正白旗旗鼓牛彔章京的曹士蛟，應是那段期間金國政權內地位最高的曹姓人士，因曹振彥在天聰四年（崇禎三年）九月《重建玉皇廟碑記》的名銜僅為「致政」。曹士蛟很可能於天聰三年十月曾追隨旗主多鐸參加己巳征明之役，並在天聰四年春當清軍行經豐潤附近時，安排見風轉舵的曹邦及張自德投誠（圖表 4.36），此與《浭陽曹氏族譜》以及《豐邑豐登塢張氏重修家譜》中的二人小傳恰合符契（見後文）。但由於曹士蛟（正藍旗包衣旗鼓人）、曹邦（正藍旗包衣旗鼓人）與曹振彥（正白旗包衣人）在《八旗滿洲氏族通譜》中分屬不同家庭，知彼此的血緣並不親近，[209] 惟為建立較緊密的互助關係而敘譜。

---

208 黃一農，〈重探曹學視野中的豐潤曹氏〉。

209 曹邦之堂兄繼祖（鼎望父）嘗以諸生追隨從叔孌蛟四處征戰，明亡時歸隱。孌蛟為大同人，在叔父文詔軍中屢立功，官至臨洮總兵，崇禎十五年清兵攻陷松山時死節。文詔的親隨中除弟文耀外，子姪輩的孌蛟、鼎蛟亦善戰，不知士蛟有無可能是孌蛟的族兄弟，在明季隨父志高寄居瀋陽，並於天啟元年城破時淪為包衣旗鼓人？參見黃一農，《二重奏：紅學與清史的對話》，頁 16-22。

圖表 4.35：與曹邦相關的史料。

❖ 乾隆《豐潤縣志》卷五頁四十四

曹邦字佇清咸寧里人穎異好學智慮過人明崇禎二年隨　清兵出口及定鼎後占籍正紅旗時秦蜀未定從征屢建奇勳順治十年授吏部他赤哈哈番旋擢戶部啟心郎任銓曹則黜陟澄清司計部則國裕民足左遷湖廣之慈利令再補直隸阜城令皆有聲乞養歸里扶危濟困喜捨樂施不能嫁娶者助之死而無棺者給之鄉黨親族靡不蒙其澤云

豐潤縣志《卷之五 淑德》

❖ 光緒《遵化通志》卷五十四頁五至六

曹邦字佇清穎異好學智慮過人天聰三年隨天兵出口定鼎後占籍正紅旗漢軍從征秦蜀屢建勛績順治十年授吏部他赤哈哈番擢戶部啟心郎左遷歷湖廣慈利直隸阜城等縣皆有聲乞養歸濟人婚葬善舉被族黨子重字子鄭工詩史兼善草書考授中書出爲浙江海防同知康熙四十二年督撫疏薦吏治第一擢四川敘州府邊鄙聲教漸如中土署按察使晉副使改浙江寧台道卒於官

❖ 民國《慈利縣志》卷十八頁十

張自德屯居滿洲人順治四年貢生歷官中外康熙元年巡撫河南明季巡撫治燬於流賊國初移駐杞縣自德經營草創繕置城署不煩民力而事舉尤多善政傳頌入口祀河南名宦祠河南通志

三十年縣人朱文棨贖永安渡學地吳恭亨有記記云孫六都平土沱觀巡洛而盜滿初縣治僑瑪其地負港抱澄二川帶之脉設若股志稱山賊草屋築土城以衛明初省即此是也其後縣南徙土城廢獨熊伯訛所爲儒學碑記立於城煙杏窩中岸然若振石之砥立總碑之大復有二碑一紀曹邦德政

康熙　曹邦鑲黃旗監生　卷十二頁四

❖ 光緒《溗陽曹氏族譜》卷二頁二

世計溗邦字柱清穎異好學知慮過人於崇禎二年以各地荒亂遂赴遼東避兵因彼地原有族人引荐隨本朝大兵出口占籍正紅旂隨征屢立奇功順治十年受吏部他赤哈哈番旋擢戶部啟心郎任銓曹則黜陟澄清司計部則國裕民足雖左遷湖廣之慈利直隸之阜城皆有聲稱乞養歸里扶危濟困喜捨藥施不能嫁娶者助之歿無棺者給鄉党親族靡不蒙澤

❖ 民國《河北通志稿》卷一頁五十一

康熙阜城縣志二卷清曹邦修高彌高等纂　存

曹邦康熙九年知縣事高彌高邑人貢生官甘肅臨洮府通判是志與高同纂者爲邑人多弘馨貢生官新樂訓導康熙十一年成書末有王勃跋

❖ 嘉慶《重修慈利縣志》卷五頁三十四

曹公祠祀　清邑侯曹邦在永安渡北岸舖後學地內僅存碑誌

❖ 康熙《岳州府志》

慈利縣

曹邦豐潤人　沈願浙江人　卷十五頁六十四

皇清曹邦遼陽人康熙元年任有生祠　卷二十二頁五十一

曹邦旗籍：

正藍旗　《八旗滿洲氏族通譜》

正紅旗　乾隆《豐潤縣志》光緒《遵化通志》光緒《溗陽曹氏族譜》卷二

正黃旗　光緒《溗陽曹氏族譜》卷四

鑲黃旗　民國《慈利縣志》

順治拾叁年陸月貳拾柒日少傅兼太子太傅、內翰林、秘書院大學士、管戶部尚書事臣車　克

……

啟心郎臣曹　邦

……

（上海圖書館藏）

圖表4.36：己巳之變中引薦曹邦投順金軍的曹士蛟。張純修（曹寅及成德的好友）之父張自德亦同在豐潤被「裹出關外」。

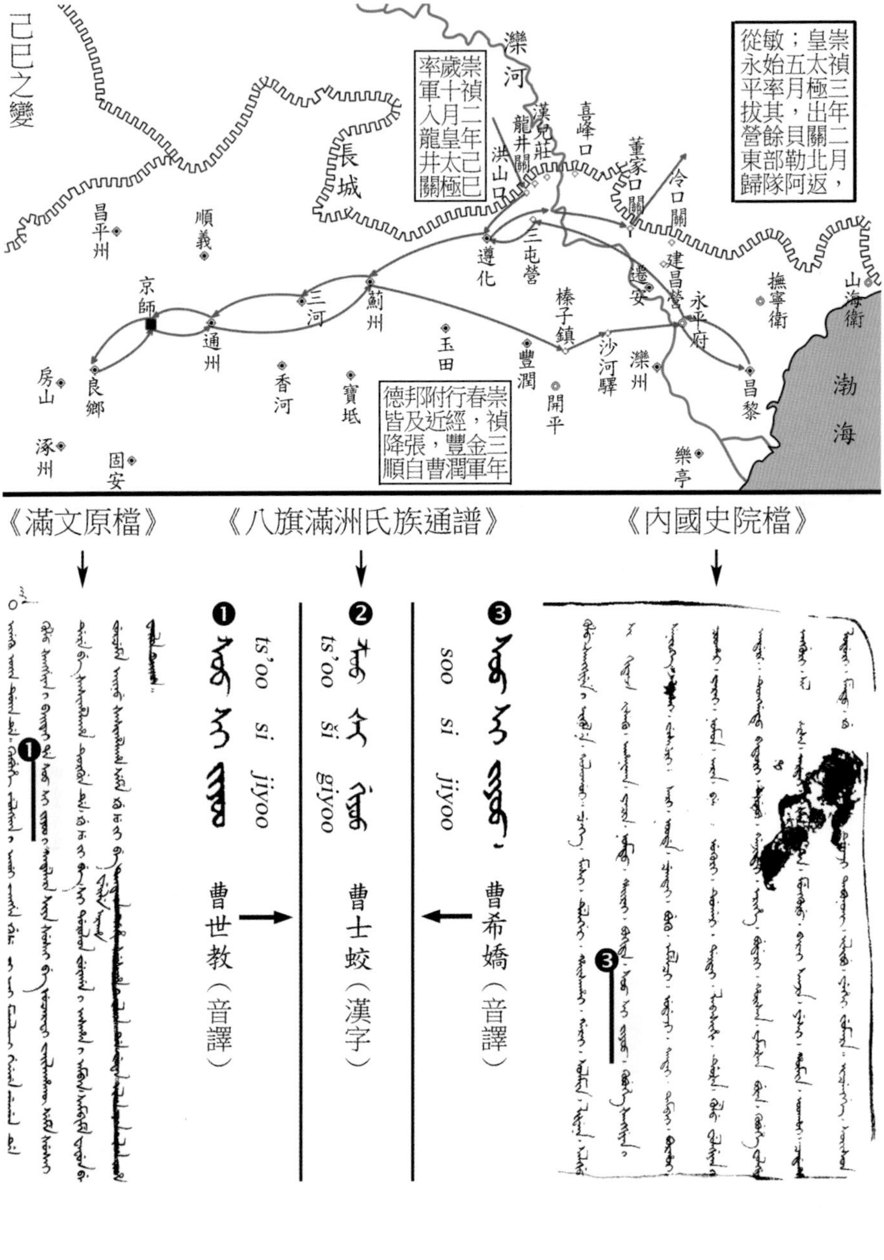

己巳之變

崇禎二年己巳歲十月皇太極率軍入龍井關

崇禎三年二月，皇太極出關北返；五月，貝勒阿敏始率其餘部隊從永平拔營東歸

崇禎三年春，金軍行經豐潤附近，曹邦及張自德皆降順

灤河 長城 漢兒莊 龍井關 洪山口 喜峰口 董家口關 冷口關 昌平州 順義 遵化 三屯營 遷安 建昌營 撫寧衛 山海衛 京師 三河 薊州 通州 玉田 棒子鎮 沙河驛 永平府 灤州 昌黎 房山 良鄉 香河 寶坻 豐潤 開平 渤海 涿州 固安 樂亭

《滿文原檔》 《八旗滿洲氏族通譜》 《內國史院檔》

❶ ts'oo si jiyoo 曹世教（音譯）

❷ ts'oo ši giyoo 曹士蛟（漢字）

❸ soo si jiyoo 曹希嬌（音譯）

檢曹邦與曹振彥在順治朝共隸同一旗主（先後為多爾袞、多爾博、福臨），[210] 且兩家在入關前的生活時空與身分地位均頗多重疊，又同在異族遠地發展，並同樣攀附曹彬為顯祖（第一章），交往因此較親密。此外，曹邦於順治十年至康熙元年間在京，其從姪曹鼎望於順治十六年至康熙三年間任官刑部，而曹璽在康熙元年才外放江南，故兩家有好幾年同住北京。

曹寅與曹鼎望兩家跨代的深厚交情，或還與其文化興趣與交遊網絡之高度重疊相關。當時許多知名的遺民或官吏（如施閏章、張純修、梅庚、尤侗、王煐、石濤等），均是雙方的朋友。鼎望父子對詩文與書畫事亦頗有造詣，鈖尤善畫，頗得元代大畫家梅花道人吳鎮「淋漓淡宕」之趣，鼎望與鈖也以製墨聞世，時人有稱曹氏墨的價值是「一金易一銖」。而曹寅除對藝文擁有多面向的興趣與能力外，他在任織造時亦製墨，康熙三十四年還曾進呈「蘭臺精英」墨以供御用（圖表 4.37）。[211] 亦即，兩曹間的交情應不只是建立在他們認同同一遠祖的基礎上。無怪乎，曹振彥之孫寅與曹邦之從姪孫釗、鈖、鋡屢以「骨肉」與「同胞」相稱，而曹邦姻親張自德之長子純修也與曹鈖、曹鋡、曹寅往來密切。

清初豐潤地方之浭陽曹氏或曾與豐登塢張氏聯姻，此因在上海博物館藏禹之鼎畫《張純修像》冊頁上，曹鋡落款為「題請荀翁老表弟粲正」，荀翁指純修之子張淑（號荀如，曾為曹寅的《楝亭圖》作畫），再者，北京故宮博物院所藏由嚴繩孫、張純修、禹之鼎合作的《京口三山圖卷》上，應邀題跋的曹鋡亦稱張純修（號見陽）為「見翁老表叔」，[212] 這些稱謂疑因張自德兄自澄所娶之曹氏乃出身豐潤曹家所致（圖表 4.38）。

---

210 詳見黃一農，〈豐潤曹邦入旗考〉。

211 此段參見周紹良，《周紹良蓄墨小言》，頁 47-52、94-97；黃一農，〈重探曹學視野中的豐潤曹氏〉。

212 曹寅對長己十一歲的張純修自稱弟（圖表 4.39），稱曹鋡為四兄，而曹鋡稱長己七歲的張純修為老表叔，知稱謂常在不同情境下有不同脈絡。

歷官河南巡撫的張自德，其諸子多出仕，姻親亦皆出自中高階官員的家庭，《八旗滿洲氏族通譜》稱其乃正白旗包衣管領下人（*booi hontohoi niyalma*；包衣渾托和下人），通常管領下人多服役於旗主或王公家內，無需披甲出征，他們當中有許多人是旗主在作戰中擄掠或用金錢置買的奴僕，但也有些人具半自由民的身分。[213] 張自德從天聰四年起隸屬於多爾袞的鑲白旗，至崇德八年因兩白旗互換旗纛而改隸正白旗。

張自德的年紀介在曹振彥與曹璽父子之間，由於兩家有長達十多年均以多爾袞為旗主，雖然他們所分隸之管領和佐領間當時禁止通婚，但彼此的交往應仍多。曹家因降順較早，故政治地位初較高，如曹振彥在天聰中已出任旗鼓牛彔章京，然其於崇德間曾因行賄受罰，後更遭免職。順治初，張自德與曹振彥先後考取貢士出身，分授河北慶都知縣和山西吉州知州，並各歷官至河南巡撫和兩浙都轉運鹽使司運使。此一相近的家世與旗分，很可能就是張自德長子純修與曹璽長子寅建立密切通家之誼的重要背景，兩人都與出身八旗滿洲勢族納蘭氏的成德結為摯友，且因浸淫漢文化而與漢人士紳有頗多交往。

圖表 4.37： 曹鼎望、曹鈖與曹寅所製的墨。

213 此段參見定宜庄、邱源媛，〈清初"渾托和"考釋〉。

圖表 4.38： 豐潤張氏的世系圖。[214]

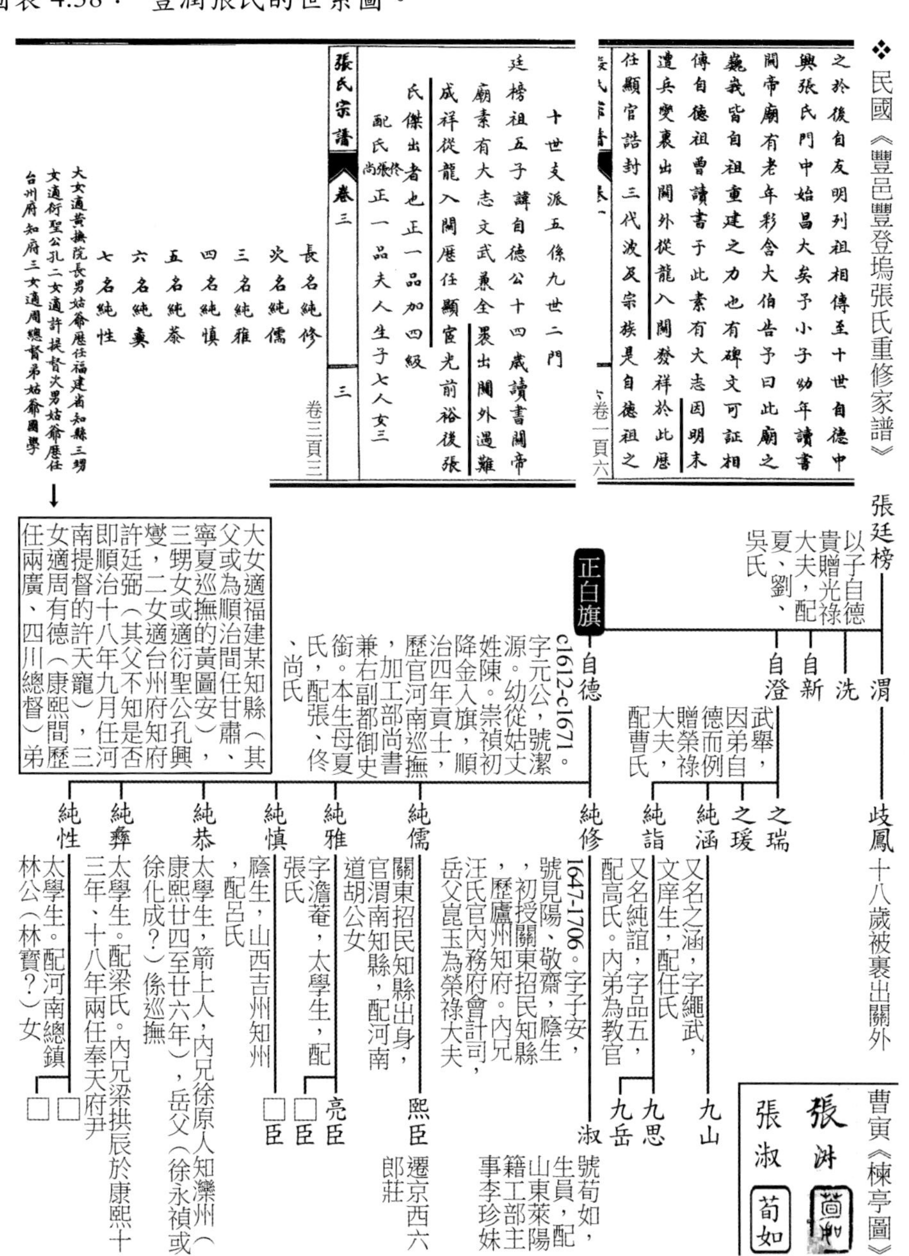

據《豐邑豐登塢張氏重修家譜》，張自德於崇禎初年的己巳之變被金國大兵俘虜，與其姻親曹邦一起投順。無怪乎，曹振彥之孫寅與曹邦之從姪孫釗、鈖、鋡屢以兄弟或骨肉相稱，而張自德之長子純修也與曹鈖、曹鋡、曹寅往來密切，曹寅的交遊圈中更常見到曹鋡的身影（圖表 4.39）。[215] 我們還可發現曹士蛟、曹邦、曹振彥三漢姓包衣家族均與阿濟格三兄弟或代善家有過主屬關係，[216] 由於曹雪芹理應曾從其親長們聞得三曹姓包衣家族之關係，不知小說中在安排榮府與寧府的大總管為賴大及賴二時，[217] 曾否借自此一史事或家事？

類此攀親聯宗的情形亦可見於《紅樓夢》，如第六回記劉姥姥婿王狗兒與賈政妻王夫人的關係時，稱：「〔王狗兒〕祖上曾作过小小的一ケ京官，昔年与鳳姐之祖王夫人之父認識。因貪王家的勢利，便連了宗認作侄兒。」王夫人因謂：「他們家原不是一家子，不过因出一姓，当年又与太老爺在一処作官，偶然連了宗的。」此外，以進士陞任知府的賈雨村，因事遭革職，後受聘至揚州巡鹽御史林如海家擔任其女林黛玉的啟蒙老師。第二回記冷子興嘗對他談及榮國府賈家，雨村即稱：

> 原來是他家。若論起來，寒族人丁却不少，自東漢賈復以來，枝派繁盛，誰逐細考查得來？若論荣國一枝，却是同譜。但他那等荣耀，我們不便去攀扯，至今越發生踈难認了。

其中的賈復曾助漢光武帝建立東漢。雨村後來便借林家的關係以「宗侄」名義攀附上賈政，並在其幫忙下復官補了應天知府的缺，更因賈政大舅子王子騰的保薦獲授京官，且與「同宗弟兄」賈璉同路作伴至京（第十六回）。

---

214 黃一農，《二重奏：紅學與清史的對話》，頁 68-70。

215 此段參見黃一農，《二重奏：紅學與清史的對話》，頁 15-22、61-84。

216 詳見黃一農，〈豐潤曹邦入旗考〉。

217 各本中之賴二分別寫成賴昇、賴陞或來昇，但這些異名對滿文而言並無差別。參見劉世德，《紅樓夢眉本研究》，頁 211-219。

圖表 4.39：曹鈴和曹寅為張純修所作題跋上的稱謂。

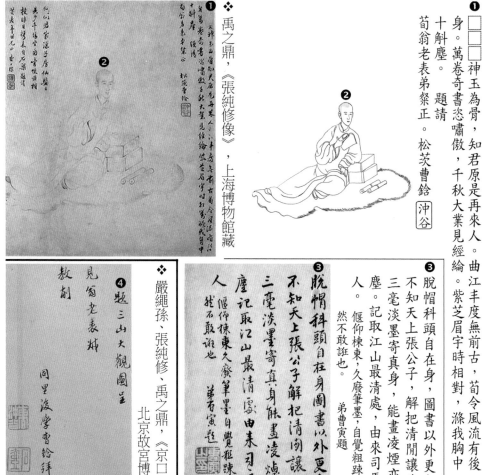

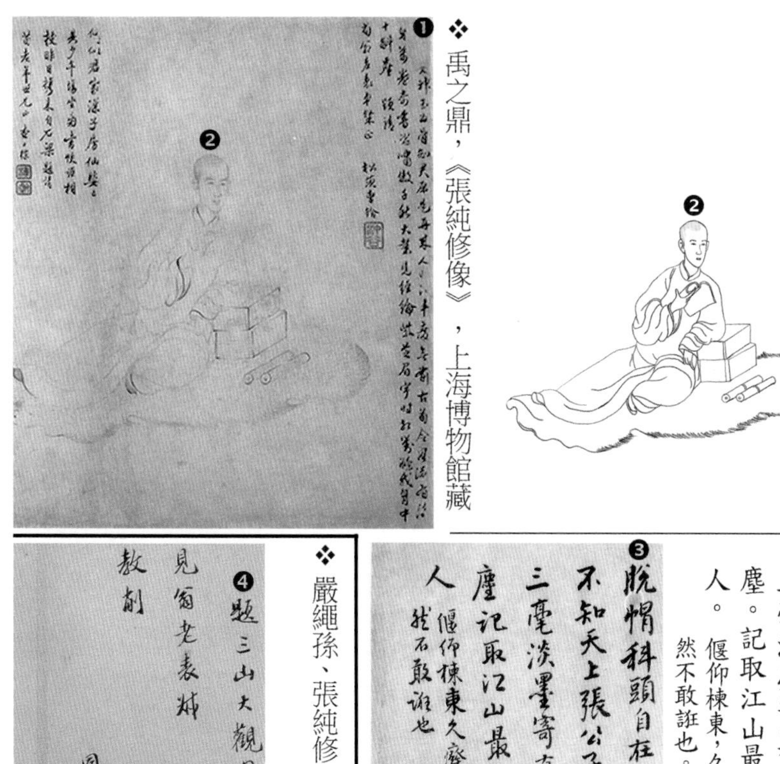

❖ 禹之鼎，《張純修像》，上海博物館藏

❶ □□□神玉為骨，知君原是再來人。曲江丰度無前古，荀令風流有後身。萬卷奇書恣嘯傲，千秋大業見經綸。紫芝眉宇時相對，滌我胸中十斛塵。　題請
荀翁老表弟粲正。松茨曹鈴　沖谷

❸ 脫帽科頭自在身，圖書以外更無塵。不知天上張公子，解把清閒讓此人？
三毫淡墨寄真身，能畫凌煙亦點塵。記取江山最清處，由來司馬不多人。
偃仰棟東，久廢筆墨，自覺粗疎無好語，然不敢誑也。　弟曹寅題

曹寅之印　大江東去

❖ 嚴繩孫、張純修、禹之鼎，《京口三山圖卷》北京故宮博物院藏

❹ 題三山大觀圖，呈
見翁老表叔
教削。
同里後學曹鈴拜藁

曹沖谷　壺石

清人張爾岐 (1612-1678) 在《蒿庵閒話》中有云：「近俗喜聯宗，凡同姓者，勢可藉，利可資，無不兄弟叔姪者矣。」[218] 今人鄧雲鄉亦稱：「連宗的一方，為了高攀權勢，希冀富貴；另一方雖是權勢、富貴之家，也為了壯大門庭，多一門本家，勢力更大，因而也樂於接納。」[219] 知聯宗在清初社會何以普遍的原因。而我們在處理曹雪芹祖籍問題時，也務必要特別留意此一時代背景，以避免在推導結論時進入誤區。

五、小結

本章對曹寅的成長背景及其以庶長子出掌家業的宦歷做了較完整的疏理，他不僅深入會通滿漢兩種文化，並透過奉敕出版《御定全唐詩》《御定佩文韻府》等官書之過程，擴大其在漢人士紳中的交遊網絡。曹寅也借重了「官場聯宗」的關係，與不少同姓之人認宗敘譜，以求相互攀緣發展。他在長達約二十年擔任江寧織造的過程中，由於深受康熙帝的信賴，遂得以先後承接內務府的買銅、賣鹽、售參以及修造工程等利潤豐厚的差使，並成為清代接駕次數最多之官員（四次，與李煦並列排行榜之首），令其家族發展出「烈火烹油、鮮花着錦之盛」。亦即，曹寅在父親曹璽所奠定的基業上，將其家的發展推向巔峰。而曹寅在內務府的宦歷，燒製瓷胎琺瑯與承接買賣銅、鹽、人參等差使，以及多次接駕的家族經驗，甚至多樣豐富的藏書內容，[220] 皆或成為曹雪芹鋪陳小說部分情節（如皇糧莊頭、巡鹽御史、[221] 進錢的銅商、皇商、物質文化的知識等）的特殊素材。

---

218 張爾岐，《蒿庵閒話》，卷 2，頁 49。

219 鄧雲鄉，《紅樓風俗譚》，頁 97-99。

220 李廣柏，《曹雪芹評傳》，頁 32-34。

221 曹家及其親友涉及鹽政者頗多，除曹寅與李煦長期輪管兩淮鹽務，曹振彥曾任浙江鹽法道，曹寅岳父李月桂亦管理過河東、兩淮、兩浙鹽政（圖表 3.15）。

第五章　曹寅妻妾及其家姻親[*]

曹寅家籍隸八旗中地位較卑下的漢姓包衣，在入關前後的結姻對象多止於漢軍或包衣家族。自曹寅成為家長後，他先將妹妹嫁給訥音富察氏之傅鼐，接著，二女先後成為王妃：長女於康熙四十五年被指婚給平郡王納爾蘇，乃清朝第一位出身漢姓包衣的嫡福晉，本章則新考出次婿最可能的人選乃蒙古和碩特部的羅卜藏丹津。原任侍衛的羅卜藏丹津在康熙五十五年襲封青海親王，雍正元年叛清，翌年兵敗逃往準噶爾汗國，至乾隆二十年始被俘。由於他是當時舉朝皆知的國家罪人，無怪乎，曹家親友的私家載述中無人提到他。

一、曹寅的妻妾、妹婿與長婿

曹寅 (1658-1712) 家籍隸八旗中地位較卑下的漢姓包衣，在入關前後的姻親多止於漢軍或包衣家族。李文藻在其〈琉璃廠書肆記〉中有云：

> 乾隆己丑……夏閒從內城買書數十部，每部有「楝亭曹」印，其上又有「長白敷槎氏堇齋昌齡」圖書記，蓋本曹氏而歸于昌齡者。昌齡官至學士，楝亭之甥也。[1]

藏書家昌齡乃訥音富察氏傅鼐（又作福鼐，字閣峰；1677-1738）長子，字堇齋，雍正元年進士，改庶吉士，他應是曹家及其姻親當中科名最高者，而敷槎氏即常稱的富察氏。曹寅外甥昌齡於三年四月授翰林院編修，十二年十

---

* 本章內容乃增補改編自拙著〈曹寅乃顧景星之遠房從甥考〉(2012)、〈曹寅家族與滿洲世族的姻親關係〉(2013)、黃一農與吳國聖，〈曹寅次婿即青海親王羅卜藏丹津考釋〉(2021)。內文中所涉及的非漢文原典皆由吳國聖老師儘可能核實。

1 李文藻，《南澗文集》，卷上，頁 24。

一月以翰林院侍講充日講起居注官，乾隆元年十一月以翰林院侍讀充順天武鄉試副考官，二年五月因御試文字時被列為第四等，遭降為翰林院編修且免任日講官。[2] 他浸淫漢文化頗深，所築謙益堂的收藏尤富，「丹鉛萬卷，錦軸牙籤為一時之盛」，內不乏原屬曹寅的珍稀品物，但家道式微後多被昭槤（嘉慶十年襲封禮親王，後因事革爵）購藏。[3] 由於曹寅大傅鼐十九歲，故傅鼐所娶應為曹寅之妹（喪父時才七歲），成親時寅父曹璽 (?-1684) 已過世多年，知此婚姻是由她的繼嫡母孫氏及長兄曹寅主導。[4]

據李鍇（音「楷」）〈傅閣峰尚書家傳〉以及袁枚〈刑部尚書富察公神道碑〉（圖表 5.1），傅鼐於十六歲即入雍親王邸，與胤禛「驂乘持蓋，[5] 不頃刻離」，故在胤禛登基後頗受重用，雍正帝嘗稱「朕即位以來，所用在廷大臣、外省督撫皆出於至公，並無平素熟識之人，惟年羹堯、傅鼐係藩邸舊屬」（圖表 5.1）。雍正二年十一月他自一等侍衛陞為鑲黃旗漢軍副都統，十二月授兵部右侍郎；三年十二月調盛京戶部侍郎；四年八月以與隆科多交結且收受賄賂，遭奪官戍邊；九年，召還，賞原銜，赴撫遠大將軍馬爾賽軍營效力，討伐準噶爾首領噶爾丹策零（噶爾丹姪孫）；十一年七月平郡王福彭（曹寅長婿納爾蘇之長子）以定邊大將軍銜奉旨征準噶爾，傅鼐曾參贊其事；十三年八月參與辦理雍正皇帝喪儀。乾隆帝登基之初授內務府總管，尋擢刑部尚書兼理兵部；元年九月授正藍旗滿洲都統；三年正月以事革職並入獄，不久獲釋，旋卒（圖表 5.1）。[6]

---

[2] 《清世宗實錄》，卷 14，頁 249、卷 31，頁 469、卷 149，頁 852；《清高宗實錄》，卷 30，頁 620、卷 42，頁 754。

[3] 黃一農，《二重奏：紅學與清史的對話》，頁 196-197。

[4] 周汝昌，《紅樓夢新證》(2016)，頁 65-68。

[5] 「驂乘」為乘車時居右邊陪乘者，「持蓋」指為貴冑張舉其頭上或車上的傘蓋。

[6] 《清世宗實錄》，卷 26，頁 401、卷 27，頁 413、卷 39，頁 574、卷 47，頁 712、卷 108，頁 440、卷 109，頁 454、卷 113，頁 513；《清高宗實錄》，卷 3，頁 180、卷 8，頁 316、卷 26，頁 580、卷 61，頁 10-11。

圖表 5.1：與曹寅妹婿傅鼐相關的材料。

❖ 李鍇，《李鐵君先生文鈔》（《遼海叢書》本）

傅閣峰尚書家傳　卷下頁三十二至三十四

傅公鼐字閣峰世居長白號富察氏伯祖大學士謚文恪額色黑祖護軍統領額思特兄弟並從太宗世祖撥亂定統勒功盟府統領子四其仲大同右衛協領驃騎將軍噶爾漢公之父也富察氏世顯貴驃騎獨尚清節及卒官公奉太夫人及幼弟扶櫬歸以貧約任甘脆里稱其孝年二十應鄉試不售尋以世家子簡護世宗於雍邸引疾罷久之復授王子教授世宗御極授雍和宮總管兼一等侍衛尋晉副都統擢兵部右侍郎充聖祖實錄總裁官時廷議將歛旗人會居京城公以田廬墳墓安之且久一旦遷之是僨之也如故便世宗是之年羮堯既敗事多熾蔓公曰法外法非聖主意悉從末減世宗將任公制兩江公立辭雍正三年命勘天津水師營營兵屋忤旨左遷盛京戶部侍郎初公通地理識形家言嘗遣公求吉域於九鳳山之審知之虞誅四凶初不挲也明年坐岳興阿事召入質岳興阿者冢公有隙至則報以直五月謫公戍黑龍江初西事起世宗嘗與公論準噶爾向背公言頗中九年特召公還賜衣食留對竟日遂勅入宮參密謀十年假侍郎銜使鄂爾多斯四子部落簡卒赴查克拜達里之弗及事罷特頒雀翎示獎賞已而佐平郡王軍召入面受機宜十二年再入見會準噶爾死其子策凌立擬簡使諭順逆公請行遂以都統羅密學士阿克敦副公往各賜白金千八月發京師十二月入其國敵盛兵仗來迓及相見酒數行策凌微示羈留意公笑折之此役也詔旨諭以我鄙阿爾泰策凌曰大皇帝天語使盲視聾聽幸甚其陪臣與焉十三年四月抵京師世宗大悅納其請凡善後事如公議八月授都統會世宗崩今上諒陰喪制一委諸公授內務府總管尋擢刑部尚書署兵部尚書事公疏官吏決罰不如律所惡者予死謝不知公曰吾實知之欺君罪滋大疏入上切責公罷尚書改授正藍旗都統參領明山者宿多疾公廉其能軍政予卓異言者謂公徇摘明山事以劾公坐是逮上明聖尋釋之公入獄已病比出遂卒憲

❖ 袁枚，《小倉山房文集》（《四部備要》本）

刑部尚書富察公神道碑　卷二頁五至七

公諱傅鼐字閣峯世居長白山號富察氏祖額色泰從　太宗文皇帝用兵有大功子四人次子驃騎將軍噶爾漢輔　聖祖致太平生公公眉目英朗倨身而揚聲精騎射讀書目數行下年十六選入右衛侍　世宗於雍邸驂乘持蓋不頃刻離雍正元年補兵部右侍郎年羹

（下略）

❖ 允祿等編，《世宗憲皇帝上諭內閣》（《景印文淵閣四庫全書》本）

戴鐸之口供也朕藩邸屬下人中可用者惟年羮堯傅鼐二人論才情年羮堯勝於傅鼐論忠厚年羮堯不及傅鼐伊二人素日不和朕所悉知昨年羮堯過保定向

卷三十一頁十六至十七

上諭從前朕因傅鼐素性巧詐不守本分曾降旨令隆科多不時稽查且伊二人居址相近便於察訪若不安靜即行奏聞乃隆科多與傅鼐私結匪黨將三年內傅鼐所行劣蹟盡為隱瞞且在朕前奏稱傅鼐甚是安靜今傅鼐諸事敗露即如騙詐江國英銀一萬餘兩人所共知傅鼐亦自認不諱隆科多庇護私人在朕前欺罔陳奏其意不過謂朕將來必重用傅鼐故收羅固結以為私黨不顧誑奏之罪著行文隆科多將當日徇私悖旨

卷四十七頁十七至十八

長哉朕即位以來所用在廷大臣外省督撫皆出於至公並無平素熟識之人惟年羮堯傅鼐係藩邸舊屬而此二人罪惡敗露朕即按律置之於法未嘗稍加寬貸

卷五十一頁十二

傅鼐之父噶爾漢於康熙元年九月自王府長史陞授正紅旗滿洲副都統，八年六月自正紅旗蒙古副都統陞為蒙古都統，二十一年十一月調正紅旗滿洲都統。[7] 因噶爾漢先後擔任的副都統或都統職全屬正紅旗，而依據康熙三十六年之前的制度，越旗任官只可能發生在皇帝親領的上三旗，[8] 知順、康之際擔任王府長史的噶爾漢，服事的應是順治十六年起接正紅旗旗主的康親王傑書。由於傑書在康熙三十二年為第八女 (1681-1706) 選明珠第三子揆方 (1680-1708) 為和碩額駙，[9] 而曹璽父振彥曾長期任明珠岳父阿濟格的王府長史，不知這些人脈網絡是否成為曹家與傅鼐締親的重要背景關係？

從為傅鼐撰寫〈家傳〉之李鍇的人際網絡，我們亦可見到曹寅的許多親友。李鍇出自鐵嶺李氏老二房第九世，其次婿為劉殿衡孫，而李煦稱殿衡為「五兄」，又因殿衡本生兄殿邦繼娶曹鼎望女，而曹寅與鼎望三子皆以親兄弟般相交，故被李煦親暱稱作「老妹丈」的曹寅遂謂劉殿邦為「安侯姊丈」（詳見第四章）。此外，被李煦稱為「長兄」「知己」以及「生平之良友」的王燦，其長子曾兩娶劉殿衡女（附錄 4.5）。再者，鐵嶺李氏老長房第十一世李杰 (1658-?) 之次婿傅參（富森、福森、傅森；1685-?）為大學士明珠長子成德 (1655-1685) 的第三子（圖表 5.2），他是成德於康熙二十三年左右在江南所納妾沈宛生的「遺腹子」；[10] 成德次女嫁年羹堯（1680-1726；成德次子富爾敦的同榜舉人）；李鍇 (1686-?) 二兄李鋐 (1670-?) 之長婿年如為年羹堯兄希堯 (1671-1738) 之子（圖表 3.14）。這些盤根錯節的關係皆屢觸及曹寅家的泛交遊圈。

---

7 《清聖祖實錄》，卷 7，頁 122、卷 30，頁 404、卷 106，頁 76。

8 杜家驥，《八旗與清朝政治論稿》，頁 258-259。

9 黃一農，《二重奏：紅學與清史的對話》，頁 226。

10 黃一農，《二重奏：紅學與清史的對話》，頁 228-231。

圖表 5.2：嫁納蘭成德第三子傅參的李杰次女。

❖ 李樹德修，《李氏譜系》　老長房第十一世

李　杰　林盛公之長子也字翹禎號萬村生于順治戊戌年
七月十三日戌時承叔林隆公　恩廕康熙庚申年補
大理寺寺正辛酉年陞刑部山東司員外郎甲子年因
李氏譜系　老長房　三　第十一世
缺多迴避補工部都水司員外郎管理街道廳丙寅年
因公詿誤丁卯年揀授火器營操練尉辛未年援例捐
復原職
娶馬氏鑾儀衛正堂馬公思芳之女　生于順治庚子年四月三十日辰
時卒于康熙甲戌年十二月十八日申時年三十有五
葬北京上萬村
繼娶馬家氏正白旗副都統索爾布公之孫女　生于康熙丁未年十月十
九日子時　側室劉氏　張氏
子六　建基　肇基俱馬出
亨基〔敦基〕　仁基〔信基〕
泰基俱馬家氏出　昶基劉出
女七　長馬出適祝　阿達哈哈番祝公兆麟之子
次馬出適傅參大學士明珠公之孫　三馬出適楊浩南昌總兵楊公長泰
之子佐領　四張出
五馬家氏出　六劉出
七張出　頁六十至六十一

家傳通常乃由與過世者較親近之人操筆，以作為請人撰寫墓誌銘或神道碑時參考，此類文字例多溢美。如雍正帝嘗公開抨擊傅鼐曰：

> 朕藩邸屬下人中，可用者惟年羹堯、傅鼐二人。論才情，年羹堯勝於傅鼐；論忠厚，年羹堯不及傅鼐。伊二人素日不和……圖理琛、張保、傅鼐、馬喀四人從前聲名原屬平常……朕因傅鼐素性巧詐、不守本分，曾降旨令隆科多不時稽查……。[11]

然李鍇在為其所撰的〈家傳〉中，則多方美言。前述這許多鉤連鐵嶺李氏（李杰、李鋐、李鍇）、愛新覺羅氏（阿濟格、傑書）、訥音富察氏（噶爾漢、傅鼐）、葉赫納蘭氏（明珠、成德、傅參、揆方）、廣寧年氏（年羹堯、年希堯、

[11] 參見圖表 5.1 以及允祿等編，《世宗憲皇帝上諭內閣》，卷 45，頁 10-11。

年如）、豐潤曹氏（曹邦、曹鼎望、曹鈖）、寶坻劉氏（劉殿邦、劉殿衡）、寶坻王氏（王煐）與遼陽曹氏（曹振彥、曹璽、曹寅）之間的錯綜關係，更可讓我們理解傅鼐為何會與曹寅的妹妹結親。

至於曹寅本身的婚配情形，資料並不太多，已知他娶兩浙都轉運鹽使司鹽法道李月桂的第三女，或因李煦家與李月桂家聯宗（皆世居瀋陽），久任蘇州織造的李煦因此常親暱地稱呼曹寅為「老妹丈」或「妹丈」（第三章）。又因曹寅在康熙十九年九月賦有〈弔亡〉一詩：

> 枯桐鑿琴鳳凰老，鴛鴦冢上生秋草。地下傷心人不知，綠蘿紫竹愁天曉。清霜九月侵羅衣，血淚灑作紅冰飛。蘭椒桂酒為君薦，滿地白雲何處歸。[12]

「鳳凰」或「鴛鴦」二字原皆分指雌雄兩鳥，「鴛鴦冢」更被用來描述戀人（如有名的梁山伯與祝英台）死後合葬的墳墓，[13] 知此一弔亡的對象應為其妻或妾，而生於順治十五年九月的曹寅，時年二十三歲。

先前紅圈中有認為此詩乃記曹寅正妻之死，並疑李氏為繼室。然因李煦在康熙五十四年的奏摺中稱曹頫（曹寅承繼子）之母李氏「年近六旬〔五十九歲或稍小〕」，推知李氏的生年應在順治十四年或之後不久。又，李煦在康熙四十五年夏致函兩淮鹽運使李斯佺時，稱「弟與曹荔軒葭莩之戚已三十餘年〔即頭尾皆計至少三十一年〕」，知曹寅娶李氏當在康熙十五年或之前不久，[14] 曹寅不逾十九歲。也就是說，從夫婦兩人生年的相近度、成婚

12 曹寅，《楝亭詩別集》，卷 1，頁 8。

13 來斯行，《槎菴小乘》，卷 28，頁 17-18；李圖等纂，張同聲修，《膠州志》，卷 40，頁 13。

14 〈弔亡〉詩若記曹寅正妻，則李氏必為妾，那她絕無可能於五十四年欲赴京「恭謝天恩」（第七章）。《關於江寧織造曹家檔案史料》，頁 126-127；曹寅著，胡紹棠箋註，《楝亭集箋注》，頁 389；朱淡文，《紅樓夢論源》，頁 17、42；樊志斌，《曹雪芹家世文化研究》，頁 237；朱志遠，〈曹寅悼亡詩詞本事〉。

時又均接近一般婚齡以及李月桂任兩浙鹽法道的社會地位（應不會以女兒為人做妾）推判，李氏最可能為正妻，而前述〈弔亡〉乃曹寅悼念其妾所作。

曹寅已知有兩女，其婚姻讓曹家躋身到更高的社會階層。長女被指婚給平郡王納爾蘇（或作納爾素、訥爾素、訥爾蘇、納而素；禮親王代善裔孫，康熙四十年十月襲平郡王，雍正四年革爵），康熙四十五年十一月二十六日在北京成親，是清朝第一位且以後亦罕見之出身漢姓包衣的嫡福晉，[15] 當時皇帝還指派時任內務府郎中的尚之傑備辦婚禮事宜（圖表 5.3）。此外，從五十一年七月曹寅染瘧病重時，康熙帝派人馳驛特賜金雞挐（今多譯為金雞納）霜，並限九日送到揚州一事，亦可知曹寅得寵的程度（圖表 5.4）。[16]

四十七年六月二十六日曹寅長女生長子福彭，後又生第四子福秀（其妻為納蘭揆敘長子永壽長女）、第六子福靖、第七子福端。福彭於雍正四年七月襲多羅平郡王，乾隆十三年十一月十三日薨，諡曰敏。長子慶寧（其指婚之事可參見附錄 5.1）於乾隆十四年三月襲多羅平郡王，十五年九月薨，諡曰僖。慶寧無嗣，福秀嫡長子慶恒於乾隆六年三月出繼長房，十五年十二月襲多羅平郡王，二十七年閏五月緣事降為固山貝子，革去所管事務，四十年閏十月復封郡王，四十三年正月復克勤郡王號，諡曰良。[17] 亦即，曹雪芹在世期間共經歷其姑丈納爾蘇、表兄福彭以及表姪慶寧、慶恒三代四任的平郡王，此應是多年以來學界所知曹家最位高勢重的姻親（圖表 5.5）。

---

15 另一類似之例發生於江南河道總督兼署江寧織造高斌之女高佳氏(1711-1745)，她於雍正十二年三月奉旨自原本伺候寶親王弘曆的使女超拔為側福晉，乾隆帝即位後旋將其家抬入滿洲鑲黃旗，二年封貴妃，十年薨，加封為慧賢皇貴妃。高斌初為鑲黃旗包衣佐領下人，雍正十年陞授兩淮鹽政兼署江寧織造，十一年署江南河道總督，乾隆十二年三月授文淵閣大學士。參見黃一農，《二重奏：紅學與清史的對話》，頁 155-156；徐立艷，〈清代內務府世家高佳氏抬旗考〉。

16 此段另參見《關於江寧織造曹家檔案史料》，頁 42、98-101。

17 宗譜編纂處編，《愛新覺羅宗譜》，冊乙，頁 3207-3215。

圖表 5.3： 與曹寅長婿納爾蘇相關的檔案。

(前略)以該事臣寅蒙
皇上格外施
恩舉家頂禮雖粉身碎骨難報萬一惟有敬誦
訓旨勉力自慎以仰副
皇上生成之至意謹具摺上
(中略)
康熙肆拾伍年貳月拾捌日

臺北故宮博物院藏宮中檔奏摺

江寧織造通政使司通政使臣曹寅謹
奏恭請
聖安捌月初肆日接邸抄蒙
恩復點曹寅巡視兩淮鹽課臣寅謹設香案望
闕叩頭謝
恩訖臣以家奴兩承
欽命祇切惶悚惟有竭誠盡力清完鹽課以仰報
皇恩於萬一今年正月太監梁九功傳
旨着臣妻於捌月船上奉 女北上
命臣由陸路九月間接
敕印再行啓
奏欽此欽遵竊思 王子婚禮已蒙
恩命尚之傑備辦無悞
筵宴之典臣已堅辭惟是臣母冬期營葬須臣料理伏乞
聖恩准假容臣辦完水陸二運及各院司差務捧接
敕印由陸路暫歸少盡下賤烏哺之私至於兩淮鹽課重大所有
敕印或遵
舊例交與督撫或命臣李煦十月照舊報滿重復代印或遵
舊例命鹽道護理伏請
聖訓臣謹遵行臣寅曷勝激切感悚之至
知道了
康熙肆拾伍年捌月初肆日

宮中檔奏摺

江寧織造通政使司通政使臣曹寅謹
奏恭請
聖安前月貳拾陸日王子已經迎娶福金過門上顯
皇恩諸事平順並無缺悞隨於本日重蒙賜宴九族普沾 臣寅身荷
天庥感淪心髓報稱無地思維惝恍不知所以伏念
皇上為天下蒼生當此嚴寒遠巡邊塞臣不能追隨
扈蹕仰奉清塵泥首瞻雲實深慚汗臣謹設香案九叩遵
旨於明日初陸包程赴揚辦事所有王子禮數隆重庭闈恭和之事
(中略)
知道了
康熙肆拾伍年拾貳月初五日

宮中檔奏摺

(前略)
御覽再臣接家信知鑲紅旗王子已育世子過蒙
聖恩優渥
皇上覆載生成之德不知何幸躬逢值此臣全家聞信惟有設
案焚香叩首仰祝而已所有應備金銀緞疋鞍馬搖車等
物已經照例送訖理合一並具摺
(中略)
知道了
康熙肆拾柒年柒月拾伍日

宮中檔奏摺

三月銀庫用項月摺
乾隆十四年三月初一日起至二十九日用金
數目
(中略)
工部文開給
原多羅平郡王之母做銀
冊四頁鍍金取頭等赤金一兩四錢二分八厘
(下略)

中國第一歷史檔案館藏內務府月摺檔

圖表 5.4：　曹寅染瘧時康熙帝馳賜金雞挐霜的硃批。

臣李煦跪
奏江寧織造臣曹寅於六月十六日自江寧來
至揚州書局料理刻工於七月初一日感受
風寒臥病數日轉而成瘧雖服藥調理日漸
虛弱臣在儀真視掣聞其染病臣隨於十五
日親至揚州看視曹寅向臣言我病時來時
去醫生用藥不能見效必得
主子聖藥救我但我兒子年小今若打發他求
主子去目下我身邊又無看視之人求你替我啓
奏如同我自己一樣若得
賜藥則尚可起死回生實蒙
天恩再造等語臣今在揚看其調理但病勢甚重
臣不敢不據實
奏
聞伏乞
睿鑒

爾奏得好今欲賜治瘧疾的藥恐
遲延所以賜驛馬星夜趕去
但瘧疾若未轉泄痢還無妨
若轉了病此藥用不得南方
庸醫每每用補濟而傷人者
不計其數須要小心曹寅
元肯吃人參今得此病亦是
人參中來的

康熙五十一年七月　十八　日

金雞挐專治瘧疾。用二錢末。酒
調服。若輕了些。再吃一服。必要
住的。住後或一錢。或八分。連吃
二服。可以出根。
若不是瘧疾此藥用不得
須要認真萬囑萬囑萬囑

（中國第一歷史檔案館藏）

❖《康熙萬壽圖》中北京官賣人參的小舖（北京故宮博物院藏佚名為康熙帝六十大壽所繪之圖，轉引自《清宮圖典・內務卷》，頁307及366）

爾奏得好，今欲賜治瘧疾的藥，恐遲延，所以賜驛馬星夜趕去。但瘧疾若未轉泄痢，還無妨，若轉了病，此藥用不得。南方庸醫，每每用補濟【劑】而傷人者不計其數，須要小心。曹寅元肯吃人參，今得此病，亦是人參中來的。

康熙五十一年七月十八日

（金雞挐）專治瘧疾，用二錢，末，酒調服，若輕了些，再吃一服，必要住的。往後或一錢，或八分，連吃二服，可以出根。若不是瘧疾，此藥用不得，須要認真。萬囑！萬囑！萬囑！

圖表 5.5：《愛新覺羅宗譜》中的納爾蘇及其子孫。

永

第一子 已革平郡王 納爾蘇 七子 康熙廿九年庚午九月十一日丑時生母嫡福晉完顏氏子馬爾漢之女康熙四十年十月襲多羅平郡王雍正元年七月管理上駟院事務是年七月因罪革退王爵乾隆五年庚申九月初五日寅時卒年五十一歲照郡王品級殯葬嫡福晉曹佳氏通政使曹寅之女妾模氏瑪琉之女妾呂氏呂李之女妾徐氏徐降福之女

（應為四年七月革爵）

綿

第一子 多羅平敏郡王 福彭 二子 康熙四十七年戊子六月廿六日卯時生母嫡福晉曹佳氏通政使曹寅之女雍正四年七月襲多羅平郡王十年正月管理鑲藍旗滿洲都統事務本年閏五月授宗人府右宗正十一年二月充玉牒館總裁本年四月軍機處行走八月授定邊大將軍十三年十一月協辦總理事務乾隆元年三月管理正白旗滿洲都統事務二年三月修理盛京三陵本年閏九月兼管滿洲火器營事務十月調管正黃旗滿洲都統事務三年七月擢任議政乾隆十三年戊辰十一月十三日午時薨年四十一歲謚曰敏嫡福晉費莫氏總督郭漂之女繼福晉馬氏中書關保之女側福晉赫舍里氏員外郎蘇赫臣之女側福晉瓜爾佳氏六品管領朱嫡太之女庶福晉羅氏羅乾之女庶福晉李佳氏六品管領李汝輝之女庶福晉王佳氏八品司匠保全之女

第二子 福聰 無嗣 康熙四十八年己丑八月初二日巳時生庶母呂氏呂李之女五十三年甲午十月初七日卒年六歲

第三子 福彰 無嗣 康熙四十八年己丑八月初二日巳時生母庶福晉徐佳氏徐降福之女五十年辛卯六月廿九日酉時卒年三歲

第四子 固山貝子品級 福秀 三子 康熙四十九年庚寅閏七月二十六日未時生母嫡福晉曹佳氏通政使曹寅之女雍正八年二月授三等侍衛乾隆六年七月因病告退二十年乙亥七月二十二日午時溘逝年四十六歲照固山貝子品級殯葬嫡夫人納喇氏侍郎永綬之女妾康氏佛保之女妾馬氏七十之女

第五子 福崇 無嗣 康熙五十四年乙未三月十八日子時生庶母呂氏呂李之女五十五年丙申正月廿三日丑時卒年二歲

第六子 三等侍衛奉國將軍 福靖 三子 康熙五十四年乙未九月廿日寅時生母嫡福晉曹佳氏通政使曹寅之女乾隆二年正月封授奉國將軍五年二月授三等侍衛十三年十一月因足病告退侍衛乾隆廿四年己卯四月十六日辰時卒年四十五歲嫡妻馬佳氏忠達公瑪禮善之女妾王氏二等護衛達色之女

第七子 福端 無嗣 康熙五十六年丁酉七月十五日寅時生母嫡福晉曹佳氏通政使曹寅之女雍正八年庚戌八月十九日申時卒年十四歲

（圈出者乃曹寅長女所生）

奕

第一子 多羅平僖郡王 慶明 無嗣 雍正十年壬子十二月十二日午時生母側福晉瓜爾佳氏六品管領朱關泰之女乾隆十四年三月襲多羅平郡王乾隆十五年庚午九月初一日未時薨年十九歲謚曰僖

第二子 承繼子 多羅克勤良郡王 慶恒 二子 雍正十一年癸丑九月廿七日丑時福秀嫡夫人納喇氏所生第一子乾隆六年三月過繼爲嗣十五年十二月襲多羅平郡王十九年八月管理鑲紅旗漢軍都統事務廿六年十一月授宗人府右宗正總理鑲紅旗覺羅學廿七年閏五月緣事降爲固山貝子革去所管事務四十年閏十月復封郡王四十三年正月以多羅克勤郡王茂著壯猷克昭駿烈其原封爵號應永紹嘉名勿令改易特旨令現襲之平郡王仍復號爲克勤郡王四十四年己亥二月初四日寅時薨年四十七歲謚曰良嫡福晉瓜爾佳氏佐領德善之女妾完顏氏長安之女

第一子 多羅克勤良郡王 慶恒 雍正十一年癸丑九月二十七日丑時生母嫡夫人納喇氏侍郎永綬之女乾隆六年三月過繼與伊胞伯多羅平敏郡王福彰爲嗣

第二子 慶錫 二子 乾隆二年丁巳九月十一日申時生母嫡夫人納喇氏侍郎永綬之女乾隆四十二年丁酉九月十二日申時卒年四十一歲妾劉氏劉文舉之女

第三子 慶瑞 無嗣 乾隆七年壬戌八月初一日未時生庶母馬氏馬七十之女乾隆三十九年甲午三月二十六日丑時卒年三十三歲嫡妻孟佳氏知府孟召之女

第一子 已革城守尉奉恩將軍 慶祥 二子 乾隆十年乙丑九月二十八日未時生嫡母馬佳氏忠達公瑪禮善之女乾隆二十四年四月襲奉恩將軍三十八年十月授副護軍參領乾隆四十二年十月授護軍參領嘉慶四年六月授城守尉八年八月因事革去奉恩將軍不准承襲嘉慶八年癸亥八月初八日寅時卒年五十九歲嫡妻完顏氏郎中都爾松阿之女繼妻完顏氏員外郎戒德之女妾王氏王長有之女

第二子 沙洪阿 一子 乾隆十一年丙寅五月二十四日寅時生庶母王氏三等侍衛達色之女乾隆五十七年壬子九月十一日寅時卒年四十七歲嫡妻李佳氏李氳興之女繼妻王佳氏步軍校王關良之女

第三子 興僖 四子 乾隆十三年戊辰五月廿七日辰時生嫡母馬佳氏忠達公瑪禮善之女嘉慶廿一年丙子九月十一日寅時卒年六十九歲嫡妻揚佳氏內管領滿色之女繼妻佟佳氏參領保鮮之女

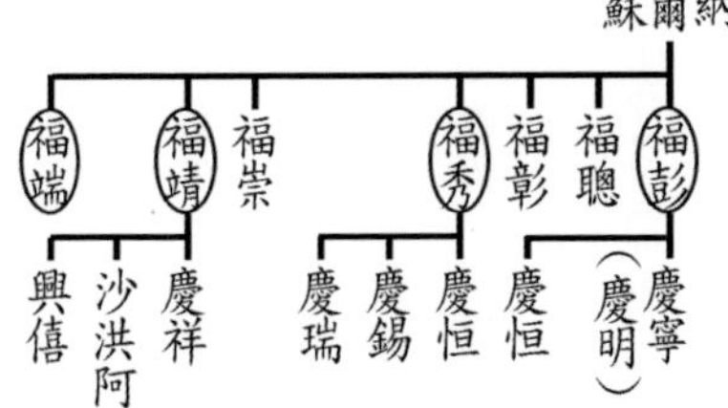

納爾蘇（已革平郡王）⇐ 福彭（平敏郡王）⇐ 慶寧（平僖郡王）⇐ 慶恒（克勤良郡王）

附錄 5.1

平郡王福彭長子慶寧指婚張允隨女事

張允隨在乾隆十二年四月初九日的謝恩摺中稱其於正月三十日奉上諭：「平郡〔遺漏“王”字〕福彭奏請雲南總督張允隨年未及歲之女賞給伊子慶寧為妻等語。着不必送看，即行賞伊為媳。欽此。」他並謂：

> 自臣曾祖、祖、父三世服官，俱受國恩，雖世篤忠誠，而家本寒素，臣以庸愚仰邀聖主殊知，畀領邊疆重寄，每念恩深报淺，未遑顧及兒女婚姻。至於宗藩朱邸，臣蒙恩歷官外任，從未敢越分往來，至臣女年甫弱齡，未諳禮教，性雖近於柔淑，質不遠乎蓬茅，今蒙我皇上隆恩，特降諭旨，賜配宗潢，臣恭聞恩命，欣悚交并……。

指己身為外官，從不敢越分與宗室往來（圖表 5.6）。[18] 該聯姻表面上乃福彭主導，祈請將張允隨之女賞給其長子慶寧為妻，[19] 但情理上兩家應已事先溝通過。慶寧生於雍正十年十二月十二日，其父於乾隆十二年為其疏請指婚時，十六歲的他其實甫滿十四足歲，而張允隨「年未及歲」之女，亦或尚未達到十五歲的適婚年齡（所謂「及笄之年」）。乾隆十四年三月慶寧襲父爵，時年才十八歲，十五年九月即薨，可能因他還來不及完婚，以致《愛新覺羅宗譜》中未記其有任何妻妾（圖表 5.5）。

查張允隨為漢軍鑲黃旗人（因其家未見於《八旗滿洲氏族通譜》，知非包衣），由監生捐光祿寺典簿，祖一魁於康熙十年自河東都轉運使左遷知景州，[20] 康熙十九年知福建邵武府，允隨則主要在雲貴一帶宦遊，與福彭的交疊不多，[21] 兩家在結姻前有無關係仍待考。

---

18 此一態度或可幫助我們揣摩曹寅長女被指婚給平郡王納爾蘇後，何以在《楝亭集》中從未見提及長婿夫婦事。

19 民國初年所編《愛新覺羅宗譜》上記其名為慶明，此應是避道光帝旻寧名諱所改，因實錄上仍記為慶寧。參見《清高宗實錄》，卷 336，頁 615。

20 翟文選等修，王樹枏等纂，《奉天通志》，卷 186，頁 5。

21 鐵保等，《欽定八旗通志》，卷 193，頁 1-9。

圖表 5.6： 雲南總督張允隨女被指婚給平郡王福彭長子慶寧事。

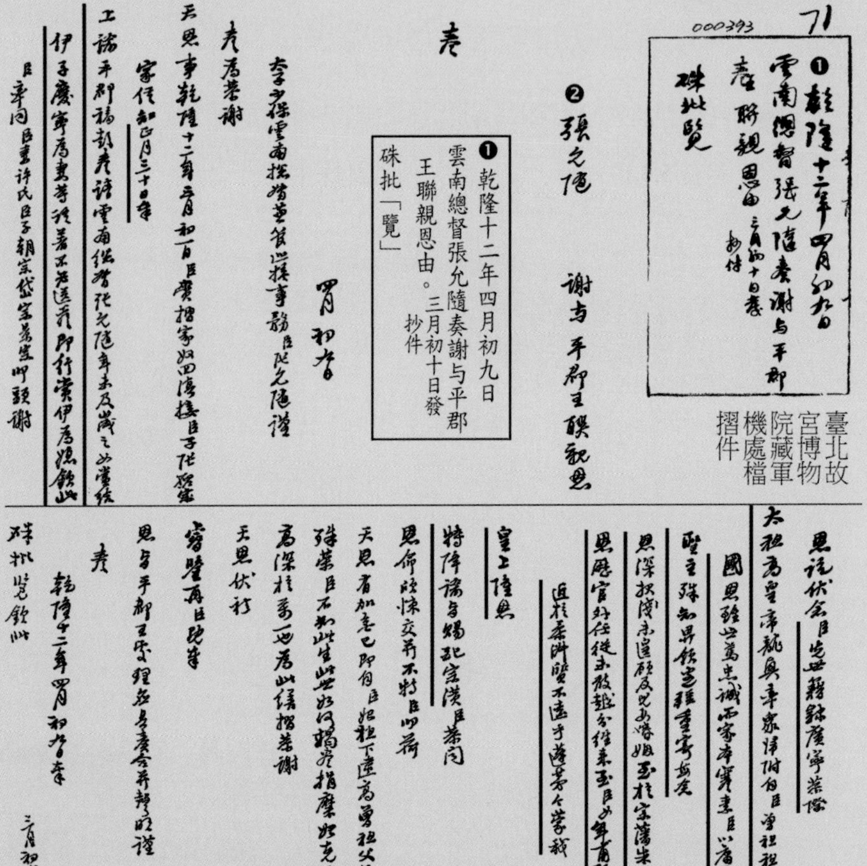

臺北故宮博物院藏軍機處檔摺件

❶乾隆十二年四月初九日
雲南總督張允隨奏謝与平郡王聯親恩由。三月初十日發抄件
硃批「覽」

❷張允隨謝与平郡王聯親恩奏，四月初九日。太子少保雲南總督兼管巡撫事務臣張允隨謹奏為恭謝天恩事。乾隆十二年三月初一日臣齎摺家奴回滇，接臣子張啟宗家信知正月三十日奉上諭：「平郡[王]福彭奏請雲南總督張允隨年未及歲之女賞給伊子慶寧為妻等語。着不必送看，即行賞伊為媳。欽此。」臣率同臣妻許氏、臣子朝宗、岱宗、景宗叩頭謝恩訖。

伏念臣先世籍隸廣寧，恭際太祖高皇帝龍興，率眾歸附，自臣曾祖、祖、父三世服官，俱受國恩，雖世篤忠誠，而家本寒素，臣以庸愚仰邀聖主殊知，畀領邊疆重寄，每念恩深報淺，未遑顧及兒女婚姻。至於宗藩朱邸，臣蒙恩歷官外任，從未敢越分往來，至臣女年甫弱齡，未諳禮教，性雖近於柔淑，質不遠乎蓬茅，今蒙我皇上隆恩，特降諭旨，賜配宗潢，臣恭聞恩命，欣悚交并。不特臣叨荷天恩有加無已，即自臣始祖下逮高、曾、祖、父，並皆感沐殊榮。臣不知此生此世如何竭盡捐糜，始克仰報高深於萬一也。為此繕摺恭謝天恩，伏祈睿鑒。再，臣現奉恩旨「平郡王處理，應具奏，合并聲明」，謹奏。

乾隆十二年四月初九日奉

三月初十日硃批「覽，欽此」

曹寅應是在康熙四十四年冬返京述職期間（或之前），得知長女被指婚給平郡王納爾蘇（曹寅或因此在四十五年二月十八日的恭請聖安摺中，稱已「蒙皇上格外施恩，舉家頂禮，雖粉身碎骨，難報萬一」），翌年正月太監梁九功傳旨給寅妻，命其於八月先奉女北上，曹寅稍後才動身，十一月二十六日在北京為女成親（圖表 5.3），其長女先後為納爾蘇生四子（圖表 5.5）。

由於納爾蘇在雍正四年七月因罪革爵，襲爵的長子福彭遂在乾隆十三年十一月臨終前上一遺表替母親爭取復封，稱：「臣母曹氏未復原封，孝賢皇后大事不與哭臨〔指帝后死喪後，集眾定時舉哀的儀式，《紅樓夢》第五十八回老太妃薨時亦曾記有此過程〕。臣心隱痛，懇恩賞復。」此雖無例可援，但十四年二月得旨，如其所請。[22] 在是年三月的銀庫用項月摺檔中，即可見到內務府為製作誥封福彭生母之鍍金銀冊時，所取用頭等赤金的用料量（圖表 5.3 左下）。[23] 又因孝賢皇后卒於乾隆十三年三月，從曹氏未復原封以致不得參與哭臨一事，知曹寅長女在十四年二月尚存，時年約六十歲。[24]

二、曹寅次婿即羅卜藏丹津考辨

曹寅次婿的身分一直成謎，下文將嘗試打開曹家這扇學界全然未知的窗口。康熙四十八年二月初八日曹寅奏稱（圖表 5.7）：

> 臣愚以為，皇上左右侍衛朝夕出入，住家恐其稍遠，擬於東華門外置房移居臣婿，並置庄田、奴僕，為永遠之計。臣有一子，

---

22 《清高宗實錄》，卷 126，頁 841。

23 允祹等，《欽定大清會典則例》，卷 58，頁 37。

24 在此假設納爾蘇夫婦的生年相近。另檢曹寅康熙二十五年所賦〈浣溪沙〉中的「笑看兒女競新妝」「䮍兒〔指此年出生的曹荃子頫〕新戴虎頭盔」句（《楝亭詞鈔別集》，頁 3-4），因詞中提及之女較二十九年生的納爾蘇至少大四、五歲，故疑其並非寅長女，該「兒女」或皆荃生，但隨祖母孫氏及曹寅同住江南。

今年即令上京當差，送女同往，則臣男女之事畢矣。[25]

雖然摺中已言「臣婿」，但又稱「臣有一子〔指曹顒〕，今年即令上京當差，送女同往，[26] 則臣男女之事畢矣」，知當時曹寅次女尚未成婚，但應已與該侍衛文定。又，此婿的經濟狀況顯然不佳，故得仰賴曹寅代置房產，並購買庄田、奴僕以為「永遠之計」。

圖表 5.7： 臺北故宮博物院所藏與曹寅次婿相關的奏摺。

江寧織造通政使司通政使臣曹寅謹
奏恭請
聖安臣家奴齎摺子回南伏聞
聖體全安下慰億萬蒼生之望凡屬臣民無不歡忻舞蹈慶祝
無疆再梁九功傳
旨伏蒙
聖諭諄切臣欽此欽遵臣愚以為
皇上左右侍衛朝夕出入住家恐其稍遠擬於
東華門外置房移居臣婿並置庄田奴僕為永遠之計臣有
一子今年即令上京當差送女同往則臣男女之事畢矣
興言及此皆蒙
主恩浩蕩所至不勝感仰涕零但臣係奉差不敢脫身泥首
闕下惟有翹望
天雲撫心激切叩謝
皇恩而已目下江南揚州各處雨水調勻蔬麥大長百姓俱安
生樂業惟米價新年稍貴每石壹兩貳叁錢不等將來春
水積聚各處客商船隻運行價或可平謹將江寧揚州正
月晴雨錄恭呈
御覽伏乞
睿鑒
知道了江南米價有人來必入奏
摺奏聞熊賜履近日如何
康熙肆拾捌年貳月初捌日

臺北故宮博物院藏宮中檔奏摺

蕭猛（字奭齡；附錄 5.2）在其《永憲錄》續編中曾論及曹寅兩女，稱：

頫之祖□□與伯寅相繼為織造將四十年。寅字子清，號荔軒，

25 《關於江寧織造曹家檔案史料》，頁 63。

26 曹寅在四十五年的奏摺中稱其妻「奉〔長〕女北上」，但此處則稱「送〔次〕女同往」，用下對上的「奉」字，應是因納爾蘇成婚時已襲封郡王數載，而次婿當時僅為侍衛，故用「送」字。參見蘭良永，《紅樓夢文史新證》，頁 134。

> 奉天旗人。有詩才，頗擅風雅。母為聖祖保母，二女皆為王妃。及卒，子顒嗣其職。顒又卒，令頫補其缺，以養兩世孀婦，因虧空罷任，封其家貲……寅演《琵琶傳奇》，用蔡文姬故事，以正伯喈之誣，內裝潢魏武之休美；或謂其因同姓，然是舉實阿瞞一生好義處。又演明末米脂令邊大綬與陝撫汪喬年掘李自成先塚所紀《虎口餘生》，將一時人物備列……。[27]

檢蕭猛的同里友人顧圖河（字書宣），乃康熙三十三年甲戌科榜眼，他倆是當時江都四大望族湯、顧、蕭、朱中的佼佼者，傳顧圖河所刻的時文稿皆為蕭猛平常之塾課。又，甲戌科狀元汪繹有〈柬同年顧書宣編修〉詩，他於四十三年前後亦為曹殷六（曹寅同姓表兄曹鋡；見第二章）的《東皋圖》題詩（圖表 2.19），且因參與揚州詩局校刊《御定全唐詩》而與曹寅論交。[28] 此外，曹寅嘗在四十一年為顧圖河賦〈病目初愈，思與書宣小飲……〉〈寄題顧書宣編修賬酒石〉，顧氏也為曹寅的《楝亭圖》題詩，賦〈荔軒以詩招看玉蘭吹韵奉酬〉，並與蕭猛（號席園）合吟〈午日聯句〉，作〈遲蕭席園飲，辭以曬書作詩戲之〉（圖表 5.8），且與曹頫蒙師王文範（字竹村，為曹寅「最契密」的友人；圖表 4.17）酬唱。

再者，曹寅嘗為與顧圖河併稱「維揚二妙」的史申義（號蕉飲）賦二詩，[29] 而後者的《蕪城集》《使滇集》《過江集》中亦屢見陶元淳、王煐、顧圖河之名。曹璽友人杜濬（音「俊」）也作〈七日會飲，送秋屏之全椒〉〈向顧書宣乞火米〉，王文範有〈和銀臺曹公使院種竹詩〉〈郭于宮宅觀通政曹

---

27 蕭猛（原誤蕭奭）撰，朱南銑點校，《永憲錄》，續編，頁 390-391；李世愉，〈李盛鐸藏清鈔本《永憲錄》讀後〉。有關作者的討論請參見後文。

28 汪繹，《秋影樓詩集》，卷 4，頁 1、卷 9，頁 2-4；方曉偉，《曹寅評傳・曹寅年譜》，頁 420-433。

29 阮元，《廣陵詩事》，卷 1，頁 1；曹寅，《楝亭詩別集》，卷 4，頁 5 及 8。

公家伶演劇……〉，曹寅嘗賦〈孟秋偕靜夫、子魚、尊五、殷六過雞鳴寺〉，知曹寅交遊圈中屢見杜濬、王文範、汪繹、吳貫勉（字尊五，號秋屏）、曹鈖、顧圖河、史申義、張雲章、郭元釪（字于宮）等人身影。[30]

綜前，蕭猛應不乏渠道透過顧圖河或其友人掌握曹寅家事（圖表5.8）。無怪乎，他在《永憲錄》（正文記事以乾隆十七年為下限；附錄5.2）中不僅記曹寅「母為聖祖保母，二女皆為王妃」的宮闈秘事，[31] 甚且知曉其新編《琵琶傳奇》《虎口餘生》的概略內容。換句話說，曹寅次婿後亦封王的真實性頗高。惟學界一直不知此婿究竟何人，紅友蘭良永敏銳推測他最可能是蒙古貴族，並努力揣摩曹寅嫁女前後詩中文句之隱意，惜未能進一步耙梳指實次婿。[32] 由於康熙下半葉以後的封王者只可能出自宗室或藩部，[33] 經全面翻查《清史稿・皇子世表》，自康熙四十八年迄乾隆十七年的四十四年間，共找出宗室封王者52名（含11名追封者），而1938年最近一次刊刻的《愛新覺羅宗譜》中理應記載所有福晉的姓氏及其父親名銜，然在細閱後，並未見有人娶曹佳氏或曹氏為嫡福晉，[34] 知曹寅次婿確只能是外藩。

30 張雲章與顧圖河、郭元釪亦有深交。此段參見顧圖河，《雄雉齋選集》，卷2，頁3-4；顧圖河，《雄雉齋詩續集》，無頁碼；張雲章，《樸村文集》，卷8，頁9-10；杜濬，《變雅堂遺集》，卷3，頁20；劉上生，《曹寅與曹雪芹》，頁136-140、228-230；蘭良永，《紅樓夢文史新證》，頁171-175。

31 私人載述中通常少記此情形，更往往無具體內容，如平郡王納爾蘇娶曹寅長女一事，就只見《愛新覺羅宗譜》及《關於江寧織造曹家檔案史料》中的官方文獻。

32 蘭良永，《紅樓夢文史新證》，頁133-145。

33 清初雖有漢人降將孔有德、耿仲明、尚可喜、吳三桂、孫可望等人封異姓王，但此後即不再封漢人為王。又，朝鮮及安南國王亦獲清朝冊封，惟均不曾任侍衛。至於最受乾隆帝恩遇的福康安，也只是生封貝子、卒贈郡王，其父傅恒則是被追贈為郡王銜。參見黃一農，〈史實與傳說的分際：福康安與乾隆帝關係揭祕〉。

34 整個清代除納爾蘇於康熙四十五年娶曹寅女為嫡福晉外，僅多羅順承簡郡王倫柱（乾隆三十七年生，五十一年襲多羅順承郡王）曾娶八品官老格之女曹佳氏為側福晉。參見宗譜編纂處編，《愛新覺羅宗譜》，冊乙，頁3205、3409；海青，「愛新覺羅宗譜網」。前書末冊有宗室名字的索引，後者則為目前唯一針對清代玉牒所設計的資料庫，雖仍無法進行全文檢索，但已可提供許多有用的搜尋。

圖表 5.8：　《永憲錄》作者蕭猛的相關史料。文獻中有誤作「蕭奭〔音“是”〕」「肅猛」或「蕭鄭〔音“主”〕」者。

❖嘉慶《江都縣續志》（中國社會科學院圖書館藏）

大橋鎮近江濱聚落頗盛康熙間族望推湯顧蕭朱四
氏顧則花出太史以鼎甲擅詩名湯進士彭年及子啟
聲又由舉人官知縣家擅園亭之勝蕭明經名猛為府
學恩貢生學問該洽相傳顧太史所刻時文稿皆蕭平
時塾課雄雉齋詩集內有招蕭席園小飲辭以曝書不
赴之詩其雅致可見集又有題朱昆源就樹草堂詩并
（下略）卷十二頁十六至十七

永憲錄肅猛　卷八頁三

❖周壽昌，《思益堂日札》，卷四頁二十四

名臣事至蕭鄭永憲錄載方望溪先生歸居年八十尚壬

❖吳慶坻，《蕉廊脞錄》，卷五頁十五

永憲錄六卷江都蕭奭撰卷首紀　祖宗創造制度卷
一紀康熙六十一年事卷二紀雍正元年事卷三紀雍
正二年事卷四紀雍正三年事卷五紀雍正四年事卷
六紀雍正五年至六年二月以前事鈔本每葉中縫有
唫梔僊館四字惟一卷書周氏小娜嬛館葢兩家合鈔
（下略）

❖曹寅，《楝亭詩鈔》，卷四頁六

寄題顧書宣編修賜酒石
病目初愈思與書宣小飲時軒前玉蘭將
開

❖顧圖河，《雄雉齋詩續集》，無頁碼

荔軒以詩招看玉蘭次韵奉酬
高花破白正朧曉（韻詩辛夷高花最先開）　春月相攜潑眼明　端勸紅螺當肉泛　能歌綠鴨是
家德　行坐從教夜漏催沽醉　莫遣春泥有落英　小園不妨歸後了　並江東下一帆程

❖顧圖河，《雄雉齋選集》，卷二頁三至四

午日聯句（盡本韻）
攝提直建杓（蕭猛）蕤賓叶吹孅五莢茁仙蓂（圖河）三趾鄰巨
鼇炰烹毒羽爆（猛）膾靈膚解槃黏屈莫餘（圖河）犇辛昌
蕃灑般叢裂君駮（猛）草像荆蒐掛劊舌會言利（圖河）縣厖
蟲書楷組糾嚇遊厲（猛）丹墨走蕘豸澡芳瑩刮垢（圖河）列
（中略）
邀蕭席園飲辭以曬書作詩戲之
君性不勝飲妙解飲中味我飲飄邏君飲少得餘醉我
懶罕讀書頗稱書外意聽君談古今低昂如有會今日
風日佳朝爽出山翠不飲問何為執熱陳書曬畢與不
傳死渣滓留往記善讀豈掛書聊於此焉寄譬猶醨熟
時得酒糟可棄君苟欲曬書何必倒篋笥靈臺五千卷

❖康熙《江都縣志》，卷一頁二十三

康熙四十五年
御書尊訓堂三大字額與賢遵昔軌崇文育群
倫一聯
賜湖廣督學臣顧圖河
御書雲窓清露鶴靜雲間雨織機絲巧度金梭
月錦綺長分玉尺香一聯
賜江寧織造兼兩淮巡鹽臣曹寅

❖乾隆《江南通志》，卷一百六十六頁五十五

顧圖河字書宣江都人康熙甲戌登一甲第二授
編修充日講官直南書房與修一統志皇輿表出
視湖廣學政卒於任所著有雄雉齋集

附錄 5.2

《永憲錄》的作者及其敘事下限[35]

《永憲錄》是一部較關注清代制度的編年史料，尤其因書中翔實記載了雍正朝的一些重大事件，故學界多認為此書具有頗高的文獻價值。吳慶坻（1848-1924；光緒十二年進士）家藏此書的六卷鈔本，惜部分文字因水漬漫漶而不堪卒讀。他在民國十七年刊刻的《蕉廊脞錄》中曾略及各卷的內容與繫年，且收錄乾隆十七年十二月由「江都草澤臣蕭奭」所撰的作者自序（圖表 5.9）。清末藏書家繆荃孫 (1844-1919) 則於 1912 年將此本的一卷節本（約六、七千字）出版，刻入上海國粹學報社的《古學彙刊》（作者被記為蕭奭齡），惜全本少有他人過眼且現已佚。

又，鄧之誠 (1887-1960) 在東方文化事業總委員會的館藏中亦發現一鈔本，他在借鈔並校訂後，於 1940 年入藏燕京大學圖書館。1959 年中華書局出版由朱南銑點校的《永憲錄》，即是依據鄧氏鈔本排印，計四卷，另附續編不分卷，全書共約十八萬五千字，作者則繫為蕭奭。[36]

1980 年李世愉在北京大學圖書館善本室見到李盛鐸原藏的另一鈔本（共約三十二萬字），有卷首及正編凡六卷，分訂成十冊，第十冊為乾隆朝事（近二萬字），內缺卷三及卷四的約三萬字內容（記雍正二年至三年三月以前事），此本又比中華書局排印本多了十幾萬字。李世愉雖在 1986 年即撰文點出《永憲錄》的作者應為蕭猛，奭齡為字號，但其說迄今仍罕見學界留意。[37] 據嘉慶《江都縣續志》，知蕭猛又號席園（圖表 5.8），揚州府江都縣人，康熙三十五年的府學恩貢生。[38]

---

[35] 感謝小友高樹偉提示他正研究之李盛鐸舊藏清鈔本的相關材料。

[36] https://kknews.cc/zh-tw/culture/lp8a44g.html.

[37] 經查「中國知網」及「讀秀」等資料庫，發現迄今仍少有人記《永憲錄》的作者為蕭猛。參見李世愉，〈李盛鐸藏清鈔本《永憲錄》讀後〉。

[38] 高士鑰修，五格等纂，《江都縣志》，卷 12，頁 42。

圖表 5.9：　吳慶坻《蕉廊脞錄》所收錄的《永憲錄》序。

蕉廊脞錄卷五　十五　求恕齋

永憲錄六卷江都蕭奭撰卷首紀　祖宗創造制度卷
一紀康熙六十一年事卷二紀雍正元年事卷三紀雍
正二年事卷四紀雍正三年事卷五紀雍正四年事卷
六紀雍正五年至六年二月以前事鈔本每葉中縫有
唫梔僊館四字惟一卷書周氏小嫏嬛館葢兩家合鈔
本也此鈔本　先大父舊藏同治七年自太原南歸行
河洛間時積潦數百里車行至艱載書之車屢覆往往
墮泥淖中夏抵杭州發匧則書爲水浥多朽腐不可收
拾此本文字亦太半殘闕其可辨識者十之六七耳余
嘗摘錄其自敘文曰恭惟　聖祖仁皇帝聰明□□□
□文武享國六十有一年深仁厚澤淪浹萬方我　世
宗憲皇帝繼□□統峻德豐功殊恩異惠不祟朝而徧
海宇重熙累洽□□□□小臣伏處草茅生逢　聖世
每思歌詠□□皇史實錄所未得見歲壬寅□□□恭
載□□□授受之時適閱邸鈔因略記大端既伏讀登
極詔引孔子三年無改之義且有永遵成憲不敢更張
之　旨故復蒐集甲辰及戊申二月以前事備諒陰後
三年而實見我　世宗憲皇帝宜人敷治事事必推本
於　先帝成模大烈善則歸君之美孝思所至蟠際上
下日月合璧五星連珠而天昭其瑞河清五省穀秀九

蕉廊脞錄卷五　十六　求恕齋

歧而地献其祥百歲駢登三男並育而人臻其慶千古
未有之事萃於千古未見之時且草野遺賢盡蒐羅而
在列積賦浮租悉蠲除以更始明良喜起物阜民安何
其至哉若夫放流誅殛聖代豈廢兵刑彼天潢覬覦之
萌由十年儲位之虛愚氓浮議□□□一二奸頑造作
無稽以汚人　聖德惑眾聞究之霧□□□　世宗憲
皇帝之光明正大昭然億萬臣民之心目亦諸人之自
絕於天耳□□因時變易罔非監于　先世舊章　今
上皇帝復加裁酌必曰弈　祖攸行此　聖祖仁皇帝
所以垂法萬世也集既成其中殘失頁多以俟多聞者
續之或曰不慎其以僭妄取戾歟小臣曰然然否否生
太平之世飲和食德皆當不忘　累朝之盛美況丁未
秋有一切詔旨許官吏紀載刊刻其曉之令遂竊取以
有斯編奉揚　詔意名爲永憲云其凡例附後乾隆十
七年歲在壬申嘉平上浣江都草澤臣蕭奭拜手恭紀
按是書世鮮傳本繆藝風前輩得殘本一卷刻入叢書
欲得余家殘本補之時客海上未暇歸檢藏籍後數年
而藝風歿矣鈔本闕字太多今掇拾記此以存槩略云

❖ 吳慶坻，《蕉廊脞錄》（《續修四庫全書》本）

中華書局所出版的《永憲錄》排印本，乃以編年體逐條簡述康熙六十一年至雍正六年八月之史事，每條之下並對相關的人與事加以申述，其內容就屢涉及乾隆朝。如續編在記雍正五年九月尹繼善為廣東按察使時，即稱其「乾隆十三年以病再回尚書，因用兵金川，又督陝甘；十六年再回兩江，可謂歘歷半天下，而年已老矣」，而在記雍正五年十二月直隸布政使張適、按察使魏定國因罪聽勘時，亦提及乾隆十六年的南巡。[39] 至於申述內容中偶亦可見小字雙行的附載，這部分的記事則常更晚。如在雍正六年四月策試中式貢生彭啟豐等一條，末有小字雙行稱：「乾隆癸酉科江南五魁，鎮洋縣有三解元，胡瑢【溶】吳氏師也，二名吳維諤【鍔】、四名吳桂，父子也。」[40] 癸酉歲是乾隆十八年。

李盛鐸原藏《永憲錄》鈔本的內容雖較排印本多出甚多，但大致情況亦然。如其第二冊卷首的〈祖宗創造制度官爵財賦之大略〉中，在記漢武官品級封號時，以雙行小字附載「乾隆二十年三品以上皆稱大夫……」；記東川等處副使駐威寧時，附載「乾隆十八年令各道皆銷去布、按、參、副諸職銜……」；記各地關稅時，附載「以上銀數視三十四年數加增。乾隆□年令關稅悉依三十四年舊額……」，此類小字雙行的內容很可能為後人所補。[41] 鑒於蕭猛留有「乾隆十七年歲在壬申嘉平上浣〔十二月上旬〕」的自序（圖表 5.9），故筆者暫以乾隆十七年為《永憲錄》的記事下限。

---

39 蕭猛撰，朱南銑點校，《永憲錄》，續編，頁 363、393-395。

40 蕭猛撰，朱南銑點校，《永憲錄》，續編，頁 405-406；王祖畬撰，《鎮洋縣志》，卷 6，頁 2。

41 此因蕭猛在康熙三十五年成為府學恩貢生（從「中國方志庫」已查得約有十人獲此年恩貢，至於當年的正貢因何成為恩貢，則待考），而據《清代硃卷集成》所收 1,576 份五貢卷的統計，知恩貢中式的平均年齡為 43.5 歲，若蕭猛於四十歲被選為恩貢生，那他在乾隆三十四年時已逾百歲。縱使蕭猛於二十歲即為恩貢，乾隆三十四年時也已九十三歲。參見林懋勳等纂修，《侯官雲程林氏家乘》，卷 4，頁 37；蔣金星、肖夫元，〈清代舉子中式的平均年齡研究〉。

再檢《欽定外藩蒙古回部王公表傳》前十六卷中的各襲爵表（記事止於乾隆五十三年，惟所記王爵皆屬世襲罔替），知康熙四十八年至乾隆十七年間，共有 84 名外藩封郡王或親王，他們全屬蒙古，無一為西藏或回部。[42] 透過大數據逐一耙梳《欽定外藩蒙古回部王公表傳》中各王的生平事跡後（另參據《清實錄》《皇朝文獻通考‧封建考》《平定準噶爾方略》），[43] 發現前述這些外藩王均非曹寅次婿的可能人選。篩除的理由主要有下列幾類：

1. 康熙四十八年二月之後才歸順。
2. 康熙四十八年二月之前的名銜已高於侍衛。
3. 康熙四十八年前後不久尚（此字專指娶皇族為妻）宗室女。
4. 其家已襲爵好幾代或死後其家仍襲王爵。

其中第一類顯而易見，無可議空間。事實上，這些候選人幾乎皆可因其家已襲爵好幾代或死後其家仍襲王爵而加以篩除，且許多案例往往符合不止一類理由（附錄 5.3）。

---

42 筆者最初以為可藉由前人已整理好的《清史稿‧皇子世表》（宗室王）以及《欽定外藩蒙古回部王公表傳》（外藩王），得到此一時期完整的封王名單，但查索後才發現外藩王的情形相對要複雜許多，因後書並未列入死後才追封，或當事人緣事（如因其本人或家人叛清）遭褫爵者。亦即，若要獲得完整的封王名單，還得要花費較大心力，仔細耙梳內容龐雜的《清實錄》（透過「漢籍電子文獻資料庫」在此書中搜尋「郡王」或「親王」）。參見張廷玉等，《皇朝文獻通考》，卷 255；趙爾巽等，《清史稿》，卷 209-211。

43 由於蒙古姓名的漢字對音常無定字，故在耙梳資料時往往不易周全，如羅（洛）卜（布）藏（臧）丹津（金、盡、進、晉）名中各字皆有一些不同對音，因而出現頗多變化組合，其父扎什巴圖爾亦有達什巴圖爾、札什巴圖爾、札什巴圖兒、扎什巴圖兒、札西巴圖爾等異名。更有甚者，同一書中亦偶有使用異名的情形，如《清實錄》中即出現羅卜藏丹津、羅卜臧丹津及羅布藏丹津三種寫法。各資料庫的製作者宜鄭重考慮該如何在搜尋時加入適當的模糊檢索功能，以充分發揮大數據時代所給予新一代文史工作者的強大研究工具。

附錄 5.3

曹寅次婿與《欽定外藩蒙古回部王公表傳》的封王者

為完整掌握康熙四十八年至乾隆十七年這四十四年間所有封王的人選，初以為只要耙梳《清史稿・皇子世表》和《欽定外藩蒙古回部王公表傳》前十六卷中的各襲爵表，即可畢竟其功。故當自《愛新覺羅宗譜》中查無這段期間封王的宗室（52 名）有娶曹寅女後，筆者即聚焦在《欽定外藩蒙古回部王公表傳》，共整理出 84 名被封為郡王或親王的外藩，經逐一析究各人的經歷，發現此書中的這些外藩王均非曹寅次婿的可能人選。下文即分類各舉三例論證之：

一、康熙四十八年之前的名銜已高於侍衛

（侍衛通常是年輕勳貴子弟入仕初期的職位，先前不應已有更高官銜再緣事降級）

1. 額林陳（臣）於康熙四十九年正月晉封喀爾喀多羅郡王，然因其在四十七年三月已封多羅貝勒，[44] 故不太可能於四十八年擔任位階遠低的侍衛一職。
2. 察罕丹津於康熙五十八年三月封青海多羅郡王，然其早在四十年正月已封多羅貝勒。[45]
3. 額爾德（得）尼額（厄）爾克托克托鼐（奈）於雍正元年封厄魯特部扎薩克多羅郡王，然其在康熙四十四年已襲多羅貝勒。[46]

44 《清聖祖實錄》，卷 232，頁 321、卷 241，頁 396。

45 祁韻士等，《欽定外藩蒙古回部王公表傳》，卷 11，頁 3；《清聖祖實錄》，卷 203，頁 70、卷 283，頁 769。

46 祁韻士等，《欽定外藩蒙古回部王公表傳》，卷 11，頁 5-6；《清世宗實錄》，卷 4，頁 110。十七世紀末盤據在青海、西藏的厄魯特部（亦稱「大和碩特」或「和碩特汗國」），乃當時「四衛拉特(dürben oyirad)」的主要政治勢力之一，餘三大股為準噶爾汗國（「小和碩特」）的噶爾丹博碩克圖（即噶爾丹）、琿台吉策妄阿喇布坦與伏爾加河的土爾扈特汗國；感謝中國社科院張建博士的提示。

二、康熙四十八年前後不久尚宗室女

（因曹寅已是內務府的方面大員，故應不會以次女為某侍衛之妾媵，尤其還得陪帶大量嫁妝。再者，康熙帝也不該指配其女為人做妾。至於有爵之宗室女，亦應不太會在包衣女之後成為該窮困侍衛的繼妻）

1. 阿寶於雍正元年十二月封厄魯特多羅郡王，但他在康熙四十二年七月即已因尚和碩莊親王博果鐸女（乾隆四年仍在世）而授和碩額駙，四十八年二月又已襲扎薩克多羅貝勒。[47]
2. 阿喇布坦於康熙四十一年降清，封郡王。其子色布騰旺布在五十五年九月因尚胤禟長女（四十年十一月生，雍正三年七月卒）被封額駙，並於雍正七年五月襲兄爵，封厄魯特扎薩克多羅郡王，復授厄魯特盟長。知色布騰旺布不太可能在康熙四十八年已娶曹寅次女為妻，此因八旗滿洲之間階級分明，故固山貝子胤禟應不會願意將長女嫁人為妾室（且若為妾室，就不可能封其配偶為額駙），或令其成為包衣女子之後的繼妻。[48]
3. 策凌（棱）於雍正元年二月以西陲軍功封喀爾喀多羅郡王，九年再以軍功晉封親王，十年九月又因軍功賜號超勇親王。他於康熙三十一年來歸時即已獲授三等輕車都尉（高過侍衛品級），四十五年五月因娶皇第十女純慤公主封額駙，而公主在四十九年三月二十四日過世，故不可能在四十八年才以侍衛身分配曹寅次女，且還要曹寅為其置產。[49]

三、已襲爵好幾代或死後其家仍襲王爵

（若該婿的家族在此前後皆有多代封王，則不應窘困到要曹寅幫忙置產買僕；參見圖表 5.10）

---

47 祁韻士等，《欽定外藩蒙古回部王公表傳》，卷 11，頁 1-2；《清聖祖實錄》，卷 212，頁 156、卷 236，頁 323；《清高宗實錄》，卷 103，頁 552。

48 祁韻士等，《欽定外藩蒙古回部王公表傳》，卷 10，頁 22、卷 77，頁 13-15。

49 祁韻士等，《欽定外藩蒙古回部王公表傳》，卷 10，頁 3-4、卷 70，頁 1-13。

圖表 5.10：《欽定外藩蒙古回部王公表傳》中襲爵表的書影。

阿拉善厄魯特部 康熙二十五年来歸旗一爵一

札薩克多羅貝勒今襲和碩親王

初封	和囉理	元太祖弟哈布圖哈薩爾之裔康熙三十六年封札薩克多羅貝勒四十六年卒
一次襲	阿寶	和囉理第三子康熙四十八年襲札薩克多羅貝勒雍正元年晉多羅郡王七年以罪降貝勒九年復郡王爵乾隆四年卒
二次襲	羅卜藏多爾濟	阿寶次子乾隆四年襲札薩克多羅貝勒二十二年晉多羅郡王三十年晉和碩親王四十七年 詔世襲罔替
三次襲	旺沁班巴爾	羅卜藏多爾濟長子初授公品級一等台吉乾隆四十八年襲札薩克和碩親王

青海厄魯特部 康熙三十六年来歸旗二十九爵三十

札薩克和碩親王今襲多羅郡王

初封	察罕丹津	和碩特族元太祖弟哈布圖哈薩爾裔青海顧實汗之曾孫康熙四十年
一次襲	旺舒克	察罕丹津從孫雍正十三年襲札薩克和碩親王乾隆十四年卒
二次襲	旺丹多爾濟帕拉木	旺舒克子乾隆十四年襲札薩克和碩親王三十六年卒
三次襲	納罕達爾濟	旺舒克從子初襲栄父台吉旺舒克喇布坦所遣札薩克兗札薩克台吉

封多羅貝勒五十七年晉多羅郡王雍正元年晉和碩親王三年授札薩克十三年卒

表乾隆三十六年襲札薩克多羅郡王四十七年 詔世襲罔替

多羅郡王後授札薩克

初封	策旺喇布坦	和碩特族親王察罕丹津從叔父康熙四十二年封多羅郡王四十四年卒
一次襲	額爾克巴爾珠爾	策旺喇布坦次子康熙四十四年襲多羅郡王四十五年自戕死
二次襲	朋素克旺扎勒	額爾克巴爾珠爾兄子康熙四十六年降襲多羅貝勒雍正三年授札薩克四年晉多羅郡王十三年卒
三次襲	袞楚克達什	朋素克旺扎勒長子雍正十三年襲札薩克多羅郡王乾隆四十二年以病罷
四次襲	索諾木多爾濟	袞楚克達什次子乾隆四十二年襲札薩克多羅郡王四十七年 詔世襲罔替

札薩克多羅郡王今襲多羅貝勒

初封	色布騰扎勒	[illegible]族台吉額斯
一次襲	車稜喇布坦	色布騰扎勒長子雍
二次襲	索諾木多爾濟	車稜喇布坦長子乾
三次襲	色布騰多爾濟	索諾木多爾濟從弟
四次襲	車木伯勒	色布騰多爾濟從祖
五次襲	垂忠扎布	車木伯勒長子乾隆

多羅貝勒今襲札薩克多羅郡王

初封	袞布	和碩特族親王察罕丹津從叔父康熙四十三年封多羅貝勒四十四年卒
一次襲	額爾德尼額爾克托克托鼐	袞布長子康熙四十四年襲多羅貝勒雍正元年晉多羅郡王三年授札薩克乾隆十四年卒
二次襲	丹津索諾木	額爾德尼額爾克托克托鼐弟三子雍正九年封長子乾隆十四年襲札薩克多羅郡王三十六年卒
三次襲	袞楚克敦多布納木扎勒	索諾木丹津孫乾隆三十六年襲札薩克多羅郡王四十年卒
四次襲	剛噶爾	袞楚克敦多布納木扎勒長子乾隆四十年襲札薩克多羅郡王四十七年 詔世襲罔替

年封多羅貝勒雍正二年晉多羅郡王三年授札薩克九年卒

卒

卒

年卒

九年卒

詔世襲罔替

欽定四庫全書

欽定外藩蒙古回部王公表傳 卷十一

特達爾漢諾顏之九世孫康熙四十二
正九年襲札薩克多羅郡王乾隆十三年
隆十三年襲札薩克多羅郡王二十三年
乾隆二十三年襲札薩克多羅郡王三十
乾隆三十年降襲札薩克多羅貝勒三十
三十九年襲札薩克多羅貝勒四十七年

❖《欽定外藩蒙古回部王公表傳》卷十一

1. 阿喇布坦（阿拉卜坦）於康熙四十九年十二月襲父爵，封科爾沁多羅郡王。其高祖彰吉倫於順治七年晉扎薩克多羅郡王，且詔世襲罔替，直到乾隆四十八年索特納木仍襲扎薩克多羅郡王。[50]
2. 伊達木扎布於康熙五十六年七月襲父爵，封喀喇沁杜楞郡王，五十八年十二月尚和碩誠親王允祉女，授和碩額駙。其所屬的喀喇沁部在天聰三年即歸附，曾祖班達爾沙在康熙七年已晉多羅杜稜郡王，長子喇特納錫第於乾隆四年襲扎薩克多羅杜稜郡王，四十八年還賜親王品級。[51] 故若伊達木扎布是曹寅次婿，不應窘困到結婚時還要岳家幫忙置產。
3. 鄂齊爾於雍正五年八月襲翁牛特扎薩克多羅杜稜郡王，其先祖遜杜稜於崇德元年封扎薩克多羅杜稜郡王，詔世襲罔替，其裔孫至乾隆四十二年仍襲爵。[52]

****

小寶與小蝦是鄰居李家的金孫，他們在我寫此書期間常來二寄軒串門子，小蝦還說我是他最好的朋友。

寶、蝦聽說我有 e 武功，就懇求留下苦練，但連我都常被譏為旁門左道，想想，還是拍張照片留下紀念就好！

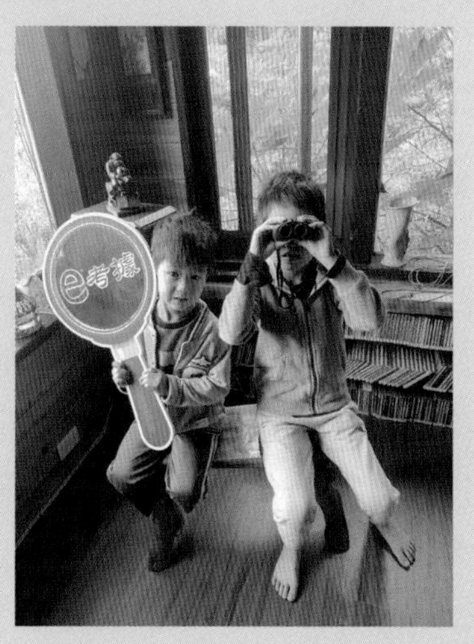

50 張廷玉等，《皇朝文獻通考》，卷 299，頁 16；祁韻士等，《欽定外藩蒙古回部王公表傳》，卷 1，頁 11-12。

51 祁韻士等，《欽定外藩蒙古回部王公表傳》，卷 2，頁 1。

52 祁韻士等，《欽定外藩蒙古回部王公表傳》，卷 3，頁 11、卷 31，頁 5-8。

在耙梳前人已整理成表的《清史稿・皇子世表》和《欽定外藩蒙古回部王公表傳》卻勞而無功後，為避免滄海遺珠，筆者決定全面翻查《清實錄》（依其體例，理應記載所有封王之事，但因這四十四年間的史事粗估近三百萬字，故在研究之初未敢列為優先查索的對象），結果發現有 5 名封王的外藩不見於前，他們或是死後才追封，或是因其本人或家人叛清遭褫爵，以致未被列入《欽定外藩蒙古回部王公表傳》的襲爵表。其中頗羅鼐及珠爾默特那木扎勒父子歸順時已在康熙四十八年二月之後，故不可能是曹寅次婿，至於博貝、丹忠二人亦可依其它理由排除，只有五十五年十二月封青海和碩親王的羅卜藏丹津 (Lobsang Danjin, 1693-?) 較有可能（附錄 5.4）。下文即就這位自 141 名封王的宗室或外藩中篩檢出的最佳候選人詳加申論。

受厄魯特（元明時稱瓦剌）蒙古準噶爾部首領噶爾丹遭清朝一舉覆滅的影響，緊鄰的和碩特部（亦屬厄魯特）於康熙三十六年十一月向清朝歸誠，其首領扎什巴圖爾 (1632-1714) 且偕青海諸台吉入覲。三十七年正月詔封扎什巴圖爾為青海厄魯特親王，二月康熙帝幸五臺山，命扎什巴圖爾等從；四十二年十二月康熙帝幸西安府，扎什巴圖爾再度來朝，扈駕閱兵，賜宴遣歸；五十三年九月卒（曹寅已於五十一年七月病逝，子曹顒在是年十月補放江寧織造）。扎什巴圖爾的獨子羅卜藏丹津至遲在五十四年十二月開始登上歷史舞台，從他欲與族姪察罕丹津結盟率兵攻伐異己的舉動，[53] 知其當時人已在青海並掌握了亡父的勢力。羅卜藏丹津於五十五年閏三月已獲「青海右翼台吉」銜，十二月襲親王（參見圖表 5.11；曹頫於五十四年正月繼其兄曹顒為江寧織造），雍正元年叛清，翌年兵敗後逃往準噶爾。[54]

---

[53] 扎什巴圖爾另有一名養子，他在羅卜藏丹津掌權後移居它處。參見傅恒等，《平定準噶爾方略》，前編，卷 3，頁 6；B. Szcześniak, "The Description and Map of Kansu by Giovanni Battista Maoletti de Serravalle"。

[54] 羅卜藏丹津事跡及準噶爾之役的時代背景，可參見祁韻士等，《欽定外藩蒙古回

圖表 5.11：康熙五十五年羅卜藏丹津襲封親王的滿、蒙文敕諭。

❖康熙帝封羅卜藏丹津襲為親王之敕諭

中國第一歷史檔案館藏《清內閣蒙古堂檔》

羅卜藏丹津，爾厄魯特青海之台吉，爾父扎什巴圖爾，自順服朕仁化以來，平素始終至誠一心，〔聖〕主嘉愛其言行。〔若〕心志堅貞，汝亦〔可保〕生存。以誠篤〔之心〕請安朕之仁化，叩首來貢，甚為可嘉，襲封爾為親王。

康熙五十五年十二月二十八日

整理譯自左側的滿、蒙文

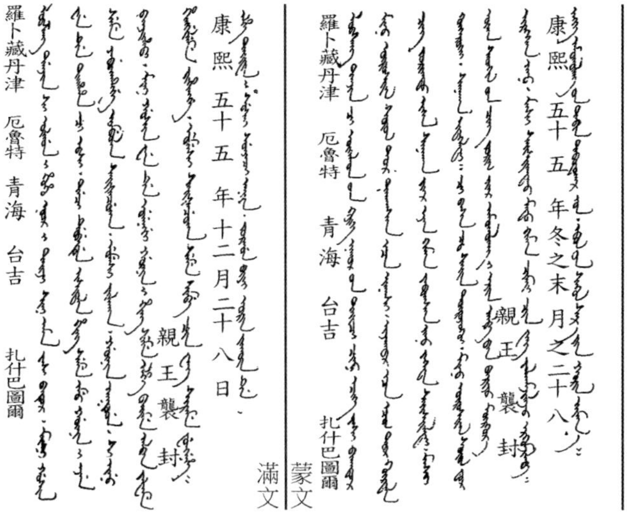

蒙文：康熙五十五年冬之末月之二十八　親王襲封　羅卜藏丹津　厄魯特　青海　台吉　扎什巴圖爾

滿文：康熙五十五年十二月二十八日　親王襲封　羅卜藏丹津　厄魯特　青海　台吉　扎什巴圖爾

附錄 5.4

曹寅次婿與《清實錄》中的封王者

在《欽定外藩蒙古回部王公表傳》所整理出康熙四十八年至乾隆十七年間封王的 84 名外藩中，發現內有 17 名的封爵史事並未被《清實錄》具體記載，而其中 7 名首次以郡王或親王銜出現時，已在乾隆十八年（含）以後。再經仔細疏理後，筆者發現亦有 5 名外藩王只見於《清實錄》，而不見《欽定外藩蒙古回部王公表傳》的襲爵表。亦即，欲完備外藩封王者的名單，必須同時耙梳《欽定外藩蒙古回部王公表傳》和

部王公表傳》，卷 72，頁 3、卷 81，頁 15-44；《清聖祖實錄》，卷 187，頁 991、卷 260，頁 565、卷 270，頁 655；趙爾巽等，《清史稿》，卷 522，頁 14451-14458；姚念慈，《康熙盛世與帝王心術：評「自古得天下之正莫如我朝」》，頁 250-381；齊光，《大清帝國時期蒙古的政治與社會：以阿拉善和碩特部研究為中心》，頁 142-204。

《清實錄》，並以之互補。

前述5名只見於《清實錄》的外藩王中，除羅卜藏丹津（見正文）外皆可被排除為曹寅次婿，略述其理由於下：

一、康熙四十八年之前的名銜已高於侍衛

扎薩克多羅貝勒博貝於雍正八年十一月追封郡王，他於康熙三十一年五月即以貝子銜管西路右翼右軍事，四十三年授扎薩克一等台吉，四十四年九月封輔國公。[55]

二、已襲爵好幾代或死後其家仍襲王爵

雍正元年二月追封絕嗣的青海貝子丹忠（衷、仲）為郡王，同時封其伯父察罕丹津（插罕丹進）為親王。[56] 由於丹忠家族一直頗受清廷重視，故不應窘困到需曹寅為其置產。

三、歸順時已在康熙四十八年二月之後

貝勒頗羅鼐於乾隆四年十二月晉封郡王，[57] 他於康熙五十九年定藏後始封為噶隆，此前並未歸附，故不會在康熙四十八年二月之前即已到北京當侍衛。[58] 頗羅鼐之子珠爾默特那木扎勒於乾隆十二年三月襲封郡王，十五年十月以叛逆被誅，[59] 他當然亦不可能在康熙四十八年已任侍衛。

至於《欽定外藩蒙古回部王公表傳》的襲爵表中為何未見這五人，乃因博貝和丹忠二人的郡王銜屬追封而非實授，而羅卜藏丹津、頗羅鼐、珠爾默特那木扎勒三人，則以其家或本人叛清遭褫爵而未被收入。

55 《清聖祖實錄》，卷155，頁713、卷215，頁179、卷222，頁235；《清世宗實錄》，卷100，頁333；祁韻士等，《欽定外藩蒙古回部王公表傳》，卷9，頁4、卷63，頁4。

56 參見《清世宗實錄》，卷4，頁110；臺北故宮藏漢文宮中檔編號024410。後者誤察罕丹津為丹忠之親兄。

57 《清高宗實錄》，卷106，頁595。

58 《西藏記》，卷上，頁5。

59 《清高宗實錄》，卷286，頁737-738、卷379，頁1213、卷383，頁35。

乾隆二十年清軍攻滅達瓦齊（噶爾丹姪子大策零敦多卜孫）統治的準噶爾汗國，據錢陳羣〈平定準噶爾詩〉，羅卜藏丹津亦「投帳下，俛首受縛」，[60] 但為避免引發激變，乾隆帝特旨赦二人罪，更加恩封達瓦齊為綽羅斯和碩親王，賜宅在京居住，且授以御前侍衛，還將已革理親王弘晳（廢太子允礽次子，乾隆四年因逆案遭革爵圈禁，並黜去宗室，時年四十六歲的弘晳且被改名為「四十六」）的第十二女指配給他，稍後又將莊親王允祿第六子弘明的次女嫁給達瓦齊的長子羅布扎（二十四年七月其父薨逝後仍准降襲郡王）。[61] 羅卜藏丹津亦留京，賞給房屋一所居住，但不許擅出，其兩子巴朗及察罕額布根被安排隸蒙古正黃旗旗分，授藍翎侍衛，在司鑾上行走，但其眷屬則留伊犁，於北京另賞給上三旗女子為妻。[62] 該將達瓦齊及羅卜藏丹津兩子均授為侍衛並賜妻的籠絡之舉，恰與曹寅次婿的際遇雷同！

根據那段時期在青海傳教之天主教方濟各會士葉崇賢 (Giovanni Battista Maoletti de Serravalle, 1669-1725) 所記，羅卜藏丹津生於康熙三十二年（圖表5.12）。亦即，四十八年曹寅奏呈其次女即將成婚時，他虛歲為十七，正值婚齡。若羅卜藏丹津就是曹寅的次婿，他在襲爵之前應曾在京被寵以侍衛一職，但同時亦扮演某種質子的角色，而被康熙皇帝封為親王的扎什巴圖爾，可能也希望雙方能藉此開展類似清廷與漠北蒙古、阿拉善蒙古或漠南東三盟蒙古間的較密切關係，[63] 以對抗共同的敵人準噶爾。

---

60 董誥等，《皇清文穎續編》，卷 59，頁 30-31。

61 《清高宗實錄》，卷 593，頁 602；杜家驥，《清朝滿蒙聯姻研究》，頁 704。又，《愛新覺羅宗譜》記康熙帝的孫輩當中有三位同名的弘明：皇十四子允禵次子（康熙四十四年生，乾隆三十二年卒）、皇十六子允祿六子（康熙五十八年生，乾隆五十二年卒）、皇長子允禔十四子（雍正十年生，嘉慶十一年卒）。

62 傅恒曾以滿文疏稱巴朗娶四格佐領下披甲裘德之二十二歲女，察罕額布根娶六十一管領下披甲八十四之十九歲女（感謝吳國聖老師的翻譯）。參見祁韻士等，《欽定外藩蒙古回部王公表傳》，卷 81，頁 42；傅恒等，《平定準噶爾方略》，正編，卷 14，頁 16；《清宮內務府奏銷檔》，冊 47，頁 345-348。

63 杜家驥，〈清朝滿蒙聯姻中的"備指額駙"續談〉。

圖表 5.12： 梵蒂岡藏青海古地圖上有關羅卜藏丹津生年的記載。[64]

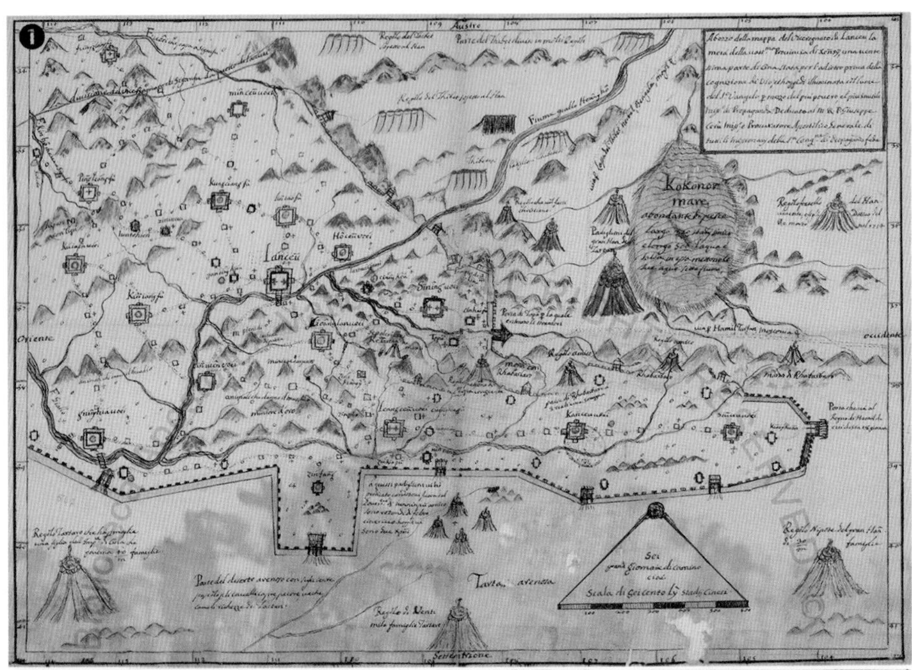

❖ 梵蒂岡圖書館藏義大利文青海古地圖（*Manuscript - Borg.cin.507*）

……………………………………………… *Nel passa-to Inuerno mori il Gran Han d'anni 82, e di due moglie che ha ueua ha hauto un sol figlio d'eta d'anni 22, a cui è succeduto nel gouerno, …*

去歲冬季，大汗 82 歲時故去。其妻二人，〔僅〕有一男。此男 22 歲承繼其權。（此據原件之義大利文謄錄並重譯）

64 葉崇賢在此地圖上記稱在康熙五十三年九月扎什巴圖爾過世的翌年，羅卜藏丹津以虛歲二十三歲（即西方文獻所指的 22 歲）之齡，接掌其父的統治權，回推其生年為康熙三十二年，先前有學者誤推成前一年。參見房建昌，〈從羅卜藏丹津的生年看西方天主教傳教士葉崇賢對青海史地的描寫和價值〉。

康熙朝厄魯特降人在戰亂中的境遇頗慘，甚至有「無衣服鋪蓋」者，故三十五年諭命應「完其夫婦，給以衣食」，[65] 並屢以其青壯貴族為侍衛：如三十五年十二月就一口氣授十幾人為藍翎以上侍衛，其中土克齊寨桑、米寨桑、韓都台吉為一等侍衛，馬穆古英寨桑、哈爾巴達爾漢寨桑、丹巴額爾德尼寨桑為二等侍衛；[66] 三十六年閏三月又授格壘沽英為散秩大臣，子吳巴什為一等侍衛；[67] 三十六年九月率家屬來降的丹濟拉，亦獲授散秩大臣，子多爾濟塞卜騰授一等侍衛。[68] 四十年六月亦嘗諭喀爾喀台吉等曰：

> 爾等數旗，窮困已極。自噶爾丹之事以來，爾諸蒙古朕皆一體豢養，爾台吉內尚有無馬徒步者……今將台吉內有馬一騎者，給牝馬九；有二騎者，給牝馬八；有三騎者，給牝馬七；有四騎者，給牝馬六；有五騎者，給牝馬五；無馬貧窮台吉，皆給牝馬十……八年後將所給原數，仍交牧場其孳生之馬……。[69]

願提供母馬給較貧窮的台吉蕃育以維持生計。是年九月甚至將被擒獲的噶爾丹（卒於三十六年三月）之子塞卜騰巴爾珠爾授為一等侍衛。[70]

再者，年羹堯於雍正元年十月初十日所上的滿文奏摺中，記羅卜藏丹津自述其起兵的緣由：

> 汝等所寄文書內，稱我為「反叛主子之罪人」。我無背叛聖主

---

65 《清聖祖實錄》，卷 174，頁 883、卷 177，頁 907。

66 《清聖祖實錄》，卷 178，頁 916。寨桑與台吉皆為蒙古部落首領的頭銜，出身成吉思汗黃金家族者為台吉，否則稱寨桑。

67 《清聖祖實錄》，卷 182，頁 950。

68 《清聖祖實錄》，卷 185，頁 976。

69 《清聖祖實錄》，卷 204，頁 84-85。

70 中國第一歷史檔案館編，《康熙朝滿文硃批奏摺全譯》，頁 184-185；《清聖祖實錄》，卷 205，頁 92；黑龍，《準噶爾蒙古與清朝關係史研究(1672-1697)》，頁 223-228。

> 之處。吾自小至長，從惡向善之所蒙恩者，皆由主子之恩威，全非鄙力也。[71]

若羅卜藏丹津從無擔任宮廷侍衛的經歷，而是一直待在其父青海親王的身旁成長，他應不會有「吾自小至長，從惡向善之所蒙恩者，皆由主子〔指康熙帝〕之恩威，全非鄙力」的阿諛說詞！又，雍正帝於五年十二月敕諭收容羅卜藏丹津之噶爾丹策零時有云：

> 羅卜藏丹津乃青海和碩特扎什巴圖爾之子，伊骨肉中無故弄兵，互相殘害……羅卜藏丹津乃敢悖我皇考聖祖養育之恩，負朕之德，侵犯內境……爾務須將羅卜藏丹津送來，朕念伊父扎什巴圖爾從前勞績，斷不將伊誅戮，仍施恩豢養。[72]

所謂「悖我皇考聖祖養育之恩」「仍〔仍然、還是〕施恩豢養」的語意，似均指羅卜藏丹津曾在康熙帝身邊當差並被培養。

曹寅奏摺中亦屢見使用「豢養」一詞，如稱「世蒙豢養，生歿殊榮」「自幼荷蒙聖恩豢養」「從幼豢養」等，而他於二十二歲之前已授三等侍衛。[73] 又，嘗自謂「由垂髫豢養……多年訓誨，至於成人」的福康安，在乾隆三十二年即以雲騎尉世職授三等侍衛，時年才十四歲。其弟福長安也自幼養於宮中，初授藍翎侍衛，故當嘉慶帝痛斥他是和珅的同黨時，即提到他「蒙皇考豢養二十餘年」。當時始任侍衛的年齡雖通常在十八歲左右，但一些宗室或勳舊重臣的下一代，往往於十五、六歲甚至更年輕時即侍直禁廷，特意提早培養。[74] 亦即，羅卜藏丹津確有可能以擔任侍衛的方式當差，希望能建

71 年羹堯的滿文奏摺先前雖已有譯本，但為求精確，下文凡可查得滿文原檔者，皆請吳國聖老師重新細譯。此條譯自臺北故宮所藏滿文宮中檔編號 156832，原譯可參見年羹堯撰，季永海等譯，《年羹堯滿漢奏摺譯編》，頁 17-18。

72 傅恒等，《平定準噶爾方略》，前編，卷 17，頁 17-18。

73 《關於江寧織造曹家檔案史料》，頁 25、64、78；黃一農，〈曹寅在京宦歷新考〉。

74 黃一農，〈史實與傳說的分際：福康安與乾隆帝關係揭祕〉。

立投順之和碩特部（與敗戰的準噶爾部同為厄魯特蒙古）與清廷間的關係。

質言之，清廷當時受噶爾丹之亂的影響，故多方籠絡歸順的蒙古貴族，亦即，羅卜藏丹津被授以侍衛並為其指配妻室一事應頗可能，該羈縻做法甚至亦不乏見於擄獲之降人中。至於曹寅何以支持此一婚事，除因此事是康熙帝主導外（見後），他或以扎什巴圖爾是當時和碩特部唯一的親王，故可合理預期其獨子羅卜藏丹津將來會襲爵，故己女很有機會成為王妃。

曹寅家或相當關切蒙古邊事，如三十五年七月江寧將軍鄂羅舜等曾言及當年春夏發生之戰役曰：「聖主親征百日內剿滅噶爾丹之事，雖于邸抄、人之所傳略有所聞，然每次均無頭緒，頃接織造郎中曹寅家書，聞之大概。今將聖主所行奇事，總督〔指兩江總督范承勳〕與我等閱視，方才細知聖主之奇行、密謀。」[75] 曹家親友中亦不乏有蒙古經驗者，如曹寅於康熙四十一年左右賦〈聞二弟從軍却寄〉，[76] 記其弟曹荃從軍一事，詩中就有「伏聞攘狄開邊隅」句。與曹寅同姓的「殷六表兄」，也於四十年之前有「南走儋耳，北度瀚海，舞con躍馬」的經歷，「瀚海」即指戈壁沙漠。[77] 至於曹寅在〈虎丘雪霽追和芷園看菊韻，寄松齋大兄、筠石二弟〉詩題提及的大兄曹松齋，其友李振裕於三十七年為他所賦的〈題曹松齋小影〉中，亦有「只今瀚海櫜戈日，正好臨風檢素書」句，「櫜（音“高”）」原稱收藏弓矢、盔甲的袋子，「櫜戈」乃引申為戰爭停息，此應指三十六年御駕親征平定噶爾丹之事。[78] 又，納爾蘇的嫡親祖母（達爾漢卓里克圖巴敦台吉之女）屬科爾沁蒙古，其父的庶福晉（額爾濟圖之女）也出自鄂爾多斯蒙古。[79]

---

75 中國第一歷史檔案館編，《康熙朝滿文硃批奏摺全譯》，頁 94。
76 曹寅，《楝亭詩別集》，卷 3，頁 7。
77 曹寅，《楝亭文鈔》，頁 4-5。
78 李振裕，《白石山房文稿》，卷 10，頁 15。
79 宗譜編纂處編，《愛新覺羅宗譜》，冊乙，頁 3151 及 3205。

亦即，曹寅及其親友對蒙古並不陌生，或許這也是他較易接受與蒙古聯姻的重要背景。檢順、康間為外藩安排的聯姻多是宗室女，但因皇室聯姻的針對性很強，而青海厄魯特部先前從不曾尚宗室女，[80] 故與皇帝私人關係密切且經濟優渥的包衣家族，就成為彼此可互補的婚配對象。尤有甚者，康熙帝既開先例為寵臣曹寅長女指婚平郡王納爾蘇，令其成為清代首位出身漢姓包衣的嫡福晉，就也可能授意曹寅將次女嫁給青海親王之子。[81]

有意思的是，在曹寅於康熙四十二年或稍早所撰的雜劇《太平樂事》中，第四齣《太平有象》演青海、西海、哈密、西藏等各族侍子和西洋舶主，因朝貢而在京歡度元宵佳節，並引大象獻寶。此齣是由「青海部落大都護」先出場，查唐代曾為督控邊境各民族而設有六個都護府，「皆親王遙領」。[82] 由於扎什巴圖爾在康熙三十六年冬始偕青海諸台吉入覲，翌年正月五日獲封為青海唯一的親王，是月十四日還獲邀參加元宵盛宴，[83] 前述巧合不禁令人懷疑該「青海部落大都護」乃以扎什巴圖爾為原型？

其實，如無康熙帝的介入，曹寅作為直屬皇帝的內務府「包衣下賤」，且每月幾乎皆有密摺進呈，恐不敢不稟報就私自與青海親王締為兒女親。[84] 此或可合理解釋他何以在康熙四十八年二月的奏摺（圖表 5.7）中記稱：

> 梁九功傳旨，伏蒙聖諭諄切，臣欽此欽遵。臣愚以為皇上左右侍衛，朝夕出入，住家恐其稍遠，擬於東華門外置房移居臣

80 杜家驥，《清朝滿蒙聯姻研究》，頁 424-427、676-695。

81 曹寅次婿在成婚時只是一名侍衛，即使他是青海親王之子，其身分也遠比不過已襲封平郡王數年的長婿納爾蘇。蘭良永，《紅樓夢文史新證》，頁 143-144。

82 《新唐書》，卷 49 下，頁 1310。

83 唐權，〈“倭語”之戲：曹寅《日本燈詞》研究〉；《清聖祖實錄》，卷 187，頁 990。

84 雖然八旗滿洲與八旗蒙古間的通婚相當平常，但除了愛新覺羅皇族外，滿洲異姓貴族及大臣與外藩蒙古通婚的事例則相當罕見。參見定宜庄，《滿族的婦女生活與婚姻制度研究》，頁 317-318。

> 婿……皆蒙主恩浩蕩所至，不勝感仰涕零。但臣係奉差，不敢脫身，泥首闕下，惟有翹望天雲，撫心激切，叩謝皇恩而已。

該由太監梁九功所傳的「聖諭諄切」之旨雖具體不詳（曹寅長女的婚事也是由梁氏傳旨；圖表 5.3），然康熙帝在大病初癒之際特別頒下諭旨，[85] 內容或就是對曹寅未來次婿的生活安排。曹寅因此回稱「欽此欽遵」，他還謂此「皆蒙主恩浩蕩所至，不勝感仰涕零……惟有翹望天雲，撫心激切，叩謝皇恩」。至於陳述已為次婿置田產、買奴僕的私事（此舉對該婿應很沒面子），[86] 一般說來是不太會主動對外人言（易被認為是炫耀家財），益知此一婚姻乃出自特恩安排，曹寅在摺中只不過低調地稟告皇帝他已遵旨妥為處理。

羅卜藏丹津的個人資料罕見於漢文文獻，故中國學界過去對其妻室一無所悉。我們最近在藏文典籍《དཔག་བསམ་རིན་པོ་ཆེའི་སྙེ་མ〔滿願寶穗〕》發現有相關記載（圖表 5.13），[87] 書中指稱藏曆木馬年（1714 年，康熙五十三年甲午歲）十二月某日，七世達賴的帳幕附近湧出一口泉水，時值丹津親王（བསྟན་འཛིན་ཆིང་ཝང，即羅卜藏丹津）與夫人 ཆོས་འཚོ（chos ’tsho；暫音譯作「崔措」）造訪。此泉剛出現時，可見三個泉眼直往上冒，觀者甚為驚奇，目為神跡。達

---

85 《清聖祖實錄》，卷 236，頁 362。

86 扎什巴圖爾雖貴為親王，但因初封時他才剛舉部避噶爾丹之亂，故經濟條件恐不佳（尤其在京師置產或生活更是居大不易）。無怪乎，當扎什巴圖爾於康熙三十七年隨駕巡幸時，帝還特諭遣還時要「給與馬駝」，此應是因其較窘困所致。杜爾伯特王車淩烏巴什亦有類似情形，他們於乾隆二十六年呈稱「伊等生計近漸饒裕，嗣後輪班隨圍，情願自備馬駝」，諭旨曰：「但伊等生計較前雖稍有起色，未必饒裕，若准其自備馬駝，尚恐不無拮据。」並命仍「照前給與馬駝」。參見《清聖祖實錄》，卷 187，頁 991、993；《清高宗實錄》，卷 645，頁 217。

87 此書為第三世章嘉活佛 ལྕང་སྐྱ་རོལ་པའི་རྡོ་རྗེས（若必多結，1717-1786）於 1758-1759 年間所著，記七世達賴喇嘛 བསྐལ་བཟང་རྒྱ་མཚོ（格桑嘉措，1708-1757）之生平傳記，其內容翔實可信，為這段時期的藏區歷史提供了另一視角的觀點，並保存它處未見的重要史料。有關此書的討論可參見 A. И. Востриков, *Тибетская Историческая Литература*, p. 307。

賴喇嘛因此指示「於該泉水之上，設立我〔達賴〕、丹津、al thas（ཨལ་ཐས）、chos 'tsho 等人的旗幡，並念經祭祀五日」，[88] 其中崔措與 al thas 在書中皆應為親王之夫人。由於羅卜藏丹津迄康熙五十五年十二月才正式襲封（其父於五十三年九月已薨），知所謂的「丹津親王」或為追記此事時的尊稱。[89]

《滿願寶穗》中還數度提到羅卜藏丹津攜眾夫人參加達賴的活動，顯見兩人間互動緊密，而除了上述設立旗幡的引文外，其行文順序多半是以崔措緊接在羅卜藏丹津之後；當三人並列時，則依序為羅卜藏丹津、夫人崔措與夫人 al thas（圖表 5.13）。[90] 亦即，崔措是嫡福晉的可能性最大。此外，我們還能從人名本身得到另一些訊息："al thas" 完全非藏語，而是音譯，且從首音節 "al" 來看，她很可能是位蒙古妃子；至於 "chos 'tsho" 兩字的直譯，分別為「法」及「生存/飼養/醫治」，不僅與藏文的慣用語不合，也非習見之藏族、蒙古族人名，但卻恰與達賴喇嘛母親 བློ་བཟང་ཆོས་འཚོ（暫音譯作「羅卜藏崔措」；blo bzang chos 'tsho）之名相同，考量 "chos 'tsho" 之清代發音的兩個音節與漢語「曹」字發音皆相近，不知此名有無可能因內含曹寅次女漢姓之對音，而成為達賴賜名的靈感來源？[91]

---

88 ལྕང་སྐྱ་རོལ་པའི་རྡོ་རྗེས，《དཔག་བསམ་རིན་པོ་ཆེའི་སྙེ་མ》，頁 48。

89 《滿願寶穗》兼具實錄及追記史事之功能，故此書在羅卜藏丹津尚未襲爵時，行文中除直稱其「羅卜藏丹津」，有時亦會以後來之貴銜「親王」概括尊稱。

90 如 ལྕང་སྐྱ་རོལ་པའི་རྡོ་རྗེས，《དཔག་བསམ་རིན་པོ་ཆེའི་སྙེ་མ》，頁 116、154。

91 查索 rKTs、thlib、ESUKHIA、ACIP、OSBL、Adarsha、BDRC、BUDA 等藏文經典的大型資料庫，在所有可稽的藏語文獻（甘珠爾、丹珠爾、苯教藏經、先賢文集）中，"chos 'tsho" 一詞幾乎不曾出現。再耙梳 BDRC (Buddhist Digital Resource Center) 人名資料庫，僅兩人的名字內可見此元素，其它藏文文獻中也只有極少數案例以此為名。在此情況下，七世達賴之母 བློ་བཟང་ཆོས་འཚོ（羅卜藏崔措，blo bzang chos 'tsho）的名字恰為羅卜藏丹津與崔措夫婦之部分名字的合體，這就恐非偶合，而有可能是達賴喇嘛取其母名之後半，賜名與羅卜藏丹津的嫡夫人所致。又，近有網友指稱 "al thas" 及 "chos 'tsho" 兩名應分別是羅卜藏丹津之母 "altai katun"（阿爾泰哈屯）及 "chos mtsho"（法海），然經仔細回查後，發現此臆測皆與原典不合。

圖表 5.13： 漢、滿、藏文獻中有關羅卜藏丹津妻室的記載。

《དཔག་བསམ་རིན་པོ་ཆེའི་སྙེ་མ〔滿願寶穗〕》

ཟླ་བ་བཅུ་གཉིས་པའི་ནང་དུ་……ཆུ་མིག་བརྡོལ་བ། བསྟན་འཛིན་ཆིང་ཝང་དང་། དཔོན་མོ་ཆོས་འཚོ་ཞབས་སོར་ལ་བྱོན་པ་དང་འཁྲིག ཆུ་དེ་ཐོག་མར་ཐོན་དུས་རང་གསུམ་ཡོད་པ་…… ཆུ་མིག་དེའི་སྟེང་དུ་རེད་རང་། བསྟན་འཛིན། ཨལ་ཐས། ཆོས་འཚོ་རྣམས་ཀྱི་དར་ལྕོག་རེ་ཚུགས། （頁47-48）

十二月之中……泉水湧現，恰與丹津親王及夫人chos ’tsho來訪同時……於該泉水之上，設立我〔達賴〕、丹津、al thas、chos ’tsho等人的旗幡。

བསྟན་འཛིན་ཆིང་ཝང་།ཆོས་འཚོ།…… སོགས་བླ་དཔོན་མང་པོས་ཟང་ཟིང་གི་བདོག་པ་རྒྱ་ཆེར་བཀྲམ། དེ་དག་ལ་འང་ཆོས་དང་དངོས་པོའི་སྦྱིན་པས་ཆིམས་པར་མཛད། （頁116）

丹津親王、chos ’tsho……等許多上官們排列了巨量財貨，〔達賴喇嘛〕也對他們授法且頒贈物品，使其滿足。

བསྟན་འཛིན་ཆིང་ཝང་ནག་ཆུར་ཕེབས་རྒྱུ་དང་། དཔོན་བསོད་ནམས་བཀྲ་ཤིས། དཔོན་མོ་ཆོས་འཚོ། དཔོན་མོ་ཨལ་ཐས། …… ཕྱིར་ལོག་ལ་ཐོན་ཕྱག་སྟུལ། （頁154）

〔達賴喇嘛〕為了……去那曲的丹津親王、即將歸返的姪子〔或頭人〕索南札西、夫人chos ’tsho、夫人al thas……辭行。

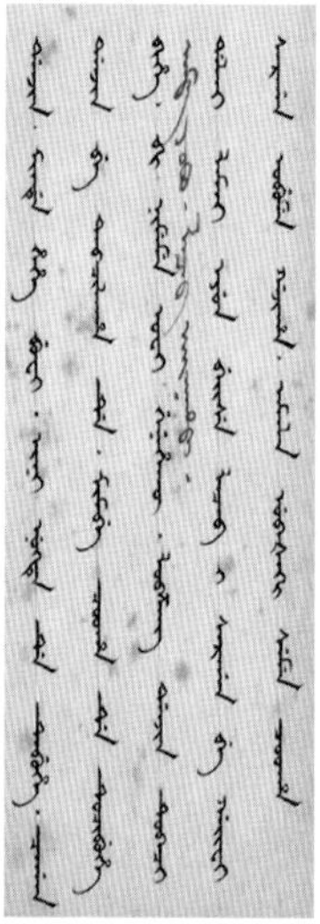

大笑話，拉察布怎麼樣了（宮中檔編號155837）

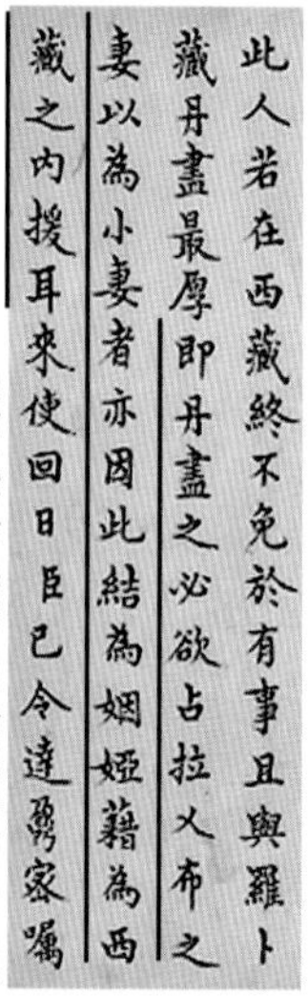

此人若在西藏終不免於有事且與羅卜藏丹盡最厚即丹盡之必欲占拉乂布之妻以為小妻者亦因此結為姻婭藉為西藏之內援耳來使回日臣已令達賴家囑

（臺北故宮藏宮中檔編號023268）

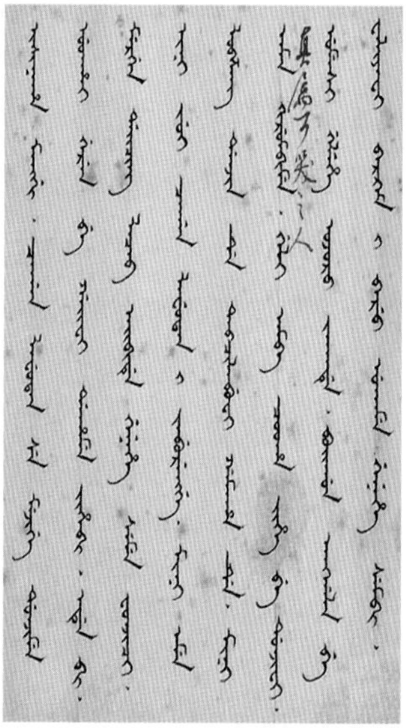

察罕喇卜坦等聞訊，即率眾來降。〔我〕問：「墨爾根戴青拉察布已前往何處?」其〔拉察布〕子察罕喇卜坦供稱：「我母被羅卜藏丹津掠去時，我父感到羞愧〔旁注漢文硃批：真屬可笑之人〕，又聞大軍前來，因極為恐怯之故，棄家業、人戶，逃去巴爾喀木矣。」云云。

（宮中檔編號157164）

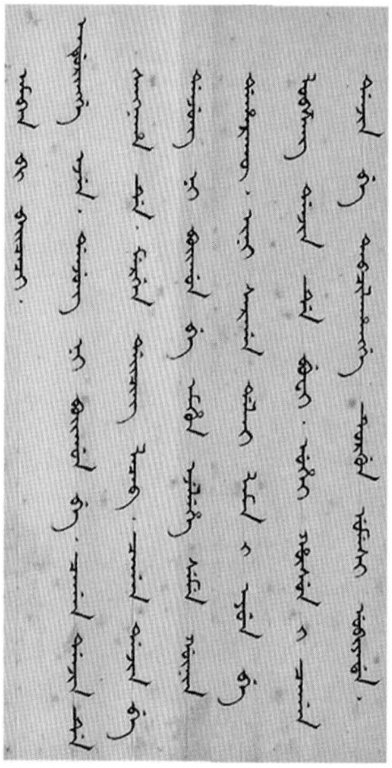

臣竊查知「聖主將丹忠之眷屬賞給察罕丹津時，墨爾根戴青拉察布因察罕丹津獨占丹忠之眷屬，而不歸心服從。將其〔拉察布〕妻，即達賴喇嘛之姊給予羅卜藏丹津，並〔與羅卜藏丹津〕協力掠奪察罕丹津」等因，甚為可惡。

（宮中檔編號157164）

羅卜藏丹津不僅在康熙五十三年時已有兩位夫人，從文獻中得知他還有其他婚配對象。此因雍正元年十二月十三日年羹堯奏稱：

> 臣竊查知「聖主將丹忠之眷屬賞給察罕丹津時，墨爾根戴青拉察布因察罕丹津獨占丹忠之眷屬，而不歸心服從。將其〔拉察布〕妻，即達賴喇嘛之姊給予羅卜藏丹津，並〔與羅卜藏丹津〕協力掠奪察罕丹津」等因，甚為可惡。[92]

該娶七世達賴姊的拉察布（拉查卜、拉叉布，滿文名 *Lacab*）是察罕丹津兄之子，他因不滿察罕丹津在其姪貝子丹忠過世後，獨占丹忠的家口及屬下，遂附羅卜藏丹津，[93] 並以己妻給之。雍正帝稍後在年羹堯的另摺中，對此事有硃批曰：「大笑話，拉察布怎麼樣了〔*amba yobo, Lacab ainahabi*〕！」[94] 又，年羹堯亦奏稱羅卜藏丹津與達賴喇嘛之父索諾木達爾扎最厚，「必欲占拉叉布之妻以為小妻者，亦因此結為姻婭，藉為西藏之內援耳」（圖表 5.13）。[95] 至於羅卜藏丹津娶再醮之達賴喇嘛姊為「小妻」（雖通常意指妾，[96] 然此應屬西藏的多妻婚俗）一事，究竟是其主動攫奪還是被動獲贈（圖表 5.13），已難考實，但因兩家的關係原本就十分親近（羅卜藏丹津亦將其亡兄之女嫁給達賴喇嘛之兄），[97] 知此婚姻明顯帶有政治意圖。無怪乎，羅卜藏丹津起事後不僅青海地區的喇嘛多聞風響應，連西藏亦為之震動。[98]

---

92 此條重譯自臺北故宮藏滿文宮中檔編號 157164，先前譯文可見年羹堯撰，季永海等譯，《年羹堯滿漢奏摺譯編》，頁 52-53。

93 《清世宗實錄》，卷 8，頁 159；祁韻士等，《欽定外藩蒙古回部王公表傳》，卷 82，頁 47；郭勝利，〈有關康雍朝阿爾布巴一則史料之考證〉。

94 此條重譯自臺北故宮藏滿文宮中檔編號 155837，先前譯文見年羹堯撰，季永海等譯，《年羹堯滿漢奏摺譯編》，頁 162-163。

95 臺北故宮藏漢文宮中檔編號 023268。

96 鄭珍，《親屬記》，卷 1，頁 21。

97 郭勝利，〈有關康雍朝阿爾布巴一則史料之考證〉。

98 臺北故宮藏滿文宮中檔編號 156803、157141，以及漢文宮中檔編號 023270；《宮中檔雍正朝奏摺》，第 26 輯，頁 440。

三、大歷史、家史與小說的對話

曹寅次女在北京結婚的確切時間不詳，僅知於康熙四十八年二月之後不久，由於女方家長理應不會缺席，故我們或可從曹寅的行程試加推判。曹寅在四十六年冬鹽差任滿後即返京覆命（隔年述職一次），十二月十八日陛見，隨具摺條陳織造事宜六款。四十七年二月初三日面奉聖諭：「除修理機房、船隻，停支買辦銀兩三件准行外，惟制帛、線羅、誥命，每年應用若干，工部現存若干，須核實再一並啟奏。」十一日曹寅離京，三月初一日抵江寧衙門，當日即奏稱「臣螻蟻下賤，過蒙聖恩，感激涕零，涓涯莫報」。七月十五日曹寅接家信，得知長女已為平郡王誕育世子，奏曰「過蒙聖恩優渥，皇上覆載生成之德，不知何幸，躬逢值此。臣全家聞信，惟有設案焚香，叩首仰祝而已」。九月初一日曹寅因被復差巡視兩淮鹽課，[99] 其謝恩摺中又再度使用「過蒙皇恩優渥」一詞。此後至四十八年冬，曹寅才又回京述職（十一月十一日人仍在揚州），四十九年二月初二日他扈從康熙帝出發巡遊五臺山，三月返抵揚州。據此，曹寅應於四十六年十二月陛見時獲知皇帝為其次女指配，接著在翌年正月與男方談妥婚事，預訂曹寅下次返京述職期間完婚。四十八年二月曹家先由曹顒伴妹至北京準備婚事，並為妹夫置產，婚禮應最可能安排在四十八、九年之交舉行。

由於康熙帝對曹寅兩女婚姻的指配都遠超乎常例，長女又替平郡王生下世子，且命曹寅續接鹽差，難怪曹寅會在前引四十七年的三份奏摺中，皆以「過蒙〔聖恩或皇恩〕」來深表對這些逾格特恩的感激之情，而曹寅尚存的一百多件奏摺中，就僅這三次出現「過蒙」一詞！[100] 四十九年三月曹寅

---

[99] 曹寅與李煦雖奉旨於康熙四十三至五十三年間輪管兩淮鹽務，但形式上仍每年欽點兩淮巡鹽御史。《關於江寧織造曹家檔案史料》，頁 22-23。

[100] 他通常是用詞意未如此強烈的伏蒙聖恩、荷蒙聖恩、仰荷聖恩、叩謝聖恩、幸蒙聖恩、叨蒙聖恩、仰報皇恩、上賴皇恩、叩謝皇恩等，總計約八十幾次。

於回南後賦〈和同人東村招飲見懷三首〉，內有「幽天〔西北方的別稱〕急奏書」「并州〔包含內蒙古、山西和河北等地〕舉策長」句，七月的〈避熱〉有「秪今草碧灤京〔原指位於今內蒙古的元上都〕路」句，均出現曹寅詩文中少見的蒙古元素（圖表 5.14），此應與其次婿有所關連。[101]

曹寅下次（也是最後一次）回京述職在五十年冬，他於翌年正月為「朝正外藩宴」（「朝正」原指諸侯和臣屬於正月朝見天子）所賦的〈暢春苑張燈賜宴歸舍，恭紀四首〉，也充塞與外藩蒙古相關的語境。查康熙中晚期的朝正外藩宴每年舉行三次：一是除夕，在保和殿；二是正月十四，在暢春園；三是正月十五，同在暢春園。五十年十二月三十日午時，上御保和殿，以歲暮宴朝正外藩諸王。次年正月初二日駐蹕暢春園，十四日在園內的「萬樹紅霞」勝景以燈戲、火戲賜諸王公大臣，參加者除左翼科爾沁和碩卓禮克圖親王巴特馬、右翼喀爾喀和碩親王達錫敦多普等二十九名外藩的王、貝勒、公、台吉外，另有內大臣、侍衛、大學士等。其中巴特馬及達錫敦多普二人行至御座前，由康熙皇帝親授飲，餘者俱令侍衛於其坐次分觴授飲。十五日午時，又再度於萬樹紅霞賜宴朝正外藩。清廷乃利用上元筵宴作為外交舞臺，並透過燈火戲表演產生的威懾效應，以遂行其懷柔羈縻的政治目的。[102]

曹寅的〈暢春苑張燈賜宴歸舍……〉應是在出席五十一年正月十四或十五日的御宴後所賦，詩中先以「蘭臺〔御史臺的別稱〕異數曾沾渥，賦擬枚臯〔通“皋”〕拙未能」句，指出他能以常年輪值巡鹽御史的身分參與此宴，純屬特恩，故原本欲倣漢•枚皋（以下筆敏捷出名，受詔輒成）寫一篇賦記盛，惜未成。接著稱「憶祝堯年書甲子，重瞻玉曆紀壬辰」，謂此事令自

101 白新良，《清史考辨》，頁 382-391；《關於江寧織造曹家檔案史料》，頁 47-56、76、78、93；蘭良永，《紅樓夢文史新證》，頁 135-139。

102 康熙朝的火戲「象四征九伐，萬國咸賓之狀，紛綸揮霍，極盡震炫而後已」。參見徐尚定標點，《康熙起居注》，冊 7，頁 403-416；毛奇齡，《西河合集》，詩話，卷 5，頁 13-14；張小李，〈清宮上元節外藩宴與藩屬關係考論〉。

己想起康熙二十三年甲子歲時曾以侍衛身分初次參加此宴，至五十一年壬辰歲才又再度獲邀。「狂收瀚海鯨鯢靖」句乃指平定噶爾丹等，以凶猛吞食小魚的鯨和鯢，用做凶暴不義者之喻。至於「遐荒旃毳仰陶甄」與「乍眩青紅列只孫」句，均描寫蒙古貴族的穿著，其中旃毳（音「沾翠」）指以鳥獸毛皮製成的衣服；陶甄為製造陶器所用的旋盤，比喻運籌帷幄、治理天下的君王；「只孫」為蒙古語 *jisü(n)* 的音譯，指元代參加內廷大宴時所穿的官服。[103]

曹寅本無資格參加康熙五十一年的朝正外藩宴，因其既非外藩王公，亦非內大臣、大學士或侍衛。然羅卜藏丹津應有機會以蒙古侍衛的身分與宴，此因其父扎什巴圖爾（當年未入覲）是青海和碩特部最具影響力且唯一的親王，故曹寅很可能以其對次女婚事的全力配合，獲得康熙帝特邀與二女婿一同參加此宴，遂有前詩中「蘭臺異數曾沾渥」之謂。

五十一年上元之後春節即告尾聲，然因帝仍駐蹕暢春園，故部院各衙門的奏章每日皆交內閣，再由內閣轉送暢春園聽理，但應面奏事件仍行面奏。正月底，康熙帝自暢春園啟行巡幸霸州等處。[104] 曹寅初或隨行，並賦有〈正月二十九日隨駕入侍鹿苑，二月初十日陛辭南歸……〉（圖表 5.14），在「期門百隊龍旂後，更有名王萬騎陪」後，註稱「喀爾喀、厄魯德盡歸旗，奉藩來朝」，期門原指漢武帝所設立的禁衛軍；「舊屬佽飛能搏虎，分番郎舍盡攻文」句，或謂隨駕隊伍中有其原任侍衛時的部屬，現多已允文允武，佽（音「次」）飛本為古代勇士，後用以形容穿著輕裝疾馳若飛的武官；[105]「府制精嚴備聖朝，漫言干戚靖三苗。請看邊海車書會，坐致蠻荒兵甲銷」句，頌揚領侍衛府的侍衛，干戚謂征戰（干的本意為盾牌，戚為大斧），邊海

103 蘭良永，《紅樓夢文史新證》，頁 137-139。

104 徐尚定標點，《康熙起居注》，冊 7，頁 407、412。

105 班固等，《漢書》，卷 8，頁 260。

指戈壁大漠，車書謂推行制度。曹寅於詩末且以「束髮舊曾充狗監」句，懷念年輕時在宮裡當差的歲月。由於曹寅涉及外藩的詩文很少，卻皆見於遣嫁次女之後的兩年間（圖表 5.14），此很可能全與其蒙古次婿攸關。

圖表 5.14： 曹寅與西疆有關的詩文。

❖曹寅，《楝亭詩鈔》

◆康熙四十九年三月

和同人東村招飲見懷三首
（中略）
氷雪榆關夢幽天急奏書一年遲落雁萬里奉周
廬老傍期門隊歸乘使者車南轅兼北轍筋力竟
何如
飼雀編新柴觀魚築舊梁不通騎馬客中隱讀書
堂上日題襟數并州舉策長屬詞知後勁有分寄
滄浪

卷七頁四

◆康熙四十九年七月

避熱
（中略）
老樹依鄰正夕曛風翻青子隱堦聞地闊是木多
奇壽天迥非時見紫雲佩筆六番充侍從籌更五
夜坐將軍秖今草碧灤京路夢繞龍媒萬馬羣 銀杏

卷七頁七至八

◆康熙五十一年正月

暢春苑張燈　賜宴歸舍恭紀四首
月路煙霄徹地澄上林春爍九華燈暖隨榆柳初
傳火象衍魚龍漸泮冰閣外蒼山排玉笋盤中珍
果薦寘綾蘭臺異數曾沾渥賦擬枚臯拙未能
遐荒旃毳仰陶甄筐篚微忱切下臣憶祝
堯年書甲子重瞻玉曆紀壬辰狂收瀚海鯨鯢靖
清潤瑤山草木新
上壽普天歌
聖孝生民同慶太平春
光浮太乙照千門徧召陽和布密
恩輦路餘麏數細草籞闌分餉及中尊久慭衰病
承貂珥乍眩青紅列只孫放仗幾家籠蜜炬綏歸

卷八頁二

（接上）
騎馬月中村
風香繞路拂紅綃自擬長忝寄具寮湖滙萬泉清
地紀春迴北斗見天標幸無鄰比喧腰鼓懶逐游
人上塊橋寶勒金鞍少年事秖應龕火伴幽寥

◆康熙五十一年二月

正月二十九日隨
駕入侍鹿苑二月初十日
陛辭南歸恭紀四首
雲影觚稜曙色開雞鳴問寢
大家來天長上苑應修禊節近中和巳涛雷鞴帳
行開稍麥宴鑾輿高出晾鷹臺期門百隊龍旂後
更有名王萬騎陪 喀爾喀厄魯德並歸旗來藩來朝
一層宮樹一層雲五柞長楊望不分舊屬佽飛能
搏虎分番郎舍盡攻文濡毫乙夜酬封事列陛辛
盤賜禁軍䕺玉廿年空皓首衰殘何以報吾
君
府制精嚴備
聖朝漫言干戚靖三苗請看邊海車書會坐致蠻
荒兵甲銷幾輔治繁須大尹殿庭宿衛有驃姚執
楝亭詩鈔卷八　三
鞭敢奉周廬士又趁星槎萬里遙 盛京黑龍江浙江西安將軍俱同陛見
二月浮陽似水明紅門萬勒寂無聲地寒沙柳藏
狐兔道僻村墟聚麕麖束髮舊曾充狗監彎弧中
歲度龍城
宸游扈從期何日空檢丹黃註兩京

卷八頁二至三

羅卜藏丹津在成為曹寅二女婿之後，因受曹家親友的牽連與影響，開始站上康熙末年儲位鬥爭以及清代奠定西疆的大歷史舞台。現據《清實錄》等文獻，略述重要史事如下：康熙五十七年皇十四子胤禎（*jeng*；音同「爭」，[106] 其名於皇四子胤禛即位後因避帝諱而改成允禵）受命為撫遠大將軍、王（附錄 5.5），征討攻佔拉薩的準噶爾部首領策妄阿喇布坦（噶爾丹兄僧格子，但叔姪長期反目）。[107] 五十九年正月胤禎命平郡王納爾蘇駐防古木（今蒙古國西北部的烏蘭固木）；十月平逆將軍延信擊敗大策零敦多卜（噶爾丹弟卜穆子）。六十年十月胤禎被召回北京面授方略，納爾蘇代掌其印。翌年三月胤禎還軍，十一月又趕回京奔帝喪，其大將軍印務則由延信署理。

雍正元年二月敘青海蒙古部從征西藏之功，羅卜藏丹津僅略加銀、緞，[108] 而與其不合的察罕丹津則晉親王；五月帝將邊疆事務俱交川陝總督年羹堯辦理；六月心懷不平的羅卜藏丹津攻青海郡王額爾德尼額爾克托克托鼐，八月脅眾台吉攻察罕丹津，掠青海諸部；十月已陞貝勒的延信奉旨將其所護理的撫遠大將軍印送至西寧移交年羹堯；延信另獲授平逆將軍印信，負責防守甘肅甘州沿邊等處。二年三月，年羹堯以平定羅卜藏丹津之功，封一等公，再賞一精奇尼哈番。[109]

前述提及的許多人皆在雍正帝即位後因政治因素遭到整肅，其中不乏與曹家有戚屬關係者（圖表 5.15）：如納爾蘇是曹寅長婿；年羹堯初娶納蘭成德次女，其繼娶的阿濟格裔孫素嚴女，則是曹雪芹好友敦敏、敦誠的堂姑，又，成德之母乃阿濟格第五女，曹寅祖父曹振彥曾長期擔任阿濟格王府

---

106 北京故宮博物院藏康熙六十年御極詩文壽字圍屏上，即清楚可見「臣胤禎」和「臣胤禛」進呈之詩。參見 https://kknews.cc/zh-tw/history/2nypm6g.html。

107 張建，〈再造強權：準噶爾琿台吉策妄阿喇布坦崛起史新探〉。

108 僅加俸銀二百兩、緞五匹，其親王俸祿原本是歲給銀二千兩、緞二十五疋。參見允祹等，《欽定大清會典則例》，卷 51，頁 41。

109 周遠廉主編，《清朝興亡史》，卷 4，頁 193-262。

的長史；延信是成德妹婿延壽（又作延綬；康熙十七年襲溫郡王，三十七年降貝勒）弟，其婿阿爾松阿乃阿靈阿子，阿靈阿之父遏必隆與成德之父明珠又皆是阿濟格婿。納蘭家介入康熙諸子間的奪嫡之爭尤深，如成德弟揆敘的次子永福即娶胤禟之女，長子永壽（其長女嫁納爾蘇的第四子福秀）的嫡妻關思柏亦拜胤禟為乾爹，其家還先後提供百餘萬兩銀給胤禟，以幫助他邀結人心。雍正帝應是在坐穩皇位之後陸續對其政敵展開清算，並以「兔死狗烹」的做法大殺功臣。[110]

羅卜藏丹津亦參與征討策妄阿喇布坦的行動，他一直期望能因功獲授「藏王〔意謂"持教法王"〕」的崇階，從準噶爾手中恢復和碩特蒙古部落原本統治青海與西藏的榮光。[111] 但隨著皇四子胤禛的登基，反對勢力被次第翦除，胤禵於康熙六十一年十一月被雍正帝召回京師，納爾蘇亦在十二月二十四日奉旨將署理的大將軍印敕移給輔國公延信，且於次日即起程赴京。[112] 朝廷又大力扶持與其敵對的察罕丹津，羅卜藏丹津眼看多年來爭取的目標破滅，遂於雍正元年六月起兵反清，且勒令眾人尊呼其頭銜為「達賴混台吉」，並各自回復舊日名號，一概不許使用清朝之王、貝勒、貝子、公等封號。[113] 二年三月羅卜藏丹津兵敗，只得率殘部投奔原先的敵人策妄阿喇布坦。由於清廷仍期望有機會將其招降，雍正帝因此頒有「羅卜藏丹津至，仍宥罪」之旨，[114] 曹頫家也或因此未立即遭罪。

---

110 黃一農，《二重奏：紅學與清史的對話》，頁 438-448。

111 臺北故宮藏漢文宮中檔編號 023892 及 024408。

112 《清世宗實錄》，卷 1，頁 33、卷 3，頁 80。

113 《清世宗實錄》，卷 8，頁 157、卷 10，頁 191、卷 11，頁 204。混台吉又作「渾（琿）台吉」，是蒙古王族中的頭銜，相當於副汗。

114 祁韻士等，《欽定外藩蒙古回部王公表傳》，卷 81，頁 42。

圖表 5.15： 與曹寅家相關的人脈網絡。

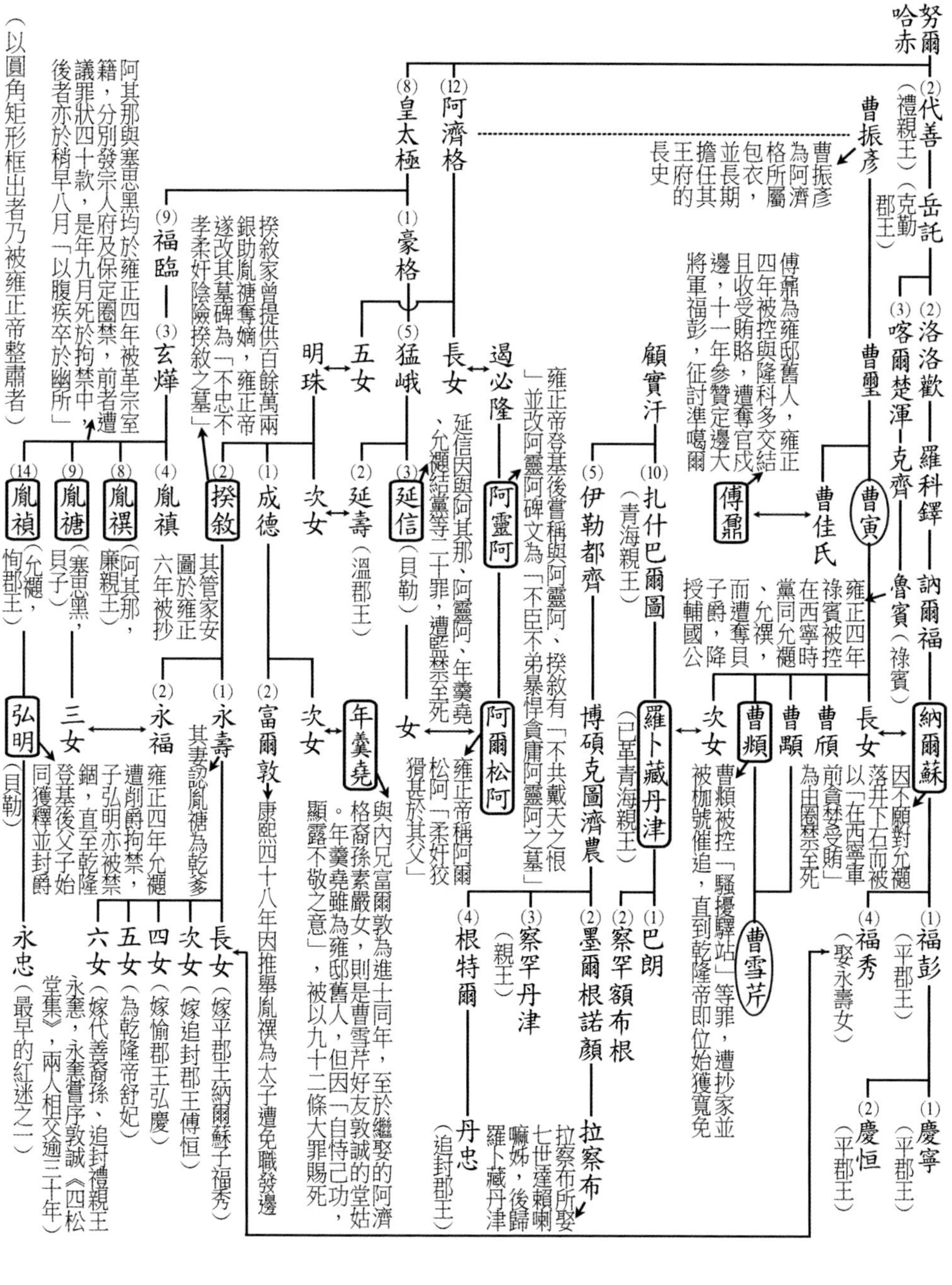

努爾哈赤

(2)代善（禮親王）— 岳託（克勤郡王）— (2)洛洛歡 — 羅科鐸 — 訥爾福 — 納爾蘇

納爾蘇：因不願對允禵落井下石而被以「在西寧軍前貪婪受賄」為由圈禁至死

(1)福彭（平郡王）— (1)慶寧（平郡王）

(4)福秀（娶永壽女）— (2)慶恒（平郡王）

(3)喀爾楚渾 — 克齊 — 魯賓（祿賓）

雍正四年祿賓被控在西寧時黨同允禵、允禩，而遭奪貝子爵，降授輔國公

曹振彥 — 曹璽 — 曹寅

曹振彥為阿濟格所屬包衣，並長期擔任其王府的長史

曹寅 — 曹佳氏 ↔ 傅鼐

傅鼐為雍邸舊人，雍正四年被控與隆科多交結，且收受賄賂，遭奪官戍邊，十一年參贊定邊大將軍福彭，征討準噶爾

曹寅 — 長女（↔ 納爾蘇）、曹頎、曹顒、曹頫、次女

曹頎：為由圈禁至死

曹顒 — 曹雪芹

曹頫被控「騷擾驛站」等罪，遭抄家並被枷號催追，直到乾隆帝即位始獲寬免

次女 ↔ 羅卜藏丹津（已革青海親王）

顧實汗 — (10)扎什巴爾圖（青海親王）— 羅卜藏丹津 — (1)巴朗、(2)察罕額布根

顧實汗 — (5)伊勒都齊 — 博碩克圖濟農 — (2)墨爾根諾顏 — 拉察布；(3)察罕丹津（親王）；(4)根特爾 — 丹忠（追封郡王）

拉察布所娶七世達賴喇嘛姊，後歸羅卜藏丹津

(12)阿濟格 — 長女 ↔ 遏必隆 — 阿靈阿 — 阿爾松阿

雍正帝登基後嘗稱與阿靈阿、揆敘有「不共戴天之恨」，並改阿靈阿碑文為「不臣不弟暴悍貪庸阿靈阿之墓」

雍正帝稱阿爾松阿「柔奸狡猾甚於其父」

(8)皇太極 — (1)豪格 — (5)猛峨 — (3)延信（貝勒）— 女 ↔ 阿爾松阿

延信因與阿其那、阿靈阿、年羹堯、允禵結黨等二十罪，遭監禁至死

五女 ↔ 明珠 — 次女 ↔ (2)延壽（溫郡王）

明珠 — (1)成德 — (2)富爾敦；次女 ↔ 年羹堯

富爾敦：康熙四十八年因推舉胤禩為太子遭免職發邊

年羹堯與內兄富爾敦為進士同年，至於繼娶的阿濟格裔孫素嚴女，則是曹雪芹好友敦誠的堂姑。年羹堯雖為雍邸舊人，但因「自恃己功，顯露不敬之意」，被以九十二條大罪賜死

(9)福臨 — (3)玄燁 — (2)揆敘、(4)胤禛、(8)胤禩（阿其那，廉親王）、(9)胤禟（塞思黑，貝子）、(14)胤禎（允禵，恂郡王）

揆敘家曾提供百餘萬兩銀助胤禩奪嫡，雍正帝遂改其墓碑為「不忠不孝柔奸陰險揆敘之墓」

揆敘：其管家安圖於雍正六年被抄

阿其那與塞思黑均於雍正四年被革宗室籍，分別發宗人府及保定圈禁，前者遭議罪狀四十款，是年九月死於拘禁中，後者亦於稍早八月「以腹疾卒於幽所」

揆敘 — (1)永壽、(2)永福

永壽：其妻認胤禟為乾爹

永福 ↔ 三女（胤禟女）

雍正四年允禵遭削爵拘禁，子弘明亦被禁錮，直至乾隆登基後父子始同獲釋並封爵

胤禎 — 弘明（貝勒）— 永忠（最早的紅迷之一）

永壽 — 長女（嫁平郡王納爾蘇子福秀）、次女（嫁追封郡王傅恒）、四女（嫁愉郡王弘慶）、五女（為乾隆帝舒妃）、六女（嫁代善裔孫、追封禮親王永恩，永恩曾序敦誠《四松堂集》，兩人相交逾三十年）

（以圓角矩形框出者乃被雍正帝整肅者）

附錄 5.5

康雍之際的撫遠大將軍

康熙皇四子胤禛與皇十四子胤禵是同母兄弟，但他們亦為康熙末年奪嗣之爭的主要當事人。先前學界有誤以胤禵是清朝歷史上唯一的「大將軍王」，並認為此稱謂與王爵無關，僅是一特例稱呼，且又錯指其在康熙朝的最高爵位為固山貝子。[115] 檢弘旺（皇八子胤禩長子）的《皇清通志綱要》，明確記皇十四子胤禵於康熙四十八年三月初十日封貝子，五十七年三月中旬授其為王（恂郡王）、撫遠大將軍（圖表 5.16），[116] 且《清實錄》亦可見「大將軍公圖海」「大將軍公費揚古」「大將軍伯費揚古」「大將軍公傅爾丹」「大將軍公慶復」等名，知在大將軍銜後所加的「公」「伯」「王」均應是封爵。雍正九年十一月以靖邊大將軍銜征討噶爾丹策零的順承親王錫保，即被稱為「大將軍、王」。[117]

亦即，胤禵於康熙五十七年十月獲授撫遠大將軍時，並非如《清實錄》所稱只是固山貝子，[118] 而是已封恂郡王。由於擔心此事會被政敵用來論證康熙帝是否屬意胤禵承嗣，故胤禛即位後，官方文獻即多方抹除相關敘述，雍正帝甚至在元年五月聲稱自己為撫慰亡母，才將允禵從貝子晉封為郡王。[119] 《清實錄》記胤禵之事時，因此多只稱「大將軍允禵」（凡三十六次）。但官書中仍有少數刪削未盡，如《清世宗實錄》在雍正元年二月初十日條就露餡，稱「大將軍、王允禵」；同日的上諭亦兩度提及「大將軍、王允禵」；另，出現三十次「大將軍允禵」的《平定準噶爾方略前編》，也有一條未改到的「大將軍、王允禵」。[120]

115 鍾振林，〈此王非彼王：胤禵"大將軍王"稱呼研究〉。

116 弘旺，《皇清通志綱要》，卷 4 下，頁 16-17、53、68。

117 《清世宗實錄》，卷 112，頁 497、卷 122，頁 610。

118 《清聖祖實錄》，卷 281，頁 479。

119 《清世宗實錄》，卷 7，頁 150。

120 《清世宗實錄》，卷 4，頁 98；允祿等編，《世宗憲皇帝上諭內閣》，卷 4，頁 6-7；傅恒等，《平定準噶爾方略》，前編，卷 11，頁 1。

清代只有在康、雍兩朝授撫遠大將軍，其中康、雍之際奉派出任此職的允禵、年羹堯，以及其間暫署印信的納爾蘇、延信，均先後遭整肅。雍正三年十二月允禵遭控先前任大將軍時，「任意妄為，苦累兵丁，侵擾地方，軍需帑銀，徇情糜費」，故自郡王降為固山貝子，且控其與允禩、允禟（四年五月奉旨改名塞思黑）結黨營私等罪，四年五月與子白起同被禁錮於壽皇殿旁，至乾隆帝即位後始獲釋。[121] 年羹堯雖屬雍邸舊人，且與隆科多同為擁立雍正登基的重要推手，但因「自恃己功，顯露不敬之意」，亦於三年十二月被論罪賜死。[122]

雍正元年七月回京之納爾蘇奉命掌理上駟院（圖表 5.5），先因「擅責一馬甲」，永遠停俸，[123] 四年七月更以其「行止卑污，在軍前貪劣素著，及署大將軍印務，更肆婪贓，索詐地方官銀兩」，革退並「在家散禁〔指不加枷鎖但不得出門〕」，其爵由長子福彭承襲。納爾蘇的族伯貝子魯賓（祿賓）亦於四年二月被控在西寧時黨同允禵、允禩，而遭降授輔國公，並沒收其佐領。[124] 納爾蘇應是不願對允禵落井下石而遭罪，即使弘曆登極時恩赦天下，仍以其「平日行為惡劣，不安本分，情屬可惡」，命「在家居住，不許出門」。[125] 至於雍正元年八月以進藏有功封多羅貝勒的延信，在五年十一月亦被控與阿其那（允禩於雍正四年三月所改之名）、阿靈阿、年羹堯等結黨，又因「陽為不附和允禵，揜人耳目，而陰與允禵交結」，且侵吞公帑等二十罪，遭革爵，黜去宗室為庶人，並與隆科多在一處監禁。六年六月死於暢春園外囚所，其子孫至乾隆元年三月始被「賞給紅帶子」，並附入玉牒之末。[126]

---

121 《清世宗實錄》，卷 39，頁 566、卷 44，頁 642-643、卷 48，頁 733。

122 《清世宗實錄》，卷 30，頁 461、卷 39，頁 568-572。

123 《清高宗實錄》，卷 679，頁 595。

124 《清世宗實錄》，卷 41，頁 606、卷 42，頁 622。

125 《清世宗實錄》，卷 46，頁 701；《清高宗實錄》，卷 4，頁 225-226。

126 《清世宗實錄》，卷 64，頁 980-982；宗譜編纂處編，《愛新覺羅宗譜》，冊丁，玉牒之末，頁 1。

圖表 5.16： 弘旺《皇清通志綱要》中關涉胤禎等人的史料。

皇清通志綱要卷四下
宗室孫弘旺謹纂修
二十七年戊辰
正月初九日　皇十四子禵生乃　皇恭仁皇后生乃恂王任大
將軍
三十六年丁丑
上二月初六日巡察宣府十一日至宣化三月二十五渡黃三月
二十六至寧夏閏三月初一自寧至古而班寮漢閏三月十三日
噶爾丹在阿察阿木塔台自盡黨平二十三至白塔兩狼山四月
朔度戍駐狼居胥山凱旋四月十四日報捷賊噶爾丹死初六回
四十年辛巳
貝勒公撫遠大將軍平逆將軍西安將軍都統延信 鑲白延壽弟原
名將克新本年任該軍都統四十五年休五十二年四月
復用滿洲都統五十七年任將軍安定藏有功六十年六
月六日封公六十一年十一月晉大將軍駐西安任元年
晉貝勒三年十月革除宗子阿里那正法乾隆元年入宗牧
平郡王管上駟院綿兩素 鑲紅綽王子四十年十二月封雍
正二年任院四年七月內革乾隆
五年九月辛子富彭盛乾隆十三年十一月十三薨
四十八年己丑
復立　皇太子大廢三　初十日封　世宗雍親王　皇三子 諱祉
誠親王　皇五子 諱祺　親王　皇七子 諱祐　淳郡王　皇十子
敦郡王　先君八皇子 諱禩　復貝勒　皇九子 諱禟　皇十
二子 諱祹　皇十四子 禵　貝子　諭宗人府
五十二年癸巳
鎮國公經照 鑲紅公綽克托子五十二年十二月襲兄公爵
正十年六月革伊姪魯達襲乾隆十年卒九如
纂內大臣陳奏修祖英王墓准行

五十七年戊戌
故．三月中旬　命　皇十四子貝子禵授王撫遠大將軍往征
至穆魯烏蘇回兵六十一年十二月初六日回京　以延信噶爾
五十九年庚子
二月十六日　命撫遠大將軍王禵以西寧進兵駐札穆魯烏蘇
催各路定藏之大軍統領噶爾弼授定西將軍領川雲兵由拉里
路進平逆將軍都統顏信領西路滿州綠旗大軍團護送達賴喇
嘛 時年十三叉索諾母達而淹乾隆九年卒　由青海進藏靖逆將
貝勒公平逆將軍都統西安署大將軍延信 鑲白溫良王子原名將克新三
十九年十月任統領隨任都統四十年十月封將滿洲五十
六年出征安藏五十九年六月封公六十一年十二月署
大將軍封貝勒二年任西安六年　月革七年　月薨
都統尚書[illegible]爾 鑲白額司太孫乾隆二年任至都統三年正月革卒
六十一年壬寅
能協心保全朕亦欣然　遵雍親王　皇四子人品貴重深肖朕
躬必能克承大統著繼　登基即皇帝位即遵典制持服二十七
日釋服布告中外咸使　知　聞四日　詔赦天下、諭以八
皇子 允考　十三皇子　學士馬齊尚書隆科多輔政又以八

康熙皇十四子胤禎吉服像

https://zh.wikipedia.org/wiki/允禵

羅卜藏丹津兵敗逃亡後，其被俘的黨羽吹拉克諾木齊等人於雍正二年閏四月遭解送至京，清廷為表功，因此行獻俘禮，且遣官祭告太廟、社稷。[127] 三年五月雍正帝將千餘字的〈御製平定青海告成太學碑文〉（圖表 5.17）頒發郡邑，痛斥羅卜藏丹津背恩，各地廟學亦廣為摹勒樹碑。耙梳「中國方志庫」等資料庫，即可查得雍、乾間各郡縣將此文勒石於學宮者至少近百座，今雲南建水、山西萬榮、江蘇蘇州和溧陽等地即仍留存。乾隆帝在六年十二月序《世宗憲皇帝實錄》時，亦提及此事，稱：

> 聖祖親統六師，平定朔漠，威靈所加，青海扎什巴圖爾等震讋承令，因沛殊恩，畀以爵秩，垂三十年，而羅卜藏丹津與吹拉克諾木齊等誕敢首造逆謀，擾犯邊域。皇考聲罪致討，密授方畧於閫帥，戈鋋所指，電掃風驅，振旅獻俘，勒成功於太學。[128]

乾隆二十年五月在攻滅準噶爾時擒捉羅卜藏丹津，再度為之告祭太廟、社稷，行獻俘禮，皇帝且親御午門樓受之。[129] 該獻俘禮乃清代最早的兩次（附錄 5.6），因皆與羅卜藏丹津之亂相關，知其在雍、乾時期是一位舉朝皆知的國家罪人。[130] 故雖其所封的親王爵位已高居極品，[131] 但曹家親友應無人會在公開的詩文中觸此宮闈祕事之痛處，檔案文書中亦因該婚姻並無官方色彩（至少表面）而未提及。[132]

---

127 《清世宗實錄》，卷 8，頁 157、卷 10，頁 193、卷 19，頁 312。

128 《清世宗實錄》，卷 1，頁 1-3。

129 祁韻士等，《欽定外藩蒙古回部王公表傳》，卷 81，頁 42。

130 如在傅恒等奉敕編纂的《平定準噶爾方略》中，羅卜藏丹津之名即出現 139 次。又，傅恒與曹寅外孫福秀乃同娶納蘭氏永壽女的連襟。傅恒因在乾隆帝倡討準噶爾汗達瓦齊之初獨贊其議，故被皇帝比擬為「不戰居首功」的蕭何。參見趙爾巽等，《清史稿》，卷 301，頁 10448。

131 康熙五十五至六十一年在世的親王當中，宗室僅誠親王、雍親王、恒親王、簡親王、顯親王、莊親王、裕親王、康親王八人，外藩有卓禮克圖親王、達爾漢親王、土謝圖親王、車臣親王、喀爾喀親王、扎薩克親王、青海親王七人。

132 曹家既非宗室，亦無封爵，且為旗人當中較低階的包衣身分。

圖表 5.17： 雍正帝所撰的《御製平定青海告成太學碑》。

御製平定青海告成太學碑文

我國家受
天眷命撫臨八極日月所照罔不臣順遐邇乂安兆人
蒙福乃有羅卜藏丹津者其先世固始汗自國初稽
首歸命當時使臣建議畀以駐牧之地其居雜番羌
密近甘涼我
皇考聖祖仁皇帝睿慮深遠每廑於懷既
親御六師平定朔漠威靈所加青海部落札什巴圖兒
等震讋承命
聖祖仁皇帝因沛殊恩封為親王兄弟八人咸賜爵祿

欽定四庫全書 欽定國子監志 卷四 六

羈縻包容示以寬大而狼心梟性不可以德義化三
十年來包藏異志朕紹登寶位優之賜賚榮其封號
尚冀革心輯寧部衆而羅卜藏丹津昏謬狂悖同黨
吹拉克諾木齊阿爾布坦溫布藏巴札布等實為元
惡謂國家方弘浩蕩之恩不設嚴密之備誕敢首造
逆謀迫脅番羌侵犯邊城反狀彰露用不可釋於天
誅遂命川陝總督太保公年羹堯為撫遠大將軍聲
罪致討以雍正元年十月師始出塞自冬涉春屢破
其衆凡同叛之部落戈鋋所指應時摧敗招降數十
萬衆又降其貝勒貝子台吉等二十餘人朕猶閔其
蠢愚若悔禍思愆束手來歸尚可全宥而怙惡不悛
負險抗違乃決翦滅之計以方畧密付大將軍羹堯
調度軍謀簡稽將士用四川提督岳鍾琪為奮威將
軍於仲春初旬
禡牙徂征分道深入擣其窟穴雹掃風驅搜剔巖阻
賊徒蒼黃靡潰窮蹙失據羅卜藏丹津之母及謀逆

欽定四庫全書 欽定國子監志 卷四 七

渠魁悉就俘執擒獲賊衆累萬牲畜軍械不可數計
賊首逃遁我師踰險窮追獲其輜重人口殆盡羅卜
藏丹津孑身易服竄匿荒山殘喘待斃自二月八日
至二十有二日僅旬有五日軍士無久役之勞內地
無轉輸之費克奏膚功永清西徼三月之朔奏凱旋
旅鐃鼓喧轟士衆訢喜四月十有二日以倡逆之吹
拉克諾木齊等三人獻俘

（中略）

聖祖親平大漠巍功煥文邁桓軼酌流光悠久視此銘

欽定四庫全書 欽定國子監志 卷四 九

辭繼志述事念茲在茲

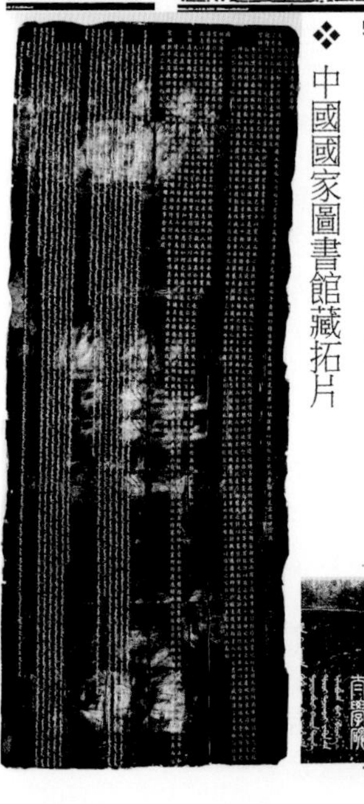

❖ 中國國家圖書館藏拓片

附錄 5.6

清朝的獻俘禮

雍正二年因青海亂平（叛清的已革親王羅卜藏丹津兵敗後逃亡準噶爾），告祭行獻俘禮，自此，平定藩部即舉行此禮。乾隆二十年六月亦因將羅卜藏丹津解送京師而在午門行獻俘禮，十月解送準噶爾汗達瓦齊等至京，又遣官告祭太廟社稷行獻俘禮。二十五年正月以平定回疆大小和卓之亂，再度於午門行獻俘禮，命將「小和卓」霍集占（霍濟占）的首級懸示通衢。[133] 郎世寧等繪《平定準部回部得勝圖・平定回部獻俘》以及徐揚等繪《平定西域獻俘禮圖》，[134] 即均描述乾隆二十五年之事。擒獲羅卜藏丹津時所行的獻俘禮，情境應與此相近。

圖表 5.18：郎世寧等繪的《平定回部獻俘》圖。

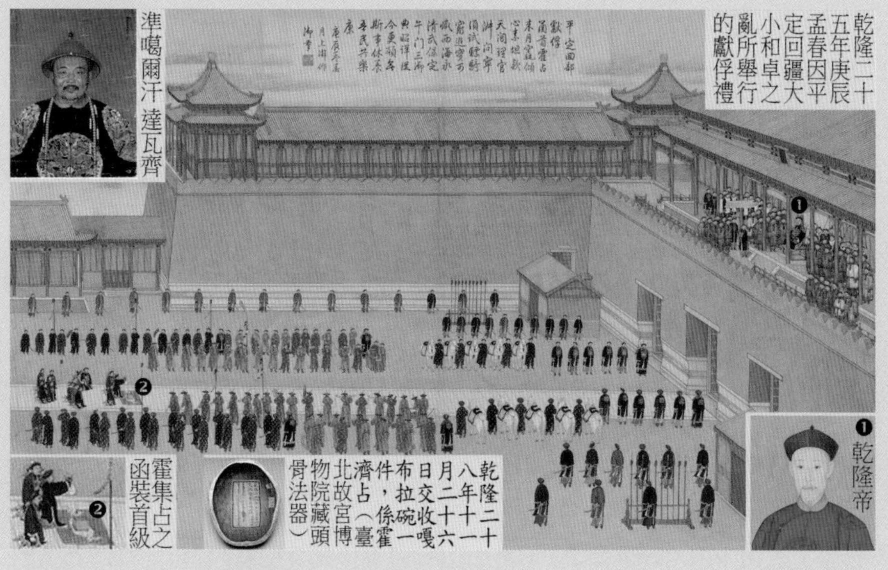

133　趙爾巽等，《清史稿》，卷 90，頁 2664-2665。
134　易蘇昊、樊則春主編，《五臺山人藏：徐揚畫平定西域獻俘禮圖》。

胤禎奉派征討策妄阿喇布坦期間，曹寅之子曹頫、長婿納爾蘇、次女及次婿羅卜藏丹津曾分別現身於青海、西藏一帶。[135] 五十八年十二月十一日的〈胤禎奏為皇父賞克食謝恩摺〉中稱：「前交付與茶上人曹奇甚多克食，臣等尚未食竣，皇父又施恩賞與，臣謹受領謝恩，恭藏緩食。」[136] 該曹奇應即已出繼長房的曹頫（第六章），他當時之所以奉差攜御賜的「克食 [*kesi*]」，[137] 遠赴青海給正領軍的胤禎，應非因該克食必須由茶上人督導現做（前引謝恩摺指出該克食已在京製作好，且應可保存一段時間），而是因胤禎的副手納爾蘇乃曹頫大妹夫，同時還可順便探望遠嫁至青海且已貴為親王羅卜藏丹津嫡福晉的二妹，不然其他官員或侍衛應皆可送往！

曹寅的兩婿平郡王納爾蘇和青海親王羅卜藏丹津，[138] 其命運不僅與康、雍間的西疆戰亂密切關連，且與康熙皇子奪嗣的政治鬥爭綑綁在一起，後均因罪革爵並遭圈禁至死。襲平郡王爵的納爾蘇長子福彭，也在這段大歷史中扮演過要角。據《清世宗實錄》，福彭封王的前幾年大致遭冷凍，幾乎只被派遣在享太廟、秋分夕月於西郊、春分朝日於東郊、夏至祭地於方澤等場合行禮，並承辦福陵、永陵的修理工程，直到雍正十年正月才擔任鑲藍旗滿洲都統。十一年七月福彭以二十六歲之齡獲授定邊大將軍，討伐噶爾

135 有疑曹荃曾被策妄阿喇布坦羈留，而於康熙四十七年命喪西北大漠；且謂五十年春其子珍兒（曹順）之殤，乃因護送曹寅次女遠赴蒙古而意外身亡。然此二假說尚欠足夠證據。參見蘭良永，《紅樓夢文史新證》，頁 77-81、156-157。

136 中國第一歷史檔案館編，《康熙朝滿文硃批奏摺全譯》，頁 1440-1441。

137 克食指恩賞食物，但不一定是點心，清代謝恩摺中即有「克食鹿肉」「克食風羊」之例。《紅樓夢》第一百十八回記鶯兒端了一盤瓜果說：「太太叫人送來給二爺吃的，這是老太太的克什。」此處為撤下的供品。

138 康熙間內務府每年均會選秀女一次，由皇帝親自閱看府屬各佐領、管領十三歲以上的女子，每次通常約有數百人至千餘人參加，獲記名者即送入宮學習規矩。雖然包衣秀女多在內廷供使役，但其中也有機會可充實後宮，部分則被用為賞賜（如指婚給宗室，或給蒙古人為妻），康熙帝為曹寅兩女所安排的婚姻即屬後者當中較突出者。參見劉倩倩，〈清代內務府三旗秀女若干檔案淺析〉。

丹策零（雍正二年收容羅卜藏丹津之策妄阿喇布坦的長子）。[139] 福彭統兵北路時，其母的姑丈傅鼐（曹寅妹婿，曾任鑲黃旗漢軍副都統及兵部右侍郎）嘗參贊其軍，並於雍正十二年出使準噶爾，與噶爾丹策零討論雙方休兵以及解送羅卜藏丹津等事。[140] 由於福彭先前從無帶兵征戰的經驗，疑該任命的政治意義恐遠高過軍事理由，[141] 應與其父先前曾於撫遠大將軍胤禵手下擔任副手（康熙五十八年四月至六十一年十二月間）的背景相關。希望能借用納爾蘇在當地的名望和人脈來降低蒙人的敵意，並期盼福彭可透過親情勸降其姨丈羅卜藏丹津，至少也可讓雙方關係不像先前一樣劍拔弩張。此舉顯示雍正帝一直試圖招撫羅卜藏丹津，難怪他會頒有「羅卜藏丹津至，仍宥罪」之旨！福彭於雍正十三年九月因帝駕崩始被召還，或因其並未完滿達成任務，故在乾隆元年三月議敘其統兵北路的軍功時，僅核給他「紀錄三次」，[142] 且仍將其父納爾蘇圈禁在家，未納入登極恩赦名單。

曹家親友遭圈禁或抄家者（圖表 5.15）比比皆是，不僅其旗主多爾袞及管主阿濟格早於順治八年就遭籍沒，曹頫與其舅李煦亦在雍正朝被抄家，知雍正六年被迫歸旗北京的曹雪芹對此類痛苦經歷應刻骨銘心，《紅樓夢》中遂湧現不少相似情節。除榮國府及寧國府外，小說第七十五回中指甄家也被查抄，至於第一百五回描述賈府遭抄家時的過程與細節，以及當事人的神態、言語與心理，更是相當生動。這些內容應最可能出自熟悉此類悲劇

---

139 《清世宗實錄》，卷 133，頁 717-718。

140 沈雪晨，〈事實與書寫：雍正乾隆時期清準議和再論〉。

141 平郡王福彭乃康、雍兩朝負責西北邊務的大將軍當中最年輕的一位，即使是大其三十六歲且屢敗準噶爾軍的超勇親王策凌，也僅在其麾下擔任定邊左副將軍。

142 雍正朝的平準戰爭乃清中前期對邊陲最大的用兵行動（所花軍費有估為 3,300 至 13,000 萬兩者），然因軍事上無法獲得壓倒性勝利且財務負擔甚重，最後只得息兵議和。參見《清高宗實錄》，卷 15，頁 417；沈雪晨，〈事實與書寫：雍正乾隆時期清準議和再論〉。

的曹雪芹之筆，而非高鶚或其他人可輕易寫就或續成。[143]

曹寅兩女皆為王妃的殊遇，或亦反映在曹雪芹的小說中。當然，《紅樓夢》並不是一部歷史實錄，我們也無法以其內容去具體印證曹家未知的歷史，但作者卻很有可能將發生在其周遭親友之極特殊的境遇，化入他編寫的部分故事情節中，以增加小說的精采度。由於這些罕見境遇的獨特性，即使該情節已與史事有些出入，我們有時仍可窺見其原型所殘留的痕跡，此就遠非單純的巧合可以合理解釋。曹寅長女於康熙四十五年嫁為平郡王妃一事，已屬清代包衣女子的罕例，接著次女亦於五十五年受封為青海親王妃，對小說創作者曹雪芹而言，這些極其特別卻又罕為人知的家史，似乎具有難以逃避的吸引力，《紅樓夢》的故事中或因此留下蛛絲馬跡。

寶玉的庶出妹妹探春，在小說裡被形容為「老鴰〔音“瓜”，烏鴉俗稱〕窩裡出鳳凰」，第五回即以〈分骨肉〉一曲揭露其命運（圖表 5.19），詞曰：

> 一帆風雨路三千，把骨肉家園齊來拋閃。恐哭損殘年，告爹娘：休把兒懸念。自古窮通皆有定，離合豈無緣？從今分兩地，各自保平安。奴去也，莫牽連。

而此回寶玉在金陵十二釵正冊所看到的判詞裡，亦稱探春：「才自精明志自高，生于末世運偏消。清明涕送江边望，千里東風一夢遥。」並指出該冊上還畫著「両人放風箏，一片大海，一支大船，船中有一女子掩面泣涕之狀」。放風箏象徵有去無回，正如第二十二回探春燈謎「遊絲一断渾無力，莫向東鳳【風】怨別離」所射的物件，而庚辰本的脂批也以夾註記「此探春遠適之讖也」，點出探春最終應是嫁至遠方。又，第五十一回薛寶琴出了十首懷古謎題，其七的〈青塚懷古〉（「青塚」指王昭君墓，因塞外多白草，而其塚獨青）寫漢元帝命宮女王昭君和親的故事；第五十六回探春因寶釵抬出朱子和

143 此段參見尹伊君，《紅樓夢的法律世界》，頁 240-248；線天長、吳營洲，〈石頭記“辯冤”記：石頭記是如何為曹家、李家“辯冤”的〉。

孔子來調侃自己「興利除弊」的想法，故她開玩笑糊弄寶釵稱子書裡有「姬子」之說，並自嘲其中所描述「竊堯舜之詞、背孔孟之道」的「登利祿之場、處運籌之界者」，正是己當前的尷尬寫照。子書中其實未見姬子，作者在此用的或是雙關語，除借名在道統中高於孔孟的周公（姬姓），亦遙指在靖康之變後被金太宗納為妃的北宋肅王趙樞之女宋姬，宋姬與昭君皆遠嫁外國為妃，小說有可能更進一步將她倆作為探春命運的投射。[144]

接著，第六十三回寫探春在夜宴中掣得杏花花籤，因其詩「日边紅杏倚雲栽」有註云：「淂此籤者，必淂貴婿，大家恭賀一杯，共同飲一杯。」（此與宋姬的符印之讖相似）故眾人笑道：「我们家已有了个王妃，难道你也是王妃不成。大喜，大喜！」此處的「我们家已有了个王妃」句有些突兀，因與小說中賈元春的貴妃身分不合。由於王妃原本只用來代稱郡王或親王之福晉，皇帝的妃子應作「皇妃」才對，然因曹雪芹命名小說角色時往往有一語雙關的慣習，筆者懷疑賈元春的原型除借用真實世界裡的密妃王氏，[145] 還化入被指婚平郡王正妃之曹寅長女的故事。至於稱探春「难道你也是王妃不成」，則是反映了曹寅次女成為青海親王嫡福晉的家史。

又，庚辰本第七十回先以探春的〈南柯子〉寫柳絮的隨處飄飛，哀嘆對命運的無奈，末則描寫探春放的軟翅子大鳳凰風箏與另一鳳凰風箏相絞，接著又來了個門扇大的玲瓏喜字帶響鞭的，最後「那喜字果然與这両個鳳凰絞在一處。三下齊收乱頓，誰知線都断了，那三個風箏飄飄颻颻都去了」（程本無此內容）。不知兩鳳凰與喜字的相互絞斷，與曹寅兩女原皆貴為王妃，但兩婿（同在胤禵帳下參與西藏平亂）先後均遭除爵的命運有無呼應？

---

144 前人說法可參見俞平伯，《俞平伯全集》，卷 6，頁 34-36；梁歸智，〈探春的結局：海外王妃〉；張慶善，〈探春遠嫁蠡測〉；王人恩，〈紅樓夢與昭君故事〉；劉廷乾，〈《哀宋姬》與探春遠嫁〉。

145 主要是省親事，作者以「王妃」隱寫姓王的妃子，而密妃長孫弘慶與曹寅外孫福秀乃連襟。參見黃一農，《二重奏：紅學與清史的對話》，頁 275-312。

圖表 5.19：庚辰本《石頭記》中涉及探春命運的內容。

第五回

後面又画着兩人放風箏一片大海一支大船﹔中有一女子掩面泣涕之狀
也有四句寫云
才自精明志自高　生于末世運偏消
清明涕送江边望　千里東風一夢遥

〔分骨肉〕　一帆風雨路三千　把骨肉家園齊來抛閃　恐哭損
残年　告爹娘休把兒懸念　自古窮通皆有定　離合豈無緣
從今分兩地　各自保平安　奴去也莫牽連

第二十二回

階下兒童仰面時　清明粧點最堪宜
游絲一斷渾無力　莫向東風怨別離
此探春遠適之讖也 使此人不遠去將來 事敗諸子孫不至 流散也悲哉傷哉
賈政道这是風箏探春笑道是又看道是

第五十一回

青塚懷古　其七
黑水茫茫咽不流　冰絃撥尽曲中愁
漢家制度誠堪嘆　樗櫟應慚萬古羞

第五十五回

細﹔說與他听了鳳姐兒笑道好﹔﹔好个三姑娘我說他不錯只可惜他命
薄沒托生在太﹔肚里平兒笑道奶﹔也說糊塗話了他便不是太﹔養的难
道誰敢小看他不與別的一樣看了鳳姐兒嘆道你那里知道雖然庶出一樣
女兒卻比不得男人將來攀親時如今有一種輕狂人先要打听姑娘是正出庶

第五十六回

孔子也看虛了探春笑道你这樣一个通人竟沒看見子書當日姬子有云登
利祿之塲處運籌之界者竊堯舜之詞背孔孟之道寶釵笑道底下一
句呢探春笑道如今只斷章取意念出底下一句我自己罵我自己不成寶釵

第六十三回

十六點数到探春笑道我还不知得个什麽呢伸手掣了一根出來自己
一瞧便擲在地下紅了臉笑道这東西不好不該行这令这原是外頭男
人們行的令許多混話在上頭衆人不解襲人等忙拾了起來衆人看上
面是一枝杏花那紅字寫着瑶池仙品四字詩云
日边紅杏倚雲栽
註云得此籤者必得貴婿大家恭賀一杯共同飲一杯衆人笑道我說是什
麽呢这籤原是閨閣中取戲的除了这兩三根有这話的並無雜話这
有何妨我們家已有了个王妃难道你也是王妃不成大喜﹔﹔說着大家來
敬探春那里肯飲卻被史湘雲香菱李紈等三四个人強死活灌了下去探
春只命蠲了这个再行別的衆人斷不肯依湘雲拿着他的手強擲了

第六十五回

戳一針也不知噯喲一声三姑娘的渾名是玫瑰花尤氏姊妹忙笑問何
意興兒笑道玫瑰花又紅又香無人不愛的只是刺戳手也是一位神道
可惜不是太﹔養的老鴰窩里出鳳凰四姑娘小他正經是珍大爺親

第七十回

半首且寫出來探春聽說忙寫了出來衆人看時　卻是兇着沒作完的総是又变一格也
上面卻只半首南柯子　寫道是
空掛纖﹔縷　徒垂絡﹔絲　也难綰繫也难羈　一任東西南北各
分離

來把我这個放去教他兩個作伴兒罷于是也用剪子剪斷照先放去探
春正要剪自己的鳳凰見天上也有一個鳳凰因道这也不知是誰家的衆人
皆笑說且別剪你的看他到像要來絞的樣兒說着只見那鳳凰漸逼
近來遂與这鳳凰絞在一處衆人方要往下收線那一家也要收線正不
開交又見一個門扇大的玲瓏喜字帶響鞭在半天如鐘鳴一般也逼近來衆
人笑道这一個也來絞了且別收讓他三個絞在一處到有趣呢說着那喜字
果然與这兩個鳳凰絞在一處三下齊收乱頓誰知線都断了那三個風箏飄
飄﹔都去了衆人拍手哄然一笑說到有趣可不知那喜字是誰家的忒促

小說後四十回對探春遠嫁事還有一些可供討論的描述，[146] 第九十九回指出向賈政提親者是「調任海疆」的「鎮守海門等處總制」周瓊。雖然「海疆」給人的直覺多謂東南沿海，[147] 但因曹寅次婿之父即青海親王扎什巴圖爾，令人懷疑「海疆」也可能是指代戈壁沙漠的「瀚海」或「邊海」。有意思的是，北大教授兒玉達童 (1893-1962) 曾於 1943 年提及他在日本見過「三六橋本」《石頭記》（今下落不明），內即有探春出嫁外藩的情節。[148]

蒙古藩王在《紅樓夢》末亦有一些角色，如第一百十七回記有位陪酒之人對邢大舅、王仁（巧姐舅舅）說：「現今有個外藩王爺，最是有情的，要選一個妃子。」第一百十八回稱該外藩郡王打發人來家相看巧姐，平兒猜必是相親的，稱：「到底不知是那府裡的。若說是對頭親，不該這樣相看。瞧那幾個人的來頭，不像是本支王府，好像是外頭路數。」第一百十九回謂該外藩原是要買個使喚的女人，後聽說賈家是世代勛戚，便說：「了不得！這是有干例禁的，幾乎誤了大事！況我朝覲已過，便要擇日起程，倘有人來再說，快快打發出去。」雖然巧姐的生平與曹寅次女頗異，然因雪芹姑姑有遠嫁蒙古的特殊遭際，故他很可能就將蒙古藩王置入故事情節，一般漢人作者大多無此知識經驗，無怪乎，清代章回小說中罕見此等角色。

---

146 筆者相信《紅樓夢》後四十回除部分殘缺處由高鶚所補外，大多仍是曹雪芹原作。但拙著中所引用後四十回的內容，通常不作為主要論據，只是當成旁證。

147 丁維忠，《紅樓夢：歷史與美學的沉思》，頁 306-338。

148 六橋是正白旗三多(1871-1940)的號，故稱「三六橋」，其蒙古姓為鍾木依氏，漢姓張，歷官庫倫辦事大臣、東北邊防司令諮議等職，著有《可園詩鈔》《可園詩鈔外》《庫倫奏議》等。參見胡文彬、周雷，《紅學叢譚》，頁 195-206。

四、小結

曹家政經地位的提昇，令訥音富察氏的傅鼐願意娶曹寅妹，曹寅長女更獲指婚為平郡王納爾蘇之嫡福晉，次女也被指配給青海親王扎什巴圖爾的獨子羅卜藏丹津（後襲爵）。這些外嫁女姓的姻婭關係讓曹家得以躋身上層社會（圖表 5.15），而曹寅的外孫福秀娶納蘭家永壽長女一事，更讓曹家從所謂的「包衣下賤」變成與原主子阿濟格（雖遭抄沒，但其第五女嫁給納蘭明珠，即永壽祖父）的後代有一些平起平坐的機會。

尤有甚者，在康熙末以迄雍正朝的西疆歷史舞台上，我們竟然可發現曹家及其親友（如納爾蘇、福彭、年羹堯、傅鼐、延信、魯賓、曹頫）的身影，[149] 且往往還扮演要角，此應非純屬巧合，羅卜藏丹津有可能就是其共同的交集與環繞的焦點之一（圖表 5.15）。康熙帝何以任命平郡王納爾蘇為撫遠大將軍胤禎的副手，或即是因其與羅卜藏丹津乃連襟，希望彼此能攜手合作。同樣地，雍正十一年命福彭為定邊大將軍征準噶爾，應亦是期盼能利用他與姨丈羅卜藏丹津間的姻婭關係。至於參贊福彭軍務的侍郎傅鼐，更是羅卜藏丹津的內姑丈（指妻的姑丈）。

曹家雖有不少權貴親戚，但他們多在政治鬥爭中選錯邊，故當曹頫在雍正五年遭革職定罪時，其大姊夫納爾蘇已於四年七月被革郡王且圈禁在家，二姊夫羅卜藏丹津亦早在雍正元年即因叛清而遭削奪親王爵，令曾有兩婿貴為王爺的曹家逃不開「忽喇喇似大廈傾」的命運。蕭猛或因與曹寅家有一些直接或間接的互動，故他在《永憲錄》中嘗記曹寅二女皆為王妃，並提到平郡王納爾蘇以罪遭廢，且多處言及羅卜藏丹津的叛清史事，但卻為

---

149 雖然耶魯大學的濮德培在其討論十八世紀準噶爾滅亡的經典著作中並未及此，但相關的大時代背景仍可參見其書：Peter C. Perdue, *China Marches West: The Qing Conquest of Central Eurasia*。

尊者或親者諱，姑隱二人乃曹寅婿（當然原本也無提及此事的絕對必要）。[150]

縱使我們尚無法提供曹寅次婿即為羅卜藏丹津的直接證據，但這就是歷史工作者常得面對的宿命與挑戰，而正如同玩人像拼圖，有時雖發現有幾塊待補的缺片，然從已完成的部分仍可辨認出當事人。本章透過對歷史運作以及文獻體例的掌握，以趨近竭澤而漁的態度披沙揀金，終自康熙四十八年至乾隆十七年間 141 位曾封王者當中，有系統地篩出最佳候選人羅卜藏丹津，此應也彰顯了文史工作者在大數據時代所可能開創的全新機遇，且該結果亦可與許多相關史事環環相扣（圖表 5.20），如：

1. 羅卜藏丹津曾被康熙帝「施恩豢養」，此用語或可與曹寅次婿初任侍衛一事相呼應。
2. 曹寅長女於康熙四十五年以特恩被指婚平郡王納爾蘇，知其次女被指配給青海親王扎什巴圖爾之子以籠絡和碩特部的可能性頗高。
3. 康熙四十七年三月朔曹寅於述職返南後曾在奏摺中罕見地使用「過蒙聖恩」一詞，此或叩謝皇帝於四十六年十二月為其次女指婚一事。
4. 曹寅於康熙五十一年上元節蒙恩參加「朝正外藩宴」（羅卜藏丹津應以侍衛身分參與），此或是嘉賞他對次女與外藩聯姻事的全力配合。
5. 康熙五十三年十二月羅卜藏丹津曾與夫人崔措（chos ’tsho；ཆོས་འཚོ）拜訪七世達賴，此妻之名既非藏人亦非蒙人所慣用，不知是否與發音近似的漢姓「曹」相關。
6. 康熙五十八年之所以命平郡王納爾蘇為撫遠大將軍胤禎的副手，或希望納爾蘇能與其連襟羅卜藏丹津形成較緊密的合作。
7. 康熙五十八年十二月曹頫奉差攜御賜的克食給正領軍的胤禎，或順便探望時任胤禎副手的大妹夫平郡王納爾蘇，以及遠嫁至青海且已貴為親王羅卜藏丹津嫡福晉的二妹及其夫婿。

---

150 蕭猛撰，朱南銑點校，《永憲錄》，頁 120、134、146、154-156、159、175、206、228、308。

8. 雍正十一年命福彭以定邊大將軍銜征準噶爾，或期盼能借用其父納爾蘇原先在當地的名望和人脈來減少蒙人的敵意，且希冀福彭可透過親情勸降其姨丈羅卜藏丹津。
9. 羅卜藏丹津在雍乾兩朝是家喻戶曉的朝廷罪人，曹家親友因此無人願在私家載述中故意觸痛，官方文獻亦未特別言及此一聯姻。

這些情形絕無可能全屬毫無理由的巧合，亦即，應可大幅增強羅卜藏丹津即曹寅次婿一說的論述，而其他候選人恐很難找到類此之有利旁證。

又，曹頫於雍正二年正月初七日奏謝准其分年清補虧欠之摺有云：

> 竊念奴才自負重罪，碎首無辭，今蒙天恩如此保全，實出望外。奴才實係再生之人，惟有感泣待罪，只知清補錢粮為重，其餘家口妻孥，雖至飢寒迫切，奴才一切置之度外，在所不顧。[151]

痛陳已是一名重罪再生之人，由於他已就任九年，故其罪應非出自曹寅晚年以來始終未能清完錢糧的壓力，亦非其新近被追繳之代內務府售參的銀兩（已於元年七月交完），而最可能是關涉其二姊夫羅卜藏丹津在元年六月舉兵反清一事。雍正帝當時或為尋求招撫的可能，不僅未加牽連，且仍准允曹頫將所欠錢糧分三年補完，無怪乎，曹頫用了「碎首無辭」的重語。硃批則揶揄稱：「只要心口相應，若果能如此，大造化人了！」

再者，當羅卜藏丹津兵敗逃往準噶爾後，曹頫於雍正二年二或三月初上呈了一件僅稱「恭請萬歲聖安」的請安摺，[152] 皇帝竟以近兩百字的硃批（現存兩版本，圖表 5.21 下欄應為原件，上欄則為經潤飾之抄本）痛罵曹頫曰：

---

151 此節涉及曹頫的奏摺，均請參見《關於江寧織造曹家檔案史料》，頁 157-164。

152 請安摺無具體內容且無日期者似頗平常，如雍正朝雲南巡撫張允隨留下的二十幾件請安摺，即均僅在其職名之外書寫「奏請皇上聖恭萬安」八字。雖曹頫此請安摺的繫日亦不詳，然查臺北故宮博物院所藏的抄件，乃將文獻編號 402019210 至 402019210-3 的四摺合抄成一張，首摺繫於雍正二年正月初七日，次接此請安摺，末繫四月初四日及五月初六日兩摺，而曹頫通常是在每月上旬呈送請安摺。

> 你是奉旨交與怡親王傳奏你的事的，諸事聽王子教導而行。你若自己不為非，諸事王子照看得你來；你若作不法，憑誰不能与你作福。不要乱跑门路，瞎費心思力量買禍受。除怡王之外，竟可不用再求一人……你若有人恐嚇詐你，不妨你就求問怡親王，況王子甚疼憐你，所以朕將你交與王子。主意要拿定，少乱一點。壞朕聲名，朕就要重重處分，王子也救你不下了。

一般讀者恐會頓覺沒頭沒腦，不解雍正帝為何要警告曹頫不要亂跑門路，稱其如遇人恐嚇詐，則需聽從怡親王允祥的教導。因以曹頫可密摺直達天聽的江寧織造身分，為何有人要對他或敢對他恐嚇詐？然若此與其姊夫羅卜藏丹津叛清逃亡一事有關，那就完全可合理解釋前引硃批的情境。而襲替允祥怡親王爵的弘曉，也因此近水樓台早讀過《石頭記》，且與敦誠合作完成一本以小說人物為主體的書畫合冊，並留下了一鈔本（己卯本即後人據此怡府本抄出，其上還留有原先避「祥」「曉」二字末筆之家諱痕跡）。[153]

雍正二年四月初四日曹頫奏賀邊疆凱捷（圖表 5.21），內稱：

> 竊臣接閱邸報，伏知大將軍年羹堯欽遵萬歲聖訓，指授方畧，乘機進剿，半月之間，遂將羅卜藏丹金逆眾羽黨，殲滅殆盡……凱奏膚功，獻俘闕下，從古武功未有如此之神速丕盛者也。欽惟萬歲仁孝性成，智勇兼備，自御極以來，布德施恩，上合天心，知人任使，下符輿論，所以制勝萬全，即時底定，善繼聖祖未竟之志，廣播荒服來王之威。

由於曹頫此摺的基調原本該痛斥其姊夫羅卜藏丹津的叛國行為，並為己家請罪，但該摺卻將焦點轉為吹捧雍正帝的功業，稱「從古武功未有如此之神速丕盛者」，且奉承其「善繼聖祖未竟之志，廣播荒服來王之威」。此故，深知羅卜藏丹津為曹家姑爺的雍正帝，遂半諷刺、半稱讚地曰：「此篇奏

153 參見拙著〈從 e 考據看避諱學的新機遇〉及《紅樓夢外》第四章。

表，文擬甚有趣，簡而備，誠而切，是個大通家作的。」

但雍正帝並未自此給曹頫好臉色看，他在是年閏四月二十六日的硃批中，痛斥曹頫等三織造在南省售賣內務府人參時為何如此賤價。五月初六日曹頫奏報江南雨雪，並稱閏四月發生的蝗災已「殭滅大半」，「百姓俱現在插苗，及時播種，人心慰悅，太平無事」，硃批嚴責：「蝗蝻聞得還有，地方官為甚麼不下力撲滅……據實奏，凡事有一點欺隱作用，是你自己尋罪，不與朕相干。」五月十三日又傳旨要內務府總管清查廣儲司近年庫存中變色的紗，六月二十五日諭命：「三處織造呈進各色綢、緞、紗等物時，應立即將彼等送來之年份及緞疋項目、數量等，查收入賬，銷算錢糧。」雍正五年年底當塞楞額控告曹頫等人「騷擾驛遞」時，因流亡準噶爾的羅卜藏丹津仍杳無歸期，曹家遂在一個月內就被迅速定罪並諭旨將其抄沒（第七章）。

前述以 e 考據之法指實曹寅次婿的努力，不僅打開了紅學中的一扇窗，也勾連起曹家姻戚們（如傅鼐、納爾蘇、羅卜藏丹津、魯賓、延信、年羹堯）在蒙古大草原上親歷的一幕幕導致多人遭削爵抄家的悲慘史事（圖表 5.15），而先前學界因無人知曉曹家及其親友們在清代西北疆域的奠定過程以及康熙皇子奪嫡的政治鬥爭當中，曾有如此深的介入，以致難以體會《紅樓夢》裡某些情節與作者家事之間所出現的精采對應。透過對這部混融大歷史、家史與小說之史詩型「大歌劇 (Grand opera)」的深入賞析，我們可以發現曹雪芹在《紅樓夢》中所嵌入帶有其獨特生命經驗之 DNA 的浮水印（如「曹寅二女皆王妃」），開始愈來愈清晰，也愈來愈有溫度！[154]

---

154 裕瑞（其母為傅恒堂妹，傅恒與雪芹二表哥福秀、敦誠摯友永忠同為連襟）在《棗窗閒筆》記稱：「〔雪芹〕又與平郡王府姻戚往來。書中所托諸邸甚多，皆不可考，因以備知府第舊時規矩……所謂元、迎、探、惜者，隱寓"原應歎息"四字，皆諸姑輩也。」疑元春的故事除受密妃異事啟發外，元春與探春的原型也或部分取材自雪芹嫁給納爾蘇與羅卜藏丹津為王妃的兩位姑姑，但當然都經過一層文學的加工。參見黃一農，《二重奏：紅學與清史的對話》，頁 269、481-484。

圖表 5.20： 指實曹寅次婿為羅卜藏丹津的論證流程。

作者序於乾隆十七年的《永憲錄》稱曹寅「二女皆為王妃」

長婿為康熙四十五年成親的平郡王納爾蘇

曹寅次婿

康熙四十八年二月初八日曹寅奏稱將送次女至京與擔任侍衛的次女婿成婚，且為婿置房產並買莊田、奴僕

知親家的經濟不佳。而如無康熙帝的介入，身隸內務府的曹寅，恐不敢私自與王爺家締親，此或可合理解釋他為何在奏摺中自陳將為次婿置產，目的或稟告皇帝他已遵旨妥為處理。曹寅次女應於四十六年十二月經帝指婚。後年二月曹家命曹顒伴妹先至京置產，至四十八、九年之交曹寅回京述職期間次女才成婚

☒宗室王

康熙四十八年至乾隆十七年間共52人封王，但無人曾娶曹寅女

☑外藩王

康熙四十八年至乾隆十七年間共89人封王（據《清實錄》及《欽定外藩蒙古回部王公表傳》前十六卷的襲爵表）

《紅樓夢》第五回以〈分骨肉〉一曲揭露探春與爹娘分隔的命運，並透過寶玉在金陵十二釵正冊看到的判詞，稱探春最終遠嫁它方。六十三回則記探春在夜宴掣得「必淂貴婿」花籤，眾人笑道：「我們家已有了个王妃，难道你也是王妃不成。」此或對應曹寅二女皆王妃事

☒康熙四十八年之前的名銜已高於侍衛

侍衛通常是年輕勳貴子弟入仕初期的職位，先前不應已有更高官銜再緣事降級

☒康熙四十八年前後不久尚宗室女

曹寅女應非妾，而宗室女亦不太會在包衣女後成為繼妻

☒已襲爵好幾代或死後其家仍襲王爵

不應窘困到要曹寅幫忙置產買僕

☒康熙四十八年二月之後才歸順

此前不可能任侍衛

☑**羅卜藏丹津**

青海親王扎什巴圖爾獨子，五十五年襲爵，雍正元年叛，旋兵敗。乾隆廿年清滅準噶爾時，偕子就俘，二子均授侍衛，且在京為二子皆另安排家室

❶ 羅卜藏丹津曾稱「吾自小至長，從惡向善之所蒙恩者，皆由主子之恩威，全非鄙力」，雍正亦謂「朕念伊父扎什巴圖爾從前勞績，斷不將伊誅戮，仍施恩豢養」，因疑他曾在康熙旁當差

❷ 康熙帝既開先例為曹寅長女指婚平郡王納爾蘇，應也可能授意曹寅將次女嫁給青海親王的獨子羅卜藏丹津，盼透過與曹寅（與皇帝關係密切且經濟優渥）家的聯姻，籠絡和碩特部

❸ 康熙四十七年三月曹寅述職返南，曾在摺中罕見地稱已「過蒙聖恩」，此或叩謝帝於去年十二月為其次女指婚

❹ 康熙五十一年曹寅蒙恩參加「朝正外藩宴」，羅卜藏丹津應可以侍衛身分與宴，曹寅則或因親家扎什巴圖爾的地位及他對該聯姻的配合，而獲特邀

❺ 康熙五十三年羅卜藏丹津曾與夫人chos 'tsho拜訪七世達賴，此名非藏、蒙慣用，或與發音近似的「曹」相關

❻ 康熙五十八年以平郡王納爾蘇為撫遠大將軍胤禎副手，或因其與青海親王羅卜藏丹津乃連襟，希望彼此能合作

❼ 康熙五十八年曹頫奉差攜克食給在藏的胤禎，順便探望大妹夫納爾蘇及已為青海親王羅卜藏丹津嫡福晉的二妹

❽ 雍正二年二月初或三月初曹頫上呈一請安摺時，雍正帝曾以長批痛斥，並警告他若遇訛詐，需聽怡親王允祥教導，此或與羅卜藏丹津為其姊夫有關

❾ 雍正十一年以福彭為定邊大將軍征準噶爾，應盼能透過親情勸降其姨丈羅卜藏丹津，並以此關係減少蒙人敵意

❿ 舉兵叛清的羅卜藏丹津是雍、乾間舉朝皆知的罪人，故曹家親友應無人會在詩文別集中提及他是曹寅次婿

圖表 5.21： 曹頫於羅卜藏丹津兵敗逃往準噶爾後所上的奏摺。

❖《宮中檔雍正朝奏摺》

江寧織造臣曹頫謹
奏恭請
萬歲聖安
❶朕安爾之諸事既奉朕旨交與怡親王代爾轉
奏一切當聽王子教導而行爾若能安分不妄
為諸凡處王皆可照看于爾假若妄為不法任
誰亦不能護庇爾也不可亂投門路枉費心思
力量而購覓災禍除怡親王之外不用更求一
人以貽累自己試思何故不擇省力有益處行
反向費力有害處而行耶朕因爾等習慣最下
風俗專以結交附托為長策或恐有人指稱朕
意恐嚇于爾橫彼詐騙故特向爾諭明此後倘
遇有嚇詐爾者不妨即向怡親王陳訴可也朕
因王甚憐爾所以將爾交與照看須要立定主
意毋得絲毫亂舉若稍累朕之聲名即從重處
分決不輕宥王亦不能救濟爾也特諭

第23輯頁977
臺北故宮文獻
編號402019210-1

❷覽此篇表奏，文氣甚覺暢順，詞簡而不繁，意切而不浮，係一通家之所作

❖《雍正朝漢文硃批奏摺彙編》第二冊頁753

② 此篇奏表文擬甚有趣簡而備誠而切是個大通家作的

② 此篇奏表，文擬甚有趣，簡而備，誠而切，是個大通家作的

江寧織造臣曹頫謹
奏為邊疆凱捷普天同慶恭賀
聖功事竊臣接閱邸報伏知大將軍年羹堯欽
遵
萬歲聖訓指授方畧乘機進勦半月之間逆將
羅卜藏丹全逆眾羽黨殲滅殆盡生擒其
母女子弟及從逆之貝勒台吉人等招降
男婦人口收獲牛馬輜重不可勝計凱奏
膚功敉停
闕下從古武功未有如此之神速丕盛者也欽
惟
萬歲仁孝性成智勇兼備自
御極以來布德施恩上合
天心知人任使下符輿論所以制勝萬全即時底
定善繼
聖祖未竟之志廣揚荒服來王之威
聖烈鴻庥普天胥慶江南紳衿士民聞知無不
歡欣鼓舞臣奉職在外未獲隨在
廷諸臣舞蹈
丹陛謹率領烏林達筆帖式等望
北叩頭恭賀奏
聞臣曷勝欣忭踴躍之至
❷覽此篇表奏文氣甚覺暢順詞簡而不繁意切
而不浮係一通家之所作
雍正二年四月初四日

第2輯頁454
故宮文獻編號402019210-2

❶朕安。爾之諸事既奉朕旨交與怡親王代爾轉奏，一切當聽王子教導而行。爾若能安分不妄為，諸凡處王皆可照看于爾，假若妄為不法，任誰亦不能護庇爾也。不可亂投門路，枉費心思、力量而購覓災禍。除怡親王之外不用更求一人以貽累自己。試思何故不擇省力有益處行，反向費力有害處而行耶！朕因爾等習慣最下，風俗專以結交附托為長策，或恐有人指稱朕意恐嚇于爾，橫彼詐騙，故特向爾諭明，此後倘遇有嚇詐爾者，不妨即向怡親王陳述可也！朕因王甚憐爾，所以將爾交與照看，須要立定主意，毋得絲毫亂舉。若稍累朕之聲名，即從重處分，決不輕宥，王亦不能救濟爾也。特諭。

❖①《御筆詔令說清史》

①朕安。你是奉旨交與怡親王傳奏你的事的，諸事聽王子教導而行。你若自己不為非，諸事王子照看得你來，你若作不法，憑誰不能与你作福。不要乱跑门路，瞎費心思力量買禍受。除怡王之外，竟可不用再求一人，托【拖】累自己，為什麼不揀省事有益的做，做費事有害的事？因你們向來混帳風俗貫了，恐人指稱朕意撞你，若不懂不解，錯會朕意，故特諭。你若有人恐嚇詐你，不妨你就求問怡親王，況王子甚疼憐你，所以朕將你交与王子。主意要拿定，少乱一點。壞朕聲名，朕就要重重處分，王子也救你不下了。特諭。 頁104

第六章　嫡出二房曹荃與庶出長房曹寅的互動[*]

曹雪芹的生父究竟何人一直難以獲得紅圈共識，然其本生祖則可確定是曹荃。曹璽有曹寅和曹荃二子，長子寅雖為妾生，卻因獲康熙帝器重而成為一家之長，且在特意栽培下最後長期承當其父生前所擔任過的江寧織造要職。惟因曹寅向來艱於子嗣，故曾先後自嫡出的弟弟曹荃支入繼順、顒、頫、頎四姪（順、頎後因故歸宗），其中後三人皆在曹荃卒後始依家族或皇帝的決定過繼。本章即努力耙梳曹寅和曹荃的兄弟之情，以及兩支之間過繼、兼祧與歸宗的複雜關係，並對曹荃的生年及生日進行新探索，以釐清或訂正先前的認知。

曹雪芹家族的事跡一直是紅圈中人關心的議題，然因材料闕佚的情形頗嚴重，且有些文本的內容無法相互調和，故屢見有人因欲支撐其所提出的假說，而在無證據的情形下，逕自指稱某些檔案或文獻有誤，[1] 以致出現不少所謂的「論爭」「公案」「不解之謎」甚或「死結」，[2] 而其癥結往往是對古代社會的文化傳統和運作方式缺乏正確理解，但大數據時代的新研究環境則有可能提供匡正的機會。本章將先探索曹荃的生年及生日，接著嘗試疏理曹寅與曹荃兩房之間複雜的過繼與兼祧關係，並探索曹雪芹的父親究竟是何人。

---

* 本章部分內容曾發表於拙著〈「e 考據」卮言：從曹雪芹叔祖曹荃的生辰談起〉(2020)以及《二重奏：紅學與清史的對話》一書。

1 如清宮檔案中嘗稱曹順、曹頎、曹顒為曹寅子，但亦有文獻指他們為曹荃子，曹順更曾被曹寅和曹荃兄弟稱作「我們的孩子」，前人因無法理解前述的「矛盾」，遂逕改部分內容以支撐其假說。當然文本在少數情形下的確有可能出現訛誤，但如非確實無從解釋，筆者不太願意輕易擅改文獻以求曲解。

2 劉夢溪，《紅樓夢與百年中國》，頁 322-401。

一、「卯君」曹荃的誕辰

（一）曹寅與曹荃是否為孿生兄弟？

曹雪芹的曾祖曹璽生曹寅、曹宣二子，長子為民人妾顧氏生，次子為旗人妻孫氏生，曹宣後或因避康熙帝玄燁的嫌名而自行改名為荃，並刻有「曹宣今名荃」一印（當時官方並未明定須避帝諱；附錄 6.1）。[3] 由於于成龍在約康熙二十四年纂修的《江寧府志》中，[4] 記曹璽（二十三年六月卒於署）「仲子宣，官廕生，殖〔積聚、增長〕學具異才」（圖表 1.4），而二十九年四月內務府致戶部的咨文中稱「三格佐領下南巡圖監畫曹荃」（圖表 6.3），知其改名應在這兩時間點之間，曹宣很有可能在初仕時改用曹荃之名。

已故紅學家周祜昌、汝昌兄弟，曾透過經典上的關合，漂亮理出曹璽兩子取名字的淵源：寅字子清及宣字子猷，分別出自《尚書・虞書・舜典》之「夙夜惟寅，直哉惟清」及《詩經・大雅・桑柔》之「秉心宣猶〔通 "猷"〕，考慎其相」。尤其，「寅清」一詞原為官吏箴戒之辭，謂言行敬謹，持心清正，而「宣猷」則謂施展謀劃與方略。[5] 又，曹荃字子猷，號芷園，而「芷園」或取自《楚辭・離騷》的「蘭芷變而不芳兮，荃蕙化而為茅」句。

---

[3] 下文中有關曹宣的生平，均請參見朱淡文，《紅樓夢研究》，頁 357-394；方曉偉，〈曹宣生平主要活動繫年〉。

[4] 當時官場上有兩同名的于成龍，一為旗人，字振甲(1638-1700)，康熙二十一年知江寧府，卒於河道總督任內，曾修《江寧府志》；一為民人，字北溟(1617-1685)，歷官至兩江總督，康熙二十三年十二月卒。在南京出版社重印此志的提要中，指其為康熙二十二年精鈔本，雖該書的〈歷官表〉均只列到二十二年，但內文至少有三處記事繫於二十四年。且志中的旗人于成龍小傳記其於康熙二十三年十二月超遷為安徽按察使，旋奉旨協助處理河工事宜，推判此志應成書在他調任後的次年。參見于成龍纂修，《江寧府志》，卷 5，頁 10、卷 17，頁 26、卷 20，頁 69、卷 21，頁 39；《清聖祖實錄》，卷 118，頁 237-238 及 241。

[5] 周汝昌，《紅樓夢新證》(2016)，頁 41-42。

附錄 6.1

曹荃註釋並刊刻的著作《四言史徵》[6]

遼寧大學圖書館所藏的《四言史徵》一書（圖表 6.1）收錄曹荃序，鈐有「曹宣今名荃」一印，雖有人批評此一改名並非避諱所致，理由是「玄」與「宣」兩字發音的細微處仍有尖團音之別，[7] 然因康熙時期尚無明確諱令，且不同地區之人往往不見得都能清楚分辨尖團音。亦即，當時的避諱並不涉及法律層次，也無關音韻知識的精確與否，而純屬個人態度。曹宣很可能因「玄」與「宣」兩字的發音甚近，且他又在皇帝身邊當差，遂自行決定改名。[8]

《四言史徵》一書由葛震編輯，曹荃註釋，內容乃將歷代帝王史事各以四言韻語括其始末，起自盤古，終於明代。考量遼寧大學本的封面鈐用「御賜萱瑞堂」印，判斷此本應曾入藏曹家。又因曹荃（四十七年卒）撰於康熙三十三年的序中有「錄成命梓，用契葛君」句，知此書的刊行蘊含紀念好友葛震（三十一年卒）之意，且由於封面刻有「芷園藏板」字樣，板心更刻「芷園」二字，故先前多定此為曹荃康熙刊本。

然杜澤遜在《四庫存目標注》述及此書時（圖表 6.1），則稱：

> 「胤」字均缺末筆，且結體居中，不似後來剷版，「弘」字不避，則係雍正時刊版。究係康熙三十三年刻本之重刻，抑係當時未刊，至雍正始刻成，尚待勘驗。

認為該缺末筆之「胤」（此乃雍正以後通常採行的諱法）是避胤禛名諱的表徵，而《四庫全書存目叢書》也因此逕指其為雍正刻本。

---

6 先前研究可參見顧斌，《曹學文獻探考》，頁 163-185；樊志斌，《曹雪芹家世文化研究》，頁 33-51。

7 羅盛吉，〈清朝滿文避諱漫議〉。

8 康熙朝天文官吳明炫亦改名明烜。參見黃一農，〈吳明炫與吳明烜：清初與西法相抗爭的一對回回天文家兄弟？〉；黃一農，《二重奏：紅學與清史的對話》，頁 82、282。

圖表 6.1：《四言史徵》的書影及其諱字。

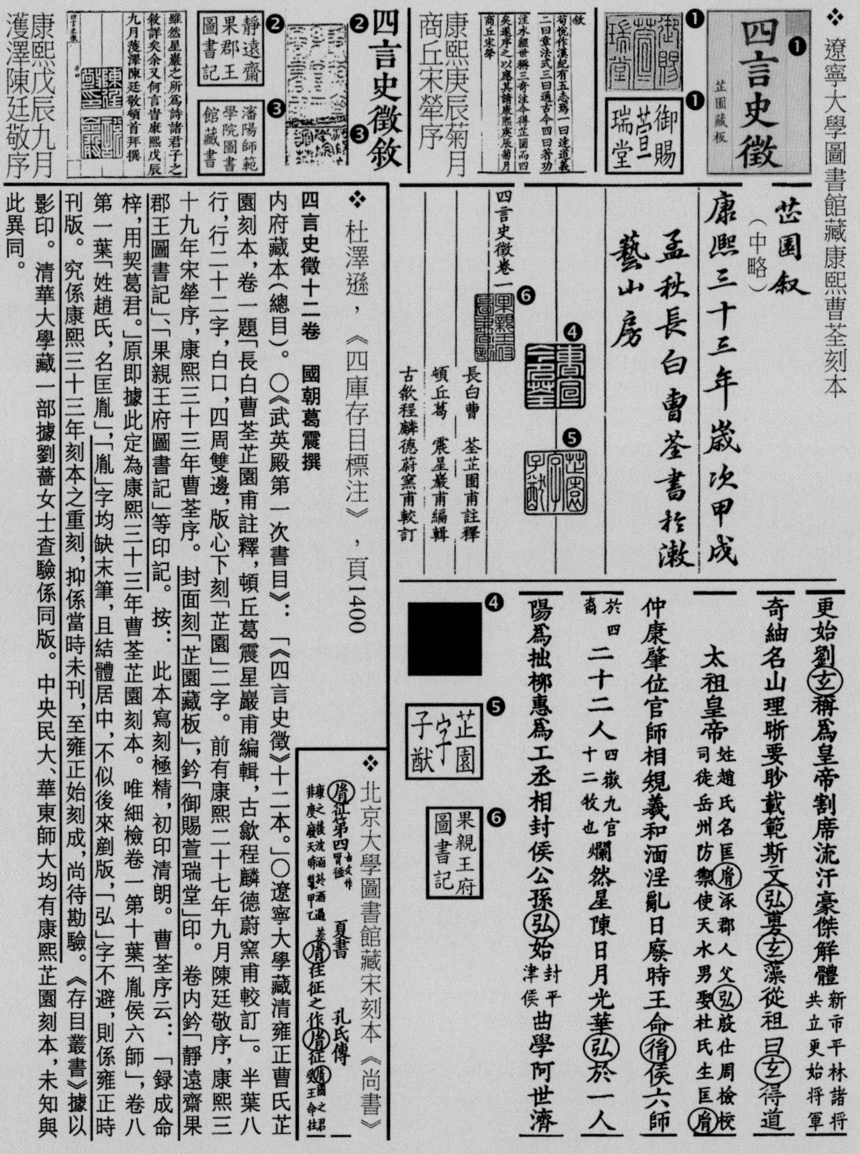

❖ 遼寧大學圖書館藏康熙曹荃刻本

❶ 四言史徵 芷園藏板

❶ 御賜萱瑞堂

敘
荀悅作漢紀有五志焉一曰達道義二曰章法式三曰通古今四曰著功……

康熙庚辰菊月商丘宋犖序

❷ ❸ 四言史徵敘

❷ 靜遠齋果郡王圖書記

❸ 瀋陽師範學院圖書館藏書

雖然星巖之所爲詩諸君子之較詳矣余又何言耑康熙戊辰九月蔆澤陳廷敬頓首拜撰

康熙戊辰九月蔆澤陳廷敬序

芷園敘
（中略）
康熙三十三年歲次甲戌孟秋長白曹荃書於瀲藝山房

四言史徵卷一 ❻ ❹ ❺
長白曹 荃芷園甫註釋
頓丘葛 震星巖甫編輯
古歙程麟德蔚窯甫較訂

更始劉玄稱爲皇帝割席流汗豪傑解體 新市平林諸将共立更始将軍
奇紬名山理晰要眇載範斯文弘夏玄藻從祖曰玄得道
太祖皇帝 姓趙氏名匡胤涿郡人父弘殷仕周檢校司徒岳州防禦使天水男娶杜氏生匡胤
仲康肇位官師相規羲和湎淫亂日廢時王命胤侯六師
於四裔 二十二人 四嶽九官十二牧也 爛然星陳日月光華弘於一人
陽爲拙柳惠爲工丞相封侯公孫弘始 封平津侯 曲學阿世濟

❹ ❺ 芷園子猷 ❻ 果親王府圖書記

❖ 北京大學圖書館藏宋刻本《尚書》
胤征第四 夏書 孔氏傳
……胤往征之作胤征……

❖ 杜澤遜，《四庫存目標注》，頁1400

四言史徵十二卷　國朝葛震撰

内府藏本（總目）。○《武英殿第一次書目》：「《四言史徵》十二本」。○遼寧大學藏清雍正曹氏芷園刻本，卷一題「長白曹荃芷園甫註釋，頓丘葛震星巖甫編輯，古歙程麟德蔚窯甫較訂」。半葉八行，行二十二字，白口，四周雙邊，版心下刻「芷園」二字。前有康熙二十七年九月陳廷敬序，康熙三十九年宋犖序，康熙三十三年曹荃序。封面刻「芷園藏板」，鈐「御賜萱瑞堂」印。卷内鈐「靜遠齋果郡王圖書記」、「果親王府圖書記」等印記。按：此本寫刻極精，初印清朗。曹荃序云：「録成命梓，用契葛君。」原即據此定為康熙三十三年曹荃芷園刻本。唯細檢卷一第十葉「胤侯六師」，卷八第一葉「姓趙氏，名匡胤」，「胤」字均缺末筆，且結體居中，不似後來剷版，「弘」字不避，則係雍正時刊版。究係康熙三十三年刻本之重刻，抑係當時未刊，至雍正始刻成，尚待勘驗。《存目叢書》據以影印。清華大學藏一部據劉薔女士查驗係同版。中央民大、華東師大均有康熙芷園刻本，未知與此異同。

清代自雍正朝始嚴諱例，胤禛在康熙六十一年十二月登基後不久即強迫其兄弟將行字的「胤」改成「允」，雍正元年十一月更下諭：

> 古制凡遇廟諱字樣，於本字內但缺一筆，恐未足以伸敬心，昨朕偶閱《時憲曆》二月月令內，見聖祖仁皇帝聖諱上一字，不覺感痛。嗣後中外奏章文移，遇聖諱上一字，則寫「元」字，遇聖諱下一字，則寫「燁」字。

三年十二月又規定應迴避孔子聖諱「丘」，除四書五經之內文以及祭天之圜丘不避外，俱加偏旁為「邱」。[9]

另，耙梳「中國方志庫」可發現萬春閣刻的康熙《徽州府志》共有102 個「玄」字，均缺末筆；162 個「丘」字，無一避改成「邱」；16 個「胤」字，15 個缺右旁末筆，1 個缺左旁首筆（多結體居中，非剷版所致）；「禛」「弘」「曆」則均不避諱。[10] 而此志繫年最晚者，是記康熙三十八年任巡撫的李鈵、驛傳鹽法道的蔡琦、徽州知府的盧詢，以及三十九年知休寧的蘇瑛，這些人均為該官職的末任。[11] 知此本應是康熙三十九年或之後不久所刻（不太可能於二十幾年後才於雍正朝首次刊行，或改板重印），至於缺右旁末筆或左旁首筆的「胤」字均為俗字（宋刻本中多見因避宋太祖趙匡胤名諱而缺筆之例，後遂變成異體字；圖表 6.1），與避胤禛名諱無關。類似情形亦可見於不少康熙方志裡的「胤」字（圖表 6.2）。[12]

考慮在葛震逝世三十多年後的雍正朝，已近繁華尾聲的曹家或已無人有強烈動機會重拾此書加以精刻，還在板心刻上曹荃（已過世逾十五年）的別號「芷園」，故筆者合理懷疑遼寧大學的《四言史徵》應為康熙間曹荃刻本（最晚的序為宋犖在三十九年所撰），並曾藏於曹家。

---

9 此段參見《清世宗實錄》，卷 2，頁 62、卷 13，頁 233-234、卷 39，頁 581。

10 從中國國家圖書館製作的「全國古籍普查登記基本數據庫(http://202.96.31.78/xlsworkbench/publish)」可查得此書至少存世 26 個藏本。

11 丁廷楗修，趙吉士纂，《徽州府志》，卷 3，頁 20、23、72 及卷 4，頁 25。

12 在大數據的環境下，許多避諱學的知識或均可重行思考。類似案例（如處理避怡親王之家諱「祥」與「曉」、乾隆帝嫡長子永璉之避名、歷朝各種「寧」字的寫法時）可參見黃一農，〈從 e 考據看避諱學的新機遇：以己卯本石頭記為例〉；黃一農，《兩頭蛇：明末清初的第一代天主教徒》，頁 511-512。

圖表 6.2：「中國方志庫」中康熙刻本裡的「胤」字。

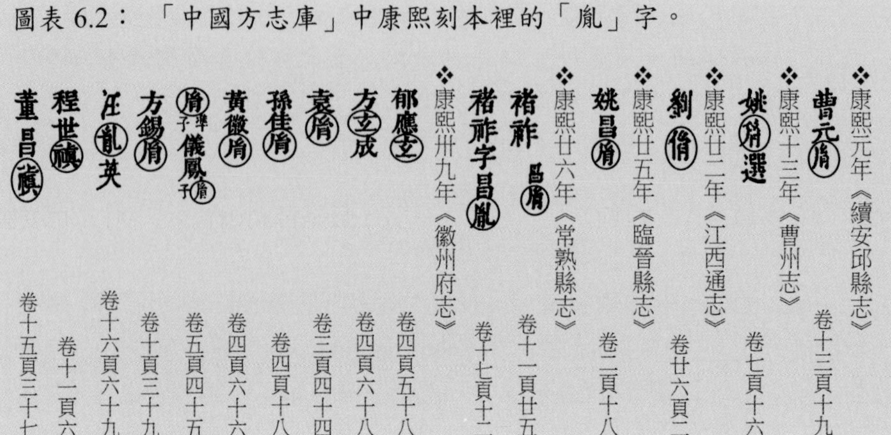

又，由於曹寅賦於康熙四十一年左右的〈聞二弟從軍却寄〉一詩中，稱「與子墮地同胚胎，與子四十猶嬰孩」，故周汝昌等人初疑兩兄弟為雙胞胎。惟因曹寅生於順治十五年戊戌歲九月初七日，而曹荃生辰在百花生日的二月（見後文），孿生說遂被修訂，周氏因此改稱「同胚胎」的詞意「著重指明同母所生（又年齡挨肩相近）」。[13]

明・錢士升〈黃履素稿序〉有云：「余同年黃履素為葵陽先生仲子，與伯兄後先成進士，夫非胚胎前光，得於式穀（謂以善道教子，使之為善）者素耶？」黃承昊 (1576-c1645)，字履素，洪憲（號葵陽，隆慶五年進士）子，萬曆四十四年進士，承昊長兄承玄 (1564-1620) 登十四年進士，「胚胎前光」乃指兄弟倆（皆正妻沈氏生，年齡差十二歲）從小一同孕育於先人的榮光中；[14] 徐元肅序《秀水朱氏家譜》時稱：「本朝則竹垞先生，研經博物，著書滿家，皆卓卓在人耳目也。予齋為司寇曾孫，胚胎前光，不失故家風範。」

13 此段參見周汝昌，《紅樓夢新證》，1998 年本，頁 34、2016 年本，頁 44。

14 錢士升，《賜餘堂集》，卷 3，頁 9；馮夢禎，《快雪堂集》，卷 18，頁 16-22；司能任修，屠本仁纂，《嘉興縣志》，卷 22，頁 42-43、51。

竹垞先生為名詞人朱彝尊 (1629-1709)，司寇公指崇禎十年曾署刑部尚書的朱大啟，予齋為彝尊族姪嵩齡 (1697-1748) 號，此「胚胎」之用語明顯指同血緣，而與兄弟無關；[15] 明・張孜的墓誌銘稱其「與弟敦、敷自少胚胎問學，內外資討，務慱〔音“團”，通“博”〕以深舉」，並稱「母成宜人蚤世，奉繼母許無間言」（目前尚無法判斷孜、敦、敷是否同母）；[16] 明・浦凌雲生光騰、光映、光曜、光曄、光昭、光暐六子（皆屠氏所生），「諸昆六人並胚胎，家學為經訓指南」。[17] 知這些以「胚胎」來形容者不必然是孿生、同母或年齡挨肩。亦即，曹寅的「與子墮地同胚胎，與子四十猶嬰孩」句，應只謂兩兄弟皆成長孕育在同一血脈與環境之中，如今雖均已約四十歲，但彼此仍跟孩時一樣親近。朱彝尊所稱曹荃是曹寅的「同懷子」，李果稱李煦有「同懷弟五人」（六兄弟共出自四母），亦皆用的是廣義之內涵。[18]

（二）「卯君」與曹荃的生年

曹荃的出生時間因無直接記述，也曾是紅學界努力探研的焦點之一。很幸運，現仍存世不少曹寅與曹荃唱和或兼及曹荃的詩詞，曹寅在其中三首嘗以「卯君」來代稱弟弟（圖表 6.3），此一熟典引發大家關注。查曹寅奉旨編纂的《御定佩文韻府》中，即於「淚痕濕」的詞條下稱「卯君，子由小名也」，並在「卯君」條下具體指出蘇軾（字子瞻）在為弟蘇轍（字子由）所賦的〈子由生日以檀香觀音像及新合印香銀篆盤為壽〉中，有「東坡持是壽卯君」句，其小註曰：「卯君，子由也。子由己卯生，故云。」[19]

---

15 朱榮纂修，《秀水朱氏家譜》，舊序，頁 3、世系表三，頁 1-2。

16 儲巏，《柴墟文集》，卷 9，頁 19。

17 浦起龍纂修，《江蘇無錫前澗浦氏宗譜》，卷 16，頁 13、卷 20，頁 68。

18 朱彝尊，《曝書亭集》，卷 23，頁 2；李果，《在亭叢藁》，卷 11，頁 28-33；黃一農，《二重奏：紅學與清史的對話》，頁 181、188。

19 張玉書、陳廷敬等，《御定佩文韻府》，卷 12 之 2，頁 42、卷 103 之 2，頁 2。

圖表 6.3：文獻中有關曹荃生辰的記載。

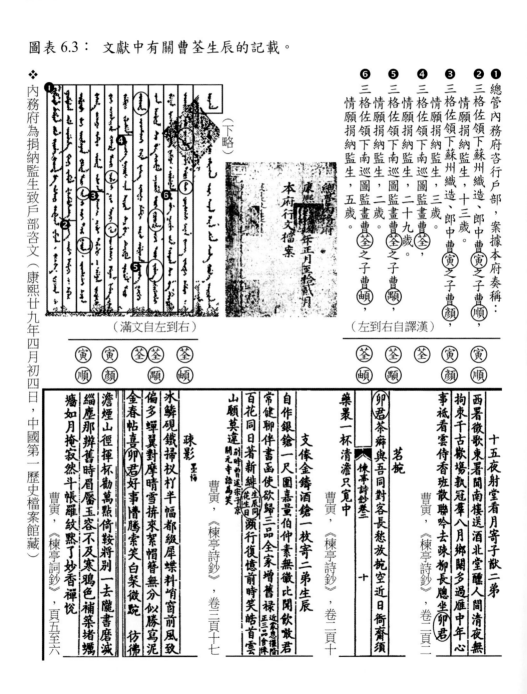

❖ 內務府為捐納監生致戶部咨文（康熙廿九年四月初四日，中國第一歷史檔案館藏）

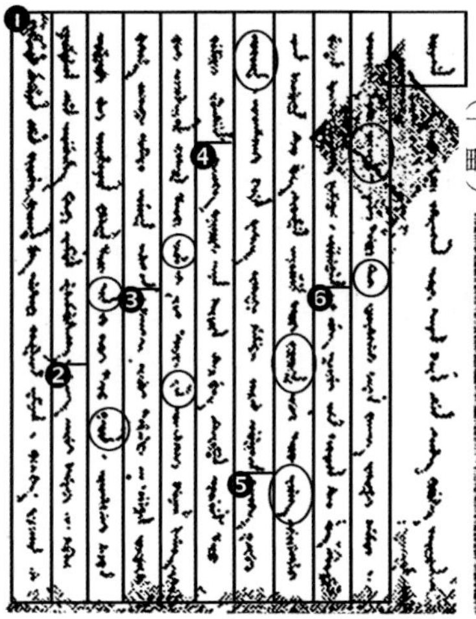

（滿文自左到右）

總管內務府
康熙[illegible]年正月至拾貳月
本府行文檔案

（下略）

❶ 總管內務府咨行戶部，案據本府奏稱：
❷ 三格佐領下蘇州織造、郎中曹寅之子曹順，情願捐納監生，十三歲。
❸ 三格佐領下蘇州織造、郎中曹寅之子曹顏，情願捐納監生，三歲。
❹ 三格佐領下南巡圖監畫曹荃，情願捐納監生，二十九歲。
❺ 三格佐領下南巡圖監畫曹荃之子曹顒，情願捐納監生，二歲。
❻ 三格佐領下南巡圖監畫曹荃之子曹頔，情願捐納監生，五歲。

（漢譯自右到左）

寅順　寅顏　荃　荃顒　荃頔

十五夜射堂看月寄子猷二弟

西署徵歌東署閒南樓送酒北堂醺人間清夜無拘束千古歡場孰冠羣八月鄉關多過雁中年心事祇看雲侍香班散聯吟去疎柳長牕坐卯君

曹寅，《楝亭詩鈔》，卷二頁二

茗椀

卯君茶癖與吾同對客長愁放椀空近日裔齋須藥裹一杯清瀹只寬中

楝亭詩鈔卷二　十

曹寅，《楝亭詩鈔》，卷二頁十

支俸金鑄酒鎗一枚寄二弟生辰

自作銀鎗一尺圍嘉量伯仲素無徵比閒飲散君常健聊伴書函使欲歸三品全家增舊祿（近蒙恩擢陞正三品食俸）百花同日著新緋（生辰同花生日）願行復憶前時笑皓首雲山願莫違（別時曾述宋子京開元寺語為笑）

曹寅，《楝亭詩鈔》，卷三頁十七

疎影 墨梅

冰鱗硯鐵掃杈枒半幅都綴犀蝶料峭窗前風致偏多蟬翼對摩晴雪挤來絮帽簪無分似勝寫泥金春帖喜卯君好事憎騰索笑白粲微駝彷彿澹煙山徑揮杯勸萬點倚鞍將別一去隴書磨滅緇塵那辨舊時眉靨玉容不及寒鴉色補築堵蠣墻如月掩寂然斗帳羅紋默了妙香禪悅

曹寅，《楝亭詞鈔》，頁五至六

雖然《漢語大詞典》等文史工具書皆以「卯君」乃典出蘇軾所賦的〈子由生日以檀香觀音像及新合印香銀篆盤為壽〉，代指卯年出生之弟蘇轍，但經以大數據耙梳文獻中的實際用例後（附錄 6.2），發現曹寅在詩中稱曹荃為「卯君」的緣由，不見得是具指後者生於卯年，而有可能是藉「卯君」的文化意涵，以表述兩人友愛如蘇軾兄弟，也或期許己弟能成為和蘇轍一樣的文豪大家。尤其，曹寅/曹荃及蘇軾/蘇轍同以「子」為表字的起首，曹荃字「子猷」又與蘇轍字「子由」同音且可通假。[20]

先前紅圈有人因不甚解古人在詩詞中稱賢弟為「卯君」的多樣用法，而逕指曹荃必與蘇轍同誕於卯年，又因曹寅生在順治十五年，時間稍晚且最相近的卯年就是康熙二年癸卯歲，遂有誤將曹荃的生年繫於此年者，[21]然根據 1983 年公布的一件材料，其生年應為康熙元年壬寅歲（見後文）。

附錄 6.2

「卯君」用典考釋

當代最權威的《漢語大詞典》釋「卯君」為卯年出生之人，除引蘇軾「壽卯君」句的出典外，還引了曹寅〈十五夜射堂看月，寄子猷二弟〉中的詩句「侍香班散聯吟去，疎柳長聰坐卯君」。後人亦有仿此典以取字號者，如清朝大學士蔣廷錫，字揚孫，一字酉君，雍正十年病卒，享年六十四，回推後知其誕於康熙八年己酉歲。[22]

---

20 王引之，《經傳釋詞》，卷 1，頁 9-14。

21 如見吳美淥，〈曹宣生卒年考〉。

22 李佐賢，《書畫鑑影》，卷 23，頁 6；李銘皖等修，馮桂芬等纂，《蘇州府志》，卷 100，頁 24；《清世宗實錄》，卷 121，頁 600。

蘇轍生於宋仁宗寶元二年 (1039) 己卯歲，小蘇軾三歲，兄弟倆的情誼異常深厚，蘇軾在〈獄中寄子由二首〉有云：「是處青山可埋骨，他年夜雨獨傷神。與君世世為兄弟，更結人間未了因。」[23] 已收錄一百多萬首歷代詩詞的「搜韻網」，[24] 可查得 62 首出現「卯君」，且早在宋代已有不少人使用此典，而內容提及蘇軾者共 15 次，牽涉賀壽者亦見 14 次。此外，有 4 例特別註明當事人乃卯年生，故作者以「卯君」稱之：

1. 宋・姚勉〈賀孫舜皋子周歲（乙卯生）〉有「卯君元是月中兔，藥擣長生壽根固」句。
2. 宋・徐鹿卿〈壽馮宮教三首〉有「但同南國歌申伯，敢效東坡壽卯君（子由己卯生）」句，詩題記馮氏生於己卯歲十二月初六日丑時。
3. 宋・李劉〈賀參政二首〉有「共知崧岳生申伯，競把旃檀壽卯君（東坡壽子由詩 "持是壽卯君"，子由乃己卯生也）」。
4. 清末民初・黃濬〈舟過之罘遇風雨〉有「喚起卯君勤對語，終風苦雨此連牀」句，小註為「竹生弟以癸卯生」。

至於「搜韻網」中這許多被稱作「卯君」者，恐無太多人以「卯君」為字號，而只是用此熟典。

再者，古人也屢見僅以兄弟相友愛而在詩中以「卯君」稱呼弟弟的情形，如「搜韻網」中就收錄弘曆於乾隆十六年所賦的〈壽五弟和親王四十壽辰〉，內有「樽持北斗傾紅友，詩擬東坡壽卯君」句，[25] 而弘晝乃康熙五十一年壬辰歲生；吳汝綸的〈集蘇句壽五弟詒甫〉亦見「孔

[23] 蘇軾，《東坡全集》，卷 29，頁 2。

[24] 非營利的「搜韻網」(https://sou-yun.cn)始創於 2009 年，其內容與功能在同類型網站中尚無出其右者，不僅可校驗詩律，亦支持模糊檢索，還能按照各種體裁、朝代或韻部，進行篩選過濾。

[25] 弘曆作，蔣溥等編，《御製詩集》，二集，卷 21，頁 31。

融不肯下曹操，東坡持是壽卯君」句，其弟汝繩（字詒甫）則生於道光二十九年己酉歲。[26] 此二例皆非卯年生！

除了「搜韻網」所收錄的詩詞外，為更清楚掌握古代是否常見非卯年出生者亦被稱作「卯君」或以之為字號的案例，筆者於是全面耙梳 Google 以及「中國基本古籍庫」「中國方志庫」「雕龍」「中國譜牒庫」等資料庫，共可見數百條涉及「卯君」或以之為字號的用例，略舉數條已查得生年者如下：

1. 汪耀麟和懋麟（號蛟門）兄弟每在詩中以子瞻、子由相況，懋麟也仿東坡的〈子由生日以檀香觀音像及新合印香銀篆盤為壽〉，在己生辰賦有「卯君生日誰當念，多謝年年白髮兄」句，而從王士禛〈比部汪蛟門傳〉所稱他卒於康熙二十七年四月十一日，「年止五十」，可推得懋麟生於崇禎十二年己卯歲。[27]
2. 張在辛，字卯君，一字兔公。從其《隱厚堂遺詩》所存的幾首記年歲詩（如〈雨窗獨坐，閒寫四時小景……時丁未七月二日，年七十七〉），皆可推得他生於順治八年辛卯歲，[28] 故名「在辛」，且以「卯君」為字，又因誕於卯年者之生肖屬兔，一字「兔公」。其弟張在戊，字申仲，亦因康熙七年戊申歲生而取名「在戊」，並以「申仲」為字。
3. 朱彝尊〈題耕客行腳圖二首〉中有「卯君顛頷坐詩飢（耕客小字卯君）」句，[29] 耕客乃李符之號，而高層雲所撰的〈布衣李君墓表〉明確記其生於崇禎十二年己卯歲正月。[30]

---

26 郭立志，《桐城吳先生（汝綸）年譜》，頁 5-6。

27 秦瀛，《己未詞科錄》，卷 11，頁 6-7；汪懋麟，《百尺梧桐閣遺藁》，卷首，〈比部汪蛟門傳〉及卷 7，頁 3。此一生年異於「人名權威人物傳記資料庫」。

28 張在辛，《隱厚堂遺詩》，卷 3，頁 38、卷 4，頁 15 及 38；震鈞，《國朝書人輯略》，卷 4，頁 11。

29 朱昆田，《笛漁小稾》，卷 1，頁 7。

30 李符，《香草居集》，書末。

4. 冒丹書，冒襄 (1611-1693) 子，字青若，號卯君。由於冒襄嘗在順治十五年賦〈戊戌三月二日丹兒二十生日書示〉詩，[31] 回推冒丹書的生年應為崇禎十二年己卯歲。

5. 戴永椿，字翼皇。清・鮑鉁 (1690-1748) 嘗稱「戴太史於康熙丁卯生，仿東坡稱潁濱例，自號卯君」，其中「潁濱遺老」為蘇轍晚年的別號。[32] 由於中國國家圖書館、上海圖書館、美國鹽湖城耶穌基督後期聖徒教會之家譜中心 (FamilySearch.org) 近年已陸續將其所收藏的大量家譜掃描公開於網上，雖尚不能全文檢索，但到底提供了大量不常見的基礎史料。[33] 筆者即在 FamilySearch 所藏的光緒《新安戴氏支譜》中，明確查得戴永椿生於康熙丁卯歲十一月十四日丑時。[34]

6. 李慈銘在〈東坡先生生日，同年……為予豫壽五十賦詩紀事〉中有「忽憶卯君琴已絕」句，傷悼其甫逝的仲弟仲肅（兄弟共九人），而因同治九年七月二十四日是仲肅的四十誕辰，知其生於道光十一年辛卯歲。[35]

7. 王炤，在三兄弟中行二，號卯君，乾隆四十八年癸卯歲二月初五日生。[36]

8. 張廷瞻（兄弟五人，行三）在〈哭鳳瞻四弟〉詩中有「卯君多磊落」句，行四的鳳瞻，字瑞岐，雍正七年己酉歲生。[37]

9. 錢逢戊，字卯君，咸豐八年戊午歲九月初九日生。[38]

---

31 冒丹書，《枕煙堂詩輯》，附錄，頁 22。

32 戴璐，《吳興詩話》，卷 5，頁 3-5。

33 此巨量的家譜類文獻如能數位化，將對文史研究產生重大貢獻。

34 戴士衡、戴翊清修撰，《新安戴氏支譜》，卷 2，頁 12-13。

35 李慈銘，《越縵堂日記》，冊 7，頁 4752、冊 11，頁 8201。

36 王鐘等修，《王氏三沙統譜》，東沙鶩湖支，頁 16。

37 張坤照，《韋莊張氏宗譜》，卷 4，頁 7、25。

38 《安亭錢氏家譜》，世系志，第十世，頁 32。

10. 陶士升生陶澍（字子霖）和陶溍（字子晉）二子，陶澍在其弟卒於嘉慶十七年時，曾賦「豈意有茲事，朝猶念卯君」句以哭弟，而陶溍乃乾隆四十六年辛丑歲七月二十五日生。[39]

11. 莊轍，行一（兄弟共二人），字卯君，道光十八年戊戌歲十月十五日生。[40]

12. 林泰來，譜名壽銅，字履平，號卯君，行三，有鈺、鑑二兄，道光三年癸未歲十月初六吉時生。由於十月為癸亥月，初六為辛丑日，知其八字皆未遇地支「卯」。[41]

當中的前七例均明顯是因卯年生而以「卯君」為字號。

綜前，我們可知「卯君」的用法雖主要是稱呼卯年出生者，但亦不乏被稱作「卯君」之人卻非誕於卯年：如莊轍即因其與蘇轍同名而以之為字號；至於陶澍之所以在輓詩中稱二弟陶溍為「卯君」，更因兩兄弟與蘇軾、蘇轍之字同樣以「子」為起首，且其父亦自承乃效蘇洵的〈名二子說〉以命名澍、溍二子。[42]

但張廷瞻以「卯君」指代弟弟鳳瞻，林泰來與錢逢戊取「卯君」為字號，則皆應只是單純以蘇轍為效仿的典範。這就好像曹雪芹以夢阮為字，或即以晉朝竹林七賢中的阮籍（因長期任步兵校尉，故常被稱作「阮步兵」）為自己的榜樣，襲協因此嘗稱雪芹「狂於阮步兵」，敦誠也曾在〈贈曹芹圃〉一詩中以「步兵白眼向人斜」句來形容曹雪芹狂放傲世的性格（《晉書》稱阮籍每見俗士，往往以白眼對之）。[43]

39 王煥鑣編，《陶文毅公年譜》，卷上，頁 15。
40 莊清華纂修，《毗陵莊氏族譜》，卷 14，頁 10。
41 顧廷龍主編，《清代硃卷集成》，冊 409，頁 171。
42 王煥鑣編，《陶文毅公年譜》，卷上，頁 1。
43 黃一農，《二重奏：紅學與清史的對話》，頁 428、456。

（三）花朝節與曹荃生日

除了生年外，曹荃的生日也有必要重探。曹寅在康熙三十八年所賦〈支俸金鑄酒鎗一枚，寄二弟生辰〉詩中有「百花同日著新緋」句，並以小註指曹荃「生辰同花生日」（圖表 6.3）。[44] 先前紅學界多因乾隆時人潘榮陛於《帝京歲時紀勝》二月條中有云「十二日傳為花王誕日，曰花朝」，[45] 而以曹荃生於二月十二日。[46] 惟耙梳大數據後，發現清代文獻所記花朝節的日期並不統一，如順、康間居河南輝縣的孫奇逢 (1584-1675)、山西陽曲的傅山 (1607-1684)、江西臨川的黃石麟、北京的劉廷璣與劉正宗 (?-1661)、知山西交城縣的趙吉士（約 1628-1706），乾隆間在京的錢載 (1708-1793) 和翁方綱 (1733-1818)、知河南安陽縣的趙希璜 (1746-1805)，[47] 以及「中國方志庫」收錄的康熙《宛平縣志》、康熙《大興縣志》、乾隆《宣化府志》等京畿地方，皆以花朝為二月十五日。

又，最能代表官方主流看法的弘曆，在其御製詩中提及「花朝」最少

---

44 曹寅，《楝亭詩鈔》，卷 3，頁 17；曹寅著，胡紹棠箋註，《楝亭集箋注》，頁 147。

45 前人多以「花朝即俗傳之百花生日」，但亦有少數人認為二月十二日乃花神誕辰，而花朝節在十五日。兩說孰對孰錯，恐難判斷。參見白鳳文等修，高毓浵等纂，《靜海縣志》，申集，頁 26；潘榮陛，《帝京歲時紀勝》，頁 11；王昶纂修，《直隸太倉州志》，卷 16，頁 11。

46 如見陳詔，〈紅樓夢小考（二）〉；周汝昌，《紅樓夢新證》(2016)，頁 44；馮其庸，《曹雪芹家世新考》，頁 166；方曉偉，《曹寅評傳・曹寅年譜》，頁 281。

47 孫奇逢，《孫徵君日譜錄存》，卷 6，頁 7；傅山著，尹協理主編，《傅山全書》，冊 20，頁 341；趙希璜，《四百三十二峰草堂詩鈔》，卷 12，頁 8；黃石麟，《半蕪園集》，卷 14，頁 6-7；劉廷璣，《在園雜志》，卷 4，頁 1 及 3；劉正宗，《逋齋詩》，卷 3，頁 6；趙吉士，《萬青閣全集》，萬青閣自訂詩，頁 141；錢載，《籜石齋詩集》，卷 32，頁 8；翁方綱，《復初齋詩集》，卷 13，頁 15。翁方綱〈二月望日，篔坡、魚山治具招同……伯思、仲思……晚飯法源寺二首〉詩題中提及的陳本忠和本敬兄弟，均為曹雪芹泛交遊圈中人，該詩因有「寒食即花朝」句，而寒食是清明（是年在二月十六日）前一日，知其以花朝為二月十五日。

164次，而他賦於乾隆十年的〈二月十五日過薊州即事書懷〉，有「當春最有傷春者，何必花朝更看花」句；十三年的〈二月十五日疊去歲盤山花朝韻〉，有「融風軟日臨花朝，揭憶盤山已前度」；二十年的〈花朝作〉，有「洛陽花朝二月二，浙湖正用月之望」；二十四年的〈山桃花開〉，有「去歲花開先花朝，今歲花開花朝後。由來花朝是的期（二月十五日），花開須待番風受」；皆明指當時京師的花朝節在二月十五日。[48]

然而，黃圖珌 (1699-1752?) 和瑞元 (1794-1853) 同以二月初二日為花朝。[49] 乾隆五年金誠為《易經貫》所寫的序以及乾隆《賦清草堂詩鈔》等文獻，則稱二月十二日為花朝。[50] 換句話說，花朝節雖皆落在二月，但不同地區認定的日期往往不同。此不一致的情形，可清楚見於《欽定古今圖書集成・曆象彙編歲功典》的〈花朝部彙考〉，內記直隸、江南（未及江寧與揚州）、浙江各地志書的花朝日期，分在初二日、十二日或十五日。[51]

李嶟瑞曾於康熙三十四年在京作〈改花朝詩〉，其小序有云：

> 花朝不知起於何時，世皆以為二月十五日或云二月二日。國子博士孔東塘先生曰：「古稱望皆以夕，凡言朝者朔也。」遂於二月朔日集諸同人賦〈改花朝詩〉以正向來之誤。予亦分得「啼」字韻，漫賦一首……亦聊以成東塘好事之意云爾。[52]

知孔尚任（1648-1718；號東塘）當時自認考訂出花朝應指二月朔，遂邀集同人賦〈改花朝詩〉，期盼能改正「向來之誤」，惟其努力顯然未能成功。

依前引乾隆帝、翁方綱、劉正宗、劉廷璣、錢載等人的詩作以及京畿

48 弘曆作，蔣溥等編，《御製詩集》，初集，卷24，頁15-16；二集，卷2，頁16、卷55，頁11、卷84，頁22-23。

49 黃圖珌，《看山閣集》，古體詩，卷4，頁6；瑞元，《少梅詩鈔》，卷5，頁11。

50 金誠，《易經貫》，作者自序；張棠，《賦清草堂詩鈔》，卷5，頁5。

51 陳夢雷等編纂，《欽定古今圖書集成・曆象彙編歲功典》，卷32，頁1-7。

52 李嶟瑞，《後圃編年稿》，卷13，頁3。

附近的方志，推判康、乾的北京應以二月十五日為花朝。康熙四十五年成稿的官書《欽定古今圖書集成》也因此在〈花朝部彙考〉中稱：

> 花朝無定期，《洛陽記》〔晉・陸機撰〕以為二月二日；《事文玉屑》〔明・楊淙撰〕以為二月十二日，與今吳俗同；《提要錄》云「唐以二月十五日為花朝」；《月令廣義》〔明・馮應京撰〕云「宣德二年二月十五日〈御製花朝詩賜裴尚書本〉」。今京師亦主十五日，與楚俗同。[53]

從「今京師亦主十五日」以及江寧地區的類似用例，知曹寅在三十八年所賦〈支俸金鑄酒鎗一枚，寄二弟生辰〉詩中提及曹荃的生辰「同花生日」，應指的是二月十五日，[54] 而非多數紅學界（如陳詔、周汝昌、馮其庸、方曉偉等）原先認為的二月十二日（小說中林黛玉與花襲人的生辰）。又因光緒《畿輔通志》亦以花朝為二月十五日，[55] 疑北京此節的時間長年未變，民間為避免混淆，至遲在清末遂有「今俗以初二為小花朝，十二為正花朝，十五為大花朝」之說。[56]

---

53 陳夢雷等編纂，《欽定古今圖書集成・曆象彙編歲功典》，卷 32，頁 6。

54 耙梳大數據後發現南京地區的花朝節應同於北京。如萬曆二十三年南京國子監祭酒敖文禎嘗賦〈花朝（是日社）〉詩，該年花朝恰為二月十五日戊午社日；又，同一年行腳揚州、鎮江附近的釋洪恩，其詩〈松寥閣與湛公夜坐看月，晨起值花朝……〉有「春半及花朝」句；長期寓居江寧的袁枚，在其《隨園詩話》記湖北布政使嚴瑞龍於乾隆七年呼朋唱和，中有「恰恰春分二月半，分春妙手愛東君。但愁過却花朝後，一日春容減一分」句；這些均明顯以花朝為二月十五日，而地方節慶的日期應屬不太會隨時代改變的傳統。再者，曹寅雖長期任官江南，但因曹荃接獲其兄寅〈支俸金鑄酒鎗一枚，寄二弟生辰〉詩前的約十幾年間多在京當差，且曹家與宮中往來密切，故節日之類的生活慣習可能還是以北京為依歸，並作為其泛交遊圈中人互動時的共同基礎。參見敖文禎，《薜荔山房藏稿》，卷 2，頁 42；釋洪恩，《雪浪集》，卷上，頁 17；袁枚，《隨園詩話》，卷 9，頁 6。

55 李鴻章等修，黃彭年等纂，《畿輔通志》，卷 71，頁 31。

56 李慈銘，《越縵堂日記》，冊 14，頁 10201。

二、曹家捐監咨文內容的可信度

先前學界有關曹荃生年的認知，在 1983 年中國第一歷史檔案館公布了康熙二十九年四月初四日一件內務府致戶部的咨文後（圖表 6.3），引發不少波瀾。[57] 這件關涉到曹氏家族捐納曹荃等五張國子監監照的滿文檔案，由於可能牽動曹雪芹父親究竟是何人的判斷，遂受到紅壇的普遍關注，然因當中四人本生父的記載與其它文獻（時間不同）之間出現一些所謂的「歧異」（見下節），[58] 導致相關文獻的可信度備受質疑，如徐恭時就稱：

> 在新發現的這件曹家檔案中，除「曹顏」「曹頔」兩名在過去檔案中未見記載，係屬新見外；至於曹順為荃子、曹顒為寅子，在原存曹家檔案中有明白記載。今則父系完全相反。特別是曹顒，筆者考索認為即是曹雪芹的本生父。不少研究者亦同此見解……似不宜僅用新見的單一檔案去把舊存檔案全部否定。[59]

完全忽略家族中為承嗣而改變父子關係的可能性。曹寅雖以庶長子奉旨成為家長，[60] 稍後且繼父職成為江寧織造，卻因子嗣不旺而數度自二房過繼姪子，其間並有承繼子因故歸宗，此令嫡庶兩房的子姪關係變得異常複雜。

查曹荃共生順、頔、頎、顒、頫五子，乏嗣的曹寅在成為家長後，或為表達對繼嫡母孫氏以及嫡出二房曹荃的善意，才會安排長姪曹順兼祧兩房（此時曹荃僅生一子順，若不再得子，嫡支將絕嗣）！但由於曹順的法律身分仍以長房為主（清律自乾隆四十年起才正式允許兼祧，但民間於之前即有此做

57 張書才，《曹雪芹家世生平探源》，頁 66-69。

58 下文的相關敘事皆請見黃一農，《二重奏：紅學與清史的對話》，頁 118-136。

59 徐恭時，〈寅宣子系似絲棼：新發現的曹雪芹家世檔案史料初析〉。

60 長期擔任蘇州織造的李煦亦為庶長子，檢李士楨所娶正妻王氏於順治十八年生李炘，知順治十二年生李煦的文氏乃側室，因其時正妻尚在。

法；見附錄 4.2），故在康熙二十九年的捐監文書中才會只稱順為寅子。然或因曹順與嫡母李氏不和，曹寅遂於四十七年依其妻的要求，將三十一歲的曹順歸宗，[61] 同時又從二房改嗣曹顒為承繼子（詳見第七章）。換句話說，徐恭時等人的質疑在考量曹家的過繼與兼祧後，應可獲得一合理解釋。

康熙二十九年四月，身為家長的曹寅在外放蘇州織造前，替擔任《南巡圖》監畫的弟弟曹荃以及四名子姪各捐納成監生（其名目謂之例監），[62] 目的是為家人取得將來出仕文官的基本資格。譬如，他們就可直接參加科舉考試，亦有機會獲授正七品的太常寺讀祝官、贊禮郎及鴻臚寺鳴贊，也可擔任內務府的茶上人等職缺。[63] 內務府於致戶部的相關咨文中稱：

> 三格佐領下蘇州織造、郎中曹寅之子曹順，情願捐納監生，十三歲。
> 三格佐領下蘇州織造、郎中曹寅之子曹顏，情願捐納監生，三歲。
> 三格佐領下南巡圖監畫曹荃，情願捐納監生，二十九歲。
> 三格佐領下南巡圖監畫曹荃之子曹顒，情願捐納監生，二歲。
> 三格佐領下南巡圖監畫曹荃之子曹頔，情願捐納監生，五歲……
> 鞥錫管領下住蔡村、收豆人季秀之子兆兒，情願捐納監生，十七歲，北京漢人。等因。將此等人名各繕一綠頭牌，並擬將此送部等情具奏。奉旨：知道了。欽此。為此咨行。內務府總管費揚武、頒迪著

---

61 曹寅於康熙二十九年為家人捐監，當時其子姪輩的順、顏、顒、頔各為十三、三、二、五歲。紅圈中有疑曹顏乃過繼自二房，然因曹寅時年三十三，應尚未失去生子希望（其長女或已出生），故不應在以曹順兼祧後，又再過繼曹顏，何況，文獻中並無曹顏出繼的蛛絲馬跡。

62 康熙二十八年第二次南巡返京後，諭旨開始創作《南巡圖》，這套長達十二卷的畫作乃由王翬擔任總設計師和主繪者，「監畫」曹荃則負責行政事務，「閱六載而告成」。參見聶崇正，〈南巡盛事皇家鉅製：簡論《康熙南巡圖》及其殘卷撰寫〉，https://mp.weixin.qq.com/s/L3p0IMeMQJ-fKKQBKDycuA。

63 崑岡等修，劉啟端等纂，《欽定大清會典事例》，卷 17，頁 335；《關於江寧織造曹家檔案史料》，頁 84-85。

筆帖式苟色送去，交付員外郎和隆。[64]

在奉「知道了」之旨後，內務府總管費揚武、頒迪即派筆帖式將此涉及八名旗人的捐監咨文送交戶部員外郎和隆。[65]

由於該文檔提及「三格佐領下南巡圖監畫曹荃，情願捐納監生，[66] 二十九歲。三格佐領下南巡圖監畫曹荃之子曹顒，情願捐納監生，二歲……」（圖表 6.3），故回推曹荃應誕於康熙元年壬寅歲，此較先前從「卯君」推估的卯年生早一年，遂引發何者材料可信的論戰。[67]

前述咨文清楚記載曹家兩房兩代多數人的名字、年歲與父系，故對紅學的意義頗大。惟先前有紅友因主張曹顒是曹寅的親生子，故認為此咨文可能有誤。[68] 然該假說並非僅涉及書寫時的一字之誤（曹家諸名的滿文寫法

---

64 任世鐸等人乃據光緒朝《清漢對音字式》來翻譯其中人名，若限定其名得出現在《康熙字典》（此書已整合先前通行之梅膺祚《字彙》及張自烈《正字通》等字書）且偏旁為「頁」，則其對音字多為唯一，僅 *yan* 可有「顏(yán)」與「顩(yǎn)」兩種選擇，後者未見於《詩經》（曹璽子孫命名之主要出處）。參見張書才，《曹雪芹家世生平探源》，頁 66-67。

65 有譯總管之名為「飛揚武」與「班第」。《清聖祖實錄》，卷 130，頁 392、卷 151，頁 672；張書才、高振田，〈新發現的曹雪芹家世檔案史料初探〉。

66 在曹璽任江寧織造期間，僅康熙六年七月之親政恩詔可讓高階官員廕子入監，但當時排除包衣子弟，至九年二月始追溯讓符合六年親政恩詔的二至四品包衣官員之子弟可廕監。曹荃或因此得到「官廕生」出身（圖表 1.4），但應為將來也有機會循捐納之途任官，他還是「情願捐納監生」。參見《大清詔令》，卷 5-6；《清聖祖實錄》，卷 32，頁 433；黃麗君，〈清代內務府的包衣廕生〉。

67 有以曹宣在順治十八年正月玄燁登基後，因避帝之嫌名，而改名曹荃，故主張曹宣應生於新帝甫即位的十八年二月（然此說理應推得曹宣在新帝即位前就已出生，之後才因避諱改名），並稱該康熙二十九年咨文所提及曹荃時年二十九歲之說，乃指周歲。撇開古人少用周歲計齡，清代在康熙朝以及之前亦皆不曾頒布任何諱例，知其說有待商榷。又，因曹荃特別刻有「曹宣今名荃」一印，知其行用「曹宣」之名應已多年。參見樊志斌，《曹雪芹家世文化研究》，頁 33-35、244；黃一農，《兩頭蛇：明末清初的第一代天主教徒》，頁 266-267。

68 賈穗，〈曹顏不可能即曹淵：與王家惠同志兼及周汝昌先生商榷〉。

頗異，如寅與荃，或順、顏、顒與頔之間均不應錯認），而得將「三格佐領下南巡圖監畫曹荃之子曹顒」改成「三格佐領下蘇州織造、郎中曹寅之子曹顒」，並將此句移至「三格佐領下南巡圖監畫曹荃，情願捐納監生」之前（體例上應是先記長房曹寅家的捐監者，接著才記曹荃家）。亦即，誤抄之說若成立，則咨文的書寫者在此一攸關當事人權益的重要文書中，竟然有三行錯抄了原始正確文本的文字和次序（圖表 6.3），實在令人難以想像！

該咨文末稱內務府還會將捐監者各繕一綠頭牌送戶部（圖表 6.4），綠頭牌乃用於召見、引見之際，以白硬骨紙或木片製成長條狀，首尖漆綠，上寫引見人的姓名、履歷，事後往往發還當事人保存。[69] 而在繕寫曹家各人的綠頭牌以備引見時（應只對已成年之人），若有訛誤也不可能不被發現。

圖表 6.4：清代在引見時使用的紅、綠頭牌。[70]

❖ 紅頭牌

和碩醇親王載灃
內廷行走
內大臣閱兵大臣管理正白旗漢軍都統事務
管理新營房城內官房大臣管理鑲紅旗滿……
羅學事務管……

郡王銜多羅貝勒奕劻
鑲藍

❖ 綠頭牌

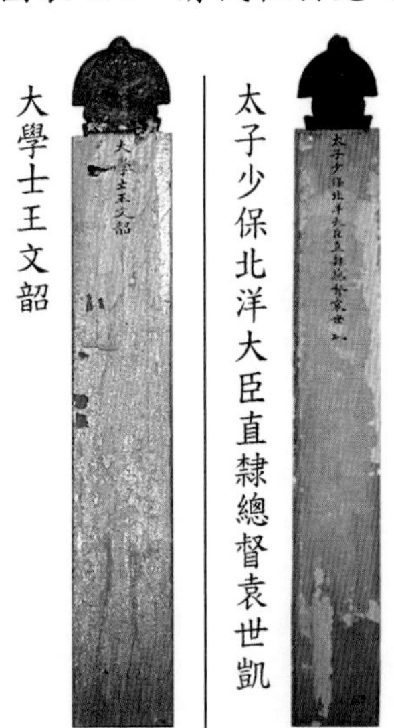

太子少保北洋大臣直隸總督袁世凱

大學士王文韶

69 徐珂，《清稗類鈔》，冊 1，頁 402-403。

70 此指清代在引見時向皇帝呈遞的銜名木牌，牌上寫有覲見者的姓名、官銜，而在鑒於被曹寅稱作「卯君」的曹荃，從咨文中卻回推他應生於壬寅歲，此地支的不合讓有些人對咨文的可信度產生質疑，[71] 惟因曹寅乃在不同時間三度以「卯君」指代曹荃（圖表 6.3 下），[72] 這應非一時之誤，否則曹荃肯定會在初接贈詩後反映，而曹寅也不應在稍後幾年間持續犯錯。[73]

衡諸前述咨文乃攸關曹氏等數家族捐納後的權益，且騎縫處鈐有滿漢合璧的「總管內務府印」（圖表 6.3 上），[74] 再因曹寅不久前才擔任該府的慎刑司員外郎、會計司郎中、廣儲司郎中，[75] 這些職務均已為內務府的高階官員，[76] 情理上，府內處理捐監事的屬吏不應如此輕忽，且曹寅亦不太可能不就近確認，而讓其家捐納五張監照的文本上出現重大紕漏（訛誤將有可能影響該監照的效力）。

清前期的捐監制度大致沿襲明代，所頒的捐納之令往往與當時戰亂、災荒或治河等事件相關。[77] 順治四年規定俊秀捐米一千石可入監讀書，然因索求過高，報捐者不多。康熙十年江南連被災傷，所議開的捐監例遂訂在「生員捐米四百石或銀二百兩，俊秀納米六百石或銀三百兩」。二十八年由於當時京師發生嚴重荒旱，民生困極，故准開「直隸捐納事例」以賑

遇缺選官時，還會記籍貫、入仕年歲等。紅頭牌僅供宗室王公使用，其他人只能用綠頭牌。圖中文物乃藏於北京故宮博物院及中國第一歷史檔案館等處。

71 劉上生，《曹寅與曹雪芹》，頁 37。

72 曹寅，《楝亭詩鈔》，卷 2，頁 2、10；曹寅，《楝亭詞鈔》，頁 5-6。

73 先前有稱「由於癸卯與壬寅實際只相差一年，曹寅錯記曹宣生於癸卯的可能也是存在的」。參見朱淡文，《紅樓夢研究》，頁 359。

74 有紅友想要論證此咨文搞錯曹家父子關係，遂稱此文檔只是抄存件，故「有錯誤是不奇怪的」，然若是抄存件那就不該鈐用「總管內務府印」。

75 方曉偉，《曹寅評傳・曹寅年譜》，頁 320-338。

76 內務府除無定員的總管外，管理庫藏及出納的廣儲司置郎中四人，會計、掌禮、都虞、慎刑、營造、慶豐六司則各有郎中二、三人。參見允祿等，《大清會典》，卷 226，頁 1-5。

77 王勝國，〈清代捐納制度及其影響新論〉。

災，為增加誘因，又改定「不論旗民俊秀子弟，捐穀二百石或米一百石，准作監生，免其入監讀書，期滿考用」。[78] 或因此次納粟入監的數目已較先前減少甚多，曹寅遂一口氣為弟弟和四名子姪均捐監。

依例，籍隸正白旗滿洲的曹寅在為家人捐監時，其事除見於內務府致戶部的滿文咨文（臚列同時捐納諸人）外，每名報捐者理應單獨由國子監給發執照一張（謂之「監照」，見圖表 6.5），證實此人已「准作監生」。監照的取得相當繁冗，[79] 其流程可略述如下：

1. **具呈**：報捐之旗人首先要以「呈文」的形式提出捐納的申請。在呈文中要開具姓名、籍貫、年齡、外貌（身材高矮、面部膚色、有無蓄鬚）、身分以及三代的姓名。報捐者在向戶部提交呈文的同時，還必須提交佐領的圖結以證明自己的身分。
2. **行查**：戶部在收到報捐者的申請呈文後，得先確認該報捐者是否完稅，及其是否有官司在身。
3. **發行劄付和小票**：捐納房接著於逢十之日向報捐者發放「劄付」（即付款通知書）和「小票」（註明報捐者的姓名、籍貫、所根據的報捐專案以及依規定應納的銀兩數目），通知他們前往戶部銀庫「上兌」（即納銀）。與此同時，戶部還會以咨文將開列有各項捐生姓名銀數的「匯總印付」送交銀庫備案。
4. **上兌**：報捐者在領到戶部發給的「劄付」和「小票」後，即在逢六之日前往戶部銀庫上兌，「小票」會因此蓋上「某月某日上庫」的戳記，然後填具日期作為收據。至於繳交的銀兩，除依相關「事例」的規定外，還要交納名為「飯銀」和「照費」的手續費。

---

78 鄂海等修，《六部則例全書》，戶部，卷下，頁 84-85；伍躍，《中國的捐納制度與社會》，頁 350-351；陳寬強，《清代捐納制度》，頁 37、106-114。

79 承啟、英傑等纂，《欽定戶部則例》，卷 98，頁 25-41；伍躍，《中國的捐納制度與社會》，頁 81-85。

5. 給照：此為報捐的最後手續，報捐者將已標有上兌日期的小票交給捐納房後，即可在預定的日期前往戶部「當堂具結」，並領取「戶部執照」（圖表 6.5），捐監者接著還需攜此憑證至國子監領取「監照」。監照係雕版印製，四周刻有雲紋圖案，正文為豎排印刷。此前戶部會將該次捐監者的姓名、容貌、籍貫和三代姓名造冊送交國子監，該監於是據以填發監照（圖表 6.5）。

依此，曹家若要「納粟入監」，必須經由內務府、戶部的捐納房和銀庫、禮部的國子監等單位的層層查核，才能取得監照，故不應無人發現其重要內容出錯！

監照印本在填好相關資料後，除鈐上國子監的滿漢文大印，還得「標朱」（指用朱筆在事由、發文目的及文件的關鍵處，加圈點或寫一些字句，以提示要點）後始生效，[80] 其中「實」字乃確認各項記載無誤，「行」字則代表獲准發行（圖表 6.5）。此外，在戶部執照或監照上端可看到發行時的半印。捐監過程相當重視身分的稽核，每月十二日銀庫庫官會攜帶捐生冊檔，送戶部捐納房，並會同戶科江南道「眼同磨對」，如有不符，即由江南道御史參奏。若領取監照時發現有誤，凡「有實據可考者」（如鄉貫誤填、字畫訛脫、地名不對、旗民籍錯寫等），可在取具相關官員印結的情形下隨時要求更換，至於「無實據可考者」（如誤填三代、本名音同字異、偏旁錯誤、訛寫字義、顛倒雙名或脫一字），則限一個月內呈部換發。[81]

亦即，康熙二十九年內務府致戶部咨文中當事人的父名、年齡以及所屬佐領等內容均不應有誤，否則，捐納的錢糧就可能付諸流水，將來亦無法憑此監照上的身分參加科考或受職。

---

80 楊若荷，〈清代下行文的標朱制度〉。

81 承啟、英傑等纂，《欽定戶部則例》，卷 98，頁 25。

圖表 6.5：乾隆朝臺灣潘士興捐監的證照。其格式與套語依時代略有變化。

長465 mm，寬565 mm，AH002380

戶部執照

戶部為欽奉
上諭事，據俊秀潘士興，係福建臺灣府彰化縣人，年貳拾
歲，身中，面紫，無鬚，今遵例由俊秀捐監生銀壹百捌
兩，加捐貢生銀壹百肆拾肆兩，共銀貳百伍拾貳兩，准
作貢生。所捐銀兩於乾隆伍拾壹年伍月貳拾日付
庫收訖，相應發給執照，以杜假冒，須至執照者
本生三代曾祖穆　祖藍　父敦厚
右照給　潘士興　收執
乾隆　伍拾壹年　伍　月　廿六　日
部

❖此二圖轉引並識讀自伍躍，《中国の捐納制度と社会》（京都大学学術出版会，2011），封面及封底圖

❖原件由臺北的臺灣博物館典藏

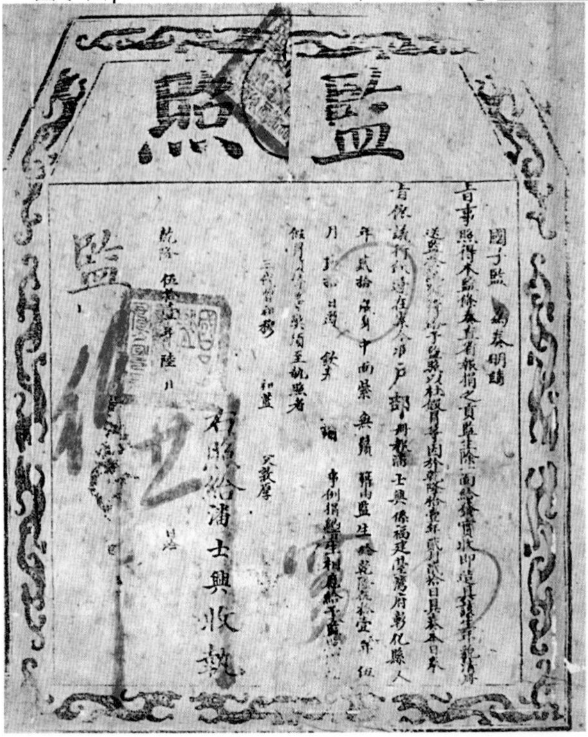

監照

國子監　為奏明請
旨事，照得本監係奏直省報捐之貢監生，除一面給發，實收即造具該生年貌清冊，
送監發記號簿給予監照以杜假冒等因。於乾隆拾壹年貳月貳拾日具奏，本日奉
旨依議行。欽遵在案。今准戶部冊報，潘士興係福建臺灣府彰化縣人，
年貳拾歲，身中，面紫，無鬚，　籍，由監生於乾隆伍拾壹年伍
月貳拾日，遵　欽奉　諭　事例捐納貢生，相應給予監照，以杜
假冒頂替等弊，須至執照者
三代曾祖穆　祖藍　父敦厚
右照給　潘士興　收執
乾隆　伍拾壹　年　陸　月　廿一　日給
監

長430 mm，寬565 mm，AH002385

既然曹家在康熙二十九年一次就為五名成員捐監，知曹雪芹對這類捐納事應有一定認識。此或亦反映在《紅樓夢》的內容中，如第二回稱「這位璉爺身上現蠲〔音“捐”〕的是亇同知，也是不肯讀書，于世路上好机变，言談去的，所以如今只在乃叔政老爺家住着，帮着料理些家務」，第十回提及有位精通醫理的張友士，亦曾「上京給他兒子來捐官」，第二十四回賈芸稱其有個家境富裕的朋友，「身上蠲着亇通判，前兒選了雲南不知那一処，連家眷一斉去」，第四十五回賴嬤嬤的孫子賴尚榮亦從奴才之子捐納成縣令。

再者，小說第十三回指稱秦可卿過世後，賈珍為使喪禮較風光，遂委請太監戴權替賈蓉捐個前程，戴權謂「事到湊巧，正有個美缺。如今三百員龍禁尉短了両員，昨兒襄陽侯的兄弟老三來求我，現拿了一千五百両銀子」，並稱此御前侍衛銜現還剩最後一個名額，他捨不得給旁人，賈珍於是忙命書房裡的人立馬寫來賈蓉的履歷，上曰：

> 江寧府江寧縣監生賈蓉，年二十歲。曾祖，原任京營節度使世襲一等神威将軍賈代化；祖，乙卯科進士賈敬；父，世襲三品爵威烈将軍賈珍。

此等三代姓名以及父親職銜之內容，乃監照或捐官戶部執照上所必須填具。

小說接著還述及一些賈蓉付款捐官的過程，稱：

> 戴權看了〔指履歷〕，回手便逓與一個貼身的小厮收了，說道：「回來送與戶部堂官老趙，說我拜上他，起一張五品龍禁尉的票，再給個執照，就把那履歷填上，明兒我自己來兑銀子送去。」小厮答應了，戴權也就告辭了。賈珍十分欵留不住，只得送出府門。臨上轎，賈珍囙問：「銀子還是我到部兑，還是一並送入老相府中？」戴權道：「若到部里，你又吃虧了。不如平准一千二百銀子，送到我家就完了。」

其中所謂「平准」，乃指所交納的元寶重量及成色必須皆足，且通常要有銀號或金店打上的保證戳記，並符合戶部要求的規格。[82]

康熙朝捐例甫行時，即有狡黠之徒賄通官方，從中獲取暴利。如兵部於四十四年欲得捐馬 1,410 匹（此事例允許候選官僚報捐，如候選縣丞捐納 50 匹即可以知縣即用），遂交黃純祐負責包攬，以此事例捐納者不論具呈或上兌皆須經黃氏之手。由於馬的官價為每匹 75 兩，故兵部總共獲銀 105,750 兩，而黃氏在此過程竟中飽私囊，多收了 211,400 餘兩，約為政府得銀的兩倍！[83] 曹雪芹筆下的戴權，應就是以那時社會上出現的這類包攬捐納之人為其創作原型，只不過賈蓉捐五品龍禁尉虛銜以及秦可卿銘旌上的「恭人」封階，應均屬小說虛構，此因清代並無捐御前侍衛虛銜之例，且五品命婦應封贈為宜人，非四品的恭人，還必須恰遇覃恩或另行報捐封典才有可能獲得誥命，[84] 但這些均未見書中提及。

既然內務府的捐監咨文通常不應出錯，且「卯君」的用典不見得指當事人必然生於卯年，而可以是純屬修辭學的借喻或借代，「只要主體與出處有某種類似即可，不必每一細節均與出處相同」。[85] 也就是說，我們並無必要在缺乏具體證據的情形下，硬指曹荃的捐監咨文或曹寅的「卯君」詩其一有誤。筆者遂推定曹荃應生於康熙元年壬寅歲二月十五日的花朝節，

---

82 伍躍，《中國的捐納制度與社會》，頁 84、102。

83 《宮中檔康熙朝奏摺》，第 7 輯，頁 803。

84 伍躍，《中國的捐納制度與社會》，頁 364。

85 參見朱淡文，《紅樓夢研究》，頁 358-359。朱氏亦主張曹荃生於康熙元年，理由有三：一稱「此說係據檔案明文逆推，有成立的充足理由」；二稱曹順實係曹荃長子，若曹荃誕於康熙二年，則生順時才十六歲，似不太可能，「如曹宣生於康熙元年，則十七歲生子比較合理」；三稱荃母孫氏於順治十八年三月出宮嫁與曹璽為繼室，「次年二月十二日生曹荃也比較合乎實際情況」。然而後兩理由並不太有說服力，因相差一年生子皆屬合理範圍。

曹寅則因譽揚弟弟而以「卯君」代稱之。至於《漢語大詞典》初版 (1975-1994) 的「卯君」條，則或應改釋作：

1. 卯年生的人。宋・蘇軾為弟蘇轍所賦〈子由生日以檀香觀音像及新合印香銀篆盤為壽〉之詩有「東坡持是壽卯君」句，趙次公註：「卯君，子由也。子由己卯生，故云。」
2. 兄對弟的親密稱謂。指兄弟友愛有如蘇軾兄弟，亦可用於兄稱道或期許弟的表現有如蘇轍。清・陶澍曾賦「豈意有茲事，朝猶念卯君」句以哭弟陶潛，而潛生於乾隆四十六年辛丑歲。

不知預計 2023 年完成的新版《漢語大詞典》會否帶入 e 時代的新思維？[86]

三、曹寅支的過繼與兼祧

接著，筆者將重整關涉曹寅子姪與孫輩的材料與研究，除區辨事實與揣測外，並對各文獻的可信度加以衡量拿捏。先前學者因未曾考慮古代家族中人過繼及歸宗過程的可能性，遂將文獻中有些表面不一的記載逕當成筆誤（圖表 6.6），以致在歧途上愈行愈遠。鑒於中國第一歷史檔案館所藏康熙二十九年內務府致戶部有關曹家等捐納監生的咨文，乃牽涉當事人權益的重要原始文件，且《關於江寧織造曹家檔案史料》中所收錄的奏摺亦為一手材料，《八旗滿洲氏族通譜》及《八旗通志初集》更是關涉清朝崛起歷史的專門官書；故我們實不應在無具體證據的情形下，就直指記載失誤。[87] 筆者先前即結合古代家族在遭逢繼承問題時的運作方式，嘗試對史

[86] 又如第三章「易簀之〔之後〕五月」以及《宋史》〈徐元杰傳〉「未卒之〔之前〕一日」中有關「之」的釋意，亦均未見於《漢語大詞典》。

[87] 尤其因滿文檔案乃由官方的專職人員記載，且事涉政府之運作與個人之權益，應罕有可能連續出錯才對。

料中冗雜且分歧的記載提供一合理解釋，希望不僅能與其它詩文或檔案裡提及之曹家人的事跡若合符契，且無需改動任一文獻中的記事，本節即在此一態度下更進一步理清曹家的血緣世系。[88]

曹璽孫名順、頫、頎、顏、顒、頫，皆是以「頁」字為右偏旁之單名，其家取名字似乎頗注重經典上的關合（圖表 1.12）。由於曹璽在世時僅有一孫名順（荃生），故當康熙二十三年曹璽病卒後，無子且庶出的新任家長曹寅（二十七歲）即於稍後過繼姪子曹順，並讓其兼祧二房，[89] 以避免嫡支曹荃萬一不再生子而有絕嗣之虞。兩房接下來枝繁葉茂，每年或恰新添一人，分別是頫（二十五年荃生）、頎（二十六年荃生）、顏（二十七年寅生），[90] 曹荃遂於二十八年再生一子時，將其小名取作「連生」，並以其學名為同部首的顒，二十九年四月的內務府致戶部咨文中因此稱：「三格佐領下南巡圖監畫曹荃之子曹顒，情願捐納監生，二歲。」

88 由於多年來相關紅友始終堅持舊說，且不曾臧否筆者先前即已提出的新認知，筆者因此在這本論著中重新訂補前說，希望能讓曹家的家族史更正確且完整。參見黃一農，《二重奏：紅學與清史的對話》，頁 109-154。

89 當時法律雖只承認過繼，但對兼祧多採通融態度。此故，四十年五月曹寅和曹荃嘗奏稱其家是由「我們的孩子〔知此子兼祧〕赫達色〔曹順滿名〕」負責承辦龍江等五關銅觔。而曹寅雖已於二十七年生親子顏，且此前曹荃亦增頫、頎二子，曹順卻未歸宗（將喪失長房財產的繼承權）或改成僅出繼長房（將失去曹璽嫡支長孫的身分），由於此事陷入兩難，曹荃遂令曹順一直維持兼祧。

90 頫、顏、顒三人的生年均可見於二十九年四月的內務府咨文。另，有疑曹荃第三子曹頎原名曹顏，並稱「顏」字後因與其曾祖曹振彥名中的「彥」音同，故諱改成「頎」。然若曹家真在乎此種家諱，那為何出生時會將其名為「顏」！此外，在康熙二十九年的捐監咨文中，明指曹顏是曹寅之子，他不太可能後又過繼給曹荃，尤其長房一直以乏嗣為苦。參見蘭良永，《紅樓夢文史新證》，頁 77-78。

圖表 6.6：　文獻中對曹璽孫輩之本生父所出現前後不一的記事。

	時間	相關敘述及出處
a	康熙二十九年四月初四日	曹順和曹顏為寅子，曹顒及曹頔為荃子（中國第一歷史檔案館藏內務府滿文行文檔）
b	四十年五月	曹寅和曹荃奏稱由「我們的孩子」赫達色（曹順滿名）負責承辦龍江等五關銅觔（內務府滿文行文檔）
c	四十六年	曹寅賦有〈喜三姪頎能畫長幹，為題四絕句〉一詩（《楝亭詩鈔》卷五）
d	四十八年四月十三日	兩度出現「據曹寅弟弟之子曹順呈稱：我伯父曹寅……」之敘述（中國第一歷史檔案館藏內務府滿文奏銷檔）
e	五十年四月初十日	原任物林達曹荃之子桑額（曹頎滿名），郎中曹寅之子連生（即曹顒）（內務府滿文奏銷檔）
f	五十一年九月初四日	曹顒奏稱「奴才堂兄曹頎來南」（臺北故宮博物院藏宮中檔康熙朝奏摺）
g	五十五年閏三月十七日	記「曹寅之子茶上人曹頎」被補放為茶房總領（內務府滿文奏銷檔）
h	雍正五年閏三月十七日	原江寧織造庫使蕭林稱康熙五十八年與「桑額〔曹頎〕等之家人，名叫吳老漢者」有生意糾紛；原茶上人桑額稱康熙六十年他因售參而欠「曹頫的家人吳老漢」三千多兩；雍正五年吳老漢供稱「我係曹頫之家人……有名叫桑額之人，因欠我……」（內務府滿文奏銷檔）

曹順：當曹璽於康熙二十三年六月病卒時，其孫輩僅有曹荃所生之曹順一人，故在曹寅成為家長之後，應為表達對繼嫡母孫氏以及嫡房曹荃的善意，遂過繼姪子曹順。[a] 然萬一曹荃不再有子，嫡支將絕嗣，故曹順當時應兼祧兩房，[b] 但在法律文件上其身分仍僅被承認為長房承繼子。[a] 曹順於四十八年四月之前已歸宗，此事或發生在前一年曹荃卒後。[d]

曹顒：曹荃本生子，[a] 但五十年四月的滿文奏銷檔稱其為曹寅之子。[e] 疑四十七年左右將曹順歸宗後，[d] 為傳承血脈，遂又自二房過繼了曹顒。

曹頎：曹荃本生子，行三，故滿名桑額，意指三哥，[c, e, h] 在五十年四月及五十一年九月的檔案中，皆明指其為荃子，[e, f] 但五十五年閏三月的滿文奏銷檔則稱其為曹寅之子。[g] 由於蕭林的口供稱桑額有家人名為吳老漢，桑額的口供則指吳老漢是曹頫家人，然吳老漢在雍正五年供稱已係曹頫家人，桑額與其無關，[h] 因疑曹頎於過繼長房後又以發生糾紛而歸宗。

曹荃在長子順（小名珍兒；附錄 6.3）之後生頔，小名驥兒。曹寅於二十五年端節所賦〈浣溪沙〉中有「驥兒新戴虎頭盔」句，描寫曹頔頭戴被視為可為嬰幼兒辟邪的虎形帽。[91] 二十九年四月，五歲的曹頔捐納為監生。四十五年春，四十九歲的曹寅賦〈途次示姪驥〉五律三首，自嘲「吾年方半百，兩臂已枯株」，並提醒二十一歲的曹頔「執射吾家事，兒童慎挽強」。[92] 考慮到曹家兒孫輩的年齡，該射箭的「兒童」只能是十一歲之頫。亦即，曹寅於四十五年二月離京南返時，已在京當差的曹頔（時年二十一歲）應隨行（探視病重之嫡親祖母？）。頔或於康熙五十年之前過世（附錄 6.3），因未曾出仕，故其名不見於《八旗滿洲氏族通譜》。

附錄 6.3

曹寅「聞珍兒殤」小考

康熙五十年刊刻的曹寅《西軒集》中，收錄他是年所賦的〈聞珍兒殤，書此忍慟，兼示四姪，寄西軒諸友〉，此詩的詩題在稍後出版的《楝亭詩別集》中作「辛卯三月二十六日聞珍兒殤，書此忍慟，兼示四姪，寄西軒諸友三首」，詩句的文字亦略有更改（圖表 6.7）。[93] 先前紅友們對其內容的釋讀一直無法獲得共識，對珍兒其人亦出現曹顏、曹順，或是曹寅晚年所生幼子等說法，現重理各說的思路與論據，並補充新的認識。[94]

曹寅於四十三年十月十三日起，即與李煦輪管兩淮鹽課（行署在揚

---

[91] 張書才，《曹雪芹家世生平探源》，頁 74-75。

[92] 曹寅著，胡紹棠箋註，《楝亭集箋注》，頁 226-227。

[93] 顧斌，《曹學文獻探考》，頁 240-258。感謝顧斌慨贈《西軒集》的圖檔。

[94] 此附錄改寫自黃一農，《二重奏：紅學與清史的對話》，頁 122-126。

州）十年，每次一年，其第四任的任期起自四十九年十月。[95] 亦即，曹寅在賦前引詩之當年，常得往返於江寧與揚州間（最快一日可到[96]）。曹寅除將該詩「兼示」四姪曹頫外，並寄給自己的「西軒諸友」。翻檢其現存詩集，發現他在江寧、揚州或儀徵（淮南批驗鹽引所設有真州使院，供巡鹽御史暫住）的居處均有同名之西軒，[97] 如四十五年秋冬之際他校刻的《御定全唐詩》將竣，曾賦有〈西軒同人將別，用和蕉飲原韻……〉一詩，[98] 該「西軒同人」應指在天寧寺揚州詩局工作的同仁；〈真州西軒行藥，念倰三病，書此代問，時將歸金陵〉詩亦明指儀徵住所有西軒；[99] 而四十九年初冬他也有〈阻風寄西軒諸友〉之作，[100] 分寄散居各地的「西軒諸友」，此或泛指其交好的同人與幕友。

從「聞珍兒殤」句，可判斷當時珍兒與曹寅分隔兩地。曹寅在賦詩之際應未進京，但身處江南何地則不詳。惟珍兒不可能卒於江寧或揚州，否則，才相距一天的路程，曹寅理應兼程趕赴探望其最後一面，而不會好整以暇地賦完詩，並兼示四姪且錄寄西軒諸友。[101]

由於四十八年二月曹寅（五十二歲）遣嫁次女時嘗稱「臣有一子，今年即令上京當差，送女同往，則臣男女之事畢矣」，知其子女皆已安排當差或婚配，且亦無妻妾有孕，而該「一子」乃指甫過繼的二十一歲曹顒（應已婚，見後文）。[102] 故珍兒若為曹寅所生幼子，只能生於四十八年年底以後（因懷胎要十月），享壽不到三歲。

---

95 《關於江寧織造曹家檔案史料》，頁 22-26、32、81、83-84。

96 如曹寅於四十三年十月初十日離江寧，十三日抵揚州；四十五年二月十八日在江寧，次日即至揚州。參見《關於江寧織造曹家檔案史料》，頁 23、37。

97 曹寅著，胡紹棠箋註，《楝亭集箋注》，頁 214-215、324、502-503。

98 曹寅，《楝亭詩別集》，卷 4，頁 5。

99 曹寅，《楝亭詩鈔》，卷 7，頁 18。

100 曹寅著，胡紹棠箋註，《楝亭集箋注》，頁 502-507；章宏偉，〈揚州詩局刊刻《全唐詩》研究〉。

101 蘭良永，〈曹寅詩中"亞子、珍兒"考辨〉。

102 李廣柏，《文史叢考：李廣柏自選集》，頁 119-130。

圖表 6.7： 曹寅為「聞珍兒殤」所賦之詩。

❖ 曹寅，《西軒集》，頁四至五
日本東北大學圖書館藏本

西軒集 辛卯
聞珍兒殤書此忍慟兼示四姪寄西軒諸友
老不禁愁病尤難斷愛根極言生有數誰謂死無恩拭
淚知吾過開緘覓字昏零丁摧亞子孤弱例寒門
世出難居長多材在四三成家望猶子努力作奇男經
義談何易程朱理必探殷勤慰衰朽素髮滿朝簪
聾聳雙荷異悽迷復此晨那堪無事老長做不情人薄
福書囊遠偷生藥裹親蹉跎非一致豐嗇恐難論

聞珍兒殤，書此忍慟，兼示四姪，寄西軒諸友

◆老不禁愁病，尤難斷愛根。
極言生有數，誰謂死無恩。
拭淚知吾過，開緘覓字昏。
零丁摧亞子，孤弱例寒門。

◆世出難居長，多材在四三。
成家望猶子，努力作奇男。
經義談何易，程朱理必探。
殷勤慰衰朽，素髮滿朝簪。

◆聾聳雙荷異，悽迷復此晨。
那堪無事老，長做不情人。
薄福書囊遠，偷生藥裹親。
蹉跎非一致，豐嗇恐難論。

❖ 曹寅，《楝亭詩別集》，卷四頁八至九
上海圖書館藏本

辛卯三月二十六日聞珍兒殤書此忍慟
兼示四姪寄西軒諸友三首
老不禁愁病尤難斷愛根極言生有數誰謂死無
恩拭淚知吾過開緘覓字昏零丁摧亞子孤弱例
寒門
予仲多遺息成材在四三承家望猶子努力作奇
男經義談何易程朱理必探殷勤慰衰朽素髮滿
朝簪
聾聳雙荷異悽迷復此晨那堪無事老長做不情
人薄福書囊遠偷生藥裹親蹉跎非一致豐嗇恐
難論

辛卯三月二十六日聞珍兒殤，書此忍慟，兼示四姪，寄西軒諸友三首

◆老不禁愁病，尤難斷愛根。
極言生有數，誰謂死無恩。
拭淚知吾過，開緘覓字昏。
零丁摧亞子，孤弱例寒門。

◆予仲多遺息，成材在四三。
承家望猶子，努力作奇男。
經義談何易，程朱理必探。
殷勤慰衰朽，素髮滿朝簪。

◆聾聳雙荷異，悽迷復此晨。
那堪無事老，長做不情人。
薄福書囊遠，偷生藥裹親。
蹉跎非一致，豐嗇恐難論。

然珍兒如果是寅子，在前述詩中曹寅就不應使用語境不恰當的「聞」字來描述己子之殤，[103] 亦無道理以「予仲多遺息，成材在四三。

103 「聞」字之使用通常有非切身之事的感覺，感謝高樹偉之意見。又，有學者疑珍兒乃曹寅親子，且以曹雪芹為珍兒遺腹子，若然，則悼詩中應提及媳婦已懷孕並祝盼珍兒未來可以有後才對（馬以工之意見）。

承家望猶子，努力作奇男」句，離題去期許三姪頎和四姪頫未來能擔負二房之家業。[104] 當然也不可能在已有曹顒為承繼子的情形下，還寄望兩姪未來能接續長房之家業。也就是說，珍兒不可能是曹寅之子！尤其，曹寅晚年體弱多病，甚至對年輕時所熱衷的尋歡之事亦早已意興闌珊。[105] 無怪乎，曹寅及其眾多親友的詩文集中皆不曾因生此子而出現誌喜或慶賀的文字（此事對乏嗣之長房理應意義重大）。

事實上，從前引詩的「零丁摧亞子」句，亦知珍兒不可能是曹寅子。此因從「中國基本古籍庫」所收錄的大量詩集中，可發現數以百計的「亞子」用例，[106] 均是稱許他人之子「可亞〔此字為流亞、類同之意〕其父」。此熟典乃出自唐末藩鎮李克用之子李存勗，由於唐昭宗嘗以「此子可亞其父」稱之，時人遂以「亞子」號存勗，後梁太祖亦謂：「生子當如李亞子，克用為不亡矣！至如吾兒，豚犬耳。」由於曹寅不應褒

104 曹荃先後生順、頔、頎、顒、頫五子，因曹順於兼祧後歸宗，在二房諸子的排行最長，但曹顒已出繼長房，此故，頎在二房為行三、頫行四。曹寅與曹荃兩兄弟所生子的雁行順序並未採用同祖父的大排行，且在出嗣後即不算入本支排序（福彭長子平僖郡王慶寧無子，薨後由堂弟慶恒出繼並襲爵，變成慶寧「胞弟」）。劉廣定指出行序亦有不因出嗣而改易者，並舉行二的敦誠為例，他在出嗣後仍稱敦敏為「伯兄」「大兄」，而行三的桂圃亦謂敦誠為「二兄」，敦敏還稱桂圃為「三弟」。此或因不同家族的稱謂習慣不同，對曹家而言，過繼後即將其視同親生序齒，這應是依循法律層面的規定。否則，在曹荃共生順、頔、頎、顒、頫五子的情形下，將無法解釋為何內務府在五十四年正月的奏摺中稱曹頫為「曹荃第四子」，且亦是曹寅〈辛卯三月二十六日聞珍兒殤……〉中所謂的「四姪」。參見曹寅著，胡紹棠箋註，《楝亭集箋注》，頁 509-510；《關於江寧織造曹家檔案史料》，頁 125；朱淡文，《紅樓夢論源》，頁 55。

105 如曹寅〈題秘戲圖〉有「十年不作搥牀客，已到無心選夢時」句，它詩另出現「衰齒謝五欲」「老去自甘門外漢，不將真色讓登徒」等句。參見蘭良永，〈曹寅詩中"亞子、珍兒"考辨〉。

106 如見明・王永光〈代扈生送李公子〉的「爭傳亞子出，應接令公香」、清・曹溶〈李晉王墓下作〉的「英雄誇亞子，提刀百戰囊」、清・紀邁宜〈趙郡道中懷古十七首〉的「生兒亞子壓羣雄，鎮定危隣倚救兵」等句。參見王永光，《冰玉堂詩草》，頁 32；蔣景祁輯，《瑤華集》，卷 10，頁 3；紀邁宜，《儉重堂詩》，卷 6，頁 15。

己子為「亞子」，知該被譬作「亞子」的珍兒應為二房所出。[107]

而曹寅的「予仲多遺息，成材在四三」句，則點出其已故仲弟曹荃所生的順、頔、頎、頫四子（不計已出繼之顒）中，只有排行第三的曹頎（約二十五歲[108]）和第四的曹頫（十六歲）能「成材」。先前學者多將「成材」釋為「成為有用之人」，[109] 但因曹寅應不太可能會以此公開之詩作引發其他諸子（無論存歿）難堪（因被視作「不成材」），故知「成材」在此實應為「長大成人」之意。[110] 又，八旗男子年滿十六即稱丁，並登記入檔冊；亦即，曹荃的子嗣雖多，但在曹寅賦此詩時，尚存的成丁之姪只剩下行三的頎與行四的頫。

根據此解，順與頔在康熙五十年曹寅賦詩時應均已故，而珍兒最可能是其中一人。在已知曹頔以驥兒為小名的情形下，珍兒似乎就該是曹順的小名。當然，我們也不應逕自排除珍兒為曹寅孫輩或姪孫輩的可能性。若此，珍兒只可能為曹頫所生；不然，何以解釋曹寅竟然只是「兼示四姪」，而未將此詩出示最應心傷的珍兒之父！又若曹頫是主要關係人，詩題中似乎也不該用「兼」字。更何況，曹頫當時虛歲方十六，那他就必須在十五歲之前結婚，還得解釋珍兒為何不與父、祖

107 顧頡剛在與胡適論學時，即已提出「亞子」即「肖子」，但胡適堅持此為「次子」「幼子」之意。此段參見蘭良永，〈曹寅詩中“亞子、珍兒”考辨〉。

108 年紀小於曹頔但大於曹顒的曹頎在命名時，因曹順仍兼屬二房，故曹頎之滿名才會依行序稱作桑額（三哥）。若曹頎生於二十六年，則曹璽孫輩自康熙二十五年起每年恰增一人，分別為頔、頎、顏、顒（全以「頁」字為偏旁），此與二十八年出生之曹顒以「連生」命名（若只是前一年有子，似乎不夠特別到須以此二字命名）的寓意密合。

109 康熙帝對曹頎的評價頗高，曹寅家人對曹頫的印象亦不錯。參見《關於江寧織造曹家檔案史料》，頁 125-126、140。

110 清・張士元有「依然櫟社樹，無用卻成材」詩句，又，趙翼之孫生於除夕前兩日，至元旦已兩歲，故稱「生甫四朝年兩歲，此兒應是早成材〔指其較他人早到達成年之歲數〕」。知「成材」有長成之意，不見得指成為有用之人。參見趙翼，《甌北集》，卷 45，頁 1；徐世昌，《晚晴簃詩匯》，卷 106，頁 12。

同住，且身在曹寅無法趕至見最後一面的遠方。

經由前述推論，疑珍兒最可能是曹順。再因曹寅《西軒集》（較《楝亭詩別集》早刻兩年）中，「予仲多遺息，成材在四三」被書作「世出難居長，多材在四三」，該「世」字有嫡出之意，如「世孫」或「世子」即然，故「世出難居長」句或謂長子（指曹順）往往不是嫡出，[111] 亦表明死者曹順乃居長之庶子。至於「殤」字，古人常用於八至十九歲過世者，[112] 那三十四歲的曹順可否用此？經查各種資料庫，偶亦可見稱二、三十歲成年死者為殤的事例。[113] 又因以國事或意外而死者亦可稱殤，知「殤」字用於曹順之死並非不可能。[114] 下文即嘗試完整釋讀〈聞珍兒殤〉一詩。

康熙五十年春，曹順卒（不知有無可能於外派當差時身亡，故在前引詩中有謂「極言生有數」並稱「殤」）。[115] 三月二十六日，曹寅獲知

---

111 朱淡文，《紅樓夢研究》，頁 376。

112 古人多以卒於年十九至十六為長殤，十五至十二為中殤，十一至八為下殤，不滿八歲為無服之殤，但亦有不同定義。徐乾學，《讀禮通考》，卷 17，頁 1。

113 如謂「〔謝昌鑒〕二十二歲而殤」「〔陳成器〕咸豐十年庚申四月初二日殤，時年二十八歲」「〔程祖佑〕病殤於諸城，存年廿五歲，殤之明年始聞信」「〔鄧紹棠〕二十餘歲而殤」「〔覺羅蘇庫公幼女，守貞，二十九歲卒，〕年未三十旋中殤」「王貞孝女卒，得年三十有六，有欲以殤喪之者」。民初曾被任命為教育總長的黃炎培（光緒間舉人），亦嘗稱「吾父實以三十九歲殤」。參見阮元輯，《兩浙輶軒錄》，卷 27，頁 7；陳懋和等修，《毗陵雙桂里陳氏宗譜》，頁 34；程庭鷺，《夢盦居士自編年譜》，頁 16；徐寶符等纂，《樂昌縣志》，卷 10，頁 26；潘衍桐輯，《兩浙輶軒續錄》，卷 11，頁 10；陳作霖，《可園文存》，卷 1，頁 9-10；黃炎培，《黃炎培日記》，卷 1，頁 268。

114 東漢・王逸在註《楚辭・九歌》時，即稱「殤」乃指死於國事者。唐・李善在註鮑照〈出自薊北門行〉的「投軀報明主，身死為國殤」句，亦謂「國殤，為國戰亡也」。至於唐・李周翰在註《文選》中謝瞻〈張子房詩〉的「力政吞九鼎，苛慝暴三殤」句，則稱「橫死曰殤」。參見李廣柏，《文史叢考：李廣柏自選集》，頁 123-124；張書才，《曹雪芹家世生平探源》，頁 193-196。

115 康熙四十八年五月之前，曹寅的家人老漢以及「帶領家人王文等」的曹順，皆長年協助曹寅和曹荃（四十七年卒）處理銅差。五十一年十一月內務府查察曹寅修

噩耗，但因鹽差在身無法赴京，遂賦詩抒懷，並書示諸親友。此詩第一闋中的「老不禁愁病，尤難斷愛根」，應是感慨自己老來多愁善病，尤其難以割斷對珍兒之愛（詩題不稱「長姪」，而用小名稱呼，亦見彼此情深）。雖然曹順與嫡母李氏之間發生無法和諧相處的不幸情形，[116] 以致曹寅只得將他歸宗，但在曹順死後，曹寅仍眷念先前長達二十多年的父子恩情（「誰謂死無恩」），並對讓其歸宗一事感到不捨與懊悔（「拭淚知吾過」）。檢康熙二十五至二十六年間，曹寅詩詞中有「命兒讀《豳風》，字字如珠圓」「晚塾兒歸，列坐談經義」等句，應皆描述曹寅與已入塾讀書之曹順間的父子情。[117]

考量曹順應無子，故其過世讓該支陷入伶仃的景況（「零丁摧亞子」），而類此遭際常見於曹家，因稍早顏與頔先後過世時，享年均僅二十歲上下，且皆無子嗣（「孤弱例寒門」）。在感傷完長姪之死後，曹寅於第二闋即談及尚存的頎、頫兩姪，期許他們能奮發向上（所謂「承家望猶子，努力作奇男」）。由於當時曹頎在京候差，故曹寅將此詩寄給「西軒諸友」時，只兼示自小養在身邊的四姪曹頫。

至於曹寅為何要將《西軒集》中的「世出難居長，多材在四三。成家望猶子，努力作奇男」句，在後刻的《楝亭詩別集》中改成「予仲多遺息，成材在四三。承家望猶子，努力作奇男」，則應是「世出難居長」句雖原本只是描寫曹順，但因曹寅同以庶出長子當家，擔心該句會刺傷二房（嫡出的曹荃就未能成為家長），而「多材在四三」句也可能會讓人感覺他有譏諷已逝之曹順和曹頔「不成材」的隱意。

築西花園工程事時，是由「家人陳佐呈報」，此或因曹順已去世，遂不見曹氏子姪出面。再者，「亞子」有稱人勇武之意，亦可與國殤之說相呼應。參見張書才，《曹雪芹家世生平探源》，頁 83；蘭良永，〈曹寅詩中“亞子、珍兒”考辨〉；《關於江寧織造曹家檔案史料》，頁 15-20、106-107。

116 該母子不和（見第七章第二節）不知曾否受曹寅親子曹顏出生的影響，因情理上李氏想必較希望曹顏能承家。

117 張書才，《曹雪芹家世生平探源》，頁 69-71。

康熙朝有些漢姓包衣不喜依漢俗的傳統命名（如同輩皆用同部首或使用行字），[118] 曹頫當差時即使用「連生」之名，且未加漢姓，直到五十二年正月始奉旨改回其學名或譜名「曹頫」。康熙帝此舉或是讓其在接任江寧織造一職後，能較容易獲得江南漢人士紳的認同，並因此產生良好互動。

曹寅晚年其家族的複雜情事或可略述如下：他的親子曹顏很可能於康熙四十三、四年間卒，此因曹寅在奏摺中從未提及已屆當差之齡的顏，而順與頫當差事卻均可見於曹寅前後奏摺！四十五年三月左右其繼嫡母孫氏過世，曹寅夫婦自此在家族中擁有絕對的發言權。十一月，曹寅長女與平郡王納爾蘇完婚。四十七年春，曹荃卒。由於曹寅妻與承繼子曹順間的關係似不融洽，故曹寅或在妻子李氏的堅持下，將曹順歸宗，[119] 同時為了傳承血脈，又自二房過繼了曹頫。四十八年二月，二十一歲的曹頫返京當差，[120] 其妹亦隨同至京以準備與侍衛羅卜藏丹津的婚事。因曹順已歸宗，故在同年四月十三日的內務府奏銷檔中，即兩度出現「曹寅弟弟之子曹順呈稱：我伯父曹寅……」之敘述。

---

118 如以《八旗滿洲氏族通譜》卷 74 所收錄的 36 個滿洲旗分內之尼堪家庭（包含曹寅家）為例，幾乎每家皆有人未使用漢姓，籍隸鑲藍旗包衣人的李拔，其子四十六以及孫七十、孟來、黑色、杜來，更是無一姓李。

119 當事人不和或承繼父自己生子，皆為歸宗的主要原因。如宋・金履祥於八歲出繼從伯金章，三十歲時其本生父夢先命他歸宗，履祥之師許衡告知：「昭穆〔指夢先與章〕既不順，而彼〔指章〕復有子，上承父〔指夢先〕命，歸正宗緒，夫亦何疑耶？」遂歸宗。又，清・蒲松齡父蒲槃因逾四十無子，即以姪兆興為嗣，後竟累舉兆專等四子，當生兆專後，遂將兆興歸宗。再者，瞿塘生中浩和中溶，乾隆三十九年塘弟兆麟喪妻無子，遂以中溶繼嗣，但中溶仍隨瞿塘宦遊；四十二年兆麟得子，就命中溶歸宗。參見徐袍，《宋仁山金先生年譜》，頁 6；楊海儒，《蒲松齡生平著述考辨》，頁 99；瞿中溶，《瞿木夫先生自訂年譜》，頁 1-2；胡文銓修，周廣業纂，《廣德州志》，卷 25，頁 6。

120 曹頫或因家中多事而延緩當差：其祖母卒於四十五年，是年冬曹寅至京處理長女婚事時，很可能是由曹荃奉旨代理織造印務，頫或得從旁協助。四十七年春，頫應回京奔父喪，並在服喪百日後又返回江寧入嗣長房。

五十年辛卯歲曹順卒，曹寅因此在〈辛卯三月二十六日聞珍兒殤……〉中，用「誰謂死無恩」句追念他與曹順先前長達二十多年的父子恩情，並以「拭淚知吾過」表達對讓其歸宗一事的不捨與悔意（附錄 6.3）。四月，二十三歲的顒與二十五歲的頎在引見之後，頎奉旨任皇太后（孝惠章皇后，五十六年十二月崩）所住寧壽宮的茶房，顒則以獨子身分獲准返回江寧陪伴老父曹寅，但因其妻（或妾）待產，遂暫留京，是年冬生一子。

五十一年七月二十三日曹寅病卒於揚州，因其原承繼子順已歸宗且亡故，親生子顏亦卒，二十四歲的曹顒遂以曹寅獨子的身分，於十月十五日補放江寧織造。約五十三年冬，赴京述職的曹顒攜同即將當差的十九歲曹頫北上。翌年正月初八日，曹顒不幸在京暴卒，絕嗣。曹頫旋即奉旨入繼長房，並補放江寧織造。二月底，曹頫自京返抵江寧。

鑒於在此前的約十年期間，曹家兩代人當中先後有顏、皞、荃、順、寅、顒過世，且與曹頫同輩的皞、顏、顒更皆不到三十歲即早逝，或為避免將來發生無人可襲職的情形，曹家遂決定將兩房併成一房，令二房僅存之年近三十的曹頎（其名另被書作或譯作音近的琦、起、奇、啟；[121] 圖表 6.8 及 6.9）出繼長房。

曹頎出嗣的時間可試估如下：由於五十一年九月初四日的〈曹寅之子連生奏曹寅故後情形摺〉中仍見「奴才堂兄曹頎」之稱謂，且因曹顒在五

---

121 曹頎初用滿名「桑額」，至康熙五十年任寧壽宮茶房後始較常用漢名「曹頎」，此或因滿人行三者頗多以「桑額」為名。學界對桑額及曹荃生平的認知曾有許多誤解，如以江寧織造馬偏額子桑格不可能是歷官吏部尚書的桑格、以曹寅家有一名為「阿咸」者曾中狀元（「阿咸狀元」其實乃用典，指與曹寅聯宗的康熙三十三年武狀元曹曰瑋）、以桑額為曹順或曹顏、不解曹荃曾任「南巡圖監畫」職銜之意等。馬國權，〈關於馬桑格的一件新史料〉；陳國棟，〈清代內務府包衣三旗人員的分類及其旗下組織：兼論一些有關包衣的問題〉；陳國棟，〈曹荃與桑額：有關其生平的幾點小考證〉；張書才，《曹雪芹家世生平探源》，頁 121-122。

十二年十一月十三日及十二月二十五日的奏摺中，稱「奴才母子孤寡無倚」或「奴才母子孤苦伶丁」，若頎（時年約二十七歲）此時已入繼，則顯不應稱其母子伶仃無依，知曹頎於五十二年年底應仍未出繼長房。其下限則在五十五年閏三月十七日，此因該日的內務府滿文奏銷檔中記稱「曹寅之子茶上人曹頎」被補放為茶房總領。[122] 亦即，曹頎最可能在康熙五十四年三月曹頫返抵江寧蒞任之後，且在五十五年閏三月之前入繼長房，但頎應於六十年之後因與當家的曹頫發生嚴重財務糾紛而歸宗（詳見第七章）。

圖表 6.8：　清代漢字官方文獻中的曹頎異名。

❖《大連圖書館藏清代內務府檔案》，冊8頁202

三等佐領曹奇　丁皂保　朱成類　驍騎校

（中略）

以上佐領三員驍騎校二十二員俱平等

仍着照舊供職

雍正四年四月初四日

❖《歷朝八旗雜檔》

乾隆二年九月

康熙三十四年攢集佐領，起初胡尚賓放為佐領；因胡尚賓病故之後，續任李祥麟放為佐領；因李祥麟病故之後，續任許嘉謨放為佐領；因許嘉謨病故之後，續任曹頎放為佐領；因曹頎病故之後，續任員外郎桑格於雍正十一年七月二十四日放為佐領；現任佐領桑格。為此，佐領桑格、驍騎校劉晟、領催佟定國、崔文明、傅二格、九格同保，參領關保。

❖《清宮內務府奏銷檔》，冊2頁396

拖欠錢糧衙門銀兩官員花名摺

（中略）

曹琦佐領下原任員外郎吳善欠銀三百二十七兩一錢四分九厘四毫將伊所食二等侍衛俸銀坐扣抵補

雍正七年七月三十日

❖《欽定八旗通志》，卷3頁30

第四叅領第二旗鼓佐領係康熙三十四年編立初令胡尚賓管理胡尚賓故以李襄林管理李襄林故以許嘉謨管理許嘉謨故以曹起管理曹起故以桑格管理桑格告退以那俊管理那俊陞任⋯

❖《欽定八旗通志》，卷108頁5、卷109頁33

譚五格包衣曹頎佐領

譚五哥包衣曹頎佐領　以上鑲黃旗九名

122　《紅樓夢》第四十一回借妙玉之口提及茶道所講求之選器、用水、品茗等內容，均讓人大開眼界。參見《關於江寧織造曹家檔案史料》，頁 102-103、139-140。另，有學者因不解曹家的過繼關係，遂逕以此補放官缺的重要原始文獻不慎誤書曹荃為曹寅，但兩滿名的寫法其實差異頗大。更何況在此御旨中，皇帝還稱曹頎比其他候缺的八人都能幹，表明康熙帝對曹家的認識甚深，不應會誤此父子關係。

圖表 6.9： 曹頫相關記事編年。

時間	材料（漢文文本中的人名用楷體）	推論或出處
康熙四十六年	曹寅賦〈喜三姪頫能畫長幹……〉	《楝亭詩鈔》，卷 5
五十年三月二十六日	曹寅賦〈辛卯三月二十六日聞珍兒殤，書此忍慟，兼示四姪……〉詩，中有「予仲多遺息，成材在四三」句	曹荃諸子中此時只有行三的頫和行四的頎順利長成。《楝亭詩別集》，卷4
四月初十日	原任物林達曹荃之子桑額（曹頫之滿名）錄取在寧壽宮茶房	《關於江寧織造曹家檔案史料》，頁 84
五十一年九月初四日	曹顒奏摺中有「奴才堂兄**曹頎**來南，奉梁總管傳宣聖旨」句	《關於江寧織造曹家檔案史料》，頁 103
五十五年閏三月十七日	諭旨以曹寅之子茶上人曹頎比其他候選者「都能幹」，著補放茶房總領	《關於江寧織造曹家檔案史料》，頁 140
五十八年六月二十五日	茶房總領曹頎因製茶出錯被降三級，且罰俸一年	《關於江寧織造曹家檔案史料》，頁 152
十二月十一日	胤禎奏稱：「前交付與茶上人曹奇甚多克食，臣等尚未食竣……」	《康熙朝滿文硃批奏摺全譯》，頁 1440
六十年	桑額時任莊親王博果鐸的茶上人，並協助曹頫代售內務府人參	《關於江寧織造曹家檔案史料》，頁 177-180
雍正三年五月二十九日	諭命「賞給茶房總領曹頎五、六間房」，後獲賜燒酒胡同九間房一所	《關於江寧織造曹家檔案史料》，頁 167
四年四月四日	**曹奇**在京察後被評為三等佐領	大連圖書館藏內務府檔案
五年閏三月十七日	原茶上人桑額因拖欠曹頫家人吳老漢銀兩且買通番役將其逮捕，而遭定罪	《關於江寧織造曹家檔案史料》，頁 177-180
十一月二十二日	此年聯捷的武進士譚五格為鑲黃旗包衣佐領**曹頎**（亦作**曹起**）下人	《八旗通志初集》，卷 3 頁 36；《欽定八旗通志》，卷 3 頁 30、卷 108 頁 5
十二月二十八日	茶房章京**曹頎**等一百人各獲賜御筆紙「福」字一張	《關於江寧織造曹家檔案史料》，頁 186
六年七月十七日	鑲黃旗包衣曹頎佐領下人私賣俸米遭逮捕（此奏摺亦將曹頎譯成曹起）	張書才等，〈新發現的有關曹雪芹家世的檔案〉
十一月二十二日	鑲黃旗曹啟佐領下馬甲胡應魁孫女出嫁，應得恩賞銀六兩	張書才等，〈新發現的有關曹雪芹家世的檔案〉
十二月二十七日	**曹頎**等人各獲賜御筆紙「福」字一張	《關於江寧織造曹家檔案史料》，頁 189
七年七月卅日	曹琦佐領下原任員外郎吳善欠銀	《清宮內務府奏銷檔》冊2
十一年七月二十四日	旗鼓佐領曹頎身故，以常阿調補	《關於江寧織造曹家檔案史料》，頁 191
	曹頎原任二等侍衛兼佐領	《八旗滿洲氏族通譜》卷74

紅圈中對曹頎的生平事跡比較陌生，且大多忽略他在曹頫抄家過程中可能扮演的角色。曹璽孫輩除曹寅卒後相繼奉旨出任江寧織造的曹顒和曹頫外，應以曹頎的宦績較突出，他做過正四品的二等侍衛，且曾任包衣佐領。[123]《八旗通志初集・旗分志》雖無曹頎之名，但記管理鑲黃旗包衣第四參領第二旗鼓佐領的曹起，於過世後改以桑格管理；同書〈選舉志〉亦記雍正五年聯捷的武進士譚五格（武舉資料中則作譚五哥）為鑲黃旗包衣佐領曹頎下人；同樣記事亦見於《欽定八旗通志》。這些資料均強烈支持曹起與曹頎乃同一人（附錄 6.4）。

附錄 6.4

內務府旗鼓佐領的跨旗與漢名情形

查雍正十一年七月二十四日《內務府滿文奏銷檔》中的〈內務府總管允祿為旗鼓佐領曹頎等身故請補放缺額摺〉，[124] 其漢譯有云：

> 旗鼓佐領曹頎、徐俊平、尚志舜、李延禧、桑額、烏雅圖身故，佛倫革職，鄭禪寶陞任，為補放此等缺額，將兼在中正殿行走之掌儀司郎中丁松……等名各繕一綠頭牌，由總管內務府事務和碩莊親王……具奏，帶領引見。

知當時共有八個旗鼓佐領缺被釋出，經提出十六名候選人後，奉旨：

> 以丁松、雅爾岱、世佳保、永保、尚林、伊福、桑額〔奉宸苑員外郎，此與另一已故之旗鼓佐領桑額同名〕、黑達色補放旗鼓佐領。欽此。

最後決定：

123 張書才，《曹雪芹家世生平探源》，頁 3-6。
124 《關於江寧織造曹家檔案史料》，頁 191-192。

以丁松補佛倫之佐領，伊福〔依福〕補徐俊平〔徐君聘〕之佐領，世佳保〔釋迦保〕補桑額〔桑格〕之佐領，尚林〔尚琳〕補尚志舜之佐領，永保補李延禧之佐領，黑達色〔赫達色[125]〕補鄭禪寶〔鄭禪保[126]〕之佐領，雅爾岱補四黑之佐領，桑額補常阿之佐領，以常阿調補曹頫〔曹起〕之佐領，以四黑調補烏雅圖〔五雅圖〕之佐領。

由於 1974 年翻譯此文本時，只是逕自對音，而不曾參照《八旗滿洲氏族通譜》和《八旗通志初集・旗分志》內的漢名，以致譯文出現不少異名（見〔 〕中）。前引二書雖屬官方所編，仍偶見漢名不統一或不正確的情形，[127] 但應比今人的主觀對譯有參考價值。

雍正帝所選定補放的丁松等八人，有些是先與其他旗鼓佐領（非原本釋出的八缺）互調，如奉宸苑員外郎桑額補常阿之佐領，常阿則轉調已故曹頫之佐領；雅爾岱補郎中四黑之佐領，四黑則轉調烏雅圖之佐領（正黃旗第五參領第四旗鼓佐領）。據《八旗通志初集・旗分志》，四黑（正白旗包衣旗鼓人楊景貴之曾孫[128]）擔任各旗佐領的經歷如下：

1. 正黃旗包衣第四參領第一旗鼓佐領

125 朱淡文因誤認曹順的滿名赫達色不常見，遂將內務府中許多同名者都繫為曹順，並進而推論他在雍正七年任內務府郎中兼鑲黃旗包衣第一參領（從三品），十一年任正白旗包衣第五參領第四旗鼓佐領。然翻檢《八旗滿洲氏族通譜》後可見名為「赫達色」者多達五十一人，《欽定八旗通志》中更有七位佐領或管領名「赫達色」，五位名「黑達色」，三位名「黑達塞」，故朱氏之說頗待商榷。尤其，若曹順即此歷官參領的赫達色，則很難解釋《八旗滿洲氏族通譜》在曹錫遠條下連被抄家的曹頫均收錄，卻未記這位從三品的曹順或赫達色！參見朱淡文，《紅樓夢研究》，頁 395-409、432-441；黃一農，《二重奏：紅學與清史的對話》，頁 126。

126 內務府奏案則多署名為鄭禪寶。參見中國第一歷史檔案館、故宮博物院編，《清宮內務府奏案》，冊 1，頁 289。

127 類似情形亦見於納蘭成德，其漢名在官方文書中嘗被譯成性德、興德、星德、常德。參見黃一農，《二重奏：紅學與清史的對話》，頁 80-83。

128 弘晝等，《八旗滿洲氏族通譜》，卷 76，頁 16。

蘇伯（正黃旗包衣人沈奪五世孫，卒於任）→四黑（雍正十一年七月調正黃旗第五參領第六旗鼓佐領）→雅爾岱（沈奪六世孫）

2. 正黃旗包衣第五參領第六旗鼓佐領

李斌（調正白旗第五參領第六旗鼓佐領）→五雅圖（卒於任）→四黑（雍正十一年七月起接任）→唐英（乾隆二十一年卒）→李質穎

3. 正白旗包衣第四參領第二旗鼓佐領

那善→唐英→四黑（卒於任）→曹宜

知四黑初應管理正黃旗包衣第四參領第一旗鼓佐領，後因五雅圖過世而轉調該旗第五參領第六旗鼓佐領，之後才與原管正白旗包衣第四參領第二旗鼓佐領的唐英 (1682-1756) 互調。[129] 至於曹寅的堂弟曹宜，乃從雍正十一年七月二十四日由鳥鎗護軍參領補放正白旗護軍參領缺，並在十三年四黑去世後兼管其佐領。[130]

129 查索「中國方志庫」各文獻，均記唐英、寅保父子為正白旗。又，寅保於乾隆十三年中進士時，仍隸正白旗，且「中國譜牒庫」收錄之陳輝祖《可齋府君年譜〔乾隆十七年序刊〕》《乾隆十三年春縉紳全本》《乾隆二十五年冬縉紳全本》《乾隆二十六年秋縉紳全本》《乾隆三十年春縉紳全書》《乾隆三十年冬爵秩全本》《乾隆三十三年秋爵秩全本》，亦皆記唐英或寅保為正白旗。惟《八旗通志初集》和《欽定八旗通志》稱唐英後改隸正黃旗，然此異事不僅未見於《續纂淮關統志》中的唐英小傳（兩百餘字），也不見其它任何文獻提及，疑他應只是曾管理正黃旗的旗鼓佐領，而非改隸，此誤或出自乾隆四年成書的《八旗通志初集》，該書在記正白旗包衣第四參領第二旗鼓佐領時，稱「唐英改隸正黃旗，以郎中四黑管理」，嘉慶四年出版的《欽定八旗通志》則沿襲此誤。參見鄂爾泰等修，《八旗通志初集》，卷 5，頁 40；鐵保等，《欽定八旗通志》，卷 7，頁 32；馬麟、杜琳、李如枚等修，《續纂淮關統志》，卷 8，頁 14-15；閻崇年，〈唐英旗分身份考辨〉。

130 據雍正十三年十二月十五日的《內務府滿文奏銷檔》，曹宜當時已管理正白旗佐領，然其在同年七月仍只擔任「巡察圈禁允禵地方之護軍參領」。參見《關於江寧織造曹家檔案史料》，頁 197、201。

依例，八旗各包衣旗鼓佐領多非世管，雖常選擇籍隸該佐領中人管理，但有時亦會從同旗之人選派，內務府三旗且有跨旗調派的情形。如正白旗包衣人鄭連即嘗管理正白旗第五參領第三旗鼓佐領以及鑲黃旗包衣第五參領第六旗鼓佐領。

再以正白旗包衣尚大德家為例，其子尚興原任郎中兼佐領（正白旗包衣第五參領第六旗鼓佐領）；孫尚志傑原任郎中兼佐領（正白旗包衣第五參領之第六旗鼓佐領及第三旗鼓佐領），尚志舜原任內務府總管兼佐領（正黃旗包衣第四參領第二旗鼓佐領、正白旗包衣第五參領第三旗鼓佐領）；曾孫尚琳原任郎中兼佐領（正白旗包衣第五參領第三旗鼓佐領），常柱（常住）曾任參領兼佐領（鑲黃旗包衣第五參領第四旗鼓佐領）。[131]

而在曹振彥家族中，曹宜管的是正白旗包衣第四參領第二旗鼓佐領，曹爾正、曹寅則管正白旗包衣第五參領第三旗鼓佐領。管鑲黃旗包衣第四參領第二旗鼓佐領的曹頎，雖非其所屬正白旗的旗色，但仍屬內三旗之一。由於曹頎至遲在雍正四年四月即已擔任旗鼓佐領（圖表6.9），並持續至十一年過世時，而乾隆《八旗通志初集・旗分志》中曹姓的內務府三旗佐領只見曹爾正、曹寅、曹宜、曹起四名，其中惟有曾管理鑲黃旗包衣第四參領第二旗鼓佐領的曹起，其名之對音與此相近，滿文寫法且相同，知曹起即曹頎。

雖然管理佐領的在京官員在外放時常會被免佐領職，但亦有仍兼管者，如乾隆六年唐英製佛前五供，敬獻北京的天仙聖母廟，器上即署名為「養心殿總監造，欽差督理江南淮宿海三關，兼管江西陶政、九江關稅務，內務府員外郎仍管佐領加五級，瀋陽唐英」；[132] 順治年間

131 此段參見弘晝等，《八旗滿洲氏族通譜》，卷 74，頁 9、卷 77，頁 7-8；鄂爾泰等修，《八旗通志初集》，卷 3-19。後書〈旗分志〉中無旗鼓佐領常柱，但有一名常住者。

132 https://m-auction.artron.net/search_auction.php?action=detail&artcode=art0062323157.

任兩淮運司淮安運判的內務府郎中于掄魁，也仍兼佐領；[133] 乾隆四十六年授江寧將軍的散秩大臣、世襲騎都尉覺羅萬福，亦兼佐領。[134]

綜前所論，曹頎（曹起）乃曹荃所生的第三子（在曹璽孫輩的大排行中他亦排行第三），滿名原取作桑額，即漢文中的「三哥兒」之意，亦有作桑格，[135] 或譯成三格，此名在旗人當中相當普遍。由於雍正十一年七月二十四日《內務府滿文奏銷檔》的漢譯中，出現多處與桑額音近的佐領名，遂令相關之研究者治絲益棼，如其中記：

1. 此前身故的六名旗鼓佐領之一為桑額，並稱其原管佐領乃由世佳保接任。
2. 引見後補常阿原管旗鼓佐領的奉宸苑員外郎名桑額。
3. 常阿調補曹頎所遺留之旗鼓佐領。又，《八旗通志初集・旗分志》稱鑲黃旗包衣第四參領第二旗鼓佐領在曹起卒後由桑格補。

下文即嘗試析探前述的桑額、桑格、常阿究竟是否同一人。

考量《八旗通志初集・旗分志》有謂正黃旗包衣第五參領第四旗鼓佐領在桑格卒後由釋迦保補，知桑額即桑格、世佳保即釋迦保。惟前述常阿並不屬於諭旨中原先所挑出欲補放之丁松等八人之一。查《歷朝八旗雜檔》中有一件乾隆二年九月鑲黃旗包衣第四參領關保呈報該參領所屬佐領的檔冊，記第二旗鼓是康熙三十四年編立的，歷任佐領為胡尚賓→李祥麟→許嘉謨→曹頎→桑格，曹頎病故後，續任之員外郎桑格於雍正十一年七月二十四日被放為佐領，迄呈檔的乾隆二年九月仍在任。經對照乾隆《八旗通志初集》或嘉慶《欽定八旗通志》，發現《歷朝八旗雜檔》所記此旗鼓佐領的前五任管理者幾乎相同，僅第

133 盛昱，《雪屐尋碑錄》，卷 2，頁 9；衛哲治等修，葉長揚等纂，《淮安府志》，卷 18，頁 72。

134 盛昱，《雪屐尋碑錄》，卷 16，頁 12；《清高宗實錄》，卷 1127，頁 61。

135 康熙朝漕運總督桑額即有書作「桑格」。王慶雲，《石渠餘紀》，卷 1，頁 50。

二任的李祥麟和李襄林、第四任的曹頎和曹起，是同音異字（不考慮聲調），至於第五任的桑格，在《內務府滿文奏銷檔》中則被今人譯成常阿，且稱「桑額補常阿之佐領，以常阿調補曹頎之佐領」，但《八旗通志初集》和《歷朝八旗雜檔》則分稱曹頎（起）卒後是桑格補任，而不是常阿。[136]

筆者初疑桑格或是發音有些接近的常阿，經耙梳近年出版的《清宮內務府奏銷檔》三百冊，很幸運在第二冊找到《關於江寧織造曹家檔案史料》漢譯的〈內務府總管允祿為旗鼓佐領曹頎等身故請補放缺額摺〉滿文原件，發現常阿 (*cangga*) 與桑格 (*sangge*) 的字形很難出現混淆（圖表 6.10），不太可能為同一人名的不同譯語。

更有甚者，《八旗通志初集・旗分志》中並無任何旗鼓佐領的名字發音接近「常阿」，而《內務府滿文奏銷檔》卻指常阿原管的旗鼓佐領改由桑額接任，常阿則調補曹頎之佐領，由於奏銷檔的此一敘述相當具體，很難是因一兩字的訛誤或錯抄而置入常阿之事。張書才因此懷疑常阿在奉旨調補曹頎之佐領後，旋即因故（如過世或所謂的「緣事革退」）遭去職，遂改以桑格（即桑額）補授了曹頎原缺。再因《內務府滿文奏銷檔》的〈內務府總管允祿為旗鼓佐領曹頎等身故請補放缺額摺〉，發生在雍正十一年七月二十四日，此同於《歷朝八旗雜檔》記載的桑格補缺時間，故應不存在常阿曾實授曹頎缺的可能性。但該說依然無法解釋為何常阿於雍正十一年七月之前所管理的佐領未見於《八旗通志初集・旗分志》。亦即，《八旗通志初集》或《欽定八旗通志》中關於旗分的記載似乎有少數缺漏的情形。[137]

---

136 因桑格為現任之佐領，故僅其就任日期被詳載。此段參見張書才，《曹雪芹家世生平探源》，頁 4-6。

137 在常阿補放佐領的檔案中，另八名補放的佐領皆可在《八旗通志初集》查得：如丁松補佛倫之鑲黃旗第五參領第四旗鼓佐領、依福補徐君聘之鑲黃旗第四參領第一旗鼓佐領、釋迦保補桑格之正黃旗第五參領第四旗鼓佐領、尚琳補尚志舜之正白旗第五參領第三旗鼓佐領、永保補李延禧之正白旗第五參領第五旗鼓佐領、赫

圖表 6.10：《內務府奏銷檔》中曹頫身故後補放佐領的資料。

❖《內務府滿文奏銷檔》
轉引自《關於江寧織造曹家檔案史料》頁191

內務府總管允祿為旗鼓佐領曹頫等身故請補放缺額摺　　雍正十一年七月二十四日

旗鼓佐領曹頫❶、徐俊平、尚志舜、李延禧、桑額❷、烏雅圖身故，佛倫革職，鄭禪寶陞任，為補放此等缺額，將兼在中正殿行走之掌儀司郎中丁松，都虞司員外郎雅爾岱，營造司員外郎世佳保，廣儲司員外郎永保、尚林，護軍參領伊福，奉宸苑員外郎桑額❸，驍騎參領黑達色，驍騎參領兼鳥鎗護軍參領觀音保、七十，驍騎參領兼鳥鎗馬甲觀音布，驍騎參領兼鳥鎗護軍參領常住，上駟院員外郎賽音保，掌儀司員外郎世圖，慶豐司員外郎四十八，飯房三等侍衛玉清等名，各繕一綠頭牌，由總管內務府事務和碩莊親王，內務府總管兼委署領侍衛內大臣·散秩大臣常明，內大臣兼戶部左侍郎·內務府總管海望，兼理吏部兵部侍郎事務·內務府總管鄂善，副都統兼侍郎銜·內務府總管丁皂保具奏，帶領引見。

奉旨：以丁松、雅爾岱、世佳保、永保、尚林、伊福、❹桑額、黑達色補放旗鼓佐領。欽此。

王、大人諭交：以丁松補佛倫之佐領，伊福補徐俊平之佐領，世佳保補桑額❺之佐領，尚林補尚志舜之佐領，永保補李延禧之佐領，黑達色補鄭禪寶之佐領，雅爾岱補四黑之佐領，❻桑額補常阿❼之佐領，以常阿❽調補曹頫❾之佐領，以四黑調補烏雅圖之佐領。（近人漢譯）

❾	❽	❼	❻	❺	❹	❸	❷	❶
ts'ooki	*cangga*	*cangga*	*sangge*	*sangge*	*sangge*	*sangge*	*sangge*	*ts'ooki*

紅圈先前因對曹頫的宦歷認知有誤，以致產生一些不足憑信的說法。如周汝昌因認為時人不可能以二等侍衛銜任茶房總領且兼管旗鼓佐領，故誤以曹家應有兩個堂兄弟分任前述職務，遂疑現有檔案史料是在翻譯時把他們混為一人，他還臆測此二人之名為頫與頮（音 *kui3*），又因頮與驥的滿

達色補鄭禪保之正白旗第五參領第四旗鼓佐領、雅爾岱補四黑之正黃旗第四參領第一旗鼓佐領、四黑調補五雅圖之正黃旗第五參領第六旗鼓佐領。

文形似，他進一步指頖就是曹寅在〈途次示姪驥〉詩中所提及的姪兒。[138]徐恭時在周汝昌的基調上，修訂稱另一人為與「頎」音近的「顛〔音"契"〕」。[139]然周、徐二說其實並不成立，因《八旗滿洲氏族通譜》的體例稱「凡初來歸依、有名位可考者，通行載入」，故若曹家之人曾擔任茶房總領（《通譜》中出現 25 處）、侍衛（1123 處）或佐領（3728 處）其中任一職位者，應不會不被收入此官書，然查《通譜》中曹錫遠的元孫輩，卻只見曹顒、曹頫、曹頎和曹天祐，知前人所臆測的曹頖、曹顛，應皆不存在。[140]

再者，據《欽定八旗通志》：

> 初設飯房總領、茶房總領各三人，飯上人三十五人，茶上人十七人。康熙二十八年定飯上人委署總領一人，雍正元年定飯房、茶房總領俱授為二等侍衛，飯上人授三等侍衛六人、藍翎侍衛七人，茶上人授三等侍衛三人、藍翎侍衛四人。[141]

知自雍正元年起茶房總領俱授為二等侍衛。而曹頎雖在康熙五十五年閏三月自茶上人補放茶房總領，但五十八年六月因製茶出錯被降三級，迄六十年其職銜仍為茶上人，至雍正三年五月獲賜燒酒胡同九間房時則已復為茶房總領（圖表 6.9）。亦即，曹頎應是於康熙六十年至雍正三年五月間復授為茶房總領，並因此兼二等侍衛銜。

總管內務府事務的莊親王允祿，於雍正五年閏三月十七日為審理桑額與索住合謀設計逮捕吳老漢一案請旨（圖表 6.11）。此事的緣由是桑額在擔任莊親王博果鐸（雍正元年薨，無子，允祿奉旨為嗣並襲爵）茶上人時，曾代

138 周汝昌，《紅樓夢新證》(2016)，頁 26-27。

139 徐恭時，〈楝花滿地西堂閉（上）：曹頫史實新探〉；徐恭時，〈寅宣子系似絲棼：新發現的曹雪芹家世檔案史料初析〉。

140 朱淡文，《紅樓夢研究》，頁 410-421。

141 鐵保等，《欽定八旗通志》，卷 45，頁 14。

江寧織造售賣康熙六十年內務府交付織造官員的人參，欠了曹頫家負責此一差使的吳老漢銀三千一百餘兩，由於吳老漢常不留情面地向他催債，桑額遂起意與蕭林、索住設計反擊。

蕭林自供「我原係江寧織造府庫使。有桑額等之家人，名叫吳老漢者，於康熙五十八年將我的紅花四十包給價四百兩買妥，但只給五十兩」，吳老漢稱「我係曹頫之家人。並無購買蕭林紅花、拖欠銀兩情事。有名叫桑額之人，因欠我於康熙六十年賣人參銀三千一百餘兩未還……」，桑額則謂「我在莊親王茶上人的時候，於康熙六十年交付織造官員售賣的人參中，因欠了曹頫的家人吳老漢賣人參的銀兩，吳老漢催債，常在我家裡坐著，不留情面地辱罵吵鬧……」，當中有稱吳老漢是桑額家人，也有以其為曹頫家人，知他們關係複雜。又因桑額時任莊親王博果鐸的茶上人，知其賣參之事應發生在北京（當地有專門「發兌官揀人參」的小舖；圖表 5.4 左上）。

由於索住哥哥是蕭林的主人，而桑額認識索住，索住因此出面於雍正四年十月初十日邀請蕭林和桑額至家，桑額即利誘蕭林合謀對付吳老漢，索住也請自己擔任番役（指緝捕罪犯的差役）的表弟蔡二格來家商議如何進行陷害，蕭林遂於十月十四日出面引誘相識的吳老漢出城看病，並於分別返家時安排蔡二格在御河橋將其逮捕。

允祿等在與兩造對質並清算已償銀兩後，確認桑額仍欠吳老漢銀一千三百十五兩。依律「凡人若合謀設計，故意哄騙，使捕旁人，陷致獲罪者，應與犯罪者同罪，處以杖流」，遂議將桑額枷號（此一帶枷示眾的刑罰，常被用來羞辱犯人並教訓眾人）兩月，鞭責一百，並發往打牲烏拉充打牲夫。至於桑額所欠之一千三百十五兩銀，應向桑額於枷號期內催取，俟償完吳老漢時，再行發配。奉旨：「依議。」

圖表 6.11：《內務府奏銷檔》中的桑額陷害吳老漢案。今人自滿文譯出。

內務府奏審擬桑額等設計逮捕曹頫家人吳老漢一案請旨摺

（轉引自《關於江寧織造曹家檔案史料》，頁177-180） 雍正五年閏三月十七日

總管內務府謹奏：為請旨事。

案查審理內府佐領・管轄番役處值年郎中鄂善、常保稟送桑額與索住合謀，央煩番役蔡二格等設計逮捕吳老漢一案。**據蕭林供稱：**我原係江寧織造府庫使。有桑額等之家人，名叫吳老漢者，於康熙五十八年將我的紅花四十包給價四百兩買妥，但只給五十兩，其餘銀兩拖欠未給。去年十月十四日，我在御河橋遇見吳老漢，和他吵鬧時，被番役逮捕等語。**據吳老漢供稱：**我係曹頫之家人。並無購買蕭林紅花、拖欠銀兩情事。有名叫桑額之人，因欠我於康熙六十年賣人參銀三千一百餘兩未還，我到桑額家去催索時，蕭林曾來我面前，幫助桑額央求，我未答應。我已上年紀，而且有病。去年十月十四日，桑額向我說，正陽門外有一好大夫，我們就一齊去看了。回來時，桑額說「你進正陽門回家去罷，我進宣武門，順便到旁處去」，說完就去了。我進正陽門，來到御河橋，蕭林攔住我坐的車，把我從車裡揪出來，番役們就把我套上鐵鏈了。至於蕭林如何央煩番役們逮捕我之處，我不知道等語。遂將此究訊**蕭林，供稱：**我原認識吳老漢是實。他並無欠我賣紅花的銀兩之事。去年十月初十日，我主人的弟弟索住，把我叫到他家。索住認識的名叫桑額者，向我說「我欠吳老漢三千餘兩銀子，已經還他，可是他還向我催索，你到御河橋去，等看吳老漢坐的車來到後，你就說他欠你的銀子，把他從車裡揪出來，和他吵鬧，番役們來了，就可逮捕他了。在這上頭，我照顧給你盤纏，一切上有我知道」，我一時糊塗，聽了他的話，依著他所教的行了是實等語。**索住供稱：**我在家養病，桑額來看我，向我說「吳老漢到我家催債，羞辱吵鬧，我很受不了。阿哥若疼我，命你哥哥的家人蕭林，與吳老漢鬥毆，使番役逮捕他。關於蕭林和番役們的盤纏，都由我出。阿哥，你這樣疼愛，我不能忘，一定幫助阿哥有好處」，我一時聽了他的話，把我表弟番役蔡二格叫到我家。我與桑額向蔡二格說了後，逮捕了吳老漢。這是我的死期到了，我還有何說呢等語……**桑額供稱：**我在莊親王茶上人的時候，於康熙六十年交付織造官員售賣的人參中，因欠了曹頫的家人吳老漢賣人參的銀兩，吳老漢催債，常在我家裡坐著，不留情面地辱罵吵鬧。我被迫與索住商議，央煩番役蔡二格設計逮捕吳老漢是實等語。又將桑額、吳老漢對質，清算欠銀之數。將桑額陸續償還者銷除後，現在實欠銀一千三百十五兩。

臣等議得：審理桑額與索住合謀，央煩番役蔡二格設計逮捕吳老漢一案……查律載「凡人若合謀設計，故意哄騙，使捕旁人，陷致獲罪者，應與犯罪者同罪，處以杖流」，桑額欠吳老漢銀兩，而因吳老漢常往其家催索，竟爾向索住關說，央煩番役蔡二格，計捉吳老漢者，甚是可惡。因此，議將桑額枷號兩月，鞭責一百，發往打牲烏拉，充打牲夫……桑額所欠之銀一千三百十五兩，應向桑額於枷號期內催取，俟償完吳老漢時，再行發配。為此，謹奏請旨。等因繕摺。

總管內務府事務・和碩莊親王臣允祿、吏部尚書・協理兵部尚書事務・內務府總管查弼納、內務府總管李延禧、散秩大臣・委署內務府總管常明、茶飯房總管・包衣護軍統領兼副都統・署內務府總管永福，交與奏事・一等侍衛納蘇圖等轉奏。

奉旨：依議。管理番役官員，查出這一案件，很好，應予記錄獎賞。案件若查的好，即應記錄獎勵。如果伊等所屬番役，有設計捕人惡劣行為，而伊等若不查出，即連伊等一併治罪，則伊等始知留心奮勉也。欽此。

雖此奏在稱呼桑額時未加職銜（對時任江寧織造的曹頫，也同樣未記其官銜），且桑額之名在旗人當中頗常見，然因吳老漢被蕭林稱是「桑額等之家人」，但他自己卻只願承稱是「曹頫之家人」，知桑額也應屬曹家人，但桑額與曹頫後或因前述的金錢糾紛而撕破臉，以致被吳老漢視如仇讎。此外，桑額若非曹家有頭臉之人，應也不會讓他負責售賣價值三千多兩的人參（約占曹頫承差之數的近 1/3）。再加上桑額自稱康熙六十年承接售賣人參時（此時曹頎應尚未歸宗，否則曹頫不會請曹頎代售人參），他正擔任莊親王博果鐸的茶上人，而曹頎於五十八年六月亦因製茶出錯而自茶房總領被降三級，[142] 至十二月還奉旨以茶上人身分攜帶克食交付胤禎，[143] 疑前述陷害吳老漢的桑額，應就是滿名為桑額的曹頎。曹頎在康熙六十年至雍正五年間因與長房曹頫發生重大矛盾而歸宗，無怪乎，吳老漢不將其視為曹頫之家人。

至遲在雍正四年，曹頎已任鑲黃旗包衣第四參領第二旗鼓佐領，由於雍正元年規定茶房總領俱授二等侍衛，《八旗滿洲氏族通譜》遂稱其「原任二等侍衛兼佐領」。[144] 三年五月，時任茶房總領的曹頎獲賞燒酒胡同入官之房一所；五年十二月及六年十二月，還各獲賜御筆「福」字一張；十一年七月之前不久卒於旗鼓佐領任內。[145]

雍正六年曹頫遭抄家歸旗，時任鑲黃旗旗鼓佐領的曹頎應已於此前歸宗，否則理應協助承賠長房曹頫所欠之四百多兩銀（曹頫至十三年十月才因

---

142 《關於江寧織造曹家檔案史料》，頁 151-152。

143 中國第一歷史檔案館編，《康熙朝滿文硃批奏摺全譯》，頁 1440-1441。

144 《大連圖書館藏清代內務府檔案》，冊 8，頁 202-203；崑岡等修，劉啟端等纂，《欽定大清會典事例》，卷 1173，頁 10-11；張書才，《曹雪芹家世生平探源》，頁 3-6。

145 《關於江寧織造曹家檔案史料》，頁 167、185-186、189、191。

乾隆帝的即位恩詔而寬免其未完之數，此前且持續遭枷號）。[146] 況且，雍正七年在催追曹寅收受前河道總督趙世顯（康熙六十年冬以虧空國帑下刑部獄，稍後被籍沒家產並斃於獄[147]）賄款八千兩一案時，[148] 查得帶罪在京的曹寅之子曹頫並無家屬「可以着追」，亦知曹頎此時確早已回歸二房（他且可能在曹頫遭抄沒的過程中落井下石；詳見第七章）。

朱淡文以曹頫被抄沒乃受曹順密報的影響，理由是赫達色在雍正七年還任內務府郎中兼鑲黃旗包衣第一參領，且於十一年補放正白旗包衣第五參領第四旗鼓佐領，然此赫達色或非曹順（附錄 6.4）。況且，若曹順即筆者主張之珍兒，曹順早就卒於康熙五十年。頎與頫原本同為曹荃所生，他們之間的嫌隙或始自曹顒猝逝時，頎雖較年長且有任官經驗，但李煦和「曹顒之家人」老漢（疑即吳老漢，當時許多旗人常不使用漢姓）等卻均透過內務府官員向皇帝表達對曹頫襲職的支持，[149] 此舉想必導致曹頎極為不快。

至於曹頫家被控的「轉移家財」，則為許多臣子慣用的伎倆（附錄 7.3）。

---

146 張書才，《曹雪芹家世生平探源》，頁 51-56。

147 蕭猛撰，朱南銑點校，《永憲錄》，頁 150。

148 趙世顯案應與雍正四、五年審理之隆科多罪案有關，趙氏因行賄隆科多一萬二千兩遭定罪。隆科多為孝懿仁皇后弟，是康熙六十一年十一月皇帝大漸時指派的顧命大臣。雍正四年其家僕牛倫以「挾勢索賕」被逮下法司，鞫得隆科多受年羹堯、趙世顯、滿保、甘國璧、蘇克濟等人賄。雍正帝更斥責隆科多與阿靈阿、揆敘相黨附，又與年羹堯交結。雍正五年十月審定其四十一款罪狀，命於暢春園外永遠禁錮，六年六月死於禁所。參見《清世宗實錄》，卷 40，頁 600-601、卷 62，頁 947-948；趙爾巽等，《清史稿》，卷 295，頁 10353-10355。

149 此人應是曹家長房中管理家事或庶務的要角，如康熙四十年內務府將龍江等五關的銅觔分給曹寅、曹荃經營時，初即交「曹寅之家人老漢」負責。「曹寅家人吳老漢」更曾代主人饋送一千七百餘兩銀給散秩大臣佛保，並借銀七千多兩給大學士馬齊。況且，曹寅家的管事不可能同時有老漢和吳老漢兩同名之人，因這將在稱謂上引發許多混淆。參見《關於江寧織造曹家檔案史料》，頁 20、125-126、203。

如康熙朝炙手可熱的太監梁九功（在指婚曹寅兩女時均奉派傳旨）於五十一年緣罪遭抄沒時，即被查出其家人單四曾「領了太監梁九功的銀四千九百兩，賃了宣武門外轎子衚衕的房子四十六間，交與民人張三開了吉如號油鹽店」。而單四在被發配打牲烏拉時，亦將京城的房地契交與義子單棋文（即黃四），先前單四也將安定門外的房地交給單大的義子單棋福，這些財產在梁九功於雍正元年自縊身亡之後的十年仍遭到嚴追（圖表 6.12）。[150]

同樣地，雍正四年五月在治罪蘇努、七十（人名，被指為阿其那、塞思黑案「黨亂助逆之罪魁」）子孫時，亦稱「伊等家產，諒已隱匿，何必抄沒」；十三年十一月淮關監督年希堯（年羹堯兄）因「庇僕縱役，貪贓壞法」革職，其家人在京聞信，即到淮安「藏匿寄頓」，乾隆元年二月諭旨：「觀其先行藏匿資財，曲意防護，甚屬無恥……應追入官者，即絲毫亦不可假借，庶可處一警百。」[151] 在兩淮鹽運使盧見曾（其孫娶紀昀長女）的貪污虧空案中，侍讀學士紀昀也於乾隆三十三年因「豫露〔抄家〕信息」，致盧家「遽將家貲散寄各處」，紀昀遂遭論罪，發往烏魯木齊效力贖罪。[152]

康熙四十八年三月曹寅在揚州見到故弟曹荃親手栽植的杜仲樹，睹物思人，遂書〈思仲軒詩〉二首並廣徵圖詠（圖表 6.13），[153] 其序中有云：

> 思仲，杜仲也，俗呼為檰，芽可食，其木美，蔭而益下，在使院西軒之南。託物比興，蓋有望于竹村，悲吾弟筠石焉爾，作〈思仲軒詩〉。

---

150 楊珍，〈康熙朝宦官新探〉。

151 《清世宗實錄》，卷 44，頁 664；《清高宗實錄》，卷 6，頁 260、卷 13，頁 389。

152 《清高宗實錄》，卷 815，頁 1024-1025、1037。

153 〈思仲軒詩〉有「庭木數春滋」句，而前一首〈使院種竹〉有「序當春夏交」句，知皆作於春末。參見曹寅著，胡紹棠箋註，《楝亭集箋注》，頁 270-273。

查曹寅現存的詩詞中，另有十題提及「竹村」，[154] 其中三題中的「王竹村」明指王文範（字竹村），餘七題雖無姓氏，但從所繫官銜（如大理、使君）及內容判斷，均應指號竹村的蘇州織造李煦（四十四年獲賜大理寺卿銜，並於是年十月開始與曹寅輪兼兩淮巡鹽御史）。

曹寅應是因兩友的字號相同，為加以區別，遂以不加姓氏的方式來稱呼大己三歲的親長李煦（稱曹寅為「老妹丈」），但對其「最契密」的友人王文範（圖表 4.17），則連姓帶字稱「王竹村」。也就是說，〈思仲軒詩〉序中的「蓋有望于竹村」應謂李煦。再從「今年移叢竹」句，知曹寅乃於四十八年在真州使院內移種竹子，並期許輪管鹽課的李煦在十月交接後能接續照看。

從曹寅在前詩直言他乃以「託物比興」的方式追悼亡弟曹荃，知「今年移叢竹」句應兼有譬喻。又，朱彝尊於康熙四十八年為和〈思仲軒詩〉所賦的題詩亦云：

> 蕪城鮑明遠，古調李騫期。眷念同懷子，因題思仲詩。
> 春塘宜入夢，柔木易生枝。更放過牆竹，濃陰使院垂。
> （公弟居此，植杜仲一本于庭，故以名軒）[155]

以首聯稱頌曹寅兄弟的文采堪比留下〈蕪城賦〉名作的南朝鮑照（字明遠），及賦就〈李陵與蘇武詩〉〈漢李陵贈蘇武別詩〉等古調的李陵（因被匈奴羈留以致約期失信，故曰「騫期」）。

---

154 如〈竹村大理寄洋茶、滇茶二本，置西軒中……〉〈桃花泉并序……五月從駕返署，卧疴移日，始試此泉，作示從吏，兼待竹村〉〈竹村惠硯〉〈苦雨獨酌，謝竹村使君見貽盆蘭有作〉〈六月十日竹村大理、南洲編修、勿葊徵君過訪真州寓樓有作〉〈竹村大理筵上食石首魚作〉〈謝竹村餉籠蒸〉，即均指號竹村的李煦。至於〈雨寒書院小酌，王竹村以餅肉相餉，即事戲與元威、雲村、蓼齋、巳山、璞亭、吹萬共賦，索竹村和，用東坡集中韻〉〈送王竹村北試二首〉〈送王竹村入蜀二首〉，則謂字竹村的王文範。

155 朱彝尊，《曝書亭集》，卷 23，頁 2。

圖表 6.12：　雍正十一年四月允祿等詳審太監梁九功案。

《清宮內務府奏案》冊2，頁64-74

總管內務府謹
奏為請
旨事據值年管番役員外郎阿克棟阿伊拉齊回稱
番役頭目高連魁等訪獲首告隱匿入官房地
之單棋楨呈稱我係太監梁九功家人單四之
子康熙五十一年太監梁九功緣罪籍沒家產
人口入官將我父親單四母親王氏兄單棋祥
撥給寶坻縣庄頭焦國棟名下充當壯丁後於
五十五年纔生了我我今年十七歲雍正元年
將我父親單四等從庄子上發遣打牲烏喇時
並未帶了我去到了二年上我纔到了烏喇我
父親單四曾向我說京城所有置立的房地連
文書都交給我義子黃四即單棋文了他隱匿
並未報官我父親單四於上年七月內病故我
年紀甚幼我誠恐日後事出被累將知道的房
地情願報出入官等語再據單大義子單棋福
呈稱太監梁九功家人單四將安定門外太平
庄墳坐左近置的地六十五畝瓦房二十九間
土房二間交給過我令情願報出入官等語隨
傳訊黃四即單棋文供稱我係江南太倉州民
因度日艱難於康熙四十三年來到京裡賣
銀十五兩白契典給太監梁九功名下將他家
人單四認作義父他用銀三十兩替我娶了親
康熙五十一年將太監梁九功抄了家將人口
入官之後我將身價銀四十五兩交了官連我
女人王氏贖出單四定了撥發庄屯的罪他指
着我的名字將銀一千二百十二兩典了昌平
州東沙屯樓子庄兩處地七頃九十畝每年共
得租銀七十五兩單四在庄子上定了發遣打
牲烏喇的罪他將這地連文書都交給我了我
將每年所得地租之內陸續積畜了一百八十兩
五錢也在東沙屯等處典地六十九畝再單四
領了太監梁九功的銀四千九百兩賃了宣武
門外轎子衚衕的房子四十六間交與民人張
三開了吉如號油鹽店到了雍正元年二次查
看梁九功家產時單四止報出銀二千兩交與
民人李新如等交官時添補等項成色等項用
過銀八百餘兩問張三就知道了單四發往打
牲烏喇之後我用銀一千兩買了這所房子共
餘的銀子修理鋪面安造排子置買器皿等項
都用了如今因無本錢將這鋪子關了再單四

（中略）

供稱我係平陽府臨汾縣民當年太監梁九功
家人單四交給我四千九百兩銀子在宣武門
外開了吉如號作買賣雍正元年查太監梁九
功家產時單四止報出銀二千兩交官添補等
項成色等項用過銀八百餘兩單四發了烏喇
之後他義子黃四將單四隱瞞的銀子二千餘
兩之內用銀一千兩將這房子買了其餘的銀
子置買各項器皿並修理鋪面安造排子等項
都花費了是實如今因無本錢將這鋪子關了

（中略）

百餘兩是實等語　黃四係太監梁九功家
人已照原估價值贖身乃仍將單四所置地七
頃九十畝銀二千餘兩公然隱匿並將所得地
租銀內典地買房開張鋪面借放賬目此外仍
有隱匿之處亦未可定除張三於取具供詞之
後已經病故應無庸議外應將黃四即單棋文
原首告人單四之子單棋福並呈狀二紙黃四
名下一應文約賬目鋪內什物等項清單一併
交與刑部將此外有無隱匿之處詳審定擬並
將原查梁九功家人單四家產之大臣官員查

（下略）

圖表 6.13： 曹寅為亡弟曹荃所寫的〈思仲軒詩〉及相關和詩。

❖ 曹寅，《楝亭詩鈔》，卷六頁十一至十二

思仲軒詩 并序

思仲杜仲也俗呼為㮳芽可食其木美蔭而益下在使院西軒之南託物比興蓋有望于竹村悲吾弟筠石焉爾作思仲軒詩

東隅麗初霽庭木敷春滋碎蘖不任掃啞軋雅為兒問名為藥樹辛平入肝脾散膚中含綿布子秋離離昔人營楝宇特惜輪囷奇樗散昧古處欄楯違心期今年移叢竹匹植當漣漪緒風播檀欒前後青參差於中設繩牀永日來支頤豈異得至友殷勤慰調飢為子護嘉蔭長王毋過時

方書倒廣裒寓懷託思仲仙迹雖多誣令我心魄動音容杳無期前夕曾入夢想逐寘漠游尻馬自飛翀隻身念老兄諸子尚乳湩骨肉尠舊歡飄流涉沈痛憶汝持節來錦衣貌殊衆舉眼歷十稔拱木已成棟餘生藹浮雲一逝豈能控因風寄哀絃中夜有餘惆

❖ 朱彝尊，《曝書亭集》，卷二十三頁二

題曹通政寅思仲軒詩卷

燕城鮑明遠古調李騫期眷念同懷子因題思仲詩春塘宜入夢柔木易生枝更放過牆竹濃陰便院垂 公弟居此

植杜仲一本于庭故以名軒

❖ 文俶，《金石昆蟲草木狀》 木二，無頁碼

威州杜仲

❖ 翁方綱，《復初齋詩集》

蘇齋小草二 甲寅四月至十月

鐵香得舊題曹筠石洗桐圖詩一卷而其圖失去筠石楝亭弟也有楝亭竹垞手蹟用竹垞思仲軒詩韻

三月桐芭雨前春楝實期婆娑二老在縫綣十籤詩冉冉翻新葉絲絲綰故枝高軒思仲子及見廿年垂 此卷楝亭題於康熙壬戌竹垞思仲軒詩在己丑也

卷四十六頁三

曹楝亭思仲軒詩卷 竹垞及其孫稼翁題句

曹家伯仲喻朱氏祖孫詩以楝名亭矣于㮳意寓之池塘春共氣簾閣雨如絲詩局揚州夢新桐洗露時 楝亭弟筠石有洗桐圖

卷五十一頁六

❖ 朱稻孫，《六峰閣詩稾》，卷二頁二

奉和曹荔軒先生思仲軒詩

中庭有灌木柯葉青娟娟注名桐君錄曰杜亦曰㮳不若阜多莢不若榆多錢比桂香較殊似藕絲相連有時清風生綠陰滿庭前爰懷吹篪人朗咏留佳篇即事憮今昔拓軒斯樹邊旁列千个竹下臨一泓泉五言賦長句體物何詳妍勝地繼禾游感此情纏綿申言和宏製弱豪終莫宣

❖ 王衍梅，《綠雪堂遺集》，卷十六頁十七

三月五日六首

莫道劉伶晉閉關花前今歲感香山 香山詩今年花前五十五 已拋塵尾池塘春草綠于初黃犬偏乖只尺書小驛常花頻夢汝當軒杜仲一思予 見竹垞題思仲軒詩註 士衡病好仍栖解貉秀年衰恐倚閭記否紅褌欲錦髻牡丹天氣笑牽裾

由於蕪城即揚州古名，故朱彝尊或以鮑明遠代指在揚州擔任鹽差的曹寅。另，有疑其〈思仲軒詩〉中的「李騫期」，乃隱指曹荃生前曾赴蒙古從軍且慘遭羈押至死一事，該假說雖頗有意思，但有待更具體的論證。[156] 再者，考量朱彝尊與王士禛並稱南北兩大詩宗，知前引五律的後半首不可能僅是單純的平鋪直敘而毫無隱喻，疑朱氏應是借竹「柔木易生枝」的生長特性來形容曹荃多子，而曹寅與朱彝尊亦分用「移叢竹」和「過牆竹」指涉曹寅過繼曹顒等姪子以廣嗣並維繫家族的興盛（「濃陰使院垂」）。[157]

曹寅〈思仲軒詩〉在「今年移叢竹……為子護嘉蔭」之後緊接有「長王毋過時」句，其意一直未明。《史記・天官書》稱「作鄂歲：歲陰在酉，星居午。以八月與柳、七星、張晨出，曰長王」（「長王」此解亦見於曹寅等奉旨在揚州開刻的《御定佩文韻府》），[158] 知「長王」即地支中「酉」的別稱，代指八月（夏曆以寅月為歲首，故八月建酉）。查曹寅另有〈題堂前竹〉詩，其中亦見「地缺秋窮宜長王，天寒日暮自娉婷」句，[159] 因疑「長王」一詞與種竹的時間有關。

查古人雖指「種竹不拘四時，凡遇雨皆可」，但亦有「七月間移竹無不活」「八月八日為竹醉日，種竹易活」「秋分〔通常在八月〕後、春分前皆可移竹木」「冬至前後各半月不可種植，蓋天地閉塞而成冬，種之必死」

156 蘭良永，《紅樓夢文史新證》，頁 77-81。

157 有疑「今年移叢竹」與「更放過牆竹」句並非引喻當年過繼曹顒一事，然質疑者若認為曹顒是曹寅本生子，就必須合理解釋康熙二十九年四月的內務府滿文咨文中為何有「曹荃之子曹顒」之敘述，而非無根據地逕指文獻有錯。事實上，筆者在前文已揭示該咨文出錯的機會應微乎其微。參見徐繼文，〈〈咨戶部文〉與曹雪芹家世〉。

158 張玉書、陳廷敬等，《御定佩文韻府》，卷 22 之 4，頁 43。

159 曹寅，《楝亭詩鈔》，卷 2，頁 7。

等說法。[160] 又，宋代精於園藝的滕昌祐嘗詳記移竹之法曰：

> 園中竹以八月社前後，是月天色多陰、土潤，竹以此月行根也。凡欲移竹先掘地坑，令寬大，以水調細土作稀泥，即掘竹四面，鑿斷大根科，連根以繩錮定……。[161]

其中的八月社即秋社，乃指立秋後的第五個戊日，此日大多落在農曆八月中旬前後（偶亦可能晚至九月下旬）。

筆者懷疑曹寅或因酉月較宜種竹而以「長王」借代此事，「地缺秋窮宜長王」句則謂移竹時即使土地貧瘠且已入晚秋，仍可為之。至於「長王毋過時」句，意指移竹最好不要選在秋盡以後天寒地凍的時間，此不知是否用來借喻過繼之事無需考慮過多，但要起而行且不宜過晚。

再者，〈思仲軒詩〉中的「緖風〔指餘風〕播檀欒〔形容竹之秀美〕，前後青參差」句，或引喻曹荃遺留之諸子均秀美，但年紀有參差。而「隻身念老兄，諸子尚乳湩〔音“動”〕。骨肉尠〔音“險”〕舊歡，飄流涉沈痛」，則指曹荃諸子多在褓乳時即送往江寧，交祖母孫氏及長房兼家長的曹寅撫養，此舉令曹荃與其子大多數時間骨肉分離，鮮少歡情。此外，「啞軋雅舄〔音“細”〕兒，問名為藥樹」句，乃描寫其子學識雖待加強但具求知慾，[162] 此處應指的是養在身邊的姪子曹頫（時年十四歲），因四十七年左右甫

---

160 郭橐駝，《種樹書》，卷中，頁 62-66；李光地，《御定月令輯要》，卷 15，頁 11。

161 黃休復，《茅亭客話》，卷 8，頁 5。

162 宋・陸佃稱「舄九寫而為烏，帍三寫而為帝」，清・蔣光煦有謂「雅本鴉字，後改為雅頌之雅；舄本鵲字，後改為履舄之舄」。又，清・劉嗣綰〈與倪米樓書〉嘗稱「每遇都邑，輒有停泊，市人一呼，不辨雅舄，下士大笑，如聞蒼蠅」，「啞軋」則為象聲詞。參見陸佃，《埤雅》，卷 6，頁 2；蔣光煦，《東湖叢記》，卷 3，頁 1；屠寄輯，《國朝常州駢體文錄》，卷 18，頁 16。

自二房出繼長房的曹顒（曹順或在此時歸宗）已於四十八年二月後未久即上京當差。

此外，「豈異得至友，殷勤慰調飢〔意指早上未食前的饑餓狀態〕」，則指常關照曹寅的至交密友李煦（因詩序中有言「蓋有望于竹村」，而李煦號竹村），緊接著的「為子護嘉蔭」句顯然是對李煦的期望，希冀萬一自己驟逝（所謂「餘生蘭浮雲，一逝豈能控」），作為母舅的李煦能好好照料曹顒。[163] 果不其然，曹寅病重時就曾托李煦（較曹寅晚死十七年）代奏，求賜聖藥，當他於五十一年七月二十三日猝然長逝後，李煦更奏請代管鹽差一年，且以所得餘銀助繼任江寧織造的曹顒補完其父所欠錢糧。[164]

綜前所述，曹寅在康熙四十八年三月所賦的〈思仲軒詩〉，乃懷念前一年過世的弟弟曹荃，「思仲」應是雙關語，一為睹物思人，指曹荃於揚州使院親手栽植的杜仲（又名思仲）樹，二依表面字意，表達對仲弟的思念。至於內稱的「音容杳無期，前夕曾入夢。想逐冥漠游，尻馬自飛羾」「因風寄哀絃，中夜有餘恫」，其中「冥漠」指陰間，「尻馬」是用《莊子・大宗師》的「尻輪神馬」之典，謂以尻（音“kāo”，指臀部）為車輿而神遊，後喻隨心所欲、遨遊自然，「飛羾〔音“共”〕」即飛騰。曹寅並透過「移叢竹」一事「託物比興」，告知在「冥漠」的曹荃，自己已過繼其子曹顒，並請至戚好友李煦也多加照護。

據康熙《上元縣志》中的〈曹璽傳〉，曹顒字孚若（見圖表 1.4）。其字應源出《易經・觀卦・彖傳》之「大觀在上，順而巽，中正以觀天下。觀，盥而不薦，有孚顒若，下觀而化也」，隱指顒排在順後。又，《詩經・大雅・卷阿》中有「顒顒卬卬，如圭如璋，令聞令望」句，「卬」通「昂」，

163 《關於江寧織造曹家檔案史料》，頁 135。
164 《關於江寧織造曹家檔案史料》，頁 98-101。

此或是曹頫以「昂友」為字的原因(見圖表 1.12 及 7.7;元人趙孟頫亦字子昂),期許他與兄顒能相友愛。[165] 且「卬」亦通「仰」,與「頫」(通「俯」)對應,「顒顒卬卬」的連字進一步支持顒、頫同為曹荃所生的可能性。

由於曹家長房寅屢艱於子嗣,遂陸續自二房荃過繼了順、顒、頫、頎諸子,其中順、頎二人最後皆與家人不和而歸宗,[166] 加上頗受看重的曹顒在接任江寧織造約兩年後即驟逝,頗疑稍後奉旨出繼曹寅的曹頫,很可能沿襲其家族的傳統,得要替無嗣的兄長曹顒(原應為家長)安排傳宗之香火。因曹寅的孫輩最後已知只剩下曹頫的二子:雪芹及其弟棠村,而雪芹或誕於五十五年閏三月,[167] 故當曹頫於五十四年正月出繼長房後,曹家很可能會讓年幼的雪芹依俗例兼祧曹顒和曹頫兩支的血脈。亦即,雪芹應既是已故曹顒的嗣子,又是曹頫的本生子。[168]

---

165 周文康,〈詩經與曹雪芹家世考辨〉。

166 黃一農,《二重奏:紅學與清史的對話》,頁 109-154。

167 康熙五十四年正月曹顒卒於京,三月曹頫奏稱嫂馬氏「現懷姙孕已及七月」,故先前紅圈中有誤以曹雪芹是曹顒的遺腹子,然從現存曹頫那段期間的奏摺推判,馬氏當時應是生女、流產或夭折(第七章)。另,筆者先前據《種芹人曹霑畫冊》上所鈐用的字號印「閏周」,推測雪芹可能生於康熙五十五年閏三月,亦知他應非曹顒的遺腹子。參見黃一農,《紅樓夢外:曹雪芹《畫冊》與《廢藝齋集稿》新證》,頁 18-23。

168 古代家族往往會因血脈或財產等考量而介入繼承之事,如江蘇蘭陵的繆楝「甫舉子時,〔從兄〕履齋孝廉歿京邸,無後,族人命以先生襁褓子嗣」。又,浙江嘉興金蓉鏡無嗣,遂立約以妾朱氏的姊子為嗣,但在其歿後,「族人公議,仍以〔姪〕問禮為嗣」。至於棠村出生後,雪芹曾否改以出繼(非兼祧)的方式解決曹顒無後的問題,則待考。參見繆荃孫等,《江蘇蘭陵繆氏世譜》,人物傳第 8 之 4,頁 12;金兆蕃等,《浙江嘉興金氏如心堂譜》,卷 5,頁 48。

四、曹荃的生命足跡

曹顒驟逝北京後，康熙帝欲在曹家中找人繼任江寧織造一職，遂於五十四年正月命內務府總管詢問返京述職之李煦的意見，並指示曰：

> 務必在曹荃之諸子中，找到能奉養曹顒之母如同生母之人才好。他們弟兄原也不和，倘若使不和者去做其子，反而不好。汝等對此，應詳細考查選擇。[169]

「能奉養曹顒之母如同生母之人」乃謂能奉養李氏者，不必然指李氏為顒生母。至於「他們弟兄原也不和」，朱淡文認為應指曹寅與曹荃不睦，且以此狀況乃從其父曹璽去世後曹家爭取繼任江寧織造時開始。[170] 邵琳亦認同寅、荃不和之說，但主張襲職一事並未造成手足失和，因《楝亭詩鈔》中有四十多首詩紀錄兩人間的唱和（圖表6.14及6.15），從各個不同面向深切體現了曹寅與曹荃的兄弟情。惟她聲稱從康熙四十一年至曹荃過世的康熙四十七年之間，兩人鮮少詩文互酬，且謂在曹寅病卒後，曹家親舊故友將其尚未付梓的詩文整理刻印，編成別集四卷、詞集一卷、文集一卷，當中也未收入關涉曹荃的內容，故她指稱「曹家應該發生了一場比較大的糾紛，從而導致曹宣〔即荃〕對其兄曹寅有了怨懟心理。曹寅雖然百般委曲求全，也難以化解」，並謂曹荃去世時，「不僅曹寅無一字提及此事，甚至他們的故交好友也不曾有片言隻字提及。這只能說明曹宣之死是一個意外，他的死對曹家來說是一個恥辱。曹寅雖然悲痛，卻也只能埋在心中」。[171]

---

169 《關於江寧織造曹家檔案史料》，頁125-126。

170 朱淡文，《紅樓夢論源》，頁55-56。

171 邵琳，〈“鶺鴒之悲”的千古情結：淺析曹寅、曹宣的兄弟情〉。

圖表 6.14： 曹寅賦贈其弟曹荃（字子猷，號筠石、芷園）的詩作（一）。

❖曹寅，《楝亭詩鈔》

人日和子猷二弟仲夏喜雨原韻

小閣昔年聽雨處夜闌燈火對牀明草魂未返江南夢雁字初歸人日晴屈指炎涼千里別何時來往一身輕釣車秋馬南郊外共看靈湫徹底清京中初夏游烏龍潭爲盛事

卷一頁三

黃河看月示子猷

高春澹微景露坐思南園不知明月光已照檣尾檣濁浪無時休逆旅如煩寃怡然把瘦骨奮起憐吹塤涓涓瀉醇酎秩秩羅寒燔覘子負奇氣聽我播清言清言亦可飽萬古多纈繙惟此白玉鉤能探崑崙源常儀惜輕垂碧靄滋餘暄豈鮮重淵龍睥睨方蟠蜿亦有投林鵲素色含孤騫秋空自然遠蟲候本相喧明明一勺水再顧失潺湲陰森淩九地晃朗排三垣荒風括箕口細露灑高原與子共此杯持身慎璵璠莫歎無榮名要當出藩樊

卷一頁五

十八夜對月與子猷作

古瓦修柯蔭舍南參差城郭迥凄含自窺塵面幾經缺閒握顛毛相向談清漏稀聞如碎地深杯一照即澄潭眼花竟欲窮霄上避弋啣蘆影二三

卷一頁十四

小軒閒除已移居其中有懷子猷

舊營茅棟憶江皐几席虛明似小舠白堊常年無改作清宵一侶足遊遨塵沙實積蕃摩內兒豎全矜畫墁勞稍待月寒垂北户地爐煖酒快乘尻苦憐幽境閉門成一日長窗倍眼明臘雪竟宜添簿竹蘩林猶是面寒城鹿皮淨結雙趺穩煙宇閒飛數翼輕頻念江鄉點梅萼思君脫帽趁逢迎

卷一頁二十

十五夜射堂看月寄子猷二弟

西署微歌東署聞南樓送酒北堂醺人間清夜無拘束千古歡場孰冠羣八月鄉關多過雁中年心事秖看雲侍香班散聯吟去踈柳長廳坐卯君

卷二頁二

虎丘雪霽追和芷園看菊韻寄松齋大兄筠石二弟

鬢絲寒颺五湖風殘雪山山浪打空今日酒醒橋萬里春帆不趁馬頭東是日騎馬至皐橋

城角飛鴉無定時東園蕭瑟九花遲紅姑子爛三塘晚那及吾家麂目籬

黯黯微霄玉塔光僧廬稠疊臘梅香一年說餅鄉愁劇釅點吳茶似酒黃

畫圖可耐客思家羔袖凭欄望已賒歸去東軒好筠竹夜窗深玩海紅花

卷二頁四

聞芷園種柳 用少陵春日江村五首韻寄子猷

遙聞行藥處冉冉柳枝深碧色時開眼年華自賞心鳴禽音易革永日句重尋天外春帆客飄搖感至今

易植吾鄉柳叢生軌計年移來蓮斛路常是伴寒泉小院清陰合長渠細溜穿知君有幽意處處寫江天

惜樹齋前樹疎花綴小紅獨遮西下日不礙北來風食益瓜蔬飯行嗟褦襶翁千條兼萬縷長短故園中

故園何所有白石與蒼苔寂寞終無用婆娑豈不材柔絲青可把愁絮撥難開惆悵橫戈地秋風拂馬來

射圃空心柳他鄉也自生風蟬紛去住朝菌等枯榮已得長眠嬾還成暢舞名蒼茫疑萬里只此共離情

卷二頁五

夜泛湖至董氏園登閣和子猷韻

路憶探梅處沙頭略彴平秋林亂榛莽遊騎晴怦營往事水螢散隔谿風鐸鳴羣山好相見來日敞雲楹

黯黯梅花夢蒼蒼桂樹林不成招隱賦終負歲寒心澤國鴻來晚天涯夜共深浮生尚何異此際更須斟

卷二頁八

和芷園消夏十首

磁枕

小睡長天勝靜持東齋清秘枕中寶嫩涼一息應誰較除是蘧然自得知

曝書

十五年間萬卷藏中年方覺曝書忙遙憐揮汗繙繙處時有微風送古香

竹簟

七尺堯笙帖腹便消除一日夜涼前故鄉此物非殊貴不設紗幮恣意眠

葵扇

東帶那容不受塵放衙天許作閒身老拋門巷風猶昔來捉蒲葵得幾人

盆荷

西窗荷葉大如盤煙雨尋常作畫看三十六陂身已到不勝清冷欲歸難

蕉窗

昔年築室類吳舠曾有微言托綠蕉聞道春帆同一色可能拄笏坐終朝春帆芷園齋名

茗椀

卯君茶癖與吾同對客長愁放椀空近日衙齋須藥裹一杯清澹只寬中

冰盤

綺窗木榻靜無蠅內窖常支過午冰回憶吳中應一笑紅鹽不下減風稜

碧筒

白玉蓮花手作杯掬香一石玉山頹平生狂飲無拘泥解折荷涼第幾回

滌硯

宿墨能除硯始靈多生于此獨忘形何由一致中冷水鸖鴒長教潑眼青

楝亭詩鈔卷二 九

楝亭詩鈔卷二 十

圖表 6.15：　曹寅賦贈其弟曹荃的詩作（二）。

❖ 曹寅，《楝亭詩鈔》

朱園看梅憶子猷次同人韻　卷三頁一

射堂柳已成行命兒輩習射作三捷句寄子猷

前年風雪尚蓬頭幾日纖條竟緑稠無限蜩螗齊沸了又攜兒輩踏晴秋

繩量馬道不嶔斜雁字排栽築水沙世代暗傷弓力弱交牀側坐捻翎花

畫鼓鼕鼕簇羽繁黃麞命舞亦軒軒金城涕淚他年事特寫新詩寄芷園　卷三頁三

晚晴述事有懷芷園　卷三頁十二

過沂水有懷芷園弟　卷三頁十五

廳前紅梅初開折一枝寄子猷索詩

晴簷鳥雀譁梅著一分花便信寄春去閒中知體佳軍持涉江水綈几達晨衙試擬淩風態詩情可較差　卷三頁十七

支俸金鑄酒鎗一枝寄二弟生辰　卷三頁十七

自作銀鎗一尺圍嘉量伯仲素無徵比閑飲散君常健聊伴書函使欲歸三品全家增舊禄（近家恩擢陞正三品食俸）百花同日著新緋（生辰同花生日）頻行復憶前時笑皓首雲山願莫違（別時酉日延宋子京開元寺給爲笑）

中秋西堂待月寄懷子猷及諸同人　卷四頁一

涼風萬里騎蟾背汗漫誰遊碧落間濁世陰霾難久障幻人梯棧強高攀空香浥路飄緜雨重穀流雲累珮環直待滿城絃管歇漸分清影上屏山雲罅寒光瀉水明揚箕浥斗正西行廣庭柳起傞傞舞深巷雞驚喔喔鳴閒夜相看如曠別幾人同寤亦深情不知風雨長淮岸拍枕波濤何限聲

西軒大雪缾中紅梅盛開憶去年寄子猷詩感而有作　卷四頁二

折贈非無賴東風用意偏為誰頳注頰一笑雪漫天小盞澆寒退疎香致語前莫嫌丰度冷喜色自今年

聞孫冷齋有琴來閣看雪詩率和代柬兼念子猷　卷四頁二

朔雪殘冬盛河流凍復艚望風艱謦欬釃酒祝亭皋貧巷家居穩寒爭眼界高西軒亦清絕揮涕手頻勞

寂歷誰同賞寰區意向闌忽聞孤嶂曉獨坐白雲寒琴有移情悟詩工聚景難因君乞三筆裂取畫圖看

和孫子魚食薺詩寄二弟　卷四頁七

野薺蒙霜雪能先衆草生賦形同菥蓂聚族異蕪菁肉食甘常勝山廚品最清異鄉頻舉筯慘慘對梅英

（下略）

留題香葉山堂（芷園弟及劉晦菴嘗游於此）　卷五頁五

思仲軒詩并序　卷六頁十一至十二

思仲杜仲也俗呼為櫋芽可食其木美蔭而益下在使院西軒之南託物比興蓋有望于竹村悲吾弟筠石焉爾作思仲軒詩

東隅麗初霽庭木斆春滋碎蘗不任掃啞軋雅烏兒問名為藥樹辛平入肝脾散膚中含綿布子秋離離昔人營棟宇特惜輪囷奇樗散昧古處欄楯違心期今年移叢竹匹植當連漪緒風播檀欒前後青參差於中設繩牀永日來支頤豈異得至友殷勤慰調飢為子護嘉蔭長王毋過時方書例廣裒寓懷託思仲仙迹雖多誣令我心魄動音容杳無期前夕曾入夢想逐寘漠游尻馬自飛粧隻身念老兄諸子尚乳湩骨肉尠舊歡飄流涉沇痛憶汝持節來錦衣貌殊衆舉眼歷十稔拱木已成棟餘生藹浮雲一逝豈能控因風寄哀絃中夜有餘惆

漁灣夜歸憶子猷弟句悽然有作　卷七頁七

水動漁舟出（句子猷）題詩人已無荒堤溯涼月蒿目歎懸珠估子夜吹笛篙師行唱于白頭更何好踪跡浪江湖

❖ 曹寅，《楝亭詩別集》

賓及二兄招飲時值宿未赴悵然踏月口占兼示子猷二首　卷二頁一

歸鴉自知夕被樹更遲煙耐可一樽外徘徊雙闕前靜香週月地清響結冰天料及圍爐坐馳思靴韈邊

（下略）

夜泛湖至董氏園登閣和子猷二首　卷二頁六

子猷摘諸葛菜感題二捷句　卷二頁十八

春闌青紫漫牆隅蔓菁數花味始腴忽念南中桑葉長錯將薏苡謗明珠

譜疏相因舊不差情親小摘慰年華長安近日多逍草處處真花似假花

聞二弟從軍却寄　卷三頁七

與子隋地同胚胎與子四十猶嬰孩囊垂禿筆不稱意棄薄文家談武備伏聞摭狄開邊隅聞子獨載推鋒車回憶趨庭傳射法平安早早寄雙魚

辛卯三月二十六日聞珍兒殤書此忍慟兼示四姪寄西軒諸友三首　卷四頁八

老不禁愁病尤難斷愛根極言生有數誰謂死無恩拭淚知吾過開緘覓字昏零丁摧亞子孤弱倒寒門

予仲多遺息成材在四三承家望猶子努力作奇男經義談何易程朱理必探殷勤慰衰朽素髮滿朝簪

送王竹村北試二首　卷四頁十

秋捷兆清和眉間黃氣多綸音聞益穎門第例高科快馬爭燕市輕舟入濟河尋常法先輩調筆意如何

掌大懸香閣文光射斗魁（芷園小闈鄉試皆[illegible]公多利）年來棠樹老君去桂花開野券驢三紙鄉情水一杯喜書三十六好爲魁饞

朱、邵的揣測和論述，其實並無足夠說服力，此因寅、荃之間似乎一直骨肉情深（見後），且古人的詩文別集常經大幅篩選，並非生活的完整體現。如我們在敦誠《四松堂集》的付刻底本中可見其悼念好友曹雪芹的一首輓詩，但該詩於嘉慶元年正式刊行時就未被收入。又，張雲章於康熙五十年為曹寅賦有〈聞曹荔軒銀臺得孫，却寄兼送入都〉，然曹寅（艱於子嗣）的存世詩文中卻未曾提到該得孫大事。此外，曹寅的詩文別集亦不見任何關涉其過繼、生子、嫁妹、娶媳、嫁女之作品，[172] 也未言及其妹婿傅鼐、外甥昌齡、長婿納爾蘇、次婿羅卜藏丹津，亦無針對其生母顧氏、繼嫡母孫氏、親子曹顏的悼詩。曹寅應非不寫與家事密切相關的詩文，而是此類作品在編刻時或遭刪略（通常以詩文之好壞作為取捨的主要考量）。

楝亭詩歌迄今約僅十分之四存世，詞作更只有十分之一或百分之一刊行（圖表 6.16）。[173] 亦即，我們不能因在曹寅出版的著作中，有幾年未見涉及曹荃的詩文，就逕行推判兩人那段時間手足失和。尤其，《楝亭詩鈔》中落在曹荃逝世前後且涉及曹荃的作品有〈和孫子魚食薺詩，寄二弟〉（約四十年冬）、[174]〈留題香葉山堂（芷園弟及劉晦菴常游於此）〉（四十四年）、〈思仲軒詩〉（四十八年）、〈漁灣夜歸，憶子猷弟句，悽然有作〉（四十九年）。[175] 且《楝亭詩別集》中至少有六題十二首詩與曹荃相關，生前死後皆有（圖表 6.15），這些均明顯挑戰前述曹寅與曹荃不和的論點。

---

172 倒是在張雲章的《樸村詩集》中，屢見賀壽或記生子之作。

173 曹寅著，胡紹棠箋註，《楝亭集箋注》，前言，頁 5。

174 曹寅另有賦於三十八年冬的〈聞孫冷齋有琴來閣看雪詩，率和代柬，兼念子猷〉、四十三年的〈孟秋偕靜夫〔胡其毅〕、子魚、尊五、殷六過雞鳴寺得詩三首〉，姚潛亦有〈飲孫子魚琴來閣，同汪度若、李方明、曹殷六、杜吹萬作〉（圖表 2.19），知曹寅、曹荃、曹鈐、姚潛、孫伯琴（字子魚，號冷齋）等嘗往還。

175 曹寅著，胡紹棠箋註，《楝亭集箋注》，頁 167-302。

曹寅兄弟間的關係其實一直不差，[176] 如《楝亭詩鈔》中康熙三十四年有「金城涕淚他年事，特寫新詩寄芷園」句；三十八年荃生日時，寅嘗以薪俸請人鑄了一支溫酒用之銀酒鎗寄贈，末稱「瀕行復憶前時笑，皓首雲山願莫違」；他倆亦曾在四十年積極合作爭取接辦十四關銅觔。曹寅於四十八年悼弟的〈思仲軒詩〉二首，更稱「音容杳無期，前夕曾入夢」「餘生薾浮雲，一逝豈能控。因風寄哀絃，中夜有餘恫」，情詞悱惻。四十九年夏曹寅亦有〈漁灣夜歸，憶子猷弟句，悽然有作〉詩，借用曹荃的「水動漁舟出」（他唯一存世的詩句）為起句，慨嘆「題詩人已無」。康熙五十年的〈辛卯三月二十六日聞珍兒殤，書此忍慟，兼示四姪，寄西軒諸友〉詩，則以「予仲多遺息，成材在四三。承家望猶子，努力作奇男」句，期許亡弟曹荃的子嗣能承繼家業。

此外，曹寅友朋詩文中關涉曹荃的內容，也往往是兄弟並稱（圖表 6.17），如在中國國家圖書館現藏的《楝亭圖詠》中，鄧漢儀、王方岐、林子卿、杜濬的題詩皆同贈曹寅與曹荃；姚潛有〈吳門同曹荔軒通政昆仲遊千尺雪，限深字〉詩；[177] 閻若璩描述寅、荃二人「骨肉誰兼筆墨歡，羨君兄弟信才難〔始知人才難得〕」；王煐為曹寅所寫的輓詩中，也有「地下為歡共子猷」句。這些多顯示曹氏兄弟應無明顯矛盾且感情深厚。亦即，康熙帝在前引諭旨中所擔心先前曾出現不和的兩造，其一應是甫病卒的曹顒（曹荃所生，但出繼長房），另一則為曹荃尚在世的諸子（指頎或頫，又以曹頎最可能）。至於「去做其子」，乃指從荃子當中擇一擔任寅妻李氏（「曹顒之母」）之子。換句話說，「他們弟兄原也不和」非謂曹寅與曹荃不睦，而是指曹荃所生諸子間本來就有矛盾，[178] 康熙帝不願因襲職人選引發曹家紛擾。

---

176 蘭良永〈曹宣從軍及其他〉一文亦稱曹寅涉弟詩中並無提及其兄弟不和者。

177 蘭良永，〈新發現《後陶遺稿》考察報告〉。

178 黃一農，《二重奏：紅學與清史的對話》，頁 131-132；樊志斌，《曹雪芹家世文化研究》，頁 48-50。

圖表 6.16： 曹寅詩文在出版時遭刪汰的記事。

❖上海圖書館藏《楝亭詩鈔》書首

楝亭詩鈔者吾師通政公所作也楝亭刪詩者公
手自刊落不欲付梓命小胥鈔録藏諸篋衍者也
公既歿門下士相聚而謀謂此集雖公自視若歉
然猶當加於人數等不可終使湮晦因共校刻附
詩鈔之後名曰別集所以存公之志也振基竊惟
無論識與不識皆咨嗟太息或至于流涕也振基
昔隨先君得覲司空太夫子既而侍公函丈有年
今公子繼任織部又辱世講蓋孔李通門三世於
茲矣故於公集既成而僭述其大致如此前刻詩
鈔八卷今刻別集四卷附詞二卷雜文一卷此外
贈荅之什手書縑素散佚頗多又生平題跋最富
而尤長於尺牘惜皆無存藁俟網羅蒐輯他日另
爲續集耳受業郭振基敬題

❖上海圖書館藏《楝亭文鈔》書首

楝亭先生沒門人裒其刪佚古近體及詞若干首
刻爲別集而以雜記序箴銘之屬附焉先生少嗜
餘慕焉先生居恒簡牘往返皆用繭紙小幅眞行
間作信筆驅染風趣盎溢雖造次諧弄卒無隻字
近俗在古人中不減黃涪翁余家留數十札將裝
潢而藏之暇日搜葺諸家可得數卷刊綴集末當
亦好事者之所寶也受業唐繼祖敬題

❖上海圖書館藏《楝亭詩別集》書首

自滿溢何其善也乙酉秋仲儀眞使院稍暇取前
後諸作録其愜心者爲若干卷計若干首而欲盡
棄其餘余曰嘻是未可盡去也公亦知夫入寶山
者乎其始之至之也披砂礫而檢晶熒其繼之得
諛我乃題爲別集而余爲之敘蘄州顧昌

❖上海圖書館藏揚州刻《楝亭詞鈔》王朝瓛序

蔣郡丞京少長洲黃孝廉蕺山相與賡和所作甚
夥惜不自藏弆脫稿即爲好事持去及秉節江南
二十餘年唱酬寥落無復曩時之盛酒酣以往間
有拈綴今所存什之一而已公之詞以姜史之雅
子校公之遺集而不禁愾然有餘思也康熙癸巳
閏五受業王朝瓛謹識

❖復旦大學圖書館藏儀徵刻《楝亭詩鈔》王朝瓛序

楝亭詩集千首自刪存十之六廣陵諸同志以詩請
益者即手抄付梓矣既而楝亭重加精采又去三分
之一並詩餘一卷命小胥錄置案頭聊共吟玩真州吳
尚中力請以歸別於東園開雕此詩鈔所以有兩刻
（康熙四十八年刊本；此序上圖本未收）

❖復旦大學圖書館藏《楝亭詞鈔》書末

楝亭先生昔官侍從時與輦下諸公爲長短句唱酬
甚夥輒爲好事者持去廿年後秉節東南不復爲倚
聲之作今存者僅百之一先生藻思綺合興會飆舉
爾已丑秋九月後學王朝瓛謹識（此跋上圖本未收）

圖表 6.17：曹寅友朋詩文中關涉其弟曹荃的內容。

❖ 閻若璩，《潛邱劄記》卷六頁三十二

贈曹子猷

骨肉誰兼筆墨歡（令兄子清織造有恭惟骨肉愛永奉筆墨歡之句）羨君兄弟信才難南臨淮海熬波遠北覲雲霄補袞寬坐嘯應知勝公幹暮歸還見服邯鄲請揮一匹好東絹（善畫）怪石枯枝即飽看

❖ 姚潛，《後陶遺稿》

吳門同曹荔軒通政昆仲遊千尺雪限深字

不陟支硎歲已深，山光樹色感重尋。
遊來尚健躋攀履，望去空增今古心。
石澗流泉橫匹練，松風過酒散清音。
詩成恐惹山靈笑，垂老追隨畏苦吟。

❖ 袁啟旭，《中江紀年詩集》卷三頁二十四

題曹子猷洗桐圖

千尺高梧清絕俗秋風吹嬝晴煙綠誰將老幹繫銅鉼日汲寒泉洗青玉獨坐空山一卷書棕鞋白袷自于徐他年若引長離至彈徹冰絃好待予

❖ 吳貫勉，《秋屏詞鈔》卷二頁十五

沁園春　寄芷園次南屏韻

放浪歸來寂寞三冬伏居草堂憶梧桐漏月碧扶醉影芭蕉傾雨綠迸秋光馬上彈弓人前戲墨文采風流事事長春帆外見蓼紅灌錦夢繞江鄉　臨岐囑我休忘約春半重來花正芳看校書別殿餅分麟脯侍班內苑曲聽鶯簧片玉新詞泥金小扇寶艷徵歌又一場相思甚託西山送爽北雁同翔（寶艷梨園班名）

❖ 王煐，《寫憂集》無頁碼

千尺雪和荔軒芷園兩使君

韶光九十半晴陰勝地名流得共尋謖謖松濤聽漸遠蕭蕭竹院坐來深日移瀑影懸珠箔風激泉聲奏玉琴對此便成濠濮想悠然還會古人心

❖ 王煐，《蘆中吟》無頁碼

輓曹荔軒使君十二首

瀟碧堂中幾素心子期年少最知音晨星良友銷沉盡笛弄山陽感倍深（余與公定交於京師曹舍人賓及齋中計三十餘年矣同時往還親友俱物化）

南海西川萬里遙十年魚雁未寥寥肮髒贈我金陵道握手慇勤見久要（余自惠州量移永寧丁丑夏奔喪北上與公晤與金陵）

支硎載酒觀新瀑鄧尉聯吟惜落紅十二年來成昨夢等閑殘醉醒東風（以下三首追憶庚辰辛巳壬午間與公同遊之樂）

譜就新聲放畫船胥江燈火夜如年梨園未散賓朋在怕演當筵七子緣（公舊填詞）

紅袖青蛾艷冶遊君家伯仲最風流登床一痛人琴失地下為歡共子猷（令弟芷園於戊子歲先逝）

醉鄉甜美醒銷魂朽腐神奇妙絕倫黃絹新詞傳樂部只今重唱似聞猿（公近集院本舊曲為醉鄉睡鄉銷魂諸記并以題詞極有情致）

失意相逢意倍親代謀南下囑頻頻此情已足鏤心骨何待他時宿諾伸（余罷官後與公晤於京邸為決南歸之計）

古歡圖裏惟存我三友圖中又失君老淚紛紛落沾臆因君題句痛如焚（公感竹垞南洲之歿自題三友圖云圖不足蔵所惜者知己數點淚耳淚淚相續寧有已時學道尚可遲耶）

鹽官四載橐無餘賸得樓中萬卷書孝子慈孫能繼志肯教緗帙飽蟫魚（公天資奇頴博聞強記閒人有秘本必借抄編次珍重不下數萬卷）

蹇蹇忠勤結主知殊恩加自盖棺時行宮御几親調藥驛騎飛馳九日期

生前成命攝鹽官遺疏馳聞罷御餐特許佳兒承職務九泉應懼報恩難

三世論交七十年君家祖德古名賢感知未報虛先命徒束生芻哭几筵（國初先大人於患難中獲交於令祖轉運公護持指示得歸民籍其詳見己丑病後寄公詩註中）

❖ 裘璉，《南海普陀山志》卷七頁四

康熙四十七年閏三月十四日，欽差江南織造曹寅同弟彬【宜】、蘇州織造李旭【煦】、杭州織造孫文成齎送內造自在觀音、救度佛母二相，安供法雨、普濟二寺

織造曹寅同弟彬

蘇州織造李旭

❖ 《楝亭圖詠》

〈楝亭〉四章為荔軒、鎬石兩年先生題畫正。
舊山鄧漢儀拜書

〈楝亭詩〉為荔軒、鎬石兩先生賦。
淮南王方岐

里言六首為為荔翁、鎬翁兩年臺老先生咏楝亭之作，並祈教正。
雲間林子卿拜草

〈楝亭詩〉四首，應荔軒、鎬石兩先生之教，兼求正字。
黃岡杜濬具艸

曹荃既通文史，亦長於書畫、詩詞，初授侍衛，曾兼管宮中文書（尤侗稱其「為朝廷筦〔同“管”〕冊府」，吳貫勉指他「校書別殿」）；[179] 袁啟旭為其賦〈題曹子猷洗桐圖〉；[180] 閻若璩〈贈曹子猷〉詩中也有「請揮一匹好東絹（善畫），怪石枯枝即飽看」句（圖表 6.17）。或因曹荃知畫事，又熟悉內務府的運作，康熙二十八年遂奉派擔任南巡圖監畫（圖表 6.3 及 6.18）。三十八年正月康熙帝宣布將第三次南巡時，諭命曹寅等江南三織造在途中接駕，其織造印務則分由各人之弟前去代理；[181] 曹寅在四十八年追悼曹荃的〈思仲軒詩〉，有「憶汝持節來，錦衣貌殊眾。舉眼歷十稔，拱木已成棟」句，其中「持節」乃指曹荃十年前奉旨南下暫代織造印務一事。

朱彝尊〈題曹通政寅思仲軒詩卷〉中之「公弟居此，植杜仲一本于庭，故以名軒」小註，說明曹荃確在揚州使院住過，且曾於庭前栽種杜仲（圖表 6.13）。三十八年四月康熙帝駐蹕江寧織造時，南巡隊伍正瀰漫一股歡欣的氛圍，此因隨行的王貴人（後封密妃）於前幾日在蘇州尋得已失聯二十年之父母。心情甚佳的皇帝見庭中萱花盛開，遂御書「萱瑞」兩大字恩賜給即將過積閏七十整壽的曹太夫人孫氏，[182] 曹寅兄弟當時均應在府。五月曹寅於康熙帝還宮後回任，曹荃則或請假數月，以與生母孫氏、兄長曹寅以及自己的子姪（含親生但已出繼長房的曹順）暢聚。[183]

---

179 尤侗《艮齋倦稿》中撰於康熙三十年之〈曹太夫人六十壽序〉，稱曹母孫氏是「農部子清、侍衛子猷兩君之壽母」，且謂曹荃「為朝廷筦冊府」。參見吳貫勉，《秋屏詞鈔》，卷 2，頁 15；蘭良永，《紅樓夢文史新證》，頁 47。

180 與施閏章、梅庚友善的袁啟旭有「真東南第一才子」之稱。魯銓等修，洪亮吉等纂，《寧國府志》，卷 29，頁 9；袁啟旭，《中江紀年詩集》，卷 3，頁 24。

181 沈漢宗，《聖駕閱歷河工兼巡南浙惠愛錄》，卷上，頁 16。

182 《紅樓夢》第七十六回寫黛玉與湘雲聯詩，當黛玉聯到「色健茂金萱」時，湘雲笑道：「“金萱’二字便宜了你，省着了多少力。这樣現成偏被你想得了，只是不犯着替他們頌聖去。」有稱「頌聖」一詞即反映康熙帝為曹家御書「萱瑞」事。參見嚴中，《紅樓叢話》，頁 47。

183 此段參見黃一農，《二重奏：紅學與清史的對話》，頁 114、275-312。

圖表 6.18： 王翬等繪並由曹荃擔任監畫的《康熙南巡圖》第六卷。[184]

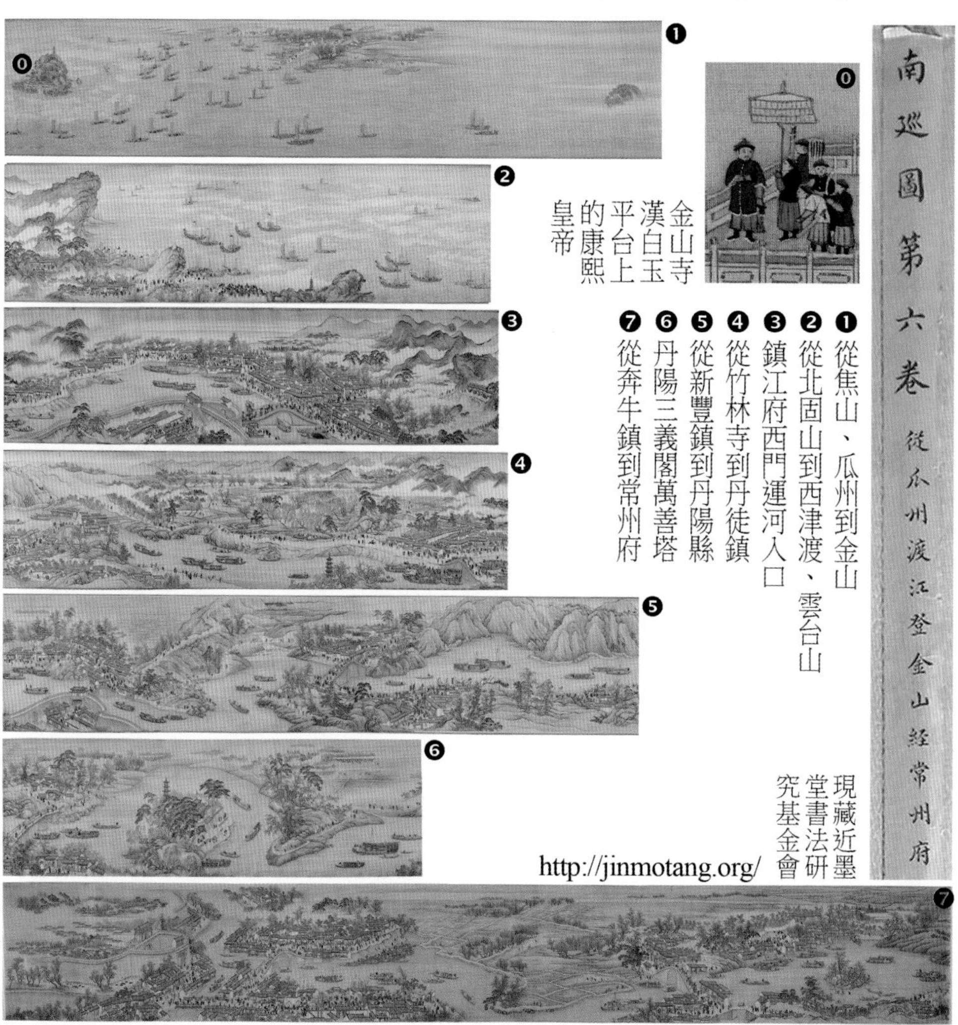

南巡圖第六卷
從瓜州渡江登金山經常州府
金山寺漢白玉平台上的康熙皇帝
❶ 從焦山、瓜州到金山
❷ 從北固山到西津渡、雲台山
❸ 鎮江府西門運河入口
❹ 從竹林寺到丹徒鎮
❺ 從新豐鎮到丹陽縣
❻ 丹陽三義閣萬善塔
❼ 從奔牛鎮到常州府
現藏近墨堂書法研究基金會
http://jinmotang.org/

184 此圖凡十二卷，卷一、九、十、十一、十二在北京故宮，卷二、四藏法國 Guimet 博物館，卷三在美國大都會博物館，卷七在加拿大 Alberta 大學，卷五、八下落不明，至於現歸近墨堂的卷六則被分割成七段。參見林霄，〈被切成七段的《康熙南巡圖》能否再合璧？〉，https://kknews.cc/culture/a6mqxgg.html。

王煐〈千尺雪和荔軒、芷園兩使君〉及姚潛〈吳門同曹荔軒通政昆仲遊千尺雪……〉二詩，即為隨曹寅、曹荃同遊支硎山（「支硎」為東晉高士支遁別號，在今蘇州市）旁之名瀑「千尺雪」時所作，從姚詩中的「不陟支硎歲已深」句，知應賦於三十八年冬。[185] 再者，王煐〈輓曹荔軒使君十二首〉之第三首有「支硎載酒觀新瀑」句，應即回憶此事，但由於該詩末有「以下三首追憶庚辰、辛巳、壬午間與公同遊之樂」小註（圖表 6.17），推知遊千尺雪應發生於三十九年庚辰歲（不含）之前，此與前述判斷恰合榫。

稍後，閻若璩為返京銷假的曹荃賦〈贈曹子猷〉一詩送別，稱：

> 骨肉誰兼筆墨歡（令兄子清織造有「恭惟骨肉愛，永奉筆墨歡」之句），羨君兄弟信才難。南臨淮海熬波遠，北覲雲霄補袞寬。坐嘯應知勝公幹〔「建安七子」之一劉楨之字，其詩與曹植並舉〕，暮歸還見服邯鄲〔指佩服曹植之才的邯鄲淳，其人博學多藝〕。請揮一匹好東絹（善畫），怪石枯枝即飽看。[186]

先前有從「淮海熬波」一詞疑曹荃乃因擔任兩淮巡鹽御史或淮南監掣同知而持節南下，然方志或檔案中均未見他曾開衙視事。[187] 其實，「南臨淮海熬波遠，北覲雲霄補袞寬」句應是祝禱遠來南方淮鹽之地的曹荃，能在返京覲見後獲授兩淮巡鹽御史，[188] 以與手足情深的兄長曹寅共享「筆墨歡」。曹荃於康熙三十年尚在侍衛任內，至遲四十年已改任物林達（即正七品之司庫）。[189] 先前學者誤其卒於四十四年，現據王煐〈輓曹荔軒使君十二首〉

---

185 先前多將此事繫於三十九年。高樹偉，〈曹荃扈從北征及持節南下考辨〉。

186 閻若璩，《潛邱劄記》，卷 6，頁 32。

187 張世浣等修，姚文田等纂，《揚州府志》，卷 38，頁 1-8。

188 曹操往征東吳時，阮瑀所撰〈為曹公作書與孫權〉一文中有「願仁君及孤虛心回意，以應詩人補袞之嘆」句，其中「補袞」意謂規諫。閻若璩此詩即以之代指御史，兼用曹氏先祖曹操之典。

189 尤侗著，楊旭輝點校，《尤侗集》，冊下，頁 1186-1187；《關於江寧織造曹家檔中「令弟芷園於戊子歲先逝」之小註，知他應在四十七年戊子歲離世。[190]

康熙四十四年秋，趙執信（1662-1744；號秋谷）遊江左時為顧景星 (1621-1687) 家所藏之《天子呼來不上船圖》（游士鳳繪贈）賦長句〈題顧黃公景星先生不上船圖〉（圖表 6.19）。[191] 詩中「不見聖朝愛士過唐明〔指唐玄宗〕，詩人千里隨船行」句，露骨諷刺那些趁是年三月南巡期間獻詩為博康熙帝垂青之人，以反襯顧景星的傲骨高品。無怪乎，此詩在《欽定四庫全書》所收趙執信的《因園集》（改編自其《飴山詩集》）中逕被刪除。翌年冬天，[192] 趙執信參加了在「聖宣曹二兄」書齋舉行的文會，中有客出示《醉太白圖》，由於杜甫〈飲中八仙歌〉有「李白斗酒詩百篇，長安市上酒家眠，天子呼來不上船，自稱臣是酒中仙」之名句，趙執信遂當場手書先前所賦的〈題顧黃公景星先生不上船圖〉（圖表 6.19）。[193]

該「聖宣曹二兄」或即原名「曹宣」的曹荃 (1662-1708)，因《詩經・大雅・桑柔》有「秉心宣猶〔通 "猷"〕，考慎其相……維此聖人，瞻言百里」句，且《宋史・樂志》的「亞聖宣猷」，亦與字子猷且行二（以亞聖顏回為榜樣）的曹荃頗多關合。值得一提的是，《紅樓夢》作者對《宋史》亦頗熟悉甚至偏愛（小說中提及宋太祖、宋徽宗、秦觀、蘇軾、陸游等）。

案史料》，頁 15-20。

190 王煐，《蘆中吟》，無頁碼；白溪，〈論王南村與曹寅家族的交往〉；顧斌，《曹學文獻探考》，頁 186-208。

191 顧景星於康熙十七年召試博學鴻詞，辭病不允，翌年春入覲，再以病懇放還，其友人游士鳳（字雲子）遂於該年年底繪贈《天子呼來不上船圖》，以不媚權貴的李白比擬顧景星，顧氏因此賦長句記此。參見葛振元修，楊鉅纂，《沔陽州志》，卷 9，頁 16；封蔚礽修，陳廷揚纂，《蘄州志》，卷 16，頁 23。

192 從「冬日坐聖宣曹二兄书齋……因憶乙酉之秋」句意，知該冬日必在四十五年丙戌之後（若為四十四年乙酉冬，則會稱「因憶今秋」），而趙執信於四十六年至四十八年年底皆在山東博山老家，推判趙執信手書的〈題顧黃公景星先生不上船圖〉應題於康熙四十五年冬。參見李森文，《趙執信年譜》，頁 53-57。

193 趙執信，《飴山詩集》，卷 10，頁 2-3。

圖表 6.19： 趙執信〈題顧黃公景星先生不上船圖〉行書詩翰手卷。

https://auction.artron.net/paimai-art43760834/; http://blog.sina.com.cn/s/blog_64af87110101ebym.html

❶ 青蓮居士李謫僊，醉倒天子妃子前。醉中狼籍作𤅣語，已入簫韶壓管弦。長安市上酒家眠，沉香亭畔何殊焉。少陵野老眼狹小，歌咏生憎不上船。近代詞臣那敢尔？禮法拘牽才委靡。黃公詩格高嶙峋，史官如雨不着身。雄才狂醉空自信，餘事青蓮恐咲人。丹青闌作青蓮兒，或是前身那可料？才人豈得久榮華，我輩故应長潦倒。江東酒濃秋色暮，太息黃公曾飲處。不見聖朝愛士過唐明，詩人千里隨船行。

冬日坐聖宣曹二兄书齋，客有以《醉太白圖》見示者，因憶乙酉之秋客遊江左，曾為顧黃公先生題寫其《不上船图》，作長句一首，聊錄請正。

飴山趙執信

❷ 一紙招邀誤此生，含冤千古恨難平。飴山秋雨孝河柳，老去《談龍》續正聲。伯郊吾兄法家屬題。乙卯元月二日，孔德成于臺北

❸ 趙秋谷以洪昉思《長生殿》獲黜，時康熙戊辰，秋谷方二十七歲。是卷所書詩為乙酉秋作，猶云「近代詞臣那敢尔，禮法拘牽才委靡」，距前事已十七年，且不免有餘恨焉。汪由敦撰秋谷墓誌云：「秋谷既坐斥……性好遊……所至……乞詩文濃書者坌至。」以知秋谷在當時重有書名，後人少有知之者，殆為其詩文之名所掩爾。觀秋谷書，似取徑趙吳興，而上窺山陰者。沖和簡靜，如泉壑野逸，蕭散自喜。伯郊兄得之於高陽李氏，以示諸友。皆以為向所未見。噫！秋谷一時興会，廢棄終身。大君之威与小人之讒，真可畏也。其平生法書不厄於兵劫水火，得留片紙於天壤間，亦幸事也。

乙卯元月，靜農題於臺北寄寓

❖ 顧景星，《白茅堂集》（光緒二十八年補刻本，康熙四十三年初刊）

沔陽游雲子贈天子呼來不上船圖

青蓮居士眞仙人潑精縱飲則天民巳從竹溪號六逸
復向稽山眠幾春當時飯顆笑杜甫上書賣藥艮苦辛
微金擊劍不快意何緣謫戲咸陽塵憶昔開元太平日
白也紅顏方匿跡伯倫自令老糟丘賈誼無須到宣室
沈香子亭花晝長曲江柳絲春麯香定然長庚满入井
未是歲星游帝旁玫瓌醆冷惱瓌子笛牀玉手停君王
許狂作使高力士何行墜鬻黃頭郎風流千載難再得
游郎索紙開摩拭屋梁落月揚冷光似見當年好顏色
鸕鷀杓鸚鵡杯白魚一尺黃銀鰓輕舠載酒兼載書
滄浪偕汝來 滄浪在沔陽

卷廿頁卅四至卅五

籍隸內務府包衣的曹宣之所以改名「曹荃」，很可能因他當差時與皇帝互動的機會頗多，當時雖無避諱的法令，惟「玄」與「宣」發音甚近，遂自行將其名的滿漢文改成 “*ciowan*” 與「荃」，但對原先與漢人交往時所用的字號「聖宣」則仍其舊（古人不乏字號與單名重疊者，如李白字太白、劉宣字伯宣、王宣字仲宣、熊宣字又宣、費宣字子宣[194]），此恰與成德 (*cengde*) 改滿名為 *singde*，又續用漢名「成德」的情形相近。[195] 尤其，「聖宣」一名在清代並不犯諱，時人且屢有以之為字號者，如康熙十五年知咸陽縣的范允恭、十九年繼任虎丘方丈的釋超時、四十五年登進士第的張鐸、雍正八年的進士朱語，即均以「聖宣」為字號。[196]

趙執信的友人有洪昇（?-1704；字昉思）、閻若璩（1636-1704；號百詩）、李煦（1655-1729；字萊嵩，稱曹寅為老妹丈）、王煐（1651-1726；號南村，入李煦幕）、張雲章（1648-1726；字漢瞻，李煦幕客）、王文範（字竹村，與曹寅「最契密」；圖表 4.17）等。[197] 康熙二十八年洪昇邀友人觀賞其新填的傳奇《長生殿》，卻遭控在孝懿仁皇后（隆科多姊）忌日未滿百日設宴張樂，右贊善趙執信因此遭革職，並與洪昇皆廢棄終身。[198] 四十二年洪昇應邀序曹寅的雜劇《太平樂事》，[199] 是年曹寅賦有〈讀洪昉思稗畦行卷感贈一首，兼寄趙秋谷贊善〉一詩，感懷遭際不偶的洪昇與趙執信，翌年更邀洪昇至金陵，以三日夜搬演《長生殿》全本。亦即，趙執信與曹寅等人頗多互動。

---

194 此可從「中國方志庫」查得。

195 現存成德的二十幾件信函或書跡，俱在末尾手書「成德」或單作「德」字，無一作「性德」。參見黃一農，《二重奏：紅學與清史的對話》，頁 80-83。

196 吳廷錫、劉安國纂，《重修咸陽縣志》，卷 5，頁 9；徐崧等輯，《百城烟水》，卷 4，頁 12；王贈芳等修，成瓘等纂，《濟南府志》，卷 56，頁 21；葉滋瀾修，李臨馴纂，《上猶縣志》，卷 12，頁 6。

197 參見圖表 6.20 以及鄒宗良、王啟芳，〈王竹村事跡考辨〉。

198 李聖華，〈查慎行與《長生殿》案〉。

199 顧平旦，〈曹寅《太平樂事》雜劇初探〉。

圖表 6.20： 趙執信詩文集中提及的部分親友。

❖ 趙執信，《飴山詩集》

晤洪昉思聊答贈
識故人王南村副使憶雪樓詩寄問其何在廣州
遥寄
獨臥羅浮嶺長憶寒門雪豈知萬里心空落巽暑月護
借山月秋照見南海頭故人吟嘯風飈飈問剪不行為
我留我家北海側雪花大如席偶來嶺表遊亦作模糊
客作客何期與子逢買舟疾下趁天風蜀江且願持為
酒共醉海山明月中
訪南村不遇題寓齋壁
下榻於南村氏前守惠州粲憶雪樓以書招余
樊檢討崑來招同劉郎中省齋梁吉士藥亭及南
村元孝蒲衣雨中泛舟小港橋
别意答南村
别意答南村
惠州署寄南村
再入廣州舍于南村新居
佛山别南村
望西樵山却寄元孝南村
却過嶺北寄南村省齋宿相約同行而不果
答洪昉思吳舒鳧擬同向湖褊遊諸勝
雲泥蹤跡半生塵潮海襟情一夢新天下應無他勝地
眼中能得幾高人鄭侯并畔詩成徑伍相潮頭月滿輪
袛合香山井玉局能將文釆照千春
歸次淮安値端午觀龍舟呈閻百詩若璩去秋下榻其家
寄曹荔軒實使君眞州
閶道高樓臨水起使君坐臥此樓間帆檣簇作魚龍戲
賓客空和燕雁還唐代精靈應有屬曹賓司詩館清秋烟月
肯教閒遞憐解帶銜杯裏收取江南幾許山

題顧黃公景星先生不上船圖
青蓮居士李謫仙醉倒天子妃子前夢中猥藉作囈語
已入簫韶歷管絃長安市上酒家眠沉香亭畔何殊焉
少陵野老眼狹小歌詠生憎不上船近代詞臣那敢爾
禮法拘牽才委靡黃公詩骨高嶙峋史官如雨不潛身
雄才狂醉空自信餘事青蓮恐笑人丹青闕作青蓮貌
或是前身那可料人生詎得總榮華我輩故應長潦倒
江東酒濃秋色暮太息黃公曾飲處不見　聖朝愛
士過唐明詩人千里随船行
小舟沿蒔溪至李萊嵩使君别業對飲話舊知
王南村亦客此二首
寒日傳書壺去冬使君以書見招于天津江天鼓棹遲衹緣憂僻仰
豈敢避旌旗迹已飄蓬慣身從道殣遺山左比歲大饑人相食年
來問生事賸被子猷知
與南村及陸生萊臣安期話津門昨事感懷四首
新晴與南村及張超然遠暫避虎邱
中秋與南村泛舟石湖望月
送南村北上將赴吏議
脊江聽泛有懷南村
寒夜與張漢瞻雲章食蟹
題王竹村詩卷二絶句蜀遊及與曹楝亭維使唱和二集
愛君溫潤足詩情試把新詩眼倍明西笑悠然識風格
峩嵋廻映蜀江清
横槊襟情憶阿瞞不教詞客嘆粗官庭柯引得東方鳳
却與羣鷗一例看
老友王南村携酒暮至明日歲除也
二日南村以小舟見邀冒雪至其寓齋聯汪叟共
飲因談出世之事
南村同舟至虎邱訪汪僕
調南村

送南村之金陵
王南村重寓虎邱旋之西湖訪其表弟錢塘令
聞南村寓近日西湖成六絶句
南村移居師子林是故人張徵三宅
嘲南村復往金陵
酬南村余與汪叟絶久矣
將之江寧與南村聯舟暮發暮冬十二日
奔牛遇雪呈南村
將至鎮江漕艘擁塞河淺不可以前南村由丹徒
陸覓江舟余以肩輿山行見子騎驢從之是日大
風寒止江口觀音庵
明日買棹南村昏暮亦至乘夜遂濟江
南村將携家附漕艘北返見邀小飲話别贈之十
六韻
王竹村招飲北郭園亭
聞王南村於去年九月病亡
酤酒秣陵市送别春江頭題詩泪隨筆已識今生休渡
江滯三時所至觸君迹一自掩山扉山深斷消息知君
所居處近海越帝城帝城深于海迭次誰敢行仙期俱
渺茫魂夢各疎鈍但有舊音書那免新聞問昨日故人
子臧奇津門遁當食讀未半投箸驚長號言君雖得歸
生計日已窶衰病積不支委形値秋暮含悲算歲月相
識五十年應緣夙生契肺腑久益堅出遊必逢君不限
地近遠平生綴篇章憶贈他人罕交情會有盡從此隔
泉扃神理如可託為君寫道經
夢在吳門李萊嵩侍郎握别云肯思我者惟有君
耳寤而愴然遂成絶句
啼鳥與泪落江雲斷夢分明太息聞三十年中萬賓客
那無一個解思君
王竹村詩集序

趙執信，《飴山文集》

至於趙執信詩作中出現多達三十幾次的王煐，兩人尤其意氣相投，趙在得知王南村病卒時賦詩曰：「當食讀未半，投箸驚長號……含悲算歲月，相識五十年。應緣夙生契，肺腑久益堅……平生綴篇章，憶贈他人罕。」[200] 王煐也在〈寄懷趙贊善秋谷〉一詩思念昔日在京期間與其往來最密切的趙執信、曹鈖（曹寅稱其為「賓及二兄」，兩人為敘譜至交），並以「平生屈指誰知己」謂趙執信，曹寅亦嘗給予趙執信經濟上頗大幫助（屈復所謂的「直贈千金趙秋谷」）。[201]

此外，從曹寅〈送王竹村北試二首〉一詩的「芷園小閣鄰試院〔位於今北京建國門內中國社科院一帶〕，寓公〔指寄居此處的士人〕多利」小註，[202] 知王文範等友人赴京應試時往往借住曹荃（號芷園）的寓所，他們與曹寅兄弟多相知。閻若璩亦頗熟兩兄弟，他曾為返京銷假的曹荃賦〈贈曹子猷〉，中即有「骨肉誰兼筆墨歡（令兄子清織造有“恭惟骨肉愛，永奉筆墨歡”之句），羨君兄弟信才難」句。[203] 又，趙執信有〈題王竹村詩卷二絕句（蜀遊及與曹楝亭鹺使唱和二集）〉詩，且在〈王竹村詩集序〉中亦稱：「昔曹楝亭通政以詩自豪，視鹺揚州，延攬一時文士，以為名高，獨心折竹村。」[204]

再，趙執信《飴山詩集》卷十的《葑溪集》（康熙四十四年賦於蘇州）中，〈題顧黃公景星先生不上船圖〉的前一首詩即〈寄曹荔軒（寅）使君真州〉，其後的第四首為〈小舟沿葑溪至李萊嵩（煦）使君別業，對飲話舊，知王南村亦客此，二首〉；卷十七的《礦庵集二》可見〈夢在吳門，李萊

200 趙執信，《飴山詩集》，卷 16，頁 10。

201 此段參見屈復，《弱水集》，卷 14，頁 42；王煐，《憶雪樓詩》，卷上，無頁碼；黃一農，〈重探曹學視野中的豐潤曹氏〉；陳汝潔，〈趙執信與王煐交遊考〉；陳汝潔，〈曹寅與趙執信關係考辨：兼說“巖廊誰合鑄黃金”的用典〉。

202 曹寅，《楝亭詩別集》，卷 4，頁 10。

203 閻若璩，《潛邱劄記》，卷 6，頁 32。

204 趙執信，《飴山文集》，卷 2，頁 13。

嵩侍郎握別云：「肯思我者，惟有君耳。」寤而愴然，遂成絕句〉的詩題，以及「三十年中萬賓客，[205] 那無一箇解思君」句。前述詩文皆清楚呈現趙執信與曹寅、李煦之間的密切互動，並可合理推測「聖宣曹二兄」的活動時空曾於康熙四十四、五年左右與此三人有許多重疊（圖表 6.20）。

我們很難想像在趙執信的交遊圈中，還有另一位行二，且其別字「聖宣」又與曹荃字號有如此多關合的曹姓之人。[206] 由於曹荃生母孫氏最可能卒於四十五年三月左右，荃或在她過世前即已趕到江南，看顧最後一程並守喪。十月曹寅請假赴京嫁長女，奉旨將兩淮鹽課的敕印（此次輪管的任期從四十五年十月至四十六年十月）暫交甫卸鹽差的李煦代管，是年冬曹荃或以協助家族處理公事為由，延遲銷假返京（附錄 3.3）。趙執信冬日在「聖宣曹二兄」書齋（最可能位於揚州）所舉行的文會中，[207] 因有客出示《醉太白圖》，乃以舊作〈題顧黃公景星先生不上船圖〉為主人曹荃書字，此舉頗為貼切，因該詩原本是為曹寅族舅顧景星的《天子呼來不上船圖》所賦。又，趙執信與曹荃同生於康熙元年，但其生辰十月二十一日晚於曹荃的二月十五日，[208] 無怪乎，他會稱曹荃為「二兄」。

曹璽雖歷官至江寧織造，然因旗人的教養過程通常頗看重騎射，且當

---

205 指李煦於康熙三十一年出任蘇州織造以迄雍正元年正月遭免職抄家的期間。

206 有紅友強調文史研究必須找到直接證據才能坐實，且指「人際網路重疊」並不等同於當事人之間有往來。然因存世的材料往往零星，且多侷限於文字型態（如曹寅現存的詩文集雖不少，當中就未見涉及其妹婿傅鼐、外甥昌齡、長婿納爾蘇、次婿羅卜藏丹津的片語隻字，但曹寅卻不可能與他們無互動），故若兩當事人（尤其古代）關係網絡的交疊愈錯綜綿密，其相交的機會理應愈大。亦即，我們在研究時有必要綜合考量各種直接或間接證據（權重各有不同），再藉由邏輯推論以得出最合理的假說，而非只以直接證據為依歸。參見劉廣定，〈有幾分證據說幾分話：談《李陳合冊》中之“辛巳秋日”與相關問題〉。

207 目前僅知趙執信當年曾在揚州。參見李森文，《趙執信年譜》，頁 53-55。

208 李森文，《趙執信年譜》，頁 6。

差時亦不偏廢武職，如他曾於順治初年補侍衛，也期許家族有人從軍功出身。曹寅於康熙四十一年左右所賦的〈聞二弟從軍却寄〉（圖表 6.15），即記曹荃從軍一事，稱：

> 與子墮地同胚胎，與子四十猶嬰孩。囊垂禿筆不稱意，棄薄文家談武備。伏聞攘狄開邊隅，聞子獨載推鋒車。回憶趨庭傳射法，平安早早寄雙魚〔借指收到親友來信，此因《昭明文選》有「客從遠方來，遺我雙鯉魚。呼兒烹鯉魚，中有尺素書」之詩句〕。

其頷聯的三、四對句乃指曹荃投筆從戎。[209] 是年曹寅四十五歲，曹荃四十一歲。先前紅學界有以曹寅〈松茨四兄遠過西池……感今悲昔，成詩十首〉中的第五首，寫曹荃扈從康熙帝征討噶爾丹一事，然經細究後，知此組詩乃康熙三十五年為曹鋡所賦，內容與曹荃無關（附錄 2.4）。

五、小結

長期以來大家對曹荃的關注或認識均遠低於其兄曹寅，然因荃所生的順、顒、頫、頎四子先後過繼長房，其間又出現兼祧或歸宗的情形，[210] 此令曹家內部的稱謂關係變得相當複雜。先前因已發現的多個文本中對曹璽孫輩的本生父嘗見不同敘述（圖表 6.6），紅圈內有許多人即因不理解古代家族的繼承文化，而逕指某些檔案或文獻有誤。其實，這些以內務府奏銷檔和行文檔為主之滿文文本的可信度應頗高，尤其該內容乃關涉該機構高

---

209 當時四川打箭爐仍有亂事，曾一役殺「蠻兵五千餘人」，至五月始將兩千滿洲兵調回錦州，閏六月並有近兩萬戶番民歸順，九月始將駐紮官兵全撤回成都。參見《清聖祖實錄》，卷 203，頁 71、卷 208，頁 119-120、卷 210，頁 131；中國第一歷史檔案館編，《康熙朝滿文硃批奏摺全譯》，頁 266。

210 乾隆三十四年刊刻的《欽定旗務則例》雖規定「其過繼為嗣者，不准復行歸宗」，然曹家歸宗之事乃發生於五、六十年前。又，清代雖於乾隆四十年始定兼祧之例，但實際情形亦非如此。參見蘭良永，《紅樓夢文史新證》，頁 147。

官曹寅（曾歷官內務府的慎刑司、會計司、廣儲司、蘇州織造與江寧織造）的家族。而無論曹雪芹的生父是爭辯中的曹顒抑或曹頫，我們應可確定曹荃即其本生祖。綜前所論，曹順的歸宗、曹顒和曹頫的過繼、曹頎的過繼與歸宗，皆發生在曹荃逝世之後，內除曹頫是由康熙帝的諭令所決定外，餘者皆出自家族的安排。[211] 而曹雪芹的本生父應是曹頫，他最可能兼祧曹顒和曹頫兩支，以承繼絕嗣之曹顒的香火。

又，曹寅以庶長子為家長，由於較艱於子嗣，且為安撫嫡出二房及侍奉繼嫡母孫氏，遂儘量將姪子養在身邊，這也與《紅樓夢》中的情節頗多呼應：賈家寧國府及榮國府兩房乃以老祖宗賈母之地位最高，但榮府之大小事務實際上均取決於次子賈政，且榮府長子賈赦（住在別府另院，進出榮府還要坐車）之長子賈璉及其媳婦王熙鳳均住在乃叔賈政家，幫襯料理家務，連賈赦之女迎春及寧府賈敬之女惜春也都與賈政家一起生活。此外，因二房賈政的嫡子寶玉一直被全家視作榮府未來的法定繼承人（其兄賈珠早死），疑本是長房長孫的賈璉應為庶出。[212]

曹家嫡庶間的複雜關係，或亦反映在《紅樓夢》之中。如賈赦有可能與真實世界裡的曹寅同為庶長子，他在中秋節開夜宴時（第七十五回），還曾以笑話隱指賈母史太君偏心，且於賈環（賈政之庶子）賦詩後贊許他曰：「以後就這麼做去，方是咱們的口氣，將來這世襲的前程定跑不了你襲呢。」

---

211 雖然我們一直未能見到這些發生在兩房之間過繼、兼祧與歸宗的直接記載，然從現存文獻的確可發現他們彼此的親屬稱謂數度發生變化，其中有些應與曹家內部的矛盾相關：如康熙帝嘗在曹顒卒後挑選繼任織造的人選時，指出曹荃所生諸子間本有不和，且曹寅妻李氏亦與部分荃子（曹順）不協；又，曹頫家人吳老漢（原曹顒家人）也曾因康熙六十年售賣內務府人參一事而與曹頎發生嚴重財務糾紛，並於雍正五年對簿公堂（第七章）。

212 胡紹棠，〈紅樓夢中的嫡庶親疏描寫與曹雪芹家世研究〉。

公然代表庶系向嫡派示威。[213]

再者，榮國府賈母嘗稱在其身邊長大的惜春（寧國府賈敬的么女、賈珍的胞妹）為「孫女兒」（第四十回）或「親孫女」（第五回），鳳姐亦指賈珍與賈璉（榮國府賈赦長子）是「親叔伯兄弟」（列藏本第六十七回，庚辰本缺），[214] 尤二姐也稱賈敬為賈璉的「親大爺」（第六十八回），知賈敬和賈赦（賈母的長子）很可能原為親兄弟，賈敬後因寧府乏嗣而過繼，遂與賈赦變成堂兄弟。[215] 類此情形對看重血脈傳承的古人而言應屬常見，曹順、曹顒、曹頫出嗣長房之舉應即如此（長房應是在無子並為寬解嫡房的情形下始令諸姪兼祧或出繼）。[216] 簡言之，曹家的嫡庶關係有可能是曹雪芹創作時的重要酵母。當然，小說中的角色並無必要與曹家或其親友的人與事皆一一對應，但正如紅友胡紹棠所云：「我從來不同意《紅樓夢》自傳說的主張，因為小說畢竟是文學創作。但是我認為作者從他的家世生平、人生經歷中汲取創作營養，采取創作素材，是很自然的……深入研究曹雪芹的家世生平、遭逢際遇，對於解味《紅樓夢》，是重要的！」[217]

---

213 朱淡文，《紅樓夢研究》，頁 104-107。

214 如《醒世姻緣傳》稱晁為仁是晁近仁的「嫡堂之弟」「親叔伯兄弟」，知後者乃指同祖的堂兄弟。故若無過繼關係，賈珍與賈璉不過是同高祖的族兄弟，不應被稱為「親叔伯兄弟」。參見西周生，《醒世姻緣傳》，第 53 回，頁 3。

215 劉廣定，〈惜春的身份、年齡與住處：成書問題試探〉。

216 有人堅認曹家的歷史經驗與小說內容絕不可比附，然此類對「曹賈互證」的批評往往流於偏激，拙著只是據實呈現曹家史事與經文學加工的賈家故事間，確有部分情節可能相呼應。類似情形應也可見於其它小說，如 1998 年筆者曾透過自創的清蔚園虛擬博物館，安排知名小說《未央歌》的作者鹿橋與讀者進行臺灣網路上的首場實況座談，鹿橋即曾親口告知其故事主角的原型。而裕瑞（傅恒堂妹生，傅恒與雪芹二表哥福秀、敦誠摯友永㥣皆為連襟）的《棗窗閒筆》亦稱：「〔曹雪芹〕書中所假托諸人，皆隱寓其家某某，凡情性、遭際，一一默寫之，惟非真姓名耳。」參見黃一農，《二重奏：紅學與清史的對話》，頁 481-484。

217 胡紹棠，〈紅樓夢中的嫡庶親疏描寫與曹雪芹家世研究〉。

圖表 6.21： 曹荃相關記事編年。

時間	材料	推論或補充
康熙元年二月十五日	曹寅〈支俸金鑄酒鎗一枚，寄二弟生辰〉詩註稱「生辰同花生日」	曹宣疑因避康熙嫌名而改名荃
約二十四年	于成龍纂修的《江寧府志》記曹璽「仲子宣，官廕生，殖學具異才」	此志記事最晚繫年是康熙二十四年
二十六年	曹顒原名為「連生」，本意或指頔、頎、顏、顒四堂房兄弟乃連年出生	推知荃子曹頎或為此年生
二十九年四月	蘇州織造曹寅子順（十三歲）、南巡圖監畫曹荃（二十九歲）以及荃子顒（二歲）、頔（五歲）皆捐納監生	從曹寅和曹荃在四十年奏稱曹順為「我們的孩子」，知曹順的本生父或為曹荃
三十年	尤侗〈曹太夫人六十壽序〉稱曹荃為「侍衛子猷」，且謂「難弟子猷以妙才，為朝廷筦〔同“管”〕冊府」	曹荃當時或擔任兼管文書的侍衛，吳貫勉稱其嘗「校書別殿」
三十八年	曹荃奉旨在曹寅侍從皇帝南巡期間代理江寧織造印務	三十九年之後曹荃始銷假返京
四十年	曹荃在此前自侍衛改任物林達（司庫）	司庫為正七品
五月	曹寅和曹荃奏稱由「我們的孩子赫達色」負責承辦龍江等五關銅觔	赫達色是曹順滿名，疑其兼祧兩房
四十一年	曹寅賦〈聞二弟從軍却寄〉詩	記曹荃曾從軍
四十五年冬	趙執信曾參加在「聖宣曹二兄」書齋的文會並題字（《詩經》有「秉心宣猶，考慎其相……維此聖人，瞻言百里」，《宋史》亦有「亞聖宣猷」句）	疑行二之曹荃另字聖宣。曹荃或於是年春返南看顧生母並守喪，此時應還未返京
四十七年	王煐〈輓曹荔軒使君十二首〉中註稱「令弟芷園於戊子歲先逝」	曹荃卒於四十七年
四十八年三月	曹寅在揚州見到故弟曹荃親手栽植的杜仲樹時，睹物思人，遂書〈思仲軒詩〉二首並廣徵圖詠	曹寅、朱彝尊分別以移叢竹或過牆竹來形容曹顒過繼一事
五十年三月二十六日	曹寅賦〈辛卯三月二十六日聞珍兒殤，書此忍慟，兼示四姪，寄西軒諸友〉詩三首，中有「予仲多遺息，成材在四三」句	珍兒或為曹順小名，荃子中此時只有行三的頎和行四的頫長成，疑順與頔均已故
五十四年正月十二日	諭命荃第四子頫給寅妻李氏為嗣並授主事銜，「前往江寧，管理上供緞疋兼戶工二部官緞織造事務」	當時荃有子順、頔、頎、頫，曹顒因已出繼長房，故不排序

第七章　曹家最後兩任的江寧織造

曹顒（原用「連生」之名）與其本生弟曹頫乃曹家第三、四任的江寧織造，本章即嘗試疏理兩人先後出繼曹寅支的過程與宦跡，並探析曹頫如何隨著康熙帝的崩逝而遭抄沒，此一家變的最大仇家塞楞額和胤禛即曾在小說《紅樓夢》中遭曹雪芹巧妙地加以作賤。

一、「文武全才」但短命的曹顒

據第六章所論，曹寅將曹順（曹荃本生子）歸宗後，為傳承血脈，遂又自二房過繼了曹顒。康熙四十八年二月初八日曹寅在準備遣嫁次女時，嘗奏稱：「臣有一子，今年即令上京當差〔意謂去年之前該子大多在江南〕，送女同往，則臣男女之事畢矣！」此子應指當年二十一歲的曹顒（頫和頎當時尚未過繼給長房）。雖然外放旗籍官員的子弟通常在十八歲時就得回京歸旗以當差，曹顒或因家中多事而延緩：其嫡親祖母孫氏於四十五年三月左右過世（附錄 3.3）；而該年冬曹寅至京處理長女婚事並為嫡母營葬時，曹荃很可能奉旨代理織造印務，十八歲的曹顒或亦得從旁協助；其父曹荃卒於四十七年，疑曹顒應曾趕回北京（與江寧之間的路程約半個月）家中奔喪。

當時滿俗的喪期較漢人輕，規定：「斬衰止百日，期服六十日，大功三十五日，小功一月，緦麻廿一日，較之古禮似不及遠矣！」[1] 亦即，不論曹顒在曹荃過世之前或之後出繼長房，其守喪均不超過百日。疑曹顒最可能是四十七年服完父喪後，旋回返原先長住的江寧曹家完成過繼程序，並以曹寅承繼子的身分上京當差兼送待嫁之妹北上。[2]

---

1 震鈞，《天咫偶聞》，卷 10，頁 6。

2 若顒於荃生前出繼，則他應無太大理由在四十七年還南下江寧，旋即又趕回。

曹顒當差時應已婚，此因曹寅在康熙四十七年冬所賦的〈真州送南洲〔或作「州」〕歸里〉中有「犀錢利市定教聞」句，[3]「犀錢」為小兒彌月時分送賀客的銅錢，其色似犀角得名，[4] 曹寅以詩代柬告訴友人徐釚（音「求」；1637-1709，號南州或南洲，康熙十八年登博學鴻詞科），待添丁（應是曹顒所生）分送親友犀錢時，一定會記得通知他。[5] 知曹顒至少於此前數月即已娶妻，而曹顒即將有嗣或也是曹寅稍早選擇他為承繼子的重要考量。

五十年四月初十日，因寧壽宮茶房總領奏請增取茶上人三名，內務府總管遂先帶領二十九名「取中之旗筆帖式，候缺之吏員、監生、俊秀、官學生」引見，結果選授了泰保、穆桑阿二人。由於原任物林達曹荃之子桑額（即二十五歲的曹頎）、郎中曹寅之子連生（即二十三歲的曹顒）曾奉旨「著具奏引見」，內務府總管遂又帶領他們另行引見（曹家應是以親近皇帝的「包衣老奴」而得到特別待遇），曹頎因此補授最後一名寧壽宮茶上人缺（此或特別保留給曹家），曹顒則以獨子身分獲允返回江寧陪伴老父曹寅。[6]

然因已有監生資格的曹顏（生年較顒早一年但較頎晚一年），並未在此

---

[3] 徐釚於四十七年六月即已在真州，當輪管兩淮鹽課的李煦在十月交接給曹寅後，徐釚還曾陪二人觀江頭打魚。他理應趕在十二月生日前兼程回返兩百多公里外的蘇州老家，以與家人過壽並準備歡度春節，故疑〈真州送南洲歸里〉賦於十、十一月之交。參見曹寅著，胡紹棠箋註，《楝亭集箋注》，頁 262-266。

[4] 彭大翼，《山堂肆考》，卷 142，頁 22。

[5] 然曹顒這次應未育男，此因李煦於康熙五十四年正月十八日奏稱，曹頫的襲職令其家得以「養贍孤寡〔皆指曹顒家〕」，該「孤〔喪父之子或女皆可用此字〕」或即顒於四十七、八年之交所生女。另據《吳江徐氏宗譜》，徐釚生於崇禎八【九】年丙子十二月初四日，卒於康熙四十八年己丑十月二十一日。參見胡春麗，〈《清代人物生卒年表》訂補（續）〉；蘭良永，〈曹寅詩中"亞子、珍兒"考辨〉。

[6] 曹顒在五十一年九月的奏摺中稱「奴才年當弱冠，正犬馬効力之秋，又蒙皇恩憐念先臣止生奴才一人，俾携任所教養」。此段參見《關於江寧織造曹家檔案史料》，頁 84-85、102-104；張書才，《曹雪芹家世生平探源》，頁 131-137。

次挑選茶上人的過程中與頎、顒同被引見，[7] 疑曹顏或已過世。無怪乎，當曹寅於五十一年七月病重時，嘗對李煦曰：「我兒子年小，今若打發他求主子去，目下我身邊又無看視之人，求你替我啟奏，如同我自己一樣，若得賜藥，尚可起死回生。」該曹寅身邊之子即獲准南歸照顧老父的顒，因若曹顏此時尚存，即使兩子皆在江寧，亦可遣一人代父去求皇帝賜藥。

康熙五十一年七月二十三日曹寅病卒於揚州刻書處，帝曾派人賜藥，並限九日送達（應是以驛馬飛遞，日行三百里）。[8] 九月初四日，曹顒奏曰：

> 先臣止生奴才一人……九月初三日，奴才堂兄曹頎來南，奉梁總管傳宣聖旨：特命李煦代管鹽差一年，着奴才看着將該欠錢粮補完。倘有甚麼不公，復命奴才摺奏……。

其中「先臣止生奴才一人」之「生」字（圖表 7.1），在此應如同《周禮》「以任百官，以生萬民」的用法釋作「育成」。因曹寅原承繼子曹順此時不僅歸宗且已故（附錄 6.3），而親生子曹顏亦卒，曹顒遂成為曹寅獨子。

五十一年八月二十七日江西巡撫郎廷極（於該年二月至十月署兩江總督，[9] 管轄江南和江西的政務，衙署在江寧）奏報有士民在曹寅卒後，懇請以「曹寅之子曹顒仍為織造」。十月十五日諭命「連生補放織造郎中」。翌年正月初五日康熙帝因擔心連生「雖補父缺，但可否即任父職」，命內務府總管再議奏，初九日將他從原擬的郎中改授以較低階的主事掌江寧織造關防，[10] 並稱「連生又名曹顒，此後著寫曹顒」；二月初二日曹顒抵江寧蒞任，旋於初三日奏謝承繼父職及「改喚奴才"曹顒"學名」等事（圖表 7.2）。[11]

---

7 《關於江寧織造曹家檔案史料》，頁 84。

8 王煐有「行宮御几親調藥，驛騎飛馳九日期」詩句形容此事（圖表 6.17）。

9 《清聖祖實錄》，卷 249，頁 467、卷 251，頁 491。

10 織造官兼郎中、員外郎或主事者皆有。參見中國第一歷史檔案館編，《雍正朝硃批滿文奏摺全譯》，頁 9。

11 此段參見《關於江寧織造曹家檔案史料》，頁 96-111。

圖表 7.1： 連生奏謝父故恩賜矜全並命李煦代管鹽差等事的奏摺。

曹寅子奴才連生謹
奏為感沐
皇仁矜全身命恭謝
天恩事竊奴才祖孫父子世受
國恩涓埃未報奴才故父一生叨沐
聖主浩蕩洪恩出管江寧織造二十餘年復四差鹽務遭
逢
異數疊加無已方圖矢誠報効上荅
高厚不意壽命不延遽辭
聖世奴才年當弱冠正犬馬効力之秋又蒙
皇恩憐念先臣止生奴才一人俾攜任所教養豈意父子
聚首之餘即有死生永别之慘乃得送終視殮者皆
出
聖主之賜也奴才父病亟時自知疾篤故面託李煦代
奏求
賜醒藥李煦摺回傳示
御批仰荷
皇上天高地厚之恩從古未有不料先期逝世辜負
聖心九泉之下飲泣何窮至父病臨危瀕以
天恩未報垂淚諄諭命奴才盡心報
國又以所該代商完欠及織造錢粮搥胸抱恨口授遺
摺上達
天聽氣絶經時目猶未瞑奴才傷心慟哭不知所措九月
初三日奴才堂兄曹頎來南恭譯總管傳宣
聖旨

聖旨
特命李煦代管鹽差一年着奴才看着將該欠錢粮補完
倘有甚麼不公復
命奴才摺奏欽此欽遵跪聆之下奴才母子不勝惶悚恐
懼感激痛哭搏顙流血謹設香案望
闕叩頭謝
恩竊思奴才伶丁孤苦舉目無親負彌天之罪戾萬死何
辭乃蒙
皇上格外洪慈不即伏斧鑕重
沛恩綸昊天罔極一至於此不特故父名節得荷
矜全奴才身家性命實蒙
恩賜即粉骨碎身肝腦塗地莫能仰報萬一惟有率領全
家長幼朝夕焚香頂祝生生世世圖効犬馬啣結無
窮奴才包衣下賤自問何人敢擅具摺
奏緣奉
聖旨格外
洪恩蠕蟻感激之私無由上達謹冒死繕摺恭謝
天恩伏乞
睿鑒奴才不勝泣血頂戴激切屏營之至

知道了

康熙伍拾壹年玖月初肆日（臺北故宮博物院藏）

圖表 7.2： 曹頫奏謝恩命繼承父職及改用學名的奏摺。

❖《宮中檔康熙朝奏摺》，第二輯，頁839

江寧織造主事奴才曹頫謹
奏恭請
萬歲聖安竊奴才包衣下賤年幼無知荷蒙
萬歲曠典殊恩
特命管理江寧織造繼承父職又蒙
天恩加授主事職銜復奉
特旨改換奴才曹頫學名
隆恩異數疊加無已亙古未有奴才自問何人輒敢仰邀
聖主洪恩一至於此今奴才於二月初二日已抵江寧莅
任恭設香案望
闕叩頭謝
恩接印視事訖竊念奴才祖孫父子世沐
萬歲浩蕩之恩身家性命皆出
聖主之所賜雖捐糜頂踵粉骨碎身莫能仰報
高厚於萬一惟有凜遵
聖訓矢公矢慎冰兢自持竭誠報効以仰副
萬歲矜全之至意謹繕摺恭謝
天恩伏乞
聖鑒奴才不勝激切感戴之至

朕安

康熙伍拾貳年正月初叁日 →【貳】

曹頫襲職後所面臨最重要的問題，應是其父原本承接之兩淮鹽差的虧欠。清代鹽政乃實行食鹽專賣、簽商認引的制度，獲官方授權的鹽商持有由戶部印發的引票，他們在向政府包繳固定稅額後，可持單至指定鹽場按限購鹽，經批驗所核定後起運，所經關津照例盤查，須引、鹽相符始放行。鹽商因享有引岸銷鹽的特權，故往往可得暴利，其中兩淮歲課更「當天下租庸之半」。雖然我們尚無法完全掌握每年完整的資料，但如康熙十二年全國的鹽課歲入為 2,792,705 兩，兩淮鹽區即徵了 1,446,552 兩。至於曹寅與李煦輪視淮鹽的十年期間，全國的鹽課歲入則從 2,690,728 兩逐年增長到 3,741,124 兩。[12]

---

12 陳鋒，《清代鹽政與鹽稅》，頁 213-216、223。

曹寅與李煦兩人的鹽差原本安排由曹寅承辦康熙四十三、四十五、四十七、四十九和五十一年，李煦則負責四十四、四十六、四十八、五十、五十二年，起聘是當年的十月十三日，卸任者得於「交付明白」後返京述職。五十一年十月原應由曹寅接掌最後一年，惟因其已於七月二十三日病卒，故特旨交李煦代管鹽差一年，並協助曹顒清償其父曹寅所留下的虧欠（圖表 7.1）。五十二年十二月二十五日曹顒奏報錢糧已清補全完，另附一清單記李煦代理鹽差一年淨得銀約 586,000 兩，且詳載用在江寧與蘇州兩織造（合稱「江蘇織造」）的各項開支以及補繳的各項虧欠，末稱總共餘銀 36,400 兩（圖表 7.3）。曹顒因此奏請恭進以備養馬，硃批曰：

> 當日曹寅在日，惟恐虧空銀兩不能完，近身沒之後，得以清了，此母子一家之幸，餘剩之銀，尔當留心，況織造費用不少，家中私債想是還有，朕只要六千兩養馬。

指出曹家能在曹寅身沒後不久就得以清完虧空，應屬萬幸，至於三萬多兩餘銀，康熙帝要了六千兩用來養馬，餘下的三萬多兩則留供曹顒處理「家中私債」等花費。

據此，知鹽差餘剩之銀原本無需上繳國庫，內務府的類似差使（如買銅、賣參、買馬等）亦同。其運作模式是交由承差的皇商在先前議定的數額下自負盈虧，[13] 而承差者為便於運營，常會依例拿出部分金額協助相關官署處理一些虧空或花銷（圖表 7.3），且讓其他關涉之官員亦能雨露均霑，有時即嚴重影響獲利。

---

13 《紅樓夢》中的薛家即是皇商，第四回有云：「家中有百萬之富，現領着內帑錢糧，採辦雜料。这薛公子孶名薛蟠，字表文起〔“起”應據甲戌本改成草書字體相似的“龍”，以與“蟠”相應〕，五歲性情奢侈，言語傲慢。虽也上过孶，畧識几字，終日惟有鬪鷄走馬，遊山玩水而已。雖是皇商，一應經済世事，全然不知，不过賴祖父之旧情分，戶部掛虛名，支領錢粮，其餘事体，自有夥計老家人等措辦……。」參見黃一農，〈從皇商薛家看《紅樓夢》中的物質文化〉。

圖表 7.3：　曹頫奏為恭進鹽差任內餘銀懇請賞收的奏摺。

江寧織造主事奴才曹頫謹
奏竊奴才父寅故後奴才母子孤苦伶仃身家性命已
同危解仰荷
萬歲如此天恩得以保全今錢粮俱已清補全完奴才一
身一家自頂至踵皆蒙
聖主再生之德又屢蒙
聖訓不敢絲毫浪行花費奴才仰賴
天恩可以過活所有鹽差任內餘剩銀三萬六千兩奴才
無有費用之處奴才臨行之時母諭諄諄以奴才年
幼並無一日効力犬馬乃沐
萬歲天高地厚洪恩一至於斯殺身難報將此所得餘銀
恭進
主子添備養馬之需或備賞人之用少申奴才母子螻蟻
微忱伏乞
天恩賞收不特奴才母子感沐
恩榮奴才父寅九泉之下亦得瞑目奴才曷勝恐懼感戴
激切叩頭之至
康熙伍拾貳年拾貳月貳拾伍日

❶ 當日曹寅在日惟恐虧空銀兩不能
完近身沒之後得以清了此母子一
家之幸餘剩之銀尔當留心況織造費用
不少家中私債想是還有朕只要
六千兩養馬

李煦代任鹽差一年淨得餘銀伍拾捌萬
陸千兩零內
一解江蘇織造銀貳拾壹萬兩
一解江寧年例神帛銀壹千玖百貳拾兩
一解江寧備織神帛銀叁千兩
一解江寧備織
誥命銀伍千兩
一解江寧養匠銀貳千柒百兩
一解江蘇織造買辦銀貳千兩
一解江蘇織造自備船隻水脚銀貳千兩
一解江蘇織造修理機房銀壹千兩
一代商完欠歸運庫銀貳拾叁萬兩
一補江寧織造虧欠銀玖萬貳千兩零
已上解補過銀共伍拾肆萬玖千陸百
貳拾兩零尚餘銀叁萬陸千肆百兩零

（此為上圖奏摺之附件）

❶ 當日曹寅在日，惟恐虧空銀兩不能完，近身沒之後，得以清了，此母子一家之幸，餘剩之銀，尔當留心，況織造費用不少，家中私債想是還有，朕只要六千兩養馬

❖《宮中檔康熙朝奏摺》，第四輯，頁670

緊接著，李煦自五十二年十月起又輪視十年淮鹽的最後一年。五十三年七月初一日李煦奏請可否再派鹽差以補虧空，聲稱其巡視淮鹽所得餘銀，除「備辦差使以及日逐盤費外，又代商人清補歷年積欠」，還需供給蘇州織造的錢糧，今兩淮的庫項雖俱已清楚，但若不再續賞鹽差數年，他將無法彌補蘇州織造虧空。且謂若有存剩之銀兩，亦將分給曹顒以協助他辦差。此奏遭批駁，諭旨稱：「此件事甚有關係，輕易許不得。況虧空不知用在何處，若再添三、四年，益有虧空了。」五十三年十月遂改由李陳常（秀水人，四十三年進士，五十年授兩淮鹽運使）繼任兩淮巡鹽御史，此因他在補授運使期間曾順利將兩淮鹽課先前所欠的一百八十餘萬兩俱清完。惟李陳常於五十五年七月病卒，故五十五年及五十六年又命李煦巡視兩淮鹽課。[14]

五十三年年底，曹顒攜同十九歲的堂弟曹頫（同為曹荃所生，此時應是依規定返京當差）赴京述職；翌年正月初八日，擔任織造才剛過二十四個月的曹顒得病暴卒於京，享壽僅二十七歲。[15] 由於長房無子，內務府官員遂試從曹寅「所養曹荃的諸子」中去選找承繼子。[16] 曹顒歷官甚短，然其有無子嗣一事卻引發紅圈重視，因牽涉究竟何人為曹雪芹的生父，且攸關雪芹的生年。但如同許多重要議題，圈中之人始終各說各話，無法從學術且理性的角度取得共識，現嘗試重新析探之。

---

14 《清聖祖實錄》，卷 260，頁 562；尹會一修，程夢星等纂，《揚州府志》，卷 18，頁 23；《關於江寧織造曹家檔案史料》，頁 99-146。

15 康熙五十二年五月有閏。參見李煦撰，張書才、樊志斌箋註，《虛白齋尺牘箋注》，頁 394；《關於江寧織造曹家檔案史料》，頁 98-105、126-127。

16 有誤以顒與頫非親兄弟，此因在雍正七年李果為李煦所撰行狀中，曾追憶李煦於曹寅彌留時奏請以「其子顒繼任」（指顒先前已依家族安排自二房出繼長房，再奉旨襲寅職），又稱顒過世時「保奏顒從弟頫復任織造事」（指顒卒時李煦先出面保奏二房之頫入嗣寅支，再奉旨繼任江寧織造）。參見朱淡文，《紅樓夢論源》，頁 68。

曹顒的妻妾已知曾三度懷孕，第一次見於四十七年冬曹寅為徐釚歸里所賦詩中的「犀錢利市定教聞」句，但應是生女（詳此節前文）。第二次在五十年，顒於四月獲諭旨允許他回南伴父，然或因其妻（或妾）待產遂暫留京，從曹寅友人張雲章於十一月底至十二月初所賦的〈聞曹荔軒銀臺得孫，却寄兼送入都〉一詩，知曹顒應在第一時間自京函告其父已已得一子，衡量當時北京至揚州約需 15-20 天，如若加急的話，甚至 9 天可到，[17] 亦即，曹顒該子應誕於康熙五十年十一月上半（附錄 7.1）。

五十四年三月初七日，甫接織造的曹頫連上〈恭謝天恩〉及〈代母陳情〉兩摺，他在後摺（圖表 7.4）中稱：「奴才之嫂馬氏，因現懷姙孕已及七月，恐長途勞頓，未得北上奔喪，將來倘幸而生男，則奴才之兄嗣有在矣。」[18] 將承嗣亡兄曹顒之希望全寄託在遺腹子上，知曹顒此時無子，[19] 其於康熙五十年所生子已夭折。[20]

---

17 如曹寅在康熙四十五年奏稱「正月二十八日出京，二月十八日至江寧，次日即至揚州」；五十一年亦奏「臣於〔正月〕初十日辭駕，二十六日已至揚州」；五十一年秋曹寅因患病，獲皇帝頒賜金雞拏（納）聖藥，「特命馳驛南回，限九日到揚州」。參見《關於江寧織造曹家檔案史料》，頁 37、100；《宮中檔康熙朝奏摺》，第 7 輯，頁 781。

18 《關於江寧織造曹家檔案史料》，頁 128-129。

19 有疑曹顒當時有庶子，而「奴才之兄嗣有在」句，乃指若馬氏生遺腹子即可以嫡子身分承嗣。然此說頗待商榷，因舊時子女雖有嫡庶之分，仍皆為嫡母之子女。如小說中的探春就只認王夫人為母，筆者先前所研究的明代瞿景淳之妻李氏，亦不令諸庶子知其非已出。更有甚者，曹寅以及幫助曹頫最多之母舅李煦，皆是在其家有嫡子的情形下以庶長子成為家長！參見顧斌，〈有關曹雪芹研究四個問題的再思考〉；劉廣定，〈再論曹顒無遺腹子及曹天祐之問題〉；黃一農，《兩頭蛇：明末清初的第一代天主教徒》，頁 58。

20 因嘉慶元年敦誠《四松堂集》刊本所收的〈寄懷曹雪芹霑〉詩中，有小註稱「雪芹曾隨其先祖寅織造之任」，故有疑此子即曹雪芹，然筆者先前已論證此錯誤之註極可能是在乾隆末年編輯過程所加，而非出自敦誠本人。又，清代中國的醫療及衛生水平均不夠，縱使是生活條件較優越的統治階層，兒童的死亡率亦高。如以康熙帝為例，他一生共誕育 35 位皇子、20 位公主，能活到成年的僅有 27 位。

附錄 7.1

張雲章為曹寅得孫所賦之詩

康熙五十年十一月底至十二月初，與曹寅互知頗久但卻甫初晤的張雲章（曾為李煦幕客，曹寅亦聘其負責文墨[21]），為其賦〈聞曹荔軒銀臺得孫，却寄兼送入都〉一詩，曰：

> 天上驚傳降石麟（時令子在京師，以充閭信至），先生謁帝戒茲辰。俶裝繼相蕭為侶，取印提戈彬作倫。書帶小同開葉細，鳳毛靈運出池新。歸時湯餅應招我，祖硯傳看入座賓。[22]

提及曹寅告知其子自北京寄信來，報稱生一兒（張雲章用賈充之典，賀曹家有充閭之慶，喻指此子將來可光大門楣），而因當年冬曹寅正逢輪管兩淮鹽差完事，旋即要返京述職（所謂「謁帝戒茲辰」，「戒」乃戒行，意謂出發上路），張氏遂回寄（所謂「却寄」）一詩兼送行。[23]

詩中的「俶裝繼相蕭為侶」，乃用《漢書・蕭何傳》中惠帝視疾相國蕭何的故事，蕭氏遺言可在自己過世之後以曹參取代；「取印提戈彬作倫」則引《宋史・曹彬傳》中「始生周歲，父母以百玩之具羅於席，觀其所取。彬左手持干戈，右手取俎豆，斯須〔須臾之意〕取一印，他

參見黃一農，《二重奏：紅學與清史的對話》，頁 141-142；李中清等，〈清代皇族人口統計初探〉。

21 張雲章的《樸村詩集》《樸村文集》中留有約二十首涉及李煦或曹寅的詩文（圖表 1.9）。參見李軍，〈曹寅在揚州酬應活動之補考〉。

22 張雲章，《樸村詩集》，卷 10，頁 9。

23 有質疑曹寅為何未賦詩記己得孫一事，然經翻查其別集，發現不僅未見任何涉及過繼、生子、娶媳、嫁女之詩文，亦未及曹頔和曹顏之過世。曹寅應非不賦此類記事詩，而可能是因其與家事太過相關，文采往往不易突出，故在編刻詩集時（通常多以詩歌之好壞為取捨的主要考量）遭到刪略。參見劉廣定，〈曹雪芹生年再探討：紀念曹雪芹誕生三百年(1711-2011)〉。

無所視」的抓周之典。此兩句皆是期許曹顒的新生子將來可以曹氏祖先曹參或曹彬為榜樣。緊接著的「書帶小同開葉細」乃用漢朝大儒鄭玄（字康成）的故事，他在山東東萊講學時，當地有一種細長且有韌性的特殊草類，相傳鄭玄門下取以束書，故時人稱為「康成書帶」，並以「書帶」指代鄭玄。又，鄭玄老時只存一子益，二十七歲死於戰亂，留下遺腹子，鄭玄因該孫的手紋與己相似，遂取名「小同」，後承其《尚書》之學，「開葉細」應謂鄭玄一支人丁單薄。

至於「鳳毛靈運出池新」，則典出有「池塘生春草」名句傳世的謝靈運，其孫超宗曾為南朝宋孝武帝的愛妃作誄文，帝歎：「超宗殊有鳳毛，靈運復出。」張雲章乃借鄭玄與鄭小同、謝靈運與謝超宗兩對祖孫的故事，以「書帶小同開葉細，鳳毛靈運出池新」一聯，頌禱曹寅祖孫之學問和文采將來必能後先輝映。張詩中的「祖硯傳看入座賓」句，則用《晉書》范馨將己硯傳給幼孫范喬之典，並以「歸時湯餅〔湯餅指象徵長壽的湯麵〕應招我」句提醒曹寅，在自京帶回此孫後，記得邀請他參加慶生的「湯餅會」，到時在座賓客即可傳看此孫（所謂「祖硯」）。

衡諸曹寅當時只有曹顒一子，另子曹顏應已卒，知張雲章詩所提及之寅孫乃顒所生。顒本於五十年四月奉旨可南返伴父，卻因其妻或妾待產而稽留在京，等到翌年春才隨返京述職完畢的曹寅返南，沒想到曹寅在五十一年七月即病卒（「豈意父子聚首之餘，即有死生永別之慘」；圖表 7.1）。由於王煐在曹寅卒後不久為其所寫的輓詩中有「孝子慈孫能繼志」句，再加上鄭小同為遺腹子，故先前有主張曹寅此「慈孫」應是遺腹子，亦即，認為該孫非曹顒（五十四年正月初八日才過世）所生。然因謝超宗並非遺腹子，且曹彬抓周時其父母俱在，知其說並無說服力。何況，從張雲章「時令子在京師，以充閭信至」之小註，也已清楚表明該充閭之慶乃指曹寅獨子曹顒於康熙五十年得子一事。[24]

24　李廣柏，《文史叢考：李廣柏自選集》，頁 119-130；吳新雷、黃進德，《曹雪芹江南家世叢考》，頁 63-73；王煐，《蘆中吟》，無頁碼。

圖表 7.4： 甫接江寧織造之曹頫代母所上恭謝天恩的奏摺。

江寧織造主事奴才曹頫謹
奏為
皇仁浩蕩代母陳情恭謝
天恩事切奴才母在江寧伏蒙
萬歲天高地厚洪恩將奴才承嗣襲職保全家口奴才
母李氏聞
命之下感激痛哭率領闔家老幼望
闕叩頭隨於二月十六日赴京恭謝
天恩行至滁州地方伏聞
萬歲諭旨不必來京奴才母謹遵
旨仍回江寧奴才之嫂馬氏因現懷妊孕已及七月
恐長途勞頓未得北上奔喪將來倘幸而生男
則奴才之兄嗣有在矣本月初二日奴才母舅
李煦前來傳宣
聖旨奴才母跪領之下不勝感泣搶顙流血謹設香
案望
北叩頭謝
恩切念奴才祖孫父子世沐
聖主豢養洪恩涓埃未報不幸父兄相繼去世又蒙
萬歲曠典奇恩亙古未有奴才母子雖粉身碎骨莫
能仰報
高厚於萬一也謹具摺代母
奏
聞恭謝
天恩伏乞
聖鑒奴才母子不勝激切感戴之至
知道了
康熙伍拾肆年叁月初柒日

《宮中檔雍正朝奏摺》，第五輯，頁372

五十四年七月十四日曹家家僕返回江寧，攜歸皇帝對六月初三日曹頫請安摺的批示，中稱：「你家中大小事為何不奏聞？」由於奏摺通常不會言及臣子的私事，此御批想必是希望得知馬氏生產的結果（預產期在六月左右）。曹頫雖於七月初三日已循例上請安摺及六月份的〈晴雨錄〉，[25] 但為回覆該御批，乃趕在七月十六日又補上一摺（圖表 7.5）。然曹頫或未能體會上意，故該摺只詳述其家財務狀況等「大事」，稱：

> 查檢所有遺存產業，惟京中住房二所、外城鮮魚口空房一所、通州典地六百畝、張家灣當鋪一所、本銀七千兩；江南含山縣田二百餘畝、蕪湖縣田一百餘畝、揚州舊房一所；此外並無買

25 曹頫通常在每月月初進呈一請安摺，內附前一月江寧地區的〈晴雨錄〉，但偶也會一次送出兩個月的〈晴雨錄〉。至於硃批從北京送抵江寧的時間，約需四十幾天，均由其家人親自遞送，每月偶而也會有請安摺以外的專摺。

賣積蓄……幸蒙萬歲天恩賞了曹顒三萬銀子，纔將私債還完了……今蒙天恩垂及，謹據實啟奏。[26]

而未提及其嫂馬氏娠孕的「小事」。康熙帝因此只硃批「知道了」三字（圖表 7.5）。

鑒於康熙帝嘗高度評價曹顒曰：

曹顒係朕眼看自幼長成，此子甚可惜。朕所使用之包衣子嗣中，尚無一人如他者，看起來生長的也魁梧，拿起筆來也能寫作，是個文武全才之人。他在織造上很謹慎，朕對他曾寄予很大的希望。[27]

且皇帝南巡至江寧時應曾在接駕的曹家見過年幼的曹顒，[28] 故若馬氏有生男傳嗣之天大喜事或弄瓦之慶，以康熙帝對曹寅家繼承問題一貫的關切態度，且又有「你家中大小事為何不奏聞」之明旨的情形下，曹頫理應具體回奏。但曹頫不僅在五十四年四月至十二月呈附各月晴雨錄的請安摺（目前皆完整未缺地保存於臺北故宮博物院等處；圖表 7.5）中隻字未提，[29] 且於七月十六日、九月初一日的專摺中，也未言及曹顒有無遺腹子，知馬氏想必是生女、流產或甫生旋夭。當時馬氏若生女，因不牽涉傳宗接代，曹頫或不願徒擾皇帝耳根，故未特意在摺上稟報；又，請安摺中依例亦諱提不祥的過世之事。[30]

---

26 《關於江寧織造曹家檔案史料》，頁 131-132。

27 《關於江寧織造曹家檔案史料》，頁 125。

28 由於曹顒在四十八年二月（二十一歲）始進京當差，康熙第三次（三十八年）、第四次（四十二年）、第五次（四十四年）、第六次（四十六年）南巡時，車駕皆曾駐蹕江寧，故皇帝確有可能在織造府見過年少時的曹顒。

29 另參考黃一農，《二重奏：紅學與清史的對話》，頁 139。

30 如曹頫在五十五年八月初一日奏請聖安並報七月晴雨錄時，順便提到與曹家鹽差關係密切的兩淮巡鹽御史李陳常已於七月二十七日病故，硃批內即稱「病故人寫在請安摺內甚屬不合！」參見《宮中檔康熙朝奏摺》，第 6 輯，頁 519。

圖表 7.5：　曹頫在曹顒妻馬氏生產前後所上奏摺。

❖《宮中檔康熙朝奏摺》

◆五十四年六月初三日

江寧織造主事奴才曹頫跪
奏恭請
萬歲聖安江南百姓太平無事米價每石一兩至一
兩一錢不等連日時雨霑沛四野霑足農家上
緊栽秧豐年有兆莫不感頌
聖主洪福齊天謹將江寧四月五月分晴雨錄恭呈
御覽伏乞
睿鑒
朕安
康熙伍拾肆年陸月初叁日
你家中大小事為何不奏聞

◆五十四年七月初三日

江寧織造主事奴才曹頫跪
奏恭請
萬歲聖安江南百姓太平無事米價每石一兩至一
兩一錢不等絲價頭等好細絲每兩七分八厘
有零次等絲每兩七分二厘有零所有江寧六
月分晴雨錄理合恭呈
御覽伏乞
聖鑒
知道了
康熙伍拾肆年柒月初叁日

◆五十四年七月十六日

江寧織造主事奴才曹頫跪
奏恭請
萬歲聖安七月十四日奴才家奴賚捧摺子回南蒙
御批你家中大小事為何不奏聞欽此奴才跪讀之
下不勝惶悚恐懼感激涕零竊奴才自幼蒙故
父曹寅帶在江南撫養長大今復荷蒙
天高地厚洪恩俾令承嗣父職奴才到任以來亦曾
細為查檢所有遺存產業惟京中住房二所外
城鮮魚口空房一所通州典地六百畝張家灣
當鋪一所本銀七千兩江南含山縣田二百餘
畝蕪湖縣田一百餘畝揚州舊房一所此外並
無買賣積蓄奴才問母親及家下管事人等咸
云奴才父親在日費用很多不能顧家此田產
數目奴才哥哥曹顒曾在
主子跟前面奏過的幸蒙
萬歲天恩賞了曹顒三萬銀子纔將私債還完了等
語奴才到任後理宜即為
奏
聞因事屬猥屑不敢輕率今蒙
天恩垂及謹據實啟
奏奴才若少有欺隱難逃
萬歲聖鑒倘一經
察出奴才雖粉身碎骨不足以蔽辜矣奴才不勝
惶恐感戴之至
知道了
康熙伍拾肆年柒月拾陸日

◆五十四年八月二十日

江寧織造主事奴才曹頫跪
奏恭請
萬歲聖安江南太平無事早稻漸次登收年成豐足
（中略）
稻種莫不歡欣踴躍求種布種奴才謹將稻樣
米樣并江寧七月分晴雨錄恭呈
御覽並請
聖旨伏乞將奴才收存新稻
恩准分給江寧百姓俾得普沐
天恩家豐戶足人人慶樂雍熙矣謹此
奏
聞伏乞
聖鑒施行
知道了稻種一事已批於李煦摺子尔
問即可知道
康熙伍拾肆年捌月貳拾日

◆五十四年九月初一日

江寧織造主事奴才曹頫跪
奏為
皇恩浩蕩效力無從情願捐貲少供軍需事切惟
萬歲聖文神武四海一家雖昆蟲草木無不仰沾
聖化不意澤旺阿喇蒲坦藐弱殘生荷沐
萬歲覆載洪恩不思報
德輙敢狂逆
天兵所指如風偃草正其自取殄亡之日切念奴才
祖孫父子世沐
主恩至深極重自奴才父兄去世以來又蒙
萬歲天高地厚洪恩矜全孤寡保存身命種種受
恩之處迥異尋常今日奴才母子所有身家自頂至
踵皆蒙
萬歲再造之賜雖粉骨碎身難報萬一奴才接閱邸
抄知部議需用駱駝運送軍糧老母泣諭奴才
以為奴才等仰沐
主恩豢養足以過活惟恨不能身親荷擔為
國驅馳情願捐銀三千兩少供採買駱駝之用畧
申螻蟻微誠謹具摺
奏
聞伏乞
天恩賞收奴才母子不勝激切頂戴之至
文部了
康熙伍拾肆年玖月初壹日

❖《康熙朝雨雪糧價史料》

◆五十四年九月初一日

江寧織造主事奴才曹頫跪
奏恭請
萬歲聖安江南目下米價照常每石六錢八分至七
錢三四分不等百姓安樂太平無事所有八月
分晴雨錄恭呈
御覽伏乞
聖鑒
知道了
康熙伍拾肆年玖月初壹日

圖表 7.6：曹頫相關記事編年。主要參據《關於江寧織造曹家檔案史料》。

時間（康熙）	材料	推論或補充
二十八年	曹荃誕子連生（即曹顒，此據二十九年內務府捐納監生咨文）	曹璽支連年生頔、頎、顏、顒，恰合命名「連生」之意
二十九年四月	內務府咨文記甫外放蘇州織造的曹寅替五位家人（弟荃、子順與顏、姪顒和頔）捐納監生	順和顏為寅子，顒和頔為荃子，順乃兼祧兩房
夏秋間	曹寅蘇州織造任有「稚子龍鐘當戶多」「魚竿都任兒騎馬」詩	曹家當時有兩歲的顒、三歲的顏、四歲的頎、五歲的頔，或即此「稚子」與「兒」的人選
三十六年秋	曹寅在江寧所賦〈射堂柳已成行，命兒輩習射，作三捷句寄子猷〉詩中有「又攜兒輩踏晴秋」句	可稱「兒輩」者，有九歲之顒、十歲顏、十一歲頎、十二歲頔，而順當時已二十歲
四十七年十或十一月	曹寅為徐釚賦〈真州送南洲歸里〉詩有「犀錢利市定教聞」句	曹寅告訴好友徐釚，待承繼子曹顒添丁時一定會通知他
四十八年二月初八日	曹寅送次女入京備婚，並稱「臣有一子，今年即令上京當差」	該子應即二十一歲的顒，他或承父命為準妹婿在京置產
五十年四月初十日	曹荃子桑額（即頎）及曹寅子連生（顒）獲引見，桑額授職寧壽宮茶房，連生則獲允回江寧伴父	因有監生資格且較連生年長一歲的曹顏未獲引見，疑顏此時已過世
冬	張雲章〈聞曹荔軒銀臺得孫……〉中有「天上驚傳降石麟（時令子在京師，以充閭信至）」句	寅當時只有二十三歲的顒一子，另子曹顏或已卒，知此長孫應是顒所生
五十一年二月	顒雖於五十年四月獲允伴父，但至此始隨返京述職的曹寅南歸	此或因曹顒妻妾待產，故稽遲了返南的時間
七月十八日	曹寅病重時嘗對李煦曰：「我兒子年小，今若打發他求主子去，目下我身邊又無看視之人……」	該子即顒。因若曹顏此時尚存，即使兩子皆在江寧，亦可遣一人代父去求皇帝賜藥
七月或稍後	王煐於曹寅去世後不久所賦輓詩中有「孝子慈孫能繼志」句	該「慈孫」應指曹顒於前一年所得之長子
八月	康熙帝賜藥交曹寅之子連生，然以路遠遲延，藥未到曹寅即病故	連生即曹寅此前過繼的姪子曹顒
九月初四日	連生奏稱「先臣止生奴才一人」，且謂「奴才堂兄曹頎來南」	二十六歲的曹頎為曹荃生，曹顒則已入繼長房
五十二年正月初九日	放連生為主事，掌織造關防。並命連生此後改用學名「曹顒」	顒時年二十五歲

時間（康熙）	材料	推論或補充
五十二年二月初二日	曹顒抵江寧蒞任	
九月十八日	李煦、曹顒護送做樂器人上京並進各樣竹子	
十一月十三日	曹顒奏稱李煦代理鹽差已滿，且將餘銀三萬六千餘兩盡歸他補帑	
十一月十三日	曹顒奏摺中稱「奴才母子孤寡無倚」	曹頎（時年約二十七歲）應尚未入嗣
十二月二十四日	李煦與曹顒奉旨採辦做簫笛的竹子以及靈璧所產的磬石	
十二月二十五日	在京的曹顒奏稱「奴才母子孤苦伶丁」，並請將鹽差所得餘銀，作為康熙帝添備養馬之需或備賞人之用	諭旨稱「只要六千兩養馬」
五十三年五月初八日	曹顒返抵江寧，翌日即恭呈先前二月、三月、四月的晴雨錄	參據《宮中檔康熙朝奏摺》，第4輯，頁878
八月十二日	今歲的兩淮鹽差本屬曹寅兼管之年，但諭旨：「若將鹽務令曹寅之子曹顒、李煦管理，則又照前虧欠矣，此不可仍令管理。」	此因曹寅、李煦管理十年期間，逐年虧欠錢糧，共至一百八十餘萬兩
冬	赴京述職的曹顒攜同曹頫北上	十九歲的頫乃返京當差
五十四年正月初八日	曹顒於赴京時染疾，康熙帝雖遣太醫調治，仍卒於是日	參據康熙《上元縣志・曹璽傳》，顒享年二十七歲
正月初九日	諭旨：「曹顒係朕眼看自幼長成，此子甚可惜。朕所使用之包衣子嗣中，尚無一人如他者。看起來生長的也魁梧，拿起筆來也能寫作，是個文武全才之人。他在織造上很謹慎。朕對他曾寄予很大的希望……。」	李煦奏稱：「曹荃第四子曹頫好，若給曹寅之妻為嗣，可以奉養。」且曹顒家人老漢亦稱曹頫忠厚老實與孝順。故諭命將曹頫給曹寅之妻為嗣，並以主事職銜補放江寧織造之缺
三月初七日	曹頫呈稱：「奴才之嫂馬氏，因現懷妊孕已及七月，恐長途勞頓，未得北上奔喪，將來倘幸而生男，則奴才之兄嗣有在矣。」	知曹顒妻妾於康熙四十七年年底所懷身孕並未育男，而五十年所生長子亦已夭折，年不逾五歲。考量曹頫於五十四年按月所上的請安摺與七月和九月的專摺，均未言及生產之事，知馬氏此年想必是生女、流產或甫生旋夭

依情理推判，曹頫由於無可讓老皇帝歡心的喜訊，也不願讓其傷心，且自覺不應在摺中以此等「家中小事」去「塵瀆聖聽」（曹寅現存奏摺也同樣未提及其弟曹荃以及子曹顏之死），故他很可能是透過送密摺的家僕以口信告知相關太監，以備在皇帝詢問時以口頭回報。換句話說，曹顒或得女，或無「遺腹子」存活！[31] 而在此後的奏摺或御批中，馬氏姙孕之結果遂不曾再被提起。

二、「原不是一個東西」的曹頫

曹顒於康熙五十四年正月初八日病故北京後，康熙帝仍屬意曹家人繼任江寧織造，以避免其家多年來在江寧所積累的家業受到影響。遂於次日傳旨內務府總管去諮詢恰在京之李煦（曹寅的老姊丈）的意見，諭旨先稱譽猝逝的曹顒文武雙全，接著曰：

> 曹顒……他的祖、父先前也很勤勞，現在倘若遷移他的家產，將致破毀。李煦現在此地，著內務府總管去問李煦，務必在曹荃之諸子中，找到能奉養曹顒之母如同生母之人才好。他們弟兄原也不和，倘若使不和者去做其子，反而不好。汝等對此，應詳細考查選擇。

知不僅曹荃所生諸子間本有矛盾，且寅妻李氏亦曾與部分荃子（如已卒之曹順；參見第六章）不協，否則，就無必要強調必須孝順（此原屬理所當然）。檢當時長、二房中只有曹荃之子頎與頫尚存，由於曹顒家人老漢（其漢姓應為吳，見第六章）呈稱「曹頫為人忠厚老實，孝順我的女主人，我女主人也疼愛他」，且又獲李煦的大力推薦，正月十二日遂諭命將曹荃第四子曹頫

31　另見劉廣定，〈再論曹顒無遺腹子及曹天祐之問題〉。

（時年二十歲，其同父三兄為順、頔、頎，另一兄顒則因已出繼長房，故不排序）給曹寅妻李氏為嗣，並授其主事銜（圖表 7.7）。[32]

圖表 7.7： 清代縉紳錄中的曹頫。色楞格即令曹頫家遭抄沒的塞楞額。[33]

❖《康熙五十六年秋搢紳錄》

欽命督理江寧織造內務府部堂加二級曹頫 滿洲人
欽命督理蘇州織造大理寺卿加五級李煦 東旭 滿洲人
欽命刑部督理杭州等處織造府加一級孫文成 滿洲人
佟沃赫 滿洲人加一級
徐啟元 奉天瀋陽人

七岩野史任復興圖書

http://www.xzrbw.com/info/1277/11399.htm

欽命督理江寧織造內務府部堂加二級 曹頫 滿洲人
欽命督理蘇州織造大理寺卿加五級 李煦 東旭 滿洲人
欽命刑部督理杭州等處織造府加一級 孫文成 滿洲人
江寧 烏林達加四級 佟沃赫 滿洲人加一級 滿洲人
杭州 烏林達加二級 徐啟元 奉天瀋陽人 滿洲人
蘇州 烏林達加二級 那爾泰 滿洲人
江寧織造 七品筆帖式加二級 韓楚漢 滿洲人
七品烏林 桑格色 魏博色 滿洲人
蘇州織造 七品筆帖式加一級 六十七 年爾 滿洲人
七品烏林 □□□ 黑邵色 滿洲人

❖《雍正二年冬文陞閣縉紳全書》，日本京都大學圖書館藏

內閣學士兼禮部侍郎 色楞格 滿洲正白旗人
欽命督理江寧織造府內務府主事 曹頫 正白旗人
欽命督理蘇州府織造內務府郎中加六級 胡鳳翬 滿洲廂白旗人
欽命內戶部督理浙江杭州府織造加二級 孫文成 滿洲正黃旗人

32 此段參見《關於江寧織造曹家檔案史料》，頁 125-126；劉廣定，〈臺灣藏內閣大庫的三件曹寅、曹頫檔案〉。又，李煦在策略上或不願推薦已授職寧壽宮茶房的曹頫之兄曹頎（圖表 6.9），因若如此，曹家將少一人任官。當然，此也可能涉及曹頎與曹寅家人間的不和。

33 塞楞額亦作色楞額、色楞閣、色楞格，字允恭，瓜爾佳氏，滿洲正白旗人，康熙

正月二十二日曹頫獲得就任江寧織造的敕諭，內稱「織造事務所需錢糧關係重大，以爾能幹，特命前往江寧，管理上供緞疋兼戶工二部官緞織造事務」（圖表 7.8），且命曹頫可自各相關機構獲得必要協助。如謂「油粉應用錢糧，移文江南布政使司〔併指駐江寧的安徽布政使司和駐蘇州的江蘇布政使司〕，於正項銀內動支」「機杼不敷，查數報部〔工部〕酌議」「機房機杼損壞，機戶不足，移文該撫〔江蘇巡撫〕酌量修理招補」「年終將用過錢糧、解過緞疋各數目造冊報部〔戶部〕銷算」，但亦訓勉他不可藉勢干預地方事務。康熙帝還強調曹頫的主要任務是每年春秋兩次解進緞疋，原則上每次動用二船，若有藉機挾帶其它私船或商船之情形必治罪。

五十四年二月初九日曹頫離京赴任，在母舅李煦的伴同下於二十八日返抵江寧，除首度以承繼子身分省覲嫡母李氏，並由李煦於三月初二日傳宣聖旨，初六日曹頫接印視事。此前聽聞諭旨已命曹頫承嗣並襲職的李氏，本於二月十六日起身赴京欲「恭謝天恩」，但行至安徽滁州地方（南京西北約 60 公里處，乃江淮地區重要的交通樞紐），即被李煦和曹頫差家人飛騎追回，因聖旨中有「目下不必進京，俟秋冬之際，率領曹頫將曹寅靈柩扶歸安葬」之命。三月初七日曹頫代母李氏上摺謝恩，內還提及曹顒妻馬氏懷孕已七月，因恐長途勞頓，未能北上奔夫喪的家事。[34]

由於曹寅子姪輩的順、頔、顏、顒均在二、三十歲左右即過世，而若曹頫又早逝，皇帝不見得會再特別安排曹寅的後代（年齡且要合適）襲織造職，其家族（輩份和地位最高者為寅妻李氏）或因此決定將已過世曹荃唯一尚存之子曹頎（年近三十）過繼至長房（圖表 6.6），此舉意謂併兩房為一房，

四十八年進士，歷官刑部侍郎、兵部侍郎、戶部侍郎、山東巡撫、工部侍郎、鑲藍旗漢軍副都統、直隸提督、陝西巡撫、江西巡撫、山東巡撫兼管提督、湖廣總督等。參見「人名權威人物傳記資料庫」。

34 此段參見《關於江寧織造曹家檔案史料》，頁 128-130。

類似情形亦曾見於納蘭家。[35] 曹頎或為曹荃的正妻所出，他先前之所以未曾被考慮出繼庶出的長房，應是要為嫡支的二房傳宗接代，且其與曹顒「原也不和」（康熙帝亦知此事，最後遂選擇了曹頫繼任江寧織造）。[36]

據《關於江寧織造曹家檔案史料》以及臺北故宮博物院的宮中檔奏摺，曹頫在康熙五十四年正月獲授江寧織造至五十六年九月間，所上的 36 個奏摺皆自署「主事奴才」（正六品，與曹顒同），此後則多僅自稱「奴才」，而不記官銜。惟從其它史料可發現他在康熙六十年四月以及雍正四年正月、四年十一月、五年六月、五年十二月時，其銜皆是從五品的員外郎。倒是《雍正二年冬文陞閣縉紳全書》記其為「欽命督理江寧織造府、內務府主事」，考量縉紳錄每年按季出，書鋪私刊者不止一家，[37] 若此不是資訊未更新所致，則曹頫很有可能曾緣事自員外郎降階主事後又復陞。[38]

曹頫雖於康熙五十四年正月才奉旨入繼長房，但他「自幼蒙故父曹寅帶在江南撫養長大」。[39] 曹寅友人蔘菴禪師（1639-1708；又名釋超格）有〈曹公子甫十二齡，天性醇淑，不樂紛華，因作俚語，聊當勸戒〉詩（圖表 7.9），此應是他於四十六年年初離開江寧時，為曹寅的子姪之一所作。[40] 以較淺白的「俚語」勸勉「曹公子」。詩中的「人近志學年」意指近十五歲立志學習的年齡，語出《論語・為政篇》的「吾十有五而志於學，三十而立……」；

---

[35] 如康熙帝嘗命揆方（明珠第三子）僅有的兩子出繼揆敘，揆敘次子永福的獨子亦於雍正朝奉旨過繼給長子永壽之寡妻。參見《關於江寧織造曹家檔案史料》，頁 125-132；黃一農，《二重奏：紅學與清史的對話》，頁 236-242。

[36] 頎、顒與頫均為曹荃的本生子，考量康熙帝不可能因曹頫原本與曹頎不和而選擇曹頫，知諭旨所謂的「他們弟兄原也不和」，應指曹頎與曹顒之間的關係。

[37] 劉錚雲，〈按季進呈御覽與清代搢紳錄的刊行〉。

[38] 康熙六十年曹頫曾承賣內務府的人參，六十一年十月諭命須「在年前即行送交」，否則嚴議，但曹頫卻延至雍正元年七月初八日才交完，不知此事有無可能導致降階？參見《關於江寧織造曹家檔案史料》，頁 155-156、159-162。

[39] 本節多參考《關於江寧織造曹家檔案史料》，下文即不詳註。

[40] 樊志賓，〈《同事攝詩集》與曹寅研究〉。

「趨庭如不及」則謂力承父教唯恐來不及，典出《論語》中孔子與其子鯉的對話。「曹公子」此時已跟隨外傅（指出外就學時之師）開始讀書習字，故夢菴期勉他切勿盛氣淩人地對奴僕（所謂「臧獲」）呵叱，尤其要遠離聲色場所，並以氣節為重。考量曹璽孫輩長成且有名字者僅六人，其中的順、頔、頎、顏、顒那年皆不小於十九歲，知該十二歲的「曹公子」只可能是最年幼的曹頫，他曾於四十四年康熙帝南巡時，義救遭人誣陷的江寧府知府陳鵬年（附錄 7.2）。

圖表 7.8：　康熙帝給曹頫的敕命。

敕諭主事曹頫：茲以織造事務所需錢糧關係重大，以爾能幹，特命前往江寧，管理上供緞疋兼戶工二部官緞織造事務。首在嚴管跟隨，稽察匠役，使之恪遵法紀，歲造緞疋悉照須去顏色式樣織造。爾須督率機戶人等，擇選絲料，用心織挽，務要經緯勻□，闊長合式，花樣精巧，顏色鮮明，毋得短窄，鬆稀潦草。油粉應用錢糧，移文江南布政使司，於正項銀內動支。如機杼不敷，查數報部酌議。機房機杼損壞，機戶不足，移文該撫酌量修理招補，如法成造。春秋二次解進緞疋，每一次除二舡外，若攜帶商舡及餘舡者，其罪匪輕。如有積年奸蠹，投充機戶、絲房，盤踞衙門，相為表裏，致有透支、壓欠、冒破等弊，須嚴加訪革禁絕，年終將用過錢糧、解過緞疋各數目造冊報部銷算。爾當精勤以盡職掌，此外，地方事務不得干預。如或職業不修，所織緞疋違式，緞疋不堪，縱容下役，擾害地方，國憲具存，爾其慎之。故敕。

康熙五十四年正月二十二日

（中研院史語所內閣大庫檔藏登錄號104535-001）

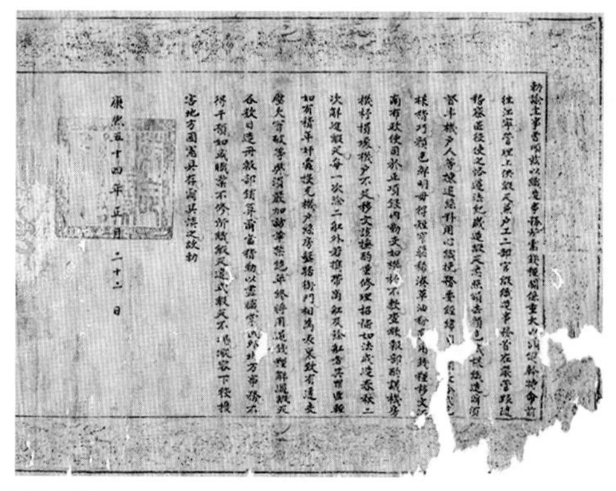

附錄 7.2

義救陳鵬年出冤獄的「曹公子」小考

呂德芝（字時素，乾隆七年貢生[41]）曾賦〈讀陳滄洲先生虎邱詩〉（圖表 7.9），此詩有長序記陳鵬年（字滄洲，謚號恪勤；1664-1723[42]）因人索賄不成而遭陷害事。先稱四十四年康熙帝南巡至江寧時（四月二十二日至二十七日），陳被控「不將聖訓供設吉地，大不敬」，[43] 下獄議死，「會織造使曹公寅之子（失名，後為鹽運使，早卒），方八歲，捧一扇來獻，上喜其慧，問地方事，以“陳鵬年真清官”對，因釋其獄」。[44] 四十八年他又因詩中有「一任鷗盟數往還」句，遭控有悖逆之意，幸五十一年十月上諭稱此不過「託意漁樵」而免罪。[45] 呂氏續稱「曩以不見其全韻為恨，適蘄州徐子佀蒼歸自陳幕，示茲稿及上諭甚悉……喜而有詩，因次其韻」，並於和詩中贊「神童扇度名臣厄」。徐琮（字佀蒼）為陳鵬年幕友，鵬年已知至少有四詩提及徐琮，[46] 知呂德芝對陳氏的認識或出自琮，但因曹寅現存詩文中從未見徐琮其人，

41 蔡韶清修，胡紹鼎纂，《黃岡縣志》，卷 7，頁 39；英啟修，鄧琛纂，《黃州府志》，卷 36 上，頁 68。

42 陳鵬年生於康熙二年十二月十三日。陳鵬年，《道榮堂文集》，卷首，頁 11。

43 所謂「不將聖訓供設吉地，大不敬」。參見《清聖祖實錄》，卷 220，頁 220-221、卷 224，頁 253。

44 鄭仕鑰（曹一士代）所撰的陳鵬年墓誌銘僅稱「仁皇帝在行宮已廉知公治行及民愛戴狀，姑命聽勘，獄具〔已定罪〕，詔免死」。又，王葆心《續漢口叢談》(1933) 引〈讀陳滄洲先生虎邱詩〉時，將「織造使曹公寅之子」記成「織造曹公寅之子」。參見陳鵬年，《道榮堂文集》，卷首，頁 8；呂德芝，《晉起堂遺集》，卷 2，頁 12-13；樊志斌，《曹雪芹家世文化研究》，頁 243。

45 「鷗」為常見海鳥，兩江總督噶禮卻以「鷗盟」一詞穿鑿控告陳鵬年心向海外的反清勢力。參見陳烈，〈清初文字獄的一份記錄：小莽蒼蒼齋收藏紀事之一〉；《清聖祖實錄》，卷 251，頁 489-490。

46 封蔚礽修，陳廷揚纂，《蘄州志》，卷 16，頁 23-24；陳鵬年，《滄洲近詩》，卷 3，頁 14 及 16；陳鵬年，《秣陵集》，卷 4，頁 2 及 5-6。

知其對曹家內部事情的掌握有可能不夠確切。那曹寅與陳鵬年之間究竟交情為何？

圖表 7.9：　康熙四十四年救陳鵬年出冤獄的「織造幼子」曹頫。

❖ 陳鵬年，《滄洲近詩》（乾隆廿七年刊本）

次韻答吳秋屏見寄二首

初日在高樹幽人門未開乍聞乾鵲喜恰有素書

來義覺雲天重春從黍谷回（札中述銀臺曹荔軒先生北行相念頗切）故及之

新詩比珠玉讀罷更徘徊

卷五頁十三

❖ 呂德芝，《晉起堂遺集》（乾隆間刊本）

讀陳滄洲先生虎邱詩　卷二頁十二至十三

先生守江寧日，值聖祖南巡幸蘇，左右求賄不得，讒以行宮不敬，下獄議死，方待命，會織造使曹公寅之子（失名，後為鹽運使，早卒），方八歲，捧一扇來獻，上喜其慧，問地方事，以陳鵬年真清官對，因釋其獄，命仍守蘇州。（中略）起游人歇，一任鷗盟數往還。前讒者指鷗盟二字為悖逆，再挂白簡。上諭廷臣曰：鷗盟二字有何悖逆，不過不得志，託意漁樵耳，不聽。令攝蘇松藩政，旋命儤值南書房，備纂修事，而讒者尋以他故誅。曩以不見其全韻為恨，適蘄州徐子侶蒼歸自陳幕，示茲稿及上諭甚悉，因嘆蘇家詩獄及陳氏尊堯集倘在，今日方且大用矣。聖朝盛德，感激豈必身受者哉！喜而有詩，因次其韻，以質徐子。（中略）

心清雖覺跡常閒，卓卓風裁望若山。喬木誰能休漢上，（在蘇嚴游女之禁，風俗頓改）梵花無復雨雲間。（蘇講僧多不法，痛抑之）神童扇度名臣厄，火鬼壺銷墨吏頑。只有座中老賓客，却分珠玉一囊還。

（依原書格式抄出）

❖ 陳鵬年，《陳恪勤集》（康熙間刊本）

棟亭詩二十五韵呈銀臺曹子清先生

種樹知先德過庭識素風前徽氷署裏遺訓棟亭中

魯國門墻峻平陽閥閱雄逸才原駿鳳世業舊從龍

尺五依宸極魁三列上公緇衣心倍篤赤舄望彌隆

白下榮開府秦淮寵錫弓閒情餘結構清暇得和融

宇宙此間古山川放眼空棟花春雨細亭屋紫烟籠

拂架牙籤滿披軒玉冊充謝池波蕩漾米石怪巃嵸

曙色嬌巢鳥秋光冷砌蟲苔侵雙屐綠月到一樽紅

寂歷迴廊轉縈紆小徑通恍疑垂釣客不亞住山翁

支許門前揖求羊林下逢鶴琴傳介節詩禮屬宗工

先後箕裘映輝光節鉞崇尚衣方賜蟒響筆更乘驄

靜樹恩何極重雲望莫窮肯堂思手澤傾日想丹衷

幹老蟠根大枝蕃湛露豐栽培多玉茁溉灌及蘭叢

莫訝今猶昔由來孝作忠

《秣陵集》，卷二頁七

❖ 釋超格，《同事攝詩集》（乾隆十九年刊本）

（曹公子甫十二齡，天性醇淑，不樂紛華，因作俚語，聊當勸戒）

忠必待壯強，孝乃弟子職。公子天性賢，烏用人勸激。

善人受盡言，我固進言直。人近志學年，戒之在放逸。

父命唯唯遵，趨庭如不及。云何能若斯，幼仗嚴訓力。

外傅授詩書，有聞急傳習。初了四子書，經史繼子集。

融會其精華，滋潤我卓識。發皇為詩文，光芒誰敢敵。

文應法馬班，詩宜陶杜則。臨池如學書，右軍是准的。

柳骨與顏筋，蘇米諸名筆。臧獲侍昏朝，使令勿呵叱。

此亦人子也，淵明堪祖述。驕氣若凌人，嘉聲從此失。

稼穡知難艱，世態識叵測。嗜欲漸次開，切切遠聲色。

人生霄壤間，大節當建立。

耙梳陳鵬年存世的詩文，僅見兩詩提及曹寅。其中收入《秣陵集》的〈楝亭詩二十五韵呈銀臺曹子清先生〉，應賦於曹寅父子義救陳鵬年之後，此因曹寅在四十四年閏四月（康熙帝在前一月駐蹕江寧）才獲賜通政使（「銀臺」）銜。[47] 鑒於陳鵬年此詩對曹寅或其家世充滿贊美和推崇之情，然袁枚卻嘗稱曹寅「素與江寧太守陳鵬年不相中」，[48] 因疑曹、陳二人恐在康熙第五次南巡後才較有往來。至於詩中的「過庭識素風」句，其意或不只是以孔丘教誨孔鯉的故事譬喻璽、寅父子，也可能一語雙關地點出曹寅與「嬉而過於庭」之「曹公子」的義行。

陳鵬年《滄洲近詩》另有〈次韻答吳秋屏見寄二首〉，其小註稱：「札中述銀臺曹荔軒先生北行，相念頗切，故及之。」（圖表 7.9）吳貫勉，字尊五，號秋屏，曹寅嘗聘其修《御定全唐詩》《集韻》，《楝亭集》中也收入八首涉及他的詩詞。同樣地，吳貫勉的《秋屏詞鈔》中不僅屢見曹寅（荔軒）、曹荃（芷園），更出現他倆的親友朱彝尊（竹垞）、曹曰瑚（竹磵、渭符）、曹曰瑛（恒齋）、喬國彥（俊三）、李煦（竹村）、姚潛（後陶）、葉藩（桐初、南屏）等（圖表 7.10）。[49]

由於與〈次韻答吳秋屏見寄二首〉同卷之前詩〈新春雜感十首，次

47 此因曹寅在康熙四十四年第五次南巡時，曾有修建揚州寶塔灣驛宮且捐銀二萬兩之功。又，從陳鵬年《秣陵集》所收〈除夕用張貢五韵〉〈乙酉〔四十四年〕元旦口號三首……〉〈楝亭詩二十五韵呈銀臺曹子清先生〉〈和劉半村先生除夕紀事……〉〈送家子文赴石阡……〉〈春日雜詩五首〉……〈〔四十四年〕閏四月廿六日……〉諸詩的編年體排序，知〈楝亭詩二十五韵呈銀臺曹子清先生〉的位置乃誤插。前引「子文」為陳奕禧之字，他乃於四十三年臘月與友人話別，翌年正月自真州出發赴石阡知府任。參見陳鵬年，《秣陵集》，卷 2，頁 5-8、卷 3，頁 7；陳奕禧，《春藹堂集》，卷 7，頁 17-18；《關於江寧織造曹家檔案史料》，頁 30-31。

48 黃一農，〈袁枚《隨園詩話》中涉紅記事新考〉。

49 楊鍾羲，《雪橋詩話》，續集，卷 3，頁 56；李軍，〈曹寅編刻《全唐詩》時期交遊考略〉；臧壽源，〈曹寅與葉藩、葉燮的詩文情誼〉。

韻和中山〉有「是歲以十二月十七日立春」小註，而康熙朝僅十一年、三十年、四十九年在此日立春，故從《滄洲近詩》的編年體可推知〈次韻答吳秋屏見寄二首〉應賦於五十年冬，其時曹寅（五十一年七月卒於揚州）正因鹽差事畢而北返，並探視承繼子曹顒在京甫生之長孫（詩中遂有「乍聞乾鵲喜」句，乾鵲即通常與吉兆相連的喜鵲；附錄 7.1），陳鵬年此時應已與曹寅頗相得，遂有「相念頗切」之謂。

考量曹璽孫輩中順、頫、頎、顏、顒的年齡，均較呂德芝前記的八歲（康熙四十四年）「小兒」與夢菴詩提及的十二歲（康熙四十六年）「曹公子」大一截，知「小兒」與「曹公子」只可能是最年幼的曹頫。[50] 但兩文獻中所言童子的年紀相差兩歲，不可能皆正確，我們也許得從文本書寫者與曹家的親疏程度來判斷何者較可信。查夢菴禪師是曹寅的方外好友，曾夜宿江寧織造府，他的《同事攝詩集》《同事攝綠蘿詞》中留下關涉曹寅的詩詞共七首，時間跨度在康熙四十二至四十六年間，曹寅亦為其賦有〈送夢菴北上〉〈金縷曲（七月既望，與夢菴西堂步月口占述懷）〉〈步月（和夢菴歸山見寄韻）〉等詩作。夢菴嘗稱曹寅的畫藝「毫端繚渺，錯認是龍眠」，謬許其可與北宋著名畫家李公麟（號龍眠居士）差堪比擬。曹寅也於四十四年夏為夢菴修復揚州的松巔閣，並在四十六年送其入京，翌年六月夢菴坐化於京師的柏林寺。[51]

相對地，呂德芝與年紀大他一輪的曹寅、陳鵬年恐無直接往還，其敘事可能是受到野史雜談或陳鵬年幕友徐琮的間接影響。無怪乎，在〈讀陳滄洲先生虎邱詩〉序中所提及的曹家事（稱曹寅失名之子後為鹽運使，早卒，八歲時曾因康熙帝詢答而救陳鵬年出冤獄），即出現一些訛誤或模糊描述。事實上，自曹振彥卒後其家就無人獲授鹽運使（曹寅所任的兩淮巡鹽御史，位階乃高於負責日常鹽務的鹽運使），呂德芝且將曹頫與曹顒之生平相混。尤其，他竟不知該小兒之名，而顒或頫皆曾出任過地位頗高的江寧織造！

50 方曉偉，〈"原不成器"的"曹公子"〉。
51 樊志賓，〈《同事攝詩集》與曹寅研究〉。

圖表 7.10： 吳貫勉與曹寅兄弟共同的人脈網絡。

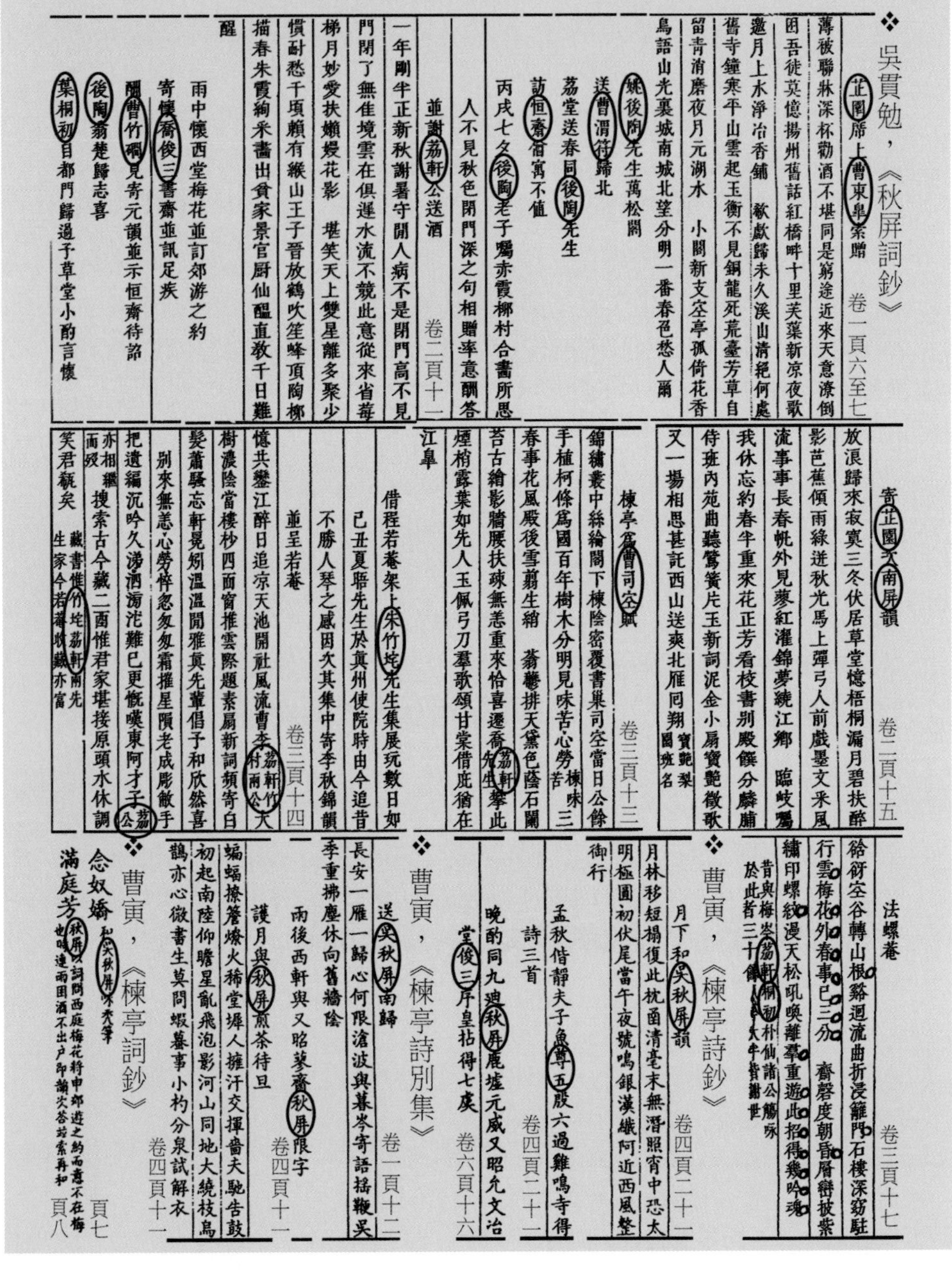

❖ 吳貫勉，《秋屏詞鈔》

芷園席上曹東皐索贈　卷一頁六至七
薄被聯牀深杯勸酒不堪同是窮途近來天意潦倒
困吾徒莫憶揚州舊話紅橋畔十里芙蕖新凉夜歌
邀月上水淨冶香鋪　欷歔歸未久溪山清絕何處
舊寺鐘寒平山雲起玉衡不見銅龍死荒臺芳草自
留青消磨夜月元湖水　小閣新支空亭孤倚花香
鳥語山光裏城南城北望分明一番春色愁人爾

姚後陶先生萬松閣
送曹渭符歸北
荔堂送春同後陶先生
訪恒齋宿寓不值
丙戌七夕後陶老子觴赤霞椰村合書所思
人不見秋色閉門深之句相贈率意酬答
並謝荔軒公送酒　卷二頁十一
一年剛半正新秋謝暑守關人病不是閉門高不見
門閉了無佳境雲在俱遲水流不競此意從來省苺
梯月妙愛扶嬾媛花影　堪笑天上雙星離多聚少
慣耐愁千頃賴有緱山王子晉放鶴吹笙峰頂陶椰
描春朱霞絢采畫出貧家景官廚仙醞直教千日難
醒
雨中懷西堂梅花並訂郊游之約
寄懷喬俊三書齋並訊足疾
閱曹竹磵見寄元韻並示恒齋待詔
後陶翁楚歸志喜
葉桐初自都門歸過予草堂小酌言懷

寄芷園文南屏韻　卷二頁十五
放浪歸來寂寞三冬伏居草堂憶梧桐漏月碧扶醉
影芭蕉傾雨綠迸秋光馬上彈弓人前戲墨文采風
流事事長春帆外見蓼紅灌錦夢繞江鄉　臨岐觴
我休忘約春半重來花正芳看校書別殿饌分麟脯
侍班內苑曲聽鶯簧片玉新詞泥金小扇寶艷徵歌
又一場相思甚託西山送爽北雁同翔　寶艷梨園班名

棟亭為曹司空賦　卷三頁十三
錦績叢中絲綸閣下棟陰密覆書巢司空當日公餘
手植柯條為國百年樹木分明見味苦心勞（棟味苦）三
春事花風殿後雪翦生綃　蓊鬱排天黛色蔭石闌
苔古繪影牖腰扶疏無恙重來恰喜遷喬荔軒先生攀此
煙梢露葉如先人玉佩弓刀羣歌頌甘棠借庇猶在
江皐

借程若菴架上朱竹垞先生集展玩數日如
己丑夏聞先生於眞州使院時由今追昔
不勝人琴之感因次其集中寄李秋錦韻
並呈若菴　卷三頁十四
憶共鑾江醉日追凉天池開社風流曹李（荔軒竹村兩公）大
樹濃陰當樓杪四面窗推雲際題素扇新詞頻寄白
髮蕭騷忘軒冕殉溫溫閒雅眞先輩倡予和欣然喜
別來無恙心勞悴忽匆匆霜摧星隕老成彫儆手
把遺編沉吟久湯酒澆沱難已更慨嘆東阿才子（荔公）
亦相繼而歿　搜索古今藏二酉惟君家堪接原頭水休調
笑君癖矣　藏書惟竹垞荔軒兩先生家今若菴收藏亦富

法螺菴　卷三頁十七
谽谺空谷轉山根谿迴流曲折浸籬門石樓深窈駐
行雲梅花外春事已三分　齋磬度朝昏層巒披紫
繡印螺紋漫天松吼喚離羣重遊此招得幾吟魂
昔與梅岑荔軒桐初朴仙諸公觴詠於此者三十餘年矣（大半皆謝世）

❖ 曹寅，《楝亭詩鈔》

月下和吳秋屏韻　卷四頁二十一
月林移短榻復此枕函清毫末無潛照宵中恐太
明極圖初伏尾當午夜號鳴銀漢纖阿近西風整
御行

孟秋偕靜夫子魚尊五殷六過雞鳴寺得
詩三首　卷四頁二十一

晚酌同九迴秋屏鹿壚元威又昭允文治
堂俊三序皇祜得七虔　卷六頁十六

❖ 曹寅，《楝亭詩別集》

送吳秋屏南歸　卷一頁十二
長安一雁一歸心何限滄波與暮岑寄語搖鞭吳
季重拂塵休向舊牆陰

雨後西軒與又昭蓼齋秋屏限字　卷四頁十一

護月與秋屏煎茶待旦　卷四頁十一
蝙蝠撩簷燎火稀堂㙊人擁汗交揮畚夫馳告鼓
初起南陸仰瞻星亂飛泡影河山同地大繞枝烏
鵲亦心微書生莫問蝦蟇事小杓分泉試解衣

❖ 曹寅，《楝亭詞鈔》

念奴嬌　和吳秋屏咏大筆　頁七
滿庭芳　秋屏以詞問西庭梅花將申郊遊之約而意不在梅也時連雨困酒不出戶即謝以答並索再和　頁八

再者，呂德芝所記曹寅子救陳鵬年一事，亦見於宋和的〈恪勤列傳〉（圖表 7.11），但側重與詳略不同。宋和，字介山，歙縣人，順治十七年生，[52] 較陳鵬年大三歲，「年三十始讀書，為古文，四十學大就，入都」，為韓菼、陳鵬年、孫勷（音「襄」）所激賞，謂其「非唐以下之文也，詩亦古茂」，雍正二年王掞（音「善」）曾向宋和索撰八十壽序，明言「第欲君集中有此文耳」。[53] 宋、陳二人「雖有文章之知，然往返不過二面」，但彼此相知相惜，我們在宋和的《雪晴軒文稿》中，即可見到他於康熙六十一年左右為署河道總督陳鵬年作的〈總河陳公壽序〉、代其所撰的〈江節婦序〉、六封與陳鵬年父子相關的信札，陳鵬年甚至嘗起意為「遊京師垂三十年」的宋和買山，以為共同歸老之用。[54] 倒是宋和此書並未收錄其替陳鵬年所撰的小傳，該傳僅見於光緒《國朝耆獻類徵初編》（卷 164），及以〈恪勤列傳〉之名收在乾隆二十七年刊刻的陳鵬年《道榮堂文集》卷首。

又，宋和曾於康熙四十一、二年因韓菼之薦，「遊於江寧織造曹荔軒先生，居一年甚樂」，[55] 然宋、曹二人尚未見互動之詩文，知宋和與陳鵬年的交情應遠深於曹寅，惟宋和對曹家的認識肯定仍要高過陳鵬年、徐琮、呂德芝。今從〈恪勤列傳〉中所記曹寅叩頭救陳以致血流披額的激情之舉，知曹家幼子對帝所言之「陳鵬年真清官」，很可能是受曹寅影響，甚至為其主導。又因宋和所記一語救陳鵬年的「織造幼子」，不僅被皇帝以「兒」「孩提之無知」來形容，當時且「嬉而過於庭」，該行徑不太像是已十七歲的曹顒，[56] 疑此子即康熙四十四年時方十歲的曹頫（此據曹寅好友夢菴於四十六年所稱「曹公子甫十二齡」回

52 宋和，《雪晴軒文稿》，頁 247。

53 趙弘恩等監修，黃之雋等編纂，《江南通志》，卷 167，頁 28。

54 宋和，《雪晴軒文稿》，頁 259、291、403-407、463、467-488。

55 宋和，《雪晴軒文稿》，頁 469-470。

56 類似用語如見司馬光「生七歲……羣兒戲於庭」、畢夢求「九歲時嬉於庭」。參見《宋史》，卷 336，頁 10757；孫葆田等，《山東通志》，卷 199，頁 56。

推），[57] 應也與呂德芝所謂「方八歲」的「寅之子」同一人，呂氏或錯記了此子年齡。

圖表 7.11： 宋和為陳鵬年所撰的〈恪勤列傳〉。

恪勤列傳　　皐圃宋和介山
陳鵬年字北溟一字滄洲長沙湘潭人也而
又特以鵬年知江寧府鵬年長軀廣肩而磊戟
其名曰復更其字曰念滄乙酉
上南巡總督集有司議供張欲於丁糧耗加三分
有司皆懾服唯唯獨鵬年不服否否總督怏
怏議雖寢則欲抉去鵬年矣無何
車駕由龍潭幸江寧行宮草創欲抉去之者因以
是激
上怒時故庶人從幸更怒欲殺某某　車駕至江
寧駐蹕織造府一日織造幼子嬉而過於庭
上以其無知也曰兒知江寧有好官乎曰知有陳
鵬年時有致政大學士張英來　朝
上於是欲徵於國老之有知以驗孩提之無知
使人問鵬年英稱其賢而英則庶人之所傅
上乃謂庶人曰爾師傅賢之如何殺之庶人猶欲
殺之織造曹寅免冠叩頭為鵬年請當是時
蘇州織造李某伏寅後為寅嬔見寅血被額
恐觸
上怒陰曳其衣警之寅怒而顧之曰云何也復叩
頭階有聲竟得請出巡撫宋犖遊之曰君不
媿朱雲折檻矣已而
御舟發命鵬年督挽舟者舟入淮山陽民見之曰
此我陳父母也飢渴惡狼之風雨𢿨蓋之
上徼窺之渡河
溫旨以鵬年還然鵬年負氣不謝罪總督大怒劾
去其官看守於廟當是時江寧市罷閉有諸

則以數人攖一人閉於室丙戌二月獄成竟
以更南市樓為講堂大不敬擬棄市然民不
知也後聞
上有免死之命民乃南向羅擬棄市者北向拜呼
萬歲謝恩已而
上以鵬年優學問命來京修書於
南薰殿無何卻穆布總督兩江見士民謳歌鵬
年疏薦聞之戊子冬十月
特以鵬年知蘇州府大晉求通民情願開已過八
恐其直不正者惡北不能踏是時總督兩江
者為噶禮巡撫江蘇者為張伯行於是鵬年
又為噶禮劾去官與江寧同一轍矣初鵬年
出知蘇州府
命以書局隨至是書成進呈
御覽之愛其才噶禮大懼懼愛之而不殺之也初
鵬年有題虎坵詩二首至是噶禮乃穿鑿其
詞為釋文一篇以為鵬年得民無君必反一
日
上御暢春園出一軸示九卿即虎坵詩也且曰乃
有人以此證鵬年蓄異心者自古奸人陷善
類多如此然朕豈為若輩欺耶五十二年
道榮堂文集　卷之首　　主
覃恩中外鵬年得湔濯入京師
上至自熱河於行在召見鵬年屏左右使奏對日
晡而入夜半而出至京師以鵬年為
武英殿修書總裁丁酉夏
上幸熱河次昌平以鵬年署霸昌道

❖ 陳鵬年，《道榮堂文集》，卷首　頁十五至廿六

57 宋和為雍正元年過世的陳鵬年寫傳時，曹頫早出嗣寅支。故若宋和熟悉其家，應先記義救陳氏的曹頫為「織造猶子」，再說明他稍後出繼長房，然因此非其重點，宋和或就將從小在江南被曹寅撫養長大的曹頫逕稱作「織造幼子」。

康熙五十四年正月十八日李煦奏稱：

> 奴才謹擬曹頫於本月內擇日將曹顒靈柩出城，暫厝祖塋之側，事畢即奏請赴江寧任所。蓋頫母年近六旬，獨自在南奉守夫靈，今又聞子夭亡，恐其過於哀傷。且舟車往返，費用難支。莫若令曹頫前去，朝夕勸慰，俟秋冬之際，再同伊母將曹寅靈柩扶歸安葬……奴才回南時，當親至江寧，與曹頫將織造衙門帳目，徹底查明，補完虧空。

外放之八旗官員過世後依例均應歸旗下葬，曹寅之棺則因事一直暫厝江寧（雖卒於揚州，然因家人多在江寧，故應移靈至此），而從前引奏摺中「頫母年近六旬，獨自在南奉守夫靈」句，可推斷在曹寅卒後，其妻李氏身邊僅有曹顒一子，其他同居織造府的諸子則屬二房。李煦遂建議新過繼的曹頫，可於是年秋冬之際再陪同其母將曹寅的靈柩歸葬北京城外的曹家祖塋。[58]

時人對曹頫的評價差異頗大，在康熙五十四年他就任江寧織造的敕諭中稱其「能幹」（圖表 7.8），但五十七年六月初二日的請安摺上則批曰：

> 朕安。爾雖無知小孩，但所關非細，念爾父出力年久，故特恩至此。雖不管地方之事，亦可以所聞大小事，照爾父密密奏聞，是與非朕自有洞鑒。就是笑話也罷，叫老主子笑笑也好。[59]

對六十五歲的「老主子」康熙帝而言，已二十三歲的曹頫仍被視為有待培養但關係親密的「無知小孩」。入雍正朝後，諭命曹頫凡事皆交怡親王允祥代轉，且要「聽王子〔指怡親王〕教導而行」，並斥責他「向來混賬風俗貫〔通 “慣”〕了」（圖表 5.21）。兩淮巡鹽御史噶爾泰於雍正五年正月十八日的奏摺中，更嘗評其曰：「訪得曹頫年少無才，人畏縮，織造事務俱交

58　此段參見《關於江寧織造曹家檔案史料》，頁 128-130；蘭良永，《紅樓夢文史新證》，頁 16-20。

59　《關於江寧織造曹家檔案史料》，頁 149-150。

與管家丁漢臣料理。奴才在京見過數次，人亦平常。」硃批亦進而抨擊他「原不是一個東西」「豈止平常」（圖表 7.12）。

康熙帝對曹家的態度在曹寅、曹顒相繼過世後已不似先前親暱，如曹頫曾因八省督撫承辦的銅觔屢有缺誤，導致鼓鑄維艱，遂於五十八年六月上奏建議將此差使全賞給他，並宣稱「每年可節省銀三萬餘兩。自五十九年起，承辦十年，共可節省銀三十餘萬兩。奴才父親曹寅在日，曾經辦過八年，未敢虧欠遲誤」，但硃批嚴詞否決此議，謂「此事斷不可行！當日曹寅若不虧出，兩淮差如何交回，後日必至噬臍不及之悔」（圖表 7.13）。

又，曹頫當差時亦表現不力。康熙五十六年十二月內務府曾將約 1,025 斤的人參，交給曹頫、李煦、孫文成，分為三分運往南省售賣，翌年十一月這批運去之人參已完售，每處得銀 9,887.6 兩，總共銀 29,663 兩。故六十年三月內務府再將庫存的六種人參約 2,216 斤，仍照五十七年例交江南三處織造售賣，八月二十日曹頫呈稱其約 739 斤的份額，共售銀約 17,272 兩，現收得 8,000 兩銀已交付藩司，餘款仍待催取。由於李煦和曹頫至六十一年十月仍有銀兩未交，故康熙帝諭命務必在年底前送交，否則嚴加議處，李煦因此於十二月十七日交完，曹頫則延至雍正元年七月初八日才完事。雍正帝於二年閏四月二十六日還傳旨：「人參在京時人皆爭購，南省價貴，且係彼等取去後陸續出售者，理應比此地多得價銀。看來反而比此地少者，顯有隱瞞情形。」命內務府總管對此事詳加調查並提出解釋。[60]

康熙帝在五十九年二月初二日曹頫的請安摺上（圖表 7.14），亦硃批：

> 近來你家差事甚多，如磁器法腺之類，先還有旨意「件數到京之後送至御前，覽完纔燒法琅」，今不知騙了多少磁器，朕總不知。已後非上傳旨意，尔即當密摺內聲名【明】奏聞，倘瞞

60 《關於江寧織造曹家檔案史料》，頁 148-151、155-162。

着不奏，後來事發，恐尔當不起一體得罪，悔之莫及矣。即有別樣差使，亦是如此。

皇帝以比奏摺多一倍字數的硃批，詰責曹頫家獲恩賞的差使甚多，卻出現一些欺瞞的情弊。稱珐瑯彩瓷（所謂的「磁器法䏲」，清宮應在康熙五十年前後才初步燒成此類瓷胎畫珐瑯）的製作原本要先經過御覽同意，然卻有人假傳旨意，命曹頫逕自燒製，故硃批申斥「今不知騙了多少磁器〔指未獲挑選或被人挪用〕，朕總不知」。[61] 珐瑯彩瓷是在康熙帝的推動下從草創試作終至發展成熟，此工藝乃以西洋進口的各色珐瑯料將裝飾紋樣彩繪於瓷胎之上，再經宮廷作坊的窯爐烘烤而成，為當時最新穎的賞玩奢侈品。由於這些製品皆深刻展現帝王的審美意趣，且數量極少，遂成為宮中秘藏。[62]

亦即，曹頫在康熙朝任內，因對代賣人參及燒製珐瑯彩瓷之差使拖延或欺瞞，也未能得到較肥的銅差、鹽差，終致在皇帝心目中留下不佳的印象，且無法大幅紓解其家的經濟困境。入雍正朝後，曹頫即使是處理其本職負責的工作亦迭遭斥責：如皇帝於四年三月指其所織造之物「摻用生絲，將綢緞織得粗糙而輕薄」，比早年織進者大為不如，遂以未盡心管理，被罰以一年之俸並賠補；[63] 五年六月雍正帝更因其所穿的石青褂落色，而命內務府調查，曹頫又遭罰俸一年。[64] 再加上曹家及其許多親友皆在康、雍之際的政爭中選錯邊，曹頫最終遂難逃被整肅的命運。

---

61 上供物品外流私用的情形或亦反映在《紅樓夢》中，如第二十四回鳳姐送了黛玉「兩小瓶上用新茶」；第二十八回鳳姐私藏有「上用各色紗一百疋」；第五十六回江南甄府進宮朝賀前，先遣人來送禮請安，禮單列的是「上用的粧緞蟒緞十二疋，上用雜色緞十二疋，上用各色紗十二疋，上用宮紬十二疋……」。參見侯會，《紅樓夢貴族生活揭秘》，頁 31-34。

62 常建華，〈康熙朝的珐瑯器禮物與皇權〉。

63 《關於江寧織造曹家檔案史料》，頁 174-177。

64 《關於江寧織造曹家檔案史料》，頁 181-182。

圖表 7.12： 噶爾泰奏報江寧織造曹頫等人的官守。

❖《宮中檔雍正朝奏摺》，第七輯，頁405

奴才噶爾泰謹

奏，為據實奏
聞事。奴才蒙
皇上天高地厚之恩，奴才任內應行事宜，惟有勉竭駑鈍，
益加謹慎，以盡奴才犬馬之心。但地方之事，有所見
聞，不敢不據實陳
奏
皇上。奴才看揚州府知府呂大雲，人還明白，偏在好體面
一邊的人，但語言行動輕浮。訪其居官，說他聰明自
是的多，聲名平常。又聞得近日新收門生三人，一係
塩商吳世昌之子吳玉山，一係塩商汪德睦，一係儀
徵縣開慶譽當店吳之梁。訪得曹頫年少無才，人畏
縮，織造事務俱交與管家丁漢臣料理。奴才在京見
過數次，人亦平常。有江寧府知府郭汝梗操守平常，
居官聲名不好。聞得布政司石麟居官謹慎，聲名好。
按察司徐琳有慎重刑名之好名。奴才細加訪察，今
將所聞據實陳
奏。奴才諸事留心，如有所聞，再行具
奏

雍正伍年正月　日

❖ 兩淮巡鹽御史噶爾泰奏摺上的雍正帝硃批：

❶ 漢軍公子哥兒的常態
❷ 是
❸ 此人只看操守，細訪據實奏聞
❹ 原不是一個東西
❺ 豈止平常
❻ 范世繹、石麟如此二人同城，為何姑容他〔指兩江總督范時繹、安徽布政使石麟〕
❼ 好的
❽ 刑名上原係熟練出名的

圖表 7.13：　康熙五十八年曹頫請將銅差賜其專辦的奏摺。

❖《宮中檔康熙朝奏摺》，第七輯，頁545

江寧織造奴才曹頫跪
奏為籌畫銅觔節省効力事奴才包衣下賤荷蒙
萬歲豢養洪恩無由報効竊思銅觔一事查八省督
撫原辦每觔紅銅定價一錢二分五厘水脚銀
三分共一錢五分五厘近因銅少價貴辦解維
艱去年十二月九卿會議又添給節省二分水
脚銀兩增入額銅價內給發採買所用錢粮俱
預行給發又准兼買三分舊器皿銅觔只辦七
分紅銅伏奉
俞旨欽遵在案奴才因見銅觔缺誤鼓鑄維艱思圖
効力仰求
萬歲天恩將八省督撫承辦七分紅銅
賞給奴才採辦奴才當於添給節省二分水脚銀內
仍可節省一分每年可節省銀三萬餘兩自五
十九年起承辦十年共可節省銀三十餘萬兩
奴才父親曹寅在日曾經辦過八年未敢虧欠
遲誤皆藉殷實商人料理今俱現在貿易熟悉
利弊督撫等自承辦已來未能按年交清者緣
每年洋船往來只有四十隻帶回紅銅不過四
萬担原不足供額解之數督撫等雖委賢能大
吏料理而事出分岐各相爭買洋商高擡其價
不賣於此即賣於彼以致辦解不前今准兼買
三分舊器皿銅觔只辦七分紅銅奴才計算七
分紅銅每年共三萬一千担零而每年洋船所
到紅銅約有四萬担已足供辦若歸奴才承辦
則事屬專一既絕分岐爭買之端而洋商舍此
無銷售之處價值自不能長比督撫承辦實可
減省奴才情願照督撫所辦每觔紅銅領正價
一錢二分五厘水脚銀三分添給節省水脚銀
二分此內仍節省一分按年解交
內庫其三分舊器皿銅觔隨地皆有仍歸八省督
撫就近辦解再八省督撫所欠歷年未完紅銅
亦求停其採辦一併交與奴才分作五年帶完
所有銀兩令督撫照依其現在辦買時價每觔
一錢四分五厘外水脚銀三分算給奴才每觔
亦節省銀一分一併解交
內庫至於銅價若向八省分領恐致稽遲求撥在
江蘇安徽藩庫照例預年先行給發如此則採
辦自易
國帑可以節省而鼓鑄亦可無誤仰荷
天恩生生世世不朽矣謹具摺
奏
聞伏乞
聖鑒勅部議覆施行奴才曷勝惶悚頂戴之至

此事斷不可行當日曹寅若不虧出兩淮
差如何交回後日必至噬臍不及之悔

康熙伍拾捌年陸月拾壹日

圖表 7.14： 康熙帝在曹頫請安摺上指斥其家燒製琺瑯彩瓷的情弊。

❖《宮中檔康熙朝奏摺》，第七輯，頁633

江寧織造 奴才 曹頫 跪
奏恭請
萬歲聖安 江南太平無事 目下米價照常每石六錢
四五分至七錢四五分 百姓安樂 謹將正月分
晴雨錄恭呈
御覽 伏乞
聖鑒

康熙伍拾玖年貳月初貳日

❶ 近來你家差事甚多如磁器法䏲之類先還有旨意件數到京之後送至御前覽完纔燒法琅今不知騙了多少磁器朕捴不知已後非上傳旨意尔即當密摺内聲名奏聞倘瞞着不奏後來事發恐尔當不起一體得罪悔之莫及矣即有別樣差使亦是如此

❶ 近來你家差事甚多，如磁器法䏲之類，先還有旨意「件數到京之後送至御前，覽完纔燒法琅」，今不知騙了多少磁器，朕捴不知。已後非上傳旨意，尔即當密摺內聲名【明】奏聞，倘瞞着不奏，後來事莢，恐尔當不起，一體得罪，悔之莫及矣。即有別樣差使，亦是如此。

❖康熙朝宜興胎畫琺瑯四季花卉蓋碗

https://memory.culture.tw/Home/Detail?Id=故瓷016980N000000000&IndexCode=NPM_Utensils

臺北故宮博物院藏

曹家承接過的一些差使在《紅樓夢》中多留有「浮水印」，如書中提及的「蘆泡鬚枝」和「渣末泡鬚」乃用來描述人參之蘆頭、泡丁、參鬚、參枝、渣末等不同的部位或等級，此外，還關涉人參之收藏效期、計價行話與造假方法等較深入的相關知識。[65] 至於小說第四十、四十一回中，提及賈母請客時劉姥姥曾打破一個瓷製的「十錦琺瑯杯」，[66] 其形制或即曹頫曾燒製過的上用瓷胎琺瑯。

---

65 黃一農，〈從皇商薛家看紅樓夢中的物質文化〉。

66 https://kknews.cc/culture/39er538.html.

再者，小說中亦可見銅差、鹽差的痕跡，如第四十五回探春請鳳姐擔任新起詩社的「監社御史」，鳳姐笑道：

> 那里是請我作監社御史！分明是叫我作个進錢的銅商。你們美什広社，必是要輪流作東道的。你們的月錢不穀花了，想出這个法子來拉了我去，好和我要錢。可是這个主意？

這「進錢的銅商」應形容花錢如流水的買銅官商。又，第二回以黛玉父林如海被欽點為巡鹽御史，第十四回稱林如海捐館揚州城，知其被安排的角色乃兩淮巡鹽御史，此亦同於曹寅和李煦所輪管的兩淮鹽漕察院（圖表4.7）。

三、曹頫遭抄家的政經緣由

清代江寧織造從第七任曹璽→第九任曹寅→第十任曹顒，曹家長達逾半世紀的氣數終在第十一任曹頫（圖表 7.15）身上發生大變，此因政權於他任內已從與其家關係極為密近的康熙帝，轉移到雍正帝手上。而與新帝無特殊淵源的曹頫即以罪抄家，其原因一直有政治和經濟二說，然實際情形恐兩者兼具，[67] 尤其是曹頫當頭違反了雍正繼位之初就大力推行的吏政改革。當時曾諭令全面清理錢糧，凡虧空官員須審明革職，並勒限追完，失察之上司亦須分賠，對虧空額較多的官員，且將本人監禁，家產查封。[68]

雍正二至七年間任兩淮巡鹽御史的噶爾泰（圖表 7.15），在五年正月疏奏他對幾位地方官的評價（圖表 7.12），中稱前一年始到任的揚州知府呂大雲，[69] 「人還明白，偏在好體面一邊的人（〔硃批：〕漢軍公子哥兒的常態），

---

67 張書才，〈新發現的曹頫獲罪檔案史料淺析〉；魏鑒勳，〈曹頫騷擾驛站獲罪始末〉；王若，〈曹頫被枷號的問題及其獲罪原因之管見〉；楊乃濟，《紫禁城行走漫筆》，頁 156-181；關嘉祿，〈莊親王允祿內務府理政芻議〉。

68 劉鳳雲，〈雍正朝清理地方錢糧虧空研究：兼論官僚政治中的利益關係〉。

69 尹會一修，程夢星等纂，《揚州府志》，卷 19，頁 56。

但語言行動輕浮。訪其居官，說他聰明自是的多，聲名平常」，還列出他新近所收三位門生的姓名與背景；次指「訪得曹頫年少無才（〔硃批：〕原不是一個東西），人畏縮，織造事務俱交與管家丁漢臣料理。奴才在京見過數次，人亦平常（〔硃批：〕豈止平常）」；接著再稱江寧知府郭汝梗【梗】「操守平常，居官聲名不好」。硃批則斥責兩江總督范世【時】繹、安徽布政使石鱗【麟】既然與曹頫、郭汝梗二人同居一城，為何「姑容」他們。

圖表 7.15：《江南通志》中負責巡鹽、織造與鈔關的旗官。

巡鹽御史始於前明正統間
國朝因之江南設巡視兩淮鹽課監察御史一員康熙
六年戶部　題准遇閏之年連閏在任十三月算
一年差滿考核
（中略）
滿　普 滿洲人康熙四十年任　羅　瞻 滿洲人康熙四十一年任
嚕世圖 滿洲人康熙四十二年任
曹　寅 滿洲人康熙四十三年四十五年四十七年四十九年任
李　煦 滿洲人康熙四十四年四十六年四十八年五十年五十一年五十二年任
李陳常 秀水人進士康熙五十三年五十四年任
李　煦 康熙五十五年五十六年再任
張應詔 湖廣人舉人康熙五十七年至六十年任
魏廷珍 景州人進士康熙六十一年任　謝賜履 全州人舉人雍正元年二年任
噶爾泰 滿洲人雍正二年至七年任　高　斌 鑲黃旗人雍正九年任
尹會一 博野人進士乾隆元年任
督理織造江寧始於前明時用太監管理漢府事
織染局係明漢王高煦舊第故相沿稱為漢府
國朝照舊織造順治五年差戶部員管理十三年改差
內十三衙門每年一更代十五年改為三年一易
任康熙二年遂定專差久任蘇州織造始於順治
三年兼督蘇杭至十年歸併一局遂止管蘇州織
造事務其僚屬各有烏林大烏林筆帖式等員
江寧織造
張元勳 奉天人順治五年任　楊文科 失考
張嘉謨 滿洲人順治十三年任　楊秉恭 順天人順治十三年任
劉之武 滿洲人順治十四年任　周天成 滿洲人順治十五年任
曹　璽 滿洲人康熙二年任　桑　格 滿洲人康熙二十三年任
曹　寅 滿洲人康熙三十一年任　曹　顒 滿洲人康熙五十二年任
曹　頫 滿洲人康熙五十四年任　隋赫德 滿洲人雍正六年任
許夢閎 滿洲人內務府郎中雍正九年任
高　斌 鑲黃旗人雍正十一年署任　李　英 鑲白旗人雍正十二年任

蘇州織造
陳有明 奉天人順治三年任　尚　志 滿洲人順治三年任
官　代 滿洲人　胡格喇 滿洲人
高　登 滿洲人　馬木清 滿洲人
張嘉謨 滿洲人以上兼管蘇杭　周天成 滿洲人順治十年任以後專管蘇州
馬偏俄 奉天人理事官順治十三年任　鄧秉忠 京籍太監順治十三年任
李自昌 奉天人大書館順治十四年任　馬偏俄 順治十五年再任
法　喀 滿洲人順治十八年任　衣　色 奉天人康熙元年任
納　泰 滿洲人康熙二年任　馬偏俄 內工部康熙二年再任
陳　武 奉天人內庫康熙四年任　雷先聲 奉天人內刑部康熙五年任
薩碧漢 奉天人內庫康熙十五年至二十一年任
祁國臣 奉天人良寧內庫康熙二十一年至二十九年任
曹　寅 滿洲人康熙二十九年任
李　煦 正白旗人康熙三十二年至六十一年任
胡鳳翬 鑲白旗人雍正元年任　高　斌 鑲黃旗人雍正四年任
李秉忠 正藍旗人雍正六年任　海　保 鑲黃旗人奉宸苑郎中雍正八年任
巡察官雍正三年八月於江寧安徽二處添設巡
察官一員專司稽察盜賊并巡查驛站烟墩
王肅章 山東人進士雍正三年任　博　濟 滿洲人雍正四年任
戴音保 鑲白旗人御史雍正五年任
龍江西新關
隋赫德 滿洲人江寧織造雍正六年任　許夢閎 滿洲人江寧織造雍正九年任
高　斌 鑲黃旗人署江寧織造雍正十一年任
李　英 鑲白旗人雍正十二年任
滸墅鈔關
何天培 正白旗人鎮海將軍雍正二年任
胡鳳翬 鑲白旗人蘇州織造雍正三年任
高　斌 鑲黃旗人織造雍正四年五年任
李秉忠 正藍旗人織造雍正六年七年任
海　保 鑲黃旗人織造雍正八年九年十年十一年任

其實，除了滿漢大臣及督、撫、提、鎮有密摺直達御前的權力與義務外，被噶爾泰批評的曹頫，因是內務府外放的江南織造，亦成為少數可直接向皇帝表達意見的官員。[70] 如康熙帝在五十七年六月初二日的曹頫摺上就強調他應常將聽聞的大小事密奏，[71] 希望能藉此多方掌握民情與吏治。

雍正五年十一月二十四日山東巡撫塞楞額（圖表 7.7）疏告江南三織造在運送龍衣（指天子的袍服）差使時，額外多索夫馬、程儀、騾價等，以致各驛多有賠累（圖表 7.16 及 7.17），其疏有云：

> 運送龍衣差使，各驛多有賠累。及詢其賠累之由，蓋緣管運各官俱於勘合之外多用馬十餘匹至二十餘匹不等。且有轎夫、槓夫數十名，更有程儀、騾價銀兩以及家人、前站、廚子、管馬各人役銀兩，公館中伙飯食、草料等費，每一起經過管驛州縣，所費不下四、五十金。在州縣各官，則以為御用緞疋，惟恐少有遲悞，勉照舊例應付，莫敢理論。在管運各官，則以為相沿已久，罔念地方苦累，仍照舊例收受，視為固然。

故他主張「御用緞疋，自應敬謹運送，不可少有貽悞，但於勘合之外，亦不可濫用夫馬，且程儀、騾價尤為無稽」。

清代將動用驛遞系統時所必須提供的證明稱為郵符，大致可分成勘合、火牌、兵牌、火票等幾類。為官者給與勘合（圖表 7.18）；為兵者給與火牌；若公差官員需兵勇護送，則要驗看兵牌；馬遞公文，得查驗火票。此類郵符不僅可用來證明當事人的身分，且可在沿途驛站取得必要的補給，如康熙三十年議准盛京兵部每年給發勘合、火牌各二十張，其用過數目由該部於年終造冊奏銷，除緊要事件准連站星馳外，平常事件均按限、按站令地

70 楊啟樵，《雍正帝及其密摺制度研究》，頁 155-162。

71 《宮中檔康熙朝奏摺》，第 7 輯，頁 349。

方官查明應付，不得越站跑傷馬匹。齎奏本章用小匣裝盛，不得過十斤（1斤＝597克），若送冊籍，用馬馱載，不得過六十斤，勘合之上會根據「道里之遠近，事情之緩急」，明記所需夫馬、驢車和船隻的數目。[72]

以翰林院編修王懿榮於光緒十九年七月奉派為河南鄉試正考官為例，圖表7.18右即是其當時執行考差途中所攜帶的勘合，左上為定州知州徐慶銓出具的印結，證明王氏在動用該州驛站之夫馬、廩糧時未曾多索，而定州亦自評所提供的協助未遲誤。[73] 至於左下圖則為順治十年戶部派福建司主事龔鼎英前往山東時所攜帶的勘合（現藏中國第一歷史檔案館），龔氏乃接替「壹年差滿」的劉芳聲管理臨清鈔關事務，然其勘合之上並未具體記載在各驛站所能動用的夫馬、車船等。[74]

曹頫在被控「騷擾驛遞」一案中曾指出三織造先前運送御用緞疋俱從水運，後因路途潮濕，遂以驛馬經陸運馱送，又恐馬匹驚逸，始改成僱騾，並供稱：「沿途州縣酌量協助騾價、盤纏，歷行已久，妄為例當應付，是以加用夫馬，收受程儀，食其所具飯食，用其所備草料，俱各是實。」（圖表7.17）當時蘇州、杭州兩織造多是將緞疋先運至江寧織造府後再北送，[75] 因非以驛馬馱運，故沿途州縣會補貼騾價並提供一些盤纏。由於此事行用頗久，已成慣例，以致途經各地方所給的數目，「俱有賬目可查」。

---

72 翟文選等修，王樹枏等纂，《奉天通志》，卷167，頁13-66。

73 孫學雷、劉家平主編，《國家圖書館藏清代孤本內閣六部檔案》，冊4，頁1802、1805。

74 中國第一歷史檔案館編，《清代文書檔案圖鑒》，頁294。

75 有稱曹頫當時是負責解運江寧、蘇州、杭州三織造的緞衣進京，然因塞楞額在前述題本中稱「三處織造差人進京」「三路送緞人員」，並附「應付過三起差使用過夫馬銀錢數目」，知三織造應是各自解送，此故各有勘合。他們雖均途經江寧織造，但或是分別出發，否則，各驛站的量能恐不能承受三起隊伍同時抵達（連同多索者一共得動用約百匹馬，而以泰安府為例，其下的驛站分別僅有25-50匹馬）。參見顏希深修，成城等纂，《泰安府志》，卷8，頁75-78。

圖表 7.16：曹頫被控「騷擾驛遞」的結案題本（一）。

依議

題

總管內務府等衙門總管內務府事務和碩莊

《大連圖書館藏清代內務府檔案》，冊1，頁576-582

總管內務府等衙門總管內務府事務、和碩莊親王臣允祿等謹題，為遵旨議罪事。據山東巡撫塞楞額疏稱：切惟驛遞之設，原以供應過往差使，而應付夫馬，俱以勘合為憑。設有額外多索以及違例應付者，均干嚴例。然亦有歷年相沿，彼此因循，雖明知為違例而究莫可如何者，不得不為我皇上陳之。臣前以公出，路過長清、泰安等驛，就近查看夫馬，得知運送龍衣差使，各驛多有賠累。及詢其賠累之由，蓋緣管運各官俱於勘合之外多用馬十餘匹至二十餘匹不等。且有轎夫、摃夫數十名，更有程儀、騾價銀兩以及家人、前站、廚子、管馬各人役銀兩，公館中伙飯食、草料等費，每一起經過管驛州縣，所費不下四、五十金。在州縣各官，則以為御用緞疋，惟恐少有遲悞，勉照舊例應付，莫敢理論。在管運各官，則以為相沿已久，罔念地方苦累，仍照舊例收受，視為固然。臣思御用緞疋，自應敬謹運送，不可少有貽悞，但於勘合之外，亦不可濫用夫馬，且程儀、騾價尤為無稽。臣查訪既確，若不據實奏聞，殊負我皇上愛惜物力、培養驛站之聖心。伏祈皇上勅下織造各官，嗣後不得於勘合之外，多索夫馬，亦不得於廩給口糧之外多索程儀、騾價。倘勘合內所開夫馬不敷應用，寧可於勘合內議加，不得於勘合外多用，庶管驛州縣不致有無益之花消，而驛馬、驛夫亦不致有分外之苦累矣。謹將應付過三起差使用過夫馬、銀錢數目另單呈覽。為此謹題，奏。雍正五年十一月二十四日題，十二月初四奉旨：朕屢降諭旨，不許欽差官員人役騷擾驛遞，今三處織造差人進京，俱於勘合之外多加夫馬，苛索繁費，苦累驛站，甚屬可惡。塞楞額毫不瞻狥，據實參奏，深知朕心，實為可嘉。若大臣等皆能如此，則眾人咸知儆惕，孰敢背公營私！塞楞額着議敘具奏。織造人員既在山東如此需索，其他經過地方自必照此應付，該督撫等何以不據實奏聞？着該部一一察議具奏。織造差員現在京師，着內務府、吏部將塞楞額所參各項嚴審定擬具奏。欽此。再，查巡撫塞楞額所奏應付三路送緞人員、馬匹、銀錢數目單內開：一起，杭州織造府筆帖式德文，管運龍衣進京，勘合內填用馱馬十匹、騎馬二匹、每站除照勘合應付外，加馬十七、八匹不等，每州縣送程儀、騾價二十四兩，家人、前站、管馬、廚子等共銀九兩、十三兩不等，俱交舍人馮姓經手。公館中伙飯食、草料共錢十餘千、二十餘千不等。一起，蘇州織造府烏林人麻色管運龍衣進京，勘合內填用馱馬十九匹、騎馬二匹，每站除照勘合應付外，加馬十三匹。每州縣送程儀、騾價二十兩、二十四兩不等，家人、前站、管馬、廚子等共銀九兩、十三兩不等，俱交承差李姓經手。公館中伙飯食、草料共錢十餘千、二十餘千不等。一起，江寧織造府曹頫督運龍衣進京，勘合內填用馱馬十四匹、騎馬二匹，每站除照勘合應付外，加馬二十三、五匹不等，又，轎

圖表 7.17： 曹頫被控「騷擾驛遞」的結案題本（二）。

夫十二名、揹夫五十七名。每州縣送程儀、騾價
二十四兩、三十二兩不等，家人、前站、管馬、廚子
等共銀十兩、十四兩不等，俱交方姓經手。公館
中伙飯食、草料共錢二十餘千、三十餘千不等
等語。即審詢由旱路送緞疋之江寧織造員外
郎曹頫、杭州織造筆帖式德文、蘇州織造烏林
人麻色：你們解送緞疋於沿途州縣支取馬匹
等物，理應照勘合內數目支取，乃並不遵循
定例，於勘合外任意加用沿途各站馬匹、揹夫、
騾價、銀兩，草料等物是怎麼說？據曹頫供：「從前
御用緞疋俱由水運，後恐緞疋潮濕，改為陸運驛馬
馱送。恐馬驚逸，途間有失，於是地方官會同三
處織造官員定議，將運送緞疋於本織造處僱
騾運送，而沿途州縣酌量協助騾價、盤纏，歷行
已久，妄為例當應付，是以加用夫馬，收受程儀，
食其所具飯食，用其所備草料，俱各是實。我受
皇恩，身為職官，並不遵定例，多取驛馬、銀兩等物，就
是我的死罪，有何辯處？」等語。筆帖式德文、烏林
人麻色同供：「我二人俱新赴任所，去年初經陸
運緞疋，以為例當應付，冒昧收受，聽其預備，這
就是我們死期到了，又有何辯處？」等語。訊問曹
頫家人方三，德文舍人馮有金，麻色承差李姓
家人祁住等，巡撫塞楞額
奏稱沿途驛站所給銀兩俱係你們經手，每站給
過若干？共得過銀若干？據同供：「沿途驛站所給
銀兩俱係我們經手是實。所給數目多少不等，
俱有賬目可查。」等語。隨將賬目查看，內開：曹頫
收過銀三百六十七兩二錢，德文收過銀五百
十八兩三錢二分，麻色收過銀五百零四兩二
錢。
該臣等會議得山東巡撫塞楞額
奏稱運送緞疋員外郎曹頫等於勘合外加用沿
途州縣各站馬匹、騾價、程儀、揹夫、飯食、草料等
物一案，審據曹頫供稱：「從前
御用緞疋俱由水運，後恐潮濕，改為陸運，驛馬馱送。
又恐馬或驚逸，途間有失，是以地方官會同三

處織造官員定議，將運送緞疋於本織造處僱
騾運送，沿途州縣酌量協助騾價、盤纏，歷行已
久，妄為例當應付，是以多支馬匹，收受程儀，食
其所具飯食，用其所備草料，俱各是實。我受
皇恩，身為職官，不遵定例，冒取驛馬、銀兩等項就是
我的死罪，有何辯處？」等語。筆帖式德文、烏林人
麻色同供：「我二人新赴任所，去年初經陸運緞
疋，以為例當應付，冒昧收受，聽其預備，就是我
們死期到了，又有何辯處？」等因。俱已承認隨將
沿途索取銀兩賬目，核算曹頫收過銀三百六
十七兩二錢，德文收過銀五百十八兩三錢二
分，麻色收過銀五百零四兩二錢。　查定例
「馳驛官員索詐財物者革職」等語，但曹頫等俱
係織造人員，身受
皇上重恩，理宜謹慎事體，敬守法律，乃並不遵例，而
運送緞疋沿途騷擾驛站，索取銀錢等物，殊屬
可惡。應將員外郎曹頫革職，筆帖式德文、庫使
麻色革退。筆帖式、庫使均枷號兩個月、鞭責一
百，發遣烏喇，充當打牲壯丁。其曹頫前站家人
方三、麻色家人祁住、德文舍人馮有金，雖聽從
曹頫等指令，而借前站為端，騷擾驛途，索取銀
錢，亦屬可惡。應將方三、祁住、馮有金各枷號兩
個月。方三、祁住鞭責一百，馮有金責四十板。其
曹頫等沿途索取銀兩，雖有帳目，不便據以為
實，應將現在賬目銀兩照數嚴追，令交廣儲司
外，行文直隸、山東、江南、浙江巡撫，如此項銀兩
於伊等所記賬目有多取之處，將實收數目查
明，到日仍着落伊等賠還可也。臣等未敢擅便，
謹
題
請
旨。
雍正六年六月二十一日
總管內務府事務、和碩莊親王臣允祿
協理內務府總管事務、管理武備院事務、內大臣臣佛倫
兵部尚書、內務府總管事務、革職留任臣查弼納
（下略）

圖表 7.18：清代與「勘合」相關的文物。

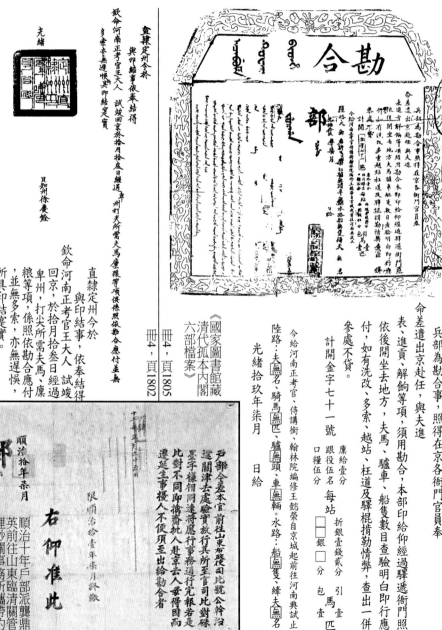

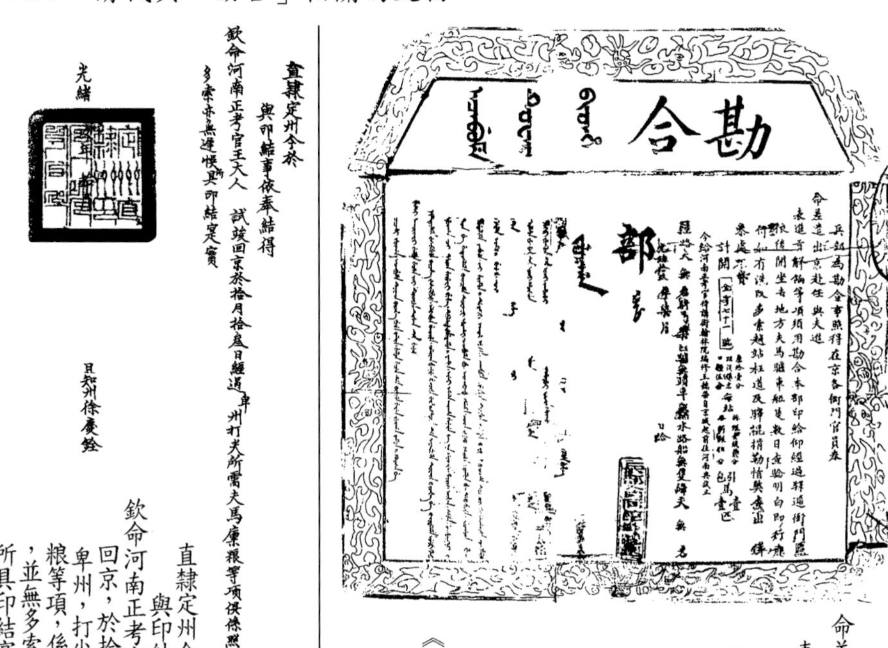

兵部為勘合事，照得在京各衙門官員奉
命差遣出京赴任，與夫進
表、進貢、解餉等項，須用勘合，本部印給仰經過驛遞衙門照
依後開坐去地方，夫馬、驢車、船隻數目查驗明白即行應
付，如有洗改、多索、越站、枉道及驛棍揹勒情弊，查出一併
參處不貸。

計開金字七十一號

廩給壹分　折銀壹錢貳分　引壹
跟役伍名　每站　□銀□分　包壹　馬□匹
口糧伍分

今給河南正考官、侍講銜、翰林院編修王懿榮自京城起前往河南典試止
陸路：夫無名、騎馬無匹、驢無頭、車無輛。水路：船無隻、縴夫無名

光緒拾玖年柒月　日給

《國家圖書館藏清代孤本內閣六部檔案》
冊4，頁1805
冊4，頁1802

直隸定州今於
與印結事，依奉結得
欽命河南正考官王大人，試竣
回京，於拾月拾叁日經過
阜州，打尖所需夫馬、廩
粮等項，係照依勘合應付
，並無多索，亦無遲悞，
所具印結寔實。
光緒拾玖年拾月　日
知州徐慶銓

戶部今差本官前往山東布政使司比號公幹沿途關津去處驗實放行其所至官司比對硃墨字樣相同速將應行事務通行完報若是比對不同即擒拏批人赴京去人毋得因而遷延生事擾人不便須至出給勘合者

右仰准此

限順治拾壹年柒月終繳

部　順治拾年柒月

順治十年戶部派龔鼎英前往山東臨清關管理鈔關事務所攜帶的勘合。參見《清代文書檔案圖鑑》，頁294。

對州縣各官而言，運送龍衣因屬御用之事，惟恐稍有遲誤遭罪，故勉強照舊例應付，莫敢理論。而管運各官雖明知違例，但以相沿已久，「罔念地方苦累，仍照舊例收受，視為固然」，故於勘合之外敢加用沿途州縣各站的馬匹、騾價、程儀、損夫、飯食、草料等物（三起差使所用的夫馬、銀錢數目，參見圖表 7.19）。雍正五年十二月初四日因此諭曰：

> 朕屢降諭旨，不許欽差官員人役騷擾驛遞，今三處織造差人進京，俱於勘合之外多加夫馬，苛索繁費，若累驛站，甚屬可惡。塞楞額毫不瞻狗，據實參奏，深知朕心，實為可嘉。若大臣等皆能如此，則眾人咸知儆惕，孰敢背公營私！塞楞額着議敘具奏。織造人員既在山東如此需索，其他經過地方自必照此應付，該督撫等何以不據實奏聞？着該部一一察議具奏。織造差員現在京師，着內務府、吏部將塞楞額所參各項嚴審定擬具奏。

經總管內務府事務的莊親王允祿等人嚴審後，依「馳驛官員索詐財物者革職」之例，擬議：

> 曹頫等俱係織造人員，身受皇上重恩，理宜謹慎事體，敬守法律，乃並不遵例，而運送緞疋沿途騷擾驛站，索取銀錢等物，殊屬可惡。應將員外郎曹頫革職，筆帖式德文、庫使麻色革退。筆帖式、庫使均枷號兩個月、鞭責一百，發遣烏喇，充當打牲壯丁。

六年六月二十一日並要直隸、山東、江蘇、浙江等巡撫重加嚴追，「將實收數目查明，到日仍着落伊等賠還可也」。

圖表 7.19：雍正六年六月審理三織造督運龍衣進京騷擾驛途案。

杭州織造府 筆帖式德文
罪狀：勘合內填用馱馬十匹、騎馬二匹，然其每站除照勘合應付外，另加馬十七、八匹不等，還收受每州縣所程儀、騾價二十四兩；家人、前站、管馬、廚子等共銀九兩、十三兩不等，俱交舍人馮姓經手；公館中伙飯食、草料共錢十餘千、二十餘千不等。德文自稱共收過銀五百十八兩三錢二分。 處分：應將筆帖式德文革退，並枷號兩個月、鞭責一百，發遣烏喇，充當打牲壯丁，德文舍人馮有金借前站為端，騷擾驛途，索取銀錢，亦屬可惡，應枷號兩個月，責四十板。
蘇州織造府 烏林人麻色
罪狀：勘合內填用馱馬十九匹、騎馬二匹，然其每站除照勘合應付外，另加馬十三匹。還收受每州縣所送程儀、騾價二十兩、二十四兩不等；家人、前站、管馬、廚子等共銀九兩、十三兩不等，俱交承差李姓經手；公館中伙飯食、草料共錢十餘千、二十餘千不等。麻色自稱共收過銀五百零四兩二錢。 處分：應將庫使麻色革退，並枷號兩個月、鞭責一百，發遣烏喇，充當打牲壯丁，麻色家人祁住借前站為端，騷擾驛途，索取銀錢，亦屬可惡，應枷號兩個月，鞭責一百。
江寧織造府 員外郎曹頫
罪狀：勘合內填用馱馬十四匹、騎馬二匹，然其每站除照勘合應付外，另加馬二十三、五匹不等，又轎夫十二名、槓夫五十七名。還收受每州縣所送程儀、騾價二十四兩、三十二兩不等；家人、前站、管馬、廚子等共銀十兩、十四兩不等，俱交方姓經手；公館中伙飯食、草料共錢二十餘千、三十餘千不等。曹頫自稱共收過銀三百六十七兩二錢。 處分：應將員外郎曹頫革職，曹頫前站家人方三借前站為端，騷擾驛途，索取銀錢，亦屬可惡，應枷號兩個月，鞭責一百。

甫登基的雍正帝，因對驛遞的積弊深有所感，故在元年正月訓勉各省道員時，即特別提及「驛遞馬匹數目多寡，每有假冒開銷，歲修船隻，亦有虛浮不實」，要求經管驛站的官吏應「廉潔自守」。[76] 並覆准：

> 自將軍、督撫、提督、總兵官以下各官，如有家人衙役擅騎驛馬、需索驛遞財物等弊，令州縣驛遞官員申報上司，該上司即行指名題參，照例治罪。如該上司容隱不參，或經科道糾參，或被旁人告發，將該上司照徇庇例治罪。[77]

強調如有騷擾驛站的情事必照律例治罪。雍正元年十月更諭兵部：

> 驛站關係重大，經朕屢加嚴諭，然其間積弊難以盡詰。有在官之累，有在民之累，如直隸、山西等省差徭更為浩繁，雖驛馬足數，亦供應不敷，乃內而兵部，外而驛道，於給發馬匹時，官吏通情受賄，往往所給浮於勘合之數，且行李輜重皆令驛卒乘馬背負，多至八、九人不等。所到州縣，以見馬換馬，向有舊例，不敢詰問。至督撫提鎮經過之處，更唯命是從。嗣後照勘合之外，有敢多給一夫一馬者，許前途州縣即據實揭報都察院，以聽糾參……。

指出州縣驛遞官因「向有舊例，不敢詰問」，往往浮給夫馬之數，而不照勘合上所填具者供給。並稱在離京稍遠之河南、山東諸省，「每驛額設馬匹不過十存三、四，其草料工食仍照舊開銷，且逐年詳報倒斃，侵蝕補買之價。差使一至，則照里科派，將民間耕種牲口強遣當差，令其自備物料，跟隨守候，種種累民，尤屬不法」，故命徹查所有驛站，「缺額者，勒限買補，至派借民間牲口，尤當勒石永禁，違者即從重治罪」。[78]

---

76 《清世宗實錄》，卷 3，頁 76。
77 允祿等，《大清會典》，卷 144，頁 18。
78 此段參見《清世宗實錄》，卷 12，頁 218-219。

二年閏四月又嘗諭兵部：

> 聞得地方官，祇知嚴緊驛站，諸凡敕詔經過，迎送俱不成禮。至伊等私事及上司差役，轉擅動驛馬，逢迎應付，從前惟恐騷擾驛站，朕曾降旨嚴飭，但敕詔經過地方，官吏迎送，有關大典，豈可踈玩，爾等繕寫諭旨，申飭各省督撫。

知自去年十月頒布嚴旨後，一般官員騷擾驛站的情形應已頗有改善，但地方官卻過猶不及，連敕詔經過也「迎送俱不成禮」，但仍不乏有為私事或逢迎上司而「擅動驛馬」者。此年且另有兩次諭旨嚴斥騷擾驛遞之事。[79]

雍正三年更敕諭：「凡內務府官員執事之人及各部院衙門官員人等，並無印信憑據，詐欺索取民夫等項，該地方官即行拘拏，一面申報該督撫具題，一面申報該部審實。係官革職，係領催、執事人等拏送刑部，從重治罪。」[80] 同年，律例館即奉准增定附律例文，稱：

> 凡馳驛官員，縱容差官跟役，毆罵驛官驛夫。或並無急務，走死驛馬，並額馬既足，故行越站，以及索詐財物者，該地方官、驛官一面申詳上司，一面具報該部。察究得實，官員革職，差官人等，拏送刑部，從重治罪。若無勘合、火牌，謊稱公差，支取夫馬、船隻及索詐財物者，亦俱拏送刑部從重治罪。其不照依所定程途，枉道擾驛者，係官交該部議處，差役杖一百。

該館且奏准於律後恭載元年十月的諭旨。[81] 此故，我們在雍正三年成書的《大清律集解附例》中，即可見到前述元年十月的諭旨被完整納入（圖表7.20），還增入「馳驛官員索詐財物」之處罰。[82]

---

79 此段參見《清世宗實錄》，卷 19，頁 312、卷 20，頁 321、卷 24，頁 382。
80 翟文選等修，王樹枏等纂，《奉天通志》，卷 167，頁 53。
81 允祿等，《大清會典》，卷 169，頁 17-19。
82 朱軾、常鼐等纂修，《大清律集解附例》，卷 17，頁 8-13。

雍正四年又具體規定：

> 嗣後勘合內無品人員，止許給包馬一匹；九品、八品、七品官員，引馬一匹、包馬一匹；六品、五品、四品官員，引馬一匹、包馬二匹；三品以上大臣，引馬二匹、包馬四匹。其背包不得過六十觔，如有違例多索及背包過重，騷擾驛遞者，令司驛各官即行申報上司題參，從重議處。[83]

其中「引馬」乃官員出行時前導的騎從，「包馬」則為承載背包之馬。從前述這些密集的諭旨，知雍正帝對驛站的相關議題的確甚為在意。[84]

總管內務府事務的和碩莊親王允祿等，在雍正六年六月二十一日審理三織造督運龍衣進京騷擾驛途案時，即依雍正三年《大清律集解附例》〈多乘驛馬〉中新增之馳驛官員「索詐財物」例（圖表 7.20），將員外郎曹頫革職，筆帖式德文、庫使麻色革退，德文和麻色且均枷號兩個月、鞭責一百，發遣打牲烏拉（在今吉林市龍潭區烏拉街），充當專司各項採捕事宜的打牲壯丁。由於德文和麻色所收之贓銀多過曹頫，故處罰亦較重，但「馳驛索詐」顯然並未罪及抄家。類似情形亦見於雍正五年八月「勒索驛站規禮」的巡察給事中博濟，博濟因此遭革職，六年正月畏罪自縊；七年五月廣東所差伴送暹羅貢使的人員沿途「違例勒索，借端逗留，騷擾驛遞」，諭令「將伴送管事之人交與該部即行拿問」。[85] 又，步軍統領阿齊圖因在雍正

83 允祿等，《大清會典》，卷 144，頁 21。

84 雍正帝為此書所親撰的序中有云：「雍正元年八月，乃命諸臣將律例館舊所纂脩未畢者，遴簡西曹，殫心蒐輯。稿本進呈，朕以是書民命攸關，一句一字必親加省覽，每與諸臣辯論、商榷、折中、裁定，或抑異以歸同，或刪繁而就約，務期求造律之意，輕重有權，盡讞獄之情，寬嚴得體。三年八月編校告竣，刊布內外，永為遵守。」可知其對修訂律令一事的重視。

85 張書才，《曹雪芹家世生平探源》，頁 49；鄂爾泰等，《世宗憲皇帝硃批諭旨》，卷 11 下，頁 30、62。

十年出差時向地方官「勒索餽送，騷擾驛站」，諭旨：「著革職，前往博第〔護軍統領〕、巴爾米忒〔委署護軍統領〕操練兵丁之烏爾輝地方，効力贖罪行走。」[86] 亦即，雍正時期雖對騷擾驛站之事往往嚴懲，但類似曹頫遭到革職抄沒之重懲顯然另有其故（圖表 7.21）。

曹頫在雍正六年六月二十一日的審理過程中，自承於運送龍衣行經山東時共收過銀 367 兩 2 錢，然總管內務府事務的允祿在擬旨中則稱：

> 曹頫等沿途索取銀兩雖有帳目，不便據以為實，應將現在帳目銀兩照數嚴追，令交廣儲司外，行文直隸、山東、江南、浙江巡撫，如此項銀兩於伊等所記帳目有多取之處，將實收數目查明，到日仍着落伊等賠還可也。臣等未敢擅便，謹題請旨。

雍正帝的批紅為「依議」。亦即，沿途各省均被要求查察，故內務府在重行追索後疏稱曹頫共應分賠騷擾驛站銀 443 兩 2 錢，此數較前多了 76 兩（杭州織造府的筆帖式德文則維持原數）。[87]

然從乾隆《直隸相距程限冊》，我們可發現江南江寧驛 60 里→金陵驛 200 里→雲陽驛 1430 里→山東長城驛 727 里→直隸清苑縣 330 里→北京，亦即，當時若運送龍衣，共經江南 26 驛、山東 12 驛、直隸 5 驛（圖表 7.22；當中有少數是在雍正五年之後才增設）。依曹頫等騷擾驛站案中塞楞額的說法，管運各官會向驛站索取「程儀、騾價銀兩以及家人、前站、廚子、管馬各人役銀兩，公館中伙飯食、草料等費」，每驛「不下四、五十金」，此故，曹頫初被山東巡撫塞楞額控告時曾自承收過銀 367.2 兩（平均每驛約 30 兩）。由於曹頫在山東以外亦經過 31 驛，卻只多查出索詐不逾 76 兩（平均每驛僅約 2 兩餘），知江南與直隸兩省應皆未落井下石，只不過依旨虛應故事。

---

86 《清世宗實錄》，卷 117，頁 556。

87 《關於江寧織造曹家檔案史料》，頁 201。

在雍正七年七月追查原任江寧織造曹寅名下得過趙世顯銀八千兩一案，移會中稱「曹頫因騷擾驛站獲罪，現今枷號」（圖表 7.23），[88] 發現曹頫在抄沒近兩年之後竟仍被「枷號」。雍正帝應是因其「有違朕恩，甚屬可惡」，遂依雍正五年為追催旗官欠銀所制定的新例加以嚴懲，其中有云：

> 嗣後內府佐領人等，有應追拖欠官私銀兩應枷號者，著枷號催追；應帶鎖者，著鎖禁催追。俟交完日再行治罪、釋放，著為定例。[89]

然已被抄家的曹頫因有轉移財產的嫌疑，故只能以小額慢慢還欠（見後文），又因一直未能交完，遂繼續被上枷。[90]

據雍正三年內府刻的《大清律集解附例》：「枷長三尺、濶二尺九寸，以乾木為之，重二十五觔，觔數刻誌枷上。再，律例內有特用重枷者不在此限。」[91] 此約 15 公斤重的枷應陪伴曹頫走過近百個月的闇黑日子（附錄 7.3），曹家因此對塞楞額和胤禛懷有無限恨意。曹頫直到雍正帝駕崩，才因弘曆登極恩赦而得到免賠並解枷的待遇。入乾隆朝後曹家的風華已不再，更未出現某些學者所主張之家道中興的景象，[92] 然這些苦難卻都化為天然有機肥，變成曹雪芹創作小說時最好的滋養。

---

88 張書才等，〈新發現的有關曹雪芹家世的檔案〉。

89 允祿等，《大清會典》，卷 231，頁 13。

90 枷號通常是一至三個月，重罪者則不然，如雍正三年受年羹堯案牽連的年如與年悅，俱遭「永遠枷號於廉親王〔康熙皇八子允禩〕府」；十一年以特差稽查沿邊營伍的大臣杭奕祿「沿途驕奢放縱，擾累兵民」，諭命「在肅州永遠枷號」，至乾隆元年始召回京授額外內閣學士。參見蕭猛撰，朱南銑點校，《永憲錄》，頁 243；鐵保等，《欽定八旗通志》，卷 174，頁 26。

91 朱軾、常鼐等纂修，《大清律集解附例》，卷首，頁 1。

92 周汝昌嘗稱曹頫在乾隆元年被授予內務府員外郎，然此一並無史料佐證的「曹家中興說」（聲稱曹家在乾隆初年二次抄家後才覆沒），後被名作家劉心武用來建構其以秦可卿為核心的「秦學」，並假學術之名獲得社會頗大聲量。參見李廣柏，《文史叢考：李廣柏自選集》，頁 256-260。

圖表 7.20：雍正《大清律集解附例》中有關騷擾驛遞的處分。

條例
原例 一順治三年五月十五日欽奉
上諭凡滿洲官員因軍務差遣及自軍前赴京齎奏
軍情倘經過地方不照依勘合火牌糧單隨即供
應驛馬廩給不爲豫備公館以致遲誤者按遲誤
大清律　兵律卷之十七　八
事情巨細將本城長官及所派催辦驛馬糧餉官
俱指名題參該部察議擬罪具奏發落若長官他
出不在本城而有遲誤者其委託怠玩亦不得免
罪仍行訶治特論
一各處水馬驛遞運所夫役巡檢司弓兵若有
用強包攬不容正身著役多取工錢害人攪
擾衙門者問罪不分軍民俱發附近衛所充
軍其官吏通同縱容者各治以（遲制）罪若不曾
用強多取工錢者不在此例（多取工錢問求索計贓依不枉）
法論
例

增例 一凡齎奏不騎驛馬違限十日以內者免罪十
日以外係常事笞三十密事笞四十

多乘驛馬
凡出使人員應乘驛船驛馬數外多乘一船一
馬者杖八十每一船一馬加一等若應乘驢
而乘馬及應乘中等下等馬而勒要上等馬
者杖七十因而毆傷驛官者各加一等（至折齒以上依闘毆論）
若驛官容情應付者各減犯人罪一
大清律　兵律卷之十七　九
等其應乘上等馬而驛官却與中等下等馬
者罪坐驛官本驛如無上等馬者勿論○若

（出使人員）枉道馳驛及經驛不換船馬者杖六十
因而走死驛馬者加一等追償馬匹還官○
其事非警急不曾枉道而走死驛馬者償而
不坐○若軍情警急及前驛無船馬倒換者
不坐不償（亦究不倒換緣由）

條例
欽定例 一雍正元年十月初五日奉
大清律　兵律卷之十七　十
上諭查驛站關係重大經朕屢加嚴諭然其間積弊
難以盡詰有在官之累有在民之累如直隸山西
差徭更爲浩繁雖驛馬足數亦供應不敷乃內而
兵部外而驛道於給發馬匹時官吏通情受賄往
往所給浮於勘合之數且行李輜重皆令驛卒乘
馬背負多至八九人不等所到州縣以見馬換馬
向有舊例不敢詰問至督撫提鎮經過之處更惟
命是從嗣後照勘合之外有敢多給一夫一馬者
許前途州縣即據實揭報都察院以聽糾察如甲
縣容情不揭而被乙縣揭報者并甲縣一併治罪
其督撫提鎮騷擾驛遞者皆照此例庶少甦在官
之累至若河南山東諸省離京稍遠謂耳目易欺
每驛額設馬匹不過十存三四其草料工食仍照
舊開銷且逐年詳報倒斃侵蝕補買之價差使一
至則照里科派將民間耕種牲口硬遣當差令其
自備物料跟隨守候種種累民尤屬不法著該地
方督撫將所有驛站逐一徹底清查缺額者勒限
補買至派借民間牲口尤當勒石永禁違者即從

重治罪特論
原例 一凡指稱勳戚文武大臣近侍官員姻黨族屬
家人名目虛張聲勢擾害經過軍衛有司驛
遞衙門占宿公館索取人夫馬匹車輛財物
等項及姦徒詐稱勢要衙門乘坐黑樓等船
隻懸掛牌面希圖免稅誆騙違法者徒罪以
上俱於所犯地方枷號一箇月發邊衛充軍
杖罪以下枷號一箇月發落（索取財物問求索希圖免稅問匿稅誆騙違法問詐稱見任官家人於所部內得財）

增例 一凡馳驛官員縱容差官跟役毆罵驛官驛夫
或並無急務走死驛馬並額馬既足故行越
站以及索詐財物者該地方官驛官一面申
詳上司一面具報該部察究得實官員革職
差官人等拏送刑部從重治罪若無勘合火
牌謊稱公差支取夫馬船隻及索詐財物者
亦俱拏送刑部從重治罪其不照依所定程
途枉道擾驛者係官交該部議處差役杖一
百

多支廩給
凡出使人員多支領廩給者計贓以不枉法論
當該官吏與者減一等強取者以枉（分有祿無祿）
法論官吏不坐（多支口糧比此）
註 此禁出使人員之需索也凡驛中經過出使
人員應支廩給各有定數若額外多支和取
者計贓以不枉法論當該官吏與者減犯人
罪一等強取者計贓以枉法論當該官吏與
者不坐蓋因強取而應付勢非得已非容情
者比也

❖ 朱軾、常鼐等，《大清律集解附例》卷十七，頁八至十三

圖表 7.21：雍正朝曹頫遭定罪的過程。

時間	敘事及出處
雍正二年十月	兩江總督查弼納會同欽派大臣戶部左侍郎李周望、刑部右侍郎塞楞額，前往清查曹頫虧空錢糧事。[a]
五年十一月二十四日	山東巡撫塞楞額疏稱江南三織造在運送龍衣差使時，屢於勘合之外，濫用夫馬，甚至需索程儀、騾價，令各驛多有賠累，故將三起差使所用過的夫馬、銀錢數目呈覽。[b]
十二月初四日	雍正帝稱：「朕屢降諭旨，不許欽差官員人役騷擾驛遞，今三處織造差人進京，俱於勘合之外多加夫馬，苛索繁費，苦累驛站，甚屬可惡……織造人員既在山東如此需索，其他經過地方自必照此應付，該督撫等何以不據實奏聞？着該部一一察議具奏。」[b]
十二月十五日	內閣奉上諭：「杭州織造孫文成年已老邁，李秉忠着以按察司銜管理杭州織造事務。江寧織造曹頫審案未結，着綏赫德以內務府郎中職銜管理江寧織造事務。」[c]
十二月二十四日	諭旨稱：「曹頫行為不端，織造款項虧空甚多。朕屢次施恩寬限，令其賠補……然伊不但不感恩圖報，反而將家中財物暗移他處，企圖隱蔽，有違朕恩，甚屬可惡！著行文江南總督范時繹，將曹頫家中財物，固封看守，並將重要家人，立即嚴拿；家人之財產，亦著固封看守，俟新任織造官員綏赫德到彼之後辦理。」[d]
六年三月初二日	綏赫德接任（二月初二日）之前，范時繹已將曹頫家數名管事夾訊監禁，查清其住房有十三處四百八十三間，地八處十九多頃，家人一百十四口，皆賞給綏赫德。曹頫家屬蒙恩可少留房產養贍，綏赫德因此題請將在京房屋人口酌量撥給其歸旗家屬（圖表 7.24）。[d]
六月二十一日	允祿等議罪曹頫騷擾驛站的題本，獲批「依議」。內指稱「曹頫等俱係織造人員，身受皇上重恩……而運送緞疋沿途騷擾驛站，索取銀錢等物，殊屬可惡」，並擬議應依「馳驛官員索詐財物者革職」律，除將員外郎曹頫革職，且要直隸、山東、江蘇、浙江等巡撫重加嚴追，「將實收數目查明，到日仍着落伊等賠還」。[b]
七月初三日	綏赫德奏稱：「奴才查得江寧織造衙門左側萬壽菴內有藏貯鍍金獅子一對，本身連座共高五尺六寸。奴才細查原由，係塞思黑於康熙五十五年遣護衛常德到江寧鑄就，後因鑄得不好，交與曹頫，寄頓廟中……不敢隱匿。」[d]

出處： a.《雍正朝硃批滿文奏摺全譯》 b.《大連圖書館藏清代內務府檔案》
c.《雍正朝起居注冊》 d.《關於江寧織造曹家檔案史料》

圖表 7.22：乾隆《直隸相距程限冊》中所記從北京至江寧的驛站。[93]

又自直隸保定府清苑縣起五十里至
安肅縣七十里至　定興縣七十里至
涿　州七十里至　良鄉縣七十里至
直隸學院衙門駐劄京都
以上自直隸清苑縣起至京都止計程三百三十里計六百里
公文統限六時五刻 一日一時一刻半

直隸省至山東省程途里數排单公文限期
一自直隸保定府清苑縣起六十里至
高陽縣八十里至　河間縣六十里至
獻　縣四十里至　交河縣富莊驛四十里至
阜城縣五十里至　景　州六十里至
山東德州八十里至　平原縣七十里至
禹城驛七十里至　齊河縣六十里至
崮山驛五十七里至　長城驛一百七十八里至

直隸至江南省程途里數排单公文限期
一自直隸保定府清苑縣起至山東長城驛止計程七百二
十七里共經山驛站里數限期俱於該省冊內開載毋
庸重列自
長城縣五十四里至　泰安縣四十五里至
崔家庄驛四十五里至　羊流店驛六十里至
新泰縣六十里至　蒙陰縣七十里至
梁庄驛六十里至　徐公店驛七十里至
蘭山縣四十里至　李家庄驛七十里至

郯城縣四十五里至　紅花埠驛六十里至
江南峒峿站六十里至　鐘吾驛六十里至
古城驛六十里至　桃源驛六十里至
清口驛六十里至　淮陰驛八十里至
安平驛六十里至　界首驛六十里至
孟城驛六十六里至　邵伯驛四十五里至
廣陵驛五十里至　京口驛九十里至
雲陽驛一百里至　毘陵驛一百里至

又自直隸保定府清苑縣起由前路山東至江南雲陽驛止
計程二千一百五十七里自
雲陽驛一百里至　雲亭驛一百里至
兩江總督 江寧將軍 衙門駐劄江寧府省城金陵驛
以上自直隸清苑縣起由山東至江南金陵驛止計程二千
三百五十七里計六百里公文統限七日三日十一時一二刻

江南程限　十五

又自直隸保定府清苑縣起由前路山東至江南金陵驛止
計程二千三百五十七里自
金陵驛六十里至　江寧驛八十里至

直隸相距程限冊

日本早稻田大學藏乾隆間本

〔江南〕江寧驛 60 里 →〔江南〕金陵驛 200 里 →
〔江南〕雲陽驛 1430 里 →〔山東〕長城驛 727 里 →
〔直隸〕清苑縣 330 里 → 北京

[93] 單功擢、達爾吉善，《直隸相距程限冊》，頁 6-15。

圖表 7.23： 雍正七年七月奉追曹寅贓款的〈刑部移會〉。

咨

刑部為移會事。江南清吏司案呈：先據署
蘇撫尹　咨稱，奉追原任江寧織造曹寅
名下得過趙世顯銀八千兩一案，隨經飭令上
元縣遵照勒追去後，今據該縣詳稱，具詳
織造隨批開，前任織造之子曹頫已經帶罪
在京，所有家人奉
旨賞給本府，此外並未遺留可追之人等情。查曹
寅應追銀兩，原奉部文在於伊子名下追
繳。今一年限滿，既據查明伊子曹頫現今在
京，又無家屬可以着追，上元縣承追職名似
應邀免，等因咨部。本部以曹寅名下應
追銀兩，江省既無可追之人，何至限滿始行
詳報，明屬玩延，行文該旂作速查明曹頫
是否在京，并江省有無可追之人，咨覆過
部，以憑着追。仍令該撫將承追不力職名補
參，并知會辦理趙世顯事務之王、大人等在案。
今於雍正七年五月初七日，准總管內務府咨
稱：原任江寧織造員外郎曹頫，係包衣佐領
下人，准正白旂滿洲都統咨查到府。查曹頫因
騷擾驛站獲罪，現今枷號，曹頫之京城家
產人口及江省家產人口，俱奉
旨賞給隨赫德。後因隨赫德見曹寅之妻孀婦
無力不能度日，將賞伊之家產人口內，於京城
崇文門外蒜市口地方房十七間半、家僕三
對，給與曹寅之妻孀婦度命。除此，京城、江省再
無着落催追之人。相應咨部，等因前來。據
此，應將內務府所咨曹寅之子曹頫，京城及江
省家產人口，俱經奉
旨賞給隨赫德緣由，知會辦理趙世顯事務之
王、大人等可也。
雍正七年七月二十九日

中國第一歷史檔案館藏〈刑部移會〉

附錄 7.3

雍正朝遭追賠與枷號的曹頫

雍正十三年九月初三日弘曆登基，當天頒布的恩詔中有一條曰：

> 八旗及內務府並五旗包衣人等，凡侵貪、挪移應追銀兩，實係本人家產盡絕者，查明准與豁免，其分賠、代賠以及牽連著賠者，一概豁免。[94]

內務府遂於十月二十一日將應寬免的人員繕單請旨，曹頫即因符合「本人家產盡絕」的恩赦條件，[95] 而豁免其尚欠的 302 兩 2 錢。查曹頫先前已陸續賠還 141 兩，該款項通常是「由其本人錢糧俸銀及其子孫之錢糧俸銀坐扣」，由於曹家被疑「轉移家財」，故應最可能用其家人（男丁尚有曹頫以及雪芹、棠村兄弟）固定且公開收入的某個比例慢慢攤賠。倘若曹頫是以定期定額的方式繳賠，[96] 因從乾隆登極恩赦之雍正十三年九月回溯至六年三月（曹家可能於此時解京歸旗；圖表 7.21）的總月數共 94 個月（含閏月），而已賠還的 141 兩恰可分解成 94 x 1.5 兩，此事很難歸於巧合，不知曹頫當時是否每月攤還 1.5 兩？[97]

情理上，以曹家半個多世紀的富貴（其家當差經手的金額往往高達數萬至幾百萬兩；圖表 4.25）與人脈，應至少有一些親友可協助清欠：如曹寅長女至乾隆十四年仍存世，她長期圈禁在家的夫婿納爾蘇（康熙

---

94 《清高宗實錄》，卷 2，頁 159-160。

95 由於曹家被抄時，除房屋、人口外，只查得「桌椅、床杌、舊衣、零星等件及當票百餘張」，故曹家即使還有些未被抄出的財產，也只能啞巴吃黃蓮，無法拿來清欠。參見鄧遂夫，《紅學論稿》，頁 79-92。

96 曹頫當然希望能早點賠還欠銀，以免除枷號。但其家有可能只依賴養贍銀或旗丁銀維持最低標準之生活，即使偶可透過親友周濟或其它營生而獲得一些收入，恐也只能以定期定額的方式慢慢攤賠。又，此還款的起迄點也可能皆前移一個月。此段參見《關於江寧織造曹家檔案史料》，頁 186-188、198-201。

97 曹雪芹當時或在咸安宮官學就讀，故每月應可領到二兩錢糧，至於其他家人還有哪些固定收入則不詳。參見黃一農，〈咸安宮官學、右翼宗學與曹雪芹〉。

五十八年嘗從撫遠大將軍胤禎至西藏平亂，雍正四年或因不願對允禩落井下石，而被以「在西寧軍前貪婪受賄」為由無限期圈禁），[98] 迄乾隆五年九月初七日始卒；[99] 曹寅的親外孫平郡王福彭（納爾蘇長子）在雍正後期聖眷正隆，妹婿傅鼐亦於九年復職（他為雍邸舊人，被控與隆科多交結且收受賄賂，而於四年八月遭奪官戍邊），十一年起並參贊定邊大將軍福彭之事務（圖表 5.1）；傅鼐之子昌齡則登雍正元年進士，歷任翰林院編修、侍講，並於十二年十一月充日講起居注官；[100] 福彭親弟福秀且於雍正九年左右娶入富甲一方之納蘭家六姊妹中的長女。[101] 很難想像這些非富即貴的親友們，竟無人有意願或能力代清該不過數百兩之欠銀。《紅樓夢》第五回在描述《金陵十二釵正冊》時，即稱其中記有一紡績美人的判詞曰：「事敗休云貴，家亡莫論親。」甲戌本就以夾批慨嘆「非經歷過者，此二句則云紙上談兵。過來人那得不哭！」

其實，或因「將家中財物暗移他處」（見雍正五年十二月二十四日的諭旨；圖表 7.21）才是曹家被抄的真正導火線，遂無人敢拿錢出頭挑戰雍正帝對曹頫的懲處。否則，將很容易遭指控或懷疑該錢乃曹家暗存在外的一小部分。雍正帝對被抄者的此類舉措亦相當熟稔，嘗下旨曰：「伊〔指曹頫〕聞知織造官員易人時，說不定要暗派家人到江南送信，轉移家財。倘有差遣之人到彼處，著范時繹嚴拿，審問該人前去的緣故，不得怠忽！」[102]

98 雍正四年七月二十一日諭曰：「因訥爾素與允禩不和〔此舉或是做給外人看〕，朕意與允禩相善之人故為播揚，欲傾陷訥爾素，所以未即深究治罪，且加恩令辦理上駟院事務。乃伊竝不追悔前愆，仍犯法妄行。」參見《清世宗實錄》，卷 46，頁 701。

99 九月初二日福彭以父納爾蘇患病垂危，具摺懇免禁錮，並陳請在其病卒後以王爵衣冠飾終，得旨獲准。參見《清高宗實錄》，卷 126，頁 841、844。

100 《清世宗實錄》，卷 14，頁 249、卷 31，頁 469、卷 149，頁 852。

101 黃一農，《二重奏：紅學與清史的對話》，頁 247-249。

102 《關於江寧織造曹家檔案史料》，頁 185。

類似情形亦出現在李煦抄家一案。如康熙五十六年李煦以家僕郭茂 (?-1718)「飲酒滋事」，遂將郭茂、郭臧書父子等五口逐出為民，後李煦遭抄沒時即被疑曾將部分財產藏於郭家。查康熙六十年甫喪父之郭臧書因「家計貧寒」，乃隨岳母進京；翌年三月，康熙帝欽賜郭臧書妻姊內（音譯）常在的母親三十三間房，以供其在京居住；稍後，郭臧書的岳母故去，他就將其中三十間房出租度日。由於清律規定奴僕不得娶良人為妻，故旗人常將家生子與家中奴婢相互婚配，知郭臧書的妻家原先很可能亦為李煦的家裡人。無怪乎，湯右曾賦〈贈兩淮巡鹽六首〉贈李煦時，即以「琬琰韞已輝，椒房〔妃嬪的代稱〕香可紉」句，點出其家有宮眷。而情理上除非罪無可逭，籍隸包衣的李煦應不至於僅以「飲酒滋事」的理由，就將內常在（已受封主位之列）的家人悍然逐出。亦即，李煦對郭茂的斥責確有可能只是藉口。[103]

前述抄家時轉移財物的做法，亦反映在小說程乙本第一百七回賈赦遭抄沒的情節，賈母在將貼己的財物分給眾人時即稱：

> 我索性說了罷，江南甄家還有幾兩銀子，二太太〔指賈政的妻子王夫人〕那裡收着，該叫人就送去罷。倘或再有點事兒出來，可不是他們躲過了風暴又遭了雨了麼。

指出較早被抄家的江南甄家還有銀子私藏在二太太處。[104]

曹家被抄的悲慘歷史，想必在雪芹鋪陳《紅樓夢》情節時，有意無意地留下了深刻痕跡，連抄家的時間也恰與《紅樓夢》第一回癩頭僧所謂「好防佳節元宵後，便是煙消火滅時」之讖語相呼應，此因甲戌本側批在此記稱「前後一樣，不直云前而云後，是諱知者」，也就是說，脂批特別點出真實事件所發生的時間應在正月十五日的元宵前，而非小說所安排的元宵後。

103 布蘭泰原纂的《昌瑞山萬年統志》並無「內常在」，其人或不曾入葬景陵妃園寢。參見黃一農，《二重奏：紅學與清史的對話》，頁 306-307。

104 第七十五回寫甫被查抄的甄家派了幾個女人攜物品（「還有些東西」）來見王夫人，「氣色不成氣色，慌慌張張的，想必有什広瞞人的事情也是有的」。

圖表 7.24： 綏赫德奏報曹頫家產什物摺。

❖《宮中檔康熙朝奏摺》，第九輯，頁906

江寧織造郎中奴才隋赫德跪
奏為感沐
天恩據實奏
聞仰祈
聖鑒事切奴才荷蒙
皇上天高地厚洪恩
特命管理江寧織造於未到之先總督范時繹已將曹頫
家管事數人拿去夾訊監禁所有房產什物一併查
清造冊封固及奴才到後細查其房屋并家人住房
拾叁處共計肆伯捌拾叁間地捌處共拾玖頃零陸
拾柒畝家人大小男女共壹伯拾肆口餘則桌椅床
杌舊衣零星等件及當票百餘張外並無別項與總
督所查冊內彷彿又家人供出外有所欠曹頫銀連
本利共計叁萬貳千餘兩奴才即將欠户詢問明白
皆承應償還再查織造衙門錢糧除在機緞紗外尚
虧空雍正伍年

上用官用緞紗并户部緞疋及
制帛誥勅料工等項銀叁萬壹千餘兩奴才核筭其外
人所欠曹頫之項儘足抵補其虧空但奴才接任伊
始令歲新運緞疋實屬緊要現在敬謹趲織以期無
悞至於曹頫名下未完緞疋若一併補辦恐悞新運
容俟今年追完所欠曹頫之項於新運起解後即行
續機接辦陸續觧完奴才不敢擅便謹請
聖訓遵行再曹頫所有田產房屋人口等項奴才荷蒙
皇上浩蕩天恩特加
賞賚寵榮已極奴才舉家骨肉自頂至踵悉皆
聖主天恩所賜奴才感激頂戴之私鏤心刻骨口筆難盡
惟有竭其犬馬之力圖報涓埃以少申奴才分寸之
心至曹頫家屬蒙
恩諭少留房產以資養贍今其家屬不久回
京奴才應將在
京房屋人口酌量撥給以彰
聖主覆載之恩謹薰沐繕摺
奏
聞伏乞
聖鑒奴才不勝惶悚頂沐之至謹
奏
覽
雍正陸年叁月初貳日

查雍正五年十二月二十四日諭命江南總督范時繹，將曹頫家中財物固封看守，此一抄家公文若以三百里公文遞送，應可於八日內傳抵江寧，若用六百里公文，則時間還可減半（圖表 7.22），而范時繹早在二月初二日綏赫德抵任之前，即已將曹頫家的數名管事夾訊監禁，並查清其家有十三處住房、八處地畝、一百十四口人（圖表 7.24），知實際在江寧查抄曹家確應在元宵之前。綜前所述，曹頫騷擾驛站一案，應依雍正三年《大清律集解附例》中新增之「馳驛官員索詐財物」例革職，並分賠其索詐的 443.2 兩銀，但該法條顯然未罪及抄沒。亦即，曹頫的罪狀雖屬明確，但若無政治考量，應不至於遭抄家。

由於山東巡撫塞楞額（雍正四年九月署理，五年四月實授，六年六月離職）在揭舉曹頫騷擾驛站案時，指出他先前途經長城、泰安等驛，即得知每遇運送龍衣之差使經過，管驛州縣皆賠累不下四、五十兩（圖表 7.16），稱：

> 在州縣各官，則以為御用緞疋，惟恐少有遲悮，勉照舊例應付，莫敢理論。在管運各官，則以為相沿已久，罔念地方苦累，仍照舊例收受，視為固然。

而《泰安府志》記雍正六年任知州的王一夔小傳，稱其「以解運龍衣所過地方藉端騷擾」，遂詳請巡撫奏准裁革。[105] 知王氏曾提供塞楞額疏參曹頫案的具體材料。

至於此案的告發究竟是得到高層的間接授意，抑或是胤禛在事發後借題發揮，則值得進一步探究。其實雍正帝早在即位之初就開始對曹頫違法事項進行調查，如二年十月兩江總督查弼納曾會同欽派大臣戶部左侍郎李周望、刑部右侍郎塞楞額，前往清查曹頫虧空錢糧事。[106] 十一月在審理李

105 顏希深修，成城等纂，《泰安府志》，卷 15，頁 35。
106 中國第一歷史檔案館編，《雍正朝硃批滿文奏摺全譯》，頁 961。

煦案內郭臧書（原為李煦家僕，後被逐出為民）等人員口供時，為與在蘇州的李煦子李以鼎（「以」為其家譜中的行字）及其家人對質，遂將在京的郭臧書押解至位於江寧的兩江總督查弼納衙門處，且與塞楞額、李周望所審理的曹頫一案合併偵訊。雍正帝在硃批中對查弼納的表現十分不滿，稱：「為李煦一案，爾始終未盡心，且多負於朕……爾隨便辦理而已。因為都已經及時巧飾，朕亦無可奈何了。」[107] 亦即，塞楞額早就奉特旨調查曹頫的虧空，並在李煦於雍正元年遭抄沒之後參與追查他的其它罪狀。

表面上，曹頫被抄沒的導火線是雍正五年十一月二十四日遭山東巡撫塞楞額疏告一案，曹頫與幾名織造官員被控在運送龍衣時多索夫馬、程儀、騾價等，當頭違反了禁止騷擾驛遞的嚴旨，但因在此一解送御用緞疋的差使中，曹頫僅非法收受銀 367.2 兩，卻在十二月二十四日（才短短一個月）就遭重判定讞，可見自雍正二年即已奉旨清查曹頫虧空錢糧事的塞楞額，只不過借載運龍衣案掀起整肅曹家之端。

再者，雍正五年閏三月內務府的滿文奏銷檔中，詳記原任茶上人的桑額欠曹頫家人吳老漢 1,315 兩銀未還，並買通番役設計逮捕吳老漢一案（第六章）。此案先前甚少受紅學界注意，但應大有助於我們掌握曹頫與曹頫之間的互動。檢吳老漢是曹寅的老家人，他經手曹家許多錢財，如雍正八至十三年間就追查出他先前曾餽送原任散秩大臣佛保 1,759 兩、原任尚書凱音布 5,060 兩，並賒給原任大學士馬齊 7,626.6 兩，而桑額應即康熙五十年四月引見後錄取在寧壽宮茶房之曹頎的滿名。此官司的被告蕭林（原任江寧織造府庫使）呈稱吳老漢是「桑額等之家人」，但吳老漢卻只承認自己是「曹頫之家人」，他們應不敢在訴訟中對此等關係信口開河，而兩人之說辭恰符合筆者在前文所判斷曹頎曾出繼長房後又歸宗之轉折。據此檔案，曹頎

107 中國第一歷史檔案館編，《雍正朝硃批滿文奏摺全譯》，頁 972-973。

早於康熙六十年即因售賣人參而拖欠曹頫三千多兩，頎供稱此後頫之家人吳老漢遂「常在我家坐着，不留情面地辱罵吵鬧」，知曹頎與曹頫兩支應在康、雍之際時關係破裂，曹頎隨後歸宗，並於吳老漢遭設計逮捕一案中被枷號、鞭責，且諭命在償完欠銀後發配打牲烏拉。[108]

由於曹頫遭革職後，原本因吳老漢一案將發配的曹頎卻突然獲免，且雍正五年十二月二十八日（四天前曹頫被查封）還獲賜御筆「福」字，更擔任鑲黃旗旗鼓佐領至死，[109] 此一異常轉折令人不禁懷疑曹頫家被控「轉移家財」應最可能是曹頎告密的結果，[110] 以求將功贖罪。又，曹頎肯定於曹頫遭抄家之前即已歸宗，兩支並分家，否則，擔任佐領的曹頎將被要求承賠曹頫所欠的四百多兩銀（曹頫至乾隆帝即位時始因恩詔獲寬免）。況且，雍正七年在催追曹寅收受趙世顯賄款八千兩一案時，查得帶罪在京的曹頫並無家屬「可以着追」，[111] 亦知曹頎此時確已回歸二房。

曹頫遭抄家一事應未牽連曹寅支以外的族人。事發之後，除曹荃子曹頎仍任佐領外，歷官最高者應為曹爾正子曹宜（圖表 7.25）。曹宜年紀較其堂兄寅或荃要小一截，約生在康熙十九年前後不久，此因他於雍正七年時已當差三十三年，而通常旗員子弟至十八歲就應當差。曹宜於康熙四十七年曾奉旨自北京運一佛像至普陀安置，雍正七年十月任尚志舜佐領下的護軍校。從他在雍正十三年曾任正白旗包衣第四參領第二旗鼓佐領兼護軍參領（從三品），並負責「巡察圈禁允禵地方」等事，知其頗受雍正帝信任，乾隆初應仍在世。

---

[108] 此段參見《關於江寧織造曹家檔案史料》，頁 84-85、177-180、203-204。

[109] 《關於江寧織造曹家檔案史料》，頁 182-188。

[110] 劉一之，《破解紅樓夢之謎》，頁 161-165。

[111] 趙世顯案應與雍正四、五年審理之隆科多罪案有關，趙氏因行賄隆科多一萬二千兩遭定罪，並因此追查其之前的不法行為。參見《清世宗實錄》，卷 40，頁 600-601、卷 62，頁 947-948。

圖表 7.25： 曹宜相關記事編年。

時間	材料	附註
康熙四十七年	曹宜於二月十八日奉佛自張家灣開船，三月二十八日到揚州，二十九日蘇州織造李煦與曹寅、孫文成商議，仍著曹宜跟隨孫文成前去普陀安佛	《關於江寧織造曹家檔案史料》，頁 49
閏三月初七日	曹宜隨同杭州織造孫文成將於初八日自杭州起程赴普陀山供佛做道場	《康熙朝滿文硃批奏摺全譯》，頁 571
四月初三日	曹寅奏稱「孫文成與臣弟曹宜送〔佛〕至南海，於閏三月十四日到普陀山……俟安位停妥，慶讚圓滿，孫文成與臣弟曹宜到日，再當具列詳奏」	《關於江寧織造曹家檔案史料》，頁 50
雍正七年十月初五日	署內務府總管允祿等奏請補放內府三旗參領缺，稱「尚志舜佐領下護軍校曹宜，當差共三十三年，原任佐領曹爾正之子，漢人」，然曹宜雖經帶領引見，並未被選用	《關於江寧織造曹家檔案史料》，頁 190（譯自《內務府滿文奏銷檔》）
十一年七月二十四日	正白旗護軍參領噶爾明、鄂英輝病故，經帶領引見後，以侍衛委署護軍參領那勤、鳥鎗護軍參領曹宜補放其職	《關於江寧織造曹家檔案史料》，頁 192
十三年七月十二日	奉派巡察圈禁允禩地方之護軍參領曹宜等報稱：「本月十一日夜間二更時，允禩使用之太監李鳳琛，越登大內高牆跳出，被坐更太監廖德永等拿獲。」	《關於江寧織造曹家檔案史料》，頁 197（譯自《內務府滿文上傳檔》）
十二月十五日	為補放內務府三旗中的護軍校及驍騎校等缺，被帶領引見者包含「正白旗曹宜佐領下護軍七格，當差共三十八年，原任司庫李如滋之子，漢人」，但甫登基的乾隆帝並未選用七格	《關於江寧織造曹家檔案史料》，頁 201（譯自《內務府滿文奏銷檔》）
	曹錫遠（即曹世選）之曾孫曹宜原任護軍參領兼佐領	《八旗滿洲氏族通譜》，卷 74 頁 11
	正白旗包衣第四參領第二旗鼓佐領四黑故，以護軍參領曹宜管理	《八旗通志初集》，卷 5 頁 40；《欽定八旗通志》，卷 7 頁 32

自胤禛登基後，原被康熙皇帝「視同一體」的江南三處織造，被以各種理由更換成胤禛親信。[112] 雍正元年正月，已擔任蘇州織造約三十年的李煦成為首位被整肅者，他因替人關說遭革退，又以虧空被抄家，接替他的胡鳳翬「係府〔指雍親王府〕下舊人」。五年二月李煦更被控曾為阿其那（四年三月允禩所改之名）買過五名侍女等涉及「朋黨」之事，而流放吉林附近的打牲烏拉，七年二月病卒時「囊無一錢……親識無一人在側」。

五年十二月雍正帝以自康熙四十五年即管理杭州織造的孫文成「年已老邁」，且甫遭疏劾的曹頫「審案未結」，諭旨將杭州及江寧兩織造分交李秉忠和綏赫德接管。雍正帝在五年正月初一日孫文成的密摺上曾批示：

> 受朕之恩，切勿倚恃，遂致膽大放縱！舉凡爾織造所屬一切人役暨爾家人子姪輩，概須嚴加約束，令其安分守法，大家學好，尤當崇尚節儉，不得以聲色嬉戲為事。如此，則可永久保全體面矣！[113]

知胤禛對康熙朝各織造的奢靡之風頗有意見。《丹午筆記》也形容李煦之子「性奢華，好串戲，延名師以教習梨園，演《長生殿》傳奇，衣裝費至數萬，以致虧空若干萬」，[114] 而此正是雍正帝最討厭的「聲色嬉戲」。

胡鳳翬之所以獲授蘇州織造，應與其妻乃雍正帝年貴妃（年羹堯妹）之姊妹一事不無關聯。雍正三年，胡氏兼理滸墅鈔關稅務，然因年羹堯於是年被論罪，故他在翌年即以沿襲舊弊且過分鑽營之罪名遭革職，與妻妾皆自經死。至於六年二月接替曹頫任江寧織造的綏赫德，亦是「門上舊人」，他嘗稱己「向蒙皇上浩蕩天恩教養四十餘年」，綏赫德當時雖已逾六十六

112 下文可參見黃一農，《二重奏：紅學與清史的對話》，頁 196-210。

113 《雍正朝漢文硃批奏摺彙編》，冊 47，頁 101。

114 顧公燮，《丹午筆記》，頁 178-179。

歲，[115] 且先前似不曾出仕，但皇帝卻將曹頫所有的「京城家產人口及江省家產人口」，俱賞給他。

雍正六年六月綏赫德奉派兼管龍江西新關稅務，九年因年老去職。十年十一月遭圈禁的納爾蘇或因綏赫德的許多財產憑空得自曹家，遂派第六子福靖（曹寅外孫）向在京之綏赫德索銀三千多兩。據綏赫德子富璋呈供：

> 從前曹家人往老平郡王〔曹寅長婿納爾蘇〕家行走，後來沈四帶六阿哥〔曹寅女所生之福靖〕并趙姓太監到我家看古董，二次老平郡王又使六阿哥同趙姓太監到我家，向我父親借銀使用。頭次我父親使我同地藏保送銀五百兩，見了老平郡王，使六阿哥同趙姓太監收下，二次又使我同地藏保、孟二哥送銀三千三百兩，老平郡王叫六阿哥、趙姓太監收下。

亦即，綏赫德分兩次共送了三千八百兩銀至納爾蘇府上。而富璋所言「從前曹家人往老平郡王家行走」句，雖未明說曹家與此事的因果關係，卻應是欲語還休。在嚴加詳訊之下，綏赫德才又進一步說明：

> 奴才來京時，曾將官賞的揚州地方所有房地，賣銀五千餘兩。我原要帶回京城，養贍家口。老平郡王差人來說，要借銀五千兩使用，奴才一時糊塗，只將所剩銀三千八百兩送去借給是實。

知綏赫德離南之前曾將曹家原在揚州的房產變賣得五千餘兩，納爾蘇因此差人要借銀五千兩使用，綏赫德只得將花剩的三千八百兩乖乖送去。納爾蘇雖在過程中聲稱要給對方二分利息，但綏赫德則謂「我們不敢要利，也並未要文約」，亦即，納爾蘇應是在曹家人的挑唆之下，向綏赫德勒索曹家原被抄沒的財物（圖表 7.26 及 7.27）。

---

115 綏赫德在雍正十一年被定罪時，自稱當時已七十餘歲。參見《關於江寧織造曹家檔案史料》，頁 184-185、192-196。

圖表 7.26： 雍正十一年十月審訊綏赫德以財鑽營平郡王案（一）。

❖《清宮內務府奏案》冊2，頁166-176

奏

和碩莊親王臣允祿謹
奏臣遵
旨訊問原任織造綏赫德以財鑽營一案據綏赫德
供稱奴才原有寶月瓶一件洋漆小書架一對
玉壽星一個銅鼎一個於今年二三月間交與
開古董舖的沈姓人拿去變賣後來沈姓人帶
了老平郡王的小兒子到奴才家來說要書架
寶月瓶講定書架價銀三十兩瓶價銀四十兩
並沒有給銀子是開舖的沈姓人保着拿去的
奴才並未見老平郡王老平郡王也無差人叫
奴才後來給過書架價銀三十兩是我家人四
虎兒在古董舖裡要了來的瓶價銀四十兩沒
給我使家人二哥催過後來我想小阿哥是原
任織造曹寅的女兒所生之子奴才荷蒙
皇上洪恩將曹寅家產都賞了奴才若為這四十兩
銀子緊着催討不合因此不要了是實並沒有
借給銀兩之事我若妄說借給老平郡王銀兩
天必不容等語隨訊問綏赫德家人孟二哥四
虎兒并賣古董的沈四供照綏赫德供同因其
不吐實情隨傳喚原平郡王訥爾素第六子福
靜訊問據供因尋古玩有開古董舖的沈四引
我到綏赫德家看定幾件我即携物回家留沈
四講價錢該多少我八月務必清還本日綏赫
德使二婦女來我家說所看定的古玩要送我
我說不白要價值多少八月務必清還目下無
現銀二婦女說既無現銀我們家有無利息的
銀子要使就有因此借他家銀子三千八百兩
係綏赫德第四的兒子同他家趙姓孟姓家人
送來我們收了後來我大哥哥聽見即向我說
所借銀兩務必急速清還若不還使不得等語
訊據綏赫德之子富璋供稱上年十一月內有
賣古董的沈四將老平郡王的兒子六阿哥帶
到我家拿了幾宗古董去後來又要借銀子我
父親使我同家人趙地藏保孟二哥將三千八
百兩銀子送到老平郡王府見了將銀子交給
了六阿哥他原要給二分利息我們不敢要利
也並未要文約是實等語又詳訊民人沈四綏
赫德家人孟二哥據沈四供稱我係本京民在
廊房衚衕開古董舖上年十二月間有原任織
造綏赫德到我舖內說我家也有幾件古董你
隨便到我家去看看隔了十數日我找到他家
去看了將玉如意一枝磁瓶一個銅鼎一個拿
出來隔了兩三日他家要回去了後因我時常
在老平郡王府內行走今年正月間老平郡王
將我叫到府裡說你替我借幾兩銀子使用我
說無處去借有原任織造綏赫德家有許多古
董何不到他家要幾件當些銀子使用老平郡
王說好着六阿哥同你去我同六阿哥到綏赫
德家將那玉如意銅鼎拿出當了五十兩銀子
六阿哥拿進去了第二日老平郡王說我給綏
赫德家送幾樣餑餑去可好麼我說好他必定
感念王爺的恩隨差趙姓太監送了四盒餑餑
綏赫德家又回送了四件古董後來聽見老平
郡王發了財了並沒有聽見是那裡得的銀子
這六七日前老平郡王向我說我因無銀使用
將綏赫德家銀子使了三四千兩綏赫德因何
送銀的情由我不知道是實等語孟二哥供稱
今年正月間我同地藏保跟着我們小主兒到
老平郡王府裡送銀子去時我同地藏保騎着
馬小主兒坐着車車內放着三包袱銀子數目
多少我不知道到了府前我在外邊看着車小
主兒同地藏保進去了隨後地藏保出來將車
上的銀子包袱拿進府內去了是實等語復詳
訊富璋據供從前曹家人往老平郡王家行走
後來沈四帶六阿哥并趙姓太監到我家看古
董二次老平郡王又使六阿哥同趙姓太監到

圖表 7.27： 雍正十一年十月審訊綏赫德以財鑽營平郡王案（二）。

我家向我父親借銀使用頭次我父親使我同
地藏係送銀五百兩見了老平郡王使六阿哥
同趙姓太監收下二次又使我同地藏係孟二
哥送銀三千三百兩老平郡王叫六阿哥趙姓
太監收下老平郡王時常使六阿哥趙姓太監
往來與我父親說話我實不知道說些什麼今
年三四月間小平郡王差兩個護衛到我們家
向我父親說你借給老王爺銀子小王爺已經
知道了嗣後你這裡若再使人來往或借給銀
子若教小王爺聽見時必定參
奏斷不輕完等語將此嚴研訊綏赫德家人地藏
係據供雍正十年十一月我跟隨富璋初次送
銀五百兩二次送銀三千三百兩富璋進府裡
去來我並沒進去還有我們家人孟二哥也曾
跟去因何送銀情由我不知道是實於本月小
平郡王差兩員官到我們家向我主子綏赫德
說你再若差人往府內去時必然拿究如此說
過是實等語再四嚴加詳訊綏赫德方供奴才
來京時曾將官賞的揚州地方所有房地賣銀
五千餘兩我原要帶回京城養贍家口老平郡
王差人來說要借銀五千兩使用奴才一時糊
塗只將所剩銀三千八百兩送去借給是實後
來小平郡王差了兩個護衛向奴才說你若再
要向府內送甚麼東西去時小王爺斷不輕完
自此我沒有差人去奴才如今已經七十餘歲
豈有求托王爺圖做官之意因王爺一時要借
銀我糊塗借給了並沒有別的情由等語
查綏赫德係微末之人累受
皇恩至深至重前於織造任內種種負
恩仍邀寬典僅革退織造綏赫德理宜在家安靜
以待餘年乃並不守分竟敢鑽營原平郡王訥
爾素往來行走送給銀兩其中不無情弊至於
訥爾素已經革退王爵不許出門今又使令伊
子福靜私與綏赫德往來行走借取銀物殊干
法紀相應請
旨將伊等因何往來並送給銀物實情臣會同宗人
府及該部提審案內人犯一併嚴審定擬具
奏為此謹
奏
雍正十一年十月初七日

雍正十一年十月初七日奉
旨綏赫德著發往北路軍臺效力贖罪若盡心效力
著該總管奏聞如不肯實心效力即行請旨於該
處正法欽此
此旨係大學士鄂 等交出應辦理之處辦理軍機處業經辦理訖

雍正十一年十月綏赫德以「鑽營」老平郡王被定罪，奉旨：「著發往北路軍臺效力贖罪⋯⋯如不肯實心效力，即行請旨，於該處正法。」納爾蘇則或因其長子平郡王福彭聖眷正隆，且此案是由其姻親莊親王允祿（其姪弘慶與傅恒、福秀為連襟，福秀乃福彭弟，傅恒長子福靈安且娶弘慶嫡長女）審理，而未受處分。前述之北路軍臺指的是當時在蒙古地區因軍事需要而設置的驛站，第一臺起自張家口外，西至烏里雅蘇台，東至喀喇沁之喀爾喀臺站，歸北路軍營管轄，其執掌為傳遞文書、飼養軍馬等，當中不乏遭革職的廢員。[116] 有意思的是，福彭甫於十一年七月獲授定邊大將軍，[117] 負責處理蒙古與準噶爾等事務，綏赫德發配的北路軍營即歸其統領。[118]

圖表 7.28：曹頫相關記事編年。

時間	材料	推論或補充
康熙四十四年四月	宋和〈恪勤列傳〉稱康熙南巡至江寧時，有織造幼子「嬉而過於庭」	此應是十歲之曹頫，為曹寅自幼帶在江南撫養
四十五年春	曹寅離京南返時賦〈途次示姪驥〉，有「吾年方半百，兩臂已枯株」「執射吾家事，兒童慎挽強」句	「姪驥」乃指二十一歲之曹頔，而該「兒童」只能是十一歲之曹頫
四十六年年初	曹寅好友夢菴禪師有〈曹公子甫十二齡……因作俚語，聊當勸戒〉詩	此詩乃為曹頫所作
四十八年三月	曹寅所作〈使院種竹〉中有「呼兒掃綠苔」句	此兒即曹寅養在身邊之姪曹頫，因曹顒已赴京
五十年三月二十六日	曹寅賦〈辛卯三月二十六日聞珍兒殤，書此忍慟，兼示四姪，寄西軒諸友〉詩三首，中有「予仲多遺息，成材在四三」句	珍兒或為曹順小名，「四姪」指頫。荃子中此時只有行三的頎和行四的頫順利長成
五十三年冬	赴京述職的曹顒攜同曹頫北上	十九歲的頫乃返京當差
五十四年正月十二日	諭命荃第四子頫給寅妻李氏為嗣並授主事銜，「前往江寧管理上供緞疋兼戶工二部官緞織造事務」。曹頫在摺中感激皇帝「普施恩澤，推及婦孺子孫……」	曹頫時年二十歲，其在二房有順、頔、頎三兄，另一兄顒則因已出繼長房，故不排序
正月二十二日	曹頫獲得就任江寧織造的敕諭	
二月底	李煦與曹頫兩舅甥自京返抵江寧	曹頎過繼為曹寅子應於此後

116 傅恒等，《平定準噶爾方略》，前編，卷 24，頁 20-21、續編，卷 3，頁 3。

117 清代最後一位的撫遠大將軍為雍正九年七至十一月獲此銜的大學士、公馬爾賽。參見《清世宗實錄》，卷 108，頁 431、卷 112，頁 490。

118 《清世宗實錄》，卷 133，頁 717、卷 136，頁 740。

時間	材料	推論或補充
康熙五十四年三月初七日	曹頫奏稱其嫂馬氏懷孕已及七月，恐長途勞頓，未得北上奔喪，將來若生男，則曹顒即可有嗣	因將承嗣希望全寄託於此，知顒妻妾於康熙四十七年年底所懷身孕並未育子，而五十年所生子亦已夭折
六月初三日	曹頫摺中只報米價與晴雨錄，御批：「你家中大小事為何不奏聞？」	康熙帝欲知馬氏妊娠的結果
七月十六日	曹頫補摺覆奏家產狀況，但依然未提及其嫂馬氏妊娠的結果	因曹頫各奏摺均未言及此事，知應是生女、流產或甫生旋夭
九月初一日	曹頫捐銀三千兩，供採買駱駝之用	
五十五年二月初三日	李陳常代補曹寅虧欠不足，李煦上奏求賜矜全	因李陳常以兩淮鹽課羨餘銀代賠之數不足
五十六年九月初九日	李煦奉旨將十一萬兩解交曹頫，以補織造衙門虧項	
十二月二十九日	諭將連同蘆鬚之人參一千餘斤交與曹頫、李煦、孫文成運往南省售賣	
五十七年十一月廿三日	曹頫售參的價銀九千八百八十七兩六錢餘已送交江南藩庫	
五十八年六月十一日	曹頫請將銅差交其獨家承辦，諭稱「此事斷不可行」	
五十九年	陶宏以己繪的《擬元人海棠十種》請東家曹頫及書法名家吳世語品題	曹頫在引首題大字「秋邊」並鈐「昂友」等印
二月初二日	硃批責曹頫家近來如磁器法瑯之類的差事甚多，但中間有欺瞞之處	
六十一年十月二十三日	曹頫售參之銀仍有九千多兩未交，如未於年前送交，諭旨將嚴加議處	曹頫於雍正元年七月初八日才交完
雍正二年正月初七日	曹頫奏謝准允將織造補庫分三年帶完，摺中稱：「家口妻孥，雖至飢寒迫切，奴才一切置之度外……」	知曹頫此時有妻有子，「孥」可能就包括曹雪芹或其弟棠村
五年閏三月十七日	內務府滿文奏銷檔記曹頫家人吳老漢與原任茶上人桑額之間的官司	桑額即曹頎，他在康、雍間即與頫有財務糾紛
七年七月二十九日	內務府〈刑部移會〉提及曹頫仍枷號且蒜市口十七間半房奉旨給寅妻	曹頫以及曹寅妻李氏均仍在世
十三年十月二十一日	內務府奉旨依乾隆帝登極恩詔寬免曹頫騷擾驛站一案之分賠銀	曹頫仍在世，應自此免除枷號並獲赦

四、小結

曹寅在康熙五十一年七月的病逝，標記了曹家盛世的結束。康熙帝雖命已過繼給長房的曹顒繼任織造，但沒想到他於五十四年正月返京述職期間竟猝逝。在母舅李煦的保薦之下，奉旨出繼長房的曹頫續任江寧織造。或因曹寅的子姪輩多早逝，曹家遂決定併兩房為一房，將曹荃支年近三十的獨子曹頎亦過繼至長房。

曹家長期所獲的恩遇隨著康熙帝的崩逝而快速走入尾聲，此因其家並非與新帝關係密切的「雍邸舊人」，且曹家及其許多親友在康熙晚年的奪嫡之爭中大都支持胤禛的政敵，加上其當差過程屢有虧欠且違例之處，曹頫終免不了追隨雍正元年遭抄沒之李煦的命運，於五年年底被塞楞額控以「騷擾驛遞」等罪名，並因此革職抄家。

筆者先前透過小說中虛擬故事與真實史事間的特殊對應，發現曹雪芹於第六十三回所鋪陳的情節當中，很巧妙地作賤其最大仇家塞楞額和胤禛（他倆乃導致曹頫遭革職抄家的主要罪魁）。他先透過在老太妃國喪期間薙頭之芳官，影射乾隆十三年孝賢皇后國喪時亦違制薙髮之塞楞額（遭抄家賜死），並以替芳官改名「耶律雄奴」之舉對塞楞額加以貶損。[119] 次用賈敬服丹藥暴卒故事中的幾條「草蛇灰線」，來對照並揭開其仇讎雍正帝隱晦且荒謬的死因，這些很可能就是作者創作時的重要素材，絕難可全歸諸巧合。前人或因不嫺曹雪芹的家史背景，又不解其置入性寫法，遂錯認相關敘事乃屬「敗筆」！[120]

---

119 馮其庸主張此回將芳官改名為「耶律雄奴」的情節（內文熱烈歌頌朝廷之威，能讓匈奴、犬戎等「中華之患」皆「拱手俛頭，原【緣】遠來降」），乃受乾隆二十年準噶爾平定一事的影響。參見馮其庸，〈紅樓夢六十三回與中國西部的平定〉。

120 黃一農，〈試論曹雪芹在紅樓夢中譏刺仇讎的隱性手法〉。

此外，當代知名藝文家與資深紅迷白先勇，認為後四十回中的黛玉之死與賈府被抄均不容易寫的好，而兩者雪芹都做到了，他因此稱「實際上怎麼抄家，如果自身沒有經歷過，很難寫出來」。小說在第一百五回就簡練地將「錦衣軍查抄寧國府」的氛圍與語境鮮活呈現，如首寫錦衣府堂官趙全帶領幾位司官說來拜望，這些人平常與賈政並無來往，但他們卻宣稱與其為「至好」，作者寫到：

> 只見趙堂官滿臉笑容，並不說什麼，一逕走上廳來。後面跟着五、六位司官，也有認得的，也有不認得的，但是總不答話。賈政等心裡不得主意，只得跟着上来讓坐……不多一會，只見進來無數番役，各門把守。本宅上下人等，一步不能亂走。趙堂官便轉過一付臉來回王爺〔指奉旨查抄的西平王〕道：「請爺宣旨意，就好動手。」這些翻【番】役都撩衣奮臂，專等旨意。

接著，又描寫家中女眷的反應曰：

> 只聽見邢夫人那邊的人一直聲的嚷進來說：「老太太、太太，不……不好了！多多少少的穿靴帶帽的强……强盜來了，翻箱倒籠的來拿東西。」賈母等聽着發獃……邢、王二夫人聽得，俱魂飛天外，不知怎樣纔好。獨見鳳姐先前圓睜兩眼聽著，後來一仰身便栽到地下。賈母沒有聽完，便嚇得涕淚交流，連話也說不出來。

文中對查抄之官員及番役（被形容為「穿靴帶帽的強盜」）的嘴臉，以及賈府中人所受的驚擾可謂刻劃入微。[121]

121 白先勇，《白先勇細說紅樓夢》，冊下，頁 893-904。

再者，從此回抄沒清單中位列幾十種毛皮之首的「黑狐皮十八張」（圖表 7.29），[122] 亦可窺見帶有曹家特殊生命經驗之「浮水印」。此因順治九年題准：

> 凡五爪三爪龍緞、滿翠緞、團補、黃色、秋香色、黑狐皮，上賜者許用外，餘俱禁止，不許存留在家，亦不許製被褥、帳幔。若有越用及存留者，係官照品議罰，常人鞭責，衣物入官。妻子僭用者，罪坐家長。[123]

而在雍正四年內務府皮庫中的黑狐皮，頭等也不過 17 張、二等 144 張、三等 622 張，即使被列為不堪用或不好的黑狐皮，還皆存於庫中（圖表 7.30），益知此毛皮的珍貴。然而，小說中所描述賈家被查抄的黑狐皮數目，相對於宮內而言，亦屬可觀，且第五十三回在記賈母至尤氏房中休息時，她所坐的靠背引枕之上，也搭有「黑狐皮的袱子」，這些都恐非一般寒酸小說家寫得出（《紅樓夢》作者在第五十四回曾藉賈母之口有類似批評）！

曹雪芹究竟有何生活經驗能掌握該知識？又為何讓小說中出現與賈家身分不合甚且違制的黑狐皮？遍查各種資料庫，我們可發現僅少數官書在記服制與史事時曾提到黑狐皮，一般的別集、筆記或小說（除《紅樓夢》外）皆罕見言及此等特殊品物。而在清朝入主中國後的史料中，只見攝政王多

---

122 或為避免讓讀者覺得這張清單有點寒酸，在程甲本問世後第二年擺印的程乙本，就做了大篇幅的增刪改動，如以毛皮類為例，其敘述即從 161 字變成 90 字，不僅刪掉「鴨皮七把」「貓皮三十五張」等過於瑣碎或普通的物事，亦將貂皮自 36 張增為 56 張、黃狐皮自 30 張增為 44 張、香鼠筒子自 10 件增為 20 件、豆鼠皮自 4 方增為 24 方、天鵝絨自 1 卷增為 4 卷、雲狐筒子自 2 件增為 25 件、灰鼠自 160 張增為 263 張、海龍皮自 16 張增為 26 張、獺子皮自 2 張增為 28 張，但對位列毛皮之首的「黑狐皮十八張」，則未加更動，知高鶚應知此品項的珍貴性，且其數目亦已遠非常人所能想像。

123 伊桑阿等，《大清會典》，卷 48，頁 14。

爾袞於順治元年四月以大將軍銜往征中原時，曾獲賜黑狐帽；十月多爾袞被加封為叔父攝政王，也嘗特賜嵌十三顆珠頂黑狐帽一、黑狐裘一；多鐸在二年十月加封為和碩德豫親王時，亦獲賜黑狐皮帽一。[124] 尤有甚者，多爾袞於八年二月遭死後清算並抄家時，更被指控私匿八補黃袍、大東珠素珠（即以大東珠裝飾的「數珠」）、黑狐褂等「帝服御用」之物。[125] 事實上，整個順治朝除曾為籠絡目的而賞給孔有德、尚可喜、耿仲明、耿繼茂等漢姓王黑狐帽，以及朝鮮國王李淏黑狐大外套，[126] 滿蒙親貴中就僅多爾袞及多鐸有此殊恩，且康熙朝似亦只有大學士馮溥於十二年十一月受賜黑狐裘一襲。[127]

由於阿濟格、多爾袞與多鐸三同母兄弟接續出任曹家的旗主，加上曹寅的祖父振彥還長期擔任阿濟格王府之長史，並身歷阿濟格家被抄的景況，故若深受「包衣下賤」之痛的曹雪芹，是以先後被抄家之阿濟格和多爾袞二王作為其創作寧、榮二府的原型之一，[128] 那我們就有較清楚的脈絡，可理解小說中的賈家何以會出現一般人嚴禁擁有或使用的黑狐皮物件。

---

124 《清世祖實錄》，卷 4，頁 52、卷 9，頁 94、卷 21，頁 185。

125 《清世祖實錄》，卷 53，頁 421-422。

126 《清世祖實錄》，卷 40，頁 324、卷 45，頁 363、卷 81，頁 637。

127 《清聖祖實錄》，卷 39，頁 527；馮溥著，張秉國箋註，《馮溥集箋注》，頁 157。

128 巧合的是，「攝政」恰與賈赦與賈政之名同音，且曹雪芹還特別以賈政字存周，用了周公立武王幼子並自居攝政一典。小說中出現的太上皇，也與多爾袞「皇父攝政王」的名銜相呼應。再者，阿濟格曾納異母兄莽古爾泰和德格類之妻，多爾袞與阿濟格亦曾分別納姪子豪格之福晉。此外，時人也有孝莊皇太后下嫁小叔多爾袞的傳聞。至於曾被努爾哈赤指定為繼嗣的大貝勒代善（賈寶玉的祖父就名為賈代善），也曾被控與大妃烏喇納喇氏（名阿巴亥，阿濟格之母）有私情。這些亂倫的史實與說法，似與小說第七回焦大痛罵寧府中人「爬灰的爬灰，養小叔子的養小叔子」的情境相近。參見黃一農，《二重奏：紅學與清史的對話》，頁 457-479。

圖表 7.29：《紅樓夢》程甲本與程乙本中的抄家清單。毛皮類被凸顯。

❖ 程甲本第一百五回

直壁淌淚發獃聽見外頭叫只得出來見賈政同司員登記物
件一人報說赤金首飾共一百二十三件珠寶俱全珍珠十三
掛淡金盤二件金碗二對金搶碗二個金匙四十把銀大碗八
十個銀盤二十個三鑲金象牙筯二把鍍金執壺四把鍍金折
盂三對茶托二件銀碟七十六件銀酒盃三十六個黑狐皮十
八張青狐六張貂皮三十六張黃狐三十張猞猁猻皮十二張
麻葉皮三張洋灰皮六十張灰狐腿皮四十張醬色羊皮二十
張猢狸皮二張黃狐腿二把小白狐皮二十塊洋呢三十度嗶
嘰二十三度姑絨十二度香鼠筒子十件豆鼠皮四方天鵝絨
一卷梅鹿皮一方雲狐筒子二件貉崽皮一卷鴨皮七把灰鼠
一百六十張獾子皮八張虎皮六張海豹三張海龍十六張灰
色羊四十把黑色羊皮六十三張元帽沿十副倭刀帽沿十二

紅樓夢　第百五回　《續修四庫全書》本　六

副貂帽沿二副小狐皮十六張江貉皮二張獺子皮二張猫皮
三五張倭股十二度紬緞一百三十卷紗綾一百八一卷羽線
縐三二卷氌三十卷粧蟒緞八卷葛布三捆各色布三捆各色
皮衣一百氆三二件棉夾單紗絹衣三百四十件玉玩三十二
件帶頭九付銅錫等物五百餘件鐘表十八件朝珠九掛各色
粧蟒三十四件上用蟒緞迎手靠背三分宮粧衣裙八套脂玉
圈帶一條黃緞十二卷潮銀五千二兩赤金五十兩錢七千吊
一切動用傢伙攢釘登記以及榮國賜第俱一一開列其房地
契紙家人文書亦俱封裹賈璉在傍邊竊聽只不聽見報他的
東西心裡正在疑惑只聞兩家王子問賈政道所抄家資內有

❖ 程乙本第一百五回

直竪淌淚發獃聽見外頭叫只得出來見賈政同司員登記物
件一人報說枷楠壽佛一尊枷楠觀音像一尊佛座一件枷楠
念珠二串金佛一堂鍍金鏡光九件玉佛三尊玉壽星八仙一
堂枷楠金玉如意各二柄古磁餅罏十七件古玩軟片共十四
箱玉缸一口小玉缸二件玉碗二對玻璃大屏二架炕屏二架
玻璃盤四件玉盤四件瑪瑙盤二件淡金盤四件金碗六對金
搶碗八個金匙四十把銀大碗銀盤各六十個三鑲金牙筯四
把鍍金執壺十二把折盂三對茶托二件銀碟銀盃一百六十
件黑狐皮十八張貂皮五十六張黃白狐皮各四十四張猞猁
猻皮十二張雲狐筒子二十五件海龍二十六張海豹三張虎
皮六張麻葉皮三張獺子皮二十八張絳色羊皮四十張黑羊
皮六十三張香鼠筒子二十件豆鼠皮二十四方天鵝絨四卷

紅樓夢　第百五回　中國國家圖書館藏　六

灰鼠二百六十三張倭緞三十二度洋呢三十度嗶嘰三十三
度姑絨四十度紬緞一百三十卷紗綾一百八十卷線縐三十
二卷羽緞羽紗各二十二卷氆氌三十卷粧蟒緞十八卷各色
布三十捆皮衣一百三十二件綿夾單紗絹衣三百四十件帶
頭兒九付銅錫等物五百餘件鐘表十八件朝珠九掛珍珠十
三掛赤金首飾一百二十三件珠寶俱全上用黃緞迎手靠背
三分宮粧衣裙八套脂玉圈帶二條黃緞十二卷潮銀七千兩
淡金一百五十二兩錢七千五百串一切動用傢伙及榮國賜
第一一開列房地契紙家人文書亦俱封裹賈璉在傍竊聽不

圖表 7.30：　雍正四年宮內所藏的黑狐皮清單。

❖ 雍正四年三月衣庫中收貯之御用黑狐皮衣物

《清宮內務府奏銷檔》冊2，頁33-35、107

世祖章皇帝線纓貂膆裏黑狐朝冠一頂

絨纓黑狐冠一頂　　線纓染貂冠一頂

黑狐皮褡護一件　　頭等貂皮褡護一件

❖ 雍正四年三月皮庫中藏有之黑狐皮

上	中	下
頭等黑狐皮七張 去膆	頭等黑狐皮三張 去膆色變	頭等黑狐皮三張 去膆無毛尖
頭等黑狐皮四張 去膆色變微吊毛	頭等不堪用黑狐皮六張 去膆各處吊毛	二等黑狐皮一張
二等黑狐皮十四張 去膆	二等平常黑狐皮四張	二等平常黑狐皮二百一十七張 去膆
二等平常黑狐皮二張 微吊毛	二等平常黑狐皮二張 無毛尖	二等不好黑狐皮十七張
二等不好黑狐皮三十二張 去膆	二等不好黑狐皮一張 去膆各處吊毛	二等不好黑狐皮一張 無毛尖
二等不好黑狐皮二張 去膆無毛尖	二等不好黑狐皮二張 各處吊毛稍無毛尖	二等黑狐皮四張 去膆微吊毛
二等不堪用黑狐皮九張 各處吊毛	二等小黑狐皮二張	三等黑狐皮十七張 去膆 查得內有二等黑狐皮一張
三等平常黑狐皮三張	三等平常黑狐皮五百八十九張 去膆	三等黑狐皮十三張 去膆微吊毛
三等不好黑狐皮七十五張 去膆	三等不好黑狐皮七十八張 去膆無毛尖微吊毛	三等不好黑狐皮一張 各處吊毛
三等不堪用黑狐皮三十三張 各處吊毛	三等不堪用黑狐皮十二張 去膆各處吊毛	緞帽貂皮三十六張 內有去膆二張

第八章　曹家歸旗北京後的落腳處*

曹頫家因罪抄沒並於雍正六年歸旗北京後，應有好幾年住在崇文門外蒜市口地方十七間半房的宅院中。本章即疏理清代如何以「間」或「半間」描述建築的空間，並參考民初北京編整街道的檔案、乾隆十五年繪製的《清內務府京城全圖》以及 1928 年京師警察廳製作的《京師內外城詳細地圖》，嘗試從街道區劃的角度追索「蒜市口地方」的合理範圍，並在張書才以及筆者先前所提出的說法上，對曹家舊居的位址提出一些新看法。

一、曹家抄沒後歸旗北京初期的居所

曹頫於雍正五年十二月獲罪抄沒，其家三代四人出任江寧織造共半個多世紀，自此從絢爛歸於平淡，並於稍後歸旗北京。[1] 在此鉅變中曹雪芹度過了青少年時期，並開始醞釀其寫作《紅樓夢》的動機與文思。1991 年，張書才在中國第一歷史檔案館所藏雍正七年七月二十九日的〈刑部移會〉中（圖表 7.23），發現關涉曹家遭抄沒後之記載，其文有云：

> 查曹頫因騷擾馹站獲罪，現今枷號，曹頫之京城家產人口及江省家產人口，俱奉旨賞給隨赫德。後因隨赫德見曹寅之妻孀婦無力不能度日，將賞伊之家產人口內，於京城崇文門外蒜市口

* 本章部分內容曾發表於拙著〈曹雪芹「蒜市口地方房十七間半」舊宅新探〉(2015)。

1 周汝昌，《紅樓夢新證》(2016)，頁 522-532；邵丹，〈故土與邊疆：滿洲民族與國家認同裡的東北〉。

地方房十七間半、家僕三對，給與曹寅之妻孀婦度命。[2]

在此，「妻孀婦」一詞乃描述某人的寡妻。[3] 知曹雪芹家人曾於雍正六年歸旗北京之初在蒜市口地方（圖表 8.1 及 8.2）度過一段慘澹歲月。[4]

由於雍正帝特授「雍邸舊人」綏赫德接任江寧織造，並將查抄自曹家的房屋四百餘間、地約十九頃、家人一百多口轉賜，這種不把抄沒財產充公的做法，亦說明曹頫被控的騷擾驛遞、轉移家財、虧空帑項等罪名，或僅是其家被整肅的表面原因。事實上，清代自雍正朝起就常將抄家變成政治手段，用於打擊異己和懲處官員。雍正四年上諭中即自辯：「朕即位以來，外間流言有謂好抄沒人之家產者……朕將奇貪極酷之員，抄沒其家貲，以備公事賞賚之用。」明顯將籍沒之家產視同皇帝私囊。[5]

前引雍正七年之〈刑部移會〉中，把「京城崇文門外蒜市口地方房十七間半、家僕三對」給與曹寅寡妻李氏聊度晚年之舉，則是預先獲得雍正帝的授意或同意（圖表 7.24），亦即，曹家在六年三月或稍後回京。[6] 惟以曹寅的地位與財力，他生前不太可能屈居於此十七間半房（曹頫被抄沒時，查出其家有住房 13 處，共計 483 間，平均每處即 37 間），這應只是曹家在京的房產之一，且很可能是最小、最差的宅院，遂會在抄家後被賜給曹寅之寡妻，以供她勉強度命，並略顯雍正帝的仁憫之意。

---

2 張書才，《曹雪芹家世生平探源》，頁 44-46。

3 如嘉慶初年劉鳳誥奉旨擬定起居注的體例時，嘗稱「八旗奏故員妻孀婦某氏請給半俸養贍……」。此外，翻查「中國方志庫」等資料庫，亦可發現古書中屢見「○○○之妻孀婦○氏」之用例。參見劉鳳誥，《存悔齋集》，卷 7，頁 4。

4 吳長元，《宸垣識略》，卷 9，頁首。

5 劉一之，《破解紅樓夢之謎》，頁 118-121；云妍，〈從數據統計再論清代的抄家〉。

6 綏赫德在雍正六年三月初二日的奏疏中稱：「至曹頫家屬，蒙恩諭少留房產，以資養贍。今其家屬不久回京，奴才應將在京房屋、人口酌量撥給，以彰聖主覆載之恩。」參見張書才主編，《雍正朝漢文硃批奏摺彙編》，冊 11，頁 808。

圖表 8.1：北京崇文門外蒜市口街與蒜市口地方的可能範圍。

❖ 乾隆《清內務府京城全圖》上蒜市口街的可能範圍

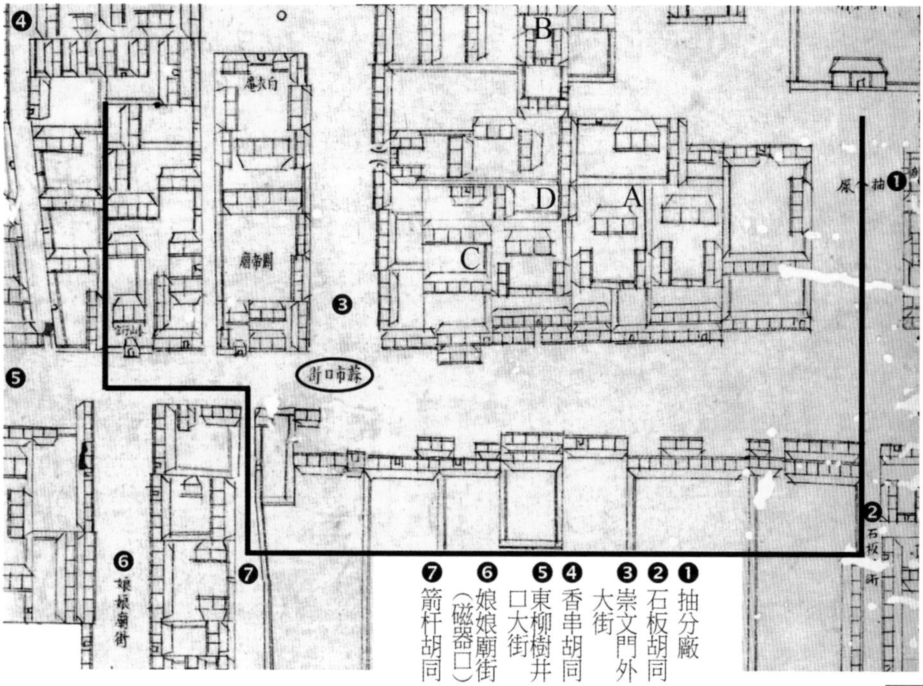

❶ 抽分廠
❷ 石板胡同
❸ 崇文門外大街
❹ 香串胡同
❺ 東柳樹井口大街
❻ 娘娘廟街（磁器口）
❼ 箭杆胡同

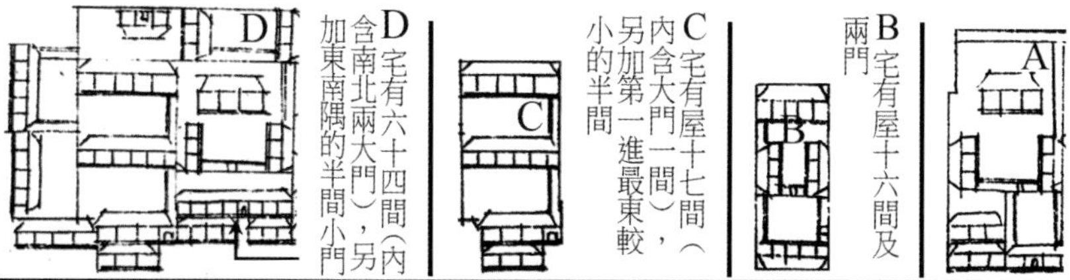

A 宅有屋十八間（內含大門一間）

B 宅有屋十六間及兩門

C 宅有屋十七間（內含大門一間），另加第一進最東較小的半間

D 宅有六十四間（內含南北兩大門），另加東南隅的半間小門

❖ 1928年《京師內外城詳細地圖》上蒜市口地方的可能範圍

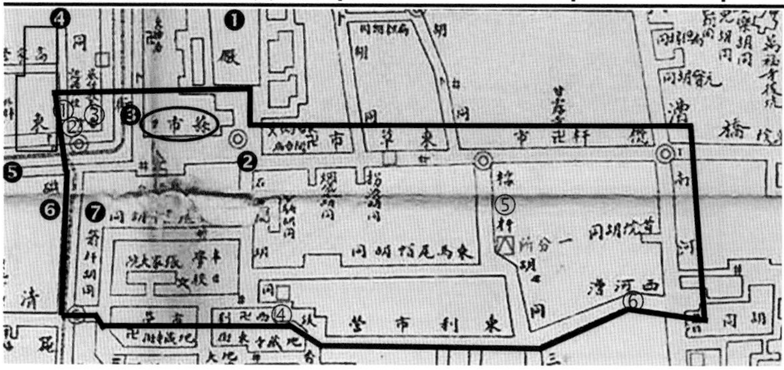

文獻中位於蒜市口的地點：

① 香串胡同
② 泰山行宮
③ 關帝廟
④ 興隆庵飯廠
⑤ 標杆胡同
⑥ 憑河南店

圖表 8.2： 乾隆《宸垣識略》中的北京外城及其東半部詳圖。

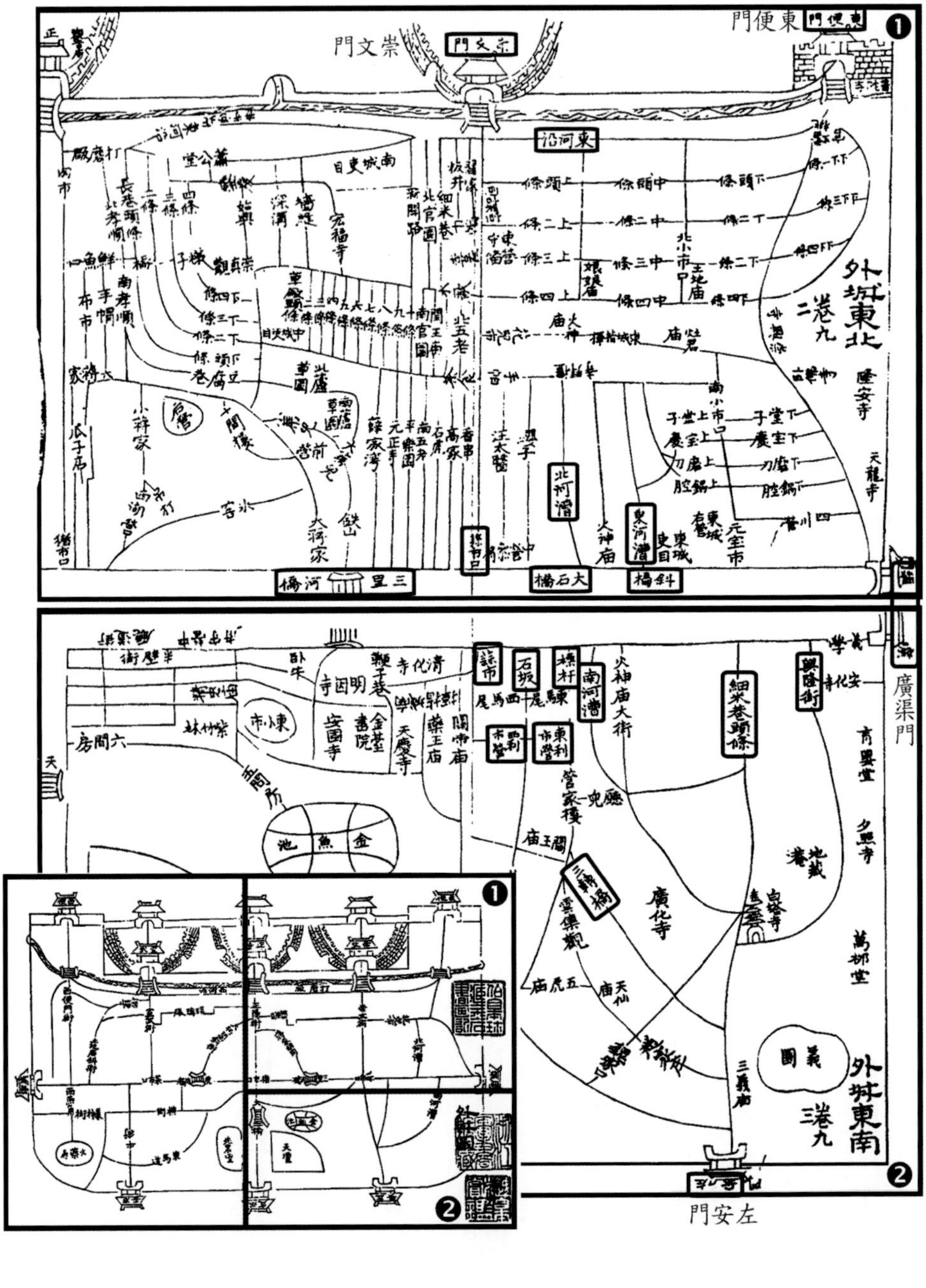

門文崇
門便東
廣渠門
門安左

張書才等自 1991 年起即根據現藏中國第一歷史檔案館的《清內務府京城全圖》，[7] 力主廣渠門內大街 207 號院乃蒜市口地方唯一擁有十七間半房的院落（圖表 8.1 中標明為 A 宅者）。[8] 該北京地圖是乾隆十至十五年間在西洋傳教士郎世寧 (Giuseppe Castiglione, 1688-1766) 的技術指導下，由海望主持的大規模測繪產物，共包含 51 幀長幅，總長 14.14 米，寬 13.50 米。因比例尺約為 1:650，且以寫真手法簡示各宅院的平面圖，故房子的格局往往清楚可見，此應是清代製作精密度最高的北京地圖。[9]

前述之蒜市口乃位於崇文街（圖表 8.1；又名崇文門外大街[10]）南口，而蒜市口往東之街道在 1965 年北京重劃路名和門牌號以後，始併入今廣渠門內大街（由廣渠門大街、大石橋、欄杆市大街、東草市大街、蒜市口等幾個地名組成）。[11] 張書才將東西走向之蒜市口街，界定為「路北西起崇文門外大街南端東側，東至抽分廠南口，[12] 路南西起磁器口北口，東至石板胡同北口，長約二百米」，其中之磁器口原名「娘娘廟街」，光緒間改名。

---

[7] 中國第一歷史檔案館、故宮博物院編，《清乾隆內府繪製京城全圖》。

[8] 此院落臨街房是六間（包括大門），前院西半有北房三間，中院北屋正房三間，東西廂房各三間，總計十八間。張氏為解釋此院落何以被稱為「十七間半」，提出兩種說法：一謂院門過道舊時按「半間」計算；一謂舊時迷信以單數為陽宅（活人所居），雙數為陰宅（死人所居），所以忌言雙數而稱「半間」。然這兩種解釋皆無文獻根據且與實情不合（附錄 8.1）。參見張書才，《曹雪芹家世生平探源》，頁 146-169。

[9] 楊乃濟，《紫禁城行走漫筆》，頁 14-41。

[10] 乾隆《宸垣識略》有云：「割中城之東單牌樓西至長安街，北沿王府大街至崇文街……隸東城」「崇文門外大街迤東，出蒜市口，東南至左安門，轉廣渠門、東便門，隸東城」。參見吳長元，《宸垣識略》，卷 1，頁 30。

[11] 《北京文史資料精選・崇文卷》，頁 35。

[12] 崇文門外的抽分廠乃綠旗營制下左翼總兵所屬，設南營參將一人駐箚，兼轄西珠市口、東珠市口、東河沿、西河沿、花兒市、菜市口六汛。參見托津等，《欽定大清會典事例》，卷 470，頁 2。

在追索此議題的過程中，我們發現張書才所提曹家被抄沒後在京住處的主張，雖成為近年籌建曹雪芹故居紀念館的重要論述，惟紅圈中仍有許多不同聲音，爭論的焦點主要在對「蒜市口地方」的範圍認定。[13] 筆者先前於拙文〈曹雪芹"蒜市口地方房十七間半"舊宅新探〉中，疏理出清代如何以「間」或「半間」描述建築物形制的原則，並在新推斷的「蒜市口地方」區域內，根據《清內務府京城全圖》的詳圖逐屋搜索符合「十七間半」之宅第，但所歸結的最可能故居，依舊未獲紅圈重視，且與此領域的許多議題一樣，迄今還是淪於各說各話。本章即嘗試根據近年關心此議題者的一些新論述以及筆者最近的創獲，再重行訂正並論證曹氏舊居之可能位址。

二、曹家蒜市口舊居所在地新探

張秉旺於 1999 年首先對張書才所提曹家故居在廣渠門內大街 207 號院的說法提出異議，他指稱《清內務府京城全圖》上所繪此宅前院西半邊的六間房，乃以雙重線勾勒出之圍牆與其它房屋隔開（圖表 8.1 中之 A 宅），[14] 且從屋頂的畫法，知臨街的東西各三間房並非連屬，故應非同一家，而兩家的院落皆算不出十七間半房（有關清代如何定義「間」與「半間」的討論，可參見附錄 8.1）。他還主張蒜市口街的範圍應從崇文門外大街南口的蒜市

[13] 如見紫軍、霍國玲，〈曹雪芹蒜市口故居考〉；霍國玲等，《紅樓解夢（第八集）》，頁 161-185；蘭良永，《紅樓夢文史新證》，頁 179-193；張秉旺，《紅苑雜談》，頁 180-183；楊冷，〈曹家蒜市口舊宅新考〉；樊志斌，《曹雪芹文物研究》，頁 44-65。

[14] 有以此雙重線指遊廊，然《清內務府京城全圖》中尚未被證明有此圖例。且一般小戶人家的院子，恐不會有此財力或需要建造遊廊。參見鄧奕、毛其智，〈從《乾隆京城全圖》看北京城街區構成與尺度分析〉。

口起，一直往東延伸至南、北河漕，[15] 共長 600 米，此與張書才所認為僅東至抽分廠南口的約 200 米路長相差頗多，其理由為張書才之說根據的是民國前期的地圖（在抽分廠南口以東次第繪有東草市、欄杆市、大石橋），而《清內務府京城全圖》則東至南、北河漕後，才出現大石橋之地名，故張秉旺以大石橋為蒜市口街的東界。[16] 然因《清內務府京城全圖》上所標的地名常零零落落，故張氏之說頗待斟酌（見後文）。

至於張秉旺所提出的廣渠門內大街 146 號院，其基地中心在石板胡同北口朝東約 100 米處。[17] 然經張書才仔細析究後，發現該院落其實有四排，最南的第四排與第三排房之間並無東西向的院牆分隔，但張秉旺卻主觀地將第四排的五間房劃出，以滿足其十七間半房的算法。亦即，張書才主張 146 號院應與曹雪芹故居無關。[18]

此外，陳林 (2011) 在網上指出「蒜市口地方」應不限於蒜市口街，經從蒜市口向西沿路查找之後，他認為此十七間半房在香串胡同西側、大慈菴（位於東柳樹井口大街路北）東鄰。蘭良永 (2014) 則認為在《清內務府京城全圖》中，雙線可代表院內遊廊，單線也可代表獨立院牆，遂主張廣渠門內大街 207 號院仍有可能為曹雪芹家故居。[19]

---

15 至遲乾隆八年的房契即可見「東城崇南坊一牌三鋪北河漕路東大石橋」的地址。參見鄧亦兵，《清代前期北京房產市場研究》，頁 222。

16 乾隆七年的房契即可見「東城崇南坊一牌一鋪大石橋路」。參見張秉旺，《紅苑雜談》，頁 173-187；鄧亦兵，《清代前期北京房產市場研究》，頁 222。

17 張秉旺，《紅苑雜談》，頁 180-183。

18 張書才，《曹雪芹家世生平探源》，頁 161-163。

19 此段參見 http://blog.sina.com.cn/s/blog_4a4c11510100qgcj.html；蘭良永，《紅樓夢文史新證》，頁 179-193；劉天地，〈“蒜市口地方”、右翼宗學沿革考述〉。

附錄 8.1

中國古建築的基本單位「間」

學界先前未見有關「間」的具體討論，有以其乃中國古建築的基本單位，是「每兩根柱子之間的空間」，[20] 但情理上此計量單位應內含某種具體的尺度定義，否則將淪於定性描述，也就不會有「半間」之數（見後文），且在房產轉移時頗易產生法律糾紛。此節即根據文獻中的一些零星用例勉力析探。

乾隆間成書的《儒林外史》，在描述牛老替孫子牛浦娶親時有云：

> 他家只得一間半房子，半間安著櫃臺，一間做客座，客座後半間就是新房。當日牛老讓出牀來，就同牛浦把新做的帳子、被褥鋪疊起來……。[21]

表明「一間半」的屋子並不大。此故，趙翼 (1727-1814) 亦嘗稱「余直軍機時，直舍即在軍機大臣直廬之西，僅屋一間半，又逼近隆宗門之牆，故窄且暗」。[22] 而在現存大量的清代房契中，除整數間及半間外，尚未見有畸零之數者。[23]

那「一間」或「半間」究竟是體積、面積還是長度的表述，又如何在清代社會有一約定成俗之定義？查康熙十四年八月賜建在三藩之亂中陣前投誠之金進所屬官兵的住房時，嘗於京城內正白旗校場東邊空地，各照其品級及先前定例，[24] 蓋給共 184 間房屋，惟規制有大有小。[25] 其中面闊一丈、進深一丈五尺、柱高七尺八寸者，共 130 間（姑且稱之為「標準房」），絕大多數皆分給前鋒、護軍、撥什庫以下的低階

20 張馭寰，《中國古建築百問》，頁 151；賈珺，《北京四合院》，頁 42-43。
21 吳敬梓，《儒林外史》，第 21 回，頁 7。
22 趙翼，《簷曝雜記》，卷 1，頁 6。
23 其中逾千件可見於鄧亦兵，《清代前期北京房產市場研究》，頁 211-317。
24 此為順治十六年之定例，參見《清世祖實錄》，卷 123，頁 953。
25 鐵保等，《欽定八旗通志》，卷 113，頁 4-7。

官兵。至於六品以上官員，其配發正房的平均面闊則與官品成正比，分別從一丈二寸至一丈二尺三寸不等，且進深（一丈八尺至二丈七尺）與柱高（七尺五寸至一丈五寸）亦明顯大於「標準房」。

此外，乾隆五十五年和珅等因重蓋西華門內遭火災之果房及銀庫值房一事上奏，經奉旨擬重蓋 55 間房，規制如下：

> 果房院內：補蓋正房二座，各計五間，各面闊一丈、進深一丈六尺、柱高九尺；東面圍房一座，計十七間，各面闊一丈、進深一丈四尺、柱高八尺。銀庫值房：補蓋小式正房四座，內頭層並後層正房二座，各計五間，各面闊一丈、進深一丈四尺、柱高九尺，中二層正房二座，各計五間，各面闊一丈、進深一丈六尺、柱高九尺；廂房四座，每座計二間，各面闊一丈、進深一丈二尺、柱高八尺。[26]

這批樣式不一的新蓋房，每間的面闊皆同為一丈，進深則從一丈二尺至一丈六尺不等，柱高為八尺或九尺。

再者，乾隆四十六年正月地安門外鼓樓前路東茶舖失火，二月內務府奏擬重蓋 46 間房，其中面闊一丈二尺者 3 間（進深一丈六尺）、一丈一尺者 3 間（進深一丈四尺）、一丈者 21 間（進深一丈三尺或一丈六尺）、九尺五寸者 14 間（進深一丈三尺或三丈）、八尺八寸者 4 間（進深一丈二尺），另有 1 間面闊七尺五寸、進深六尺、柱高九尺五寸的「小正房」。[27] 此外，圓明園銀庫旁的一處 9 間房宅院亦有明確的面寬、進深以及柱高尺寸圖（圖表 8.3）。

綜合前述四文獻中共 294 間房的規制，我們可發現從 45 至 332.1 m^2，皆謂之一間，知「間」應非面積單位，否則後者相對於前者的定義而言，就已超過七間。同樣理由，「間」亦不可能是體積單位。

---

26 乾隆五十五年十一月二十一日和珅等奏摺，中國第一歷史檔案館藏內務府奏銷檔案微捲，冊 422，頁 183-188。

27 鄧亦兵，《清代前期北京房產市場研究》，頁 23。

圖表 8.3： 圓明園旁一宅院的平面圖。

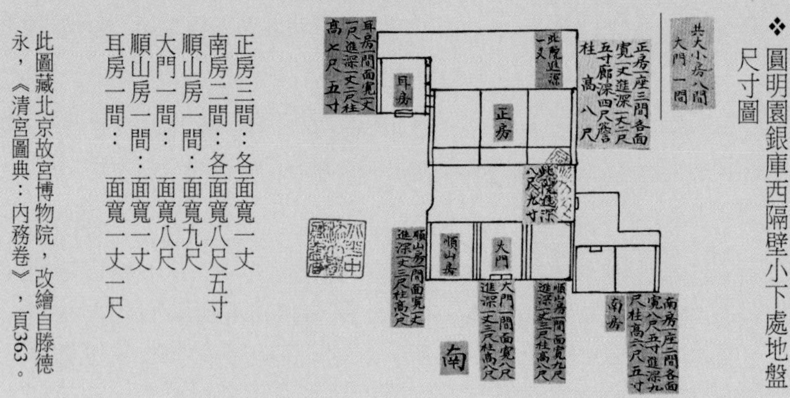

正房三間：各面寬一丈
南房二間：各面寬八尺五寸
順山房一間：面寬九尺
大門一間：面寬八尺
順山房一間：面寬一丈
耳房一間：面寬一丈一尺

此圖藏北京故宮博物院，改繪自滕德永，《清宮圖典：內務卷》，頁363。

雖然各種「間」的面闊有不同數值，有寬至一丈二尺三寸者，亦有窄至七尺五寸，但差距並不特別大，其中又以一丈者最多，達 210 間 (71%)。另一方面，在前述諸案例當中，柱高與進深的上下限分別相差達二或五倍，筆者因此認為「間」主要是用來衡量一房屋正面的寬度。若然，我們需要找出「間」或「半間」所代表之面闊的標準值及其容許範圍，以便將房屋的實際面闊全都描述成整數間或半間。

為避免被質疑前述揭舉的相關用例缺乏足夠代表性，筆者遂又利用大數據的新研究環境，從「中國方志庫」和「中國基本古籍庫」等海量資料庫中，耙梳出現存其它清代建築物留有「間」之具體規格者。在綜合考量前揭總共兩千餘「間」的尺度後，發現有約 97% 的面闊皆恰為一丈，如雍正五年稱潼關營房分給每兵兩間兵房，凡 2,064 間，每間即均進深 17 尺，間闊 10 尺（圖表 8.4）。[28]

至於清代房屋何以採用「間」來表達其正面的面闊，此或因原本木造建築兩立柱之上所馱的檩條（又作檩木，是架在梁頭位置的沿建築面闊方向的水平構件，其作用是橫擱在屋架或山牆上以承受屋頂的荷載），

28 黃一農，〈曹雪芹「蒜市口地方房十七間半」舊宅新探〉。

通常約一丈長，[29] 需要時亦可用接榫的方式拼接加長。換句話說，「間」的原始定義應源自「兩柱一檁」的基本木造結構。古代木建中檁的數量通常可體現院落裡的房屋等級，也反映在其進深及柱高之上，而與「間」的定義無關。如康熙初期一品官所配住的房屋當中，七檁正房的進深為二丈七尺、柱高一丈五寸，而五檁門面房的進深就只有一丈四尺、柱高八尺。再者，雍正朝所售官房的價格，亦是以檁數（涉及面積、體積與規格）來定價，如九檁房每間七十兩，八檁房每間六十兩……三檁房每間十兩。[30]

先前學界有稱中國古代對「半間」的說法有二：一是將院門過道視為半間；一是以奇數為陽宅、偶數為陰宅，遂因忌言偶數而稱「半間」。[31] 然我們在清代的房契中卻屢屢可見住房為偶數間者，[32] 且從中國第一歷史檔案館所藏嘉慶八年遭查封之福長安房屋的附圖（圖表 8.5），可發現其在北京景山東門外的十間半院落中，院門明顯算一間，倒是相鄰的門房或因面闊（房門朝東）較小，而被標記成半間。至於西帥府胡同甯武禮房以及無量大胡同塞楞額（其宅在乾隆二年六月之前入官，故應只是與疏告曹頫之人同名，因後者於十三年才被抄沒）房的「半間」，亦明顯小於正常之「一間」（圖表 8.5）。

又，民初為治理近畿五大河曾拆除民房，其發放補償費的標準為「一房間進足一丈為一間，足一丈四者為間半，一丈以內者按尺方核計」。[33] 另據北京社科院的鄧亦兵老師（四十年代生於北京）告知，她小時候所看到的半間房屋有三種：一種是隔斷間，即福長安景山東門外院落的那種半間；一種是接間，即在原有的房間外面接蓋小間，俗

---

29 據《館陶縣志》，每根木檁長一丈、周圍二尺，光緒三十年約合制錢一千二百文。民國《浮山縣志》亦稱檁柱為一丈上下。參見丁世恭修，劉清如纂，《館陶縣志》，卷 2，頁 49；任耀先修，張桂書纂，《浮山縣志》，卷 15，頁 40。

30 鄧亦兵，《清代前期北京房產市場研究》，頁 20-22、150-151。

31 張書才，《曹雪芹家世生平探源》，頁 169。

32 鄧亦兵，《清代前期北京房產市場研究》，頁 211-317。

33 于振宗，《直隸河防輯要》，頁 50。「進足」為超過之意。

稱半間；一種是單獨建的小房，即比平常一間要小點的房，民間也稱小屋，實際也是半間。

綜前所論，描述清代建築的「間」，主要是由屋正面之兩根立柱的距離所決定，而與後面另兩柱所隔出之有屋頂的進深，似無太大關係（四邊不必有封閉隔間或門牆）。對一般居住空間而言，每間面闊之「標準值」為一丈，惟因兩柱之上所架檁條的長度往往略有伸縮，故一「間」之面闊亦可短至七尺五寸（含），或長至一丈五尺（不含）。[34] 而面闊至少要四尺者，才可被視為「半間」。

至於皇家、官府以及寺廟中的建築，其所蓋一「間」之面闊則往往尺度較大，且罕見有「半間」之尾數。此因這類建築通常較巍峨，故所用之立柱皆較粗大，面闊亦相應特別加寬。如圓明園四十景之一的萬方安和殿，其卍字軒的基座上建有三十三間東西南北室室曲折相連的殿宇，每間之面闊即均為一丈四尺。同樣地，在勤政殿的燙樣中，記每間之面闊從一丈二尺五寸至一丈四尺二寸不等（圖表 8.6）。[35] 又，《清內務府京城全圖》上所繪之王府大門皆為五間，每間之面闊亦比一般住房之「標準值」大許多。再以北京之地安門為例，其面闊共七間，正中之明間寬二丈一尺九寸（7 米），兩次間各寬一丈六尺九寸（5.4 米），四梢間各寬一丈五尺（4.8 米）。[36] 此外，順治二年所建之乾清宮門凡五間，通長亦達八丈二尺，每間之面闊也遠大於「標準值」。[37] 前述有關「間」之定義乃呼應中國傳統木造建築的基本構造，其面闊雖依官民或公私而有不同，但大致以一丈為「標準值」。

34 在前揭用例中，一間的面闊無逾 1.4 丈者，只有雍正八年新寧縣守備衙門的兵房例外，面闊為 1.5 丈（比頭門、儀門、大堂還寬上許多）、進深 1.7 丈，面積竟達康熙十四年金進屬下所分配兵房（面闊 1 丈、進深 1.5 丈）的 1.7 倍，因疑前者的面闊乃一丈五寸之誤。

35 張淑嫻，〈揚州匠意：寧壽宮花園內檐裝修〉，頁 147-148。

36 戶力平，〈地安門雁翅樓見證百年風雨〉。

37 《清世祖實錄》，卷 16，頁 148；楊乃濟，《紫禁城行走漫筆》，頁 14-41。

圖表 8.4：資料庫中所描述各種建物每一「間」的規格。

形式	間數	中高(尺)	柱高(尺)	進深(尺)	間闊(尺)
順治初年之京城八倉、通州三倉[38]					
倉房		22.5	15.5	53.0	14.0
康熙二十七年江蘇毗陵雙桂里陳氏新造祠門[39]					
祠門一座	3	14.6	9.0	24.0	12.0
雍正五年潼關營房[40]					
兵房（每兵 2 間）	2064	-	-	17.0	10.0
雍正八年新寧縣添造之守備衙門[41]					
頭門一座	3	15.0	12.0	14.0	12.0
儀門一座	3	15.0	12.0	11.0	12.0
大堂一座	3	17.0	13.0	31.0	12.0
大堂前左右廂房	8	13.0	11.0	17.0	11.9
二堂一座	3	17.0	13.0	22.0	12.0
二堂前左右廂房	10	13.0	11.0	17.0	11.9
住房	5	16.0	13.0	22.5	13.0
兵房	20	10.0	8.0	17.0	15.0 (10.5?)
乾隆四年直隸總督興修改建之營房[42]					
營房		10.0	8.0	10.0	10.0
乾隆十六年寧河縣之義倉[43]					
倉房		22.5	9.5	12.0	11.0
更房		-	7.5	11.0	10.0
嘉慶十一年以前洛川縣之監獄[44]					
監房	3	12.0	7.5	10.0	9.0
宣統三年以前西安縣之縣屬木工造房[45]					
瓦房		-	10.2	20.0	9.6

38 周家楣等修，張之洞等纂，《順天府志》，卷 10，頁 3。
39 陳懋和等修，《毗陵雙桂里陳氏宗譜》，凡例。
40 鐵保等，《欽定八旗通志》，卷 117，頁 25-27。
41 王暠修，陳份纂，《新寧縣志》，卷 2，頁 3-4。
42 王者輔等修，吳廷華纂，《宣化府志》，卷 8，頁 32-33。
43 丁符九修，談松林纂，《寧河縣志》，卷 3，頁 16-17。
44 劉毓秀修，賈構纂，《洛川縣志》，卷 6，頁 11。
45 雷飛鵬等修，段盛梓等纂，《西安縣志略》，卷 11，頁 11。

圖表 8.5： 清代宅院平面圖中的「半間」小考。[46]

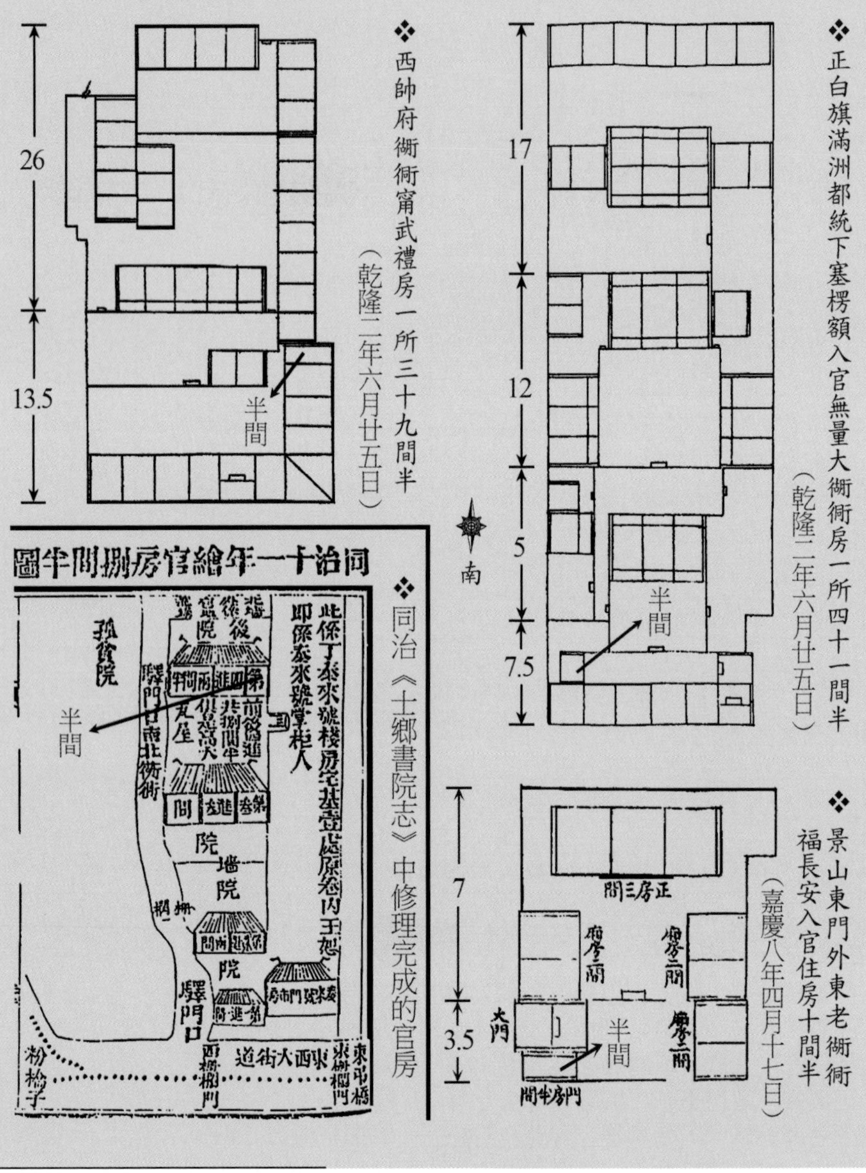
❖ 西帥府衚衕甯武禮房一所三十九間半
（乾隆二年六月廿五日）
26
13.5
半間
❖ 正白旗滿洲都統下塞楞額入官無量大衚衕房一所四十一間半
（乾隆二年六月廿五日）
17
12
5
7.5
半間
南
同治十一年總官房捌間半圖
半間
❖ 同治《士鄉書院志》中修理完成的官房
❖ 景山東門外東老衚衕福長安入官住房十間半
（嘉慶八年四月十七日）
7
3.5
正房三間
半間
大門

46 三入官宅院的平面圖乃藏於中國第一歷史檔案館，轉引自鄧亦兵，《清代前期北京房產市場研究》，頁 10-15；尹繼美，《士鄉書院志》，頁 22。

圖表 8.6：圓明園中勤政殿及萬方安和殿的建築燙樣。[47]

燙樣上所貼黃簽之說明：

謹擬勤政殿一座，五間：明間面寬一丈四尺二寸，二次間各面寬一丈三尺三寸，二梢間各面寬一丈二尺五寸，進深二丈四尺。前接抱廈，三間：進深一丈五尺五寸。後接抱廈，五間：進深二丈。前後廊各深五尺五寸，下出二尺八寸，上出二尺二寸，台明高二尺四寸。

謹擬勤政殿一座，通台基面寬七丈二寸，通台基進深七丈六寸。

明間：❶

二次間：❷❸

二梢間：❹❺

前接抱廈三間：❻❼❽

後接抱廈五間：❾❿⓫⓬⓭

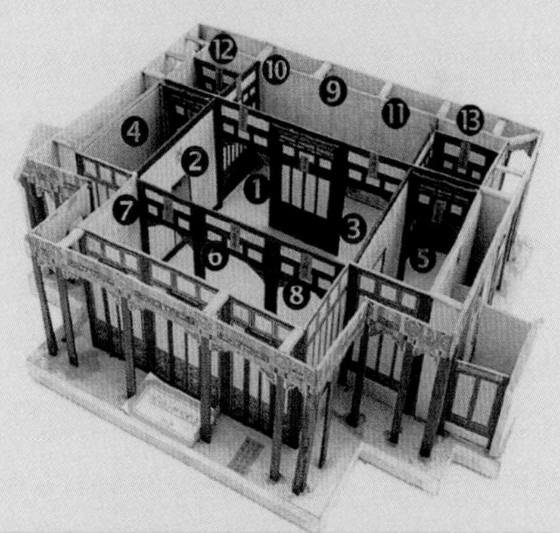

萬方安和殿一座，共計三十三間。各面寬一丈四尺，進深一丈四尺，遊閣廣各深四尺，簷柱高一丈一尺，台明高一尺八寸五分，下出二尺七寸。

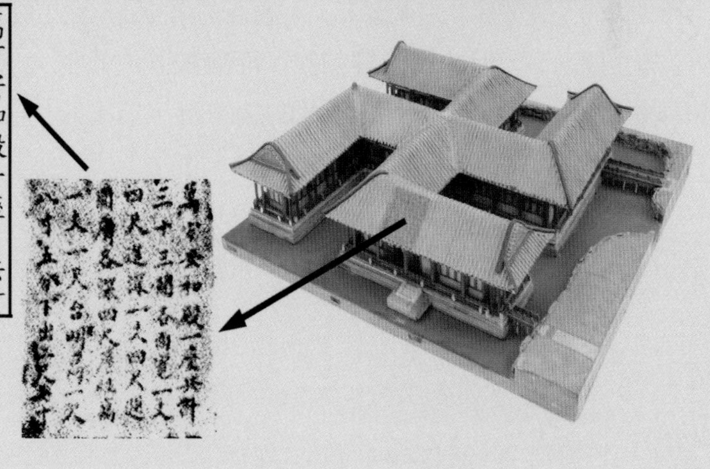

47 林芳吟，《三山五園文化巡展：圓明園卷》，頁 222。

楊泠 (2017) 更因《京城內外首善全圖》《京城全圖》《京師城內首善全圖》等清代地圖多將「蒜市」或「蒜市口」畫在崇文門外大街南口迤西處（民初則繪於迤東處），而宣稱蒜市口街原本只能是崇文門外大街南端以西街段，至民國十六年左右始遷移到以東，並總結稱「〔蒜市口地方〕至少在三里河與廣渠門之間。在這個範圍內，任何一處類似“十七間半”的宅院，都可以作為曹家舊宅而進行辨析」。他且根據曹寅《楝亭集》詩中有關其北京居所的模糊敘述，判斷曹宅乃位於米市口東北方的鍋腔胡同。惟因該地已在東城東半邊較靠近廣渠門的區域，情理上不應以相距達 1,300 米的蒜市口作為其大致位置的參考點！[48]

然曹寅當時在北京的居所不見得是蒜市口地方的十七間半房，且紅學界很少認知到清代北京地圖的粗疏程度，對各圖的繪製年代亦常因人云亦云而嚴重錯估，甚至有誤差達百年者（附錄 8.2）。亦即，這些清代北京地圖多為示意圖而非科學測繪的結果（除《清內務府京城全圖》外），故精確度常有問題。其上的標示雖屢將蒜市口街延伸至崇文門外大街南口路西（包含今人改繪的《清乾隆北京城圖》），甚至遠置於路西九百米處（如見《京師城內首善全圖》），但此或因襲前誤，而無較強的證據力。換句話說，當我們只以古代地圖當成判斷街道範圍的論證時，務須戒慎小心，頗有必要以其它文字敘述或檔案材料作為重要支撐。

48 楊泠，〈曹家蒜市口舊宅新考〉。

附錄 8.2

清代北京地圖的精疏程度小探

清代繪製的北京地圖常出現許多疏漏，譬如繪於乾隆十二年至嘉慶十二年間的《京師城內首善全圖》，[49] 就將蒜市口、抽分廠、欄杆市（又作「纜竿市」）、[50] 大石橋這一連串地名，全錯寫於崇文門外大街南口以西處，而明天順間所建崇祀碧霞元君（俗稱「泰山娘娘」）的「泰山行宮」，[51] 亦被寫成「泰府衙門」，其圖示則誤置於崇文門外大街東側的汪太醫胡同下方。至於抽分廠的一大片場址更完全被略去，此外，興隆街、細米巷頭條胡同、火神廟大街、南河漕、標杆胡同、石板胡同、麻繩市以及北河漕的位置，也全錯位了好幾百米（見圖表 8.7 及 8.8）！

至於 1900 年左右八國聯軍攻佔北京期間所刻的《京城各國暫分界址全圖》（圖表 8.7），其內容乃據乾嘉間的《京師城內首善全圖》（兩者皆只見東江米巷，而非東交民巷）重刻，主要的改變只是在地圖上方增添了大段文字，以表明各國軍隊將北京分成不同佔領區（用顏色區別）的現況。圖上先前已出現的不正確情形，即使歷經了一個世紀，亦未嘗被更正或改進。

49 該圖在地安門外有鐘樓（永樂十八年建，後燬於火，乾隆十年奉旨重建，十二年落成），燈市口南且標有天主堂（即今東堂，嘉慶十二年燬於火，光緒十年始重建成），加上圖上記「廣盜門」（繪製時與廣渠門東西錯置）時，未遵依道光帝旻寧即位後為避帝名而改作廣安門之史事，知其應繪於乾隆十二年至嘉慶十二年間，前人誤為同治九年。參見于敏中，《欽定日下舊聞考》，卷 54，頁 14-15；謝國興、陳宗仁，《地輿縱覽：法國國家圖書館所藏中文古地圖》，頁 161-162。

50 乾隆三年的內務府檔案及《宸垣識略》中，已見「崇文門外欄杆市」「延慶寺在欄杆市」的記載。參見張書才，《曹雪芹家世生平探源》，頁 165。

51 周家楣等修，張之洞等纂，《順天府志》，卷 14，頁 12。

圖表 8.7：《京師城內首善全圖》及《京城各國暫分界址全圖》。

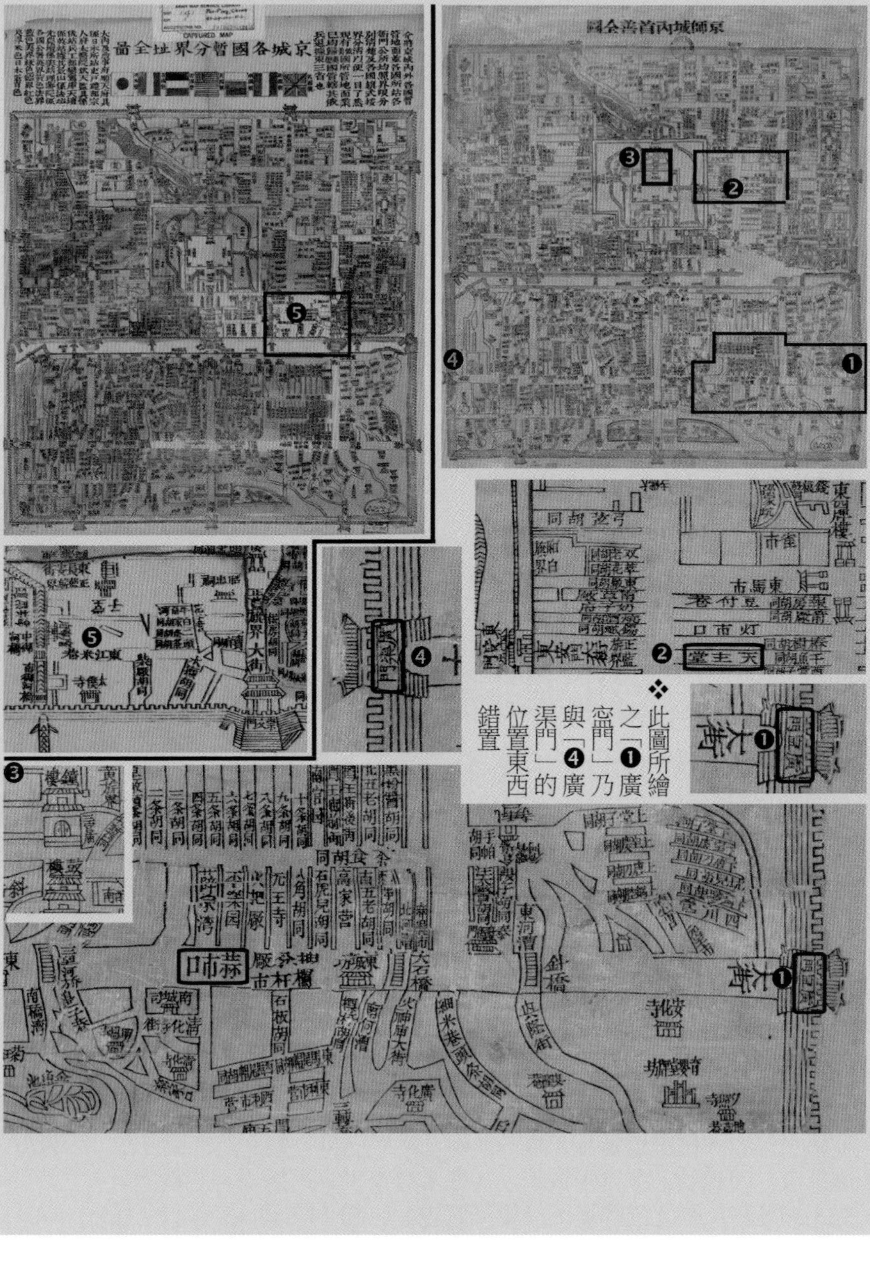

❖此圖所繪之「❶廣甯門」乃與「❹廣渠門」的位置東西錯置

圖表 8.8：北京古地圖中從廣渠門至三里河橋沿線的地名。

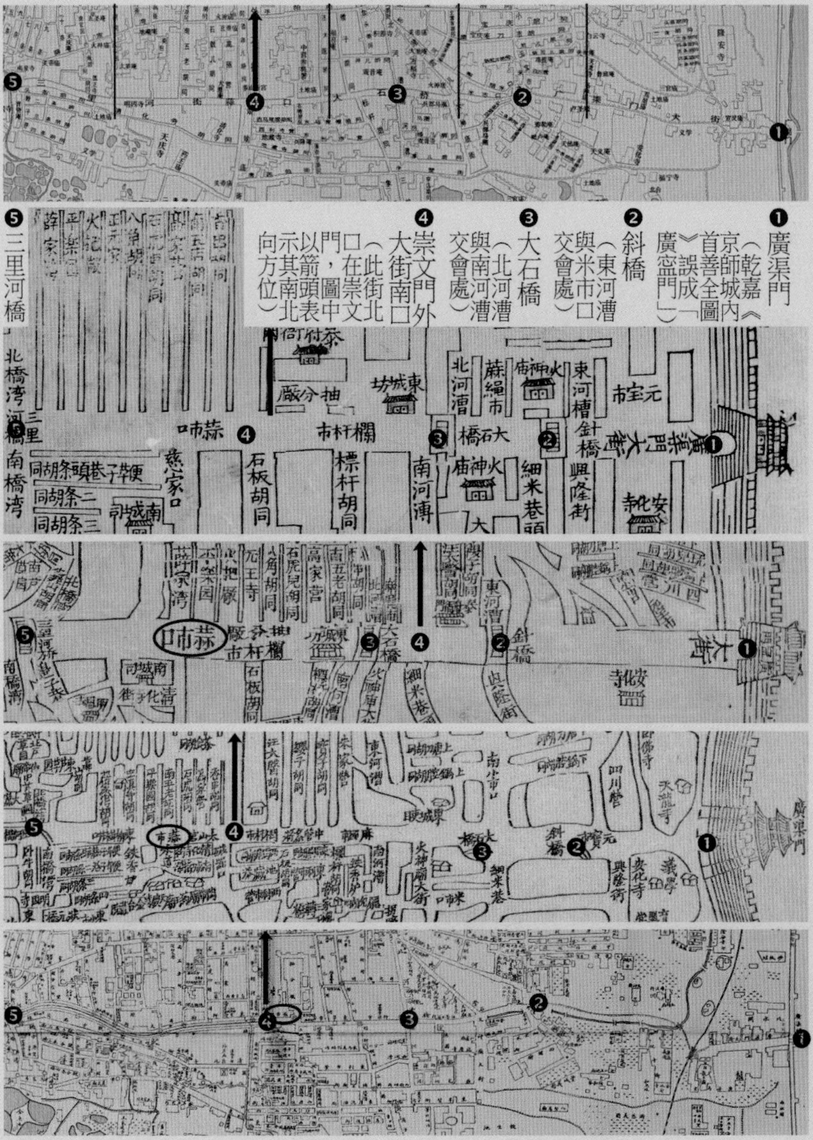

❖《清乾隆北京城圖》（徐苹芳復原自《清內務府京城全圖》）

❖《京城全圖》（乾嘉時期）

❖《京師城內首善全圖》（乾嘉）

❖《京城內外首善全圖》（約1900-7）

❖《京師內外城詳細地圖》（1928）

❶ 廣渠門（乾嘉《京師城內首善全圖》誤成「廣寗門」）

❷ 斜橋（東河漕與米市口交會處）

❸ 大石橋（北河漕與南河漕交會處）

❹ 崇文門外大街南口（此街北口在崇文門，圖中以箭頭表示其南北向方位）

❺ 三里河橋

又，美國國會圖書館所藏乾、嘉《京城全圖》上的石板胡同和標杆胡同，[52] 均較《清乾隆北京城圖》（今人徐苹芳根據《清內務府京城全圖》所復原[53]）上較正確的方位西偏了約百米；東南-西北向的東河漕，亦被誤成了南北向，且將其旁的關帝廟錯記作火神廟；東河漕與興隆街也並不隔著廣渠門大街相望；而南五老胡同不僅被寫成「南五店胡同」，且被誤置於香串胡同與高家營胡同之間；八角胡同與平樂園胡同的相對位置則東西錯放；至於圖上的文字更不乏訛誤者，如「針橋」應為「斜橋」（乾隆《宸垣識略》指其位於東河漕南口；圖表 8.2），南、東河漕被分別書作「南河溥」和「東河槽」，「慈家口」應為「磁器口」；「正元家」應為「元正寺」，位置在八角胡同南（圖表 8.8）。

此外，《京城內外首善全圖》（約 1900-1907 年刊[54]）中的汪太醫胡同，與其下方「石板胡同」的相對位置也不對，前者應東移約五、六十米；南河漕應位於東河漕的西南方，而非正南，且圖上未繪北河漕；「玄真寺」當時應已名為「元真觀」；[55] 「泰山行宮」被書為「太山宮」；火神廟大街的北口應在大石橋迤東處（圖表 8.8）。[56]

再者，由於北京街道相當密集，以致有些地圖在標寫街名時往往無法與街道範圍準確搭配，且街名常僅零星標出，如《清內務府京城

52 此圖在王府井大街西側可見「弓弦胡同」，在德勝門內大街附近可見「弘善寺」，惟因「弦」及「弘」兩字同缺末筆，知應繪於乾隆帝即位後。再因在地安門外有鐘樓（乾隆十二年奉旨重建落成），且「廣寧門」並未避道光帝旻寧之帝名而改作廣安門，知應繪於乾隆十二年至嘉慶二十五年間，前人則有誤為道光五年(1825)者。

53 徐苹芳，《明清北京城圖》。

54 此圖在東交民巷（1900 年義和團事變後才自東江米巷改名）內出現數國使館，該區雖可見匯豐銀行及華俄銀行，卻未見 1907 年設立的德華銀行北京分行，知此圖應刊於 1900-1907 年間，前人誤此圖刊於嘉慶五年(1800)。參見楊泠，〈曹家蒜市口舊宅新考〉。

55 周家楣等修，張之洞等纂，《順天府志》，卷 14，頁 10。

56 此皆參照《清乾隆北京城圖》。

全圖》上即未見崇文門外大街之名，且在「蒜市口街」四字往西約千米外，才見「三里河街」（圖表 8.1），而位於其間的東柳樹井口大街即未書於圖上。[57] 圖表 8.8 列出幾種具代表性之北京古地圖中從廣渠門至三里河橋的區域，為比較其準確性，筆者特別標出沿線之斜橋、大石橋、崇文門外大街南口等可固定之參考點，我們因此發現《清乾隆北京城圖》與民國時期地圖的正確性皆明顯高過其它清代地圖，後者在繪製前述幾個可固定點的位置時，多未能呈現出正確比例，甚至出現相對位置錯亂的情形，如繪於乾嘉間的《京師城內首善全圖》，就將大石橋和斜橋錯誤分置在崇文門外大街南口的東西側。

很幸運地，民初以來北京編整街道的檔案現仍存在。查北洋政府於 1914 年成立京都市政公所，負責統轄北京的城市建設，並陸續公布各街巷的道路等級與路幅名稱。1928 年國民政府令改北京為北平特別市之後，該業務則轉由北平市工務局負責。現將今北京市檔案館所藏 1919-1927 年及 1930-1936 年間此類檔案的相關內容整理於圖表 8.9。配合較精確的《京師內外城詳細地圖》（1928 年由京師警察廳製作，圖上街道起迄點會以紅色雙圈標示；圖表 8.1 及 8.8），[58] 我們可以清楚知道當時三里河大街（西起北橋灣南口）迤東的街道依序為平樂園大街（西起東八角胡同南口）[59]→東柳樹井大

57 乾隆二十五年北京「永森木廠」的店鋪買賣契約中，即可見「崇文門外南大街東柳樹井路北」的地址。此應指東柳樹井大街位於崇文門外南大街的大範圍內，不必然謂東柳樹井大街的東端在崇文門外大街南口，類似用例如見「崇文門外北河漕路東」「崇文門內大石橋路北」「崇文門外平樂園」。參見鄧亦兵，《清代前期北京房產市場研究》，頁 235、249、251、310。

58 此圖乃由京師警察廳總務處製作，目的是對轄地進行更好的管理，故以 1:6000 的比例尺繪製，為民初最精確的北京城地圖之一，其街道且大致承襲清代規制，尚未深受近代城市建設的影響。

59 嘉慶二十三年的北京房契已可見「南城東南坊三鋪，平樂園南口內路西」地名，乾隆二十二年的房契亦出現「南城東南坊頭鋪，三里河橋大街往西路南」地名。參見鄧亦兵，《清代前期北京房產市場研究》，頁 240、303。

街（西起平樂園胡同南口）→蒜市口街（西起磁器口街北口）→東草市（西起抽分廠南口）→欄杆市（西起標杆胡同北口）→大石橋（西起北河漕南口）→廣渠門大街。此東西向的幹道現已以崇文門外大街為界，分別併成廣渠門內大街和珠市口東大街。

由於蒜市口街只是一條短街，必要時當然可能整併、改名或增減長度，但當政者應不會「無聊」到把整條東西向的街從崇文門外大街南口之西改移到南口之東，因為改址之舉對大街兩側的原住戶將產生無必要的重大影響（還牽涉到各種法律文件的更改）。再者，前述平樂園、東柳樹井、蒜市口、東草市、欄杆市、大石橋等街名多早已存在於清朝中葉以後，並一直沿用至民初，故筆者合理懷疑北京市檔案館現藏 1919-1936 年間工務檔案中所記載這些街道的起訖範圍，大致因襲清代規制，且無太大幅度的改變。鑒於《清內務府京城全圖》上自右往左書寫之「蒜市口街」四字，乃偏置於崇文門外大街南口的西半邊，且其末字之「街」止於南口的西緣，故前人合理懷疑蒜市口街的西口不在崇文門外大街南口的路東，而是起於路西，但究竟往西延伸至何處，則無人能提出論據。

查《京師內外城詳細地圖》上標示街道起訖點的紅色雙圈，表明蒜市口街西口乃位於香串胡同南口路東，正對磁器口街（乾隆時名娘娘廟街）的北口（圖表 8.1）。至於蒜市口街的東口則在抽分廠南口，亦接近石板胡同的北口。考量娘娘廟街北端的路東與平行的箭杆胡同（北京另有幾處同名）之間僅一戶宅院寬，且從北往南數的前兩家大門均臨娘娘廟街，故我們或可合理判斷蒜市口街的路南乃西起箭杆胡同北口。又，香串胡同最南端路東的四戶宅院，大門均開在臨香串胡同上，其東界與泰山行宮僅一牆相隔，而泰山行宮東側則有一條小巷道將白衣庵和關帝廟隔開，後兩者可能在清代即遭拆除，讓民初的崇文門外大街能呈現出南北向皆寬二、三十米的一等道路。知蒜市口街的路北可能包含白衣庵和關帝廟等處（圖表 8.1）。

圖表 8.9： 民初北京城鄰近蒜市口地方的部分街道。[60]

街道名	起訖範圍	街道等級及路幅
三里河	西自東珠市口，東至平樂園	二等路，16 米寬
平樂園	西自三里河，東至東柳樹井	二等路，16 米寬
東柳樹井大街	自平樂園至蒜市口	一等路，16 米寬
蒜市口	自東草市至崇文門大街	一等路，16 米寬
東草市	自欄杆市至蒜市	二等路，16 米寬
抽分廠	自東草市至手帕胡同後身	五等路，4-8 米寬
欄杆市	自大石橋至東草市	一等路，16 米寬
大石橋	自欄杆市至米市口	一等路，16 米寬
米市口細米巷	自細米巷至天和大院	五等路，5 米寬
鍋腔胡同	自天龍寺至南小市口	五等路，5 米寬
崇文門外大街	南自東柳樹井，北至崇文門臉	一等路，24-30 米寬
瓜市大街	自東茶食胡同至蒜市口	一等路，30 米寬
標杆胡同	自欄杆市至三轉橋	三等路，8 米寬
汪太乙（醫）胡同	自手帕胡同至草市（東草市）	五等路，5 米寬
三轉橋	自標杆胡同至迎門沖	四等路，北段 7 米寬
西利市營	自箭杆胡同至東利市營	五等路，5 米寬
東利市營	自三轉橋至石板胡同	五等路，5 米寬
石板胡同	自東草市至東鐵香爐	五等路，5 米寬
香串胡同	自東柳樹井至東茶食胡同	五等路，5 米寬
北河漕	自大石橋大街至南羊市口	四等路，6 米寬
東河漕	自關帝廟街至天和大院	四等路，6 米寬
西河漕	自三轉橋至南河漕	四等路，6-8 米寬
火神廟大街	自延慶寺至大石作	二等路，14 米寬
興隆街	自崇真觀至木廠胡同	四等路，7 米寬
瓷（磁）器口大街	自東柳樹井至紅橋	二等路，12-14 米寬

60 陳樂人主編，《二十世紀北京城市建設史料集》，冊下，頁 387-509。

綜前所論，我們應可推判雍正時期的蒜市口街在崇文門外大街南口一帶，[61] 而此街的路北乃以香串胡同南口路東（位於崇文門外大街南口路西）為起點，迤東至抽分廠南口，路南則西起箭杆胡同北口，東至石板胡同的北口（圖表 8.1 上）。[62] 此結論是在張書才以及筆者先前的說法上，又做了進一步的修正。[63]

據中國第一歷史檔案館藏件，管理欽天監事的工部左侍郎何國宗，曾於乾隆六年以分期付款認買漢軍正白旗工部尚書黃國才【材】入官的「崇文門外蒜市口六十四間半」宅，總價銀 1,140 兩，自六年春至十三年秋，他以其弟欽天監中官正何國宸之俸已扣銀 960 兩，尚欠 180 兩，然因何國宗當時正革職留任，未領俸銀，故內務府同意展限一年，但一年後何國宗仍未開復，在無俸銀可關領的情形下，他先湊辦銀 100 兩赴庫交納，並承諾於乾隆十五年四月內將其餘的 80 兩交完。[64] 黃國材則因家人「開當逐利，買

---

61 清代中期至民國年間，崇文門外大街上有瓜市和蒜市，其具體地點在茶食胡同東口外往南至東柳樹井一帶，每天上午郊區農民會在大街兩側擺攤，北段賣瓜，南段賣蒜，民間因此稱北段為「瓜市」，南段為「蒜市口」。參見王永斌，《北京的商業街和老字號》，頁 294。

62 至遲嘉慶八年的北京房契中，即可見「石板胡同」地名。參見鄧亦兵，《清代前期北京房產市場研究》，頁 288。

63 有以清末曾出現「崇文門外蒜市口三里河郵局」的說法，然筆者尚未發現較正式的文本中有此稱謂。又，在雍正十一年河南學政俞鴻圖的賄賣秀才一案中，曾提及「京城蒜市口西通順、魁昇、源遠等號」，此或指這些店鋪乃位於蒜市口街迤西或西段的街上。參見中國第一歷史檔案館編，《雍正朝漢文硃批奏摺彙編》，冊 24，頁 987-988。

64 此在中國第一歷史檔案館的網站檢索題名包含「蒜市口」三字即可查得，檔案號 05-13-002-001780-0070。惜研究者得親赴該館或請託在京學友才能見到內容，甚盼該館能引領風潮，以節能減碳的恢宏視野，大氣開放檔案（亦可收費），讓其收藏能成為全人類共同的文化遺產。同樣地，臺灣的「數位典藏計畫」花費了公部門大量經費，但對資料分享亦仍持保守心態。相對於兩岸，日本的早稻田大學、美國的哈佛燕京圖書館等機構則建立了令人動容的典範。感謝學友張建的協助。

房賃租」，且在廣西捐納案內的賠銀一直未完，又遲遲不變產完帑，遂於雍正七年四月遭革任，九年十一月卒。[65]

對照乾隆十五年繪製的《清內務府京城全圖》，筆者懷疑何國宗所買之宅院或在崇文門外大街南口路東的街角（關帝廟對街處；圖表 8.1 之 D 宅），因附近很難再找到間數相合的宅院。此 D 宅包含最可能為曹家歸旗後所居之 C 宅，後者的「蒜市口地方房十七間半」（值銀約二、三百兩銀）或隨曹寅妻李氏的亡故而被內務府收回，[66] 並與旁邊黃國材被沒入的房子併成六十四間半，因主體多屬黃國材舊產，遂概稱是黃國材入官的宅院。

至於「蒜市口地方」的範圍或比「蒜市口街」要大，應是以蒜市口為參考地標的一塊較大區域，惟其具體範圍一直未見諸文獻，只能從一些零星用例旁敲推斷。查乾隆《宸垣識略》中有稱「關帝廟在蒜市口」「泰山行宮在蒜市口，明天順年建」；[67] 乾隆《欽定大清會典則例》亦謂北京南城的兩所糶米官房之一就設在「崇文門外蒜市口香串衚衕內」；[68] 嘉慶《欽定大清會典事例》記東城的兩飯廠之一在「崇文門外蒜市口西利市營興隆庵」。[69] 又，民初知名骨董商俞淮清晚年就住在蒜市口的標杆胡同（位於欄杆市大街南）。[70] 此外，乾隆五十四年十月直隸提督閻正祥偵訊夾帶腰刀、火藥等違禁品入京之車夫後，發現係由「蒜市口憑河南店店戶楊六說合裝載」，[71] 由於蒜市口附近的河渠只有漕河，而一商店既憑河且可位於河之

---

[65] 黃國材事跡可參見鐵保等，《欽定八旗通志》，卷 198，頁 18-25；《清世宗實錄》，卷 80，頁 56。

[66] 屈復於乾隆八年作詩緬懷曹寅時，已慨歎其家「何處飄零有子孫」。參見屈復，《弱水集》，卷 14，頁 42。

[67] 吳長元，《宸垣識略》，卷 9，頁 6、14。

[68] 允祹等，《欽定大清會典則例》，卷 149，頁 22。

[69] 托津等，《欽定大清會典事例》，卷 776，頁 1。

[70] 陳重遠，《古玩史話與鑒賞》，頁 173。

[71] 《清高宗實錄》，卷 1340，頁 1173。

南（南北河漕皆無此可能），其最近的地點或在南河漕與標杆胡同之間的西河漕，要不然就得到位於西河漕東北約五、六百米的東河漕處才可能有「憑河南」的店。這些案例中的「蒜市口」，顯然均謂「蒜市口地方」，以致其所指的具體地點分散在數百米內。

情理上，雍、乾、嘉時期文獻中所提及的「蒜市口地方」不可能僅為概略性的描述，其四界理應是可以簡要且明確描述的，並包含前述之關帝廟、泰山行宮、香串胡同、憑河南店、興隆庵飯廠、標杆胡同等處。故若以街道為合理的區劃界線，可推判除了前述蒜市口街的範圍外，其最保守的四至為：南界到西利市營、東利市營、西河漕，西界到香串胡同、娘娘廟街，北界到東草市、欄杆市大街，東界到南河漕。此大致為東城一塊長八百米、寬三百米的區域（圖表 8.1 下）。

鑒於《清內務府京城全圖》上很難明確分辨「半間」之所在，故筆者嘗試在前述之「蒜市口地方」尋找擁有十七間房左右的院落，圖表 8.1 即僅找出另兩個可能之處（B、C 宅）。在欠缺具體文獻描述的情形下，若我們不將大門逕視為「半間」（從圖表 8.5 中各宅院的平面圖，可發現大門皆算一間，而「半間」則為面闊較小者），則 A 宅應為十七間加一大門，B 宅為十六間加兩門，故皆有可能是十七間半。至於 C 宅，共四排房子，其東、西、北界分別以雙重線或長直單線與鄰居分隔（見圖表 8.1）。面街第一排的三間較左右鄰往南突出，第二排另有四間，最東者為院門。第三排明顯較總面闊相同的後排多了一屋，故多出之最東側小間不知是否算半間？若然，則總數恰為十七間半！

雖然我們現在對「蒜市口地方」的範圍已較先前多了不少瞭解，但到底尚未明確掌握其四至，加上當時繪製的各宅院平面圖尚欠精確（即使有《清內務府京城全圖》的幫助），且大家對「半間」的定義亦仍有些模糊，故紅圈中對曹家十七間半故居的位址，肯定依然無法獲得共識。尤其，蒜市口地方十七間半房會否呈現在《清內務府京城全圖》之上也還無足夠把握，此因雍正八年北京曾發生近三百年來最大的地震，[72] 當時約有數萬間房屋損毀，連太和殿亦頹圮，朝鮮使節即稱「今番彼地地震，前古所無，城內人家陷沒，幾至四萬」，「其日以地震死者為二萬餘人」。雍正帝因此先後賞給每旗各銀六萬兩，以協助垣舍坍塌之八旗兵丁修葺之用；滿漢大小官員每人亦俱獲賜半年之俸，五城民人房屋倒塌者也得到三萬多兩的撫卹銀。粗略統計，地震發生短短幾天之內雍正帝所發放的賑災款項就已達到五十餘萬兩，知受災範圍應相當廣泛且狀況亦頗嚴重。

乾隆元年五月，諭命修理京城房舍時有稱：

> 京城自雍正八年地震之後房屋傾圮，當蒙皇考世宗憲皇帝軫念施恩，賞給銀兩。數年以來，雖漸次修理，尚未整齊。其在偏僻之處，固不能一時概行補葺，而街市通衢，觀瞻所係，不可不亟行修理……如係官房，即動正項錢糧修整。如係旗民房屋，本人力能自修者，令其自行修理。倘本人力不能修，即賞給房價，動用正項修理，作為官房，以備賞人之用。

顯見在大地震發生後近六年仍有許多房舍未能補葺。即使至乾隆七年七月，京城臨街之房屋還曾奉旨修整以恢復市容，當時旗人所居之臨街小巷，共有地基一百零一段願借官銀修理房基，合計蓋造新房三百九十七間半（每間可借十五兩）、修理舊屋四十一間半（每間可借十兩）。[73] 若曹家的蒜市口舊宅亦於雍正八年北京大地震時坍塌，則任何欲從《清內務府京城全圖》中去指認其位置的努力，將無異緣木求魚。

---

[72] 汪波，〈雍正八年京師大地震應急機制初探〉；高繼宗，〈雍正急救京城震災〉；李裕澈、時振梁、曹學鋒，〈朝鮮史料記載的中國地震〉。

[73] 此段參見《清高宗實錄》，卷 19，頁 478-479、卷 170，頁 162-163。

三、「樹倒猢猻散」的曹家

康熙五十一年七月的曹寅之死讓曹家開始走向敗落之途，其情形頗類《石頭記》第十三回秦可卿死前透過夢境對鳳姐所說的話：

> 如今我們家赫赫楊楊【揚揚】已将百載，一日倘或樂極悲生，若應了那句「樹倒猢猻散」的俗語，豈不虛稱了一世的詩書旧族了！

甲戌本在此有脂批曰：「“樹倒猢猻散” 之語，全【余】猶在耳，曲【屈】指三十五年矣。傷哉，寧不慟殺！」[74] 對「樹倒猢猻散」這五字俗語的感慨顯然非比尋常。又，甲戌本第五回和庚辰本第二十二回的脂批亦曾出現「樹倒猢猻散」句（圖表 8.10）。

檢施瑮（音「粟」）的《隨村先生遺集》，我們可發現「樹倒猢猻散」乃曹寅的口頭禪（見後文）。施瑮，號隨村，安徽宣城人，施閏章 (1619-1683) 孫，雍正六年歲貢。[75] 梅庚記閏章在康熙十七年應鴻博之徵時，頗稱賞曹寅 (1658-1712) 「寒山見遠人」的詩句，並「吟諷不去口」，施瑮也嘗謂曹寅「少時曾以詩請贄於先祖」。施閏章後以博學鴻詞奉詔纂修明史，據《施愚山先生學餘詩集》前序，他病卒時施瑮才十歲。

曹寅在江寧織造任內欲刊刻施閏章的《學餘全集》，遂請「秋浦曹恒齋内翰」向施瑮徵集遺稿，恒齋是曹寅敘譜之同宗族姪曹曰瑛的別號，其字渭符，秋浦為其籍貫安徽貴池縣的古名，因他以文翰供奉內廷，特授翰林院待詔，故謂之「內翰」。四十六年五月施瑮至南京從事《學餘全集》的校讎工作，四十七年九月於揚州刻竣此書。[76]

---

74 詹健，〈脂批二則校考〉。

75 安徽通志館編纂，《安徽通志稿》，藝文考稿，集部，卷 18，頁 6。

76 此段參見施閏章，《施愚山先生學餘詩集》，施瑮序；謝錫伯修，汪廷霖纂，《貴池縣志續編》，卷 5，頁 6。

我們在施閏章的《學餘全集》即屢見與曹寅聯宗者（圖表 8.11），除列名校閱的曹寅與曹曰瑛，尤以曹繼祖、鼎望（字冠五，號澹齋）及釗（字靖遠）、鈖（字賓及）、鋡（字沖谷）祖孫三代最頻繁。施氏早於曹鼎望知徽州時（康熙六至十三年）即與之交往，故常稱他為「太守曹公」，不僅為其《曹氏一家言》《新安集》撰序，並替其父母合葬撰墓誌銘，他與鼎望次子鈖的往還亦多，也與曹寅的親友顧景星（字赤方，號黃公）、張純修（號見陽）等相熟，如曹寅就曾極言施閏章〈送顧赤方還蘄州〉詩中「冠盖看今日，湖山讓此人」之妙（圖表 8.10）。前述這些人應同屬一泛交遊圈。

施瑮後在雍正元年或二年所作的〈病中雜賦〉組詩中，[77] 有「楝子花開滿院香，幽魂夜夜楝亭旁。廿年樹倒西堂閉，不待西州淚萬行」句，註曰：「曹楝亭公時拈佛語對坐客云 "樹倒猢猻散"，[78] 今憶斯言，車輪腹轉，以瑮受公知最深也。楝亭、西堂皆署中齋名。」施瑮甚至嘗稱曹寅為「西堂公」。[79] 楝亭與西堂皆位於江寧織造署內，曹寅《楝亭集》中即有十幾次提及西堂，該處多作為待月、步月、看菊、集飲時酬唱的場合（圖表 8.12）。知施瑮在康熙四十六、七年校刻《學餘全集》時，應嘗參與西堂的詩酒聚會，且屢聞曹寅談到「樹倒猢猻散」之憂慮，他因此在十七、八年後，以「廿年〔舉成數〕樹倒西堂閉，不待西州淚萬行」句，哭憶對其知遇甚深的曹寅，並慨嘆署中楝亭旁的楝樹已倒，而西堂的酬唱亦已不再。[80]

---

77 〈病中雜賦〉的前一詩〈猷川道中雜咏〉（秋天所賦）中有「七年前此度芒鞵」句，下註「丁酉春曾由沙城過此」，而康熙五十六年丁酉歲的後七年是雍正元年或二年（由是否頭尾皆算判斷），此即〈病中雜賦〉的吟詠時間。參見施瑮，《隨村先生遺集》，卷 6，頁 15-17。

78 「樹倒猢猻散」典出宋・曹詠的〈樹倒猢猻散賦〉，以刺秦檜戚黨，曹寅拈此亦是用曹姓故事。參見周汝昌，《紅樓夢新證》(2016)，頁 439-440。

79 施瑮〈春日苦雨兼旬，不得出門，襍成志感〉的小註中記：「鹺使西堂公有春日桃花泉之約，今不克往踐。」參見施瑮，《隨村先生遺集》，卷 6，頁 4。

80 「西州淚」乃用晉・羊曇之典，意指感舊興悲，羊曇與謝安是甥舅情深，後因謝生病還京時曾路過西州門，故他在謝死後一年多不舉樂，亦不過西州路。

圖表 8.10： 曹寅與《石頭記》中的俗語「樹倒猢猻散」。

❖ 施瑮，《隨村先生遺集》

四君吟

曹通政楝亭 卷一頁六

公名寅字子清號荔軒一號楝亭以世冑襲職官通政使督理江南織造顯貴垂三十餘年一意嗜書藏弆古本逾萬卷五七言韻語尤攻研入妙著有楝亭詩鈔愛才恤士更所性生知名之士滿集幕下公少時嘗以詩謁贄於先祖今遺集猶藉公之力得以流傳云

區中躁競[illegible]世情頗軒冕都各[illegible]心肺公也富貴人寄懷超物外汲古常一編稱詩得三昧明德更難忘先集流傳賴

庚子季春劉八溥原暨兩令弟枉過草堂而人小集即步先殿讀公訪曹楝亭韻 卷三頁六

自題小照 卷六頁十一至十二

圖設楝亭按書識所重斯不敢忘所自也

病中雜賦 卷六頁十六至十七

秋來沉痾伏枕生意茫然入烟橫柚都付藥裹斷魂庭戸閒如意有所感漫爾成句

❶ 楝子花開滿院香幽魂夜夜楝亭旁廿年樹倒西堂閉不待西川淚萬行 曹楝亭公時拈佛語對坐客云樹倒猢猻散今憶斯言車輪腹轉以瑮受公知最深也楝亭西堂皆署中齋名

❷ 時樣危妝鴟髻偏儘成塗澤孰真妍新傳商剖湖山句才是天然兜率仙 曹銀臺時拈先大父贈黃州顧黃公召試還山詩冠蓋看今日湖山讓此人句謂極立言之妙真得唐賢三昧

❖ 施閏章，《學餘堂詩集》 卷三十二頁十二

送顧赤方還蘄州

強起非君志京華空復春嬾充虎觀客閒詐鹿門身冠蓋看今日湖山讓此人狂歌自通隱未老豈長貧

❖ 甲戌本第五回

第十四支 飛鳥各投林

為官的家業凋零 富貴的金銀散盡 有恩的死裏逃生 無情的分明報應 欠命的命已還 欠淚的淚已盡 冤冤相報豈非輕 分離聚合皆前定 欲知命短問前生 老來富貴也真僥倖 看破的遁入空門 癡迷的枉送了性命 好一似食盡鳥投林 落了片白茫茫大地真干淨❸

❖ 甲戌本第十三回

……滿則溢又道是登高必跌重如今我們家赫赫揚揚已將百載❹一日倘或樂極悲生若應了那句樹倒猢猻散的俗語豈不虛稱了一世的詩書舊族了鳳姐聽了此話心胸大快十分敬畏忙問道這話慮的極是但有何法可以永保無虞秦氏冷笑道嬸嬸好癡也否極泰來榮辱自……

❺ 樹倒猢猻散之語全猶在耳曲指三十五年矣傷哉寧不慟殺

❖ 庚辰本第二十二回

弟取樂的賈政忙陪笑道今日原聽見老太太這里大設春灯雅謎故也備了彩礼酒席特來入会何疼孫子孫女之心便不略賜以兒子半点賈母道你在這里他們都不敢說笑沒的倒叫我悶你要猜謎時我便說一个你猜不着是要罰的賈政忙笑道自然要罰若猜着了也是要領賞的賈母道這个自然說着便念道 猴子身輕站樹梢❻ 所謂樹倒猢猻散是也 打一菓名 賈政已知是荔枝便故意乱猜別的罰了許多東西然後方猜着也得……

❸ 又照看胡芦庙，與「樹倒猢猻散」反照。

❹ 一日倘或樂極悲生，若應了那句「樹倒猢猻散」的俗語，豈不虛稱了一世的詩書舊族了。

❺ 「樹倒猢猻散」之語，全猶在耳，曲指三十五年矣。傷哉，寧不慟殺！

❻ 所謂「樹倒猢猻散」是也。

❶ 楝子花開滿院香，幽魂夜夜楝亭旁。廿年樹倒西堂閉，不待西川淚萬行（曹楝亭公時拈佛語對坐客云「樹倒猢猻散」。今憶斯言，車輪腹轉，以瑮受公知最深也。楝亭、西堂皆署中齋名）。

❷ 時樣危妝鴟髻偏，儘成塗澤孰真妍。新傳商剖湖山句，才是天然兜率仙（曹銀臺時拈先大父贈黃州顧黃公召試還山詩「冠蓋看今日，湖山讓此人」句，謂極立言之妙，真得唐賢三昧）。

圖表 8.11：　施閏章詩文集中與曹寅認宗敘譜的友人。

❖ 施念曾，《施愚山先生年譜》

康熙十二年癸丑先生年五十六歲
歸里門是年先生受修寧國府志之役六月舉次孫
琛皆長子淳出也　有署樓對月次韵和徐程叔雨
後獨宿郡閣不寐辭郡志之役聊述娩詩初至龍溪
桂花三發敬亭雲齊閣限齊字冬遊金陵有臘八日
報恩寺遠塔登普德寺後山日月逝洄紫楊尚賢力
疾送別徐田東兒貽石溪僊松關道汪安節斗酒索
論得詩尋王元倬孝廉諸詩又有與曹太守言紫陽
書院事

卷三頁四

❖ 施閏章，《施愚山先生學餘文集》

校閱姓氏 曾經商訂及現在校閱諸先生謹刻如左 不敢多及
長白曹寅子淸
貴池曹曰瑛渭符

曹氏一家言序
愚山先生文集 卷四 序 九
潛齋先生出守新安之五年自輯其詩歌文辭合其三
子之作爲曹氏一家言移書余曰吾疲於官而寄興於
牧以經術飾吏治竊謂先生不愧斯語其子靖遠賓及
冲谷油油然孝友也每有賦詠三人遞奏塤篪協而金

斗山重九遊宴詩序
愚山先生文集 卷五 序 十
（中略）
斗山厥象斗杓郡之人文於是攸屬崇闇丹亭廢而復
新今太守曹公力也公起家史館歷部曹出守是邦雅
有勝情政舉時平山谿偃息間與客登臨引酌與屬成
詩綴不停手盍已數倒接䍦於茲矣壬子九月予適在
郡林葉改素淸飈扇和公偕參僚集賓客始就山巔張

新安集序
愚山先生文集 卷五 序 十五
歙與宣軫相接也士大夫時相往還而黃山界宣歙間
道歙爲稍易余是以有歙州之遊郡使君冠五曹公嘗
接遇於京師矣見則甚歡出其詩二集楚游詩騷激滄
宕甦有楚風新安諸作發高睇遠行役在涂勞人感

封中憲大夫曹公暨王恭人合葬墓志銘
愚山先生文集 卷十九 墓志銘 十三
豐潤曹氏有長者曰封公象賢以康熙戊午十一月十
七日卒于家逾二年淑配王太恭人卒于辛酉正月二
十日其冢君廣信太守泣而以書屬銘予謂太守君哀
無盡若兩尊人齊年偕老並受封享祿養於乎亦罕矣
公諱繼祖象賢其字先世出宋武穆公後累遷至豐潤
（中略）
勇略開臨洮總兵曹變蛟子族次爲從叔父請與俱數
著奇績以國變不究用公遂老田間士固有幸不幸哉
（中略）
亡何冢君登第入翰林公封矣出知徽州又遇恩受封
（中略）
子七人鼎望順治己亥進士翰林院庶吉士刑部員外
郎出知徽州廣信二府加一級次民望庠生鴻臚寺主
簿次斗望拔貢生早卒次人望監生考定州同知並王
恭人出次德望庠生偉望令望俱副室張出孫九人鼎
望出者飃貢生釗內閣中書舍人鈖監生銘民望出者
增監生鏻次錤斗望出者庠生鉦鈐次鈁人望出者鍠
女孫十二人皆適名族曾孫男女各四人其年月日將
合葬于某山之原謹書其大者于石銘曰

題曹賓及小影
愚山先生文集 卷二十五 贊 七
華山仙方盛年姿濯濯才翩翩胡爲置君丘壑間老禪
溪墨隨十指阿堵傳神武林子胸蟠五嶽橫萬里雙童
不動寒秋水

❖ 施閏章，《施愚山先生學餘詩集》

愚山先生詩集 卷十二 五言古 十一
練江月夜懷舊太守曹冠五
君行一何早臥轍塡周道別後亂如麻君行一何好 曹去郡數月郡爲賊陷
君昔追未雨遣賊請搜討脫今猶在官山城

紫陽書院歌
愚山先生詩集 卷二十一 七言古 十一
九月十五朱夫子生日太守曹公同郡僚邑侯
戾止集諸生講學賜飲餞歌以志盛事

黃山吟贈曹賓友　曹賓及
愚山先生詩集 卷二十一 七言古 十三
我家近黃岳夢上天都峰苦遭纓組縛側身難相從與
來蠟展齋宿春靑松手策爲靑龍曹生示我山遊草飛

曹子淸見過至再余偶往慈仁寺不值
愚山先生詩集 卷三十二 五言律 九
鳳城來不易策騎又空還路問茅堂僻人嘶野老閑懷
歸勞遠夢惜別各蒼顏惆悵相逢處長松夕照間

愚山先生詩集 卷三十八 七言律 四
響雪亭 黃山有龍潭上 知曹賓及
凭闌獨坐書空賓誰向雲根置草亭晴日峽飛千嶂雨

同毛會侯曹賓及梅耦長宿張見陽西山別業
愚山先生詩集 卷四十 七言律 十一
馬首看山日向西藍田莊好一招攜蘿陰別館綠溪靜
竹外繁花拂檻低雨過林深雲不散殘春谷暖鳥初啼
千峰四面靑如許醉逐東風信杖藜

送張見陽之任江華
卷四十頁十二
春游同醉憶花亭遠送當筵酒易醒匹馬直臨三楚盡
仙峰深入九嶷靑家餘旌節傳開府亂定風檣過洞庭
但仗道州遺澤在舂陵山畔好重經

圖表 8.12： 曹寅及其友人提到西堂之詩作。

❖ 曹寅，《楝亭詩鈔・楝亭詩別集・楝亭詞鈔》
◆ 五月十一夜集西堂限韻
◆ 西堂飲歸
◆ 南軒種竹
西堂南闕市爲鄰擬種檀欒障午塵論尺勝求寒水玉攜錢常避早朝人
◆ 西堂新種牡丹雨夜置酒限沉香亭三字
◆ 中秋西堂待月寄懷子猷及諸同人
◆ 和耦長西堂坐雨
◆ 集西堂看菊與潛菴黃理進野分韻得豪字兼懷桐初
◆ 雪晴踏月歸西堂二首
◆ 元夜集西堂用歡字
◆ 西堂集諸同人限薰風南來四字四首
◆ 和同人西堂集飲詩
◆ 金縷曲 七月既望與夢菴西堂步月口占述懷
◆ 換巢鸞鳳 西堂早秋
❖ 張雲章，《樸村詩集》 卷四頁五
◆ 曹銀臺西堂張畫竹三幅余爲作歌
❖ 吳貫勉，《秋屏詞鈔》

滿庭芳 卷二頁十四
雨中懷西堂梅花並訂郊游之約
雲倦山昏風搓雨細西堂五里魂消方塘灧瀲新漲

前引之「西堂」亦屢見於脂批（圖表 8.13），庚辰本第二十八回在寫寶玉與馮紫英等人一塊吃酒時，眉批即有稱「大海飲酒，西堂產九台【莖？[81]】靈芝日也。批書至此，寧不悲乎？壬午重陽日」，甲戌本亦謂「誰曾經過？嘆嘆！西堂故事」。甲戌本第二回寫賈雨村曾從寧、榮二府的門前經過，他隔著圍牆望見「後一帶花園子里，樹木山石也都還有蓊蔚洇潤之氣，那里像個衰敗之家？」此處有側批曰：「“後”字何不直用“西”字？恐先生墮淚，故不敢用“西”字。」

[81] 現存各資料庫中尚查無其它以「台」來描述靈芝之例，但「中國方志庫」卻可見到約兩百則的「九莖」靈芝。此外，《宋史・五行志》輯錄各地呈獻靈芝的祥瑞，共約三十次，多是一本多莖，九莖者三次，內含紹興二十五年太廟所生的「靈芝九莖」（卷 63，頁 1386-1397）。又，明・章珪在住宅之旁得「九莖靈芝」，遂名其堂曰「九瑞」。此誤「莖」為「台」之例（「莖」與「臺」的草書字型有些相近），頗似《紅樓夢》同一回將「茯苓脂」誤成「茯苓胆」的情形。參見陳察，《都御史陳虞山先生集》，卷 1，頁 34；黃一農，〈紅樓夢中最珍貴的藥方「暖香丸」新探〉。

圖表 8.13：庚辰本《石頭記》第二十八回有關西堂的脂批。

❶ 大海飲酒，西堂產九台靈芝日也。批書至此，寧不悲乎？壬午重陽日

庚辰本第廿八回

過江掃姚後陶先生墓呉門李客山賦詩志慨依韻和之

江國微茫兩岍分遠携絮酒酹孤雲中郎依舊嗟無子（二子皆早殁）處士於今幸有墳月下吟成誰與和松根夢冷自爲羣魂遊好記西堂掃落紛 ❷（曹荔軒公自稱西堂掃花行者）

❖ 陶煊選，張璨輯，《國朝詩的》，卷十四頁十六

吳貫勉（號秋屏，江寧人）詩

❷ 曹荔軒公自稱「西堂掃花行者」

❸ 誰曾經過？嘆嘆！西堂故事

甲戌本第廿八回

門前經過街東是寧國府街西是榮國府二宅相連竟將大半條街占了大門前雖冷落無人隔着圍墻一望裡面廳殿樓閣也還都崢嶸軒峻就是後❹一帶花園子里樹木山石也都還有蓊蔚洇潤之氣那里像個衰敗之家冷子興笑

❹「後」字何不直用「西」字？恐先生墮淚，故不敢用「西」字

甲戌本第二回

曹寅兄弟交遊圈中重要人物之一的吳貫勉（圖表7.10），曾賦〈過江掃姚後陶〔姚潛字〕先生墓，吳門李客山〔李果號〕賦詩志慨，依韻和之〉（圖表8.13），末有「魂遊好記西堂路，同覓仙花掃落紛」句，註曰：「曹荔軒公自稱西堂掃花行者。」姚潛長年館於曹寅家，「荔軒外宦，出處與偕，為築室於紅板橋北，計口授食、乘時授衣者二十年」。[82] 至於李果，則曾為李煦撰行狀，內亦提及李煦協助寅子顒、頫先後襲職之事。前述諸人應均參加過西堂的詩酒之會。因疑「樹倒猢猻散」和「西堂」皆借用了曹寅故事，而小說之批者因對比曹家的今昔，才有這番唏噓之慨。

四、小結

康熙五十四年七月十六日的〈江寧織造曹頫覆奏家務家產摺〉中，記曹家的產業時有云：

> 惟京中住房二所，外城鮮魚口空房一所，通州典地六百畝，張家灣當鋪一所，本銀七千兩，江南含山縣田二百餘畝，蕪湖縣田一百餘畝，揚州舊房一所。[83]

而此清單並未見到雍正七年七月二十九日〈刑部移會〉中所載其家於外城蒜市口擁有的十七間半宅院。[84] 再者，雍正五年閏三月十七日〈內務府奏

82 楊鍾羲，《雪橋詩話》，三集，卷3，頁26。

83 《關於江寧織造曹家檔案史料》，頁131-132。

84 有稱曹家在蒜市口的十七間半宅院即曹頫前摺中的「外城鮮魚口空房一所」，此說應誤，因兩地約隔一、兩公里遠，且耙梳愛如生的「中國方志庫」「歷代別集庫」以及「四庫系列數據庫」，共可查到45條有關鮮魚口的敘述，其中進一步提供其位置者有19條：7條稱在「正陽門外」，如京師的上新會館即位於「正陽門外鮮魚口內長巷下四條衚衕」；12條稱「前門」或「前門外」，如指賣涼帽的馬聚源號在「前門外鮮魚口路南」。由於無一稱鮮魚口在「崇文門外」，而正陽門

審擬桑額等設計逮捕曹頫家人吳老漢一案請旨摺〉，記吳老漢回曹頫家的路線是由外城進正陽門，再經御河橋，知曹家在內城有住宅，此應即「京中住房二所」之一。然據雍正六年抄家時的〈細查曹頫房地產及家人情形摺〉（圖表 7.24），則記：

> 細查其房屋并家人住房拾叁處，共計肆伯〔通「百」〕捌拾叁間；地捌處，共拾玖頃零陸拾柒畝；家人大小男女，共壹伯拾肆口；餘則桌椅、床杌、舊衣零星等件及當票百餘張外，並無別項，與總督所查冊內彷彿。又家人供出外有欠曹頫銀，連本利共計叁萬貳千餘兩。

共有住房 13 處 483 間、地 8 處 19,067 畝，顯然要比康熙五十四年曹頫自報的數字多出許多（住房 4 處、地 3 處 900 多畝）。

「樹倒猢猻散」的曹家於雍正六年歸旗北京後，落腳處只剩下皇帝特別賜給曹寅寡妻李氏勉強度命的「崇文門外蒜市口地方房十七間半」。此處原本會是曹雪芹青年時期曾經待過的最確定住所，然在兩廣路（由廣安門內大街、騾馬市大街、珠市口西大街、珠市口東大街、廣渠門內大街所組成，乃北京市三條最重要的東西向主幹道之一）擴建改造的巨浪之下，原蒜市口街一帶已全遭拆除，即將落成的曹雪芹故居紀念館亦因「工程的需要」或「開發商的需求」而一再更改規劃方案，最終輾轉選在今崇文區磁器口十字路口的東北側，[85] 但該地應已非「十七間半」的原址（無論是依此章中何人的說法），紅迷將永遠只能透過紙上考古去追索曹雪芹成長過程曾經居住過

因位於紫禁城的正前方，又有「前門」之謂，知一般所認為在正陽門外的鮮魚口，應與崇文門外的蒜市口並無關連。同樣情形亦見於中國第一檔案館所藏的檔案，在 17 條題名包括「鮮魚口」的文件中，有 13 條稱在「正陽門外」，1 條稱「前門外」，但無一稱在「崇文門外」。參見馮蘭森等修，陳卿雲等纂，《上高縣志》，卷 3，頁 42；李虹若，《都市叢載》，卷 5，頁 10；樊志斌，〈蒜市口、蒜市口大街、蒜市口地方：談曹雪芹崇外故居研究中的幾個概念〉。

85 https://baike.baidu.com/item/曹雪芹故居纪念馆。

的宅院，而今人的漠視令北京這座曹公曾經生活了大半輩子的城市，愈來愈看不到這位偉大作家的生命足跡。

由於屈復在乾隆八年悼好友曹寅的詩中有「何處飄零有子孫」句，知其孀婦李氏或已卒於前，若內務府因此收回「蒜市口地方房十七間半」，獲罪抄家的曹頫可能只得與其子雪芹、棠村等流散它方，[86] 正如《紅樓夢》第五回中所說的「好一似食尽鳥投林，落了一片白茫茫大地真乾净」！

[86] 朱淡文，《紅樓夢研究》，頁 459-461。

第九章 曹雪芹家族史研究的學術意義

前述有關曹雪芹家族的個案研究，涵蓋從曹世選於天啟元年 (1621) 瀋陽城陷時降順金國，一直到雍正五年 (1727) 曹頫遭革職抄沒的百年興衰。此一家族史雖主要聚焦在曹世選一家，但從其所關涉的寬廣面向與知識細節，應可被歸入研究明亡清興歷史的重要課題之一，此因包含曹家在內的遼人群體，與清朝的統治階層有著深遠互動，且又掌握多元的語言與文化，故在大清的肇建過程中扮演了跨越滿漢族群的關鍵角色。本書也讓我們有機會深入了解曹家及其親友的社會網絡、家族文化以及經濟生活，而曹雪芹在創作《紅樓夢》時因用了其中一些史事作為素材，故小說裡也往往有意無意間流露出具有濃厚歷史感的醍醐味。

檢《紅樓夢》一百二十回的篇幅幾近八十萬字，全書人物共約千人。此一鉅著所編織的情節與故事既多且精采，應非全是由作者憑空虛構的，而小說也絕無可能僅根據其一家之事。情理上，他很自然會從生活中尋找靈感，有些內容也許屬於較平常的知識經驗，故雖能反映創作的時空背景（如書中提及的演習騎射、放鷹圍獵、生食鹿肉、打千請安、生育落草、薩滿跳神、清明燒包袱等皆屬旗人慣俗），但並不一定可將作者的可能身分限縮至一較小範圍。然若作者以其周遭親友極特殊的生平事跡當成寫作的部分素材，這種帶有特殊生命經驗之 DNA 的浮水印，因只有特定人士才較能掌握，其他人通常不太會也想不到以之化入小說，故此類印記將大有助於確認小說的著作權人，且可揣摩作者的創作模式。

筆者在過去十年轉治紅學的過程，就一再接觸到《紅樓夢》中所嵌入的這種獨特浮水印。如第十六回趙嬤嬤所稱江南甄家「獨他家接駕四次」的敘述，經仔細調查後發現所對應的史事只能出自康熙朝的六次南巡（另一位多次南巡的皇帝是乾隆帝，但他在雪芹過世前僅完成了三次），且只有專差久任的內務府織造或隔年輪管的巡鹽御史，才可能接駕四次，而實際上此種頻率僅發生在江寧織造曹寅和蘇州織造李煦身上（第四章），知作者理應出自曹、李兩家或與其關係密切者。

再者，先前許多學者在否定《紅樓夢》是以真事為藍本時，往往舉元妃省親為例，稱後宮歸省之事歷史上從不曾發生，且謂「清代妃嬪並無姓曹的」，認為小說中的材料大半是從南巡接駕一事拆下來運用的。即使是把《紅樓夢》當成作者傳記的胡適，也說：「賈妃本無其人，省親也無其事，大觀園也不過是雪芹的"秦淮殘夢"的一境而已。」但筆者在 2012-2014 年間發表的幾篇相關論述，[1] 或已成功揭開「元妃省親」的故事原型應出自康熙後期最受寵的密嬪王氏（康熙三十二至四十年間生胤禑、胤祿、胤祄三子，卒後封皇考密妃、順懿密太妃，其長孫弘慶為雪芹二表哥福秀的連襟）。

該故事原應改編自密太妃所親歷的兩件世所罕聞之異事：一是她於康熙三十八年隨駕南巡時，在蘇州老家尋得音訊已絕多年的父母（蘇州織造李煦以及江寧織造曹寅於該次南巡均曾接駕），二是她於乾隆初年成為清代首位被允許出宮歸省的先朝嬪妃。密妃乃出身蘇州織戶的漢人，其長孫弘慶（雍正九年襲多羅愉郡王）與曹寅外孫福秀同為納蘭家的貴婿，他們的另一位連襟永恩（嘉慶二十一年被追封為禮親王）亦是曹雪芹至交敦誠的宗室好友。至於福秀妻的曾祖母（阿濟格第五女，配明珠），更與曹家有著密切的主屬關係，因曹寅祖父曹振彥曾長期擔任阿濟格王府的長史。亦即，只有此一泛交遊圈中人，才較可能得知前述宮闈秘聞中感人肺腑的催淚情節，並藉由

---

1 薛戈、黃一農，〈紅樓夢中「元妃省親」原型考〉；黃一農，〈從納蘭氏四姊妹的婚姻析探紅樓夢的本事〉；楊勇軍、黃一農，〈紅樓夢與納蘭諸姊妹之生平事跡〉；黃一農，〈紅樓夢中「借省親事寫南巡」新考〉；黃一農，《二重奏：紅學與清史的對話》，頁 275-312。

第十七、十八回的對話在小說中為禁閉在宮牆之後的女性大聲鳴不平。[2]

傳世小說《紅樓夢》的特點之一，就是在某些細節上具體反映出當時上層社會的生活面相，作者且以此自詡，並於第五十四回藉賈母之口批評窮酸小說家寫不出像樣的場景。故他在寫省親一事時，對其過程、儀仗、服色等的描述尤其細膩，如庚辰本在記元妃抵達大觀園時的排場有云：

> 一時有十來個太監都喘吁吁跑來拍手兒。這些太監会意都知道是「來了、來了」，各按方向跕住……方聞淂隐隐細樂之声。一对对龍旌鳳翣，雉羽夔頭，又有金銷提炉焚着御香；然後一把曲柄七鳳黃金〔應據舒序本作「金黃」〕傘，過來便是冠袍帶履。又有随侍太監捧着香珠、繡帕、漱盂、拂塵等類……。

不僅記載乾隆十年才新訂貴妃配用「曲柄七鳳金黃傘」的規制，並出現太監邊跑步邊拍手以示意后妃將駕到的寫實描述。甲戌本在第十六回的回前批中因此稱：「大觀園用省親事出題，是大関健【鍵】處，方見大手筆行文之立意。借省親事寫南巡，出脫心中多少憶惜【昔】感今。」許多研紅者也相信此事應有相近的歷史原型，惟先前學界一直未能發現相關史實。

此外，在描寫省親的過程時，庚辰本眉批有稱：「《石頭記》淂力擅長全是此等地方。非經歷過如何寫淂出！壬午春。」戚序本於回後總評亦盛贊：「此回鋪排，非身經歷、開巨眼、伸大筆，則必有所滯罣牽強，豈能如此觸處成趣，立後文之根，足本文之情者？」己卯本也有「追魂攝魄，

2 元妃在省親當晚一共哭了六次，小說中稱她與賈母及王夫人滿心有話，卻「只是俱說不出，只管嗚咽對泣」。此外，先前欲向母親行家禮的元妃，在面對父親時卻無法擺脫官樣安排。其父賈政得先以國禮向女兒問安，且在泯滅親情的隔簾（多年別離卻無法細窺女兒現今面貌）對話中，只能以「臣」自謂，還須尊稱女兒為「貴妃」。當元妃埋怨自己無從「聚天倫之樂」時，賈政卻盼其切勿「濾憤金懷」，應好自侍奉皇上以報主隆恩！作者在此就以元妃必須分見父母的歷程與強烈對照的言辭，呈現出這本曠世文學作品的動人張力。

《石頭記》傳神摸影全在此等地方，他書中不得有此見識」「说完不可，不先说不可，说之不痛不可，最难说者是此時贾妃口中之语。只如此一说，万〔贅字〕千貼万妥，一字不可更改，一字不可增減，入情入神之至」等夾批，均直指小說中的省親情節有其真實原型。

有學者批評拙說稱：

> 密妃王氏生三子，其中莊親王允祿長期擔任總管內務府大臣，其母喪禮亦得到優渥的禮遇。而元妃並無生育，兩者際遇相差太多！要以小說人物比附歷史人物恐怕漏洞太多。

然筆者從未認為《紅樓夢》是傳記體，該小說的作者應只是擷取密妃生命裡最精采且人所未遇的情節（見後文），並將之融入元妃的故事當中。亦即，我們不該期望發生在密妃的所有歷史細節均可在元妃身上找到對應，這絕非是一流小說家的創作手法。記得拙文〈紅樓夢中「借省親事寫南巡」新考〉在被《中研院文哲所集刊》退稿時，也曾遭評審嚴詞切責曰：

> 一個不信自傳說，也不信文學創作必須有原型才能落筆，也不採史事取向的研究者，就會覺得此文無聊、毫無意義……從文學理論的角度看，絕不等於作品就必是親身經歷的。本文卻要由此去找出曹雪芹乃親耳聽聞而作之證據，豈非思惟之跳躍。

該話語流露出濃厚偏見，更暴露其因過度自我所呈現的膚淺識慮。[3]

又，第三十七至四十二回描寫探春在其所住的秋爽齋結海棠社之事，以總共三萬多字描寫了六天之事，此相對於全書一百二十回所涵括的近二

---

3 筆者從未認定《紅樓夢》中的故事皆是作者親身經歷的，但一個傑出作家往往會從現實中提取精采內容，並轉寫編織成動人情節。撰有《老人與海》《戰地鐘聲》與《戰地春夢》（多基於其豐富人生閱歷）等名著的海明威(Ernest Hemingway, 1899-1961)，即稱小說家甚至能做到「寫的比記得的還要真實(“what he made up was truer than what he remembered”)」。參見 Jeffrey Meyers, *Hemingway: A Biography*, p. 98。

十年故事，應屬相當特別。作者在這六回中僅頭尾各給出一個較明確的繫日，如第三十七回先指出點了學政的賈政於八月二十日出遠門，第四十二回則稱鳳姐因女兒生病遂叫人翻閱《玉匣記》，看究竟撞到哪位邪神（第二十五、三十五、四十二回中所謂之「撞客」），透過所查得的「八月二十五日病者，在東南方得遇花神。用五色紙錢四十張，向東南方四十步送之，大吉」，間接點出當天的日期。[4] 在掌握了巧姐兒得病日期並逐日回推後，我們即可明確判斷眾人是於八月二十四日舉行歡樂至極的賞菊、煮蟹詩會（若從賈政出門日期往後推，則無法判斷；[5] 圖表 9.1），此恰為雍正帝駕崩的次日！

鑒於胤禛崩殂之日乃禁飲酒、觀劇、舉樂、嫁娶、上任等事的國忌日，疑作者極可能欲借此表露其對雍正帝暴卒的欣喜之情，但在日期上則很小心地採用了曲筆。小說中且又蓄意安排在詩會中以螃蟹作為吟詠的主題，寶玉先吟出「横行公子却無腸」句，諷刺橫行四方的螃蟹了無肝腸，寶釵接著以「眼前道路無經緯，皮裏春秋空黑黃……於今落釜成何益」等句，描寫不甩世途規矩法度的螃蟹，外表雖威武，但肚中只空有黑色膜衣和黃色蟹膏，終免不了遭到落入湯鍋的下場。由於小說正文稱〈螃蟹咏〉寫出來後，眾人評點指「這些小題目，原要寓大意纔算是大才，只是諷刺世人太毒了些」（圖表 9.1），顯見作者確屬借題發揮，不僅將詩會故意隱諱地繫於雍正帝忌日的隔天，且以橫行無腸的「螃蟹」對其進行人身攻擊。也就是說，作者應視胤禛為仇讎。[6]

---

4 《玉匣記》記惹病之「撞客」時通常只提日序，而與月分無關，小說作者或擔心讀者無從判斷當天所屬之月份，遂特意稱該書記「八月二十五日病者……」。

5 小說作者顯然有意地將胤禛忌日安排在結海棠社的這幾天當中，但又以「却說賈政出门去後，外面諸事不能多記。单表宝玉每日在園中任意縱性的曠蕩，真把光陰虛度，歲月空添。這日正無聊之際……」的模糊紀日，讓人無法直接推算日期。那他為何不在胤禛忌日當天（筆者先前誤以為此日）舉行盛大歡宴，而是選在次日，則或為避免此企圖萬一遭人揭穿，還留下一線辯解空間。

6 黃一農，〈索隱文學與紅樓夢中之礙語〉。

圖表 9.1： 庚辰本《石頭記》中有關結海棠社一事。

第三十七回 〔八月廿日，賈政點學差出門；廿二日起詩社；廿三晚接湘雲〕
秋爽齋偶結海棠社　蘅蕪苑夜擬菊花題
這年賈政又点了學差擇于八月二十日起身是日拜过宗祠及賈母起身諸 8/20
事宝玉諸子弟等送至洒泪亭却說賈政出门去後外面諸事不能多記单表
宝玉每日在園中任意縱性的曠蕩真把光陰虛度歲月空添這日正無聊之
棠詩閙端就叫了海棠社罢虽然俗些因真有此事也就不碍了說畢大家又
商議了一回略用些酒果方各自散去也有回家的也有往賈母王夫人處去 8/22
接去賈母因說今兒天晚了明日一早再去宝玉只得罢了回來悶〻的次日 8/23
一早便又往賈母處來催逼人接去直到午後史湘雲才來宝玉方放了心見
我先邀一社可使的眾人道这更妙了因又將昨日的与他評論了一回至晚 8/23
宝釵將湘雲邀往蘅蕪苑安歇去湘雲灯下計議如何設東擬題宝釵听他說
第三十八回 〔廿四日午，寶釵、湘雲請眾人賞桂花，接著詠菊蟹並開蟹宴〕
林瀟湘魁奪菊花詩　薛蘅蕪諷和螃蟹咏
話說宝釵湘雲二人計議已妥一宿無話湘雲次日便請賈母等賞桂花賈母等 8/24
个人作出十二首來李紈道你的也好只是不及这几句新巧就是了大家又
評了一回復又要了熱蟹來就在大圓桌子上吃了一回宝玉咲道今日持螯
持螯更喜桂陰涼潑醋擂薑興欲狂饕餮王孫應有酒橫行公子却無腸臍间
積冷饞忘忌指上沾腥洗尚香原為世人美口腹坡仙曾咲一生忙
他你那个狠好比方才的菊花詩还好你留着他給人看宝釵接着咲道我也
勉強了一首未必好寫出來取咲兒罢說着也寫了出來大家看时寫道是
桂靄桐陰坐舉觴長安涎口盼重陽眼前道路無經緯皮裡春秋空黑黃
眾人看畢都說这是食螃蟹絕唱这些小題目原要寓大意才算是大才只是
諷刺世人太毒了些說着只見平兒復進园來不知作什么且听下回分解

第三十九回 〔下午賈母邀來訪的劉姥姥留住並晚餐，廿五日一早茗烟出城，至日落方回〕
村姥〻是信口開河　情哥〻偏尋根究底
順口胡謅了出來宝玉信以為真回至房中盤算了一夜次日一早便出來給 8/25
第四十回 〔廿六日，劉姥姥獲邀在大觀園進早餐，接著遊園〕
史太君兩宴大觀園　金鴛鴦三宣牙牌令
議之間早又掌灯一夕無話次日清早起來可喜这日天氣清朗李紈侵晨先 8/26
起看着老婆子丫頭們掃那些落葉（是八月盡）並擦抹棹椅預備茶酒器皿只見
第四十一回 〔廿六日，劉姥姥暢遊大觀園後，賈母命鳳姐招待其晚餐〕
櫳翠菴茶品梅花雪　怡紅院劫遇母蝗蟲
話說劉姥姥兩隻手比着說道花兒落了結個大倭瓜眾人聽了鬨堂大笑起 8/26
了就在稻香村擺晚飯賈母因覺懶〻的也不吃飯便坐了竹椅小敞轎回至
房中歇息命鳳姐兒等去吃飯他姊妹方復進園來要知端的
第四十二回 〔飯後劉姥姥稱明早將離去，鳳姐謂巧姐於昨兒廿五日得病〕
蘅蕪君蘭言解疑癖　瀟湘子雅謔補餘香
話說他姊妹復進園來吃過飯大家散出都無別話且說劉姥〻帶着板兒 8/26
先來見鳳姐兒說明日一早定要家去了雖住了兩三天日子不多把古往
到一二處坐〻就來了昨兒因為你在這里要叫你從〻一个園子到走了多半 8/25
个大姐兒因為我我去太〻遞了一塊糕給他誰知風地里吃了就發起熱來到
干淨眼睛又淨或是遇見什么神了依我說給他瞧〻祟書本子仔細撞客着
了一語提醒了鳳姐兒便叫平兒拿出玉匣記着彩明來念彩明翻了一回
念道八月二十五日病者在東南方得遇花神用五色紙錢四十張向東南方
四十步送之大吉鳳姐兒笑道果然不錯園子裡頭可不是花神只怕老太〻

此外，第六十三回寫探春在夜宴中掣得杏花花籤，眾人笑道：「我们家已有了个王妃，难道你也是王妃不成。」小說中也多次提示探春的出處是遠嫁外國為妃，恰與《永憲錄》所稱曹寅「二女皆為王妃」之說相呼應。康熙帝對曹家的恩遇幾無其他包衣能出其右，[7] 他不僅為曹寅長女指婚平郡王納爾蘇，並為其次女指配青海親王的獨子羅卜藏丹津（後襲封親王），若非曹家之人或密近親友，恐不會想到要將該榮寵化入小說當中（第五章）。

曹家管主阿濟格與旗主多爾袞兩兄弟於順治八年先後遭抄家的氛圍與語境，以及曹頫於雍正六年在江寧被抄沒的刻苦銘心之痛，應也提供曹雪芹在寫作一百五回「錦衣軍查抄寧國府」故事的鮮活原型。其中被低調列入七十幾項抄沒清單中的「黑狐皮十八張」，原本屬御用或特恩御賜的物件，嚴禁一般官民存留在家或製成被褥、帳幔，而此恰又是多爾袞被削奪廟號、籍沒家產的罪狀之一（被控私匿黑狐褂等「帝服御用」之物），其他人對黑狐皮恐無此特殊認知或感受（第七章）。

又，因曹寅常與友人在西堂待月、步月、看菊、酬唱，並自稱「西堂掃花行者」，且有「樹倒猢猻散」的口頭禪，故疑小說正文或脂批中屢見的「樹倒猢猻散」和「西堂」，皆借用曹寅故事。小說創作期間脂批的書寫者顯然與曹家關係匪淺，遂得以掌握該屬於曹家的獨特「浮水印」（第八章）。類似情形亦可見多處：如作者在第五十四回將曹寅養家班並創作《續琵琶》之家史融入小說（第四章）；第二十二回透過「身自端方，体自堅硬。虽不能言，有言必應」的一謎二底，暗寓曹家祖宗之名（附錄 3.1）；且在第十四回以「十二支寓」譏刺傳聞中發生在雍正帝身上的謀父（稱其進藥毒

---

[7] 因漢姓包衣中仍有官品高過曹家者，故有疑曹寅並非「喧赫一時，不可一世的唯一重要人物」，然康熙帝對其兩女婚姻的安排確屬極其難得恩遇。參見何錦階，《曹寅與清代社會》，頁 89-96。

殺康熙帝）、奪嫡（禁錮原本有望登基的同母弟允禵）以及淫色（收用兄長的妻妾以及其父的妃嬪）等諸多醜事。[8]

由於只有曹家出現在前述所有「浮水印」的交集範圍，再加上額爾赫宜、永忠、明義、周春、裕瑞等早期紅迷皆留下具體證詞指稱曹雪芹為《紅樓夢》的作者（筆者在下一本書《曹雪芹的生命足跡》中將就此詳論），我們現在應對這本曠世名著的著作權人擁有更明確的掌握。曹雪芹應沒想到，研究者在兩百多年後還可找出他留在作品中的這些不易為一般讀者注意的「浮水印」，並用以維護他對《紅樓夢》的著作權。[9] 然面對現今紅圈中的亂象（近年已有數十名人選被次第提出，企圖挑戰並取代曹雪芹的作者地位），[10] 包含筆者在內的努力恐一時仍無法滌清網絡或媒體中所屢屢出現的那些無根妄說（多為聳人聽聞而創造出的）。

身為歷史工作者，專業的執著讓筆者很難平心靜氣地看待「《紅樓夢》的真正作者是○○○」或「《紅樓夢》作者曹雪芹的真名是○○○」之類的聳動文宣。但對視界與高度可能很不同的曹雪芹而言，當《紅樓夢》的創作硬被附會成是出自浙江杭州的洪昇、江蘇如皋的冒襄、湖北蘄春的顧景星、安徽桐城的方以智或江蘇崑山的吳偉業……，曹公很可能會引以為傲，因大家對其作品的評價是如此之高，以致即使欠缺足夠證據，許多人仍冀望攫奪他對這本小說的著作權，並企圖讓洪昇等原本在清初社會之聲望遠高過他的名人，能取代其在後世文壇所獲得的掌聲！

---

8 黃一農，〈索隱文學與紅樓夢中之礙語〉。

9 書中的「浮水印」也有清晰與否或深淺之別。如曹寅在會計司郎中任內所必須處理的皇糧莊頭事務，曹家承接過的賣參、買銅、鹽引、燒製琺瑯彩瓷等差使，以及織造業務所涉及的洋貨與倭貨，這些雖皆在《紅樓夢》的情節中留有痕跡，但因非其家的專屬經歷，故在指實作者時，就只能當做旁側的支撐。

10 如見段江麗，《紅學研究論辯》，頁 1-6。

這本涉及曹雪芹家族史的專書，恰完稿於胡適揭舉「新紅學」的一百週年 (1921-2021)，[11] 筆者因此無可逃避，得對該學術取向有所反思。中國藝術研究院的劉夢溪先生曾精闢分析了上世紀紅學研究的三大主要派別，他指出索隱派的焦點是闡證本事，努力探尋相關的歷史事實如何在小說中加以表現，而此派的錯誤，「不在於過分看重與作品有關的歷史事實，主要由於無視和不懂歷史真實轉化為藝術真實的創作過程」；至於小說批評派，則「視作者的生平事迹為文學創作的經驗依據，是尚未發酵的麵粉，原始材料的礦藏，與作品所展開的世界，仍隔著創造和轉化的津梁」，並主張「批評者了解作者的生平事迹，是為了更好地融解作品，而不是要到作品中去搜尋作家生活際遇的碎粒殘汁」；考證派紅學較注重「作者的生平經歷在作品中滲透的程度」，然此派的極端者「把作品的藝術內容和作家的生平等同起來了，甚至直接肯定」。但劉先生也指出索隱派、小說批評派和考證派的方法其實互有重疊，只不過偏重或偏頗的部分有別。[12]

俞平伯 (1900-1990) 作為新紅學史上第一部專著《紅樓夢辨》(1923) 的作者，即因未能區辨自敘傳與自敘傳文學，以致模糊了歷史與歷史小說間的界線，而在出書兩年後強烈自我批判曰：

> 本來說《紅樓夢》是自敘傳的文學或小說則可，說就是作者的自敘傳或小史則不可。我一面雖明知《紅樓夢》非信史，而一面偏要當它作信史似的看。這個理由，在今日的我追想，真覺得索解無從。我們說人家猜笨謎；但我們自己做的即非謎，亦類乎謎，不過換個底面罷了。至於誰笨誰不笨，有誰知道呢？

1940 年，俞平伯為《紅樓夢討論集》（此書整理出版胡適與顧頡剛有關紅學研究的通信）作序時，更申明：

11　參見宋廣波的《胡適論紅樓夢》，此書收入胡適論紅及相關文獻凡 169 篇。

12　此段參見劉夢溪，《紅樓夢與百年中國》，頁 293-321。

> 索隱而求之過深，惑矣；考證而求之過深，亦未始不惑。《紅樓夢》原非純粹之寫實小說，小說縱寫實，終與傳記文學有別……吾非謂書中無作者之生平寓焉，然不當處處以此求之，處處以此求之必不通，不通而勉強求某通，則鑿矣。

該看法雖為不刊之論，但俞氏並不曾明確點出該有的做法。[13]

此故，普林斯頓大學的余英時院士雖在《紅樓夢的兩個世界》中指俞平伯是「最有資格發展紅學史上新“典範”的人」，然復旦大學的陳維昭教授則認為俞先生的反省「實際上並未對“新紅學”的基本構成有一個客觀的認識」，因「“自敘傳”所引發的種種弊端並不能由“《紅樓夢》文獻考證”來承擔責任。否定“自敘傳”並不等於必須告別文獻研究，然後只以《紅樓夢》文本為對象」。[14] 惟對紅學發展歷史反省甚深的陳氏，也未就該如何推動此領域的研究提出具體做法。

劉夢溪先生則較清楚地主張紅學應納入對作家及其時代的研究，稱：「這樣結合一定的歷史政治背景和作者的身世，指出書中蘊蓄的政治含義，是研究古代作者和作品經常採取的一種知人論世的方法。」[15] 筆者也曾指出「曹雪芹想必是善用自己與親友們（含其父祖輩）的生平經驗和口傳筆述，作為部分情節的藍本及素材，再加以混融消化，始得以創造出書中這許多豐富細膩且充滿魅力的角色與敘事」，並呼籲「理性且有節制的索隱，應重新被納入紅學研究的正途」。[16] 而所謂「理性」當然得建立在史學、邏輯、概率等客觀基礎之上，以避免所採用的政治背景或歷史材料流於片面

---

13 此段參見沈治鈞，〈重讀《紅樓夢辨》〉；孫玉蓉，《俞平伯年譜(1900-1990)》，頁 219。

14 陳維昭，《紅學通史》，頁 173-174。

15 劉夢溪，《紅樓夢新論》，頁 373。

16 黃一農，《二重奏：紅學與清史的對話》，頁 271-274、480。

與主觀。[17] 茲舉一例略論之。

先前學者在批判胡適的「自傳說」(指《紅樓夢》是曹雪芹的自敘傳)時，除以前文提及的元妃省親為例，另一常被拿來與史事對照的，則是第五十八回有關老太妃的敘述（圖表 9.2）：

> 誰知上囬所表的那位老太妃已薨，凡誥命等皆入朝随班按爵守制。勅諭天下：凡有爵之家，一年內不得筵宴音樂，庶民皆三月不得婚嫁。賈母、邢、王、尤、許婆媳祖孫等皆每日入朝随祭，至未正已後方囬。在大內偏宮二十一日後，方請靈入先陵，地名曰孝慈縣。这陵離都來往得十來日的工夫，如今請靈至此，還要安放数日，方入地宮，故得一月光景。

俞平伯在其〈紅樓夢的著作年代〉(1953) 一文認為這不大像一般小說的寫法，[18] 很可能是時事的記載。他從《清史稿》中查出「通嬪，納喇氏，事聖祖為貴人……乾隆九年薨」，因時間頗接近他所認為小說作者「批閱十載」的乾隆八至十七年間，遂稱此一史事「可以幫助我們來假想《紅樓夢》著作的年代」。然康熙帝其他后妃亦有卒於此段期間前後者：如乾隆元年薨的宣妃博爾濟吉特氏、二年薨的熙嬪陳氏、四年薨的謹嬪色赫圖氏、五年薨的成妃戴佳氏、八年薨的愨惠皇貴妃佟佳氏、九年薨的順懿密妃王氏、十一年薨的襄嬪高氏等等，若依照俞氏的論理，那她們皆有可能是曹雪芹用來置入小說的時事！

此外，俞平伯還聲稱《紅樓夢》中敘及的兩個節氣均為歷史實錄。他

---

[17] 中國社科院文學所的胡小偉曾中肯批評紅學領域的「新索隱說」，稱：「學術研究需要創見，但任何有價值的創見都須有堅實的基礎和科學的態度。單是觀點的新異是不能稱做創見的。」此外，中科院應用數學所的安鴻志亦從概率學的角度理性探索紅學議題。參見胡小偉，〈評紅樓夢研究中的"新索隱說"：兼論索隱法在古典文學研究中的非科學性〉；安鴻志，《數理話紅樓》。

[18] 俞平伯，《俞平伯全集》，卷 5，頁 525-532。

指出第十一回有謂「这年正是十一月三十日冬至。到交節的那几日，賈母、王夫人、鳳姐兒日日差人去看秦氏」，而他翻查道光本的《萬年書》，發現從雍正元年到乾隆二十八年，唯一較接近的是乾隆十年乙丑歲，當年「十一月大，二十九日丙申，夜子初二刻八分冬至」，然因該歲冬至未入三十日，並不相合，故他辯稱「曆家因未交子正，精密地寫作二十九日夜子初，若一般說法，交了子時便要算第二天，故不妨說十一月三十日冬至的」。然無論是只記朔閏、節氣的《萬年書》，或供社會大眾擇日避忌之用的《時憲書》和《通書》，[19] 皆以子正初刻為一日的起點，並無「交了子時〔指子初初刻，因子時被分成子初和子正兩部分〕便要算第二天」的說法。

至於小說第二十七回稱「至次日乃是四月二十六日，原來這日未時交芒種節。尚古風俗，凡交芒種節的這日，都要設擺各色礼物，祭餞花神，言芒種一過，便是夏日了」，俞平伯雖未能在《萬年書》中發現相符者，但為呼應其所主張小說中的節氣有其現實性以及《紅樓夢》寫於乾隆八至十七年間兩假說，他因此主觀認定這記的應是乾隆十二年丁卯歲四月二十九日未初初刻所交的芒種，並硬稱：

> 〔作者〕正在著書，把它順便寫上，是很近情的。至於“二十六”與“二十九”日子的不符，或出於作者筆誤，或傳抄之誤，再不然，隨便填寫，不過求精確也是有的，這些自不免減少了一些這文字的現實性，卻不能消滅它。書中既特寫未時芒種，而他一生又只經過一回，總歸是非常突出的呵。

接著總結：「上舉三項：老太妃死在乾隆九年；關於節氣的兩條，一在十年，一在十二年；每一項都可以證明我的《紅樓夢》寫作時間的假想。」然其論理卻明顯是一種邏輯上有誤的循環論證 (circular reasoning)，且在前

---

19 黃一農，〈通書：中國傳統天文與社會的交融〉。

引三項皆查無確解時，又曲意聲辯，類近的做法在紅圈中並不罕見。

筆者則發現小說作者將老太妃薨後共一個月的國喪故意拉長安排在第五十八至六十三回間，尤其，第六十三回的芳官薙頭之舉（一般讀者會誤此不過是修剪正旦芳官的頭髮，以扮成清代男子特有的髮型），因是在國喪期間所為，故應屬違制（圖表 9.2）。另一方面，清代最嚴重的違制薙髮案，乃見於乾隆十三年孝賢皇后（其弟傅恒乃雪芹二表哥福秀的連襟）的國喪，且此事正好發生在曹雪芹創作《紅樓夢》期間，而控告曹頫令其被抄沒的塞楞額，恰又是前述國喪違制薙髮案最主要的當事人（後遭抄家賜死），讓人不能不懷疑此一情節的安排恐大有深意（以幫芳官改名「耶律雄奴」之舉譏刺塞楞額）。

接著，作者更於第六十三回末尾，以賈敬服丹藥暴卒的幾件敘事，影射傳說中雍正帝隱晦且荒謬的死因。作為曹家最大仇讎的塞楞額和胤禛，應就是作者在創作這一回時的重要原型，他人絕難且恐也不敢冒險採取此種置入性的譏刺寫法，將這段深烙悲苦印記的家史混入其間（第七章）。此一從史實出發的索隱，就緊密呼應作者是如何將家族的經歷深入滲透在其作品，而小說中有關老太妃的故事亦不只是作家生活際遇中的「碎粒殘汁」！[20]

綜前，無論是一世紀前的胡適或俞平伯，抑或是現在多數的紅圈中人，在討論紅學的研究取徑時，往往受限於他們對相關家史或大歷史的掌握。譬如本章前所提及的幾個特殊「浮水印」，多是筆者在過去數年間才陸續發現的，雖均已發表於重要期刊，更被收入分別以繁體和簡體字在兩岸出版的專書中，惜相關研究者仍較少關注這些新成果或未能體會其意義。

雖然俞平伯和余英時都企盼新的紅學革命可以使「考證工作和文學評論合流」，劉夢溪亦主張紅學三派的觀念和方法在歷經長期的衝突之後，

20 此段參見黃一農，〈試論曹雪芹在紅樓夢中譏刺仇讎的隱性手法〉。

應揚長避短加以融合，但現今紅圈似乎仍無法擺脫先前的泥沼。我們應重新調校新紅學的研究方向：考證對象不應只焦聚在曹雪芹，而需擴展到雪芹親友的家世生平；且以索隱之態度探查《紅樓夢》的思想內涵和政治寓意時，應理性追索如何能對小說批評有建設性的啟發；而當沉澱的材料不夠完全，但所做的假設合乎歷史運作的理性時，應容許新紅學所標榜的「考證」可與舊紅學所追求的「索隱」進行適度的會通。[21]

近兩年來，新冠肺炎的病毒持續肆虐全球，包含郭豫適、張錦池、李廣柏、胡文彬、林正義、朱永奎、孫遜、余英時、史景遷等紅學界前輩，也在此期間陸續「付杳冥」（不知他們的離世與厲疫有無關連）。倒是很慚愧，這波疫情對我寫書計畫的影響竟然十分正面：因自我隔離，故只能心無旁騖地閉關寫作，且網絡中的大數據環境令許多研究仍可居家進行。

希望《曹雪芹大傳》中的這本前傳《曹雪芹的家族印記》，不僅能重新定義一個世紀以來紅學中有關曹氏家族史的研究基準，還能同時在清朝肇建史以及古典小說史上也提供一定的學術貢獻，且讓讀者對筆者後續之《曹雪芹的生命足跡》有些期待。國學大師章太炎 (1869-1936) 嘗指出健康的學術發展要能做到「前修未密，後出轉精」，先賢雖因受限於研究環境與視野，而可能產生一些疏漏，但後人治學卻有機會以此為跳板邁前超越。本書不乏補充或匡正先前（包含筆者自己）的研究，但書中的部分論述也肯定存在「後出轉精」的空間，深盼有熱情、有能力的年輕一代亦能投身此領域，為新紅學第二個百年發展（「新紅學 2.0」）爭取更高的學術地位。[22]

---

21 參見劉夢溪，《紅樓夢與百年中國》，頁 293-321；陳維昭，〈考證與索隱的雙向運動：關於兩種紅學方法的哲學探討〉。

22 中國社科院近代史所的宋廣波嘗稱：「如果我們不繼承胡適，紅學就無法前進；而不超越胡適，紅學就沒有出路。」參見宋廣波，《胡適論紅樓夢》，編校引言，頁 14。

圖表 9.2：　庚辰本《石頭記》中有關老太妃國喪一事。

第五十八回
杏子陰假鳳泣虛凰　茜紗窓真情揆癡理
話說他三人因見探春等進來忙將此話掩住不提探春等問候過大家說笑
了一會方散誰知上回所表的那位老太妃已甍凡誥命等皆入朝隨班按爵
守制勑諭天下凡有爵之家一年內不得筵宴音樂庶民皆三月不得婚嫁賈
母邢王尤許婆媳祖孫等皆每日入朝隨祭至未正已後方回在大內偏宮二
十一日後方請靈入先陵地名曰孝慈縣隨事命名這陵離都來往得十來日
的工夫之功如今請靈至此還要安放數日方入地宮故得一月光景迴到細賦之至

第六十三回
壽怡紅群芳開夜宴　死金丹獨艷理親喪
話說宝玉回至房中洗手因与襲人商議晚間吃酒大家取樂不可拘泥如
麼只稱门縫兒捉進去便回來了因又見芳官梳了頭挽起鬢來帶
了些花翠忙命他改粧又命將週圍的短髮剃了去露出碧青頭
皮來當中分大頂又說冬天作大貂鼠卧兔兒帶脚上穿虎頭盤雲五彩
小戰靴或散着褲腿只用淨襪厚底廂鞋又說芳官之名不好竟改
了男名纔別致因又改作雄奴芳官十分稱心又說既如此你出门也
帶我出去有人問只說我和茗烟一樣的小厮就是了宝玉笑道到底人
看的出來芳官笑道我說你是無才的（用芳官一罵有趣）偺家現有几家土番
你就說我是个小土番兒况且人人說我打聯垂好看你想這話可妙宝玉
听了喜出意外忙笑道這却狠好我亦常見官員人等多有跟從外
国獻俘之種圖其不畏凡霜鞍馬便捷既這等再起个番名叫作耶律
雄奴〻〻二音又与匈奴相通都是犬戎名姓况且這兩種人自堯舜
時便為中華之患晉唐諸朝深受其害幸得偺們有福生在当今
之世大舜之正裔聖虞之功德仁孝赫〻格天同天地日月億兆不朽
所以凡歷朝中跳梁猖獗之小醜到了如今竟不用一干一戈皆天使其
拱手俛頭緣遠來降我們正該作戲他们為君父生色芳官笑道既
這樣着你該去操習弓馬學些武藝挺身出去拿几个反叛來豈
不進忠効力了何必借我们你鼓唇搖舌的自己開心作戲却說是称
功頌德呢宝玉笑道所以你不明白如今四海賓服八方寧靜千載百
載不用武備偺們雖一戲一笑也該称頌方不負坐享昇平了芳
们去伏侍且同衆人一一遊玩一時到了怡紅院忽听宝玉叫耶律雄
奴把佩鳳偕鴛香菱三个人笑在一處問是什麼話大家也學着
叫這名子又叫錯了音韻或忘了字眼甚至于叫出野驢子來引的
合園中人凡听見無不笑倒宝玉又見人〻取笑恐作賤了他忙又說海
西福朗思牙聞有金星玻璃宝石他本国番語以金星玻璃名為溫都
里納如今將你比作他就改名喚叫溫都里納可好芳官听了更喜說
就是這樣罷因此又喚了這名衆人嫌拗口仍番漢名就喚玻
璃

是慌的佩鳳說罷了别替我们鬧乱子到是叫野驢子來送〻使得
宝玉忙笑道說好姐〻们别頑了沒的叫人聽着你们學着罵他
偺兒又說笑軟了怎麼打呢吊下來栽出你的黄子來佩鳳便赶
着他打正頑笑不絕忽見東府中几个人慌〻張〻跑來說老爺
殯天了衆人听了唬了一大跳忙都說好〻的並無疾病怎麼就沒
城之外玄真觀今因疾歿于寺中其子珍其孫蓉現因国喪隨駕在
此故乞假歸殮天子听了忙下額外恩旨曰賈敬雖白衣無功于国

圖表 9.3： 曹家重要記事編年。

時間	事件
天命六年（天啟元年）	曹雪芹高高祖曹世選或於瀋陽陷金國時全家被俘或降
天聰四年（崇禎三年）四月	曹世選子曹振彥是《大金喇嘛法師寶記》碑上題名的十八名「教官」之一
九月	曹振彥乃《重建玉皇廟碑記》上二十七位「致政」之一
六年十二月初一日	曹振彥長子曹璽的繼妻孫氏生
八年四月初九日	多爾袞屬下旗鼓牛彔章京曹振彥因功加半個前程
崇德元年（崇禎九年）六月二十四日	鑲白旗下長史曹振彥因罪被鞭八十
三年正月初八日	阿濟格下長史曹振彥因懈怠失職遭鞭責八十
順治五、六年前後	曹璽及壯補侍衛，以隨清軍征山右有功，被拔入內廷任二等侍衛管鑾儀司事
七年	曹振彥以八旗貢士身分知山西吉州
九年四月	曹振彥自山西吉州知州陞任山西陽和府知府
十二年三月初一日	曹振彥之名出現在山西臨汾五龍宮的捐貲題名碑
九月	曹振彥陞授兩浙都轉運鹽使司運使
十三年四月	曹振彥之名出現在此月刻石的《重修大同鎮城碑記》
十四年六月	湯大臨接替曹振彥擔任兩浙都轉運鹽使司運使
秋月吉日	曹寅岳父山西平陽府知府李月桂重刊並序《針灸大成》
十五年九月初七日	曹璽的小妾顧氏誕長子曹寅
不遲於十八年	曹璽繼娶再醮的康熙帝保母孫氏（不逾三十歲）
康熙元年二月十五日	曹璽繼妻孫氏生次子曹宣（後改名「荃」）
三年	曹璽自江寧的工部織染局官員特簡負責督理江寧織造
七年	曹璽的官銜為「欽命內工部督理江寧織造府加一級」
九年	曹璽以恩詔讓嫡子曹荃獲「官廕生」身分
十年左右	曹寅年僅約十四歲即已入宮當差
十三年	三藩亂起，曹璽曾偕弟曹爾正及長子曹寅協防江南
十五年前後	曹寅在皇太子胤礽身旁值宿當差
十六年左右	曹寅改在皇帝身旁侍候筆墨，並被選為鑾儀衛整儀尉
十六、十七年	曹璽獲賜蟒服加正一品，御書「敬慎」匾額
十七年	曹荃長子曹順生，後兼祧曹寅和曹荃兩房

時間	事件
康熙十八年	曹寅應已陞授三等侍衛
二十三年	六月曹璽卒於署，曹寅遂以內務府慎刑司員外郎「協理江寧織造事務」
二十四年四月十八日	桑格已以內務府郎中身分接替協理江寧織造事務的曹寅
二十四年	此年刻的《江寧府志》記曹璽仲子名宣，知其改名在之後
二十五年二月十八日	曹寅自慎刑司員外郎兼佐領陞授會計司郎中。此年曹頔誕，曹順兼祧之舉應發生在曹璽過世與曹頔出生間
二十六年	曹頎應生於此年（曹顒又名「連生」，本意或指頔、頎、顏、顒四堂房兄弟乃連年出生）
二十七年	曹寅轉任內務府廣儲司郎中；曹顏生
二十八年	曹顒生
二十九年四月	曹寅於外放蘇州織造之際，替弟荃（時任南巡圖監畫，已自曹宣改名）、子順與顏、姪顒與頔均捐納為監生
三十一年	曹寅改江寧織造，李煦接任蘇州織造
三十三年七月	曹荃刊刻《四言史徵》，前序鈐「曹宣今名荃」一印
三十六年正月或之前	原任佐領的曹爾正應已去職（康熙六年已任佐領）
三十七年八月十四日	鎮江鐵舟海和尚塔塚刻「戶部掌部事郎中曹寅篆額」
三十八年	曹荃奉旨在曹寅扈從南巡期間代理江寧織造印務；康熙第三次南巡時，孫氏獲御賜「萱瑞堂」三大字
四十年或之前	曹荃自侍衛（康熙三十年已任）改任物林達（司庫）
五月	曹寅和曹荃奏稱由「我們的孩子赫達色〔曹順之滿名〕」負責承辦龍江等五關銅觔，知曹順仍兼祧兩房
四十一年	曹寅賦〈聞二弟從軍却寄〉詩記曹荃從軍一事
四十三年十月十三日	曹寅、李煦奉旨自此各輪做兩淮巡鹽御史（官署在揚州）一年，期限十年。曹顏或逝於是年冬至翌年春間
四十四年五月初一日	曹寅因在康熙第五次南巡時捐銀二萬兩，故「蒙聖恩榮加祖、父」，曹璽因此特恩追封為工部尚書銜
四十五年	曹璽繼妻孫氏於三月左右過世
八月	曹寅妻李氏奉長女至京準備與平郡王納爾蘇的婚事
十一月二十六日	曹寅長女被納爾蘇迎娶過門，她是清朝第一位出身漢姓包衣的嫡福晉，並先後生四子
四十六年年初	蔘菴為曹頫賦〈曹公子甫十二齡……〉，因知頫之生年
四月	補刻御製序後，揚州詩局刊刻《御定全唐詩》一事工竣

時間	事件
康熙四十七年閏三月	曹宜隨杭州織造孫文成自杭州起程赴普陀山供佛做道場
六月二十六日	曹寅長女生長子福彭（雍正四年襲封平郡王）
十或十一月	曹寅為徐釚所賦〈真州送南洲歸里〉詩中有「犀錢利市定教聞」句，然曹顒妻妾此次所懷身孕似為生女
四十七年	曹荃卒，曹寅或於此年將曹順（荃本生子）歸宗，但為傳承血脈，又自二房過繼曹顒（其妻或妾將生子）
四十八年二月初八日	曹寅奏稱將送次女入京與青海親王扎什巴圖爾之子羅卜藏丹津完婚，並稱其子「今年即令上京當差」
四十八、九年之交	曹寅次女與羅卜藏丹津（五十五年襲封青海親王）成婚
五十年三月二十六日	曹寅賦〈辛卯三月二十六日聞珍兒殤……〉記曹順（小名珍兒）卒；曹頔（小名驥兒）或已於此前離世
四月初十日	曹荃子桑額（即曹頎）及曹寅子連生（學名曹顒）獲引見，桑額授職寧壽宮茶房，連生則獲允回江寧伴父
冬	張雲章〈聞曹荔軒銀臺得孫……〉詩，記曹寅承繼子連生在京甫生一子（至遲五十四年三月即已夭折）
五十一年二月	連生雖於前一年獲允伴父，但因生子之故，至此始隨返京述職的曹寅南歸
四月	曹寅在揚州借題曾丰的詩並刻石，以歌詠文豪歐陽脩
七月二十三日	曹寅病卒於揚州
九月初四日	連生奏稱「先臣止生〔“生”乃“育成”之意〕奴才一人」，且謂「奴才堂兄曹頎來南」
五十二年正月初九日	諭命以連生為主事掌江寧織造，並改用學名「曹顒」
九月	曹寅生前與李煦等奉旨刊刻的《御定佩文韻府》工竣
五十三年冬	赴京述職的曹顒攜同曹頫北上
五十四年正月初八日	曹顒病卒於京
正月十二日	諭命曹荃第四子頫給寅妻李氏為嗣，並管理江寧織造。稍後其家族更決定將曹荃的獨子曹頎過繼至長房
正月十八日	李煦指曹頫襲職可「養贍孤〔四十七、八年顒生女〕寡」
三月初七日	曹頫奏其嫂馬氏已懷孕七月，故未得北上奔喪，若生男，則曹顒即可有嗣（稍後生女、流產或甫生旋夭）
九月朔	曹頫捐銀三千兩，供採買駱駝之用
五十五年二月初三日	李陳常代補曹寅虧欠不足，李煦上奏求賜矜全
閏三月十七日	諭旨以曹寅之子茶上人曹頎補放茶房總領

時間	事件
康熙五十六年九月	李煦奉旨將十一萬兩解交曹頫，以補織造衙門虧項
十二月二十九日	內務府將人參一千餘斤交與曹頫、李煦、孫文成售賣
五十八年六月	曹頫奏請願獨家承辦銅差，諭稱「此事斷不可行」
六月二十五日	茶房總領曹頎因製茶出錯被降三級，且罰俸一年
十二月十一日	撫遠大將軍胤禵奏稱茶上人曹頎帶來之克食尚未食竣
六十年	莊親王博果鐸的茶上人曹頎因售參欠曹頫三千多兩，關係因此破裂，頎或於康熙六十年至雍正五年間歸宗
雍正元年	曹寅外甥昌齡中進士，並選庶吉士；曹寅次婿羅卜藏丹津因叛清遭削奪親王爵
二年	羅卜藏丹津兵敗逃奔準噶爾（至乾隆二十年始歸降）
三年五月二十九日	諭命「賞給茶房總領曹頎五、六間房」，後獲賜燒酒胡同九間房一所
四年四月初四日	曹頎在京察後被評為三等佐領
七月二十一日	曹寅長婿納爾蘇被控在允禵（胤禵改名）軍中貪劣婪贓等罪革爵圈禁，此或因其不願對允禵落井下石所致，納爾蘇長子福彭旋襲多羅平郡王
五年閏三月十七日	原茶上人桑額（曹頎）因買通番役設計逮捕曹頫的家人吳老漢而遭定罪
十一月二十四日	山東巡撫塞楞額疏告江南三織造運送龍衣差使時，額外多索夫馬、程儀、騾價等，以致各驛多有賠累
十二月	十五日曹頫遭革職，二十四日其家中財物被固封看守
十二月二十八日	曹頎獲賜御筆「福」字，其因吳老漢案所定之罪似遭免
七年七月二十九日	曹頫仍枷號，先前內務府奉旨將蒜市口十七間半房給「寅之妻孀婦」度命
十月初五日	「尚志舜佐領下護軍校曹宜，當差共三十三年」，為補放內府三旗參領缺而獲引見，但並未被選用
十一年七月初九日	福彭以二十六歲之齡獲授定邊大將軍，討伐噶爾丹策零，其母的姑丈傅鼐（曹寅妹婿）嘗參贊其軍
七月二十四日	旗鼓佐領曹頎卒；正白旗護軍參領噶爾明、鄂英輝病故，經帶領引見後，烏鎗護軍參領曹宜補放其中一缺
十三年七月十二日	護軍參領曹宜當時奉派巡察圈禁允禵地方
十月二十一日	內務府奉旨依乾隆帝登極恩詔寬免曹頫騷擾驛站一案之分賠銀，曹頫因此免除枷號並獲赦，且開始以抄沒官員之身在乾隆朝的北京重新生活

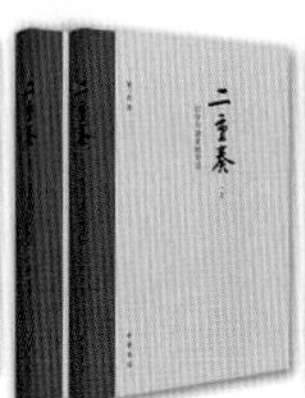

【後記】

《曹雪芹的家族印記》是我的第三本紅學專著，在《二重奏：紅學與清史的對話》(2014, 2015) 之後，去年曾趕寫出《紅樓夢外：曹雪芹《畫冊》與《廢藝齋集稿》新證》(2020, 2021)。今年冬另一本內容南轅北轍的《紅夷大砲與明清戰爭》亦已交稿準備付梓，先前還出版了《制天命而用：星占、術數與中國古代社會》(2018)。自 2020 年起，我更邀集三十幾位新竹清華文科各領域的老師一起投入「疫起・閉關・寫書」計畫。[23]

但當我已完全浸淫在撰寫專書的學術新生活方式時，科技部通知我所申請之《曹雪芹的生命足跡》寫書計畫未獲通過，這是我 1987 年自美返台並轉行文科以來，第二次個人的申請案被打回票，題材皆與紅學（主流學界或不太認同此領域）相關。上次發生在我剛決定轉治紅學時，匿名評審以極主觀的話語指出：「無論從文學或史學的觀點，本計畫之執行與否，似乎都沒有太大的學術意義。」並稱我雖為中研院院士，但先前只涉獵科技史、中西文明交流史、術數史、軍事史、航海史等，從未發表過紅學論文，故無法保證我轉換跑道可以成功。此等「暮鼓晨鐘，發人深省」式的批評，讓人只能摸摸鼻子，無從辯駁。

後我憑藉《二重奏：紅學與清史的對話》終於在此領域掙得一些話語

---

23 此社群乃筆者主持之新竹清華大學「人文社會研究中心(http://rchss.nthu.edu.tw)」所發起，除提供一些研究資源外，且不定期舉辦各種寫書工作坊以相互砥礪、切磋，目前已出版 5 本專書，另有 3 本出版中。

權，並在十年間積澱出 55 篇論文以及 3 本專書的成果，沒想到竟然還是逃不過被放暗槍的命運。評審譏刺筆者上一本書《紅樓夢外》對《種芹人曹霑畫冊》與《廢藝齋集稿》的討論，稱「此在那幾十年當中早經反覆論辯，或是爭執不下、或是早成定論，申請人打算憑藉一己的主張，提出其說法，在學術的嚴謹程度上，頗有堪虞之處」，並誣指筆者的 e 考據之法乃「以資料檢索上的匹配作為考證的標準，忽視文本及事主的伴隨條件，所得到的考證結果不免指鹿為馬」，且謂當透過資料庫檢索史料加以分析時，即使筆者親力親為，也「不易掌握文本脈絡」！

這些話語對任何一位學者都是極難堪的批判甚至侮辱，[24] 該獲邀擔任評審的學者當然有權利（倒是不知他有何相關的學術資格？）做出如此強烈的論斷，但他也應有義務（至少在學術倫理上）提出較具體的事證作為後盾，而非以泛泛之片言隻語躲在幕後進行似是而非的學術罷凌。[25]

連續幾天都因此事而感到情志抑鬱，但猛然一想，老天已待我不薄，自己在數十年的學術生命當中，竟能相繼跨越理科/文科、史學/文學的藩籬，瀟灑走一回，更讓某些人嫉妒到連連施以不入流的小動作。我改行進

---

[24] 相對地，普林斯頓大學的余英時先生在 2018 年 5 月與筆者暢論六小時後，曾跋我帶去的高清仿製之《種芹人曹霑畫冊》曰：「一農兄以此冊見示，又多方講解，余非輕信之人，亦從未見過雪芹書畫，但不知不覺中已覺此冊出於雪芹筆下。」中國藝術研究院的劉夢溪先生曾謬譽拙著《二重奏》是「紅學研究的集成之作」，2019 年 4 月並在筆者於該院以公開演講論證曹雪芹《廢藝齋集稿》一書為真後，指稱：「此一疑案幾乎可以定讞矣，依我的觀察，提出反證的機會微乎其微，吳恩裕先生有知，當因冤抑得洗而老泪縱橫！」此外，中國社科院文學所趙薇女史的近作〈數字人文在中國(1980-2020)：一個人文視角的回顧與觀察〉，評曰：「21 世紀以來，黃一農基於資料檢索而提出的"e-考據"，在海峽兩岸引起廣泛關注，《兩頭蛇》為代表的幾部史學作品以其豐贍的材料、別出蹊徑的筆法，為後世宕出頗可追摹的一徑學脈，也預示了一個窮搜網絡資源做學問的時代的來臨。」參見 https://mp.weixin.qq.com/s/8xhf8O5OmDPWA2GqFiotUg。

[25] 由於該申請案規定不得申覆，筆者也只能將所有紅學論文的電子檔及對前述評審意見的回應均上網 (https://vocus.cc/user/@ylhuang)。希望在漢學的數位人文發展史或臺灣文科的學術史上，此事可為後人留下一個深具討論意義的案例。

入文史圈已三十多年，雖然獲得許多桂冠，終究還是被人絆倒在擂台上，但這遠非技術擊倒，自己仍將繼續從事最喜歡做的學問。

過去厲疫肆虐一年多來，我每天平均花八個小時研究並寫書，還協同十幾位夢幻導師主動成立了「為公書院」，利用新竹清華大學全校的資源來照顧那些受影響而暫時無法出國深造的青年俊秀，只要他們獲得一流大學的入學許可，或先前曾負笈海外，但因疫情無法返校或報到，就可在清華交流學習，甚至申請宿舍，過比較正常的校園生活。如今，這百餘名同學多已陸續離開臺灣，分抵七國五十多所大學去追求各自的前程。他們不同的人生故事以及《曹雪芹的家族印記》的成書過程，都是我這段疫期當中重要的生命篇章，接下來我將撰寫的《曹雪芹的生命足跡》亦然，絕不會因這起事件而放棄（只是成書時間恐將稽遲），畢竟學問是為自己而做。

倒是既諷刺又慚愧，當我的學術表現達到個人巔峰時，卻在掌握權力的有心人士以劣幣驅逐良幣的運作手法下，成為研究資源盡失的「學術自由人」，或許作為一隻老是飛錯林子的孤傲猛禽，我早就該主動掙脫學界江湖施在每位學者身上的這個枷鎖（「爭取研究計畫」）！

但如果你是一位認真的紅迷，且相信我遯隱的二寄軒有可能是地表最接近雪芹的處所之一，歡迎到山上來談曹論紅，記得帶點伴手美食，好酒惟（通「維」）鄰居李家是問，[26] 我也會炒一盤自捉的溪蝦或一早挖掘的麻竹筍。要是真找不著陋舍，可試問問獅山腳下的小店，有人就這樣找上門來。但若在酣觴之際，聽聞「我醉欲眠〔抱歉〕卿且去」，切莫在意，因「明朝有意〔歡迎〕抱琴來」，內子有一把王鐵樹師傅精心製作的正印度小葉紫檀二胡，松風雲影下也可對奏幾曲，看可否吸引棲息在附近山坳中的七、八隻「翠翼朱喙，光彩照人」的長尾臺灣藍鵲佇足枝椏傾聽？

2021 年 7 月 13 日首度施打新冠疫苗前夕

---

[26] 好友李家維是全世界收藏熱帶植物最多的人，藏酒他亦頗為自豪，不喝可惜。

參考文獻

一、常用資料庫（商業者以"＊"表示，需註冊獲授權者以"＃"表示）

愛如生之「中國基本古籍庫*」「歷代別集庫*」「中國方志庫*」「中國譜牒庫*」(http://server.wenzibase.com)
「雕龍*」(http://hunteq.com/ancientc/ancientkm)
「中國知網*」(https://www.cnki.net)
「讀秀*」(https://www.duxiu.com/)
「漢籍電子文獻資料庫#」（包含《二十五史》《明實錄》《清實錄》《十通》等）(http://hanchi.ihp.sinica.edu.tw)
「圖書文獻數位典藏資料庫#」（包含清代宮中檔奏摺及軍機處檔摺件）(http://rbk-doc.npm.edu.tw/npmtpc/npmtpall)
「人名權威人物傳記資料庫」(http://archive.ihp.sinica.edu.tw/ttsweb/html_name)
「搜韻網」(https://sou-yun.cn)
「愛新覺羅宗譜網」(http://www.axjlzp.com/clan1.html)

二、傳統文獻（常用叢書首度出現時以底線標示，並註明出版資料）

河內良弘，《内国史院満文档案訳註：崇德二、三年分》（京都：松香堂書店，2010）。
楠木賢道等譯註，《內國史院檔‧天聰八年》（東京：東洋文庫，2009）。

《二十四史》（北京：中華書局，1965-1974 年點校本）。
《大清詔令》（上海：上海古籍出版社，《續修四庫全書》景印清鈔本）。
《大連圖書館藏清代內務府檔案》（北京：國家圖書館出版社，2011）。
《五慶堂重脩曹氏宗譜》（北京：北京燕山出版社，1990，景印同治年間鈔本）。
《世襲譜檔》（北京中國第一歷史檔案館藏）。
《司道職名冊》（臺北：廣文書局，《筆記五編》景印民國二十二年鉛印本）。
《名人書畫第十集》（上海：商務印書館，1920）。
《安亭錢氏家譜》（「中國譜牒庫」收錄之民國間鈔本）。
《西藏記》（新北：藝文印書館，《百部叢書集成》本）。
《昌邑姜氏族譜》（山東昌邑市博物館藏清代一、二、三、四及六修本）。
《明清史料丙編》（上海：商務印書館，1936）。
《明實錄》（京都：中文出版社，1984，景印臺北中研院傅斯年圖書館藏舊鈔本）。
《後金汗國（皇太極）天聰朝稿簿奏疏》（北京：全國圖書館文獻縮微複製中心，2010）。
《宮中檔康熙朝奏摺》（臺北：故宮博物院，1976-1977）。
《粉粧樓》（上海：上海古籍出版社，《古本小說集成》景印嘉慶二年刊本）。
《康熙七年搢紳錄》（北京中國國家圖書館藏）。
《康熙八年縉紳便覽》（中國國家圖書館藏，題名原為「康熙縉紳冊」）。
《康熙五十六年秋搢紳錄》（任復興自藏）。
《曹氏譜系全書》（同治間鈔本，馮其庸原藏）。
《清代文字獄檔》（上海：上海書店出版社，2011 年增訂本）。

《清宮內務府奏銷檔》（北京：故宮出版社，2014）。
《清實錄》（北京：中華書局，1986）。
《陳漢軍弓通張氏族譜》（張榮波自藏）。
《欽定總管內務府現行則例》（香港：蝠池書院，《清代各部院則例》景印清刊本）。
《鈕祜祿氏弘毅公家譜》（北京：北京圖書館出版社，《北京圖書館藏家譜叢刊》景印清鈔本）。
《順治十八年縉紳冊》（中國國家圖書館藏）。
《聖祖五幸江南恭錄》（臺北：新文豐出版公司，《叢書集成續編》景印宣統二年鉛印本）。
《雍正二年冬文陞閣縉紳全書》（日本京都大學圖書館藏）。
《輝發薩克達氏家譜》（《北京圖書館藏家譜叢刊》景印光緒二十四年鈔本）。
《歷朝八旗雜檔》（中國第一歷史檔案館藏）。
《檮杌閑評》（《古本小說集成》景印清代刊本）。
《關氏族譜》（《北京圖書館藏家譜叢刊》景印光緒十五年刊本）。
《關於江寧織造曹家檔案史料》（北京：中華書局，1975）。
《鑲藍旗漢軍世管佐領原由家譜清冊》（中國國家圖書館藏清代鈔本）。
丁世恭修，劉清如纂，《館陶縣志》（臺北：成文出版社，《中國方志叢書》景印民國二十五年鉛印本）。
丁廷楗修，趙吉士纂，《徽州府志》（《中國方志叢書》景印康熙三十九年刊本）。
丁符九修，談松林纂，《寧河縣志》（上海：上海書店出版社，《中國地方志集成》景印光緒六年刊本）。
丁寶楨纂修，《四川鹽法志》（《續修四庫全書》景印光緒間刊本）。
于成龍等修，杜果等纂，《江西通志》（《中國方志叢書》景印康熙二十二年刊本）。
于成龍纂修，《江寧府志》（南京：南京出版社，《金陵全書》景印康熙二十四年稿本）。
于敏中，《欽定日下舊聞考》（臺北：臺灣商務印書館，《景印文淵閣四庫全書》本，乾隆四十七年成書）。
于敏中等，《國朝宮史》（《景印文淵閣四庫全書》本）。
中國文化遺產研究院、上海博物館、天津市文化遺產保護中心編，《新中國出土墓誌：天津》（北京：文物出版社，2009）。
中國第一歷史檔案館、故宮博物院編，《清宮內務府奏案》（北京：故宮出版社，2015）。
中國第一歷史檔案館、故宮博物院編，《清乾隆內府繪製京城全圖》（北京：紫禁城出版社，2009，乾隆十五年完成）。
中國第一歷史檔案館、遼寧省檔案館編，《中國明朝檔案彙編》（桂林：廣西師範大學出版社，2001）。
中國第一歷史檔案館編，《康熙朝滿文硃批奏摺全譯》（北京：中國社會科學出版社，1996）。
中國第一歷史檔案館編，《清代檔案史料叢編（第七輯）》（北京：中華書局，1981）。
中國第一歷史檔案館編，《雍正朝起居注冊》（北京：中華書局，1993）。
中國第一歷史檔案館編，《雍正朝硃批滿文奏摺全譯》（合肥：黃山書社，1998）。
中國第一歷史檔案館編，《雍正朝漢文硃批奏摺彙編》（南京：江蘇古籍出版社，1989-1991）。
中國第一歷史檔案館藏，《康熙朝漢文硃批奏摺彙編》（北京：檔案出版社，1985）。

允祹等，《欽定大清會典》（《景印文淵閣四庫全書》本，乾隆二十九年成書）。
允祹等，《欽定大清會典則例》（《景印文淵閣四庫全書》本，乾隆二十九年成書）。
允祿等，《大清會典》（臺北：文海出版社，《近代中國史料叢刊三編》景印雍正十年序刊本）。
允祿等編，《世宗憲皇帝上諭內閣》（《景印文淵閣四庫全書》本）。
孔尚任，《桃花扇傳奇》（《續修四庫全書》景印康熙間刊本）。
尤侗著，楊旭輝點校，《尤侗集》（上海：上海古籍出版社，2015）。
尹會一修，程夢星等纂，《揚州府志》（《中國方志叢書》景印雍正十一年刊本）。
尹繼美，《士鄉書院志》（南京：江蘇教育出版社，《中國歷代書院志》景印同治十一年刊本）。
文俶，《金石昆蟲草木狀》（臺北國家圖書館藏萬曆間彩繪本）。
方中發，《白鹿山房詩集》（北京：北京出版社，《四庫禁燬書叢刊》景印康熙間刊本）。
方世舉，《江關集》（中國國家圖書館藏乾隆十八年刊本）。
方戊昌修，方淵如纂，《忻州志》（南京：鳳凰出版社，《中國地方志集成》景印光緒六年刊本）。
毛奇齡，《西河合集》（北京：北京燕山出版社，《北京市文物局圖書資料中心藏古籍珍本叢刊》景印康熙間刊本）。
毛際可，《會侯先生文鈔》（臺南：莊嚴文化公司，《四庫全書存目叢書》景印康熙間刊本）。
牛一象等修，苑育蕃等纂，《寶坻縣志》（中國國家圖書館藏康熙十二年刊本）。
王引之，《經傳釋詞》（《續修四庫全書》景印嘉慶二十四年刊本）。
王正功，《中書典故彙紀》（《續修四庫全書》景印民國五年刊本，乾隆三十年成書）。
王永光，《冰玉堂詩草》（北京：北京出版社，《四庫未收書輯刊》景印明末刊本）。
王先謙，《東華錄》（《續修四庫全書》景印光緒十年刊本）。
王多聞、關嘉祿等選譯，《清代內閣大庫散佚滿文檔案選編》（天津：天津古籍出版社，1992）。
王式丹，《樓邨詩集》（上海：上海古籍出版社，《清代詩文集彙編》景印雍正四年刊本）。
王者輔等修，吳廷華纂，《宣化府志》（《中國方志叢書》景印乾隆廿二年重刊本）。
王昶，《國朝詞綜》（《續修四庫全書》景印嘉慶七年刊本）。
王昶纂修，《直隸太倉州志》（《續修四庫全書》景印嘉慶七年刊本）。
王衍梅，《綠雪堂遺集》（《清代詩文集彙編》景印道光間刊本）。
王振澤等修，《潤東苦竹王氏族譜》（成都：巴蜀書社，《中華族譜集成》景印民國二年鉛印本）。
王祖畬撰，《鎮洋縣志》（《中國方志叢書》景印民國八年刊本）。
王棠，《燕在閣知新錄》（《續修四庫全書》景印康熙間刊本）。
王煐，《寫憂集・憶雪樓詩・蘆中吟》（《清代詩文集彙編》景印清代鈔本）。
王煐著，宋健整理，《王南村集》（天津：天津古籍出版社，2015）。
王煥鑣編，《陶文毅公年譜》（北京：北京圖書館出版社，《晚清名儒年譜》景印民國三十七年油印本）。
王暠修，陳份纂，《新寧縣志》（海口：海南出版社，《故宮珍本叢刊》景印嘉慶九年補刻本）。

王爾烈，《瑤峰集》（《清代詩文集彙編》景印民國鉛印本）。
王慶雲，《石渠餘紀》（《續修四庫全書》景印光緒十六年刊本）。
王豫，《江蘇詩徵》（哈佛燕京圖書館藏道光元年刊本）。
王錫元修纂，《盱眙縣志稿》（《中國方志叢書》景印光緒間刊本）。
王贈芳等修，成瓘等纂，《濟南府志》（南京：鳳凰出版社，《中國地方志集成》景印道光二十年刊本）。
王鏊撰，《姑蘇志》（《景印文淵閣四庫全書》本，初刊於正德元年）。
王鐘等修，《王氏三沙統譜》（《中華族譜集成》景印光緒間刊本）。
史申義，《蕪城集・使滇集・過江集》（《清代詩文集彙編》景印康熙間刊本）。
司能任修，屠本仁纂，《嘉興縣志》（《故宮珍本叢刊》景印嘉慶六年刊本）。
布蘭泰原纂，英廉續纂，《昌瑞山萬年統志》（上海：上海交通大學，《中國世界文化和自然遺產歷史文獻叢書》景印光緒間鈔本）。
弘旺，《皇清通志綱要》（北平：燕京大學圖書館，1936 年景印鈔本）。
弘晝等，《（滿文）八旗滿洲氏族通譜》（臺北故宮博物院藏乾隆九年刊本）。
弘晝等，《八旗滿洲氏族通譜》（《景印文淵閣四庫全書》本，乾隆九年成書）。
弘曆作，蔣溥等編，《御製詩集》（《景印文淵閣四庫全書》本）。
甘恪修，《瀋陽甘氏宗譜》（日本國會圖書館藏道光二十六年刊本）。
田文鏡等修，孫灝等纂，《河南通志》（《景印文淵閣四庫全書》本）。
田興奎修，吳恭亨纂，《慈利縣志》（《中國方志叢書》景印民國十二年鉛印本）。
申嘉瑞修，李文、陳國光等纂，《儀真縣志》（臺北：新文豐出版公司，《天一閣藏明代方志選刊》景印隆慶元年刊本）。
白鳳文等修，高毓浵等纂，《靜海縣志》（《中國方志叢書》景印民國廿三年鉛印本）。
皮錫瑞，《今文尚書考證》（《續修四庫全書》景印光緒二十三年刊本）。
任世鐸等譯，《滿文老檔》（北京：中華書局，1990）。
任周鼎修，王訓纂，《續安邱縣志》（傅斯年圖書館藏民國三年石印本）。
任果等修，檀萃等纂，《番禺縣志》（《故宮珍本叢刊》景印乾隆三十九年刊本）。
任耀先修，張桂書纂，《浮山縣志》（《中國方志叢書》景印民國二十四年刊本）。
伊世珍輯，《瑯嬛記》（《四庫全書存目叢書》景印萬曆間刊本）。
伊承熙等修，張震科等纂，《寧晉縣志》（《中國方志叢書》景印民國十八年石印本）。
伊桑阿等，《大清會典》（《近代中國史料叢刊三編》景印康熙二十九年序刊本）。
安錫祚重修，劉復鼎著，《趙城縣志》（中國國家圖書館藏順治十六年刊本）。
安徽通志館編纂，《安徽通志稿》（《中國方志叢書》景印民國二十三年鉛印本）。
年羹堯撰，季永海等譯，《年羹堯滿漢奏摺譯編》（天津：天津古籍出版社，1995）。
托津等，《欽定大清會典事例》（《近代中國史料叢刊三編》景印嘉慶間刊本）。
朱仕琇，《梅崖居士文集》（《清代詩文集彙編》景印乾隆四十七年刊本）。
朱廷梅修，李道成等纂，《霸州志》（《故宮珍本叢刊》景印康熙十三年刊本）。
朱昆田，《笛漁小稾》（《清代詩文集彙編》景印康熙五十三年刊本）。
朱軾、常鼐等纂修，《大清律集解附例》（《四庫未收書輯刊》景印雍正三年刊本）。
朱榮纂修，《秀水朱氏家譜》（北京：北京燕山出版社，《清代民國名人家譜選刊續編》景印咸豐三年刊本）。
朱稻孫，《六峰閣詩稾》（《清代詩文集彙編》景印康熙五十四年刊本）。
朱彝尊，《朱竹垞文稿》（上海圖書館藏清代稿本）。

朱彝尊，《曝書亭集》（《景印文淵閣四庫全書》本）。
朱彝尊，《曝書亭集外稿》（《清代詩文集彙編》景印道光二年刊本）。
西周生，《醒世姻緣傳》（《古本小說集成》景印清代刊本）。
何俊良，《何翰林集》（《四庫全書存目叢書》景印嘉靖四十四年刊本）。
何崧泰等修，史樸等纂，《遵化通志》（上海：上海書店出版社，《中國地方志集成》景印光緒十二年刊本）。
何焯，《義門先生集》（《續修四庫全書》景印道光三十年刊本）。
余之禎纂修，《吉安府志》（日本內閣文庫藏萬曆十三年刊本）。
佟企聖修，蘇毓眉等纂，《曹州志》（北京：中國書店，《稀見中國地方志彙刊》景印康熙十三年刊本）。
吳士進修，胡書源等纂，《嚴州府志》（《中國方志叢書》景印光緒九年刊本）。
吳世英纂修，《汾陽縣志》（中國國家圖書館藏順治十四年刊本）。
吳廷錫、劉安國纂，《重修咸陽縣志》（南京：鳳凰出版社，《中國地方志集成》景印民國二十一年鉛印本）。
吳秀之等修，曹允源等纂，《吳縣志》（南京：江蘇古籍出版社，《中國地方志集成》景印民國二十二年鉛印本）。
吳長元，《宸垣識略》（《續修四庫全書》景印乾隆五十三年刊本）。
吳修編，《昭代名人尺牘》（上海：集古齋，光緒三十四年石印本，原刊於道光七年）。
吳振棫，《養吉齋叢錄》（《續修四庫全書》景印光緒間刊本）。
吳書蔭主編，《綏中吳氏藏抄本稿本戲曲叢刊》（北京：學苑出版社，2004）。
吳翀修，曹涵纂，《武清縣志》（傅斯年圖書館藏乾隆七年刊本）。
吳貫勉，《秋屏詞鈔》（南京：鳳凰出版社，《清詞珍本叢刊》景印清代刊本）。
吳都梁修，潘問奇纂，《昌平州志》（上海：上海書店出版社，《中國地方志集成》景印康熙十二年刊本）。
吳慎纂修，《豐潤縣志》（北京：北京圖書館出版社，《地方志人物傳記資料叢刊》景印乾隆二十年刊本）。
吳敬梓，《儒林外史》（《續修四庫全書》景印嘉慶八年刊本）。
吳葵之修，裴國苞纂，《吉州全志》（南京：鳳凰出版社，《中國地方志集成》景印光緒五年鉛印本）。
吳綺，《林蕙堂全集》（《清代詩文集彙編》景印乾隆間刊本）。
吳輔宏修，王飛藻纂，《大同府志》（南京：鳳凰出版社，《中國地方志集成》景印乾隆四十七年刊本）。
吳慶坻，《蕉廊脞錄》（《續修四庫全書》景印民國十七年刊本）。
吳豐培編纂，《撫遠大將軍允禵奏稿》（北京：全國圖書館文獻縮微複製中心，1991）。
吳藹，《名家詩選》（《四庫禁燬書叢刊》景印康熙四十九年刊本）。
呂正音修，歐陽正煥纂，《湘潭縣志》（南京：江蘇古籍出版社，《中國地方志集成》景印乾隆二十一年刊本）。
呂德芝，《晉起堂遺集》（傅斯年圖書館藏乾隆間刊本）。
宋如林等修，孫衍星等纂，《松江府志》（《中國方志叢書》景印嘉慶廿二年刊本）。
宋和，《雪晴軒文稿》（北京：國家圖書館出版社，《清代詩文集珍本叢刊》景印清代鈔本）。
宋犖，《江左十五子詩選》（《四庫全書存目叢書》景印康熙四十二年刊本）。

宋犖，《西陂類稿》（《景印文淵閣四庫全書》本）。
宋犖，《滄浪小志》（《四庫全書存目叢書》景印康熙間刊本）。
宋犖，《漫堂年譜》（《續修四庫全書》景印康熙間稿本）。
宋濂，《宋景濂未刻集》（《景印文淵閣四庫全書》本）。
巫慧修，王居正纂，《蒲縣志》（《中國方志叢書》景印乾隆十八年刊本）。
李士楨，《撫粵政略》（《近代中國史料叢刊三編》景印康熙四十二年刊本）。
李文藻，《南澗文集》（《續修四庫全書》景印光緒間刊本，乾隆間成書）。
李文藻等纂，宮懋讓修，《諸城縣志》（南京：鳳凰出版社，《中國地方志集成》景印乾隆二十九年刊本）。
李光地，《御定月令輯要》（《景印文淵閣四庫全書》本）。
李光昭修，周琰纂，《東安縣志》（《故宮珍本叢刊》景印乾隆十四年刊本）。
李光濤編，《明清檔案存真選輯（三集）》（臺北：中研院史語所，1975）。
李因篤，《續刻受祺堂文集》（《清代詩文集彙編》景印道光十年刊本）。
李佐賢，《書畫鑑影》（《續修四庫全書》景印同治十年刊本）。
李周望，《國朝歷科題名碑錄初集》（北京：書目文獻出版社，《北京圖書館古籍珍本叢刊》景印雍正間刊本）。
李東陽等撰，申時行等重修，《大明會典》（臺北：新文豐出版公司，景印萬曆十五年刊本）。
李果，《在亭叢藁》（濟南：齊魯書社，《四庫全書存目叢書補編》景印乾隆間刊本）。
李英纂修，《蔚州志》（北京：北京圖書館出版社，《稀見方志叢刊》景印順治十六年刊本）。
李虹若，《都市叢載》（光緒十四年刊本）。
李振裕，《白石山房文稿》（《清代詩文集彙編》景印康熙間刊本）。
李桓，《國朝耆獻類徵初編》（臺北：明文書局，《清代傳記叢刊》景印光緒九年刊本）。
李培謙纂，崔允昭修，《直隸霍州志》（南京：鳳凰出版社，《中國地方志集成》景印道光六年刊本）。
李清，《諸史異彙》（《四庫禁燬書叢刊》景印舊鈔本）。
李符，《香草居集》（《清代詩文集彙編》景印清代刊本）。
李慈銘，《越縵堂日記》（揚州：廣陵書社，2004）。
李煦，《虛白齋尺牘》（北京曹雪芹學會藏複印件）。
李煦撰，張書才、樊志斌箋註，《虛白齋尺牘箋注》（北京：中華書局，2013）。
李經方等編纂，《安徽合肥李氏五修宗譜》（民國十四年鉛印本）。
李遇時修，楊柱朝纂，《岳州府志》（《稀見中國地方志彙刊》景印康熙二十四年刊本）。
李圖等纂，張同聲修，《膠州志》（南京：鳳凰出版社，《中國地方志集成》景印道光二十五年刊本）。
李漁，《笠翁一家言全集》（《清代詩文集彙編》景印雍正八年刊本）。
李輔等修，《全遼志》（瀋陽：遼瀋書社，景印《遼海叢書》本，嘉靖四十五年成書）。
李銘皖等修，馮桂芬等纂，《蘇州府志》（《中國方志叢書》景印光緒九年刊本）。
李嶟瑞，《後圃編年稿》（《四庫全書存目叢書》景印康熙間刊本）。
李澄中，《白雲村文集》（《清代詩文集彙編》景印康熙間刊本）。
李賢，《明一統志》（《景印文淵閣四庫全書》本）。
李樹德修，《李氏譜系》（日本東洋文庫藏康熙六十一年稿本）。

李燕光點校，《清太宗實錄稿本》（瀋陽：遼寧大學歷史系，1978，順治九年成稿）。
李鍇，《李鐵君先生文鈔》（《遼海叢書》本，雍、乾間成書）。
李鴻章等修，黃彭年等纂，《畿輔通志》（《續修四庫全書》景印光緒十年刊本）。
李寶嘉，《官場現形記》（《續修四庫全書》景印光緒間鉛印本）。
李蘇纂修，《江都縣志》（《稀見方志叢刊》景印康熙五十六年刊本）。
杜岕，《些山集輯》（傅斯年圖書館藏民國二十四年排印本）。
杜林修，彭斗山纂，《安義縣志》（《中國方志叢書》景印同治十年刊本）。
杜棠修，郭屏纂，《大寧縣志》（《稀見中國地方志彙刊》景印道光二十四年刊本）。
杜臻，《經緯堂文集》（《清代詩文集彙編》景印康熙間刊本）。
杜濬，《變雅堂遺集》（《續修四庫全書》景印光緒二十年刊本）。
汪前進整理，《清廷三大實測地圖集・乾隆十三排圖》（北京：外文出版社，2007）。
汪懋麟，《百尺梧桐閣遺藁》（《清代詩文集彙編》景印康熙五十四年刊本）。
汪繹，《秋影樓詩集》（《續修四庫全書》景印康熙五十二年刊本）。
汪觀選輯，《清詩大雅》（北京大學圖書館藏雍正間刊本）。
沈葆楨、吳坤修修，何紹基、楊沂孫纂，《安徽通志》（《續修四庫全書》景印光緒四年刊本）。
沈漢宗，《聖駕閱歷河工兼巡南浙惠愛錄》（臺北國家圖書館藏康熙間刊本）。
沈德潛輯評，《國朝詩別裁集》（《四庫禁燬書叢刊》景印乾隆二十五年刊本）。
沈銳修，章過等纂，《薊州志》（臺北：臺灣學生書局，《新修方志叢刊》景印道光十一年刊本）。
沈應文、張元芳修纂，《順天府志》（《四庫全書存目叢書》景印萬曆間刊本）。
言如泗纂修，《解州全志》（傅斯年圖書館藏乾隆二十九年刊本）。
阮元，《揅經室四集》（《清代詩文集彙編》景印道光間刊本）。
阮元，《廣陵詩事》（中國社會科學院圖書館藏嘉慶四年刊本）。
阮元修，陳昌齊等纂，《廣東通志》（《續修四庫全書》景印道光二年刊本）。
阮元輯，《兩浙輶軒錄》（《續修四庫全書》景印嘉慶八年序刊本）。
來斯行，《槎菴小乘》（《四庫禁燬書叢刊》景印崇禎四年刊本）。
卓爾堪，《近青堂詩》（《四庫禁燬書叢刊》景印康熙間刊本）。
周京，《無悔齋集》（《清代詩文集彙編》景印乾隆十七年刊本）。
周來邰纂修，《昌邑縣志》（《中國方志叢書》景印乾隆七年刊本）。
周家楣等修，張之洞等纂，《順天府志》（《續修四庫全書》景印光緒十五年重印本）。
周殊士，《孝義真蹟珍珠塔》（《續修四庫全書》景印道光二十九年刊本）。
周壽昌，《思益堂日札》（《續修四庫全書》景印光緒十四年刊本）。
宗譜編纂處編，《愛新覺羅宗譜》（北京：學苑出版社，景印 1938 年鉛印本）。
定祥修，劉繹纂，《吉安府志》（南京：江蘇古籍出版社，《中國地方志集成》景印光緒二年刊本）。
屈復，《弱水集》（《續修四庫全書》景印乾隆間刊本）。
延豐等纂修，《欽定重修兩浙鹽法志》（《續修四庫全書》景印同治間刊本）。
承啟、英傑等纂，《欽定戶部則例》（《清代各部院則例》景印同治四年刊本）。
明亮等纂修，《欽定纂修中樞政考》（《續修四庫全書》景印道光五年刊本）。
明海纂，《黑龍江庫雅喇氏宗譜》（《北京圖書館藏家譜叢刊》景印民國十四年鉛印本）。
明誼修，張岳崧等纂，《瓊州府志》（《中國方志叢書》景印光緒間刊本）。

林懋勳等纂修，《侯官雲程林氏家乘》（《北京圖書館藏家譜叢刊》景印民國二十三年鉛印暨石印本）。
武念祖修，陳栻纂，《上元縣志》（南京：江蘇古籍出版社，《中國地方志集成》景印道光四年刊本）。
法式善，《存素堂詩初集錄存》（《清代詩文集彙編》景印嘉慶十二年刊本）。
祁韻士等，《欽定外藩蒙古回部王公表傳》（《景印文淵閣四庫全書》本，乾隆五十三年成書）。
邵長蘅，《青門賸稾》（《四庫全書存目叢書》景印康熙間《邵子湘全集》刊本）。
金兆蕃等，《浙江嘉興金氏如心堂譜》（「中國譜牒庫」所收民國二十三年刊本）。
金光祖纂修，《廣東通志》（南京：鳳凰出版社，《中國地方志集成》景印康熙三十六年刊本）。
金埴，《不下帶編》（《續修四庫全書》景印清代鈔本）。
金誠，《易經貫》（《四庫全書存目叢書》景印乾隆間刊本）。
金鉷等監修，錢元昌等編纂，《廣西通志》（《景印文淵閣四庫全書》本）。
長齡，《懋亭自定年譜》（北京：北京圖書館出版社，《北京圖書館藏珍本年譜叢刊》景印道光二十一年刊本）。
阿桂、劉謹之等撰，《欽定盛京通志》（《景印文淵閣四庫全書》本，乾隆間成書）。
俞樾，《春在堂詩編》（《清代詩文集彙編》景印光緒間刊本）。
俞樾，《茶香室叢鈔》（《續修四庫全書》景印光緒二十五年刊本）。
冒丹書，《枕煙堂詩輯》（臺北：新文豐出版公司，《叢書集成三編》景印宣統三年刊本）。
奕賡，《侍衛瑣言》（《續修四庫全書》景印民國二十四年鉛印本）。
姚廷遴，《上浦經歷筆記》（《北京圖書館藏珍本年譜叢刊》景印清代鈔本，前有康熙二十六年作者自序）。
姚潛，《後陶遺稿》（廣州中山大學圖書館藏康熙五十五年刊本）。
封蔚礽修，陳廷揚纂，《蘄州志》（南京：江蘇古籍出版社，《中國地方志集成》景印光緒八年刊本）。
故宮博物院明清檔案部編，《李煦奏摺》（北京：中華書局，1976）。
故宮博物院編，《宮中檔雍正朝奏摺》（臺北：故宮博物院，1978）。
施念曾，《施愚山先生年譜》（《北京圖書館藏珍本年譜叢刊》景印清末木活字本）。
施閏章，《施愚山先生學餘文集》（《清代詩文集彙編》景印康熙四十七年刊本）。
施閏章，《施愚山先生學餘詩集》（《清代詩文集彙編》景印康熙四十七年刊本）。
施瑮，《隨村先生遺集》（《四庫全書存目叢書》景印乾隆四年刊本）。
昭槤撰，何英芳點校，《嘯亭雜錄》（北京：中華書局，1980，嘉慶、道光間成書）。
查繼佐，《罪惟錄》（《續修四庫全書》景印稿本）。
柳瑛纂修，《中都志》（《四庫全書存目叢書》景印弘治間刊本）。
洪肇楙修，蔡寅斗纂，《寶坻縣志》（《中國方志叢書》景印民國六年石印本，乾隆十年初修）。
紀邁宜，《儉重堂詩》（《四庫未收書輯刊》景印乾隆間刊本）。
胡文燁纂修，《雲中郡誌》（中國國家圖書館藏順治九年刊本）。
胡文銓修，周廣業纂，《廣德州志》（《中國方志叢書》景印乾隆五十九年刊本）。
胡宗虞等修，吳命新等纂，《臨縣志》（《中國方志叢書》景印民國六年鉛印本）。

胡榘、羅濬纂修，《四明志》（《續修四庫全書》景印宋刊本）。
英啟修，鄧琛纂，《黃州府志》（《中國方志叢書》景印光緒十年刊本）。
范汝廉等，《山西汾州府介休縣張原村范氏家譜》（廈門：廈門大學出版社，《中國稀見史料（第一輯）》景印光緒十六年鈔本）。
唐開陶纂修，《上元縣志》（《金陵全書》景印康熙六十年刊本）。
夏敬渠，《野叟曝言》（《古本小說集成》景印清代刊本）。
夏燮，《明通鑑》（《續修四庫全書》景印同治十二年刊本）。
孫世昌等纂修，《廣信郡志》（《中國方志叢書》景印康熙二十二年刊本）。
孫奇逢，《孫徵君日譜錄存》（《續修四庫全書》景印光緒十一年刊本）。
孫承澤，《春明夢餘錄》（《景印文淵閣四庫全書》本）。
孫珮，《蘇州織造局志》（蘇州圖書館藏康熙二十五年刊本）。
孫葆田等，《山東通志》（臺北：華文書局，《中國省志彙編》景印民國四年重印本）。
孫鋐輯評，《皇清詩選》（《四庫全書存目叢書》景印康熙二十九年刊本）。
孫學雷、劉家平主編，《國家圖書館藏清代孤本內閣六部檔案》（北京：全國圖書館文獻縮微複製中心，2003）。
席居中輯，《昭代詩存》（《四庫禁燬書叢刊》景印康熙十八年刊本）。
徐元文，《含經堂集》（《清代詩文集彙編》景印康熙間刊本）。
徐成棟纂修，《廉州府志》（《稀見中國地方志彙刊》景印康熙六十年刊本）。
徐尚定標點，《康熙起居注》（北京：東方出版社，2014）。
徐珂，《清稗類鈔》（北京：中華書局，1984，民國六年成書）。
徐家瀛修，舒孔恂纂，《靖安縣志》（《中國方志叢書》景印同治九年活字本）。
徐乾學，《讀禮通考》（《景印文淵閣四庫全書》本）。
徐崧等輯，《百城烟水》（《續修四庫全書》景印康熙二十九年刊本）。
徐袍，《宋仁山金先生年譜》（北京：北京圖書館出版社，《宋明理學家年譜續編》景印光緒十三年補刻乾隆間刊本）。
徐寶符等纂，《樂昌縣志》（《中國方志叢書》景印同治十年刊本）。
晉昌，《戎旃遣興草》（《清代詩文集彙編》景印嘉慶二十五年刊本）。
栗永祿纂，《壽州志》（《天一閣藏明代方志選刊》景印嘉靖間刊本）。
浦起龍纂修，《江蘇無錫前澗浦氏宗譜》（《清代民國名人家譜選刊續編》景印乾隆十三年刊本）。
秦九韶，《數書九章》（《宜稼堂叢書》道光間刊本）。
秦國經主編，《中國第一歷史檔案館藏清代官員履歷檔案全編》（上海：華東師範大學出版社，1997）。
秦瀛，《己未詞科錄》（《續修四庫全書》景印嘉慶間刊本）。
納蘭性德，《通志堂集》（《續修四庫全書》景印康熙三十年刊本）。
索寧安，《滿洲四禮集》（《續修四庫全書》景印嘉慶六年刊本）。
翁方綱，《復初齋集外文》（《清代詩文集彙編》景印民國六年刊本）。
翁方綱，《復初齋詩集》（《續修四庫全書》景印清代刊本）。
袁行雲，《清人詩集敘錄》（北京：文化藝術出版社，1994）。
袁枚，《小倉山房文集》（臺北：臺灣中華書局，景印《四部備要》活字本）。
袁枚，《隨園詩話》（《續修四庫全書》景印乾隆十四年刻本）。
袁啟旭，《中江紀年詩集》（《清代詩文集彙編》景印光緒十七年活字本）。

袁學謨修，秦燮纂，《石樓縣志》（南京：鳳凰出版社，《中國地方志集成》景印雍正十年刊本）。
郝增祜等纂修，周晉堃續纂修，《豐潤縣志》（上海：上海書店出版社，《中國地方志集成》景印光緒十七年刊本）。
郝懿行，《證俗文》（《續修四庫全書》景印光緒間刊本）。
馬如飛，《繪圖孝義真蹟珠塔緣》（《續修四庫全書》景印光緒石印本）。
馬如龍等纂修，李鐸等增修，《杭州府志》（《稀見方志叢刊》景印康熙間刊本）。
馬麟、杜琳、李如枚等修，《續纂淮關統志》（《四庫全書存目叢書》景印嘉慶、光緒間遞修乾隆刊本）。
高士鸃等修，錢陸燦等纂，《常熟縣志》（南京：鳳凰出版社，《中國地方志集成》景印康熙二十六年刊本）。
高士鑰修，五格等纂，《江都縣志》（《中國方志叢書》景印光緒七年重刻乾隆八年刊本）。
高鳳翰，《南阜山人斅文存稿》（《清代詩文集彙編》景印清鈔本）。
勒德洪等纂，《平定三逆方略》（《景印文淵閣四庫全書》本）。
屠寄輯，《國朝常州駢體文錄》（《續修四庫全書》景印光緒十六年刊本）。
崑岡等修，劉啟端等纂，《欽定大清會典事例》（《續修四庫全書》景印光緒二十五年石印本）。
崔維雅，《河防芻議》（《續修四庫全書》景印康熙間刊本）。
張大復，《梅花草堂集》（《續修四庫全書》景印崇禎間刊本）。
張世浣等修，姚文田等纂，《揚州府志》（《中國方志叢書》景印嘉慶十五年刊本）。
張玉書，《張文貞公集》（《清代詩文集彙編》景印康熙五十七年刊本）。
張玉書、陳廷敬等，《御定佩文韻府》（《景印文淵閣四庫全書》本及哈佛燕京圖書館藏康熙間內府刊本，康熙五十年成書）。
張玉書等編，《聖祖仁皇帝御製文集》（《景印文淵閣四庫全書》本）。
張在辛，《隱厚堂遺詩》（濟南：山東大學出版社，《山東文獻集成（第三輯）》景印清鈔本）。
張自烈等，《正字通》（《續修四庫全書》景印康熙二十四年刊本）。
張伯行，《正誼堂文集》（北京大學圖書館藏光緒二年刊本）。
張廷玉等，《皇朝文獻通考》（《景印文淵閣四庫全書》本，乾隆五十二年成書）。
張兩輿編，《豐邑豐登塢張氏重修家譜》（民國十三年刊本）。
張坤照，《韋莊張氏宗譜》（《中華族譜集成》景印宣統三年刊本）。
張岱，《石匱書》（《續修四庫全書》景印稿本）。
張書才主編，《雍正朝漢文硃批奏摺彙編》（南京：江蘇古籍出版社，1989-1991）。
張偉仁主編，《明清檔案》（臺北：聯經出版公司，1986-1995）。
張國常纂修，《重修皋蘭縣志》（南京：鳳凰出版社，《中國地方志集成》景印民國六年石印本）。
張國淦等編纂，《河北通志稿》（傅斯年圖書館藏民國二十六年鉛印本）。
張培仁修，李元度纂，《平江縣志》（長沙：嶽麓書社，《湖湘文庫》景印同治十三年刊本）。
張棠，《賦清草堂詩鈔》（《四庫全書存目叢書》景印乾隆間刊本）。
張琴修，杜光德纂，《鍾祥縣志》（南京：江蘇古籍出版社，《中國地方志集成》景印乾隆六十年刊本）。
張琴編修，《莆田縣志》（上海：上海書店出版社，《中國地方志集成》景印鈔本，民國三十四年成書）。
張雲章，《樸村詩集・樸村文集》（中國國家圖書館藏康熙間刊本）。
張楷纂修，《安慶府志》（《中國方志叢書》景印康熙六十年刊本）。
張載，《張子全書》（北京師範大學圖書館藏清初刊本）。
張載著，章錫琛點校，《張載集》（北京：中華書局，1978）。
張爾岐，《蒿庵閒話》（《四庫全書存目叢書》景印康熙間刊本）。
張穆，《閻潛丘先生年譜》（《續修四庫全書》景印道光二十七年刊本）。
敖文禎，《薜荔山房藏稿》（《續修四庫全書》景印萬曆間刊本）。
曹允源、李根源纂，《吳縣志》（南京：江蘇古籍出版社，《中國地方志集成》景印民國二十二年鉛印本）。
曹文安等，《南昌武陽曹氏宗譜》（浙江圖書館藏清鈔本，康熙三十二年成書）。
曹去晶，《姑妄言》（臺北：臺灣大英百科公司，《思無邪匯寶》校點排印本）。
曹振川等，《浭陽曹氏族譜》（唐山市豐潤區文物管理所藏光緒三十四年刊本）。
曹寅，《太平樂事》（上海復旦大學圖書館藏清代刊本）。
曹寅，《北紅拂記》（上海圖書館藏康熙間刊本；中國藝術研究院圖書館藏鈔本）。
曹寅，《西軒集》（日本東北大學圖書館藏康熙五十年刊本）。
曹寅，《楝亭文鈔・楝亭詩鈔・楝亭詩別集・楝亭詞鈔別集》（《續修四庫全書》景印康熙間刊本）。
曹寅，《楝亭書目》（北京：商務印書館，《中國著名藏書家書目匯刊》藏鈔本）。
曹寅，《楝亭詞鈔》（《續修四庫全書》景印康熙間刊本；復旦大學圖書館藏清代刊本）。
曹寅著，胡紹棠箋註，《楝亭集箋注》（北京：北京圖書館出版社，2007）。
曹煜，《繡虎軒尺牘》（《四庫禁燬書叢刊》景印康熙間刊本）。
梁國治等，《欽定國子監志》（《景印文淵閣四庫全書》本，乾隆四十三年成書）。
清國史館原編，《清史列傳》（《清代傳記叢刊》本）。
盛弘之，《荊州記》（石家莊：河北教育出版社，《歷代筆記小說集成・漢魏六朝筆記小說》本）。
盛昱，《雪屐尋碑錄》（《遼海叢書》本）。
章家祚，《章午峰先生年譜》（《北京圖書館藏珍本年譜叢刊》景印光緒十八年刊本）。
符鴻等修，歐陽泉等纂，《來安縣志》（南京：鳳凰出版社，《中國地方志集成》景印道光十年刊本）。
莊元臣輯，《三才考畧》（《四庫全書存目叢書》景印乾隆五十四年鈔本）。
莊清華纂修，《毗陵莊氏族譜》（《清代民國名人家譜選刊續編》景印民國二十五年鉛印本）。
許應鑅等修，曾作舟等纂，《南昌府志》（《中國方志叢書》景印同治十二年刊本）。
郭立志，《桐城吳先生（汝綸）年譜》（《近代中國史料叢刊》景印1943年鉛印本）。
郭成康、劉景憲譯註，《盛京刑部原檔：清太宗崇德三年至崇德四年》（北京：群眾出版社，1985）。
郭爾戺、胡雲客修，冼國幹等纂，《南海縣志》（廣州：廣州出版社，《廣州大典》景印康熙三十年刊本）。
郭橐馳，《種樹書》（《百部叢書集成》景印萬曆間本）。

陳元龍，《愛日堂詩》（《清代詩文集彙編》景印乾隆元年刊本）。
陳以剛等輯，《國朝詩品》（《四庫禁燬書叢刊》景印雍正十二年刊本）。
陳汝咸修，林登虎纂，《漳浦縣志》（《中國方志叢書》景印民國十七年據舊鈔本翻印之石印本，康熙三十九年成書）。
陳作霖，《可園文存》（《清代詩文集彙編》景印宣統元年刊本）。
陳宏謀、范咸纂修，《湖南通志》（《四庫全書存目叢書》景印乾隆廿二年刊本）。
陳枚輯，《留青新集》（《四庫禁燬書叢刊》景印康熙間刊本）。
陳奕禧，《春藹堂集》（《清代詩文集彙編》景印康熙四十六年刊本）。
陳祖蔭，《桂城陳氏族譜》（《中華族譜集成》景印民國十八年刊本）。
陳絳，《金罍子》（《續修四庫全書》景印萬曆三十四年刊本）。
陳雲標等編纂，《續修陳氏君實公支譜》（《中華族譜集成》景印光緒廿一年鉛印本）。
陳夢雷等編纂，《欽定古今圖書集成・曆象彙編歲功典》（合肥：安徽美術出版社，《中國清代宮廷版畫》景印雍正四年銅活字本）。
陳察，《都御史陳虞山先生集》（北京：國家圖書館出版社，《常熟文庫》景印萬曆四十五年刊本）。
陳維崧輯，《篋衍集》（《四庫禁燬書叢刊》景印乾隆二十六年刊本）。
陳輝祖，《可齋府君年譜》（《北京圖書館藏珍本年譜叢刊》景印乾隆十七年刊本）。
陳懋和等修，《毗陵雙桂里陳氏宗譜》（《中華族譜集成》景印光緒六年活字本）。
陳騤，《南宋館閣續錄》（《景印文淵閣四庫全書》本）。
陳鵬年，《秣陵集》（《清代詩文集彙編》景印乾隆間刊本）。
陳鵬年，《陳恪勤集》（《四庫全書存目叢書》景印康熙間刊本）。
陳鵬年，《滄洲近詩・道榮堂文集》（《清代詩文集彙編》景印乾隆二十七年刊本）。
陶煊選，張璨輯，《國朝詩的》（《四庫禁燬書叢刊》景印康熙間刊本）。
陶樑輯，《國朝畿輔詩傳》（《續修四庫全書》景印道光十九年刊本）。
陸佃，《埤雅》（《景印文淵閣四庫全書》本）。
傅山著，尹協理主編，《傅山全書》（太原：山西人民出版社，2016）。
傅恒等，《平定準噶爾方略》（《景印文淵閣四庫全書》本）。
傅振倫等修纂，《新河縣志》（《中國方志叢書》景印民國十八年鉛印本）。
單功擢、達爾吉善，《直隸相距程限冊》（日本早稲田大學藏乾隆四十年刊本）。
嵇曾筠等監修，沈翼機等編纂，《浙江通志》（《景印文淵閣四庫全書》本）。
彭大翼，《山堂肆考》（《景印文淵閣四庫全書》本）。
彭作楨等纂修，《完縣新志》（《中國方志叢書》景印民國二十三年鉛印本）。
彭廷梅輯，《國朝詩選》（《四庫禁燬書叢刊補編》景印乾隆十二年刊本）。
彭定求，《南畇詩稾》（《清代詩文集彙編》景印康熙間刊本）。
彭定求等編，《御定全唐詩》（《景印文淵閣四庫全書》本）。
敦敏，《懋齋詩鈔》（北京：文學古籍刊行社，景印清代鈔本）。
景日昣，《說嵩》（《四庫全書存目叢書》景印康熙間刊本）。
曾丰，《緣督集》（《景印文淵閣四庫全書》本）。
曾國荃、劉坤一等修，劉繹、趙之謙等纂，《江西通志》（《續修四庫全書》景印光緒七年刊本）。
曾國藩，《曾文正公家訓》（《續修四庫全書》景印光緒五年刊本）。
曾萼纂修，《恩平縣志》（《故宮珍本叢刊》景印乾隆三十一年刊本）。

焦竑，《皇明人物考》（臺北：明文書局，《明代傳記叢刊》景印萬曆間刊本）。
焦竑，《國朝獻徵錄》（《四庫全書存目叢書》景印萬曆四十四年刊本）。
焦國理等纂，賈秉機等編，《重修鎮原縣志》（南京：鳳凰出版社，《中國地方志集成》景印民國二十四年鉛印本）。
焦循，《易章句》（《續修四庫全書》景印嘉慶二十二年序刊本）。
焦循，《劇說》（《續修四庫全書》景印清代稿本）。
程庭鷺，《夢盦居士自編年譜》（《北京圖書館藏珍本年譜叢刊》景印民國二十四年鉛印本，咸豐間成書）。
費淳、沈樹聲纂修，《太原府志》（南京：鳳凰出版社，《中國地方志集成》景印乾隆四十八年刊本）。
鄂海等修，《六部則例全書》（美國國會圖書館藏康熙五十五年刊本）。
鄂爾泰等，《世宗憲皇帝硃批諭旨》（《景印文淵閣四庫全書》本）。
鄂爾泰等修，《八旗通志初集》（哈佛燕京圖書館藏乾隆四年刊本）。
鄂爾泰等監修，靖道謨等編纂，《雲南通志》（《景印文淵閣四庫全書》本）。
閔麟嗣，《黃山志定本》（《四庫全書存目叢書》景印康熙間刊本）。
馮昌奕等修，《寧遠州志》（新北：藝文印書館，《四部分類叢書集成續編》景印民國重刻本）。
馮明珠主編，《滿文原檔》（臺北：沉香亭企業社，2006）。
馮景，《解春集文鈔》（《清代詩文集彙編》景印乾隆間刊本）。
馮溥著，張秉國箋註，《馮溥集箋注》（北京：人民文學出版社，2019）。
馮煦修，魏家驊等纂，《鳳陽府志》（南京：鳳凰出版社，《中國地方志集成》景印光緒三十四年刊本）。
馮夢禎，《快雪堂集》（《四庫全書存目叢書》景印萬曆四十四年刊本）。
馮夢龍，《醒世恒言》（日本內閣文庫藏天啓七年刊本）。
馮蘭森等修，陳卿雲等纂，《上高縣志》（《中國方志叢書》景印同治九年刊本）。
黃石麟，《半蕪園集》（《四庫禁燬書叢刊》景印康熙六十一年刊本）。
黃休復，《茅亭客話》（《景印文淵閣四庫全書》本）。
黃居中修，楊淳纂，《靈臺志》（北京：學苑出版社，《中國西北文獻叢書》景印清鈔本）。
黃昆山等修，唐載生等纂，《全縣志》（《中國方志叢書》景印民國廿四年鉛印本）。
黃彭年，《紫泥日記》（北京：學苑出版社，《歷代日記叢鈔》景印光緒十五年刊本）。
黃圖珌，《看山閣集》（《清代詩文集彙編》景印乾隆間刊本）。
楊中訥，《蕪城校理集》（上海圖書館藏抄本）。
楊文峰等修，萬廷蘭纂，《新昌縣志》（《稀見中國地方志彙刊》景印乾隆五十八年增修本）。
楊延亮纂修，《趙城縣志》（南京：鳳凰出版社，《中國地方志集成》景印道光七年刊本）。
楊賓，《柳邊紀略》（《續修四庫全書》景印清鈔本）。
楊鍾羲，《雪橋詩話》（瀋陽：遼瀋書社，1991，民國初年成書）。
楊繼洲，《針灸大成》（山西省圖書館藏順治十四年李月桂刊本）。
楊鑣纂修，《遼陽州志》（《四部分類叢書集成續編》景印民國重刻本）。
瑞元，《少梅詩鈔》（《清代詩文集彙編》景印咸豐四年刊本）。

葉士寬原修，姚學瑛續修，《沁州志》（南京：鳳凰出版社，《中國地方志集成》景印乾隆三十六年增補雍正九年刊本）。
葉滋瀾修，李臨馴纂，《上猶縣志》（《中國方志叢書》景印光緒十九年校補刻本）。
葉夢珠撰，來新夏點校，《閱世編》（上海：上海古籍出版社，1981）。
葉燮，《己畦集》（《清代詩文集彙編》景印康熙間刊本）。
葛振元修，楊鉅纂，《沔陽州志》（南京：鳳凰出版社，《中國地方志集成》景印光緒二十年刊本）。
葛嗣浵，《愛日吟廬書畫別錄》（《續修四庫全書》景印民國二年刊本）。
葛震撰，曹荃註，《四言史徵》（《四庫全書存目叢書》景印康熙三十九年序刊本）。
董誥等，《皇清文穎續編》（《續修四庫全書》景印嘉慶間刻本）。
裘璉，《南海普陀山志》（《四庫全書存目叢書》景印康熙刻雍正增修本）。
雷飛鵬等修，段盛梓等纂，《西安縣志略》（南京：鳳凰出版社，《中國地方志集成》景印宣統三年石印本）。
雷應元纂修，《揚州府志》（《稀見中國地方志彙刊》景印康熙三年刊本）。
熊賜履，《些餘集・經義齋集》（《清代詩文集彙編》景印康熙二十九年刊本）。
福格著，汪北平點校，《聽雨叢談》（北京：中華書局，1959，咸、同間成書）。
翟文選等修，王樹枏等纂，《奉天通志》（瀋陽：奉天通志館，民國廿三年鉛印本）。
裴煥星等修，白永貞等纂，《遼陽縣志》（《中國方志叢書》景印民國十七年排印本）。
趙世安修，顧豹文、邵遠平纂，《仁和縣志》（南京：江蘇古籍出版社，《中國地方志集成》景印康熙二十六年刊本）。
趙弘恩等監修，黃之雋等編纂，《江南通志》（《景印文淵閣四庫全書》本）。
趙吉士，《萬青閣全集》（《四庫全書存目叢書》景印順治間刊本）。
趙希璜，《四百三十二峰草堂詩鈔》（《續修四庫全書》景印乾隆五十八年刊本）。
趙國琳修，張彥士纂，《定陶縣志》（《稀見方志叢刊》景印順治十二年刻本）。
趙執信，《飴山文集・飴山詩集》（《清代詩文集彙編》景印乾隆間刊本）。
趙惟崳修，石中玉纂，《嘉興縣志》（南京：江蘇古籍出版社，《中國地方志集成》景印光緒三十四年刊本）。
趙惟勤纂修，《獲鹿縣志》（上海：上海書局出版社，《天一閣藏明代方志選刊續編》景印嘉靖間刊本）。
趙祥星修，錢江等纂，《山東通志》（南京：鳳凰出版社，《中國地方志集成》景印康熙四十一年刊本）。
趙詒翼等輯，《江蘇昆山趙氏家乘》（天津：天津古籍出版社，《天津圖書館藏家譜叢書》景印民國七年刊本）。
趙爾巽等，《清史稿》（北京：中華書局，1976 年點校本，民國十七年成書）。
趙翼，《甌北集》（《續修四庫全書》景印嘉慶十七年刊本）。
趙翼，《簷曝雜記》（《續修四庫全書》景印嘉慶間刊本）。
齊以治修，王恭先纂，《臨晉縣志》（《稀見中國地方志彙刊》景印康熙廿五年刊本）。
劉子揚、張莉編，《康熙朝雨雪糧價史料》（北京：線裝書局，2007）。
劉正宗，《逋齋詩》（《四庫未收書輯刊》景印順治間刊本）。
劉仲達輯，《劉氏鴻書》（《續修四庫全書》景印萬曆間刊本）。
劉汝賢等修，劉壽增纂，《江都縣續志》（中國社科院圖書館藏光緒九年重刻嘉慶二十四年刊本）。

劉廷璣，《在園雜志》（《續修四庫全書》景印康熙五十四年刊本）。
劉廷璣，《葛莊分體對鈔》（《清代詩文集彙編》景印康熙間刊本）。
劉於義等監修，沈青崖等編纂，《陝西通志》（《景印文淵閣四庫全書》本）。
劉效祖，《四鎮三關誌》（《四庫禁燬書叢刊》景印萬曆四年刊本）。
劉統修，劉炳纂，《任邱縣志》（《中國方志叢書》景印乾隆二十七年刊本）。
劉棨修，孔尚任等纂，《平陽府志》（北京：中國書店，《稀見中國地方志彙刊》景印康熙四十七年刊本）。
劉然輯，《詩乘初集》（《四庫禁燬書叢刊》景印康熙四十九年刊本）。
劉毓秀修，賈構纂，《洛川縣志》（南京：鳳凰出版社，《中國地方志集成》景印嘉慶十一年刊本）。
劉鳳誥，《存悔齋集》（《續修四庫全書》景印道光十七年刊本）。
樂鈞，《青芝山館詩集》（《清代詩文集彙編》景印嘉慶二十二年刊本）。
歐陽脩，《歐陽文忠公集》（中國國家圖書館藏宋慶元二年刊本）。
潘克溥纂修，《蘄州志》（《中國方志叢書》景印咸豐二年刊本）。
潘衍桐輯，《兩浙輶軒續錄》（《續修四庫全書》景印光緒十七年刊本）。
潘榮陛，《帝京歲時紀勝》（《續修四庫全書》景印乾隆間刊本）。
蔡世遠，《二希堂文集》（《景印文淵閣四庫全書》本）。
蔡受，《鷗跡集》（《清代詩文集彙編》景印光緒三年刊本）。
蔡韶清修，胡紹鼎纂，《黃岡縣志》（南京：江蘇古籍出版社，《中國地方志集成》景印乾隆二十四年刊本）。
蔣伊、韓作棟纂修，《廣東輿圖》（《北京圖書館古籍珍本叢刊》景印康熙廿四年刊本）。
蔣兆奎，《河東鹽法備覽》（《四庫未收書輯刊》景印乾隆五十五年刊本）。
蔣光煦，《東湖叢記》（《續修四庫全書》景印光緒九年刊本）。
蔣景祁輯，《瑤華集》（《續修四庫全書》景印康熙二十五年刊本）。
衛哲治等修，葉長揚等纂，《淮安府志》（《續修四庫全書》景印乾隆十三年刊本）。
鄧名世，《古今姓氏書辯證》（《景印文淵閣四庫全書》本，宋紹興四年成書）。
鄧漢儀輯，《詩觀》（《四庫全書存目叢書補編》景印康熙間刊本）。
鄭珍，《親屬記》（《續修四庫全書》景印光緒十二年刊本）。
鄭廉，《豫變紀略》（《四庫禁燬書叢刊》景印乾隆八年序刊本）。
震鈞，《天咫偶聞》（《續修四庫全書》景印光緒三十三年刊本）。
震鈞，《國朝書人輯略》（《續修四庫全書》景印光緒三十四年刊本）。
魯銓等修，洪亮吉等纂，《寧國府志》（《中國方志叢書》景印嘉慶間刊本）。
穆彰阿、潘錫恩等纂修，《大清一統志》（《續修四庫全書》景印道光二十二年鈔本）。
蕭猛（原誤為蕭奭）撰，朱南銑點校，《永憲錄》（北京：中華書局，1959）。
蕭統等編，李善等註，《六臣注文選》（《景印文淵閣四庫全書》本）。
錢士升，《賜餘堂集》（《四庫禁燬書叢刊》景印乾隆四年刊本）。
錢載，《蘀石齋詩集》（《清代詩文集彙編》景印乾隆間刊本）。
錢儀吉，《碑傳集》（臺北：大化書局，《清朝碑傳全集》本）。
錢澄之，《田間尺牘》（《續修四庫全書》景印光緒三十四年鉛印本）。
閻若璩，《潛邱箚記》（《清代詩文集彙編》景印乾隆九年刊本）。
鮑桂星，《覺生自訂年譜》（《北京圖書館藏珍本年譜叢刊》景印同治四年刊本）。
儲大文，《存研樓文集》（《清代詩文集彙編》景印乾隆九年刊本）。

儲元升纂修，《東明縣志》（《中國方志叢書》景印乾隆二十一年刊本）。
儲壽平等，《豐義儲氏分支譜》（《清代民國名人家譜選刊續編》景印民國十年刊本）。
儲巏，《柴墟文集》（《四庫全書存目叢書》景印嘉靖四年刊本）。
戴士衡、戴翊清修撰，《新安戴氏支譜》（美國鹽湖城耶穌基督後期聖徒教會之家譜中心"FamilySearch"藏光緒七年刊本）。
戴名世，《南山集》（《續修四庫全書》景印光緒二十六年刊本）。
戴震纂，孫和相修，《汾州府志》（南京：鳳凰出版社，《中國地方志集成》景印乾隆三十六年刊本）。
戴璐，《吳興詩話》（《續修四庫全書》景印民國間刊本）。
濮一乘纂修，《武進天寧寺志》（揚州：廣陵書社，《中國佛寺志叢刊》景印民國三十六年鉛印本）。
繆荃孫等，《江蘇蘭陵繆氏世譜》（「中國譜牒庫」所收宣統三年刊本）。
薛福保，《青萍軒文錄》（《清代詩文集彙編》景印光緒八年刊本）。
謝錫伯修，汪廷霖纂，《貴池縣志續編》（《故宮珍本叢刊》景印乾隆十年刊本）。
韓世琦，《撫吳疏草》（《四庫未收書輯刊》景印康熙五年刊本）。
韓菼，《有懷堂文稿》（《四庫全書存目叢書》景印康熙四十二年刊本）。
韓寰康等纂修，《浙江蕭山湘南韓氏家譜》（北京：線裝書局，《中國國家圖書館藏早期稀見家譜叢刊》景印乾隆五十六年木活字本）。
韓錫胙，《滑疑集》（《清代詩文集彙編》景印光緒十六年修補咸豐五年刊本）。
瞿中溶，《瞿木夫先生自訂年譜》（《北京圖書館藏珍本年譜叢刊》景印民國間刊本）。
簡朝亮，《尚書集注述疏》（《續修四庫全書》景印光緒三十三年刊本）。
聶先輯，《名家詞鈔》（《四庫全書存目叢書補編》景印康熙間刊本）。
藍應襲修，何夢篆等纂，《上元縣志》（《金陵全書》景印乾隆十六年刊本）。
顏希深修，成城等纂，《泰安府志》（哈佛燕京圖書館藏乾隆二十五年刊本）。
魏瀛等修，鍾音鴻等纂，《贛州府志》（《中國方志叢書》景印同治十二年刊本）。
曠敏本纂，饒佺修，《衡州府志》（南京：江蘇古籍出版社，《中國地方志集成》景印光緒元年補刻乾隆二十八年刊本）。
羅炌修，黃承昊纂，《嘉興縣志》（北京：書目文獻出版社，《日本藏中國罕見地方志叢刊》景印崇禎十年刊本）。
羅振玉編，《天聰朝臣工奏議》（新北：藝文印書館，《史料叢刊初編》景印民國十三年鉛印本）。
羅景泐修，曹鼎望纂，《豐潤縣志》（上海：上海書店出版社，《中國地方志集成》景印康熙三十一年刊本）。
邊大綬等修纂，《太原府志》（《中國方志叢書》景印順治十一年刊本）。
關孝廉等譯，《清初內國史院滿文檔案譯編》（北京：光明日報出版社，1989）。
關嘉祿等，《天聰九年檔》（天津：天津古籍出版社，1987）。
蘇軾，《東坡全集》（《景印文淵閣四庫全書》本）。
覺羅石麟修，《山西通志》（《景印文淵閣四庫全書》本，雍正十二年成書）。
釋上思，《雨山和尚語錄》（臺北：新文豐出版公司，《明版嘉興大藏經》景印萬曆間刊本）。
釋行海，《金山志略》（臺北：明文書局，《中國佛寺史志彙刊（第一輯）》景印康熙二十年序刊本）。

釋志磐，《佛祖統紀》（《續修四庫全書》景印明代刊本）。
釋洪恩，《雪浪集》（《四庫全書存目叢書》景印萬曆間刊本）。
釋超格，《同事攝詩集・同事攝綠蘿詞》（中國國家圖書館藏乾隆間刊本）。
釋際禪纂輯，《淨慈寺志》（《中國佛寺志叢刊》景印光緒十四年刊本）。
鐵保等，《欽定八旗通志》（《景印文淵閣四庫全書》本）。
顧公燮，《丹午筆記》（南京：江蘇古籍出版社，1999，《江蘇地方文獻叢書》據嘉慶二十三年鈔本校點，乾隆五十年成書；與《吳城日記》《五石脂》同刊）。
顧廷龍主編，《清代硃卷集成》（臺北：成文出版社，1992）。
顧炎武，《日知錄》（臺北：文史哲出版社，1979）。
顧景星，《白茅堂集》（《清代詩文集彙編》景印光緒間補刻康熙四十三年初刊本）。
顧圖河，《雄雉齋詩續集》（北京：北京大學出版社，《國家圖書館藏清人詩文集稿本叢書》景印鈔本）。
顧圖河，《雄雉齋選集》（《清代詩文集彙編》景印康熙三十一年刊本）。

三、近人論著

Востриков, А. И. *Тибетская Историческая Литература* (Москва: Издательство Восточной Литературы, 1962).
Huang, Yi-Long(黃一農)& Zheng, Bingyu(鄭冰瑜). "New Frontiers of Electronic Textual Research in the Humanities: Investigating Classical Allusions in Chinese Poetry through Digital Methods," *Journal of Chinese Literature and Culture*, 5.2 (2018), pp. 411-437.
Meyers, Jeffrey. *Hemingway: A Biography* (New York: Harper & Row Publishers, 1985).
Perdue, Peter C. *China Marches West: The Qing Conquest of Central Eurasia* (Cambridge: Harvard University Press, 2005).
Szcześniak, B. "The Description and Map of Kansu by Giovanni Battista Maoletti de Serravalle," *Monumenta Serica*, 18 (1959), pp. 294-313.
ལྕང་སྐྱ་རོལ་པའི་རྡོ་རྗེས，《དཔག་བསམ་རིན་པོ་ཆེའི་སྙེ་མ》（ལྷ་ས：བོད་ལྗོངས་མི་དམངས་དཔེ་སྐྲུན་ཁང，1990）。
伍躍，《中国の捐納制度と社会》（京都：京都大学学術出版会，2011）。
河井荃廬監修，《支那墨跡大成》（東京：興文社，1937-1938）。
鈴木真，〈雍正帝と藩邸旧人〉，《社会文化史学》，第 42 号(2001)，頁 18-41。
藤原楚水監修，《支那南畫大成》（東京：興文社，1936）。

《北京文史資料精選・崇文卷》（北京：北京出版社，2006）。
《筆墨文章：信札寫本專場》，中國嘉德 2018 春季拍賣會目錄。
丁汝芹，〈康熙帝與戲曲〉，《紫禁城》，2008 年第 6 期，頁 184-195。
丁維忠，《紅樓夢：歷史與美學的沉思》（哈爾濱：黑龍江教育出版社，2002）。
于振宗，《直隸河防輯要》（北京：國家圖書館出版社，《中國大運河歷史文獻集成》景印民國十三年刊本）。
小橫香室主人，《清朝野史大觀》（上海：中華書局，1916）。
中國第一歷史檔案館編，《御筆詔令說清史：影響清朝歷史進程的重要檔案文獻》（濟南：山東教育出版社，2003）。
中國第一歷史檔案館編，《清代文書檔案圖鑒》（香港：三聯書店，2004）。
云妍，〈從數據統計再論清代的抄家〉，《清史研究》，2017 年第 3 期，頁 112-125。

尹伊君，《紅樓夢的法律世界》（北京：商務印書館，2014）。
戶力平，〈地安門雁翅樓見證百年風雨〉，《北京晚報》，2011年12月23日第43版。
方弘毅，〈"東皋草堂主人"曹殷六行跡考〉，《明清小說研究》，2020年第2期，頁250-261。
方豪，〈從紅樓夢所記西洋物品考故事的背景〉，收入氏著，《方豪六十自定稿》（臺北：自印，1969），頁413-496。
方曉偉，〈"原不成器"的"曹公子"〉，《紅樓夢學刊》，2013年第2輯，頁136-147。
方曉偉，〈《曹氏榮慶硃卷》芻議〉，《曹雪芹研究》，2015年第3期，頁29-36。
方曉偉，〈從新發現的夢庵贈曹楝亭詩看曹寅和曹雪芹的禪宗情結〉，《曹雪芹研究》，2014年第3期，頁1-9。
方曉偉，〈曹宣生平主要活動繫年〉，《曹雪芹研究》，2013年第1期，頁10-40。
方曉偉，〈曹寅和王煐〉，收入北京曹雪芹學會主編，《曹寅、紅樓夢與鎮江》（北京：當代中國出版社，2013），頁39-56。
方曉偉，〈曹寅和歙縣鹽商〉，《曹雪芹研究》，2018年第2期，頁30-37。
方曉偉，〈遼東曹氏的家族遷徙及其文化流變：從"安侯姊丈"說起〉，《紅樓夢研究》，第3輯(2018)，頁85-92。
方曉偉，《曹寅評傳・曹寅年譜》（揚州：廣陵書社，2010）。
王人恩，〈紅樓夢與昭君故事〉，《紅樓夢學刊》，2003年第2輯，頁308-320。
王人恩，〈曹寅撰《虎口餘生》傳奇考辨〉，《西北師大學報（社科版）》，1997年第1期，頁75-78。
王永斌，《北京的商業街和老字號》（北京：北京燕山出版社，1999）。
王仰東，〈姜瓖與山西的反清復明運動〉，《滄桑》，2007年第2期，頁5-8。
王利器，《李士楨、李煦父子年譜：紅樓夢與清初史料鉤玄》（北京：北京出版社，1983）。
王彥章，《清代獎賞制度研究》（合肥：安徽人民出版社，2007）。
王政堯，《清代戲劇文化考辨》（北京：北京燕山出版社，2014）。
王春法，《隻立千古：紅樓夢文化展》（北京：北京時代華文書局，2021）。
王春瑜，〈論曹寅在江南的歷史作用〉，《紅樓夢學刊》，1980年第1輯，頁293-310。
王洪勝，〈曹雪芹家世祖籍研究的重大發現：再論《重修大同鎮城碑記》的史學價值〉，《紅樓夢學刊》，2007年第1輯，頁66-83。
王若，〈曹頫被枷號的問題及其獲罪原因之管見〉，《社會科學輯刊》，1986年第4期，頁73-75。
王振忠，〈康熙南巡與兩淮鹽務〉，《鹽業史研究》，1995年第4期，頁4-18。
王偉波，〈李煦與曹雪芹祖母李氏兄妹關係再探〉，《曹雪芹研究》，2014年第3期，頁43-56。
王偉波，〈蘇州織造李煦的昌邑親族〉，《曹雪芹研究》，2013年第2期，頁1-16。
王章濤，《阮元年譜》（合肥：黃山書社，2003）。
王勝國，〈清代捐納制度及其影響新論〉，《松遼學刊（社科版）》，1990年第3期，頁16-20、25。
王萌，〈康熙朝後期的銅政改革與內務府官商〉，《清史研究》，2010年第1期，頁61-72。
王暢，〈"漢拜相、宋封王"與"皇猷黼黻"：曹雪芹祖籍問題考論之一〉，《濟寧師專學報》，1997年第1期，頁68-73。
王暢，《曹雪芹祖籍考論》（石家庄：河北教育出版社，1996）。

王鍾翰，《王鍾翰清史論集》（北京：中華書局，2004）。
王鶴鳴主編，《中國家譜總目》（上海：上海古籍出版社，2008）。
史景遷著，溫洽溢譯，《曹寅與康熙》（臺北：時報文化出版公司，2012）。
白先勇，《白先勇細說紅樓夢》（臺北：時報文化出版公司，2016）。
白新良，《清史考辨》（北京：中華書局，2021）。
白新良等，《康熙傳》（長沙：嶽麓書社，2015）。
白溪，〈論王南村與曹寅家族的交往：從新發現的王南村有關曹寅的十八首詩談起〉，《曹雪芹研究》，2012 年第 1 期，頁 143-164。
任舒靜，〈中國傳統器樂藝術瑰寶“十番”的起源與流布〉，《大眾文藝》，2010 年第 20 期，頁 17-20。
伍躍，《中國的捐納制度與社會》（南京：江蘇人民出版社，2013）。
安鴻志，《數理話紅樓》（北京：科學出版社，2016）。
朱志遠，〈“楝亭圖詠”與清初江南詩風嬗變〉，《文學評論》，2019 年第3 期，頁148-157。
朱志遠，〈曹寅悼亡詩詞本事〉，《紅樓夢學刊》，2022 年第 1 輯，頁 136-156。
朱南銑，〈關於《遼東曹氏宗譜》〉，《紅樓夢研究集刊》，第 1 輯(1979)，頁 405-421。
朱淡文，〈胡鐵岩先生“曹寅未曾當康熙伴讀”讀後〉，《紅樓夢研究輯刊》，第 10 輯(2015)，頁 33-41。
朱淡文，〈答胡鐵岩先生有關“曹寅伴讀說”的三項置疑〉，《紅樓夢研究輯刊》，第 12 輯(2016)，頁 341-351。
朱淡文，《紅樓夢研究》（臺北：貫雅文化公司，1991）。
朱淡文，《紅樓夢論源》（南京：江蘇古籍出版社，1992）。
江慰廬，《曹雪芹・紅樓夢種種》（合肥：黃山書社，1998）。
何俊田等，《御河文化史料》（武清：政協武清縣文史委員會，1999）。
何錦階，《曹寅與清代社會》（香港：青文書屋，1989）。
余英時，《紅樓夢的兩個世界》（臺北：聯經出版公司，1981 年增訂再版）。
吳世昌著，吳令華編，《吳世昌全集》（石家莊：河北教育出版社，2008）。
吳炎亮主編，《遼海記憶：遼寧考古六十年重要發現 1954-2014》（瀋陽：遼寧人民出版社，2014）。
吳美淥，〈曹宣生卒年考〉，《紅樓夢研究集刊》，第 5 輯(1980)，頁 443-444。
吳新雷，〈《香林寺廟產碑》和曹寅的《尊勝院碑記》：曹雪芹家世資料考索之一〉，《紅樓夢研究集刊》，第 2 輯(1980)，頁 345-354。
吳新雷、黃進德，《曹雪芹江南家世叢考》（哈爾濱：黑龍江教育出版社，2009）。
宋伯胤，〈清末南京絲織業的初步調查〉，《近代史資料》，1958 年第 2 期，頁 1-23。
宋秀元，〈從檔案史料看清初的圈地與投充〉，《故宮博物院院刊》，1987 年第 1 期，頁 87-92。
宋和修，《高鳳翰年譜》（北京：中國文聯出版社，2002）。
宋廣波，《胡適論紅樓夢》（北京：商務印書館，2021）。
宋澤廣，〈向胡鐵岩先生請教“早入龍樓儤，還觀中秘書”之釋解〉，《紅樓夢研究輯刊》，第 12 輯(2016)，頁 352-359。
宋鐵錚、顧平旦，〈曹寅的《續琵琶》抄本〉，《紅樓夢研究集刊》，第 2 輯(1980)，頁 441-448。
李大偉，《遼陽碑誌續編》（瀋陽：遼寧民族出版社，2013）。

李中清等，〈清代皇族人口統計初探〉，《中國人口科學》，1992 年第 1 期，頁 14-23。
李中躍，〈清代曹寅家族軍功史研究〉，《清史論叢》，2019 年第 2 期，頁 68-87。
李文益，〈清代“哈哈珠子”考釋：兼論滿文“*haha juse*”與“*haha jui*”的翻譯〉，《清史研究》，2016 年第 1 期，頁 48-62。
李世愉，〈李盛鐸藏清鈔本《永憲錄》讀後〉，《清史研究通訊》，1986 年第 1 期，頁 37-40、24。
李奉佐，《曹雪芹祖籍鐵嶺考》（瀋陽：春風文藝出版社，1997）。
李軍，〈曹寅在揚州酬應活動之補考〉，《曹雪芹研究》，2014 年第 1 期，頁 84-89。
李軍，〈曹寅編刻《全唐詩》時期交遊考略〉，《漢學研究》，第 28 卷，第 1 期(2010)，頁 325-357。
李雪菲，〈曹雪芹祖籍問題新說〉，《九江師專學報》，2001 年第 1 期，頁 74-78。
李森文，《趙執信年譜》（濟南：齊魯書社，1988）。
李勤璞，《後金時代和清朝初期藏傳佛教傳播史研究》（北京：中國社會科學出版社，2020）。
李聖華，〈查慎行與《長生殿》案〉，《蘭州學刊》，2015 年第 5 期，頁 47-53。
李裕澈、時振梁、曹學鋒，〈朝鮮史料記載的中國地震〉，《中國地震》，2013 年第 2 期，頁 276-283。
李廣柏，〈曹寅“伴讀”之說不可信〉，《紅樓夢學刊》，1997 年第 4 輯，頁 184-190。
李廣柏，《文史叢考：李廣柏自選集》（武漢：華中師範大學出版社，2010）。
李廣柏，《曹雪芹評傳》（南京：南京大學出版社，1998）。
李學智，《老滿文原檔論輯》（臺北：中研院史語所，1971）。
杜家驥，〈努爾哈赤時期滿族文化與教育探略〉，《滿族研究》，1999 年第 1 期，頁 33-35。
杜家驥，〈曹雪芹祖上之隸旗與領主的多次變化〉，《紅樓夢學刊》，2011 年第 3 輯，頁 17-26。
杜家驥，〈清代內務府旗人複雜的旗籍及其多種身份：兼談曹雪芹家族的旗籍及其身份〉，《民族研究》，2011 年第 3 期，頁 74-82。
杜家驥，〈清初旗人的旗籍及隸旗改變考〉，《明清論叢》，第 17 輯(2017)，頁 108-119。
杜家驥，〈清朝滿蒙聯姻中的“備指額駙”續談〉，《煙臺大學學報（哲社版）》，2013 年第 3 期，頁 78-81。
杜家驥，〈雍正帝繼位前的封旗及相關問題考析〉，《中國史研究》，1990 年第 4 期，頁 84-90。
杜家驥，《八旗與清朝政治論稿》（北京：人民出版社，2008）。
杜家驥，《清朝滿蒙聯姻研究》（北京：故宮出版社，2013）。
杜澤遜，《四庫存目標注》（上海：上海古籍出版社，2007）。
汪波，〈雍正八年京師大地震應急機制初探〉，《東南學術》，2009 年第 5 期，頁 173-176。
汪超宏，《明清浙籍曲家考》（杭州：浙江大學出版社，2009）。
沈一民，〈清初“巴克什”考察：兼論清入關前的滿族文人〉，收入胡凡、王建中主編，《黑水文明研究（第一輯）》（哈爾濱：黑龍江人民出版社，2007），頁 61-69。
沈欣，〈再論清代皇室之乳保〉，《北京社會科學》，2016 年第 8 期，頁 110-118。
沈治鈞，〈重讀《紅樓夢辨》〉，收入俞平伯，《紅樓夢辨》（北京：商務印書館，2017），頁 252-259。
沈雪晨，〈事實與書寫：雍正乾隆時期清準議和再論〉，《新史學》，第 32 卷，第 4

期(2021)，頁 181-240。
辰戈，〈曹雪芹祖籍問題論爭概觀〉，《邢臺師範高專學報（綜合版）》，1997 年第 3 期，頁 53-68。
周文康，〈詩經與曹雪芹家世考辨〉，《紅樓夢學刊》，1997 年第 3 輯，頁 115-138。
周汝昌，《紅樓夢新證》（上海：棠棣出版社，1953；北京：人民文學出版社，1976；北京：華藝出版社，1998；北京：中華書局，2016）。
周汝昌，《胭脂米傳奇》（北京：華文出版社，1998）。
周汝昌，《曹雪芹新傳》（濟南：山東畫報出版社，2007）。
周汝昌、嚴中，《江寧織造與曹家》（北京：中華書局，2006）。
周汝昌、嚴中，《紅樓夢裡史侯家》（揚州：廣陵書社，2009）。
周紹良，《周紹良蓄墨小言》（北京：紫禁城出版社，2009）。
周策縱，《紅樓夢案：周策縱論紅樓夢》（北京：文化藝術出版社，2005）。
周遠廉主編，《清朝興亡史》（北京：北京燕山出版社，2016）。
周興陸，〈試論曹寅的《北紅拂記》〉，《紅樓夢學刊》，2007 年第 1 輯，頁 39-50。
奉寬，〈蘭墅文存與石頭記〉，《北大學生》，第 1 卷，第 4 期(1931)，頁 85-93。
孟晗，《周亮工年譜》（廣西師範大學中國古典文獻學碩士論文，2007）。
定宜庄，《滿族的婦女生活與婚姻制度研究》（北京：北京大學出版社，1999）。
定宜庄、邱源媛，〈清初"渾托和"考釋〉，《燕京學報》，新 28 期(2010)，頁 73-124。
房建昌，〈從羅卜藏丹津的生年看西方天主教傳教士葉崇賢對青海史地的描寫和價值〉，《青海師範大學學報（哲社版）》，1987 年第 4 期，頁 108-111。
易管，〈江寧織造曹家檔案史料補遺〉，《紅樓夢學刊》，1979 年第 2 輯，頁 321-346；1980 年第 2 輯，頁 305-326。
易蘇昊、樊則春主編，《五臺山人藏：徐揚畫平定西域獻俘禮圖》（北京：文物出版社，2009）。
林芳吟，《三山五園文化巡展：圓明園卷》（北京：北京大學出版社，2013）。
祁美琴，《清代內務府》（瀋陽：遼寧民族出版社，2009）。
邱華東，〈再論遼陽即古襄平："曹雪芹祖籍鐵嶺說"商榷〉，《河南教育學院學報（哲社版）》，2004 年第 4 期，頁 18-24。
邵丹，〈故土與邊疆：滿洲民族與國家認同裡的東北〉，《清史研究》，2011 年第 1 期，頁 21-38。
邵琳，〈"鶺鴒之悲"的千古情結：淺析曹寅、曹宣的兄弟情〉，《紅樓夢研究輯刊》，第 7 輯(2013)，頁 286-292。
侯會，《紅樓夢貴族生活揭秘》（北京：新華出版社，2010）。
俞平伯，〈紅樓夢的著作年代〉，《新民晚報》，1953 年 10 月 14、15、17、18 日。
俞平伯，《俞平伯全集》（石家莊：花山文藝出版社，1997）。
俞平伯，《紅樓夢辨》（北京：商務印書館，2017）。
姚名達，《朱筠年譜》（上海：上海書店出版社，《民國叢書》景印 1948 年鉛印本）。
姚念慈，《康熙盛世與帝王心術：評「自古得天下之正莫如我朝」》（北京：三聯書店，2018）。
段江麗，《紅學研究論辯》（瀋陽：遼寧人民出版社，2019）。
胡小偉，〈評紅樓夢研究中的"新索隱說"：兼論索隱法在古典文學研究中的非科學性〉，《文學遺產》，1984 年第 3 期，頁 78-86。

胡文彬，〈曹寅、李煦家世生平史料八則〉，《洛陽師範學院學報》，2009 年第 6 期，頁 1-5。
胡文彬，〈曹寅撰《北紅拂記》抄本中的幾個問題：新發現抄本《北紅拂記》考察報告之二〉，《紅樓夢學刊》，2005 年第 2 輯，頁 19-36。
胡文彬、周雷，《紅學叢譚》（太原：山西人民出版社，1983）。
胡春麗，〈《清代人物生卒年表》訂補（續）〉，《圖書館研究》，2020 年第 1 期，頁 115-123。
胡紹棠，〈紅樓夢中的嫡庶親疏描寫與曹雪芹家世研究〉，《紅樓夢學刊》，2013 年第 6 輯，頁 152-167。
胡適，〈紅樓夢考證（改定稿）〉，收入氏著，《胡適文存》（上海：亞東圖書館，1921），頁 185-249。
胡鐵岩，〈向朱淡文先生求教“伴讀說”的三項舉證〉，《紅樓夢研究輯刊》，第 11 輯 (2015)，頁 362-372。
胡鐵岩，〈曹家八旗或有同宗：曹爾斌、曹爾和、曹爾素資料簡識〉，《遼東學院學報（社科版）》，2015 年第 3 期，頁 43-46。
胡鐵岩，〈曹寅未曾當康熙伴讀：《恭誌追賜御書奏對始末》簡讀〉，《紅樓夢學刊》，2014 年第 5 輯，頁 80-89。
胡鐵岩，〈曹雪芹家世研究資料的又一新發現〉，《曹雪芹研究》，2015 年第 1 期，頁 76-87。
胡鐵岩，〈曹璽首次赴江寧與任職江寧織造時間及旗籍考辨〉，《內江師範學院學報》，2021 年第 11 期，頁 62-69。
胥惠民，〈周汝昌研究紅樓夢的主觀唯心論及其走紅的原因〉，《烏魯木齊職業大學學報》，2012 年第 1 期，頁 8-21。
唐權，〈“倭語”之戲：曹寅《日本燈詞》研究〉，收入費春放主編，《文化身份與敘事策略》（天津：南開大學出版社，2019），頁 147-186。
孫玉蓉，《俞平伯年譜(1900-1990)》（天津：天津人民出版社，2001）。
徐立艷，〈清代內務府世家高佳氏抬旗考〉，《歷史檔案》，2019 年第 1 期，頁 75-82。
徐扶明，〈曹寅與《虎口餘生》傳奇〉，收入氏著，《元明清戲曲探索》（杭州：浙江古籍出版社，1986），頁 229-236。
徐扶明，《紅樓夢與戲曲比較研究》（上海：上海古籍出版社，1984）。
徐苹芳，《明清北京城圖》（上海：上海古籍出版社，2012）。
徐恭時，〈寅宣子系似絲棼：新發現的曹雪芹家世檔案史料初析〉，《歷史檔案》，1985 年第 2 期，頁 78-87。
徐恭時，〈楝花滿地西堂閉（上）：曹頫史實新探〉，《紅樓夢研究集刊》，第 13 輯 (1986)，頁 419-452。
徐繼文，〈〈咨戶部文〉與曹雪芹家世〉，《華中師範大學學報（人社版）》，1984 年第 6 期，頁 108-114。
秦國經主編，《清代文書檔案圖鑒》（香港：三聯書店，2004）。
袁建瓊，〈《盛京刑部原檔》所載清代早期法制中“規定之罪”略析〉，《黑龍江省政法管理幹部學院學報》，2021 年第 4 期，頁 1-6。
馬正正，〈紅樓夢中戲曲研究述評〉，《曹雪芹研究》，2021 年第 2 期，頁 166-174。
馬希桂，〈記《遼東曹氏宗譜》和《浭陽曹氏族譜》的發現〉，《紅樓夢學刊》，1980 年第 4 輯，頁 335-341。

馬美琴，〈關於曹寅“嫡出”身份的考證〉，《蘭台世界》，2015 年第 16 期，頁 88-89。
馬國權，〈論曹頫被革職抄家的歷史背景和原因〉，《紅樓夢學刊》，1989 年第 3 輯，頁 145-165。
馬國權，〈關於馬桑格的一件新史料〉，《紅樓夢學刊》，1979 年第 1 輯，頁 274。
馬鏞，〈清代封贈制度探析〉，《歷史檔案》，2015 年第 2 期，頁 78-86。
高國藩，〈紅樓夢中的謎語〉，《紅樓夢學刊》，1984 年第 1 輯，頁 244-268。
高樹偉，〈《大金喇嘛法師寶記》碑“教官”辨僞〉，《清史研究》，2017 年第 4 期，頁 113-120。
高樹偉，〈中國國家圖書館藏四卷《楝亭圖》初探〉，《紅樓夢學刊》，2021 年第 5 輯，頁 280-301。
高樹偉，〈王南村・風木圖・曹寅：兩份關於曹寅的新材料〉，《紅樓夢學刊》，2012 年第 2 輯，頁 296-325。
高樹偉，〈曹荃扈從北征及持節南下考辨〉，《紅樓夢學刊》，2013 年第 1 輯，頁 121-140。
高樹偉，〈曹寅“竹磵姪”考〉，《曹雪芹研究》，2012 年第 1 期，頁 165-177。
高樹偉，〈曹寅赴京當差時間再議：與蘭良永先生商榷〉，《曹雪芹研究》，2013 年第 1 期，頁 216-226。
高樹偉〈《大金喇嘛法師寶記》碑“教官”辨僞〉，《清史研究》，2017 年第 4 期，頁 113-120。
高繼宗，〈雍正急救京城震災〉，《城市與減災》，2011 年第 1 期，頁 22-24。
崔川榮，〈曹雪芹名和字異說〉，《紅樓夢研究輯刊》，第 7 輯(2013)，頁 91-99。
常建華，〈康熙朝的琺瑯器禮物與皇權〉，《中國史研究》，2020 年第 3 期，頁 160-176。
張小李，〈清宮上元節外藩宴與藩屬關係考論〉，《中國文化》，第 40 期(2014)，頁 80-95。
張全海，〈“阿咸狀元”詳考〉，《歷史檔案》，2008 年第 3 期，頁 127-131。
張全海，〈曹寅《楝亭詩鈔》“渭符侄”考〉，《紅樓夢學刊》，2008 年第 2 輯，頁 324-333。
張成良主編，《遼陽鄉土文化論集》（長春：吉林文史出版社，2011）。
張秉旺，《紅苑雜談》（北京：軍事誼文出版社，2007）。
張金杰，〈朱筠傳狀的史源學梳證〉，《太原師範學院學報（社科版）》，2020 年第 3 期，頁 65-73。
張建，〈再造強權：準噶爾琿台吉策妄阿喇布坦崛起史新探〉，《中研院史語所集刊》，第 86 本，第 1 分(2015)，頁 53-96。
張建，〈黑龍江駐防火炮研究(1683-1860)〉，《北方文物》，2015 年第 1 期，頁 102-109。
張晉藩、郭成康，〈由崇德三、四年刑部滿文原檔看清初的刑法〉，《法學研究》，1984 年第 4 期，頁 75-89。
張晉藩、郭成康，《清入關前國家法律制度史》（瀋陽：遼寧人民出版社，1988）。
張書才，〈明代遼東寧遠衛曹氏的關內原籍〉，收入中國人民大學國學院主編，《國學的傳承與創新：馮其庸先生從事教學與科研六十周年慶賀學術文集》（上海：上海古籍出版社，2013），冊上，頁 223-232。
張書才，〈新發現的曹頫獲罪檔案史料淺析〉，《紅樓夢研究集刊》，第 10 輯(1983)，頁 313-320。
張書才，《曹雪芹家世生平探源》（瀋陽：白山出版社，2009）。

張書才、高振田，〈新發現的曹雪芹家世檔案史料初探〉，《紅樓夢學刊》，1984 年第 2 輯，頁 308-321。
張書才、樊志賓、殷鑫，〈《虛白齋尺牘》箋注（一）〉，《曹雪芹研究》，2011 年第 2 期，頁 28-84。
張書才等，〈新發現的有關曹雪芹家世的檔案〉，《歷史檔案》，1983 年第 1 期，頁 35-38。
張淑嫻，〈揚州匠意：寧壽宮花園內檐裝修〉，收入《宮廷與地方：十七至十八世紀的技術交流》（北京：紫禁城出版社，2010），頁 123-168。
張清文、崔伉伉，〈儀徵地方志所見曹寅儀徵園林題字研究〉，《曹雪芹研究》，2019 年第 2 期，頁 61-66。
張馭寰，《中國古建築百問》（北京：中國檔案出版社，2000）。
張慶善，〈探春遠嫁蠡測〉，《紅樓夢學刊》，1984 年第 2 輯，頁 251-259。
張慶善，〈曹雪芹祖籍論爭述評〉，《紅樓夢學刊》，1998 年第 1 輯，頁 268-294。
張繼瑩，〈政治情境與地方史書寫：以清代大同方志為例〉，《清華學報》，新 50 卷，第 2 期(2020)，頁 275-311。
張繼瑩，〈清初姜瓖之變與山西社會秩序的重建〉，《臺大歷史學報》，第 62 期(2018)，頁 103-138。
曹汛，〈《重建玉皇廟碑記》曹振彥題名考述：曹雪芹家世碑刻史料考證之四〉，《紅樓夢研究集刊》，第 2 輯(1980)，頁 355-364。
曹汛，〈有關曹雪芹家世的一件碑刻史料：記遼陽喇嘛園《大金喇嘛法師寶記》碑〉，《文物》，1978 年第 5 期，頁 36-39。
曹紅軍，〈曹寅與揚州詩局、揚州書局刻書活動考辨〉，《南京師大學報（社科版）》，2005 年第 6 期，頁 151-157。
曹革成，〈曹雪芹關內祖籍的六點考證〉，《滿族研究》，1999 年第 3 期，頁 46-55。
梁歸智，〈探春的結局：海外王妃〉，《紅樓夢研究集刊》，第 9 輯(1982)，頁 267-278。
章宏偉，〈明代觀政進士制度〉，《吉林大學社會科學學報》，2008 年第 5 期，頁 49-56。
章宏偉，〈揚州詩局刊刻《全唐詩》研究〉，《遼寧大學學報（哲社版）》，2009 年第 2 期，頁 85-96。
莊吉發，《清代奏摺制度》（臺北：故宮博物院，1979）。
郭勝利，〈有關康雍朝阿爾布巴一則史料之考證〉，《清史研究》，2010 年第 4 期，頁 95-102。
陳支平，《福建族譜》（福州：福建人民出版社，2009）。
陳汝潔，〈曹寅與趙執信關係考辨：兼說"巖廊誰合鑄黃金"的用典〉，《紅樓夢學刊》，2013 年第 2 輯，頁 101-111。
陳汝潔，〈趙執信與王煐交遊考〉，《淄博師專學報》，2013 年第 1 期，頁 72-78。
陳志放主編，《蕭山文史資料選輯》，第 6 輯(1993)，頁 48。
陳重遠，《古玩史話與鑒賞》（北京：國際文化出版公司，1990）。
陳桂英，〈北京圖書館藏抄本《明珠墓誌銘》考述〉，《承德民族師專學報》，1996 年第 4 期，頁 25-32。
陳烈，〈清初文字獄的一份記錄：小莽蒼蒼齋收藏紀事之一〉，《瞭望新聞周刊》，1996 年第 36 期，頁 38。
陳國平，《石濤》（南寧：廣西美術出版社，2014）。
陳國棟，〈曹荃與桑額：有關其生平的幾點小考證〉，《食貨月刊》，第 14 卷，第 1 期(1984)，頁 597-600。

陳國棟，〈清代內務府包衣三旗人員的分類及其旗下組織：兼論一些有關包衣的問題〉，《食貨月刊》，第 12 卷，第 9 期(1982)，頁 325-343。
陳詔，〈紅樓夢小考（二）〉，《紅樓夢研究集刊》，第 2 輯(1980)，頁 449-464。
陳傳坤，《紅樓清話》（北京：中國戲劇出版社，2009）。
陳熙中，〈說“其先人董三服官江寧”〉，《紅樓夢學刊》，2022 年第 1 輯，頁 157-161。
陳維昭，〈考證與索隱的雙向運動：關於兩種紅學方法的哲學探討〉，《紅樓夢學刊》，1998 年第 4 輯，頁 180-195。
陳維昭，《紅學通史》（上海：上海人民出版社，2005）。
陳寬強，《清代捐納制度》（臺北：三民書局，2014，為其 1969 年博士論文）。
陳樂人主編，《二十世紀北京城市建設史料集》（北京：新華出版社，2007）。
陳鋒，《中國財政經濟史論》（武漢：武漢大學出版社，2013）。
陳鋒，《清代軍費研究》（武漢：武漢大學出版社，2013）。
陳鋒，《清代鹽政與鹽稅》（武漢：武漢大學出版社，2013）。
陳躍，〈羅澤南詩歌縱談〉，《湖南人文科技學院學報》，2011 年第 4 期，頁 189-191。
傅克東、陳佳華，〈清代前期的佐領〉，《社會科學戰線》，1982 年第 1 期，頁 164-173。
彭澤益，〈清代廣東洋行制度的起源〉，《歷史研究》，1957 年第 1 期，頁 1-24。
紫軍、霍國玲，〈曹雪芹蒜市口故居考〉，收入霍國玲等，《紅樓解夢（第五集下）》（北京：新世界出版社，2003），頁 366-389。
馮其庸，〈紅樓夢六十三回與中國西部的平定〉，《紅樓夢學刊》，2009 年第 6 輯，頁 1-9。
馮其庸，《敝帚集：馮其庸論紅樓夢》（北京：北京時代華文書局，2016）。
馮其庸，《曹雪芹家世、紅樓夢文物圖錄》（青島：青島出版社，2015）。
馮其庸，《曹雪芹家世新考》（青島：青島出版社，2014）。
馮其庸、楊立憲主編，《曹雪芹祖籍在遼陽》（瀋陽：遼海出版社，1997）。
馮國華，《十八世紀以降清代宗室婚姻研究：以玉牒為中心》（北京大學歷史系博士論文，2005）。
黃一農，〈紅樓夢中「借省親事寫南巡」新考〉，《中國文化研究》，2013 年第 4 期，頁 20-29。
黃一農，〈紅樓夢中最珍貴的藥方「暖香丸」新探〉，《中國科技史雜誌》，2018 年第 1 期，頁 1-10。
黃一農，〈「e 考據」卮言：從曹雪芹叔祖曹荃的生辰談起〉，《清華學報》，新 50 卷，第 4 期(2020)，頁 555-586。
黃一農，〈e-考據時代的新曹學研究：以曹振彥生平為例〉，《中國社會科學》，2011 年第 2 期，頁 189-207。
黃一農，〈史實與傳說的分際：福康安與乾隆帝關係揭祕〉，《漢學研究》，第 31 卷，第 1 期(2013)，頁 123-160。
黃一農，〈正史與野史、史實與傳說夾縫中的江陰之變(1645)〉，收入陳永發主編，《明清帝國及其近現代轉型》（臺北：允晨文化公司，2011），頁 131-202。
黃一農，〈印象與真相：清朝中英兩國覲禮之爭新探〉，《中研院史語所集刊》，第 78 本，第 1 分(2007)，頁 35-106。
黃一農，〈江南三織造所梭織出的曹家姻親網絡〉，《曹雪芹研究》，2014 年第 3 期，頁 10-25。
黃一農，〈吳明炫與吳明烜：清初與西法相抗爭的一對回回天文家兄弟？〉，《大陸雜誌》，第 84 卷，第 4 期(1992)，頁 1-5。
黃一農，〈吳橋兵變：明清鼎革的一條重要導火線〉，《清華學報》，新 42 卷，第 1 期(2012)，頁 79-134。
黃一農，〈咸安宮官學、右翼宗學與曹雪芹〉，《紅樓夢研究輯刊》，第 12 輯(2016)，頁 1-26。
黃一農，〈紅夷大砲與皇太極創立的八旗漢軍〉，《歷史研究》，2004 年第 4 期，頁 74-105。
黃一農，〈重探曹學視野中的豐潤曹氏〉，《紅樓夢學刊》，2011 年第 3 輯，頁 27-57。
黃一農，〈索隱文學與紅樓夢中之礙語〉，《中國文化》，第 48 期(2018)，頁 90-103。
黃一農，〈袁枚《隨園詩話》中涉紅記事新考〉，《清華學報》，新 43 卷，第 3 期(2013)，頁 525-553。
黃一農，〈康熙朝漢人士大夫對「曆獄」的態度及其所衍生的傳說〉，《漢學研究》，第 11 卷，第 2 期(1993)，頁 137-161。
黃一農，〈從 e 考據看避諱學的新機遇：以己卯本石頭記為例〉，《文史》，2019 年第 2 輯，頁 205-222。
黃一農，〈從皇商薛家看紅樓夢中的物質文化〉，《中國文化》，第 48 期(2018)，頁 1-11。
黃一農，〈從納蘭氏四姊妹的婚姻析探紅樓夢的本事〉，《清史研究》，2012 年第 4 期，頁 1-14。
黃一農，〈曹孝慶家族在江西遷徙過程新考〉，《清華學報》，新 41 卷，第 4 期(2011)，頁 715-758。
黃一農，〈曹振彥旗籍新考：從新發現的滿文材料談起〉，《文史哲》，2012 年第 1 期，頁 55-63。
黃一農，〈曹寅乃顧景星之遠房從甥考〉，《文學遺產》，2012 年第 6 期，頁 122-131。
黃一農，〈曹寅在京宦歷新考〉，《明清小說研究》，2020 年第 2 期，頁 232-249。
黃一農，〈曹寅家族與滿洲世族的姻親關係〉，《紅樓夢研究輯刊》，第 6 輯(2013)，頁 119-132。
黃一農，〈曹雪芹「蒜市口地方房十七間半」舊宅新探〉，《紅樓夢研究輯刊》，第 10 輯(2015)，頁 42-63。
黃一農，〈曹雪芹卒於「壬午除夕」新考〉，《紅樓夢學刊》，2016 年第 1 輯，頁 77-103。
黃一農，〈曹雪芹祖籍新探：生命足跡與自我認同〉，《中國文化》，第 43 期(2016)，頁 131-143。
黃一農，〈曹雪芹高祖曹振彥旗籍新考：從新發現的滿文材料談起〉，《文史哲》，2012 年第 1 期，頁 55-63。
黃一農，〈通書：中國傳統天文與社會的交融〉，《漢學研究》，第 14 卷，第 2 期(1996)，頁 159-186。
黃一農，〈傳曹雪芹家族現存六軸誥命辨偽〉，《古代文獻整理與研究》，第 1 輯(2015)，頁 12-27。
黃一農，〈試論曹雪芹在紅樓夢中譏刺仇讎的隱性手法〉，《中國文化》，第 52 期(2020)，頁 1-19。
黃一農，〈劉興治兄弟與明季東江海上防線的崩潰〉，《漢學研究》，第 20 卷，第 1 期(2002)，頁 131-161。

黃一農，〈豐潤曹邦入旗考〉，《中華文史論叢》，2011 年第 4 期，頁 255-279。
黃一農，《二重奏：紅學與清史的對話》（新竹：清華大學出版社，2014；簡體字版於 2015 年由北京中華書局刊行）。
黃一農，《兩頭蛇：明末清初的第一代天主教徒》（新竹：清華大學出版社，2014 年修訂第三版；2005 年初版，簡體字版於 2006 年由上海古籍出版社刊行）。
黃一農，《紅夷大砲與明清戰爭》（成都：四川人民出版社，2022），出版中。
黃一農，《紅樓夢外：曹雪芹《畫冊》與《廢藝齋集稿》新證》（新竹：清華大學出版社，2020；簡體字版於 2021 年由四川人民出版社刊行）。
黃一農、王偉波，〈李煦幼子李以鼐小考〉，《文與哲》，第 35 期(2019)，頁 1-18。
黃一農、吳國聖，〈曹寅次婿即青海親王羅卜藏丹津考釋〉，《中國文化》，第 54 期(2021)，頁 209-228。
黃炎培，《黃炎培日記》（北京：華文出版社，2008）。
黃斌，《清宗室博爾都《問亭詩集》校注與研究》（昆明：雲南大學出版社，2017）。
黃龍祥主編，《針灸名著集成》（北京：華夏出版社，1996）。
黃麗君，〈清代內務府的包衣廕生〉，《吉林師範大學學報（人社版）》，2017 年第 1 期，頁 58-63。
黑龍，《準噶爾蒙古與清朝關係史研究(1672-1697)》（上海：上海古籍出版社，2014）。
楊乃濟，《紫禁城行走漫筆》（北京：紫禁城出版社，2005）。
楊泠，〈曹家蒜市口舊宅新考〉，《紅樓夢研究》，第 1 輯(2017)，頁 53-75。
楊勇軍、黃一農，〈紅樓夢與納蘭諸姊妹之生平事跡〉，《中華文史論叢》，2013 年第 3 期，頁 341-362。
楊珍，〈康熙二十九年“親往視師”再析〉，《清史研究》，2013 年第 3 期，頁 151-156。
楊珍，〈康熙朝宦官新探〉，《清史研究》，2018 年第 1 期，頁 16-26。
楊若荷，〈清代下行文的標朱制度〉，《檔案學通訊》，1990 年第 6 期，頁 48-49。
楊海儒，《蒲松齡生平著述考辨》（北京：中國書籍出版社，1994）。
楊啟樵，《周汝昌紅樓夢考證失誤》（上海：上海書店出版社，2014 年增訂新版）。
楊啟樵，《雍正帝及其密摺制度研究》（廣州：廣東人民出版社，1983）。
楊惠玲，〈曹寅家班考論〉，《紅樓夢學刊》，2011 年第 2 輯，頁 42-52。
楊新華主編，《南京歷代碑刻集成》（上海：上海書畫出版社，2011）。
楊寬，《西周史》（上海：上海人民出版社，2016）。
董寶瑩、曹兆榮，〈曹鼎望墓誌銘和曹鋡墓碑〉，收入劉繼堂、王長勝主編，《曹雪芹祖籍在豐潤》，頁 74-84。
詹健，〈脂批二則校考〉，《曹雪芹研究》，2016 年第 2 期，頁 170-177。
賈珺，《北京四合院》（北京：清華大學出版社，2009）。
賈穗，〈曹顏不可能即曹淵：與王家惠同志兼及周汝昌先生商榷〉，《紅樓夢學刊》，1995 年第 1 輯，頁 110-128。
鄒玉義，〈《重修大同鎮城碑記》考辨：曹雪芹祖籍遼陽的又一權威史證〉，《紅樓夢學刊》，2003 年第 2 輯，頁 1-13。
鄒宗良、王啟芳，〈王竹村事跡考辨〉，《紅樓夢學刊》，2010 年第 2 輯，頁 145-165。
雍薇，〈西園寺“血經”述略〉，《曹雪芹研究》，2014 年第 2 期，頁 11-15。
雷炳炎，〈清代八旗世家子弟的選官與家族任官問題初探〉，《求是學刊》，2015 年第 5 期，頁 156-165。

雷炳炎，《清代八旗世爵世職研究》（長沙：中南大學出版社，2006）。
端木蕻良，《端木蕻良文集》（北京：北京出版社，2009）。
臧壽源，〈曹寅與葉藩、葉燮的詩文情誼〉，《傳統文化研究》，第 22 輯(2015)，頁 415-430。
趙岡，〈曹氏宗譜與曹雪芹的上世〉，《幼獅月刊》，第 37 卷，第 3 期(1973)，頁 26-28。
趙東海，〈曹端廣：一個任人打扮的小姑娘——鐵嶺說駁難〉，《紅樓夢學刊》，1998 年第 3 輯，頁 218-234。
齊光，《大清帝國時期蒙古的政治與社會：以阿拉善和碩特部研究為中心》（上海：復旦大學出版社，2013）。
劉一之，《破解紅樓夢之謎》（北京：世界圖書出版公司，2011）。
劉上生，〈“石上猶傳錦字詩”：以曹璽與馬鑾關係考索為窗口〉，《曹雪芹研究》，2021 年第 1 期，頁 9-21。
劉上生，〈佩筆侍從：曹寅“為康熙伴讀”說辨正〉，《湖南師範大學社會科學學報》，2000 年第 6 期，頁 124-129。
劉上生，〈曹寅入侍康熙年代考〉，《中國文學研究》，2000 年第 2 期，頁 26-29。
劉上生，〈曹寅的入侍年歲和童奴生涯：對“康熙八年入侍說”的再論證〉，《紅樓夢研究》，第 1 輯(2017)，頁 24-31。
劉上生，〈曹錫遠論略〉，《曹雪芹研究》，2020 年第 4 期，頁 44-52。
劉上生，〈關於曹寅早期生平研究兩個問題的討論和思考〉，《曹雪芹研究》，2017 年第 2 期，頁 49-60。
劉上生，《曹寅與曹雪芹》（海口：海南出版社，2001）。
劉小萌，〈清朝皇帝的保母〉，《北京社會科學》，2004 年第 3 期，頁 138-145。
劉小萌，〈清朝皇帝的保母續考〉，《黑龍江民族叢刊》，2018 年第 4 期，頁 89-98。
劉小萌，〈關於清代八旗中“開戶人”的身分問題〉，《社會科學戰線》，1987 年第 2 期，頁 176-181。
劉天地，〈“蒜市口地方”、右翼宗學沿革考述〉，《曹雪芹研究》，2020 年第 2 期，頁 27-45。
劉水雲，〈紅樓夢中賈府家班與清雍乾年間的家樂〉，《紅樓夢學刊》，2011 年第 2 輯，頁 158-168。
劉世德，《紅樓夢眉本研究》（北京：社會科學文獻出版社，2013）。
劉世德，《曹雪芹祖籍辨證》（北京：中國大百科全書出版社，1998）。
劉廷乾，〈《哀宋姬》與探春遠嫁〉，《明清小說研究》，2007 年第 3 期，頁 79-89。
劉長榮，〈玄燁和曹寅關係的探考〉，《紅樓夢學刊》，1981 年第 2 輯，頁 301-335。
劉相雨，〈論紅樓夢中的乳母形象：兼談古代小說中乳母形象的發展與演變〉，《紅樓夢學刊》，2005 年第 4 輯，頁 137-146。
劉倩倩，〈清代內務府三旗秀女若干檔案淺析〉，《蘭臺內外》，2021 年第 34 期，頁 28-30。
劉家駒，《清朝初期的八旗圈地》（臺北：臺灣大學文學院，1964）。
劉夢溪，《紅樓夢新論》（北京：中國社會科學出版社，1982）。
劉夢溪，《紅樓夢與百年中國》（北京：中央編譯出版社，2005）。
劉鳳雲，〈雍正朝清理地方錢糧虧空研究：兼論官僚政治中的利益關係〉，《歷史研究》，2013 年第 2 期，頁 44-64。
劉廣定，〈再論曹顒無遺腹子及曹天祐之問題〉，《紅樓夢研究輯刊》，第 9 輯(2014)，頁 46-62。
劉廣定，〈有幾分證據說幾分話：談《李陳合冊》中之“辛巳秋日”與相關問題〉，《曹雪芹研究》，2021 年第 1 期，頁 136-147。
劉廣定，〈惜春的身份、年齡與住處：成書問題試探〉，《紅樓夢研究輯刊》，第 8 輯(2014)，頁 1-14。
劉廣定，〈曹雪芹生年再探討：紀念曹雪芹誕生三百年(1711-2011)〉，《曹雪芹研究》，2011 年第 1 期，頁 66-79。
劉廣定，〈臺灣藏內閣大庫的三件曹寅、曹頫檔案〉，《曹雪芹研究》，2014 年第 2 期，頁 1-10。
劉錚雲，〈按季進呈御覽與清代搢紳錄的刊行〉，《中研院史語所集刊》，第 87 本，第 2 分(2016)，頁 345-374。
劉繼堂、王長勝主編，《曹雪芹祖籍在豐潤》（天津：天津人民出版社，1994）。
樊志斌，《曹雪芹文物研究》（北京：北京聯合出版公司，2020）。
樊志斌，《曹雪芹家世文化研究：康熙年間文人官員的工作與生活狀態》（北京：新華出版社，2018）。
樊志斌，《曹雪芹傳》（北京：北京聯合出版公司，2021）。
樊志賓，〈《同事攝詩集》與曹寅研究〉，《曹雪芹研究》，2011 年第 1 期，頁 11-23。
歐陽健，《紅樓詮辨》（上海：上海三聯書店，2014）。
滕德永，《清宮圖典：內務卷》（北京：紫禁城出版社，2019）。
潘天禎，〈揚州詩局雜考〉，《圖書館學通訊》，1983 年第 1 期，頁 63-76、94。
潘承玉，〈續《有關紅學的新材料》〉，《明清小說研究》，2002 年第 3 期，頁 76-89。
線天長、吳營洲，〈石頭記“辯冤”記：石頭記是如何為曹家、李家“辯冤”的〉，《咸陽師範學院學報》，2008 年第 5 期，頁 80-84。
蔣金星、肖夫元，〈清代舉子中式的平均年齡研究〉，《北京理工大學學報（社科版）》，2005 年第 3 期，頁 32-34。
鄧亦兵，《清代前期北京房產市場研究》（天津：天津古籍出版社，2014）。
鄧奕、毛其智，〈從《乾隆京城全圖》看北京城街區構成與尺度分析〉，《城市規劃》，2003 年第 10 期，頁 58-65。
鄧雲鄉，《紅樓風俗譚》（北京：中華書局，1987）。
鄧遂夫，《紅學論稿》（重慶：重慶出版社，1987）。
鄭小悠，〈清代“獨子兼祧”研究〉，《清史研究》，2014 年第 2 期，頁 55-64。
盧正恒，〈清代滿文避諱：兼論乾隆朝避諱運用實例〉，《清華學報》，新 48 卷，第 3 期(2018)，頁 489-524。
盧正恒、黃一農，〈先清時期國號再考〉，《文史哲》，2014 年第 1 期，頁 1-9。
賴惠敏，《乾隆皇帝的荷包》（臺北：中研院近代史所，2014）。
錢南揚，《謎史》（廣州：中山大學語言歷史研究所，1928）。
閻崇年，〈唐英旗分身份考辨〉，《歷史教學》，2019 年第 1 期，頁 3-7。
霍國玲等，《紅樓解夢（第八集）》（北京：東方出版社，2007）。
戴不凡，《紅樓評議・外篇》（北京：文化藝術出版社，1991）。
薛戈、黃一農，〈紅樓夢中「元妃省親」原型考〉，《曹雪芹研究》，2012 年第 2 期，頁 137-143。
薛剛，〈清初文官考滿制度論析〉，《河南師範大學學報（哲社版）》，2012 年第 6

期，頁 134-138。
薛龍春，〈《楝亭圖詠》卷的作者、詩畫與書法〉，《美術研究》，2017 年第 5 期，頁 23-44。
謝國興、陳宗仁，《地輿縱覽：法國國家圖書館所藏中文古地圖》（臺北：中研院臺史所，2018）。
鍾振林，〈此王非彼王：胤禎"大將軍王"稱呼研究〉，《哈爾濱學院學報》，2017 年第 1 期，頁 91-95。
叢佩遠主編，《中國東北史》（長春：吉林文史出版社，2006）。
魏峰，《宋代遷徙官僚家族研究》（上海：上海古籍出版社，2009）。
魏鑒勳，〈曹頫騷擾驛站獲罪始末：從新發現的一份檔案看〉，《社會科學輯刊》，1986 年第 3 期，頁 50-55。
繩楠，〈晉、宋時期安徽僑郡縣考〉，《安徽師大學報（哲社版）》，1982 年第 2 期，頁 60-65。
羅盛吉，〈清朝滿文避諱漫議〉，《滿語研究》，2014 年第 2 期，頁 17-23。
關嘉祿，〈曹寅理財芻議〉，《清史研究》，1994 年第 3 期，頁 89-97。
關嘉祿，〈莊親王允祿內務府理政芻議〉，收入中國第一歷史檔案館編，《明清檔案與歷史研究論文集》（北京：新華出版社，2008），頁 543-554。
關嘉祿、何溥瀅，〈曹寅與皇莊〉，《清史研究通訊》，1986 年第 4 期，頁 1-9。
嚴中，《紅樓叢話》（南京：南京大學出版社，1991）。
蘭良永，〈曹宣從軍及其他〉，《紅樓文苑》，2013 年第 3 期，頁 43-50。
蘭良永，〈曹寅第六番"佩筆侍從"考：兼與劉上生"佩筆侍從"說商榷〉，《遼東學院學報（社科版）》，2012 年第 2 期，頁 100-104。
蘭良永，〈曹寅詩中"亞子、珍兒"考辨：兼與"珍兒是曹雪芹生父"說商榷〉，《紅樓夢研究輯刊》，第 4 輯(2012)，頁 236-253。
蘭良永，〈新發現《後陶遺稿》考察報告〉，《紅樓夢學刊》，2013 年第1 輯，頁62-86。
蘭良永，《紅樓夢文史新證》（香港：朝夕出版社，2019）。
顧平旦，〈曹寅《太平樂事》雜劇初探〉，《紅樓夢學刊》，1986 年第4 輯，頁287-292。
顧斌，〈有關曹雪芹研究四個問題的再思考〉，《紅樓夢研究輯刊》，第 8 輯(2014)，頁 109-127。
顧斌，《曹學文獻探考：有關曹學考證方法的檢驗》（香港：閱文出版社，2019）。
顧獻樑，〈「曹學」創建初議：研究曹霑和石頭記的學問〉，《作品》，第 4 卷，第 1 期(1963)，頁 5-7。

檢索與對照：

為方便讀者對照參考，筆者的紅學論文皆可自「黃一農的書齋 (https://vocus.cc/user/@ylhuang)」下載，但因有些看法已在專書中被訂補，故請以後出者為據。

為避免浪費自然資源且發揮 e 時代特色，筆者特商請出版社設計了一套系統，讓讀者可對拙著的內容進行任意字句之檢索 (http://thup.site.nthu.edu.tw)。

曹雪芹的家族印記

作　　者：黃一農
發 行 人：高為元
出 版 者：國立清華大學出版社
社　　長：巫勇賢
行政編輯：劉立葳
責任編輯：孫韻潔
美術設計：高淑悅
地　　址：30013 新竹市東區光復路二段 101 號
電　　話：(03)571-4337
傳　　真：(03)574-4691
網　　址：http://thup.site.nthu.edu.tw
電子信箱：thup@my.nthu.edu.tw
其他類型版本：無其他類型版本
展 售 處：紅螞蟻圖書有限公司 (02)2795-3656
http://www.e-redant.com
五南文化廣場 (04)2437-8010
http://www.wunanbooks.com.tw
國家書店 (02)2518-0207
http://www.govbooks.com.tw
出版日期：2022 年 5 月初版
定　　價：精裝本新台幣 1000 元

ISBN 978-986-6116-98-8　　GPN 1011100299

國家圖書館出版品預行編目 (CIP) 資料

曹雪芹的家族印記 / 黃一農著. -- 初版. -- 新竹市 :
國立清華大學出版社, 2022.05
600+xviii面 ; 17x23公分
ISBN 978-986-6116-98-8(精裝)

1.CST: (清)曹雪芹 2.CST: 家族史 3.CST: 傳記

782.7　　111002964